潮汕文库·文献系列

潮州耆旧集

（清）冯奉初 辑

吴二持 点校

暨南大学出版社
JINAN UNIVERSITY PRESS

中国·广州

图书在版编目（CIP）数据

潮州耆旧集/（清）冯奉初辑；吴二持点校. —广州：暨南大学出版社，2016.8
（潮汕文库. 文献系列）
ISBN 978 - 7 - 5668 - 1593 - 4

Ⅰ.①潮…　Ⅱ.①冯…　②吴…　Ⅲ.①古籍—汇编—潮州市—明代　Ⅳ.①Z424.8

中国版本图书馆 CIP 数据核字（2015）第 191742 号

潮州耆旧集
CHAOZHOU QIJIUJI
（清）冯奉初　辑　吴二持　点校

- -

出 版 人：徐义雄
项目统筹：黄圣英
责任编辑：黄志波　牛　攀　何镇喜
责任校对：黄　颖　周海燕　李林达　姚荇姝
责任印制：汤慧君　王雅琪

出版发行：暨南大学出版社（510630）
电　　话：总编室（8620）85221601
　　　　　营销部（8620）85225284　85228291　85228292（邮购）
传　　真：（8620）85221583（办公室）　85223774（营销部）
网　　址：http：//www. jnupress. com　http：//press. jnu. edu. cn
排　　版：广州市天河星辰文化发展部照排中心
印　　刷：广州市新怡印务有限公司
开　　本：787mm×1092mm　1/16
印　　张：36.5
字　　数：880 千
版　　次：2016 年 8 月第 1 版
印　　次：2016 年 8 月第 1 次
定　　价：100.00 元

总 序

　　潮汕文化历千年久远，底蕴渊深，泱泱广袤，又伴随着潮人的迁播而兼收并蓄，独树一帜，是中华文明中的重要一脉。

　　秦汉之前，潮汕囿于海角一隅，与中原殆少来往；自韩愈治潮，兴学重教，风气日开，人文渐著。宋朝文教兴盛，前七贤垂范乡邦；明朝人才辈出，后八贤称显于时。明清以来，粤东地区借毗邻大海的地理优势，与域外商贸频仍，以陶朱端木之业，成中西交汇之势，造就多元开放的文化格局。饶宗颐等学界巨匠引领风骚，李嘉诚等商海翘楚造福民生，俊采星驰，郁郁称盛。

　　而今国家稳步发展，蓬勃兴盛，潮汕地区凭借深厚的历史积淀，务实进取，努力发展传统文化及其产业，如潮剧、潮乐、潮菜、工夫茶、陶瓷、木雕、刺绣等，保持并革新精巧特色，在世界各地广泛传播，备受青睐。更有海外潮人遍布全球，为经济文化交流引桥导路，探索共赢模式，拓宽发展空间。

　　为促进潮汕文化的传承与创新，进一步推动潮汕文化"走出去"，在广东省委宣传部的大力支持下，海内外学者编写《潮汕文库》大型丛书。本丛书包括文献系列和研究系列，涉及历史、文学、方言、民俗、曲艺、建筑、工艺美术等多方面，囊括影印、笺注、点校、碑铭、图文集、口述史等多种形式，始终秉承整理、抢救传统文化的原则，尊重潮汕地区的家学渊源和治学传统。以一腔丹心，在历史沿袭中为文化存证，修旧如旧，求新而不媚俗于新；以一笔质朴，在字斟句酌中为品质立言，就事论事，求全而不迷失于全；以一纸恳切，在纷扰喧嚣中为细节加冕，群策群力，求深而不盲目于深。惟愿以此丛书，提升潮汕文化品位，凝聚海内外潮人，齐心发展，助力腾飞。

在成书过程中，广东省委宣传部高度重视，协调汕头、潮州、揭阳、汕尾市委宣传部，委托潮汕历史文化研究中心、韩山师范学院、暨南大学出版社组织编写与出版。海内外潮学研究专家倾注笔墨，潮汕历史文献收藏机构及热心人士鼎力襄助，更蒙粤东籍一批著名艺术家慷慨捐赠宝贵书画作品助力出版，在此一并致谢！

《潮汕文库》大型丛书编委会

2016 年 7 月

潮州耆旧集

点校前言

自唐韩愈贬潮，起用赵德兴办教育之后，潮之人文，步上了发展轨道；加之中原士族，多有移民至潮地者，潮地于是有了人文发展的厚实基础。因而至宋代，潮州大地无论从科举之振起、仕宦之兴盛、人文之瑰玮，均大有可观。而至有明一代，更形兴盛，可以说达到了一个新的历史高峰。而潮州宋代之文献，比较完整地保存至今的，除了刘昉的医著《幼幼新书》外，可以说是凤毛麟角。这是进行潮汕历史文化研究所深为遗憾的。明代的潮汕文献，能够保存至今的，也大约只有强半之数，而地域文献对于地方人文历史发展面貌的印证，其作用可以说是独一无二的。

有明一代，广东的潮州府可谓人才辈出，尽管僻处岭东一隅，却足以与中原发达地区相颉颃，出现了像兵部尚书、著名军事家翁万达，被嘉靖皇帝钦点为状元的岭南才子林大钦，理学名家中离先生薛侃等，还有一批道德文章都能彪炳一时的著名儒官儒士。《潮州耆旧集》正是有明一代潮州这批仕宦士人最优秀者之文章精选集，系由清道光年间莅潮教谕、顺德人冯奉初所辑选，共 20 家 37 卷，约 85 万字。需要指出的是，该书所据以选辑的原文集，有半数以上已经散佚无存，这就更显得这部选集之可贵，它可以说是明代潮州人文之大观。因此，本书的整理点校及出版，不仅对潮汕地域文化具有重要的历史文献价值和意义，甚至对我国整个明代历史也有相当的文献价值和意义。

该集所选 20 家文，系据儒家正统之"立德立功立言"，有关学术和经世致用为旨归，"凡当时朝廷乡国是非利病之所系，纲常学术之所关，与夫安危治乱世运民风之所倚伏，靡不厘然备载其中"（题辞语）。"诸家显晦不同，树立亦异。故或以德行称，或以忠义著；或为朝廷之名臣，或为远方之循吏；或以理学阐明儒先之传，或以边功扬威阃外之域；或和声以鸣盛，或苦节以存贞。合而观之，史传中各类俱备，洵一郡人文之大观也。"（例言语）总之，凡所入选，皆惇惇儒者。

首先，从学术方面来看。自宋代以降，中国以儒家为代表的学术，南移倾向明显，儒学的代表理论、理学的开创者和代表人物，多为南方人；南宋明代崛起的陆王心学，也以南方人为代表。《潮州耆旧集》所选 20 家文，大体上都是儒学功底深厚的学者，如李龄、林大钦、翁万达、薛雍、林大春、唐伯元、周光镐、林熙春、郭之奇等。而涉足陆王心学者，也不在少。自李龄为江西提学，捐赀重建白鹿洞书院，建二陆讲堂，捐田赡士，被誉为"我邑士大夫学术最近古者"，不但江西人士由是作兴，后此潮中"薛唐诸公，理学彬彬而起，无不权舆于是"。像澄海唐伯元，学宗周、程、张、朱，对宋儒理学有深厚学养，而深疾阳明新说，虽与王阳明同朝为官，却在新学风行之时力排众议，上疏争祀典，阐明理学正宗，请罢陆九渊、王阳明，为明代程朱理学卫道的代表人物。其立身行己，光明正大，堪为士大夫楷模。饶平薛雍，虽平生未仕，却学养深邃，喜参稽天下之务，及天官律历之书，著策数十篇，其论边之策及论律历之文，详明博洽，不仅深具经济之才，且天文地理历律乐论，奥博精详，对先儒成说，也多有考论辨正。揭阳薛侃之于王学，则不仅仅继其衣钵，力为传播，而且发挥阐明，光大师门学说，颇有独到心得，著述颇丰。尤其使王学播于岭南、江浙之间，影响深远，功不可没，为王学岭表大宗。他如林大钦、翁万达等，则不仅对理学有较深涉猎理解，也颇服膺王学，且有所辨析发挥。

其次，从经世致用方面来看。这是传统所谓的立功，也即事功的部分。应该说这也是《潮州耆旧集》选文所特别注重的方面。该集所选这20家，有八成以上是获得进士、举人的仕宦之家，所谓"朝廷乡国是非利病之所系，安危治乱世运民风之所倚伏"，正是这方面的重要内容。其中功业最著的，要算兵部尚书翁万达。这是有明一代潮籍的一位军事奇才，平南交之役，他运筹帷幄之中，决胜千里之外，胸有成竹，了如指掌。以上、中、下三策设谋，卒以中策收功，军事而兼及政治，处理适宜，一劳永逸。深谙政治战略的林大钦担心平交之举为失策，闻此结果，称赞翁万达"贤者能为国定大议、断大患，约垂成之祸，取无名之功，他日高官，真无愧色"。之后翁氏一路升迁，尤其在山西大同一带修边墙，设防守，抵御北虏骚扰侵掠中，屡立战功，使嘉靖皇帝言听计从，成为当时西北的一道屏障。史称其"通古今，操笔顷刻万言"，"嘉靖中边臣行事适机宜，建言中肯綮者，万达称首"。与翁万达有相似经历的另一著名儒将为潮阳周光镐，他以文官奉敕监军西南，轻骑飞渡，传呼所至，贼众惊匿。继而运筹帷幄，三路并进，大小三十余战，所向无前，一举平定西南夷。后又受命以臬司而驻贺兰；稍后由分符而总宪，以金都而驻宁夏，重抚绥，修城堡，简卒乘，备刍粮，巩固根本，使套虏无所施其技。论及吏治政绩，则潮阳萧端蒙由翰林而御史，前后巡按贵州、江西，所到革弊政、抑豪强，其关乎地方吏治之经世奏疏，所言皆军国重务，而深中肯綮，为人所不能言。澄海王天性虽然为官不大，仅县令、通判之类，然其清廉自律，锄奸剔蠹，革除宿弊，为民兴利，虽触犯权贵而不惮，同官皆为危之而不之顾。故奸宄敛迹，士民则建生祠祀之。海阳陈一松，历官苍梧道、福建储粮道、湖广副使、陕西参政、福建按察使、江西右布政、应天府尹，所至皆著声绩，故一路升迁。性端庄凝重，沉实渊懿，丰骨内含，仁声外著，民立生祠祀之。潮阳林大春，正色立朝，却馈遗，才华横溢，先后历湖广江防佥事、河南睢陈佥事、苍梧佥事、浙江提学等，执法不避权贵，夙弊尽除，恤商便民，漕运畅顺，士民德之。澄海唐伯元知万年、泰和，仁声遗爱，著于二邑。他如周光镐于西北赈灾，活民万计；林熙春厘剔案牍，苏漕河役夫工卒数十万之民命。此皆吏治政绩之大者。对于乡梓利病，这些先贤也多有关心，特别是在仕途不顺或丁艰之类乡居时，利用其识见智慧和乡宦自身的影响力，或据实向上司、地方官乃至朝廷陈言，或积极奔走号召呼吁，为地方百姓兴利除弊，所谓"居乡则思益其乡"。这也是这批士大夫多致力而为之事，最为突出的要算为官不甚顺利的薛侃，他乡居除讲学之外，倡议开溪以利舟楫运输灌溉，得到地方官的支持，溪成之后，三邑之民利赖之，故称三利溪或中离溪。还有倡议讲乡约，捐赀建桥修路等。乡邑之间，人怀其德。潮阳萧端蒙曾专门上长疏力陈桑梓利病。澄海王天性被罢官乡居期间，于乡梓事务更是竭力奔走，请于官，减租赋，筑堤防，治水患，修邑志，乡人为立怀德祠。大埔饶相家居期间，请蠲无名租赋，上策歼灭巨寇，倡议大埔建城，皆有利于乡梓安定。潮阳林大春乡居十多年，于乡梓利病，必备悉达之官；招收都混迹崔苻，当道欲遣师屠之，大春力阻，全活万余人。海阳林熙春为疏救言官，触上怒，降调家居十数载，其间凡关乎桑梓利病，无不尽力为之，如争监税，减里役，倡建凤凰台、三元塔，修玉简塔，筑炮台于海口防盗匪，浚三利溪，修龙头东集等桥，修文庙贤良祠，捐田为诸生科费等。这些都是这批官宦乡居时利用其影响力为地方、乡梓谋利的突出者。

再次，从节操方面来看。正色立朝，直节敢言，敷言不计利害，弹劾不避权贵。这些方面，可以说是《潮州耆旧集》选择的这批仕宦士人的共同特征，无论是在明代全盛时期，还是在明季风雨飘摇之时，都有突出的表现。潮阳萧龙，为户科给事，遇国家大计，抗疏纠论，弹劾不避权要，纠参大臣不职，敢言人所不敢言。致被构陷戍边，而从游者竟达数百人，几任抚边大臣，均待以殊礼。观于此，其人其学其养其操守可知。揭阳薛侃仅供职于行人司，上疏请祀先儒陆九渊、陈献章；因复旧典一疏，为朋邪所中，触帝怒被廷鞫，却能百折不回，虽白刃加身，而守正不屈。择善固执，绝不构陷他人，以求自脱，可见其操守。澄海翁万达，虽说一生较顺，军功卓著，所上疏多被采纳，却于俺答求贡互市一事，所上疏屡被驳回否定，但他认定其于国家有利，便不计利害，屡驳屡上。潮阳林大春，少耆史汉，工古文辞。严嵩当政，炙手可热，慕春才名，招致之，不应。其于户部主事时，所拟奏稿，皆当上意；于浙江提学时，所选士，皆得人。他执法不避权贵，致被构陷家居，后张居正当权，张与大春善，及张居父丧，人言第得一谀辞，通显可立致，大春笑而遣之。尝对人言，张"负才欠学，故动多躁妄，必及于难"。后果然。可见大春立身之正，操守之严，有所不为也。海阳林熙春更是正色立朝，刚直不阿，在官给事中、都给事中时不避权贵，不计利害，多所建言。而当万历乙未之时，军政事起，朋党角立，言路风生，上怒不测，斥逐言官三十多人，阁臣疏救不准，一时风声鹤唳，台中不敢上疏。熙春不计利害，将生死置之度外，毅然率言官抗疏上之，疏中责问皇帝："陛下怒言官缄默，斥逐三十余人，臣等不胜悚惧。今御史马经纶慷慨陈言，窃意必温旨褒嘉，顾亦从贬斥。是以建言罪耶？抑以不言罪耶？臣等不能解也。前所罪者，既以不言之故；今所罪者，又以敢言之故，臣等安所适从哉？"因触帝怒，降调家居，十六年只字不入长安，可见其为人之节操。惠来谢正蒙，由安乡令有治绩，擢台谏，巡按直隶，监榷淮扬，其所建白，如劾税使，参银台，请罢采珠，请免滥征等凡人所嗫嚅不敢言者，侃侃言之，而未尝凭私攻讦。其为官所到之处，积弊俱难逃法眼，清除则干净利落，以至城狐远避，社鼠潜踪。其直节敢言，远播朝野。揭阳郭之奇前半生还算顺利，后逢明季乱离之世，力图维持残局，毁家勤王，助福王、桂王策划恢复大业，转徙于矛戟风波，毒烟瘴雾之区，被执殉节，慷慨从容。其节概，直追前朝之文信国。丰顺罗万杰，以名进士历官吏部员外郎，甲申闻变，愤不欲生，尽毁其家产，约同志起兵勤王。后闻朝政日稗，将骄兵悍，朝中上下嬉逐无度。乃声咽气塞，遂遁迹空门，拒不复出，为明季孤忠遗老。澄海谢元汴，生有大志，骨气傲然，甲申国变，历经坎坷，其间唐王、桂王前后均授以兵科给事中，其所建言，皆关国事之大者：朋党策、时事太息疏、中兴不越十事疏、目击时艰直摅忧愤疏等，侃侃而言，指斥时弊，直言时务，忠贞之气，瑰玮之文，诤诤于楮墨间。他如大埔黄一渊，负才数奇，生当明季离乱之秋，为胜国之遗民，匹夫而为君国天下忧者。

　　以上仅就《潮州耆旧集》所选20家文的文献价值，以及从学术、经世致用和节操三个侧面对这20家文的品操作简要的叙录，挂一漏万与不当之处，在所难免，祈方家正之。至于各家文的具体成就和风格风采，则兹事体大，只好留待读者自己品味了。

　　《潮州耆旧集》原书已很难找到，20世纪70年代末，香港潮州会馆曾通过香港大学校长黄丽松先生的帮助，根据该校冯平山图书馆所藏善本少量影印，赠送相关机构和相关人士。为使这部深具历史文献价值的潮汕地域文献能够更为广泛地传播，笔者花了近五年的时间，细心校勘、断句，采用简体字和新式标点整理出版。其间虽然付出艰辛，但倘能为更多的读者阅读使用这部文献减少些许障碍，则为不虚此劳。当然，以笔者浅陋之学力，完成这样一部大型文献之点校，疏误自是难免，期待读者不吝赐教。

吴二持

2016 年 4 月

点校说明（凡例）

一、本书点校整理使用现代汉语规范简体字和新式标点符号。

二、点校底本。《潮州耆旧集》（约85万字）原书为清道光年间刻本，为当时潮州府教谕冯奉初选辑，是现存潮州最有价值的古籍之一，是明代潮汕籍最有成就的20家仕宦士人文章的精选集。全书共37卷，目前原版本已极难见到，潮州市谢慧如图书馆、汕头市档案馆各藏有一部，都是据道光原版翻印的。20世纪70年代末，香港潮州会馆曾通过香港大学黄丽松校长的帮助，据香港大学冯平山图书馆藏本少量影印。这次点校，就是以这个影印版本为底本。

三、参校古籍。由于没有其他刻本，翻印本则没有改变，故本次整理点校，只能搜寻现存相关古籍进行校勘。原20家文，现有文集存世的，如翁万达、薛侃、林大钦、林大春、林熙春等，包括藏缺的，还占不到一半。其他未见文集存世的，则只能收集地方府县志书，还有其他选本所收录少量文章进行参校。

四、点校整理原则。就原书刻本来说，已算是校勘较精的不错刻本。但其中疏误也不少，1979年香港潮州会馆影印时，曾有林建翰先生勘版，其在《勘版书后》一文（见附录）已指出若干舛错之处。笔者通过这次系统整理标点校勘，发现颇多错简舛乱之处，形近字同音字之误刻，均不在少。校勘时尽力将现在能找到的原文集及相关资料收集齐备，进行精心校核。校勘过程遵循古籍整理原则，尽可能保留原本面貌，无充分根据，绝不妄改一字。对于原书错简舛乱之处，根据原文集或可靠文献，调整恢复文章原貌，并出校记说明；对于本书与原文集或地方文献出现异文的，在校记中标明；如两本出入较大，像相关府县志所载系据原文删节或压缩，则只出一条校记加以说明，不一一出异文校记。有异字而两本均可通的，也出校记标明；有异字而一本不可通的，在校记中标明并指出当以哪一本为是；原书有缺文缺字的，多数是由于避讳或避文字狱之类。如有可靠校本，均校补并出校记说明，如无可校之本，则用"□"代替，也出校记说明。此外，可能因避讳原因，本书凡"弘""玄"，绝大多数用"宏""元"代替，如无他本可校，则一概不改，仅在此说明。还有本书各卷目录的标题与内文的标题，也有个别舛错和不统一之处，校核时有相矛盾之处，一般均校正或出校记说明，一些非原则性的互异，则按实际情况斟酌，或从目录，或从内文，使之统一，不一一出校记说明。另外，此次点校整理，根据现代图书出版一般情况，将原书分布于各卷中的目录，统一提取集中于卷首，以方便阅读。

五、文字处理原则。简体字以《现代汉语词典》《辞海》《汉语大字典》所收录为准。

1. 个别繁体字转换为简体字，依据《汉语大字典》中的"类推简化字"进行简化。

比如"臕"有其类推简化字"脿"，所以在点校中简化为此字。

 2. 异体字一般改为简体字，但是在人名、地名、书名、职官、封号、徽号等专有名词和约定俗成的词组中，则视需要，个别仍保留原样。

 3. 通假字一般不改。如"蚤"通"早"。

 4. 版刻形近字之误，如日、曰，己、已、巳等，依据文意予以改正，不出校记说明。

吴二持

题　辞

　　潮州古义安郡，岭东菁华翕聚之区也。道光丁亥，奉教授潮州，爱其山川之清雄，与其人士之秀伟，邹鲁之遗风存焉。间与其士大夫游，访昌黎之治迹，溯天水之师资，盖人文秀发，已更历数朝矣。唐宋以来，代有闻人，自元历明而益盛。其德业文章，载于史乘，可以辉映一时，流声奕世者，未可更仆数。每欲采揽前闻，与邦人士讲习而佩服之。

　　甲辰再任潮州方伯李方赤先生，时观察是邦，既已政教具举，咸与维新。特建赵天水先生专祠，以为阖郡风气之所宗。盖以此乡之先达，作后进之楷模。其事信而有征，其言自亲切而易入，谓宜更数求前哲格言，为多士旧典时式，于是委奉以搜罗辑选之任。奉向者尝有志焉，今幸哲匠为之提唱，则参互考订，皆将奉箴言而得所折衷，以就正于有道。谨就平日所及见者，推广旁搜，共得二十集。博览而慎选之，务以存其人之精粹。而凡当时朝廷乡国是非利病之所系，纲常学术之所关，与夫安危治乱世运民风之所倚伏，靡不厘然备载其中。而风云月露之词，姑在所缓焉。此固有明一代潮州人才之盛，足以凌跨中州，为山川增色。都人士所当奉为矩矱，而是则是效，以庶几追配于前闻人也。且读其书论其世，援据古今，权衡时事，则所为修其教不易其俗，齐其政不易其宜者，亦可于是而得之矣。编成，先生复加厘正，而命付之梓。谨为志其书之所由成者如此。

　　道光二十七年丁未仲冬，后学顺德冯奉初识。

例　言

　　潮僻处岭东，汉晋间人文未启，自唐高宗仪凤间，常怀德为刺史，以礼义教民，而民化之。其时则已有陈昭烈侯父子，以功名显著八闽。洎乎昌黎谪潮，首崇乡校，而潮人知学，文行之笃，延及齐民。然天水登第，已在韩子未至之先，士之能自树立者，固不待昌黎而兴也。惟只存文录一序，载在郡邑志中，业已家弦户诵。吉光片羽，聊从割爱。

　　宋元之间，人材辈出。许运使申，东巡献赋颂，召试擢第一，而《高阳集》已不传；林巽之巽，所著《易范》，今已散佚；此外若广南夫子陈希伋《揭阳集》；刘化州允，著文二百余篇；王尚书大宝《谏垣奏议》《经筵讲义》，遗文十五卷，及易诗书解并皆无存；不独张新州夔之《禄隐集》；陈宣慰肃之《莲峰集》之湮没于蠹鱼兵燹也。嗟乎！望古遥集，喟焉长怀。聊存其名，以备好古者之景仰。

　　明代神宗朝，学使张邦翼有《岭南文献》之选，凡三十三卷。或病其太简；且文各分类，论者以为文选而非文献。厥后屈氏有《广东文选》之集，或病其太繁。近日顺德罗云山学鹏《广东文献》四集，于各郡搜辑亦多未备。兹编就潮郡有明一代二百七十年中搜罗，共得二十家，分卷三十有七，不繁不简，足备一朝文献之征。惟是世代递更，良多散佚，其存者亦间有乌焉亥豕之讹，原书更无善本校正为难，阅者谅之。

　　诸家显晦不同，树立亦异。故或以德行称，或以忠义著；或为朝廷之名臣，或为远方之循吏；或以理学阐明儒先之传，或以边功扬威阃外之域；或和声以鸣盛，或苦节以存贞。合而观之，史传中各类俱备，洵一郡人文之大观也。

　　是书人各一集，各依年代编次，卷首采国史志乘本传列于前，以考其始末。或志乘未备及舛错者，另为拟传，总期得其人之实而已。次载原叙一篇，而以题辞附焉。

　　各家所选多寡不同，或原文不多，则概从节取；或美不胜收，则择其尤者。韩子曰："纪事者提其要，纂言者钩其元。"愚窃有取矣。

　　是集所选二十家，皆有专集，此外有流传一二篇，不能入选者。桂林一枝，昆山片玉，弥觉可珍，当另设拾遗一集以收之，以补此集之未备。

　　我朝人文鼎盛，潮中先辈著述不少，然多系家藏本，一时难以搜罗，诚恐挂一漏百，统俟后来续辑。

目 录

目　录

目　录

卷三　萧太史铁峰集　　潮阳萧与成宗乐著（正德丁丑翰林）

卷四　薛御史中离集（一）　　揭阳薛侃尚谦著（正德丁丑进士）

卷五 薛御史中离集（二）　　　　揭阳薛侃尚谦著

卷六　薛御史中离集（三）　　　　　揭阳薛侃尚谦著

卷七　林殿撰东莆集（一）　　海阳林大钦敬夫著（嘉靖壬辰状元）

卷八　林殿撰东莆集（二）　　海阳林大钦敬夫著

卷九　翁襄敏东涯集（一）　　　澄海翁万达仁夫著（嘉靖丙戌进士）

卷十　翁襄敏东涯集（二）　　　澄海翁万达仁夫著

卷十一　翁襄敏东涯集（三）　　　澄海翁万达仁夫著

卷十二　翁襄敏东涯集（四）　　　澄海翁万达仁夫著

卷十三　翁襄敏东涯集（五）　　澄海翁万达仁夫著

卷十七　饶副使三溪集　　　大埔饶相志尹著（嘉靖乙未进士）

卷十八　薛孝廉拯庵文集　　　饶平薛雍子容著（嘉靖辛卯举人）

卷十九　陈侍郎玉简山堂集　　　海阳陈一松宗岩著（嘉靖丁未翰林）

卷二十　林提学井丹集（一）　　潮阳林大春井丹著（嘉靖庚戌进士）

卷二十一　林提学井丹集（二）　　潮阳林大春井丹著

卷二十二　林提学井丹集（三）　　潮阳林大春井丹著

卷二十三　林提学井丹集（四）　　潮阳林大春井丹著

卷二十六　周大理明农堂集（一）　　　潮阳周光镐国雍著（万历辛未进士）

卷二十七 周大理明农堂集（二） 潮阳周光镐国雍著

卷二十八 周大理明农堂集（三） 潮阳周光镐国雍著

卷二十九　林尚书城南书庄集（一）　　海阳林熙春志和著（万历癸未进士）

卷三十　林尚书城南书庄集（二）　　海阳林熙春志和著

卷三十一　林尚书城南书庄集（三）　　海阳林熙春志和著

卷三十二　谢御史文集　　惠来谢正蒙中吉著（万历戊子举人）

卷三十三　郭忠节宛在堂集（一）　　揭阳郭之奇正夫著（崇正戊辰翰林）

卷三十四　郭忠节宛在堂集（二）　　　　揭阳郭之奇正夫著

卷一　李宫詹文集

潮阳李龄景龄著

潮阳县志名臣传（参《江西通志》）

李龄，字景龄，潮阳县人，宋延平之后。父宪举，自中江徙官之莆中，独以少子龄从。龄因数闻考亭遗训，心窃识之。父卒，龄益自力学。

宣德己酉，举乡试高第。后以正统丙辰乙榜授宾州学正。寻丁母丧，旋归。让其所居近学官地若干步有奇。服阕，尚书胡濙、祭酒李时勉荐补国子学录。转江西道监察御史，提督北畿学政，进詹事府丞。景泰初，选充宫僚，入史局，与修《历代帝纪》，得陪祀典试。会生母忧，归。未几，英宗复辟，辅道官多罪谪者，龄以弗与建储议，得免。终制，改太仆寺丞。居数年，出为江西提学。

龄欲士子敦本尚行，严责记诵，痛抑奔竞。其自持，一言一动不苟。余干胡居仁，躬耕孝弟，力行有闻，请主白鹿洞教事，以为学者式。尝建二陆讲堂，捐田赡士，有功于时。龄卒，为立主从祀。人或欺之，亦笃信不渝。文章政事，为当时所重。被谗而去，时论惜之。

李宫詹遗稿叙

尝观郡邑乘所载："英宗朝，邑有宫詹李先生，文章政事，为时推重。"又云："学政崇雅脱浮，裁抑奔竞。"噫！是恶足以尽先生哉！古今史乘，语莫难于征核，又莫难于檃括。即非迁、固，欲以数言立要指，难矣！况憸薄为政者[1]，任意削觚，乘果足征乎哉？

余寡昧，无能窥作者门墙，顾闻之学士先辈曰："我邑士大夫学术最近古者，无如李景龄先生。"今读其遗书，与其所载行事，则先生者，盖以修道为己任者也[2]。文章政事，其绪余耳，恶足以尽先生。

先生官由外博士入成均，擢御史院，督学畿内，荐青宫，分校史局，盖百一之遇也。人士最显要者，无如学院；最光华者，无如宫僚、史馆。藉令当时稍阴阳物态，便可致身卿辅。乃天顺初年[3]，诏复外台提学，宪臣慎选其人，先生遂以佥宪出督江西学政。于是思人臣秉忠宣职，即不获羽翼太子，以培养圣学；亦庶几陶冶士类，以作育真材，罔非吾道之大行也。以故其所定章程，一以主敬穷理，修词立诚，为三代人材之大根大本。彼都人士，所感慕兴起，无如晦庵先生，则白鹿洞遗墟在焉。于是登眺徘徊，主张兴复。

聘师儒，立洞规，捐赀购田[4]。诸凡修废阐幽，罔非名教节义之大者。一时人士，翕然丕变，真材项领辈出。既老而家食，则表率里闬，捐地拓学宫。暨今两地蠲宗，并血食不辍。

然则先生之学，其修之身用之世[5]，岂空言以掇华者可同日语？去今百十年所矣[6]，七世孙一轩以明经登省魁[7]，为令尹[8]。归而绍修世业，乃以故从父太学朝质君[9]，哀存遗业[10]，属余校之，且痛遭回禄，幸存十一于千百。余曰："毋以为也，文以载道，道在则文足征矣。今之士习，喷英摛华者，往往无当于理道。不知繇古以来作者，惟圣则经，惟贤则史，不圣不贤，则为鄙为野。先生之作，虽不可多见，然其文以理胜，不以辞胜；诗则以情胜，不以调胜。皆力务圣贤之学[11]，而其罔罄于道可知矣。君以家世不能尽存公物为惜，余则以史乘不能概公之大为惜。若可信可传，正不在篇章繁富已也[12]。"

其诸外编赠挽杂梓，抑亦为文献足征云。邑人周光镐撰[13]。

校记

[1] 恔，《明农山堂集》作"慊"。周光镐《明农山堂集》据1983年泰国影印民国三年（1914）刻本，下均同。

[2] 修道，《宫詹遗稿》后有"立教"二字。《四库未收书辑刊》第五辑第17册，明万历二十七年（1599）刻本，下均同。

[3] 初年，《宫詹遗稿》作"初季"。

[4] 赀，《宫詹遗稿》作"资"。

[5] 用之世，《宫詹遗稿》后有"信乎教，修道行"。

[6] 年，《宫詹遗稿》作"季"。

[7] 七世孙一轩，《宫詹遗稿》作"五世孙公冕君"。

[8] 为令尹，《宫詹遗稿》作"为循良宰"。

[9] 以故从父太学朝质君，《宫詹遗稿》作"以故从祖父朝教君"。

[10] 业，《宫詹遗稿》作"集"，是。

[11] 皆力务圣贤之学，《宫詹遗稿》作"皆力务为贤圣之学"。

[12] 正不在篇章繁富已也，《宫詹遗稿》作"正不在篇章重帙间也"。

[13] 邑人周光镐撰，《宫詹遗稿》作"万历己亥夏闰邑人廷尉周光镐国雍撰"。

李宫詹文集题辞

风云月露，沉博绝丽之文，非不绚然可观也，而于斯世何补？于身心性命何关？雕虫小技，壮夫不为也。宫詹少随父宦闽中，得闻紫阳绪论。由乙科起外博士，擢侍御史，晋宫寮，分校史局。旋提督畿内、江西两省学政。在江西首修复白鹿洞，延胡敬斋先生主校事。一时正学昌明，人材辈出，可谓能以道自任者矣。集中遗文，只存什一于千百。其事皆俗吏不为之事，其言皆儒者修道之言。不独江西人士由是作兴，而后此潮中薛、唐诸公，理学彬彬继起，亦无不权舆于是。孟子所谓豪杰之士，虽无文王犹兴，宫詹其庶几近之。

后学顺德冯奉初题。

题《养蒙大训》后

龄以壬午夏，督学抵江右。首遵明诏，建社学，慎选硕儒以训迪。民间子弟，悉令先读《小学》《孝经》，习乎事亲敬长之事。既而都宪昆山叶公盛，以《养蒙大训》一帙见寄，龄受而阅之，喜不自胜。盖紫阳夫子《小学》一书，固得乎古者教童蒙之法[1]，与《五经》《四书》相为悠久。然其间字语精深[2]，短长不一，虽老师夙儒，往往读之不能以句，况童习乎？程子尝欲作诗，略言洒扫应对事长之事，以教童子而不果。陈氏五言礼诗近之而未备，今豫章熊大年先生，历取诸儒先作，为歌为诗，自三言至七言，类次成篇，以为《小学》之羽翼。盖即曲礼弟子职句，三言四言，或五言六言之遗意也。又附以文公刊误《孝经》凡十书，俾为师者易于为教，幼学之士，乐于诵读。由是而渐进于《小学》，以为《大学》之基本。庶几进为有序，而不昧于所从。其有功于后学也，岂浅鲜哉[3]！既得是书，方病其不能遍于一方，而进贤县知县吕声乃命工重刊，以广其传，其为幸何如也。

校记

[1] 固，《宫詹遗稿》作"因"。
[2] 精深，《宫詹遗稿》作"艰深"。
[3] 浅鲜，《宫詹遗稿》作"浅浅"，当以本书为是。

重修白鹿洞书院记

南康府北行一十里，庐山五老峰之东，旧有白鹿洞书院。院后有崇山峻岭，骑驰云蠹而来，结为院基。群山环绕于左右，前有三小峰，峭拔奇伟，如拱如揖。西有泉水泻出于岩谷之间，冲涛触石，悬为瀑布，涌而雪浪[1]，汇为清池，渊泓澄碧，洞鉴万汇，折流而东，经于院门而去。嘉蓺茂树，修篁奇石，交布于其上。唐李渤先生爱其山水之胜，隐居读书于其地，尝养白鹿以自娱，因以名其洞。后经五季之乱，故址已废。

宋淳熙五年戊戌，晦庵朱文公先生来知南康军，始访其处，复建书院。又上言请赐敕额，及赐御书石经监本《九经》于其中。用圣贤教人为学次第，以示学者，置田以赡其用。每休沐，辄一造，与诸生质疑问难，诲诱不倦。暇则相与优游泉石间，撷幽发粹，竟日乃返。一时名人陆子静、刘子征、林泽之辈[2]，皆从先生游焉。后文公为浙江提举，复遗钱属郡守钱闻诗建礼殿、塑宣圣、绘十哲像，备官僚学徒，行释菜之礼。其垂教贻谋之意深矣。历宋及元，屡经兵燹，书院遂废。

我朝正统丙辰，东莞瞿君溥福继守是邦，仍其旧基，复构殿立像。殿前有大成门，左有先贤祠，中白鹿，左濂溪，右晦庵。三先生像前有二程、张横渠、陈了翁、陶靖节、刘西涧父子七先生神主在焉。殿右有明伦堂、东西斋、仪门、贯道门，堂右有文会堂。祠左有燕食房，总若干间。历岁滋久，梁栋朽腐。成化纪年乙酉，龄奉命督学至南康，翼日谒书院，仰瞻其陋，谋欲修之。适知府中州何君濬抵任，且在国学素有师弟之好，因以命之。君乃谋于推官沈瑛、知县周让，募义民广达华等，得谷五百斛。鸠工聚材，命主簿曹升，耆民廖笙、高鉴，教读唐维祯董其事。邑人闻风慕义，捐赀财、施砖瓦、助力役者比比。经始于是岁八月朔日，以明年二月讫工。既重修其旧，复增建两庑、棂星门、贯道桥。刬除荒秽，周以垣墙，树以松竹，殿堂祠宇，焕然一新。乃聚在泮诸生朱晖、梁贵等，与郡人子弟之俊秀者，讲学讨论，继先贤之遗教，而兴学于当时，诚书院之再兴也。

兴废始末，前祭酒胡先生记之详矣。星子县学教谕吴慎，复虑是功不记，无以垂劝将来，乃具其事请记于石。龄惟是洞山川之胜，非若禅宫道观，徒为游览具；而圣贤遗像在是，朱子教人成规在是，先儒之遗风流泽在是，一郡之教化盛衰在是，诚为政之首务也。孟子曰："知者无不知也，当务之为急。"若翟、何二守，可谓知所务矣。视彼瘝官怠政，徒知窃禄，而有玷于名教者，其贤不肖何如也？后之继治者，尚鉴于斯。

校记

[1] 而，《宫詹遗稿》作"为"。

[2] 林泽之，《宫詹遗稿》作"林择之"，当以《宫詹遗稿》为是。

增塑南雷二将记[1]

宋熙宁中，郡遣军校钟姓英名者[2]，贡方物于朝。道经睢阳，大唐河南节度副使、右金吾卫将军、检校主客郎中兼御史中丞、赠扬州大都督张公巡，睢阳太守兼御史中丞、赠荆州大都督许公远，双庙在焉。英斋沐诣庙丐灵，是夜梦神告以殿后柜中有神像十二，铜锟一[3]，锡汝奉归以祀；潮阳东岳庙左可数十步[4]，有佛寺，寺之阴，有大石屹立于其上，下宜建祠以妥灵。英趋京卒事还，具酒脯答神贶，取所锡而返[5]。置于岳祠，俄而立化。常有元旌树于岳麓寺中[6]，夜见光怪。僧徒骇怖，走白有司，移寺以宅神。凡有祷求，其应如响。事闻于上，二公册封王爵，赐庙额曰"灵威"[7]。诚稀阔事也。

按唐史，二公守睢阳[8]，以疲卒数万撄孤塘[9]，抗方张不测之虏[10]，大小数百战，鲠其喉牙，使不得搏食东南。而唐全得江淮财用，以济中兴。虽其力殚而死[11]，而忠贯日月，功在社稷，不可泯也。宋章圣皇帝东巡，过其庙，咨巡等雄健尽节[12]，异代著金石刻，赞明厥忠。与夷齐饿踣西山，孔子称仁何以异？诚哉！

然当时，若南霁云之神策资敏[13]，豪迈绝人，与二公义气悬合[14]，请师临淮，冒围出战，万众遮之，左右射皆披靡。既见进，明兵不出，为大飨乐，涕泣不忍食[15]，断指射浮屠，誓灭贺兰。城陷，与巡、远俱被执，至死不屈，其忠烈盛矣。天子下诏，赠开府仪同三司，再赠扬州大都督。德宗差次，武德以来，将相功效尤著[16]，以颜杲卿、袁履谦、卢奕及巡、远、霁云为上。雷万春为巡偏将，令狐潮围雍邱[17]，万春立城上，贼伏弩发六矢，著其面，不动。贼疑刻木人，谍知乃大惊，遥谓巡曰："向见雷将军，知君之令严矣。"将兵方略不及霁云，而强毅用命，巡任之与霁云均。二君生与巡、远同捍寇[18]，死与巡、远同其操。睢阳庙祀，岂得专彼而不及此欤？抑英之来潮未久而速化，后人逸其传欤？千载而下，不免为有识者疵议，而二公亦岂能无遗恨于冥冥乎？

岁在癸酉，姑苏汤君垣奉命丞吾邑，因为道其事，君辄慨然有修举之志。君之任，以慈惠仁其民[19]。越明年，化流治洽[20]，乃谋于教谕泰和尹君克赞，训导曾君杭、都昌李君德，泊耆彦姚源礼辈。金以为宜祷之张、许，同协其吉。遂捐己资[21]，鸠工饬材，塑霁云之像于巡左，右则万春配焉。春秋报祀[22]，靡有缺遗。三载于兹，时和岁登，人用底宁，咸以为昔之缺典，迄今而完。其英灵忠烈之气，聚于一堂，凝为福祥，发为感孚，以惠利吾邑人也，容有极耶[23]！因为辞，使歌以祀神，而记其事于石云[24]。

辞曰：明皇岁晏兮不戒履霜，昵憸邪兮远忠良，宠胡儿兮内作色荒[25]。

一旦兵戈兮起渔阳，九庙不守兮心惶惶。四方兮云扰，虏乘胜兮寇睢阳。二公死守兮，俾不得张。援兵不至兮，贼日以炽。大小三百余战兮，人知死而义不忘。孤城兮悫竭，跪陈辞兮诉苍苍。亦有南雷为爪牙兮，挫其锐而摧其坚。刚城虽陷兮同沦亡，保障江淮兮再造中唐。英风兮凛凛，与烈日兮争光。昔配飨兮既缺[26]，今同祀兮东山之冈。吾民报祀兮洁且芳[27]，酌桂酒兮奠椒浆。缊瑟兮拊鼓，振长佩兮鸣璆锵。五音纷兮繁会，疏缓节兮浩倡。神连蜷兮既降，聊逍遥兮徜徉。倏而去兮不可望，驾飞龙兮高翱翔[28]。沛遗泽兮下土，驱厉疫兮螟蝗[29]。时和岁丰兮民乐康，千秋万年兮垂无疆[30]。

校记

[1] 本篇又见于明隆庆、清光绪《潮阳县志》和清顺治《潮州府志》；另外，清乾隆《潮州府志》录有此文，题作"增塑南雷二将军碑"，但内容与本书原文不同，篇幅较短，《潮州艺文志》谓其"颇多改窜删节"。

[2] 英名，隆庆、光绪《潮阳县志》和顺治《潮州府志》均作"名英"。

[3] 锟，上三志均作"辊"。

[4] 潮阳东岳庙，上三志均作"潮阳东山之东岳庙"。

[5] 返，顺治《潮州府志》作"还"。

[6] 元旌，上三志及《宫詹遗稿》均作"玄旌"。

[7] 王爵，赐庙额，顺治《潮州府志》作"王赐爵"，当系误。

[8] 顺治《潮州府志》无"守"字，当系误。

[9] 撄，上三志及《宫詹遗稿》均作"婴"。

[10] 虏，光绪《潮阳县志》作"寇"。

[11] 殚，上三志均作"竭"。

[12] 健，上三志均作"挺"。

[13] 神策资敏，上三志均作"神策机敏"。

[14] 悬合，上三志均作"吻合"。

[15] 涕泣，上三志均作"泣"。

[16] 尤著，上三志均作"尤著者"。

[17] 邱，隆庆《潮阳县志》、顺治《潮州府志》和《宫詹遗稿》均作"丘"。

[18] 与，顺治《潮州府志》作"于"，当以"与"为是。

[19] 君之任，以慈惠仁其民，上三志均无此句。

[20] 化流治洽，上三志均作"政醇治洽"。

[21] 资，上三志均作"赀"，是。

[22] 报祀，上三志均作"告报"。

[23] 极，上三志均作"既"。

[24] 上三志均无"云"字。

[25] 宠胡儿，上三志均作"外宠胡儿"，是。

[26] 飨，上三志均作"享"。

[27] 报祀，上三志均作"告报"。

[28] 翱翔，上三志均作"驼翔"。

[29] 厉，上三志均作"疠"。

[30] 年，上三志均作"祀"。

《金文靖公文集》序

文莫深于六经，然经以载道，非为作文设，而其文自彰焉。辟如天地之道，运而为阴阳，为四时；灿然而日月明，秩然而河岳分，杂然而草木蕃；禽鱼生于其间，非有意于物，物以形色之，而其文自成焉。此六经之文所以即天地之文，而非后世所能及也。

三代之文，至战国变而为邪乱正，紫夺朱，文斯弊矣。汉之文，虽不及古，犹有先秦之遗烈。历晋魏齐梁，而光芒气焰，埋蚀以尽。唐韩愈氏，始推孟而振起之。唐之文，涉五季而弊。宋欧阳修复推韩，而析之于至理。使斯文正气，可以扶持人心，羽翼六经者，二公之力也。近世作文，务为琢刻藻绘，以夸耀一时为工，而去道远矣。

江西自古以文章鸣，代不乏人，若今少保金文靖公是已。公世为临江望族，生而岐嶷，英迈夙成，奇伟秀出。父雪崖先生喜，而遣从前进士聂先生铉，授《左氏春秋》。钩元剖微[1]，得属词比事之旨。既长，入邑庠，兴诸士子游。涵煦陶养，德器大就。遂韫椟六经，博极群书。操觚吐辞，动千百言。荡达疏畅，若决江河而注之海。滔滔汩汩，冲风激石，喷薄万状。而奇变自生，卒本于仁义道德之渊源。此公之文所以骎骎乎前作，而非近世之务为工巧者可拟伦也。

洪武庚辰，由乡荐登进士第，授户科给事中。恭遇太宗文皇帝即位，首以文名，与少师杨公士奇等，推入内阁。参谋机密，弼亮四圣。公忠鲠弼亮，勋业巍然。而凡典章训诰之制，赋咏诗词序记诸作，温润而丰缛，典雅而清丽。诚足以宣扬皇泽，发明功德，播夏夷，垂翰简，以昭一代文明之治于无穷。其有裨于世道也大矣。

昔人以韩愈、欧阳修为挽百川之颓波，息千古之邪说，信乎然也。然愈不获周于用，修亦弗克究其所为。今观公之文章如此，勋业如此，遭遇如此，则修未尽用，公大用矣。非斯文之幸，实斯道之幸也。

龄自龆岁，闻公之名节。尝诵公文，恒以不得见其全集为恨。今年春，督学至临江，公之冢嗣给事君昭伯，始以斯集见示，且俾序其首简。晚学浅闻，受而读之，累日不能窥其门墙，敢引乘于足下之前也耶？固辞弗获，谨述所见，以俟后之知言君子云。

校记

[1] 元，《宫詹遗稿》作"玄"，是。

送文州判之宾州序

古之学者为己，其仕也，惟欲行其道，而其职之崇卑，地之美恶，俗之淳漓，盖有不暇计焉。故孔子为委吏，为乘田，惟其职之称也。退之之于潮，子厚之于柳，东坡之于惠，随所至而能变恶以为美，化漓以为淳。盖道之所至，功业之所在也。近世学者则不然，其未仕也，惟恐利禄之不得；既仕也，惟恐职之不崇，地之不美，俗之不淳。其于道，邈乎无所与也。问之则曰：职卑而道不能行也，地恶而身不能荣也，俗漓而人不可化也。彼固以此自为重轻，而人亦以此而重轻之也。有志于行道者，果以是而戚于心乎？

正统丙辰，余以乙榜教宾州，朝端故旧，咸为吾忧，如前所云者。后之任，学荒业弛，而士无可与之道者。询其故，以其赋之转输于桂林者千里，往往十倍其费，而经年莫克完其事。致使蒸黎困极，逃之峒谷。生徒凋弊，匿之蓬藋。而长民者，又加之以逼并暴敛之政，而乃罪之于地于俗，岂理乎哉？再岁，余乃为之疏其事而请于上，归其赋于州。既而困者以复，匿者以归，始加以陶煦括羽之道。而士人之遣子从学者，比比然也。及余丁内艰归，军民耆稚群饯于郊，又追饯于桂江之浒，有堕泪而回者，至今彼此常往来于其心也。夫以予之菲薄，但推此心以行，而今感之也尚如此。设使大抱负者，扩而行之[1]，则其效当何如也。

兹以上舍文君翊，献艺铨曹，授宾州之判，馆下之生童辈[2]，丐言以赠。予闻文君世为长沙、湘潭之宦族，质端而气充，识高而学富。必将建立事业，而变化其俗尚。岂肯戚其职之不崇，而罪于地于俗也。君其勖哉！

校记

[1] 扩，《宫詹遗稿》作"廓"。
[2] 童，《宫詹遗稿》作"通"，当以"童"为是。

送知县何晟之任序

余往岁教国子，人材丛聚，灿然若繁星之丽霄汉，蔚乎若良材之长邓林，炳然若璞玉之产昆山也。然尝遇而观之，有饰其外而设覆为阱者，有实其中而焚梓毁璞者。一旦乘风涛而出，扬声烈于一时者固有。及其临利害遇事变，确乎其不拔，卒能立名节而济乎兆民，亦不多见焉。《传》曰："不患无位，患所以立。"信乎！

时古杭何君晟名，文升其字者，居太学七年矣。观其外饬而信[1]，内实而章，余以知其非设覆焚梓者伍矣。己巳春，试艺铨曹，知广东之增城县。方海寇窃发，居民往往逃诸峒谷，蓬藋以伏。君至，召诸耆老之在官者，旁招其民，谕以德意。民皆投石贾勇，翕然而集。始修城郭，议甲兵，广储蓄，为固守计。不逾月，寇蜂起来攻[2]，同官咸欲挈妻孥与货财，率诸民以逃。君毅然正色，诧曰："吾奉命，与诸君来莅是邑，宁以守而死，岂可为不义生耶？"乃下令曰："民有违约束者，以军法从事。"既而贼知有备，竟他往焉。故当时附广南者无全邑，而增城独无事者以此。未期，以内艰归，垂髫之稚，鲐背之老，奔走道途。而愿借寇者，不可以计。惜乎任不久，而未克成也。而吾所谓临利害遇事变，确乎其不拔，卒能立名节，而功济乎兆民者，君其庶几乎！

兹以阕服，改莅潮阳，余喜而不寐。夫潮阳为广东巨邑，人文俗尚之美，非增城之偏于一隅比。昔人以为海滨邹鲁者，信乎其然也。近虽嚣然有讼声，然长民者，诚能持之以廉正，导之以德教，而待之以平易，则声驰而谷响，风振而草偃，邹鲁之风可立见也。呜呼！余自莆归潮，未几十年。而官是邑者，何啻十余人，未有一克终其任者，果风俗之未协欤？抑气运之使然欤？抑官之者之未得其人欤？虽然，否极则泰，理之常也，君其时乎？行矣哉！余日以望。

校记

[1] 饬，《宫詹遗稿》作"饰"。

[2] 蜂，《宫詹遗稿》作"风"，当以"蜂"为是。

赠郡守陈侯荣擢序[1]

潮之邑四，其山川人物之盛，惟潮阳为称首，昔人以海滨邹鲁名之者以此。近年以来，令之者，或戾其常，民俗亦变，讼烦事剧，治者难之。天顺改元，今郡守陈侯由建阳迁于是邑，廉明刚断，大畏民志，令行法息，人心翕然，复归于治。而学校诸生，陶煦作兴之功尤多。

既而揭邑有沿海而村曰夏岭者，以渔为业，出入风波岛屿之间，素不受有司约束。人健性悍，邻境恒罹其害。寻有豪猾者互争土田，诉于官，连年不决。有司动遣巡司率隶兵而拘执之，则侵扰其众，豪夺其有。民弗堪，乃相率乘舟道海壖而逃。因之以岁凶，加之以水灾，遂大集无赖攻城剽邑，肆为杀戮。海揭二邑，受害尤甚。官兵捕之，失其纪律，反堕其计，气益焰，势益张。潮阳尤密迩其地，侯乃修城垒、缮甲兵，聚民之贾勇者，教以战守攻围之法，日耀武于廓外，以扬其威，夜则躬督士卒往来巡守。令严信孚，罔敢或违，贼众来侵，屡战屡北。一邑生人，获免戕害，侯之功也。潮阳虽完，二邑日削。藩臬诸公乃闻于朝廷，命将提兵而剿之。贼闻兵至，辄航海而逭，退则复来。久之，侯乃密遣谋士，诱其渠魁而戮之。贼众骇愕，势颇怯，乃率民伍，具海舰，与官兵夹而攻之，遂尽降其众。三邑之民，始得以宁其居处，遂其生业，皆侯之功也。都宪叶公乃上其事于朝，升今职。耕者忭于野，行者歌于途，商者欣于市，咸曰："向使吾侯蚤陟此位，则吾人岂有今日之殃乎？"

余维人之负经术而见用于时者，或以廉洁著，或以文章鸣，或以政事显，固有其人。至于武事，则非所长矣。三代以降，惟汉之孔明，唐之李靖，宋之韩、范诸公，号称文武全才而已，其他未前闻也。今侯文足以治民，武足以戡暴，其丰功盛烈，视前修为无愧矣。方今圣天子嗣登大宝，敷求明哲，赞襄鸿业，行见跻华陟要，宏敷治泽于天下。而吾潮岂得以久留哉！侯名瑄，字廷献，蜀之眉州人，由明经登甲戌进士第，擢监察御史，已籍籍有盛称矣。

校记

[1] 乾隆《潮州府志》、光绪《潮阳县志》均收有李龄《赠郡守陈公序》一文，内容与本篇基本相同，但文字表述略简。因文字差别较大，为避免繁杂，不出校记，仅在此说明。

嘉瓜赋

洪武纪元之五年夏，句容民张观之园产嘉瓜，二实同蒂，遂进于上。我太祖高皇帝既赐以钱币，复制赞以美之；而学士宋濂，亦献颂以揄扬之。宣宗章皇帝又增八五伦书，以为君臣欢[1]，诚万世之幸也。

一日，其孙今御史君谏以示，龄盥沐拜览，忻跃不胜，庸是不揆，谨赋其事，以志于后云[2]。

繄圣皇兮龙兴，奎璧合兮重明。挥金戈而划群雄兮，扶人纪之既倾。挽银汉而洗腥膻兮[3]，登斯世于隆平。九畴致而复叙，寰宇混以载清。播仁风兮四达，敷和气兮八埏[4]。礼备兮乐和，治定兮功成。于是天不爱道休征应兮，地不爱宝瑞物臻兮。羲皇之龙出于河兮，有虞之凤仪于廷兮。

懿彼句容，实皇祖乡[5]。地应吴越，水接湖湘。山嶔岑兮旋绕，烟景郁兮苍苍。泉甘兮土肥，民淳兮俗良[6]。伟金陵之形胜，互扬州之封疆[7]。

彼美农兮，厥姓曰张。世植其本，家和以昌。睇东方兮既作，辟瓜园兮南阳。布回纥之嘉种，发东陵之秘藏。浚清流以灌溉，聚沃壤而堤防。根纡回兮深入，蔓旁绕兮延长。黄花娅姹兮烂金铺以浴日，绿叶阜蕃兮灿瑶瓊以凝霜[8]。展碧云兮盖地，引翠带兮盈冈。忽同蒂而连实兮，双星降以储祥。羌含阴而育阳兮，重轮合以摇光。清涵玉井之水，甘逾醴泉之浆。虽三秀之灵芝兮，未足以为奇也。纵连理之嘉木兮，亦难以并美也。魁麦秋之两歧[9]，绍嘉禾之秀趾。

汉之元初，虽曰同蒂，惟一瓜焉；晋之太康，虽有二茎，特一实耳。畴若兹瑞，旷前古之所无，岂近代之所能拟[10]。于以昭张氏之余庆，于以兆皇家之福祉[11]。乃告京尹，函以素匦，炙背来庭，献之天子。天子穆穆，谦让弗居，重瞳屡顾，天颜怡愉[12]。荐之太庙，以表祯符。匪徒物称，至治惟馨。于赫皇祖，昭格来临。诞锡洪禧，以扬厥灵[13]。圣子神孙兮，衍皇图于亿世；际天极地兮，沐圣化于千龄。神人兮交庆，朝野兮欢腾。

于戏我皇，嘉言孔彰。亦有词臣，拜颂其祥。灿龙章兮珠玑，鸣璆锵兮琳琅。瞻天颜兮咫尺，荷宠赉兮汪洋。虽一时兮奇遇，实垂庆兮无疆。泽及裔孙兮为绣衣郎，冰蘗其操兮金玉其相。超去襜兮郭贺[14]，并埋轮兮张网。睹列圣之相承兮，实足以符嘉祥之所应。而张氏之蕃衍兮[15]，又足以验我皇之期望[16]。愧谫才兮不足以形容乎盛德，谨稽首而作赋兮，俾后世以传芳。

校记

[1] 欢，隆庆《潮阳县志》《宫詹遗稿》均作"劝"。

[2] 以志于后云，上志作"以垂后祀"。

[3] 银汉，上志作"云汉"。

[4] 埏，上志作"弦"。

[5] 皇，上志作"帝"。

[6] 良，上志作"庞"。

[7] 互，上志及《宫詹遗稿》均作"亘"。

[8] 阜蕃，上志作"蕃阜"。

[9] 麦秋，上志作"麦穗"。

[10] 所能拟，上志作"敢拟"，当以上志为是。

[11] 此二句句首之"于以"，上志上句作"上以"，下句作"下以"。

[12] 天颜，上志作"玉色"。

[13] 扬，上志"赫"。

[14] 超，上志作"追"，《宫詹遗稿》作"迢"。

[15] 蕃衍，上志作"济美"。

[16] 验，上志作"副"。

广济桥赋

客有御风霆，游古瀛，鼓枻沧浪，驰骋金城。登西湖兮四望，攀凤凰兮抚苍冥[1]。烟景纷以万状，山川郁而青青。极目兮千里，聊纵志以舒情。主人顾而谓曰："子徒知夫岭南雄观[2]，在于吾潮，而不知夫吾潮胜状，在于广济之一桥。"

于是乘华辀，骖虬螭，驾彩凤，载云旗，朝雨沛以洒尘，凉飙肃而吹衣。纷总总其离合兮，溢埃风而至之[3]。巍歟高哉！寥兮如飞梁度江，恍歟若长龙卧波。复道行空，俨然如乌鹊横河。鞭石代柱，崇台峨峨。西跨瀛城，东襟鳄渚，直走于韩山之阿。方丈一楼，十丈一阁[4]。华梲彤橑[5]，雕榜金桷。曲栏横槛[6]，丹漆黝垩。鳞瓦参差，檐牙高啄。起云构于鸿蒙，倚丹梯于碧落。朱甍耸兮欲飞[7]，龙舟萦兮如束。琐窗启而岚光凝，翠牖开而彩霞簇。灵兽盘题而蹲踞，青鸾舞栋以翱翔。天吴灵胥，拥桥基于水府；丰隆月御，列遗像于回廊[8]。石苔斑兮欲驳[9]，激琼波兮响琳琅。金浦烂其浴日，瑶珹灿以凝霜。虽琼楼玉宇，不足以拟其象；而蓬莱方丈，适足以并其良。陋崔公之微绩，视洛桥兮有光。

若夫殷雷动地，轮蹄轰也。怒风搏潮[10]，行人声也。浮云翳目[11]，扬沙尘也。响遏行云，声振林木，游人歌而骚客吟也。凤啸高冈，龙吟瘴海，士女嬉而箫鼓鸣也。楼台动摇，云影散乱，冲风起而波澜惊也。仰而观之，云连紫闼，列虹影于中天；俯而临之，波澄素练，吐蜃气于深渊[12]。顾而瞻之，冈峦崒嵂，左右驰突，列云屏于后先。远而望之，鹤汀凫渚，岸芷汀兰，纷竞秀而争妍。

至于蓐收行秋，列嶂云收。明河涓皎[13]，月影中流。浮金跃璧，耀目明眸[14]。上下天光，万顷一碧。白露横江，琼浆夜滴。万象鉴形，渊泫澄碧[15]。渔歌互答，此乐何极。羌终夕兮游玩，窅不知其偃息[16]。有仙子兮扬翠旍，驾两龙兮江之滨。百神森以备从，鸣玉鸾兮声謽謽。使湘灵兮鼓瑟，令王乔兮吹笙。歌九韶兮舞冯夷，张咸池兮奏云英。澹容与以逍遥，忽独与子兮目成[17]。

若曰潮乃邃古之瀛洲，幸与汝兮同游。山虽明兮，未若虏昆仑华岛之为优；水虽秀兮，难同虏瑶池翠水之悠悠。独斯桥兮形胜，与仙造兮同侪。地脉连而回萦[18]，鳌极峙而不倾。淳风回而俗转，家礼乐兮人公卿。噫！微斯人兮，畴克以臻。言既竟兮，乘元云而上征。客既奇遇兮，乃反虏瀛洲之故城。收畴昔之逸游兮，卷淫放之邪心。服仁义以修姱兮，游道德之平林。既申旦以独坐兮，乃具告主人[19]。抚掌而叹曰："异哉！昔子房之游下坯也[20]，遇神人而盘桓；相如之度升仙也，纷至今为美谈。子于是游，其亦可谓旷百世而一观。"客乃歌曰[21]："若有人兮金玉相，乘云龙兮佐尧汤。道既高兮德弥彰，捧纶音兮牧潮阳。囿吾民兮仁义乡，追昌黎兮参翱翔。五谷登兮人物康，运神规兮建河梁。俾万姓兮履周行，功巍巍兮摩穹苍。聊作歌兮勒高冈，籍文烂兮星斗光。吁嗟王公之福吾潮兮，地久而天长。"

校记

[1] 攀，顺治、乾隆《潮州府志》，康熙、雍正《海阳县志》，《宫詹遗稿》均作"扳"。

[2] 岭南，上列四志均作"江南"。

[3] 溢，康熙、雍正《海阳县志》，乾隆《潮州府志》均作"壒"。

[4] 十丈，康熙《海阳县志》作"千丈"，当系误，应以"十丈"为是。

[5] 华，康熙《海阳县志》作"叶"，当系误，应以"华"为是。

[6] 横槛，上列四志均作"斜槛"。

[7] 朱薨，乾隆《潮州府志》作"朱梦"，当系误，应以"朱薨"为是。

[8] 遗像，康熙《海阳县志》作"道像"。

[9] 斑，顺治《潮州府志》，康熙、雍正《海阳县志》均作"班"。

[10] 搏，康熙《海阳县志》作"溥"，当系误，应以"搏"为是。

[11] 目，上四志均作"日"，是。

[12] 蜃，康熙《海阳县志》作"唇"，当系误，应以"蜃"为是。

[13] 涓，乾隆《潮州府志》作"娟"。

[14] 目，上四志均作"日"。

[15] 泫，乾隆《潮州府志》作"湮"。

[16] 偃息，上四志均作"淹息"。

[17] 子，上四志均作"予"。

[18] 回萦，顺治《潮州府志》和康熙、雍正《海阳县志》均作"为萦"；乾隆《潮州府志》作"萦绕"。

[19] 具告主人，上四志均作"具告于主人"，是。

[20] 下圮，康熙、雍正《海阳县志》和乾隆《潮州府志》均作"圮下"。

[21] 客乃歌曰，上四志均作"客乃作歌曰"。

卷二 萧给谏湖山集

潮阳萧龙宜中著

郡志列传[1]

萧龙，字宜中，潮阳县人。少颖异，天顺己卯领乡荐，成化丙戌登罗伦榜进士。与伦交最善。任南京户科给事，兼管湖事。时湖册晒暴，有名无实，龙为厘剔之。遇国家大计，辄抗疏纠论，弹劾不避权要。宪宗时，雷震奉天门，上疏纠参赞大臣不职，大臣衔之。后因乡人构诬，遂借端陷，戍万全边。士从游者几百人，及殷谦、秦纮、余子俊等相继抚边，皆待以殊礼。会恩诏恤诸戍臣，夏官卿马文升复为辨诬，复故职。休致家居，修谱牒，立祀法，倡建东山文大忠祠，筑草堂廓西，号湖山逸叟。著有《湖山类稿》。

校记

[1] 乾隆《潮州府志》"列传"载有萧龙条，与此文文字差异较大，但内容基本相同。

序

士大夫登于朝，无卓然特立之操，以求所树建；及其退于野，犹怀容容系吝之心充其念，将至于顽钝而不知止，则天下何所贵乎儒术矣。

余览故黄门宜中萧先生《类稿》一编，而深慕夫先民典型也。当夫陟清班而秉简，则封章不避枢要，惟知讲定国是之为先。洎乎息逊口以归来，则烟萝可杜捷径，惟恐遗落世事之不尽。诚始终进退，不失其正者，备载斯编。已考其筮仕，实明宗成化之初，大臣依阿，内宠干预，方士杂进，两厂为雇。至于灾眚见，军兴繁，固在廷臣子吐露忠荩，上纾宵旰之日也。可言者不为不多矣。使言而当，则为罗永丰之疏论阁臣不应起复夺情，贬外辄还馆职。言而不当，不过为林刑曹一辈，直陈妖僧等夤缘欺罔，逮狱犹复故官。非有严绝谏臣，使天下之缩舌也。而此稿仅有请御便殿，以亲大臣，乞复言官以广言路，惜名器，饬兵政诸条议。余方疑之，乃翻阅其先引咎自劾，上言五事之疏，竟削牍焚草以不传。则知先生能言人所不敢言，又不以能言自侈也。今存者，大臣不职一疏，识被谴之由；乞恩祭省一疏，表孝思之悃。耿耿依依，生平之大致如此。

若夫啸咏于林泉者，历平陂而一视。投赠其同好者，引华遴以偕行。清风肆好，悠悠我思，盖以自全其天年，臻于耆耄，犹不失厥常度。享当世之太平，燕孙谋于累叶，何其厚欤？其与斯世之瞻三台而不忍去，指戚畹为支族者奚若？或云："昔之作者有言，文情非怨思抑扬，则流淡而无余味。若宜中先生，怀才负气，讫于郁伊，弗获驰骋，展尽底蕴，可以怨矣。可怨而诸诗之能不怨，何也？"余复之曰："闻之事君者，进思尽忠、退思补过而已矣。萧黄门于大河之日，口北风沙，已非启沃之司。优容恩宽，左迁武阶提举。玉局洞霄，丰采殊矣。况际继体践阼，新猷日盛，其君臣一德，孜孜图治之衷，可无待草野老臣笃忠之虑。是先生方与天下同其乐，而又何怨之有。则夫诗词之浅深生熟，一无以关其心，而泛泛若不系之舟，亦放乎中流，听其所如，可止则止焉已。乃必沾沾辨之，曰：孰为贞观，孰为开元大历，不已诞乎？"余既因稿以得其人，而重其人，因乐与传其稿，于四世嫡孙懋安之请，谨为之序以归之。

康熙己酉秋七月，嘉禾后学原棉山尹廷尉平右司王濋草于皇华旅次。

萧给谏湖山集题辞

大臣无休休有容之度，往往借公事以报私忿，引疑罪以附深文。而群僚之陷于罪戾，终身不可湔拔者多矣。萧给谏由翰林改南户科，正色立朝，风采严峻。尝因灾异，弹及参赞大臣。一击不中，谣啄（诼）频兴[1]，遂至落职荷戈而戍者十有一年。呜呼！谗人罔极，一至此哉！

迨夫金鸡诏下，万里归来。辟湖山之胜境，叙朋旧之欢娱。固已升沉莫问，宠辱无惊。回忆玉当，巍然如在天际。而身世险夷之感，久矣相忘。正不必咏小雅畏谗之诗，呼苍天而诉南箕之太甚也已。

后学顺德冯奉初题。

校记

[1] 啄，当系"诼"之误。

修政弭灾疏

题为陈言修政弭灾事。

切见近日以来，星文变异，地震京师，东南多水，兼以边鄙之扰，下饬人事，上贻圣忧。臣等失职致灾，罪不可逭。乃上言五事以自劾，因欲辞职，钦依："恁每还勉于修职，不准辞。"此可见陛下尧舜用心，禹汤罪己，应天以实而不以文，任人以言而不以默也。臣跪读圣谕，愈加忧怖。窃以为圣政万几（机）[1]，非一疏所能尽言。用是再竭狂瞽之思，恭陈一得之愚，以少裨陛下修政弭灾之万一。伏望宽霁天威，俯纳刍荛，不胜幸甚。

计开：

一、亲大臣以谋庶政。臣闻天之立君，所以统治；君之任臣，所以辅治。故高宗中兴有商，而实资于傅说；成王大治有周，而实资于周召。诚以一人之聪明有限，众人之智识无穷。故人君必精选贤臣，置诸左右。既得其人，必任之勿二，信之勿疑，朝夕亲之，虚己听之。则都俞密勿，而政事不至于阙遗；谟明弼谐，而举动不至于愆忒矣。我祖宗建立内阁，选大臣之贤者居之。非徒欲充其位，而具其官也。正所以资启沃，而备顾问也。故凡中外臣民之章奏，朝廷大政大礼之设施，往往询之谋之，然后裁决。故事无过举，而人无异议。列圣相承，恪遵成宪。罔不日亲大臣，商榷庶政。至我英宗睿皇帝继承大统，尤切切于是。正统年间，每日御便殿，召大学士杨荣等，亲与商榷政务。故当时政得其平，灾变不生，祸乱不作，而天下大治。是即商之高宗，周之成王也。臣切见今日内阁大臣，每日自朝参之外，寻常不得一睹天颜，中外章奏或有不与知者。虽陛下智周万物，明照四方，无用资于人，而足任于己。然万几之繁，聪明或有所遗；酬酢之多，精神或有所蔽。欲其事事合宜，物物中理，恐未可得也。昔禹戒舜曰："后克艰厥后，臣克艰厥臣，政乃乂，黎民敏德。"舜曰："俞！允若兹。嘉言罔攸伏，野无遗贤，万邦咸宁。稽于众，舍己从人，不虐无告，不废困穷，唯帝时克。"虞廷君臣，更相戒饬如此。故君德不可加，而治效不可及。天下仰之，万世师之。臣愚欲乞陛下，远法虞夏商周之为君，近述英宗睿皇帝之亲大臣，每日自朝至于日中昃，两御便殿，进内阁大臣至于左右。降霁威严，以尽延访之意；奖借辞色，俾得吐露衷诚。于凡中外章奏之处分，以及大政大礼之设施，悉与商榷可否，然后裁决。则纶綍之颁，皆有以惬人心而当公论。朝廷有清明之政，而边陲怀畏服之心矣。

一、复谏官以来直言。臣闻君天下者，以诚心纳谏为先务。有言责者，以诚心进谏为尽职。盖纳谏而有不诚，则顺旨者喜，逆旨者怒，怒则必罚，是为丧臣之直也。进谏而有不诚，则无犯者言，有犯者惧，惧则必讳，是为伤君之明也。君丧臣之直，臣伤君之明，如是而欲上下交而德业成，得乎？古之圣帝明王，有见乎此，故有敷奏以言之法，官师相规之诚。瞽为诗，工诵箴，大夫规诲，士传言，皆所以深采群言，以裨助时政。未尝以臣言过直，而至远斥者也。恭惟陛下即位之初，首降明诏云："近侍风宪，职当言路，今后凡朝廷政治得失，天下军民利病，须直言无隐。言或不切，亦不加罪。"此可见陛下诚心纳谏，不以顺旨而喜，不以逆旨而怒。陛下之心，即古帝王之心也。故凡有知识者，孰不竭愚毕虑，以贡刍荛之万一哉！然诏既涣汗于上，则臣宜遵守于下。维时南京给事中王徽等，职居近侍，故敢披沥肝胆，上以仰答诏旨。陛下乃以言事过情，远斥边方，至今未蒙起复，似与诏旨前后相背。臣愚无知，愿陛下始终此心。臣尝阅徽等所奏，皆国家大计，人所难言。论其言虽为过情，迹其心无非为国。若终远窜不复，恐于公论未安。及照翰林院修撰罗伦，编修章懋等，俱因言事外补，今皆荷蒙圣恩，一则还其旧官，一则改调京职。徽等与彼事体相同，独未沾此厚恩。伏望圣度如天，包含遍覆。视徽等与伦等同一仁，起取回京，复还旧职。则有以来天下臣民之直言，而彰陛下纳谏之盛德。臣与徽等素不相知，亦非朋比，但以因言而去，义有未安，辄陈狂愚，上渎天听，惟圣明察之。

一、爱爵赏以重名器。臣闻爵赏者天下之公器，而人君之大柄也。所以鼓舞人心者在是，所以策励驽钝者在是。故当与不与，则为屯膏吝赏，而人心必至于解体。不当与而与，则是滥恩横赐，而人心必至于轻玩。是以孔子惜繁缨，不妄以假人，盖以名器至重故也。我祖宗制度，武职非有斩将搴旗之功者，不得升一级；非有摧锋破阵之劳者，不得进一阶。至于一时特恩所升，子孙亦不得世袭。岂非以名器所当重，而爵赏不可轻乎？臣查得景泰年间，有因纳粟而授以指挥千百户等官者，至今各人子孙，俱各世袭管事。虽曰月支奉一石，而官爵自如也。夫纳粟补官，亦一时权宜之政耳。授以官爵，以荣终身，固足以示优恩之典，再加世袭管事，则未免有冗滥之失。夫纳粟者且与世袭，彼有斩将搴旗之功者，则将何德以及之。纳粟者尚许管事，彼有摧锋破阵之劳者，又将何恩以及之。是不免失轻重之宜，而使壮士怀扼腕之叹也。况师旅之征，殆无虚岁。爵赏之命，宜待有功。今若使纳粟之人，一暨世袭管事，非惟使人心视爵赏为泛常，亦非朝廷慎重名器之体也。然已往者不可改，将来者所当慎。伏望陛下，断自宸衷，将纳粟补官者，自今为始，已袭者终于本身，未袭者再不许袭。则名器重而大柄全，官无冗滥之失，人无轻玩之心矣。

一、增宪臣以饬兵政。臣闻为治莫先于足兵，练兵惟在于得人。盖《诗》有"王旅啴啴，如江如汉"之章，是古之为治者，未尝不以足兵为先也。《易》有"长子帅师，弟子舆尸"之戒，是古之练兵者，又未尝不以得人为要也。求古既无不然，于今岂宜不谨。臣切见天下都司卫所，管操、都指挥、指挥、千百户等官，俱系袭荫庸人，不谙兵机重务。上下交通，贿赂彼此，递相剥削。军之富者则令办纳月钱，贫者则占在家役。使成年不操兵器，终月不入校场。训练无方，控御无法。金鼓车旗之制，邈乎不知；进退坐作之节，冥然不识。军器坏而不造，士卒苦而不恤。巡按分巡官员，虽是职当点阅，但各因地方多事，往往不能专一整饬。故奸弊日甚滋生，兵政日加废弛。而或一旦地方盗贼生发，上司捍御，临时召遣，则将不知乎兵，兵不知乎将。是犹驱麋鹿而逐猛虎，几[1]何而不至于丧师失律也耶？然地方盗贼始发，不能早为扑灭，及至猖獗，辄便请阅出师。仓卒无谋，刍粮为之空虚；转输馈送，军民为之疲敝。是由平日不得其人，以总理其事也。况各处连年水旱，饥馑洊臻，盗贼窃发。杜渐防微，实所当谨谨之于未然，则无虞于后日。如蒙准言，乞敕该部查照先今事理，各处增设宪臣一员，专一整饬兵政。则机务有所统，功绪有所稽。将得其人，而忠勇效劳；兵有其备，而外侮不患矣。

校记

[1] 几，当系"机"之误。

陈弭天变疏

题为陈言大臣不职，以弭天变事。

臣闻古昔圣帝明王，凡遇天象变异，辄求直言，以审时政阙失。盖将以回天意，而弭天变也。臣惟南北两京，皇仁一统。北京虽文物都会之地，而南京实祖宗肇创之基。宫殿森严，门掖整饬。迩者雷震奉天门，拔其榱桷，诚天象变异之大者。然变不虚形，实由人召。钦蒙皇上，诏谕臣僚，直言阙失。臣有以知陛下之心，即古昔圣帝明王之心也。

臣祗奉明诏，切见参赞机务南京兵部尚书□□□，莅任颇久，才非杰出，事止因循。虽云大恶未稔，其实无善可称。德政之施不闻，尸素之诮难免。况参赞之职，班首大臣。荷朝廷委任之专，膺国家机务之重。百职攸萃，非他职比。为□□者，正当勤劳尽瘁，展布四体，调元赞化，而亮采惠畴，斯为克称厥职。顾乃暇逸偷安，患失乾没，未尝决一大谋，未尝措一大策。玩岁愒日，其为贪位固禄之计则得矣，其于大臣之体何有哉！天象之变，未必不由于此也。

伏望陛下，断发宸聪，调黜而别用之，使知所警。择贤而往代之，使得其人。庶几天意可回，天变可弭，而机务之参赞有所托矣。臣与□□，职非所统，素无少嫌，特其不职而论之。臣愚岂不知言忤于人，祸贻于己。但臣职该言，不忍上负朝廷，下负所学，恳切为陛下言之。臣不胜战惧之至。

守道说

揭阳有隐君子曰陈伯谦先生，秉德蹈义，读书好古。乡人咸称之曰"守道先生"。先生曰："道岂我有哉，吾知守吾身而已，曷足以当是称。"乡人曰："道即身之所有也，先生知所以守身，则知所以守道矣。配以是称，不亦宜乎？"自是通邑之人，咸以守道称之。先生始闻而骇，中而惭，久之，称者日益众，先生骇且惭者，亦于是而少安矣。因以守道为别号，既而传播远迩。

其子仕宝，以进士官南京户部主事，闻之喜曰："乡人以守道称吾父，甚宜。今年夏，秩满入觐，天官奏最，有推恩之典以予乡人也。请绎守道之义为说，将奉归以宁其父。"予曰：道岂易守哉！道原于天，具于人。人得之，为仁、义、礼、智、信之性，父子、君臣其伦也，礼、乐、刑、政其具也，《易》《诗》《书》《春秋》《礼》其书也。人同此性，有此伦，备此具，而其本末先后，载之于书。弗学则弗知，弗知则弗行，弗行则道不可得而守矣！学而后知，知而后行，得志与民由之，不得志守之于己。孟轲氏有曰："守孰为大？守身为大。"又曰："孰不为守？守身，守之本也。"正此谓也。何则？身也者，道之寓也。身外无道，道外无身，守此身，即守此道。守之维何？必静与道俱，动与道合。持守其身，使不陷于有过之地，以至离道之远。由是事君事亲，以至家国天下，皆自此而推之耳。故曰："得志与民由之也。"苟不得志，则独行其道。不以富贵而淫，不以贫贱而移，不以威武而屈。夫然后斯可谓之守身，斯可谓之守道。不然，吾未见其可也。

伯谦先生有得乎此，浑厚简严，博通经史，言足人之听从，行足人之取则。守身守道，蹈履至到。然又不拘拘于声利，而必其得志也。优游闲暇，养晦自娱，日惟以教子为事。俾之种学绩文，故能掇巍科，登显仕，抗宗拔俗。是先生守道之报，不食于身，而食于子。配以守道之称，其称称矣哉！

然则以守道称先生，固非自为喜好而溢美也。又，先生亦非要誉内交，而苟焉以致之也。有诸中，必形诸外。一实德，自然之符耳。故曰："有本者如是，是之取尔。"观于此益信。是为说。

破邪斧[1]

潮阳为东南大邑，自沐昌黎之化，士知书，人知学，号为"海滨邹鲁"，未闻邪说之移人也。延至于今，士大夫家，式克先生之道者如线；而里巷之间，矇瞀于明明之天日者，一坏于官府之无政，再坏于豪右之无法，三坏于主张者无其人。坏则惧，惧则无所主，无所主，则邪说入之矣。

邑之东山有双忠庙，后寝祀张、许二夫人，前列歌舞妓七人。盖张、许曾封为王矣，故设乐舞侑食。时人不识，乃谬以中一人舞者，为巡爱妾，目为大姊。往往从而供养，谓之有灵，能作祸福。淫巫贱姥，至舍身而入奉者。呜呼！其幻泡也甚矣！

吾侯姜君元茂，慕圣贤之道者也。莅任于兹，三年而政具举，六年而职有成。拳拳以息邪说、正人心为己任。视篆未几，即能碎妖淫之像，塞碞蒿之源。其心其政，可谓正大光明矣。故邑人始而惊，中而笑且排；而侯之志益坚，终而翕然，随以定。《易》曰："山下有风蛊，君子以振民育德。"而朱子以为治己治人之道。孟子曰："能言距杨墨者，圣人之徒也。"然则侯之是举，其于反经复道，辟邪卫正，不为无功也耶！

公退之余，复取北溪论鬼神佛老等篇，兼采史传有关于邪正之辨者，集为一书，板行于邑。盖欲振愚夫愚妇于尘坌癗寐之区，而妙敷言之训也，岂特粉饰之具哉！录成，直命曰"破邪斧"，属龙序之以弁其端云。

校记

[1] 本篇题作"破邪斧"，实际应是《破邪斧》之序言。

卷三　萧太史铁峰集

潮阳萧与成宗乐著

邑志列传

萧与成，字宗乐，潮阳人。父廷国，性孝友，积德种善[1]，以贻子孙。以子贵，赠检讨。与成弱冠中正德癸酉解元，登丁丑进士。考选庶吉士，授检讨。与修《武宗实录》，赐金绮，晋修撰，丁外艰。既免丧，叹曰："母老矣，曩以升斗之禄，不及视父舍，忍复蹈之耶？"有司劝驾，终不应。家居，建宗祠，广祭业，修谱牒，宗法大备。至邑有虚粮，白诸当事，以桥税抵云。

长子端蒙，字曰启，登嘉靖辛丑进士。选庶吉士，出为御史，按贵州，再按江右。二省程录，皆出其手，为海内传诵。又陈时政十余疏，多切利弊。其文亦修雅迈俗，所著有《同野集》。次端贲、端升，同中嘉靖丙午乡试。端贲授灵川知县，升延平府同知。端升字曰阶，计偕过桐江，问学于文恭公罗洪先者数月；授柳州罗城知县，改教新会，升琼州教授。家居尤严礼教，卒年八十三。太史焦竑为之铭。孙贻朔，由贡授平阳通判，升左州知州。有贤声，今祀乡贤者凡四世。

校记

[1] 积德种善，顺治《潮州府志》作"积书种德"。

萧太史铁峰集题辞

志于道德者，功名不足以动其心。志于功名者，富贵不足以惑其志。铁峰太史，少登巍科，入翰苑，翱翔碧驼金马之间，以文学结主知。公孤卿相，匪异人任耳。乃经德不回，浮云富贵。告归后，依依膝下，不愿以三公之贵，易其一日之养。庶几能以天爵自尊者矣。

至于有子克家，隆隆鼎盛，则又其得天之独厚者。士大夫急流勇退，继起有人，岂非人生至乐哉！今读其文，粹然经籍之气。以青云之学士，作绿野之高人。仰德辉者，如绛云之舒卷空中，威凤之遨游郊薮，蔚然盛世之祥也已。

后学顺德冯奉初题。

《东坡寓惠集》序

《东坡寓惠集》者，集东坡苏文忠公寓惠时所作也。公之文章，天下皆诵而式之矣。而复摘为是集者何居？今夫前闻人之居是邦也，后之君子履其地，思其人而不得见。则必询其平日之所寓处，之所憩适，之所交际而晤语者，以想像其素履，庶几少慰怀贤吊古之思。求之而弗得，则抑郁咨嗟，若有不能释然者。公之文章气节，表表在人，固人所企慕而不得见者也。得是集而观之，则于公谪惠时之所寓处憩适交游者，不待访遗踪，咨故老，固已不外乎一展卷之间而得之矣。

矧惠为岭表名郡，其山川景物之胜，前此固未甚闻于天下也。至公谪居之后，形诸吟咏，于是益籍籍昭著至今。然则是集也，其可少乎哉！余观集中所载，惟和陶之作居多。盖其悠然自适，若将终焉之意，于陶有默契焉者。则迁逐困踬之余，非公之所以动心忍性，增益其所不能者欤？夫惠固藉公以增重，而公之充养，亦未始不资于惠也。是集之刻于惠也，固宜。

惠故有板，岁久且蠹坏，观者病焉。重锓而新之者，侍御南昌涂君意也。赞其事者，前侍御今揭阳簿会稽季君也。董其成者，惠郡守余姚顾君也。涂君相，字梦卜。季名本，字明德。顾名遂，字德伸。三君子与余同登丁丑榜进士云。

送邳州杨文学序

辛巳之秋，积雨既霁。客有任邳州文学者，告行于予，且曰："吾先世高大父廷评公，以儒学显。自是子孙世其学，至吾先叔某为侍御，吾叔某为宪副，皆起家进士。茂著英声，用能显我先人。仆无似，弗克绍厥绪业，以振吾家声。顾俯首卑秩，以为先人羞，用是恶焉，其何以教我。"予语之曰："是何言哉！吾闻君子非无位之患，惟弗胜其位之为患。职无崇卑，顾为之何如耳。故古之上圣人，虽乘田委吏之贱，犹不耻为之，亦曰：吾能举其职而已矣。反是，则虽尊且贵，有不足齿录者。故溯观往古，跻肮仕，陟显秩，而名磨灭者，不可胜数，而苏湖竟以善教称焉。今子领朝廷之命，以为一州学者师，固非若有司刁笔筐箧，各专一事者比也。行有可师，则人翕然仰之矣。行无足观，则人欢然訾之矣。子之职，不既重已乎？矧际圣明，驭天更化，善治综核，庶职闾间崇卑，信能陶成善类，以为世用。则宠擢之典，有不以疏且远而遗者，其所以立后世名以光乃前人者，不有在兹乎？"客曰："子之言，则予既得闻命矣！然自揣芜陋，思得多士，相与切磋，以底于成，何教人之能？今邳之士人，多弗力于学，而又以芜陋者为之师。予惧夫成材之难，而职之未始克称也。夫是之故惴惴焉。"予曰："否，非此之谓也。今夫硗瘠之地，或成茂林者，无他，培之而已矣。沃衍之区，或为荒芜者，无他，废之而已矣。人之成才与否，亦犹是也。今吾子以作人为职者，不培之是务而废之，无乃不可乎？夫谓己不能教者，自诬者也；谓人不足教者，诬人者也，君子弗为也。"客拜，唯唯而退。遂书以予之。

送太学余君节推九江序

教与刑一也。书曰:"伯夷降典,折民惟刑。"又曰:"明于五刑,以弼五教。"则刑与学,未尝相离也。自夫法家者流,深文巧诋,钩距组织,残民以为威。于是乎刑自刑,而教之之意微矣。吾乡余君昌期,由太学正,擢任九江节推。推佐郡者也,于郡治虽无不佐理,而刑狱其专职也。君往哉,将教之,不改而后刑之耶?抑倚法以削也?九江当江汉之冲,地瘠民困。迩罹兵变,被害尤剧,宁无不得已而陷于刑者乎?君其慎之哉,多方以拊循之,犹恐其不聊生也,况可戕之耶?戕之是无刑也,其何以为教?君其慎之哉!

或曰:"子之言,诚迂矣。夫为推者,上有监司,下有邑宰。案牍之旁午,期会之迫促。触宪纲,犯章程者,往往而是。推鞫之少缓,则上之人有辞责加焉。严刑以为事,铁锁之日加,犹恐狴犴之不清也。而必曰教之云尔,迂矣哉!"曰:"否,不然也。予所谓教,非必别立科条,家至而户说之也。即刑以为教,教斯寓焉。故曰:小惩而大戒,使其恶不至于灭身,是教及一人也。又曰:刑一人而千万人劝,是教及千万人也。又曰:四罪而天下咸服,是教及天下也。天下且然,而况一郡乎哉?君之教漳平、教临江,与夫教国学也,在在有声。其佐郡而典狱也,必知所以教之矣。"

君名某,字昌期,宋尚书襄公之裔也。襄公为一代名臣,岭海之人,至今师之,况其家法之相承者乎?振扬祖烈,以追孝于前闻人,以垂无疆之问,必自兹始也。君其勖之。书曰:侯以明之,挞以记之。书用识哉,欲并生哉。敢以是为君诵。君将行,适其同寅某某辈,以赠言请。遂序以与之。

送彭时伯掌教华容序

士方其未遇时,鲜不以甘淡薄轻势利为己事,侈然自信,若将可以终身者。执此以臧否人,亦无毫发爽。一旦注名仕籍,将有一命寄,则较计规画之。心或萌曰:为某职,则其冷落也如此;任某官,则其烜赫也如彼。不免有所抉择去取于其间。间或有拘于时与命,而仕为清冷官者,则又未免有赘容。不自足之意见于色,而于名教之真,乐不之顾。呜呼!是固俗使之然,而非可以语大君子之为也。

吾同年彭君时伯,应南试未得志,以五月日受命之湖广华容署教事。予往贺焉,即见怡如裕如,于平居固无甚异也。心喜之,乃作而谓之曰:"君所居,教人职也。其冷淡凉薄耶,夫人皆能言之,夫人皆能知之;其清要贵重耶,亦夫人皆能言之,夫人皆能知之,不待予赘而知。君之有不屑计者,予独喜。君有轩亭物表之志,而署此清衔,无俗吏事之扰,得以大肆力于诗书。且得与士之高明有见识者,日相丽泽。则非惟有以成人,亦所以自成其志。将来所就,必有大不可量者。行将过洞庭,登岳阳楼,觅范老故碑而读焉。见所谓不以物喜,不以己悲,与夫先忧后乐之言,则益有以大君之志。而富贵利达之倘来者,了不足以动君矣。"彭君起谢曰:"子其知予哉!敢不勉以成此志。"适同年以赠行之文命予,遂书相与语者如此。

赠李惟肖令霍山序

东莞李君惟肖，以名进士授永新令。未视篆，适以家难离任。既免丧，待次铨部，乃力请教职，章一再上。铨部器其才，不之许。

或有问于予曰："惟肖殆难于令者乎？"曰："是非所以知惟肖也。以如是之器，局于为令也，何有？"曰："子何以知其然也？"曰："以其恭俭乐易而知之也。吾见其动循理度，不敢逾越，恭也。衣冠整肃，不事华靡，俭也。恂恂可亲，与物无忤，是又乐且易也。恭则必不陵也，俭则必不肆也，乐易则必不烦以苛也。恭以事上，俭以持己，而乐易以行之。以是为令，其庶矣乎？"曰："如斯而已乎？"曰："今夫治民者，大率戾此。有治才者，或陵以犯；忽细行者，或肆以侈；务时名者，不免事纷更以为政绩。于斯三者泯焉，反是，则为令也，何有？"曰："信斯言也，则今之所谓令尹者，又必皆若是而后称耶？"曰："于戏！是非吾所敢知也。夫今之宰邑者，岂必皆用心于子民者哉，朝至而夕觊迁焉。曾无与民相安之意，则不免猎取誉望，以邀显擢。将有强为恭而不实，欲为俭而不能者矣。又焉必其乐易以与民，而不事粉饰以耸人观听耶？此无他，盖时与势驱之也。此惟肖所以惴惴然，不以宰邑为乐，而必欲求为教职者，殆为是欤？若吾所谓，则固以为民父母者之常道。言之行之，以渐持之以久，期于与民相孚而成治。而人之知与否，官之迁与否，吾又何计焉。此吾之所以重有望于惟肖，而不敢以世之所谓能吏者待之也。"曰："以子之言，求诸古之人，所谓三事者，亦有合欤？"曰："吾正以其资之近似而与之也。夫事上能恭矣，则何有不慎；持身能俭矣，则何患不清；乐易以与民，则凡有益于民者，皆将尽心力而为之矣。乌有不能乎？"或者之疑释然，遂揖予以退。

既而惟肖改授霍山令，乡之士大夫仕于朝者，咸诗歌以赠之。以予有同年之雅，而属序于予。遂书此以征于将来云。

送同年车时泽通判常德序

圣皇立极，惟新庶政。越明年，董正治官，大明黜陟。内外大小臣工，罔弗慎选以充。维时我同年车时泽甫实，膺通判常德之命。或者以职闲事简为贺。时泽曰："吾方去奥渫以服官政，顾兹职视长吏差闲。然予犹有所未能者三，吾方惴惴焉弗称之是惧，矧敢以闲自诿乎？"问之，则曰："通判郡丞也，郡而上有藩臬司以临我，有宪职以抚我按我，有部使者以督促我，皆我之所事者也。礼度之少愆，期会之少缓，则有辞责加焉；是所以事上者，吾未之能焉，一也。同吾郡者，长有守，次有同守，又其次有推，皆吾之所友者也。志未孚，则猜我者众矣；名微彰，则忌我者至矣；是所以处僚友者，吾未之能焉，二也。下焉者，则有庶民，以服属乎我；输纳有期，吾之责也；急之则怨生，缓之则事弛；是所以绥民者，吾未之能焉，三也。三者未能，咎将弗逭，诸君子幸辱而庭教之。予其祗服之，无斁。"吾同年，义不可辞，乃则古昔以告之，曰："呜呼！艰哉弗畏。入畏君，知畏矣，允克有济。夫恭而勤，可以事上；诚而谦，可以信友；仁而武，可以辑下。动不违则，益加祗慎，恭也；殚乃心力，罔有或懈，勤也；明告在宣，协心罔间，诚也；名则弗居，咎则弗任，谦也；绥爱有众，恫瘝乃身，仁也；除恶务本，弗讫于富，武也。恭则不失己矣，勤则无废事矣，诚则人我孚矣，谦则人我服矣，仁则罔有不怀矣，武则罔有不威矣。迪兹以往，其庶矣乎？"时泽起，拜首曰："俞。"谨识之。

赠王廷贤分教松江序

维昔我高皇即位之明年，遂诏天下府州县立学校，设科分教，未几复颁条于天下。愚尝窥此，因窃叹大圣人作为，出于寻常万万也。夫当天造草昧之初，倥偬不暇，即以是为首务，崇儒重道之心至矣哉！

三代之隆，邈哉邈乎，不可得而尚已。汉至武帝，始令郡国立学校。唐时府郡置五经教授，开元末，始敕州县各置一学。宋初置四书院，至景祐宝元间，大郡始有学。庆历间，诏诸路州军及县各置学，然而教授皆漕司自辟。熙宁以后，始命于朝廷。夫汉唐宋诸君，非不崇奖文学也。然必传数叶、历数君累数十年，而后其法始备。固未有如我圣祖于开创之初，而能建置规画若是其详且悉者也。然则任是职者，可不思所以仰答圣明也哉！

嘉靖乙酉夏，王廷贤甫训导松江。或者曰："松江大郡，彬彬多文士，王君可以无事于教，而坐视厥成矣。"予曰："恶！是何言哉！率斯言也。教之职，其隳矣乎？夫师大邦者，既自诿曰：'无事于教。'则彼师遐土者，必将曰：'是何足与言也，然则教将无所施耶？'自诿于不教谓之惰，谓人不足教谓之诬。惰与诬，君子弗由也。今天子法祖求贤，有加无替。职教者，乃不能深惟建学造士之本意。顾或惰焉诬焉，以瘝厥职，是废先王之守官也。矧今天下士类，多事虚浮而忘本实。盖文靡质敝，势所必至。松江之士，亦容或有然者，是将孰任其责耶？夫所谓无事于教云者，无亦曰：'吾犹夫人也，又乌可抗颜而为人师。'吁！亦惑矣。昔焦先生伯强客颍州，吕荣公事之唯谨。伯强事业，他无所见。而荣公德器，成就为宋大儒。论者以为，焦先生化导之笃之所致。今松江之士，未必皆荣公也，又乌知夫王君非伯强也？"

君名儒，漳之龙溪巨族，代有闻人。从祖升为良二千石，名在一统志。其先君子及诸父，俱以隐德，取重于时。群从子姓，策名仕版者，踵相继也。其家学有足称云。书之以俟。

送梁君用宰七家岭驿序

按周礼，怀方氏，掌来远方之民；致方贡，致远物，而送迎之，达之以节，治其委积馆舍饮食。及唐，以驾部掌天下之传驿。凡三十里一驿，驿置长一人。量驿之闲要，以定马数。载之六典者，可考也。

我国家稽古建官，本诸周礼，而酌乎唐法之善者。于凡舟车所至，必设传驿，驿有丞。凡宾旅往来，以及殊方异域之内向贡珍者，虽重数译，越数千万里而来，其馆谷薪蒸，舆马刍秣之具，皆于斯乎资焉。故宾至如归，罔或惟缺乏是患。其畿辅近地诸驿，则以四方道里之所辐辏，舆马之数，倍蓰于诸州丞之置。视诸道驿，为尤慎且重，必谙练有干局者为之。盖以匪人，则不能事事也。

庚辰春，吾广新会梁君用，以相府橡（掾）出宰驿[1]，实维永平之七家岭驿也。永平畿甸郡，为京师藩蔽，东距辽北，与诸夷界。驿当东北诸道之冲，使轺之往返者，轸相望也。辽左有警，则羽檄[1]交驰。其戴折风巾，衣皮涂膏，乘果下马，负楛矢赤玉诸珍宝者，则诸藩之入贡也。象胥舌人，旁午于道，为丞者送往迎来，岁无虚日。而规置应给，不敢少缓焉。实劳且难矣，君用勉之哉！

予闻君用少业儒，弗克就。始参臬司从事，练世务，为流辈所推。既而卒事于京，受知于厚斋相国。凡有营干，悉以委之。君用亦视事罔怠。予得诸司谏刘君语予者如此。据此，则君用足以任是职，而弗替焉者矣。刘君素重许可，以君用少从先封君受经，与之交久且厚。其行也，偕锦衣莫君，丐予言以赠。莫君亦君用同邑人，武弁而儒行者也。予重二君之请，辞不获，遂序以赠之。

校记

[1] 檄，当系"掾"字形近之误。

庆四房叔乐中先生华构序

乐中先生爰构新宇于先庐之北，以为别子之居。既庀决，乃进匠人，而告之曰："余之作室也，厥基欲丰，厥栋欲隆，厥墉欲崇。毋侈以靡，毋庳以圮。自今伊始，施我孙子。"越既构，厥考翼竹轩翁来相宅，扶杖而达观之。视其基，则巩然丰矣。视其栋，则岿然隆矣。视其墉，则巀然崇矣。喜语诸孙曰："若知所以居室乎？履尔基，当思所以固；顾尔栋，当思所以立；瞻尔墉，当思所以守。夫仁以为本，家之基也；义以为质，家之栋也；礼以为防，家之墉也。夫基既丰，培之则固，否则隳焉而已矣；栋既隆，立之则安，否则挠焉而已矣；墉既崇，守之则弗克攻，否则逾焉而已矣。家犹国也，匪是则弗立也。吾家自吾曾大父悫斋公来，以仁厚立家，世有积德。故式克至于今日休，基不可谓不丰矣。凡我孙子，惟保护培植之尔，毋或爽我先德，以隳之也。匪义曷由，匪礼曷履，祗遹先训，罔敢或替，念之哉！夫义与利对，礼与欲对。利重则义轻，尔栋仆矣。欲胜则礼微，尔墉颓矣。几微之间，须致审焉。非必戾焉荡焉，然后谓之非礼非义也。隆尔栋，崇尔墉，以延我基于有永，是在我后之人，念之哉。书曰：'资富能训，惟以永年。惟德惟义，时乃大训。'其斯之谓矣。"时宗子率族人奉觞为寿，乃拜手稽首扬言曰："旨哉，尔小子，聪听祖考之彝训。"

赠刘印山先生序

潮之为郡旧矣，其有闻于天下，则自韩昌黎公始[1]。韩公之谪潮也不能一岁，而潮人之思之也越数百岁，至今犹不忘[2]。惠化之在人心者[3]，何若是其深也耶？今去韩也久，当时行事之迹[4]，不可一二知。据史传及苏文忠碑，其大且著者[5]，则曰："驱鳄鱼远徙，置乡校，延进士赵德为师，使潮人知学而已。"夫袪其为民患者，与迪民和，厥衷皆大有裨益于民者[6]。民之思之愈久[7]，而不忘也固宜。后之吏兹土者，弗惟民之承则已，苟志于民矣，则必以韩为师。然而师之有浅深也，今贰守刘君，其得韩之深者乎？

君以秋官郎出佐外台，察畿辅近地，忤内珰被斥。既移贰吾郡，至则事事无少懈，略不以迁谪介意，是盖充养有素者。潮远郡，政弛民玩。君政尚严，爬剔蠹弊，豪右敛迹不敢肆，民畏而爱之。日造韩公祠瞻依仰止，坐原道堂与书生陈说奥妙。自选举之贤，胶序之英，下及编氓，罔不峨其衣冠，肃然默坐以听。每行部至属邑，亦惟以谆谆训迪为急，他皆在所缓也。今天子德渐寰海，鸟兽鱼鳖咸若。潮固无所谓鳄者也，但除其为民害者而已。脱有鳄如昔时焉者，亦当为君远徙乎否也。唐时潮人未知学，韩公之教之也，终虽翕然以信，笃于文行。其始也未免有驱遣督责之劳，固未有如今日一倡群和，而皆有志乎穷其秘焉者也。以今视后，则千数百年之余，潮民之思刘者，亦当如今日之思韩者乎？君迁临安守，潮之士民不能挽留君也，属吾言以寓其思。君行矣，以所以治潮者治临安，则临安之民之思之也亦然。

校记

[1] 顺治《潮州府志》、康熙《海阳县志》均无"公"字。

[2] 犹，顺治《潮州府志》作"尤"，当以本书为是。

[3] 康熙《海阳县志》无"人"字，当以本书为是。

[4] 顺治《潮州府志》无"时"字，当以本书为是。

[5] 顺治《潮州府志》、康熙《海阳县志》均无"者"字，当以本书为是。

[6] 顺治《潮州府志》无"者"字，当以本书为是。

[7] 民之思之，顺治《潮州府志》作"民思之"。

庆封监察御史陈公序

圣皇御极，庶政惟新。乃惟孝心纯至，追隆其所自出。越七年，大礼始定，鸿号徽称，极其尊崇。于是圣心始惬，肆告万方，用敷锡于我臣庶。越在内服，驰封其亲，所以广亲亲之恩也。

维时我同年友陈国成，甫官监察御史，按八桂。荷封父如其官，赠母萧氏孺人。至是诏下有司，承诰命以从事。峨冠豸服，望阙庭北向拜手稽首以谢。是日也，纶音有赫，命服斯皇，闾巷惊传，翕然快睹，侈君赐也。肃容有度，昭告厥祖，神之格思，罔不时歆，昭祖德也。搢绅胥庆，耆旧来同，衣冠杂遝，舆马塞途，庆恩遇也。于是长者一人，前举觞为寿曰："帝命下锡，章服是宜。弗耀于躬，而恩斯驰。允矣君子，胡不期颐。重沐休光，曷其有涯。"再觞曰："服此宠渥，辑我族里。毋骄以矜，毋肆以侈。循是而往，令德终始。湛恩自天，有加无已。"三觞曰："公之德施，不在其身，而在其子。惟公之子，民之司命，受天之庆，当敷天之恩。敷恩维何？用裕我民。心罔弗协，斯为能广帝之仁。"公拜手稽首以谢客曰："夫二三子之言至矣，吾虽不敏，敢不佩服。终始以对，扬天子之休命。"

承恩归迎诗卷后序

太史氏南海伦子，登进士及第第二人。于诸同年中，年最少，未有室，例应得请。越七月，乃以疏进，既得俞旨，同馆诸君子皆有赠行之什，类次成帙。舒太史氏序之矣，众咸谓，萧子于伦子受知最旧，宜序诸卷末。义不容辞，乃惟。夫始予就试于有司时，已闻伦子之名矣，而未识其面也。已而与伦子同膺乡荐，凡宴享庆谒之事，无弗与俱，则识伦子之面矣。未几，各归省于家，相去千有余里，其间不能以朝夕者，三期而赢。今年春，试南宫，伦子名第一，予忝与焉。以故得时常相从以对大廷，伦子拜太史之命，予亦幸与中秘之选。同居于馆之西偏，于是始得从容讲论，以文字相订质。伦子又以乡曲，及忝旧知，故遂肯倾肺腑以相示。其资益于予者不少，非特识伦子之面也，而已得其心矣。今伦子又别予而南也，予不得日闻伦子之规诲矣，予能已于言乎？

夫是行也，省慈帏、谐佳耦，二事而已。省慈帏孝也，谐佳耦亦所以广大孝，以悦母心，以事宗庙也。然吾则谓吾子之孝，孰有大于成先志者乎？昔先大夫迁冈先生，以硕望官辅导，众方仰其有为，用未究竟，而先生已厌人世矣。今吾子世其世也，学其学也，官其官也。将惟祗遹先志是务，思缵乃旧服，以明勖乃辟，以永树乃勋，以慰乃先人。吾子之孝，莫大于此。而左右之养，苹藻之荐不与焉。

先是伦子初第时，吾乡少师梁厚斋谓人曰："迁冈其不没乎？"既而偕谒介庵，语亦如之。夫二公之言，岂特以子科第之高，上与先人埒哉！殆必有所谓矣。伦子思乎此，将宁久于家食乎？吾与伦子同馆时，见其形诸吟咏者，每以先大夫为念，则伦子孝者也。予既得伦子之心，故敢以孝告之。子归定省之暇，与乃兄解元展巷而观之，卷穷而及此，其亦以吾言为有当否？若夫世美之荣，彩衣之乐，琴瑟之和鸣，则已具见于诸君子之什矣，夫奚赘？

赠郡侯邱定斋入觐序

国家稽古为治，则虞周而损益之。凡天下藩臬郡邑吏，率三岁一入觐。虽荒裔，罔有弗莅焉者。其莅官敷治之迹，必藉而陈之。所以祛蔽宣隐，子惠我黎元者至矣。百六七十年来，罔不惟是之承。行之既久，视为故事，而莫之深省。虽有大臣之稽核，法吏之参驳，言官之绳纠，不过钱谷簿书期会之事，徒文具焉耳矣，识治者忧焉。

维时吾郡侯定斋先生，将以明年月正元日，入觐天子之耿光。戒行有日，郡之大夫士，属予言以赠。予谢不敏，然不敢终辞也。因忆汉纪宣帝有曰："太守，吏民之本，与我共理者，其惟良二千石乎？及拜刺史守相，辄亲见问。"未尝不叹帝之知治体也。今天子存心天下，加意元元。综核厉精，陋汉唐之趑趄，盖将驾虞周而上之。矧潮远在万里，泽所罕被，尤圣心所轸念者也。行将召见赐问，吾侯必以民瘼上陈，不但修故事以应制而已。侯莅郡仅逾年，修废举坠，政駸駸就绪，是皆可敷奏者。

然予所望于侯者，不止此也，请以厉潮之巨目为侯商之。夫养戎输自畎亩，卫民也。潮之戍海，旧有备矣。戎政既弛，一有警檄，募士辄出之农，竟驱其人为卒伍先，且举民之凡以渔以贸于海者，恣奸剽烈诸寇焉。近置长沙之戍，盖惠境也。征发复疲潮民，此吾侯尝力持者，户口之蹉弗给而钞弗蠲，逋户之租重为民困。昔有疏，以郡广济桥之蹉货代焉，事卒格攒造迕矣。宿弊若猬，而邑之贤令长多缺，孰梳剔诸？其诸难以缕举。侯之勤恤民隐，实汲汲也，势有所未得为，法有所不得行。苟可以利吾民者，皆将历条，必筹之熟矣，奚俟予赘？予于侯有年契，侯之行，故以所知者为侯告。予所不知者，人将告侯矣。侯往亟归，予当同潮之耆倪以迓德音。

送张尹南窗致政还乡序

古今言高尚者，必以二疏为称首。观其言曰："吾闻知足不辱，知止不殆。"盖深有取乎老氏之旨。诸葛长民曰："贫贱常思富贵，富贵复履危机。"夫士君子立身天地间，宇宙内事，孰非吾人分内事？故仕以行义也，非为富贵也。而必指以为危机惴惴焉，日虞夫殆与辱之且及己。必解而去之，然后始慊，如释重负然者。何也？诚亦有见夫循环之理，倚伏之机也。

富川张侯之令吾邑也，谨奉先君子教授公之训。政尚平易，不事苛察，吏习而民安之。与人示肝膈，不立城府。以此或见欺于人，中虽不理于口，藉当道见知，事终得白。吏民屡上状挽留之，侯辄喟曰："吾母老矣，且未有后嗣，吾安能郁郁久于此邪？"遂浩然有归志，屡引疾乞归。当道器其才，弗之许。侯请益力，始允之。行有日，侯之僚佐于君辈与侯交久，而孚不忍侯之别也，谒予言以赠。予亦受知于侯者，敢嘿嘿而已耶？

予方以病废林壑，犹为宦鞅所羁，言不足为侯重。溯观先有吏兹土者，少有致其事而去。入国朝来，百七十年于兹，指不可以多屈。今年夏初，张竹轩以致仕归。未几，吾张侯继之。可见圣化旁达，必久而后及远。今上益奖恬退之士，远迩向慕聿兴高尚之志。予于二先生之归也，各有言以赠。是虽敦尚风节，以励来者，然亦可为圣化远敷之一验云。

赠邑博士张竹轩先生致政序

吾乡苏子之教零陵也，谢其事而归之日，湖省之宗藩及郡守丞邑令佐学博士，及博士弟子，及其乡之耆寿俊宦，于朝于藩臬司，于郡邑者，及隐遁之士，各有诗文以赠。皆高苏子之谊，慕苏子之教者也。至予往候之，适吾邑博士张竹轩先生，偕其二同寅来，苏子出其赠行卷相示阅。

既竹轩谓予曰："将为兹图，未知得遂吾志否？先生职载笔，肯出一言以为归装重乎？"予笑曰："予方跌宕宦途，未知弛担之所。虽以病废，踡伏林壑。然而羁鞅之絷维之，终未能自脱去。予又安能有言以赠先生乎？虽有所言，又乌足为先生重乎？虽然，亦素所歆羡愿慕，而不可必得者。夫仕譬则海也，仕者譬则航海者也。虽其至有远近，其具有大小，其载有重轻，其行有亨塞。然必以反而至焉，为得其所安也。邈哉！古人不可得而尚也，若伊尹之告归，周公之明农，此则驾巨舶破万里浪，涉远海得希世之珍而归者也。天为之清也，地为之宁也，海波为之不兴也。次焉者，亦知止足者也。虽未极其至，然亦各造其所欲如归，而无虞者也。又其次焉者，则出而不周于时，郁不得遂其所施，浩然而归，无留滞者也。此譬则乘舟遇风波，未遂所图，犹知以风涛撞撼为虞而返者也。今子官则庠序也，职则师也，所对则经史也，所亲则士也。无簿书之劳，无讯鞫之惨，无掣肘之患，古人所谓吏而隐者也。譬之扁舟轻楫，荡漾于洲渚之滨，无渆濈栄溷影沙之为险，无天吴罔象决帆摧撞之为怪。与风月为交，鱼虾为侣，虽乐焉以终身可也，而奚屑屑以求去为哉？"竹轩曰："虽然，终不若抵岸之为安妥也。自吾离吾乡，十有余年于兹矣。老冉冉其将至，宁不思归哉！飞鸟恋旧林，行人悲故乡，吾志决矣！愿先生有以教我也。"

未几大巡，吴君按部至，先生恳请得允。司训丁君应宿、胡君贞甫，介吾友人陈邦准、吴应和，甫来申前言。予不敢辞，遂书以与之。呜呼！吾未得归者也，乌足以重先生哉！若夫教泽之在人心，则郡邑两庠诸弟子员，能历历道之矣，必有为先生侈之者。

庆柏庵公八十承恩序

山木之寿者，莫松柏若也。然必生于幽谷岌岑，颠崖断岫，崆峣嵘碣，嵌巉屹螭之所，乃能全其寿。若郊于大国，则濯濯然童矣。

吾族伯柏庵翁，年八十。其颜若童，泽如也。其步趋若飞，矫如也。其立若植，屹如也。与人饮，言笑晏晏。或移时竟日，不为厌倦。虽少且壮者，皆自以为不及焉。见者异之，予谓翁非有吹呴呼吸，藏气匿精，导引缘督之术而然也。翁为人朴厚，而原悫无所于忤，与人谈及世事，人或以为可惊可愕可骇可异，翁惟辗然失笑，不加可否，讥评于其间。翁初年子立单弱，诸子皆童稚，喙之之长者啄其屋[1]，爪之铦者攫其壤，翁隐受之不与较。及今既生既聚，诸子女及内外诸孙，指之繁也以十计。向之侵轶躏跞我，而今安在哉？庄子所谓平易恬淡，则忧患不能入，邪气不能袭，故其德全而神不亏。翁之寿，殆以此欤？亦犹松柏之生于幽邃而寿也。柏庵之号，其亦有取于此欤？

先是圣天子湛恩汪濊，诏海内年八十有行谊闻于乡者，锡之冠服，得视命士。至是乡之耆寿俊，佥以翁为宜。乃请于有司，承诏令以从事。翁以是日诞辰，遂焚香望阙庭而谢。诸子孙诸婿，及群从诸族子，皆左右扶掖以侍毕，先后起而觞焉。命族子与成史为之颂，颂曰："峨峨其冠，华华其服。我寿孔宜，承天之泽。我酒在觞，我孙在侧。我颜既酡，匪伊酒力。浑浑者完，容容多福。寿考无疆，受恩罔极。我寿维何？维松维柏。"

校记

[1] 第二个"之"字疑衍。

赠摄惠来事海阳丞何侯序

余方避暑于半闲园中之云间洞，适吾宗乔弟至，与语及吏事曰："为吏孰难？"曰："莫若为令者之难也。"曰："为令固难，莫若摄令者之难也。夫令兼众职者也，藩司不理下之郡，郡下之州，州下之县，县则无所于推者也。凡百征需，皆于县焉取给。事未集民未孚，上之人则有让，故曰为令之难也。然真令犹可为也，民吾民也，事吾责也，无玩时需代之心，民亦不敢易视之。若摄令者，则曰土非吾土也，民非吾民也，吾惟暂假于此，旦夕代者至，吾且去矣。民之视之也亦然，故事多不以时集，而民不可旦夕孚。然而上之所以督责期望于我者，犹夫真令也，故曰摄令之难也。"

语竟，二友姚君世道世节至，揖予语曰："海阳丞何侯之署惠来也，惠为新造邑，凡百草创，综理为难。侯朝夕事事，无懈无苟。且需代之心，其所操持甚谨，不一毫苟取于士民，故士民爱而敬之。予家临官渡，得诸惠人往来之口为详。或时造新邑，询之皆历历有征也。今以某日为侯初度，邑之耆寿俊，欲得太史一言以彰厥美，故介吾二友者为之请焉。"予顾谓宗乔曰："予与子知摄令之难矣，未知摄新邑之尤难也。何侯摄新邑，士民畏之爱之，祝之颂之。是必有以致之矣，可以为难矣，不可以无纪也。"遂命笔序之。

送揭阳令陈心斋考绩序

圣天子心涵宇内，尤轸念逖土民，思所以覆露之，乃慎选以为之牧。莆心斋陈子，以名进士令揭阳，三年而政成。人或病其太执，史铁峰子曰："是可以为难矣，不可以为病也。夫令以子民者也，身为之则政胥萃焉，上之所责，而下之所视以趋焉者也。不执恶乎可？夫视利若屣，终始弗渝，一念少差，玷不可为，是持身不可以不执也。令出维行，较若画一，朝四暮三，是谓秕政，是敷政不可以不执也。礼度弗愆，从违以理，望风则靡，毁方斯随，是事上不可以不执也。一心相与，民用丕乎，二三其德，民斯携矣，是御下不可以不执也。陈子之执也，其皆能若是否乎？夫执固人之所难也，而奚病于执哉？惟圣人为能不凝滞于物，而与世推移，其次莫如执。今夫天下之贤士大夫，于道理皆有所见。然或执德不固，则未免有所迁就迎合。求其确然自守，不变塞焉者，盖亦难矣。是故才敏集事者恒多，持守坚定者恒少。世皆尚通，执斯为难。吾惧夫人之无执也，而奚病哉？先是揭阳令多弗克终，未有以考绩行者。考绩自陈子始，盖执之有成绩者也。行将为台谏，以执天下之是非；为宰执，以执天下之政柄。上焉而为德，则君志定，而天下之治成，皆执之所为也。"或者唯唯而退。予曰："未也。《孟子》曰：'人有不为也，而后可以有为。'此狷者之执也。《中庸》曰：'择善而固执之。'此贤者之执也。《书》曰：'惟精惟一，允执厥中。'此圣人之执也。陈子知执者也，吾将进之以圣贤之执。予亦欲学执，而未能者。敢以之自励。"

叙赠完山张先生

夫学与政非二也，学者失之，于是乎始歧而二之矣。学所以明道也，道也者，心之理，而事之则也。道明，则以是心，而达于政也。何有（者）[1]？自三代之教不行，人不知学，故学不必可行于政，政不必皆原于学。彼以此为泥古，此以彼为俗吏。呜呼！泥古非学也，俗吏非政也。子夏曰："仕而优则学，学而优则仕。"此合一之论也。子夏，圣门高弟也，岂欺我哉？

一日，乡之耆寿数辈造予，请曰："吾郡侯张之按吾邑也，不数月得代去，且逾年矣。民至今思之不置，请史氏记之。"予曰："先生之政若何？"曰："侯以理刑为职者也，民互讼至庭下，侯不忍轻以棰楚加之，鞫得其情，必反覆开谕，使之自服厥辜然后已。曰：'吾惧无以服其心也。'潮民多愚朴，有为黠者构诬不能自白者，侯必导之使尽其情，而为之开释，曰：'吾惧彼之毒吾良民也。'盗有夜杀人者，得盗，反噬之，诉于当道，弗察，将抵以诬；事下侯，卒蔽盗以死刑，虽忤当道弗顾，曰：'吾不能杀人以媚人也。'以故民皆德侯，凡赴诉于当道者，事下于侯，则黠者惧，质者喜。邑城昔圮于淫雨，适侯至，邑民以告。或谓当移牒，上请。侯曰：‘潮濒海邑也，海寇出没之所及。今弗以时葺，必请而待报，万一寇至，民将奚堪？’乃谋于太守郑公，出官帑散给富民之尚义者，计丈分授筑之。同时俱举，民不告劳，不旬月间，城屹屹然立如旧矣，民恃以无恐。此侯之赐，家受而人沾者也。此皆侯之政之可纪者也。”予告之曰：“子知侯之政矣，抑知其有本乎？昔先正阁学张东白先生，侯乃祖也。以道义之学，为海内倡。当时道学之士如陈白沙、罗一峰、贺克恭诸先生，皆与之友善，以道义相切劘。侯为正学之裔，家庭之间，濡染薰炙，有得于言语文字之外者，不已多乎？且侯筮仕内台幕内，台为天下政令之所自出，我国家之彝宪成式，胥此焉在？侯在台幕久，阅历既多，典故必熟。其所与处者，又皆天下巡省之使，归则以四方咨诹之所得者，交谈而互说之。则于四方之风，以及疑狱，隐隐得于所见闻者亦多矣。夫学，古学也，典常作之师，亦学也。而又达乎情，通乎时变，以参伍之，施之政裕如矣，而何有于一邑哉。侯之政盖原于学者也，是谓有本诸？”耆寿起，再拜曰：“是可以纪我侯矣，请书此以为寿。”

校记

[1] 有，当系“者”之误。

徐州《洪志》序

志，识也，古有之。索邱邈矣，世无传焉。禹贡职方，其存而著者也。周微，国各有志。《史记》而下，事为之志，其志之衍乎？

我国家建都于燕，岁漕东南，以给京师。道必经徐，徐为南北要冲。徐故有洪，洪流多石而险，舟者病焉。乃设方修浚，济险以夷。特重其事，以司空之属董之。著为令凡百余年矣，未之有改也。洪故未有志，四明损庵子陈舜宾，甫治洪之二年，遂搜辑以志之。志成，予适冻阻于徐，损庵子出以示。予阅既，乃言曰：“志可以无作乎哉！古者章程之式，画一之守，匪志其奚以耶？是故职不必崇，惟其称。政不欲庞，惟其因。职有绪则易修，政相因则易成。夫志，识往以诏来者也。嗣是守官于兹者，将不必旁稽远探，熟计广咨，一展卷如指之掌，政秩秩其就绪，弊不厘而自祛矣。且使荒陬远裔，穷乡下士，有志四方者，不必亲溯洪涛，涉险阻，神骇目眩。得是志而观之，而洪之曲折险要，已在目中矣。后之人而欲知贡艘之盛，运道之经，将不有攸稽乎？孟子曰：‘其详不可得闻也，诸侯恶其害己也，而皆去其籍。’然则志之存与否，其所系岂少哉！”遂序以归之。

赠邑侯邬前郊先生入觐序

岁壬子秋，邑大夫邬侯将有入觐之行，其僚佐龙山赵君、玉泉叶君造予病窝，请言以赠。予辞之曰：“予病人也，日惟事予病而已耳，恶能赠人以言？”未几，病少间，二君复造焉。予辞弗获，乃言曰：“予病人也，请以为喻可乎？”

夫治病之与治民，事不同而理同也。是故善医者无速效，善治者无近功。今夫医者之于疾也，不问其表里虚实，一切投以峻利之剂。虽有已疾之功，而耗散元气，所损不少。

此谓取功于目前，而贻患于后日，良医弗为也。良医者，岂惟攻击之药，不敢妄投，虽补助之药，亦不敢多用。惧夫助长之为害也，惟以中和之剂，徐而理之。积累渐渍，以滋养其血气，而潜消夫邪气。使病者以渐而入于安和之域，而不自觉。斯则医之良者也，惟民亦然。

今夫潮之民，憔悴于政，为日久矣。邹侯以恺悌之心，施而为和易之政。一念忧民之诚，时形于色。今岁春夏旱甚，民无力穑之望，厥心汹汹。侯朝夕焦劳，竭诚祈祷，遂得雨，民赖以安。上司以旱故，下州县发仓赈贷。侯惧实惠不及贫民，乃率吁众戚至于庭，询父老以赈给之策。恻恻之意，见于言面，有足感动人者。卒用父老议，令里之长，各疏其里中之贫者，按图给散，民得均沾。有旧负差役钱者，系狱久，侯许之释出，令竭力佣作以输。既数月，负如昔，复召之。其人泣曰："父母重恤，我即劬瘁，敢爱其力？顾家之老稚，待食者众，佣作所入，未足糊口，曷有余者？今有一女鬻于人，仅数金，敢以此充役钱之半。"侯闻之恻然，竟释遣而去。越数日，会有赈饥之令，侯命以鬻女金，籴仓谷给其家焉。其有意穷民类如此。故侯虽无赫赫声，而民之慕之德之，惟恐侯之舍我而去也。司马公所谓"奉职循理，可以为治"者，侯庶几焉。使上之人知侯之深，假之岁月而不责以近效，不限以章程，不从旁而掣其肘，则侯他日之治征，将必有大过人者矣。夫岂取效目前者所可及哉！侯行矣，予故以民之德侯慕侯者为侯赠。铨曹不以遐遗，将以上考书侯矣。

明故恩寿官东溪袁公墓志铭

恩寿官东溪袁公，以正德辛巳年某月某日卒。越二年，其族人袁月川子云者，侨居京师，久善予，乃持其状为请铭。

按状，公讳晃，字德辉，东溪其别号。其先为袁之，宜春人。宋孝宗时，十二世祖为都尉，讳松华者，自南雄始迁于东莞茶园之上岭，后复徙里之卢家墩。逮公之祖以安，又迁于上茶园，遂为乡之著姓。公高祖尹樵，曾祖德秀，祖则以安也。父秉柔，母叶氏。公兄弟三人，长冕，次晨，季则公。

公幼而颖（颖）异[1]，童时伯父秉刚公卒，乏地以葬。公语诸宗戚，愿以其父所有地葬之。众曰："子童子也，乌乎专？"公曰："父志也，保无异词。"遂葬之。时父远适也，归果从其言，且益奇之。父卒，居丧不逾礼，事母及二兄，俱得欢心。

茶园俗多行贾，公亦鬻财于吴、浙、桂林之间。善积与时逐，获其赢利。舟行惟观书习艺，不作樗蒲戏，同事者咸敬服之。

年艾既高，遂退而徜徉于山水间，不复远服贾矣。纂宗谱以联属族人，立石以表先世之墓，及诸从祖从父，及诸兄之墓。其子孙贫不能修者，则为修之。割己田若干顷为祭田，岁收其入，供祖先时祀及墓祭之费。其尊祖收族有如此者。户隶戎籍，公谋于诸从子，置田若干，以为军需。居常服用淡泊，戒子孙以务勤约，相辑睦。且欲子孙业儒，则割田以赡之，为亩者九十。其立法善后有如此者。

公资富不吝施予，宗戚间里间有告乏者，则以其奇羡贷之，不必责偿。贫不能殡葬者，助之。邑庠明伦堂倾圮，学谕丰城邹公倡义重建，乡之好义者咸助之，公所助视诸富室而赢。乡之前有溪，旧为浮桥以济，名广济桥。然有没溺之患，行者病焉。乡耆王宜信易以石，未及成而止。公率乡人，白于今少司徒，先任方伯自湖吴公，欲卒成之，以为永久利。公是之。乡人悉捐赀助建，然公所助，居乡人十之八，桥垂成。而邻乡之不逞者，挟私忿诬公，逮理，阖邑之士夫耆秀，及卫所官军，咸为公白其枉，卒得释。桥成，钟廷评云瑞为之记。

正德间，令有不能于职者，民不堪命。众欲倚公为重，发其状于当道。令觇知之，遗以金，麾却之。卒以关白，令坐谴黜，民赖以安。其好善乐施，勇于为义有如此者。岁戊辰，输粟助边，例授七品散官。后复以诏，例恩授冠带寿官。邑大夫屡聘宾乡饮，俱不就。

方欲建大宗祠，以祀先祖，有志未就而卒。距其生宣德己未五月十二日，享年八十有三。配张氏，以贤淑称，先公若干年卒，生于某年某月某日，卒于某年某月某日，合葬于某山。子男四：曰瑞禩、瑞祐、瑞襦、瑞裋。祐、襦、裋皆先公卒。祐无子，公命禩次子琇为之后。女一，适卫邦祐。孙男七：曰璩、琇、斌、璟、瑄、璠、瑞。曾孙四：曰应、裘、某某某，皆公存时所及见者也。

昔司马迁传货殖，有取于任氏，谓其折节为俭，非田蓄所出弗衣食。公事不毕，则身不得饮酒食肉，以此为闾里率。故富而主上重之。予虽不及见公之为人，然据状及月川所云，方之古人，亦任氏之流欤？是可铭也。铭曰：

传称市隐，史著素封。尔丰于财，而义以充。帝命尔锡，曰寿是崇。货殖有传，可方任公。征铭史氏，有永无穷。

校记

[1] 颖，当系"颖"字形近之误。

卷四　薛御史中离集（一）

揭阳薛侃尚谦著

郡志列传

薛侃，字尚谦，揭阳人。性至孝，正德丁丑成进士，即以侍养归。师王守仁于赣州，归语兄助教俊。俊大喜，偕群子侄宗铠等往学焉。自是王氏学盛行于岭南。世宗立，侃授行人。母讣陨绝，五日始食粥。嘉靖七年，起故官。闻守仁殁，为位以哭。时方议文庙祀典，侃请祀陆九渊、陈献章，九渊得报允。已进司正。

十年秋，疏言祖宗分封子弟，必留一人京师司香，有事居守。或代行祭飨列圣，相承莫之或改。至正德初，逆瑾怀贰，始令就封。乞稽旧典，择亲藩贤者居京师，慎选正人辅导，以待他日皇嗣之生。此宗社大计，帝方祈嗣，讳言之。震怒，立下狱，延鞫，究主使者。南海彭泽为吏部郎，因议礼附张孚敬，官至太常卿。侃以疏草示泽，泽与侃及少詹夏言同年生，而言是时数忤孚敬。泽默计储副事触帝讳，必兴大狱，诬言同谋可祸也。给侃稿示孚敬，因报曰："张公甚称善，当从中赞之。"孚敬乃先录侃稿以进，谓出于言，请勿先发，以待疏至。帝许之。侃犹豫，泽频趣之，乃上。拷掠备至，侃独自承。累日狱不具，泽挑使引言。侃瞋目曰："疏我自具，趣我上者，尔也，言何豫。"会廷臣再鞫，具得其实。帝出孚敬密疏示廷臣，斥其忮罔，令致仕。侃为民，泽戍大同。侃至潞河，遇圣寿节，焚香叩祝甚谨。或报参政项乔曰："小舟中有民服而祝圣者。"乔曰："必薛中离也。"迹之果然。

中离者，侃自号也。归家益力学，从游者百余人。卒年六十。所著有《研几录》《图书质疑》诸书。隆庆初复官，赠御史。祀乡贤。

中离集序

予少时，闻故老谈中离先生廷鞫事，辄为耸然。因读唐史，有感于"名义至重，鬼神难欺"之语，谓先生心实同符。惟时张说不证元忠，事亦稍类。然说第蓬生麻中，先生则天挺矣。间世鲠忠，岂容易得。其学得统阳明，为理学宗。久有书传世，惟予孤陋不获睹。今年得其孙德卿，谬延予西席，予因得纵览焉。既卒业，则先生忠肝义胆，道情德思，洋洋几席间。窃谓："丈夫横身千古，仅一度出世，顶天立地，道实应尔。"此亦何人不可行，何人不可明。何以茶然贸然，自甘埋没为也。盖予于是爽然自失矣。

德卿世承其学，当指日怒飞。且孝友天植，有乃祖风，予雅嗜之。乃居恒怏怏未遇，惧羞先人。予谓："德卿遇合自有时，抑千秋大业，不尽关此？假先生当日不掇巍科，亦必能以布衣血食遇之，显晦何必问哉！而况谈理数于忠臣之裔，苟知学，岂有不达者哉！"德卿唯唯。

适一日兴怀，将重修文集。予赧而决之，因相与证讹，诠次付之梓。人工既竣，而德卿谬欲予一言，弁之简端。予逊谢至再，而德卿请益坚也。夫予小子，方碌碌逢掖，何敢弁先生文。无已，则姑述其向往先生及与德卿相告勉者如此。

后学普阳张登麟序。

薛御史中离集题辞

新建伯倡良知之学，闻者疑信相参。自侍御来游门下，率先讲求，益畅明其旨，以接引来学，阐明师训，辑其遗书，诚师门功臣哉！请复旧典一疏，竟为朋邪所中。平台严鞫，五毒频撄。卒能百折不回，铮然有白刃可蹈，威武不屈之节。其得于读书养气之功者深矣。

犹子宗铠给谏，劾奏尚书汪铉奸险，罢铉官。铉自辨，谓铠为其叔复仇，即借侍御前疏激怒世皇，铠竟死杖下。白简飞霜，玉阶溅血。岂非一门忠义，而益彰道学之家风者哉！

其归也，尤怨两忘，学养益邃。经济之才，小而用之。乡邑之间，家食其德，人怀其教。暇则偕友生讲学宗山，怡然自乐。而江、浙、循、惠间，多有闻风而起者。

呜呼！节义重朝廷，教泽存乡国。读是集者，可油然兴已。

后学顺德冯奉初题。

正祀典以敦化理疏

奏为重文庙正祀典，以敦化理事。

臣惟孔子之道，垂范百王。故文庙极尊崇之典，而曲阜又阙里之地。窃稽史籍，凡历代追尊则书，过鲁祀牢则书，入庙再拜则书，录其后裔赐田免役则书。盖治教之原，不可后焉者也。故汉武帝举措纷纷，海内困耗。惟雅尚儒术，遵用夏时，犹不失乐制之称。理宗中才之主，亦惟始终崇尚濂洛之学，遂得庙号曰理。仰惟皇上，懋学好古，度越百王。凡一政一令，罔弗殚竭，以求至善。况事干文庙，乃化理之要，古今公论之大者。有所宜行，宁勿加意？臣奉使鲁藩，目击其弊。因考祀典，谨陈七事。伏惟俯垂采纳，特敕该部议处。诚足以洗前代之陋，而彰吾皇明之治。天下幸甚，后世幸甚。臣无任恳悃悚息之至。

一、曲阜阙里，孔林所在。凡士夫经行，过兖州、济宁州者，皆便道谒拜，亦后学尊慕之心，不容已也。臣见夫马送迎，类有疾首蹙额之容，讶而问之。咸曰："曲阜十六里耳，半为孔氏，已免其役。则是以八里之民，而当天下之士夫，奈何不困瘁而弗堪乎？"

夫尊夫子，所宜厚及其乡。今且累焉，则为夫子之乡者，亦因夫子而反怼夫子矣。苟莫之处，则夫子在天之灵，亦必为之弗宁也。议者谓："曲阜向有二夫二马十五驴，出贴他县役之差。可以取回，或行抚按官员，从长议处约济。务使士夫得展其诚，邑民不受其累。则先师之灵慰，而尊崇之意尽矣！"伏惟圣明裁择。

一、天下庙宇，皆辟正门，行者过之，瞻望巍峨，亦兴景仰之心。独曲阜文庙，前筑高垣，但从傍门出入。问其故，为大门中开，则过者未免下马，故筑塞以便之。夫便士夫之舆马，而塞文庙之正门，其可乎哉？又曰："阜旧城去文庙十里，正德八年以流贼之故，移就文庙。今庙当城之中，而城之南门，辟在东南一隅。不正庙门之南，故城门僻侧。文庙壅蔽，非所以宣泄风气，而使之疏通畅达者也。况祀孔子以王礼，须重门中启，洞视轩豁，乃称王宫之体，而尽尊崇之道。"臣愚以为，阙里非他郡比。请亟行改正为宜。伏惟圣明裁择。

一、从祀两庑，礼皆左右列坐，惟兖州府有北面朝坐者。臣窃见国子监，东庑自刘向而下，西庑自孔安国而下，各十六人，亦皆北面朝坐。则此礼之失，不但一处为然矣。一门之内，举目相瞩，从祀者安之乎？孔子安之乎？且文庙礼教之本，师生之分不正，尊卑之礼弗明，何以训示四方，何以诲庠序之士。自秦汉以来，师道弗立，弟子之职弗修。甚至有抗其师，背而去之者。今陛下敬一建极，将使天下回心而向道，未可以此为小节而略之也。或谓庙基迫狭，难于改作。臣观两庑，每间旧塑二像，约而小之，塑三四像，不必改作，而绰有余矣。臣请通行厘正，自国子监始。伏惟圣明裁择。

一、从祀非孔子弟子，则有功于圣门，可为后学式者。今两庑杂冗，固难遽议。但如公伯寮，家语不载，必非弟子。又愬子路于季孙，以阻斯道之行，是圣门之贼也，祀之何义。或曰："不宜以一事之失而弃之，若冉求。"然臣窃以为不然，冉求为季氏聚敛，不过以政事之才，施之治赋，则自异乎人耳。而孔子又使小子鸣鼓而攻之，戚之也。若公伯寮，则以道之将行将废，皆归之命。如孟子之于臧仓，是疏之也，其非弟子尤明矣。臣以为公伯寮及秦、冉、颜、何，皆不见家语，而附会于《史记》者，世远无足为据，请均去之可也。又如汉马融，自设绛帐，前授生徒，后列女乐，已非孔子身教之意。及考其为人，历官南郡太守，以贪浊免官。又为权奸梁冀草奏，诬杀忠臣李固、杜乔，以成冀恶。此无行义之尤，不足以为乡里之常人矣，况可跻之从祀之列乎？故《咏史》诗曰："为梁草奏枉忠臣，太尉因缘竟杀身。南面为何施绛帐，正因无面见时人。"臣谓如融者，不行罢祀，则凡诵习空言，贪冒无耻，而犹自附于儒者，莫不效尤，其害道伤教甚矣。伏惟圣明裁择。

一、颜、曾、思、孟，配享于堂上，而颜子父颜繇，曾子之父曾点，子思之父孔鲤，皆坐于堂下，揆之人情，大非所安。或谓："后人尊崇以道，非出三子，庸何伤？"夫子虽齐圣，不先父食。大伦既乖，人道安在？三子安之，非所以为三子。三子之父安之，非所以为三子之父矣。而后人安之，其何以训？议者欲立庙祀孔子之父启圣王，而以三子之父配之。如此则郡邑各须别庙别祭，费不足计，而势有所不可。且从祀于启圣王，似因三子而推尊之，非以其学孔子而祀之也。臣愚请于大成殿之东庑之上，别为一室，以祀三子之父。庶几两为之所，而不失理一分殊之义矣。伏惟圣明裁择。

一、宋儒陆九渊，生而清明，学术纯正。四岁侍父，遇事物必致问。一日，问天地何所穷际，父笑不能答。及长，读书至上下四方曰宇，往古来今曰宙，忽大省曰："宇宙内事，即吾分内事。吾分内事，即宇宙内事。"又曰："宇宙便是吾心，吾心即是宇宙。东海有圣人出，此心同，此理同也。南海、西海、北海有圣人出，此心同，此理同也。千百世之上，千百世之下，有圣人出，此心同，此理同也。"盖实见人心之妙，而能以天地万物为一体也。自孟子没，而心学晦。至宋周敦颐、程颢追寻其绪，九渊继之，心学复明。故所至从游云集，虽乡曲老长，俯首听诲。当时吕祖谦、张栻辈，莫不敬服。今诸子皆已从祀，而九渊独未从祀。盖以蚤岁尝与朱熹论说不合，故其徒遂挤之为禅臣。考九渊赴荆门时，朱熹延入白鹿洞，讲喻义、喻利之旨，僚属诸生听者，为之流涕，熹亦叹服，以为不及。且请笔之书，又自为之跋。以为不迷于入德之方，则其非禅明矣。夫禅空寂其心，遗人伦，弃物理，要之不可以治天下国家者也。使九渊之学，而果若是，则诚禅矣。然其书具在，可考。如曰："惟天下之至一[1]，为能处天下之至变。"曰："先立乎其大者。"曰："学莫先义利之辨。"则皆孔子、孟子之旨也，此岂空寂其心者。或曰："某何尝不理会文字，但理会与人别耳。"曰："在人情事势物理上用功。"曰："己德明，然后可推其明以及天下。"此岂遗弃伦理者哉！况荆门之政，可验躬行之效。则见于贤相之称，超然独契乎本心。以俟圣人百世，则见于名儒之赞。而宋朝议谥文安，亦极尊美之词。及先儒吴澄、许衡，国朝名臣程敏政、席书皆有撰述，每称其学之纯。独陷于记诵词章而莫自觉者，乃以躬行实践为近禅。则世学之误也。不然，则天下岂鲜文学之士，而为臣未必皆忠，为子未必皆孝，士习未必皆正，民风未必皆淳者？何哉？正以不求诸心，不能实践之过也。仰惟皇上复古，正人心、变士习。如九渊者，乞赐赠从祀。风示四方，使学者反诸心，以精义利之辨；笃于行，以成淳厚之风。则善人多，而天下治矣。谨将程敏政、席书所撰之书，随本进览。伏惟圣明裁择。

一、人才国家之盛，而从祀庙庭，尤见人才之盛也。我朝造士百六十年，未尝有从祀者。诚无其人，则作养无征，国家之耻也。苟有其人，而莫之行，岂非尊崇好尚，未以是为先乎？臣考当代文行名节忠勤之士固多，而潜心理学者，数人而已。然究其所造，又皆未免以人性为仁义，其于所谓一以贯之之旨，则时出时入，而未或自得也。惟翰林院检讨陈献章，博而能约，不离人伦日用，而有鸢飞鱼跃之机。虽无著述，观其答人论学数书，已启圣学之扃钥矣。其言曰："道以天为至，言诣乎天曰至言，人诣乎天曰至人。"又曰："夫道至无而动，至近而神，故藏而后发，形而斯存。"又曰："此心通塞往来之机，生生化化之妙，非见闻所及，在人深思而自得之也。"又曰："舍繁求约，静坐久之，然后见吾心之体。隐然呈露，日用酬应，如马之有衔勒也。体认物理，稽诸圣训，各有头绪来历，如水之有源委也。且能远俗藏修，默回士气，又善淑人成物，则其造诣可知矣。数十年来，四方士子，于文字功利之外，而知有所谓学。山林兴恬退之风，仕宦励廉节之志。良由我宪宗纯皇帝征聘宪（献）章[2]，特授馆职，故风动若此。臣观宋淳祐元年，即诏以周、程、张、朱四子从祀，士习为之丕变。仰惟皇上以道化天下，伏乞将宪（献）章赐谥从祀[3]，以彰我皇明之盛德。鼓舞人心，当有不疾而速者矣。伏惟圣明裁择。

校记

[1] 天下，《薛中离先生全书》作"天上"。

[2]［3］宪章，《薛中离先生全书》作"献章"，即明代大儒陈献章。

明正学以安圣躬疏

奏为明正学，以安圣躬事。

臣伏惟陛下励精以来，圣躬日强，臣民胥庆。顷者愆和虽已平复，仰瞻天颜犹尔清癯。意者积劳所致，非特感冒而然也。陛下奉先思孝，接下思恭。不迩声色，不殖货利。自朝至夕，不遑暇豫，惟以问学政事为念，可谓有圣人之资、圣人之志矣。独未臻圣人之治，是以圣心焦劳，而致此也。臣谨因问安之诚，推明圣学。倘蒙采纳，则圣志清定，圣躬安矣。

古称大有为之君，必曰无为而治。非有为自有为，无为自无为也。亦非有为，而后无为也。盖为乎无为，无为而为也。无为者道也，有为者人也。道者天理也，天理者吾心之本体也，即陛下所谓一者也。人者自用功，而言用功者，吾心之存主应用者也，即陛下所谓敬者也。主一之谓敬，敬则一矣。有意为公非一也，先事而迎，后事而将，非一也。物而不化，行而有息，内外体用有间[1]，非一也。故主一者，圣贤之学主则一，一则贯矣，弗主则二，二则杂而昏矣。故曰：聪明睿智，皆由是出，以此事天飨帝。是故用功非道，则愈求愈远，劳而无功。用功合道，则虽劳弗劳，是谓深造自得。居安资深，是谓易简，而天下之理得，故曰无为。或曰：如此何以能了天下之事，而成天下之治乎！曰：学患其弗一，胡患乎弗贯？夫治天下之道[2]，敬天也，勤民也，用人行政也，一而已矣。故曰：天得一以清，人得一以灵。敬天者，非独苍苍之表天也，由太虚有天之名，自中心之虚，以达前后左右，莫非虚也。莫非虚，则莫非天也。莫非天[3]，则无适而非事天之地矣。故主一则无欲，无欲则静虚而动直。是故戒慎恐惧，不愧屋漏，所以事天也。出入起居，罔有弗钦；发号施令，罔有弗臧，所以事天也。以此事天，天人一矣。

人之所以为人，以其有善也，非以其有生也。故治民者，于钱谷兵刑治生之务，虽非可缺，然不过足食已矣，足兵已矣，富强已矣。非王道之重孔门，不得已而可去者也。故称唐虞之治必曰：百姓昭明，黎民敏德。称三代之治必曰：人人君子，比屋可封。曰：耕者让畔，行者让路，而逸居饱暖不与焉。故惟主一，则能以善养民。而民兴于善，夫然后君民一矣。人皆可能者，善也；有能有不能者，才也。以才用人，人求之外而不足。以善取人，人求诸内而有余。是故鲁欲使乐正子为政，孟子闻之，喜而不寐。公孙丑问曰："乐正子强乎？"曰："否。""有智虑乎？"曰："否。""多闻识乎？"曰："否。""然则奚为喜而不寐？"曰："其为人也，好善。""好善足乎？"曰："好善优于天下。"《秦誓》论大臣之道，亦曰："若有一个臣，断断兮无他技，其心休休焉，其如有容焉。"盖善者一也，休休者亦一也。主一则上以是求之，下以是应之，而九德咸事矣。《书》曰："谁不敢让，敢不敬。应如此，则君臣一矣。"

为政必有纪纲制度，然非有意而为之也。因之革之，与时宜之。由周而来，虚文日繁，其弊未之有救也。为今之治，莫若导民务实，返朴还淳，此复古急务也。如以纪纲制度已焉，则三皇之制，不如五帝之备也。五帝之制，不如三王之备也。然而论治，王不及帝，帝不及皇，何也？且禹嗣舜，典章由旧。九官十二牧，由旧也。乃曰：尧舜之人，以尧舜之心为心。寡人为君，百姓各自以其心为心，何也？盖禹入圣域，未优精一之纯异，故感乎之机殊，此禹所以泣也。由是言之，为政之道，不在文为之间明矣。故曰：笃恭而天下平。笃者，纯而不已也。恭者，敬也，主一也。故君子不动而敬，不言而信。夫然后不赏而劝，不怒而威。愈纯愈化，此圣帝明王之事也。动而后敬，言而后信，则亦必赏而后劝，怒而后威，英君谊辟之事。若夫动而不敬，言而不信，则虽赏弗劝，虽怒弗威，后世庸君之事也。

陛下不由师传，默契敬一之旨，此天启贞元之会，欲使斯民蒙至治之泽也。臣愿陛下，无假外求，无亲细务，无事词藻。惟纯之又纯，内外一，上下一，君民一，天人一，无为而治矣。陛下时时主一，则自安静以养和平。

圣虑不烦，精神凝固，圣躬安矣。圣躬安，则臣民安、天下安矣。臣无任恳悃陨越之至，为此具本亲赍，谨具奏闻。

校记

[1]　内外，《薛中离先生全书》作“外内”。

[2]　《薛中离先生全书》无“治”字。

[3]　莫非，《薛中离先生全书》作“非莫”，当以本书为是。

复古制以新士习疏

奏为复古制，以新士习，以图得人事。

臣伏睹陛下稽古右文，百度修举。四海仰维新之化，诚千载一时也。向以士习未端，尝变文体。顷者大惧人才壅乏，诏开三途，二者尤致理之要也。于今数载，而文未甚变。荐举令下亦既数月，未闻荐一人。岂皆无善变之士，堪进之贤已乎？殆示之未详，而责之未广也。臣见吏部覆奏，三途并用，责诸抚按有司。夫行义有稽，必自近始。故由乡评而达郡邑，由郡邑而达抚按，必然也。然有徐庶而后知卧龙，有萧何而后识韩信。张奉尚疑毛义，赵忭几失周敦颐。盖知人自古为难也。今使有伯乐而其地无马，地有良马而弗遇伯乐，则将何以副陛下拊髀之怀乎？臣谓宜兼责之朝臣，令各举其所知。连坐既严，朋比必绝。耳目加广，骐骥当至。

昔舜举皋陶，汤举伊尹，而不仁者远，以其治化之机，在是也。况今帷幄犹虚，师模弗立。边陲乏折冲之武，饥莩望抚哺之良，安知在野无其人乎？今之举业，亦唐虞敷奏以言之意也。古以得人，今以靡士，何也？盖古之为文者，言即其事，事即其能。今则依样画葫芦，虽庸懦可能。然而朝磨岁炼，纵有豪杰之才，亦为所困。今之经义，时文是也。夫学以聚之，文以发之。故学贵得之言意之表，而文以发言外之旨为难。今于一言一题之中，顾支离敷衍，意同辞复。则其决裂章句，破坏心术，良亦甚矣。且谓圣人之言，曷尝骈俪，而纤屑若是哉？其为侮圣言甚矣。今夫童孺作老人语，闻者必羞而笑之。初学之士，中人以下之见，乃代圣人言，又从为之对偶，后世见而不笑者亦鲜矣。臣考其故，宋人欲士通经，故以经义易词赋。前元因之，遂流弊至此。我圣祖开基，三途并用，未尝专以文取士，故未及详定。然永乐、宣德年间，程文气犹浑厚，亦非若是之靡也。今子弟习之，有司用之，皆知其敝，特未有以易之耳。臣闻儒臣陈献章曰：“论孟古义，读之炳然。”其长于造语，发挥神采，脱去时之凡陋。使今之举业者能是，亦何害其为时文也。

文章与世运升降，孰能留心于此乎？臣思之，非陛下好古图治之切，莫能行此，宁非有待而然耶？陛下既开三途，兴起其敦本尚行之心，又试之以古义。使不拘拘于排比，沉溺乎章句。则士习新而真才出，治道隆矣。论孟古义，宋板也。臣仅得数篇，谨录随本进览。倘蒙采择，乞敕礼部，马上差行各省提学，及差去主考官员，遵用试士。大比伊迩，势犹可及。且臣闻之，往往有记旧文幸进者。今卒试之古作，无所袭而成章，必得真才之用矣。臣无任恳悃陨越之至，为此具本亲赍，谨具奏闻。

仿古更化疏（附奏揭帖）

奏为仿古更化，以励庶官，以成中兴事。

臣惟陛下，学思尧舜，治期唐虞，夙夜孜孜，无少遑暇。然而十年于兹，天下丰荒相半，灾祥并见，政举未终，教尼弗行。何欤？意者陛下之志切矣，成陛下之志者谁欤？人各有心，惟以陛下之心为心者谁欤？

臣复读圣谕曰："三代时，君臣庶民，恰如一个人，唐虞又可知矣。今人都是计利害、为身家之辈，动以善人为令色，君子为伪为谠。言为国者，曰挟私求进。亲君敬上者，曰谄（谄）逢迎[1]。"至哉言乎！陛下灼见如是，则将何以救之乎？将致医药以求其瘳乎？将听其心足交病，立而俟之已乎？

臣闻唐虞之时，在廷之臣，亦未必皆贤也。其皆贤者，尧舜鼓舞造就之功也。何以言之？夫敷奏以言，以观其贤与否；明试以功，以验其果贤与否。见贤焉，然后车服以庸之。犹未也，于其贤者，率作兴事，屡省乃成。于其未贤者，侯以明之，挞以记之，书用识哉，欲并生哉？格则承之庸之，否则威之。此其鼓舞造就，何其勤且至乎！今之士，始拔自有司，其文已弃而弗问，则敷奏以言之典未行也。迨授之职，惟计岁月，资次未及，虽贤弗擢。历俸既久，虽庸必迁，则明试之典未行也。如此善何由劝，不善何由改之以从善哉！

矧今一二臣工，今日以贿赂，明日以贿赂，播之四方，传之四夷，其伤治辱国亦甚矣。失今不更化，愿治无由矣。且陛下之心，不无并疑于其下。而忠贞才节之臣，又何以自明于其上乎？夫君，元首也；臣，耳目手足也。明良一体，无有离间，然后可以成正大之业。否则虽有志道，孰与精之？虽有膏泽，孰与布之？而中兴之望孤矣。

臣伏愿陛下，赫然下令，与群臣更始，讲求敷奏明试，屡省侯明之意，仿而行之。俾各精白一心，濯旧图新，以趋平明之治。陛下亦引躬自咎，以为之先，至诚恻怛，务举斯世甄陶，必化而后已夫。然已善者，不容不劝；未善者，罔敢弗从。将见四方风动，咸仰至德，百僚师师[2]，庶尹允谐。雍熙泰和，可以指日而待矣。臣无任恳悃祈望之至，为此具本亲赍，谨具奏闻。

附奏揭帖

臣闻人君鼓舞造就群臣之道非一端，而敷言试功其要者。臣愚欲乞陛下亲撰圣谕一道，示群臣以交修之意，使各献其言。献言之法，用纸一幅，界为五格。圣躬燕闲之日，宣召百官，集左右顺门，人给四幅，首格各书本官出处、年贯、科甲、三代、初任、升任，在外经何人举荐，考满有何考语。二格书其志之所向。三格书其才之所宜，盖人之知己，不如己之自知。四格自陈职业，政务次第。五格各陈所见时政得失，军民利病，可采而行者。先令光禄寺办桌，司礼监书堂办笔砚，锦衣卫巡视。不使预知，庶无宿构假借，而得其情矣。书罢，每衙门堂属官，汇为一本进御览，一存阁下，一存吏部，一付本官自执。则凡平日无有为之志者，罔以自献。而大言作伪者，虚浮冗诞之状，自不可掩。其实见实言者，如纳质于公，稽之有方，责之有辞。彼将夙夜思副其言，罔敢豫怠，此敷奏侯明之意也。内阁铨曹，凡遇推擢，用为据验。陛下暇日，亦间行稽察。或召其人面质之，言善而能践者扬之，无情而弗践者抑之。此明试以功，屡省乃成之意也。如此人人警惧修省，德义日新，职业日广，治化可成矣。故此有监别之道焉，有激劝之道焉，有范镕一世之道焉。惟陛下行之，何如耳？外任方面官，及府县正官，亦用此例。到任之三月，察其风土民物之宜，备书如何除害，如何兴利，如何足民，如何化民。每省汇为一本，送内廷吏部。其抚按巡守，亦各存一本，用凭查验。倘蒙采择，留中施行，天下幸甚。

臣日处清光之下，仰窥陛下欲治未治，其心良亦苦矣。是以忘其疏愚，而有芹曝之献焉。臣顷者为复古制以新士习，以图得人事。奏蒙允行，命下之日，士夫动色称庆，惜其言之不早。继为礼部题奉古义不必用，臣求其故，不过为子弟入场不便也。为期迫，士子未能卒变，考官作程文不便也。夫天下之事，求其是已矣。果是耶，当为国谋，不当为士子谋也。设使行之，容有未便，亦宜就而通之。录其超逸之才，能速变者于前；其余中才，未能卒变者，取盈可也。不然，乡试无及，行之京畿会试可也。且以文论之，唐虞三代尚矣，降而汉不及秦，唐不及汉。今之经义体制，谓唐之文有是乎？谓秦汉之文有是乎？陛下至精于文，见之审矣。凡今之士，自取第之后，皆视经义为无用，非独臣一人之言也。论孟古义，虽非其至。然由之以溯秦汉，古文可企也。由之随题阐义，以发圣贤之旨可明也。臣前所进者，在处有之。题目虽小，姑取其制，由之以求宋诸大儒长题，程文具在，可考也。或者又谓，古义出自晚宋，衰世之文也，不知经义固源乎宋。其流则弊，其源犹为彼善于此也。况孟氏七篇，出乎周末，亦可谓衰世之文乎？转移文运，不变世习，惟陛下裁之。《传》曰："化民必先乎臣，化臣必先乎士。"此之谓也。

臣一得之愚，不忍上负尧舜之主，不知避忌，思以少佐文明之治。方蒙施行，遂为该部奏止。使陛下右文迪士之盛心，不克终行于天下。信乎习之难变，事之难成，有如此者。此臣于今复有论议，而因以重有所感，不能已于言也。

校记

[1] 谣，当是"诶"字形近之误。

[2] 师师，《薛中离先生全书》作"师帅"。

复旧典以光圣德事疏

奏为请复旧典，以光圣德事。

臣闻圣帝明王之道，必有远猷。陛下践祚以来，明大礼以事亲，举大禘以事祖。皆品节古今[1]，以垂万世。而惟旧典一事，系关宗社，未及举行者。臣仰稽祖宗分封宗室，犹留最亲殿下一人在京。原藩为宗人令四字，俗呼为守城王。有事或为居守，或代行礼，其为国家虑至深远也。列圣相承，莫之或改。

正德三年，逆瑾怀异，遂并出封。瑾败，廷臣但俟宗嗣繁衍，因循未之议复。今者陛下入继，十年于兹矣，未有以为陛下告者。臣知陛下之心，天下之至公也。于事未尝有所讳避，惟其是而已。伏愿查复旧典，于亲藩中择其亲而贤者，迎取一人入京为守城王。抡选端人正士为之辅导，他日东宫生长，其为辅王，亦非可缺焉者也。如有以次皇子，则仍出封大国。彼得以自郡王而为亲王，亦足以展其亲矣。万一不然，则系陛下躬亲诲育，自于太后有恩、世庙有恩。其与仓卒之间，阔然无情者不侔矣[2]。陛下聪明，首出庶物，弗虑及此乎？帝王图事，动出万全。譬之弈棋，由前以俟，特一着耳；由今以处是，有二三着、四五着矣。多算者胜，少算者负。此防微虑远之道，当如是也。矧此处人之所难处，行人之所难行，诚帝王之所盛节也。陛下何惮而弗为乎？且陛下出而临朝，有君臣之乐。入而在宫，有母子之乐，有夫妇之乐。独自藩邸及今，未尝有兄弟叔侄之乐也。圣衷渊曲，机事邃密，有臣下不得闻而可与议者，有宫闱不得预而可与言者。时节高会，优游德义，亦人间之至情，天伦之真乐也。陛下亦何惮而不为乎？其视深居孤立，上无以系九庙之安，下无以慰四方之望，相去一何远哉！

臣备员下僚，区区忧爱，敢为陛下陈者，知陛下有纯孝之心，有忘我之仁，有天下无疆之图也。伏惟陛下深思远顾，悯臣之愚，留臣之奏。特降手敕，下廷臣会议施行，天下幸甚，宗社幸甚。臣无任恳悃陨越之至，为此具本亲赍，谨具奏闻。

校记

[1] 古今，《薛中离先生全书》作"古人"。

[2]《薛中离先生全书》无"者"字。

代岭北道侯宪副草请祠疏

臣备员以来，职务稍暇。访故老，考遗事。切见南赣之民，向为盗贼所苦，人不得有其家，父不得有其子，夫不得有其妻。先是巡抚地连四省，事权不一。虽曾会征七次，贼据险阻，曾不能损彼一毛。惟新建伯王守仁，巡抚是方，疏请提督之命，计擒通贼之党，练兵设策，动应机宜。不期年，破贼巢八十有奇。报至，朝廷嘉悦，荫一子为锦衣百户。次年，又破三十八巢，升荫锦衣千户。且能俘戮无滥，归其胁从被虏数千人。凯旋之日，父得子，携子以迎；夫得妻，携妻以迎。顶香伏地，连络数百里。于是百十年僭称王号，攻城陷池，频杀官军，积寇一旦扫平。二十年来，民无烽火之警，官无兵饷之费，皆王守仁之力也。

后奉敕勘闽军，途闻宸濠之变，一面勒兵，一面疏报云："臣请牵其举动，使进不得前；捣其巢穴，使退无所据。"卒如其言。事平，张忠、许泰等，挟武宗亲征，以冒功赏。守仁闻之，谓地方不堪重困，圣驾不可复南。余孽未殄，尚散湖江之上，万一不测，咎将谁归？遂先献俘，以止南狩之辕。旗牌一日七至而不听，宁以身犯威严，而不敢以误其君；宁自受谗构之危，而不肯重困其民，此又人臣所难也。独其破城之日，乌合之众，过虑城中伏兵，非彼杀我，必我杀彼。仓卒杀人，势所必至。宫人惶惧，自行纵火，焚其贼宫，延燎一二民居，即遣官救止。夫宸豪（濠）不速擒[1]，天下之生灵靡烂未已，四方之府库未保，而况于贼宫之物，贼宫之侧之人乎？武事倥偬，在成其大，非可以深文论者也。

思田反侧，陛下又起守仁总督两广。若当时思田之处非计，八寨之平未靖，宜有反覆，抵今无恙，则其处之亦可概矣。独出入瘴乡，感毒成疾，拜疏辄回，移近就医，不及候命为咎耳。然事完病革，死未逾境。其与避事而擅离者，亦不侔矣。是则守仁之在南赣，有功而无过者也。其在江西，功懋而过薄者也。其在两广，功隐而微者也。死之日，未蒙追赠，顾削其承袭，夺其葬祭，此万世之遗议也。

《书》曰："罚弗及嗣，赏延于世。"《礼》曰："敝盖不弃，为埋狗也。敝帷不弃，为埋马也。"国家非军功不封，然用武之地，凡依附成事之臣，皆得承袭文臣三品以上。不问勋绩，但计年劳，皆得祭葬。有臣如是，而独啬此，此当国者疑忌之过，陛下未之察耳。圣心一日必自感悟，臣不敢深论。

惟念守仁之在南赣，实有功于民。民之思之，亦不忘也。村落之民，家祀其像。附郭之民，如南康为生祠，富者出财，贫者出力。有黄叟八十，扶杖运瓦，其子走代，叟曰："非为乏人也，吾一生东藏西窜，不能安席。今得宁居，不运数瓦，无以尽吾心。"观此，似宜崇祀，以顺民心。此举本地提督非不欲言，去此稍远，未悉其详也。经过士夫，见其祠宇荒落，亦每叹息而去。顾非职守所在，不可言也。

臣待罪兹土，不言，是上有负于君，下有怍于民，内有隐于心矣。昔有国君使人求千里马者，至则马已死，买其骨以归。其君大怒，其人曰："马今至矣，死者且买，况生者乎？"宋之中叶，成功之臣不赏，败军之将不诛，国以大弱。臣请特敕礼部议处，如果臣言可采，复其应得之典。不然，凡有功地方，行令有司，岁时崇祀。庶几慰忠魂于既往，励武事于将来。臣不胜幸甚，天下幸甚。

校记

[1] 豪，当是"濠"之误。

贺改室叙

夫作室者，壮其栋宇，美其轮奂，具以资陈，斯已矣，而不知进而有求者也。进而求者，惟基之良，惟垣之固，惟涂墍以修，斯已矣，而不知求其有善者也。求其有善者，仁以为基，栋宇莫壮焉；义以为垣，轮奂莫美焉；礼以为涂墍，资陈莫备焉。

萧君廷旦，居棉城之外几年矣，一日进而改诸城。予友柯尚立，撰叙其美，恳予言以贺。予览之曰："廷旦之改其居，为其定省便也，为其兄弟迩也，为其仁贤近而有资，琴书乐而有与也。夫为其定省便者，孝思之萌，仁之纪也，底其基矣。为其兄弟迩者，悌心之萌，义之质也，植其垣矣。为其仁贤近而有资，琴书乐而有与，则须友以节其礼，涂墍彰矣。然则萧君之居，谓善以求其进者，非耶？君由是益培乃基，崇乃垣，益厚乃涂墍。

则基底所以尽爱，垣崇所以立敬，塈彰所以顺成。爱尽而孚，敬立而应，顺成而格。以事则安，以措则宜，以交则信。三者尽，而居之道备。诸君贺，以成其君之美者，其不在兹乎？其不在兹乎？"

赠黄子廷辉掌教宝昌叙

皇上殚精化理，益事恢宏。乃重守宰，慎师儒，用敷政教，以幸惠岷庶故事。士既举于乡试学职者，以次第授之长贰。是岁，天官卿以闻诏，咸为长用，益重其选。

维时章贡黄子廷辉得宝昌，大惧弗任，过中离子而问焉。中离子曰："今天下家有塾，乡有庠，国有学，句读有师，术业有传，其教立矣。然而真才弗盛，何欤？"黄子曰："我知之矣，学之弗明也。"曰："天下学士，相与聚语。言仁则仁，言义则义，言性命则性命。评今古，论治道，亦各有其说，其学明矣。然而用言罔效，何欤？"曰："我知之矣，教之弗立也。""然则立焉而弗明，明焉而弗立，何欤？"黄子思之良久，起而问故。中离子曰："教则教矣，而非古之学也。学则学矣，而非古之教也。古人之教之学，其惟立诚乎？诚者，各求得其本心而尽焉，道斯出矣。是故有弗立，诚斯立矣；有弗明，诚斯明矣。是故志焉贵远，弗远物蔽之矣。远矣贵专，弗专习夺之矣。专矣贵竭其才，弗竭怠荒尽之矣。三者去而诚立，诚立而学弗明，未之有也。教行而士弗兴于学，才弗真，用弗效，亦未之有也。黄子其惟立诚乎？故曰：诚者非自成己而已，所以成物也，合内外之道也。黄子其合于内外以为学，其斯以为教乎？"

李子正之、余子某在坐，与黄子同里闬，起而请曰："古之行者必有赠，斯可以赠矣。"遂书之以为赠。

赠少尹欧阳翠厓修堤叙

夫政，体民已矣。体民之道，遂其利，厘其患害已矣。吾潮负丛山，抱南溟，群注攸汇，龙溪、地美，揭封域也，尤为裔流激冲，夹溪为坊。坊决则巨浸百里，沉庐倾堵，禾嫁弗登。潮之利害，莫有甚焉者也。

先是，筑修有绩，咸得庙祀，勒石于坊之上，用识弗忘。间有志弗在民，勤簿书，行呼唱于途而已者，视之若无睹也。少尹欧阳翠厓廉其情，一承府檄，亟临其地，分布惟均，率作惟时。坯土而崇之[1]，凡几尺；衍而宏之，凡几尺，浃旬而告成。民喜，相语曰："岁咸若兹，吾无鱼鳖之虞矣。"乃诵之曰："公平易近我，勤以莅我，捍以庇我。我胡以酬？愿公而寿。"又诵曰："公永叔之胄孙，子济济而秀。作述惟休，愿公世于前修。"遂相与制彩，趋而告予。予家于坊之下，盖与同其情者。故请叙之以终诵。

校记

[1] 坯，《薛中离先生全书》作"抔"。

重修《揭阳志》序[1]

今之志，古之史也。修之朝曰史，修之郡邑曰志。其为彰往察来，取善征咎一焉耳。是故舆图悉而形胜可睹也，物产陈而征求可适也，兴废存而因革可从也，文行录而人才可稽也，淑慝具而鉴戒可昭也。以言乎迩则征，以言乎远则弗遗，以言乎立德立政则裨焉，志之义大矣哉！

吾揭介潮海之间，南北二溪夹流数百里，合而后入海。城在腰会，故俗分其水为上下，上水其民庞，下水其民健，而俗视他邑为厚焉。然邑治稍僻，部使监司，巡历鲜至，故一变而侈。彭山季子，自侍御出簿视邑事。行约兴颓，百废俱新（兴）[2]，再变而竞。前峰王子，敷政既久，民倚而安之。叹曰："漓而浑之弗一也，纷而厘之弗竟也，弱植而强摧之弗顺也，其惟志乎？崇其善而观者兴焉，瘅其恶而不善者改焉，其惟志乎？请于大巡瑞山公，喜而与之。于是穷诹博采，委重郑君峻甫，再月而告成。侃归自罗浮，卧病不能出，辱书币以序属。则应曰："志修邑之幸也，生斯邑者，其容辞乎？然惧无以阐也。"使再至。乃述诸往，以告将来。

校记

[1] 顺治《潮州府志》《东里志》均题作"重修揭阳县志序"。另外，上述二志和《揭阳县志》等志书所收载该文，文字上与本文均有较大差异，但内容基本相同，为避免繁杂，只在这里说明，不一一出校记。

[2] 新，当系"兴"字同音之误。

《阳明先生诗集》序

先生既殁[1]，吾友宽也检诸笥，得诗数卷焉；畿也裒诸录，得诗数卷焉。侃受而读之，付侄铠锾诸梓。同志或吾尤曰："古人之学，尚行而已矣。今人之学，尚言而已矣。吾师勤勤恳恳，以明古之学，记博而词工，未始以为训也。子是之图，非师意也。且诗者言之华，非古也。律者诗之变，尤非古也。子是之图，非师意也。"侃曰："诗之教，性情而已矣。离性情而言诗，非古也。由性情而出焉者，谓之非古可乎？夫性者，良知之体也。情者，良知之用也。是故吾师之学，致良知而已矣。良知致，则性情正。性情正，若种之艺生矣。诚松也，芽甲花实，无非松矣。诚谷也，芽甲花实，无非谷矣。谓松而花稷，谓谷而实黉，非然也。是故知先师之学，则知先师之心。知先师之心，则知先师之应迹矣。诵其言，察其用。可以观，可以悟，可以神明其德矣。而又可释夫诗乎？如以诗焉而已，则诚非师意矣。"

校记

[1] 殁，《薛中离先生全书》作"没"。

《图书质疑》序

有气斯有象，有象斯有数，皆理也。数以尽象，象以尽理，理以尽物者，图书也。予少阅《弗领考》，观众说只见芜蔓，竟莫释然。顷忽开悟，似甚昭晰。人皆可知可由，而非元且远也。盖道本一，不可二也。本完成，不可拆也；本具足，不可补也。二则杂，拆则离，补则赘。后儒动裂而二之，拆而补之，道丧其真学，失其枢纽矣。故图书者，心性之源，文字之祖，政治之基。本一差则百差，不可以弗明者也。乃即数为图，即图成卦，皆造化自然，无俟拆补训释。而天地易简之理，圣人精一之义彰矣。诸生闻之，恍然有省。请次图解，并录答问，用质诸君子。然与未然，必有以教我者。

赠钱塘尹李松溪述职序

松溪李子之为钱塘也，爱民而民安之，爱士而士悦之。既期，未协于下，与未尽孚其上也。闻中离子就医于浙，过而问焉。中离子曰："人与己有异乎？"曰："否。""上与下有以异乎？"曰："否。"曰："子敏人哉，几于道者也。充之，则南方之学未能或子之先矣。"李子返而悟之曰："噫！吾北方之人欤？质直而未好义欤？抑未能虑以下人欤？奚弗达也？夫水之寒也，火济之而后宜于用。木之错也，金斫之而后宜于器。是故义者，宜也。宜于己而弗宜于人，宜于下而弗宜于上，非好义者也。吾知学之道矣。"

居逾月，安者益安，悦者益悦。弗孚而协者以解，于是复过而问焉。中离子曰："敬与爱一乎？"曰："然。""政与学一乎？"曰："然。"曰："子志人哉，敏于学者也。充之，则北方之学未能或子之先矣。"李子返而叹曰："道本无二，吾自二之耳。吾闻之，政者，正也。正者，吾心之本体也。学者，复其本体而已矣。弗学能无倚乎？倚乎爱，斯忘乎敬矣。倚乎敬，斯忘乎爱矣。忘爱则下离，忘敬则上疑。忘乎爱敬，则人已二。故曰：之其所亲爱而辟焉，之其所畏敬而辟焉，之其所傲惰而辟焉，吾知政之道矣。"

居逾月，将入觐，告别中离子曰："克其质者存乎变[1]，成其志者存乎诚。诚则专，专则精，精则变，变则成。是故质不可以弗学也，知学不可以弗精也。精义可以入神，可以知化，而况于一邑乎？"王生玘在侧，方征言以赠。遂书之以为赠。

校记

[1] 乎，《薛中离先生全书》作"夫"。

《乡约》序[1]

古之盛时，化行俗美，人人君子，无所事于约矣。自世之降，欲为善者，而寡其与。则就其类，互相规劝，是故约斯立矣。迨世又降，欲为约者，而寡其应。则必有在位之人，倡率纲维，是故约斯行矣。故自上行之之谓政，自下行之之谓约，其实一也。

吾潮古称邹鲁，然地远而政易弛。淳漓一革，寇讼淫侈，民之散也久矣。侍御彭山季子来簿吾邑，首以化民为任。锄奸伐梗，行之一年，民始就规束。乃召父老而告之曰：

"有善无恶，人之性也。好善恶恶，人之情也。人孰不欲为君子，而甘为小人耶？顾治之者弗教，教之者弗周耳。今欲家至户晓，其惟乡约乎？"于是酌为条规，乡立约长以总其教，约副以助其决，约正司训诲，约史主劝惩。知约，掌约，事约，赞修约仪。月朔会民读约讲义，开其良心。又彰其善，纠其恶，以振厉之。数约复为一总约，以察诸约之邪正。月终输二人至县，传训诲之语。行之二年，风移俗革，境内以宁。慕义之民，至越封来请。

故愚以为，行约之便有十：官弗约则事繁，农弗约则力分，善者弗约则势孤，恶者弗约则祸延，富弗约则难守，贵弗约则难靖，贫弗约则易凌，贱弗约则易虐，老者弗约无以明其养，子孙弗约无以习成其德。若夫不便，则亦有之。吏之墨者不便，民之奸者不便，约长之不得其人者不便。是故凡称其便者，则其为人可知矣。

校记

[1] 乾隆《潮州府志》载有《乡约序》，与本书所载文大意相同，而文字表述差异很大，估计或出自不同稿本，或收入府志时被大量改动。另外，顺治《潮州府志》，康熙《海阳县志》，雍正《揭阳县志》《东里志》等多种志书均收载有该文，各志书文字也都有些差异，为避免繁杂，只在这里说明，不一一出校记。

卷五　薛御史中离集（二）

揭阳薛侃尚谦著

开溪记赠涂子经卫[1]

潮有二水自西北来，东曰洲溪，西曰西溪。东南绕郡治之南，二水回流，相错弗通。仅十里，或为渠为池，旱干水溢，农者弗便也。其地出橘柚诸果，贩鬻以脚，商者弗便也。人家一瓦一木，动费赀运，居者弗便也。舟楫转海而后达，风涛寇贼，民之死者无虚岁，行者弗便也。

嘉靖丁亥冬，予过其处，察其可浚而通也，以告于府主王公子章。公命经卫涂子相之，具以事复。公曰：“事则尔矣，地理若何？”曰：“其乡之言云：浚之风水且有益，是故上水不产溪物，是岁则产焉，地气兆矣。”曰：“地兆则事基矣，天时若何？”曰：“东南无经岁之旱，自秋徂春，沟渠皆涸，工易为力，天时应矣。”曰：“天应则事协矣，人力若何？”曰：“古之兴事者，必云从众，然亦有寡而弗愿者矣。今则异是，是故人力齐矣。”曰：“人齐则事集矣。”遂依里甲分布，东莆凿田百四十丈，浚渠百丈，造桥四所。上莆凿田百二十丈，浚渠二百五十丈，水派百八十丈。龙溪浚池百尺，修溪三百丈，修桥七所。桃山浚渠二百六十丈，修桥四所。地美凿田四十丈，修溪百丈，桥一所。登云修溪四百丈，修桥三所。布讫，赴工如归市。梅冈以后，至输工直弗受。以筑修堤石亭，计凿田一十余亩，压田二十余亩。应偿时金百两，洼田受益者偿之。计田二顷余亩，亩出时金二钱，里之益尤者偿之。东莆五十里，米千余石，出时金四分。其新塞者弗偿，浚渠衡不亩者弗偿。出纳有籍有稽。

噫！是举，予与涂子，洎林子孚中，焦思涉泥。肇功正月二十四日，越三月哉生魄工毕，放舟试之。是夕乃雨，民喜，呼其溪曰中离溪，呼其桥曰涂公桥。又曰：“府主之惠也。”于是咸造其庭以谢。民怀涂子之劳，制轴属予记之，且以为涂子赠。是为记。

校记

[1] 本篇多种府县志均有载，如顺治《潮州府志》，乾隆《潮州府志》，雍正《海阳县志》，康熙《海阳县志》，光绪《海阳县志》《东里志》，崇祯《揭阳县志》，雍正《揭阳县志》等，内容基本相同，文字则偶有个别差异，标题则多题为“开溪记”。其中乾隆《潮州府志》文字删节改动较大。为避免繁杂，只在这里说明，不一一出校记。

修堤记

潮治东南，夹溪为堤，民居其下。一遇崩溃，巨浸百里，沉庐倾堵，禾稼弗登。潮民之害，未有甚于此也。自侍御杨君琠疏于朝，请以广济桥盐课易石为固，府主谈公克襄其事。二十年来赖以不溃，民称戴之若慈父。岁久湮圮，民复忧焉。

乃嘉靖丙戌，府主王公归自述职，乡达郑玉之暨予以告。公曰："此予责也。"遂率民修之，益崇三尺，广一丈。明年飓风发，水陵旧堤三尺，其不没者仅一尺耳。民咸走相谓曰："顷若弗修，其崩决矣。然则今日之垣庐，吾君障之；今日之谷粟，吾君予之矣。"越冬，复会节推李公重修，亲临相视，且益石崇其险。民复走相谓曰："吾君之功，若彼其速。吾君之仁，若是其笃。不可以弗纪矣。"于是萃二邑之众，征予言为记。余曰："噫！有是哉！公忧民之忧，而民斯乐公之乐。后之吏斯土者咸若兹，则潮其永赖矣。"

公慈祥温厚，爱民出于天性。讳袍，字子章，浙之山阴人。

重修兖州府儒学记

兖州，吾夫子之乡也。士生千载之下，犹思同堂共席，以慰倾慕之怀，而况于其地者乎？仕于四方，虽远在荒服，则亦俎豆周旋，凛乎如在，而况仕于其地者乎？然则生斯地者，必求其道而学焉，斯无愧夫子之乡人也。仕斯地者，亦必求夫子之道而行之，以迪是邦之人，然后为能以其出夫子者，而反事夫子也。

永新刘君子正，自守是邦，刑清讼理。既楼其城，壮其郡治，公宇之外，焕然改观。则曰："斯夫子之区域也，而政弗在是也。"乃轻其徭，平其赋，益和辑其民。既而曰："斯政也，而学弗在是也。"乃修殿庑，修明伦堂、尊经阁，新棂星门，新斋堂一十二楹，号舍三十楹。又辟地为门，为射圃。黉宫之内，焕然改观。则曰："斯学也，而夫子之道弗在是也。"方迪诸多士，而进诸道。侃适有事于鲁，从而质曰："道有异于学乎？"曰："无以异也。而今之学，则异乎道矣。居庠序者，知训诂，则谓之学；能文章，则谓之学；博闻强记，则谓之学。外身心而骛声利，得则盈焉，失则馁焉，夫子之道宁若是耶？""然则学有异于政乎？"曰："无以异也。而今之政，则异乎学矣。法制以驱于民，簿书以成其务。责人之善，不必其己勉。夫子之政宁若是耶？是故道一而已，一则贯，贯则一。一者何？无欲也。无欲则静虚而动直，静虚则明，明则通王道之本，学之体也。动直则公，公则溥天德之发，学之用也。此精一之传，圣门之宗要也。岂不易简？岂为难知？人病弗为耳！世学不明舍心，而求诸外，是故知行二矣。人已二矣，知行二，宜其有外道，以为学者入于记诵辞章，而弗反矣。人已二，宜其有外学，以从政者流，于刑名功利术数，而弗知矣。间有知之，而弗反之者。则又非拘滞于仪容格式之粗，则沉沦于元虚空寂之谬。是皆不知一即贯也，贯即一也。贯而弗一，其动虽直，是义袭也，是多学而识也，忘其体者也。一而弗贯，其静虽虚，是遗物也，是以己性为有外也，废其用者也。然则欲明夫子之道，亦惟一贯而已矣。欲为一贯之学，亦惟无欲而已矣。"士闻之，亦幸生于夫子之乡，而以获修其道是庆。

侃归，训导陈子炜辈，与合庠之士，德刘君之惠，征言为之记。予喜明夫子之道，自吾夫子之乡始。故不辞而为之记。

登峰山记示诸生

扶舆之秀，自昆仑而东为岱，而南为峰。二山之间，一钟为吾夫子，再钟为颜、曾，再钟为思、孟，皆为万世师。故"岱"曰岱宗、"峰"为络绎，已兆名山之始矣。然则二山者，吾圣贤根本之地，当时游衍授受之所也。今岱祀有典，峰为琳宫梵宇所据，使登临之士，追怀景止之心亦微矣。

余使鲁来游，见斯岩通明中正，犹数楹之厦，命曰："大通岩。"谋诸守土，塑夫子小像于中，四子侍焉。俾游者礼其容，思履其道，是亦世教之一助也。

谋既集，咸疑而问曰："学无方，其以游与？"曰："游者，学之方也。子不闻'与点'之意乎？"曰："游无方，其以山与？"曰："山者，游之方也。子弗闻'仁智'之语乎？未达，复谂之曰：天得一以清，地得一以宁，人得一以灵，物得一以生。故一者，其本体也，无弗同也。学问之道，复其本体而已矣。然山水无私，而人物有情。有情者变，无私者存。是故登其山，本体形焉。清者感之旷其情，浑者感之涤其虑，郁者感之散其怀，蔽者感之豁其意，忙者感之息其怿，闲者感之静而益幽。"或悟而起曰："有是哉！游之益也。然则亦有损乎？"曰："有。旷其情而无主，其失则忘；涤其虑而无主，其失则荡；散其怀而无主，其失则逐；豁其意而无主，其失则流；息以怿而无主，其失则隳；静以幽而无主，其失则僻。忘焉，隳焉，僻焉，离物者也；荡焉，逐焉，流焉，著物者也。著物也者，俗之谓也。离物也者，禅之谓也。匪禅匪俗，其圣贤之游乎？其圣贤之学乎？《传》曰：'上下与天地同流。'又曰：'充之，便是尧舜气象。'此之谓也。"

知非记

有钝子者，性僻而狂。年十五就学，始知天地间，有大人君子一等事业，心窃慕之。得格言懿行，辄识于壁，而其志巍然也。乃庚午领乡荐，此志复励。继窘于病，与物多忤。仍于思中，得惩忿去欲之几，题其斋曰"思斋"。及往省，于闽历常思岭，复觉其思之不常，因号为"常思子"。然志之不行，思而不学，实不知也。

癸酉上春官，过南畿，见河经自洛，泗水出于邳，秋风夜月，蓬斗清辉，瞿然而动，百度皆有自新之意。一夕，以事评于年友。年友见其开诚，具告以昔日之非者，不约而四集也。始惘然自失，拜而诘之。则曰："放而不检，子心之非；躁而无忌，子言之非；倨而不谨，子行之非；处事疏慢，待人薄且戾，皆子之非。子不知乎？"呜呼！是诚不知，吾何幸而得闻之。夫欲为好人，做好事，莫我如也，今何为至于此。思之达夜，莫得其非之自。举而问之人，人尚怨而不告。仰而问之天，天若怒而不言。辗转旬时，然后知其非，特在我一心耳。盖心一不存，则敬畏亡。敬畏亡，则是非之闲弛矣，安得不陷于非而不自知哉？故反而自问曰："肇羲皇而讫浑沌，中间几世代几人物，而子将出几世耶？"曰："一而已，焉得再？始悬弧而终盖棺，中间有疾病，有老少，子将存几年耶？"曰："百而已，安能多？"噫！伤哉！其可惜也。以百年无再之光阴，万古一生之奇会，而自弃焉。生无益，死无闻，伤哉！其可惜也。安得不改其非以求其是，警觉以破其昏，愤发以启其懦？慨宇宙之非大，而经纶参赞者何物？仰今古之有依无，人非鬼，责者何人？俯然而自尽者在我，默然而自修者在心，乌可以他求哉！

记成，质诸乡先生。先生曰："善哉！昔蘧伯玉行年五十而知四十九年之非，遂能晚年进德。子方茂龄，其进不可量矣。然学不在多言，顾力行何如耳？"钝子闻之悚然，因并书以自励。

题白沙遗笔跋

君子贵言乎？言浮而行衰矣。君子不贵言乎？言隐而道晦矣。是故言非君子之得已也。

味泉李子，得白沙先生片言只字，珍袭之以为世宝，出示予曰："为我跋之，使知所重矣。"夫白沙先生之言曰："道有可以言传者，有不可以言传者。"然则先生不求于言，李子岂以言求先生乎？予过会城，寓龟峰，李子既频访矣，又率其子姓之良者以见，又拉其乡之贤有志者以见，则李子之为人可知矣。

世之君子殁而全集者多矣，李子不以之宝，而宝于白沙之片言只字，是非有见于言语之外者乎？为李子之子若孙，必有因其可传，而得其不可以言传者。如以言焉字焉而已，则李子之志荒矣。

薛靖轩传

先生讳俊，字尚哲，一字尚节，号靖轩，揭阳凤里人也。居陇上，姓薛氏，人称为薛陇。父让斋公，有隐德，爱人恤物，蔼然以善遗其家。少罹孤苦，尤属以友爱。先生天性孝友，用成厥志。兄弟六人，寸帛不私，外内无间言。始习句读，塾师口授之，过耳辄成诵。既而嘿听，尽通群儿所授，问难塾师不能答。归自塾，有伐树横衢者，群儿皆匍匐而过之，先生独拱俟衢通然后归。稍长，有恃力忿摧其垣者，先生出视前揖，摧者惭而去。其视官务切于家，爱人逾爱己。凡情施之，弗应则止。恶声无故，而再至必怼。先生处逆，仁意愈笃。德器温粹，望之气阻，即之若饮醇也。

甲子领乡荐，中乙榜。授连江分教，升玉山学谕，迎母就养。每至一方，人为之化。士有戾行，惧先生知而改之。去之日，行李萧然。久益见思，时宗朱传。弟侃事阳明夫子于南畿，登第归省。因闻其说，叹曰："昔闻昆斋先生之论，亦有然者，此乃见人心至同，圣学在是矣。"遂率其弟侨、子宗铠而师之。初见，问行己之要。夫子曰："闻子笃行久矣，试自言之。"曰："俊未知学，但凡事依理而行，不敢出范围耳。"曰："依理而行，是理与心犹二也。当求无私，行之则一矣。"自是有省，学益进，升国子助教。时已病，闻母丧，浆浆不入口，奔至贵溪宗铠官邸而卒，人咸悼之。今乡贤祠有祀，二邑名宦有祀。

陈海涯传

先生姓陈氏，讳明德，字思准，号海涯，海阳辟望人也。幼凝重不嬉，读书有契于心，辄身体之。游庠校，寡谐与。闻白沙倡道东南，勃然兴发，遂弃举子业，苦心励行，漫无可入。时操履方峻，人目为异，咻讙诋訾，弗顾。迨中离归自虔，始闻精一之旨，且信且疑。毅斋邀处北山精舍，三年乃豁然。毅斋卒与复斋砥砺玉林，自是和易通坦，与物无忤。虽昔非哂者，亦皆称与。家如悬磬，弗介于怀，惟汲汲以兴斯文为己任，善类日相亲附。

戊子，见王阳明先生于羊城，既归，门人益进。季公彭山、刘公印山，左迁于潮，皆盍簪取益。壬辰，中离筑书院于宗山，中建祠堂，春秋祀王阳明。旁为精舍，延先生以居之。一日语其友曰：“吾其止于是矣。昔者梦处莲萼，清沚潆绕，顾觇其后，黑泞渺茫。今书院华岩址也，吾其止于是矣。”未几以疾卒于家，士友哀而葬之。

先生之学，凡三变而始至于道。晚岁宗旨莹彻，善诱循循。方赖以明斯学，而天啬其寿。呜呼！痛哉！一子蚤世，先生恸绝。妇林氏跪而解曰：“子亡妇在，愿事如子之存。”后侍汤药，执杖行丧，织纴养姑，嫁其孤女，户门不替。人以为修德之报。

薛东泓传

东泓，讳宗铠，字子修，姓薛氏，靖轩先生子也，号东泓。性肖靖轩，淳雅无过举，族戚闾里咸爱之。与季父侨同科第，授贵溪令。年少莅政，日觉精敏。节用爱人，民大悦。虽锄抑强梗，亦罔尤怨。甫五月，以忧去，百姓号泣。季父南奔，偕行。贼有尾其舟者，贼属曰：“官人如是，何可犯也。”追白会昌簿，先擒之。服阕，复除将乐，调建阳，蔼然尤有善政。召拜给事中，论列多关大体。

先是逆瑾变制，出封荣王。人主孤立，仲父侃疏复旧典。时缺少宰，上欲用夏言，少傅张孚敬虑宠均。难侵其柄，意在彭泽，谋借其疏倾之。进揭高，称言与藩国通，疏稿出自言。廷鞫逮泽，泽称侃具稿呈言，言许赞成，自相龃龉。侃被拷掠，无异词，且欲加重法执祖训，问旧典安在？侃曰：“宗人令，非旧典而何？”又欲勒浼同朝，以去异己者。侃斥之曰：“汝欲空人之国乎？欲假机阱，侃非其人也。”辞气安详。鞫者为屈。上察其情，遂戍泽，罢孚敬，侃免为民。时二臣凭宠行私，怨归朝廷。命下，朝野欢腾。咸曰：“三代而下，诏狱精明，未有此也。”都御史汪鋐被诘，赃钜万待勘。孚敬以善搏击，奏起之，令煅（煆）成其狱[1]。言官暴其捊髯攘臂之态，后入铨部，尽中伤以去。恃恩骄横，搢绅为厄。铠劾其貌恭圮族如四凶，丑伪坚僻如少正卯。上悟，将黜之。鋐以铠为侃之侄，指为报复。自陈辨。会御史曾翙，申论辞激，并下狱，竟拷而死。自朝绅至于闾野，闻者莫不伤悼。鋐语人曰：“吾力能死二言官，归无憾矣。”逾年死于其子，人谓天道甚彰。详见钱海石奠章。

铠仁厚出自天成，夙有闻。未领从居京邸，与龙溪会聚，日见大意。好友嗜学，孜孜弗懈。死之日，无完肤，而神思清定，言笑自如。遗言念母养未终，余无芥蒂。谓非知学笃行，从容就义者非邪？噫，惜哉！

校记

[1] 煅，当系“煆”字形近之误。

杨毅斋传

毅斋姓杨氏，讳骥，字仕德，号毅斋，饶平人也。世居凤城，父潜斋，尝游江门。蚤闻庭训，知向方，庄重专确，遇事刚毅。

丙子乡试，未撤棘，听讲于甘泉先生。既而与弟鸾同领乡书会试，入京师，遇中离。闻阳明先生之教，遂赴赣州。数月有省，驰简示知友云："古人致知工夫，自是直截易简。视后支离，茫无可入，大径庭矣。"时潮学未明，先生偕中离归自赣，发明合一之旨。锐浣旧习，直培本根。以圣人为必可师，万物皆吾一体。一时士友，翕然兴起。范家立则，崇先睦族，井然改观。其进修恳切，汲引同类，尤非人之所易及也。

己卯，复往卒业，值洪都之变，冗攘不复追侍。适中离省亲怀玉，同处庠舍，砥砺日进。庚辰春，以疾驰归。病革，犹讲学弗辍，拱手正衾而逝。阳明先生致哀词云："潮有二凤，今失其一。呜呼！惜哉！"嘉靖十年，与复斋同祀乡贤。

杨复斋传

复斋姓杨氏，讳鸾，字仕鸣，一字少默，初号玉林，改复斋，毅斋弟也。聪明磊落异常儿，长师海涯改斋，所闻辄弗忘。

丙子见甘泉先生于莲塘，归图卒业未果。时有神托梦西川云："人间何扰扰，洞门深叠叠。咏歌默龟文，消息凭蝴蝶。阴阳是牝牡，乾坤亦橐籥。分付玉林子，早驾烟霞榻。"遂往樵山睹大科精舍，有烟霞扁，乃知凤缘云。归质毅斋曰："文学事功，吾分内也。今修圣学，而外文学可乎？"曰："非谓外之也，本立而后道生，未先有立，而汲汲文学，是谓剪彩为花，是谓记丑，而博失其本矣。"曰："弗究弗知，弗知弗能。欲修圣功，弗究可乎？"曰："究者究此，能者能此也。此而未究，究者何物？此而未能，能者何事？"复斋悟。

庚辰下第，见阳明先生，遂领大意。闻毅斋讣，南归。尤勇往担当，厘家处众，井然有序。率徒百余，师事海涯于玉林。磨切汲引，亹亹不倦。丙戌上春官，得疾驰归，卒于南雍。呜呼！先生昆弟，卓有远志，皆未竟而卒，先生德性冲和，襟怀潇洒。而所造尤精，士咸悼之。

陈碧洋传

碧洋姓陈氏，讳思谦，字益执，号碧洋，揭阳鮀江人也。弱冠随父东溪，以乡荐士入南雍，慨然有远志。迨归，侍大父，朝夕巾衣省问，时致金备果食费。大父有女贫乏，辄以与之。碧洋知其情，增致弗懈。性刚敏，然待至亲蔼然无拂，有过俟自改悟。中离于东溪先生为友，因知志操，白诸督学庄渠，补弟子员。乙酉乡试第一，连登丙戌进士。授浦城令，始至，下情未谙，敛智若愚。逾年，尽得奸良之态，一发阖邑竦然。令行政肃，民不敢犯。以忤廉宪，竟为阻黜。家食三载，潇然事外。大巡虞公，用冬官薛竹居，给舍薛东泓荐，核复其官，送部。寓京邸，会龙溪先生，始闻斯学。改令抚城，莅政稍宽，省费平狱。邑中无事，与士夫游山讲学。阅八月，升户部主事。单童匹马，朝闻夕发。士民叹曰："往者迎送嚣然，今来去无有知者。"乃谣曰："矫武矫武，民多其故。弗葺弗浣，民忘其官。"时同志聚京师，朝夕与居，学日益进。承檄出掌钞关，途闻东溪之讣，哀毁南奔，治丧纯素，俗为一变。筑庐墓侧，又筑斋于庐左，延师聚友，讲学以诲其子。诚曰："吾叨居官，衣食宫室，无改于旧，寸土不增。幸闻良知之说，日觉有省，视昔支离，若脱罗网。以是遗子孙共朋友足矣。"

里有陈廓斋密于斋，至为偿其负、恤其私，俾无他顾。廓斋亦因有闻东莆时至斋，共坐磐间水次，讲切移日，潮士为之兴发。服阕，北上辄还，拟聚离斋，共明斯学。

未几病弗起，廓斋执其手曰："男子事未终，宁可去乎？"时气已微，应曰："凡身去，真身想存。"瞑目从容而逝。

陈乾山传

乾山姓陈，讳应麟，字经成，海阳人也。庄有乾山，因以为号。温雅美丰仪，望之知为君子。居家外内肃然，尝罹内难，处之雅有德意。盖闻白沙之风而兴者，攻诗，体清淳近古。蚤游庠校，相礼文庙，矩度雍容可观。初闻王阳明先生之说，未省。晚岁风疾，坐斗室垂二十年。静中以西川所传之意体之始信，及甚悔其晚也。嗣是少作诗，时或写意，自有真味。乃知其道有本，欲学焉必有其本。而或徒字敲句炼，依仿摩拟，以求追古人，宁可得哉！

余土斋传

土斋姓余氏，讳善，字崇一，朝阳人也。喜诚实，谓五常于信，犹五行之于土，因号土斋。从游白沙，操履端确，一言不苟。有旁亲疾笃，周旋其侧，至为浣濯无厌致。人以为难，故咸信之。岁授徒常举外，执守圆方之意，亦时启迪。至于运规为圆，用矩成方，则未及焉。故学者于用力之方，得力之地，未有以也。

正德戊寅，应贡北上，遇中离于南监。中离曰："吾人之学，必有证印，方能统会宗元。昔者邵康节遍齐鲁宋卫之墟而归，非游也，学也。孔孟周流历聘，非独为仕也，传授也。有阳明先生在，如欲进见，请为先容。"乃入见，先生闻其笃行，待以殊礼，坐有顷而别。抵京师，授某县训导，恬退以归。后卒于家。

林希斋传

希斋姓林氏，讳文，字载道，揭阳人也。初领乡荐，磊落不羁。闻教处州，乃翻然改悟。及进修日殊，固有感而兴者。虽昔议其非，今且崇信，咸以为诧。志气高爽，与人谈论，能长人兴致。自谓贤圣为必可师。以希名斋，掌教西安，颇能以身率物。时王阳明先生居越，往来侍讲，学日益明。后升国子六堂，与尚迁劘切交修，隐有雅望。丁外艰南归，方图精进，襄事甫毕而卒。

郑紫坡传

紫坡姓郑氏，讳一初，字朝朔，揭阳人也。少读书紫服山，因号紫坡。和易谨确，不立崖畛。无疏戚远迩，咸敬爱之。

辛酉领乡荐，乙丑登进士，寻告归。恬素如平时，子姓宗族，亦循循事耕读于世，淡如也。时重庆有世德乡人在圄者，怀金数百，恳为之解。其大父令试强之，具筵于舟，邀游溪山，醉而载之，抵城以告，觅艇亟归。自是人不敢干以私。瑾败，政平，起为试御史。师王阳明先生于京师，日与横山、箬溪诸贤，问质究竟，始闻圣人之学。性善饮，能多而不乱。后知戒而内伤已积，以疾告归。期淑后进，以明斯学。抵杭，疾遽不起，榇归。人多为流涕。

刘果斋传

果斋姓刘氏，讳益，字朝玉，海阳城居，果斋其别号也。少与毅斋善，因闻斯学。禀性慈良，仪度修谨。与人居，无面背久近，温温常若。一会海涯中离，闻真切语，忻然兴向。犹觉未能勇往，以果名斋以自励。师事少府晴川，晴川颇爱之。卒之日，为恤其家，临祭吊焉。

陆竹溪传

竹溪姓陆，讳大策，字一士，海阳人也。世居潮治，有茔在东皋，距城数里，修竹幽深，溪流环映，睹而乐之，遂家焉。临水面山之处，繁阴交荫之下，扫地为台，编竹为垣，截木为几。朝烟暮霞，风晨月夜，抱膝长吟。游而倦，倦而憩，憩而起，潇然物表。殆不知天地之为大，万物之为庶也。游者入其境，穿其林，亦洒然魂清，欣欢笑傲，终日而忘归也。太守叶公闻其名，召见。辞以篇章，有"野心甘老碧山云，襄笠如何可出村"之句。遂访之，因与定世外之交。暮岁中离瘅疴，构竹屋东津池上，时与往还，雅相爱。临终之岁，往宿离斋，旬月不忍去。其于行著习察，进礼退义，未之或离。而寄兴每崇高尚，自有出尘风味。亦昭代遗民，清修逸士也。视彼营营货殖，仆仆希名者，相去为何如哉！

与淮上诸友书

相聚淮上，真所谓味如芝兰，义均骨肉。别后不审能时时若是否？世界如许，经目入耳，无非刀剑鸩毒，触之者轻伤重死。谁则知之，知之盖寡矣，况能必违而避之者乎？远而避之，必寻此路矣，必能入此安乐国矣。见得此意真，是为学则此长彼消，不为学则此消彼长。长者何？消者何？可以安身，可以立命矣。然虽有质，不可无志也。有志，不可无友也。今人求名利，不远千里，数十年客居，人不之非，以其所见者重也。夫轻者重，见之者且如是，苟真见其所重，又安能一日已乎？承爱相处不久，相去且远，无以申终始之怀。尝与道泰州王心斋，不知尝往相见否。倘试期逼，有碍从容，必往会，然后知予言之有以也。

奉霍兀厓书

违久，无任倾企。数载，惟从章奏察精粗，论用舍上见经纶耳。侃自山居，即患血证，远地无能治者，不得已就医江浙。得泉翁为舍侄作铭，寄至，特来一谢，且祈亲教。适道舆入省未归，午过匆匆出城，抵西门无馆处，乃复返宿欧阳南埜。时欲驰谒，则既暮矣。罪罪负负，然闻刚德日和，清履无闻。而勤恤之心，社稷之怀，弥久弥切。则其不言之益，亦既多矣。

寄仰峰书

奉违忽尔逾旬，病寓空山，届岁未由拜庆，徒瞻忆耳。阳明洞中占地伐松者，蒙核究已立退认偿，松存作洞楼花，利移瞻朱白浦。白浦历官清白，以冒暑讨贼而卒于官。先师封拜时，忌议纷然，院中公是公非，颇明白浦之力也。今母死莫葬，男长莫聘，乡邦议者咸曰："使白浦终困穷其家，则后之为善者无以劝矣。"白浦按山东，途中尝责一人，寻觉其误，下肩舆步行二十里以自罚。山阴尹行取至京，馈以四币。告铨司曰："此人吾许可，今乃为此馈此物，奚自至哉？"其人遂不大拜。其贫如此，其操履如此，其亡之故如此，其邦人之论又如此。此司风化者，所宜恻然而有隐者也。此意郡邑亦可举，惟从上而下，则所以崇德彰善而风一方，为助良不浅也。

答欧阳南埜书

伻翰远临，兼锡路资，感厚感厚！离索多时，此行会须有晤，承约即欲登程，为越杭二祠未毕，已与龙溪拟在上巳前后矣。承示"精灵"二字，真真切切。日间自觉于此，尚有二病失。此时既涉尘劳，作沉晦一病矣。得此时犹落意，见长贡高，不免有窠臼、有障碍，亦一病矣。失之为病，人皆知之。得之为病，非志切归极，猛然精进，即且安享其中，视为活计矣。然所以不能通彻圆融，变化自在，皆坐此而莫之知者也。顷亦影影自见，全得龙溪，日胥省发，打破此圈，百尺竿头，似有进处。但用功越难，若存若亡，未得所安。正欲就质左右，恨不缩地以卒请也。

寄李默泉书

古人尽己之道只在反己，理物之方只在体物。窃闻执事未尝索人信己，忿人之不附己。而人自信自附，要在于自尽焉尔。晒者欲晴，种者欲雨。采玉者登山，求珠者入海。物之不齐，物之情也。虽圣王在上，不能尽牵人以就己，拂世以成务，亦使各得其情而已。

奉钱德宏、王汝中书

公弼兄来，得读讣告词，恻然哽咽之中，有毅然负荷之期。别后新功，于此概见，敬服敬服。师门有赖，斯道之幸也。自学不明，此道离而为文学，画而为谨愿，激昂为气节，驰逞为功能。皆谓自足焉止矣，奚复讲学之为？斯言出而仁之体亡。仁体亡，此人欲所以横流，禽兽所以逼人，吾师所以睽于时也。夫唐虞之为唐虞，以其能使黎民敏德也；三代之为三代，以其人人君子也。由今之学，无变今之俗，能使黎民敏德否？能使人人君子否？如谓弗能，则学之不讲，诚可忧。与人同归之念，不可不急矣。吾师上承千圣，下开绝学，正在此念纯切无替。是以斯文渐兴，斯道渐明。而世之爱吾师，知有此事者，谓此为多；不爱吾师，不知此事者，谓此为虚，亦可哀矣。所赖此理在人心，磨劫不泯。都下信向日众，则四方可知，后世可知。吾辈正当各任其责，务以兴起斯文为己任，庶几以一衍百，以百衍千，以千衍之万亿，则斯道之寄为不孤矣。愿审己相时，虚心体物，以会天下之同。尽此生之为，只干此一事足矣。若人持一见，地各一方，则此学之明不明，未可知也。不审诸兄以为何如？

与魏庄渠书

某别长者二载许矣，去秋见邸报，知遂南归。沿途询候，冀得一会。不谓于下邳，夜左怅怏久之。抵京不得复睹颜范，复闻议论，得见似执事者喜矣。今又袭迹而归，则此志或懒，谁与翼之？此明或蔽，谁与扩之？不宁此也，日行无侣，犹可已也；夜行无侣，将若之何？所赖三益日增，淤泥可以栽莲，随地炼得一番，随机转得一分，亦有不枉处。第恐风舟不骇，身目俱迷，便中幸有以教之。此心千里，此身千古。惟以时加爱，不尽欲言。

与诸子弟书

别来数岁，回首惊心，余无挂记。惟以吾弟兄子侄，或未安分尽礼为忧耳。盖吾德寡莫能深益，力薄莫能相资，致有营于外。此治生之道，人所不免，但不宜以侵于人耳。

盖自吾登第，家门靖壹，未招物议。自再联登以来，力分势溢，始有恣纵倚籍托冒者。事非自吾，然指摘自我，毁议自吾，故吾不得不辑也。辑之而闲，有家以无堕先德，吾之责也；不辑而得罪乡间，亦吾之责也。人心莫不知善当为，知恶当去。及其有溺，则虽不善，亦或为之人情皆知止足。及其希高慕远，虽富连阡陌，犹日孳孳未已也。人生寿岁几何，福力有限。以不足之心，为或为之事，不极不反也，不败不已也。至极而败，悔之晚矣。吾家居时，谓居官则思益其民，居乡亦思益其乡。故不能杜门避迹，修名远谤。然吾所为者，皆公举也。所言者，皆益于人，益于友也。故当时诸公，以吾未尝有私。察其乏，我赒也；善其辞，我馈也。不然厌且鄙之矣，又何能尔乎？他如外氏有殖，炉山有营，亦于公无碍，于人有益，未尝不可对人言者也。设有之，于人可掩，于汝辈其能掩乎？盖吾家自大父当里役，赔贩倾颓，贫将三世矣。今赖遗庆，一十年来，此房彼室，亦稍有资矣。向也饔飧不给，今廪有余粟矣。向也寒暑不周，今箧有余布矣。向也敝庐不蔽，今各有奠居矣。向也自奔走自负戴，今出有舆马，有执役在其后矣。夫如是亦可以自幸，可以为善矣。正宜敛华就朴，敦本尚行，尊祖睦宗，怜贫恤孤，益修其德，以答天庥。苟不知足，终日营营，骄奢放恣，上天必厌，鬼神必恶之矣。先居之财，未必为有，况能增益，为子孙长久之计乎？吾三人者，备员无补，未必复能寸进。况弟侄子孙，追躅继武，益衍书香于无穷乎？幸细思之，幸细思之。

且贵而能下，益见其美。贵而能施，益培其福。天之所生，地之所养。一二亩之业，可以食一家。今吾有百亩，是并十家之养养一家，并百人之养养一人矣。苟无其德，已为弗堪，又况从而侵陵之乎？夫均人也，汝厚我薄，平居无事，心既已不平矣。及其有事，吾忍而受之，悯而容之，庶几平等。若嗔其拂己，罾之棰之，或诉而治之，则其忿怼怨厄之气，将何如哉！夫天地者，人之父母也。人者，天地之子也。贤愚贵贱，均一子也。今为人子，而惟自崇自殖，罔念鞠子之哀，为父母者，将听之乎？抑亦怒而责之乎？此理不待明者，可知矣。闻自吾离家，亦颇体悉。但犹有未尽者，自今以往，凡契子一切绝之，凡有我犯一切容之，非干己事一切勿预，公私词讼一切勿行。治家者，以勤俭兴家；读书者，以科贡治生。谦恭自牧，遇人有礼。万一匮乏，俟当有助。否则譬之舟然，篙之橹之，帆之缆之，于一舟之上；而或椎之凿之，于一舟之下，则舟未有弗溺者也。然则操舟者，将有处乎？抑亦立而俟其胥溺乎？惟心亮之，毋遗后悔。可粘屋壁，以时警观。

奉尊师阳明先生书

侃愚承教久，妄意有闻，至降伏不得去处，寻一义倚靠。自谓能守，比闻良知之说，百完皆碎。即因离索，倍加愤发。夜窗忽开，星月皎洁。眼前景物，莫非此意。日前每见得是，即为见缚。纵说得当，亦落言诠。以此顾见三生，全无影响。孤负洪恩，罪积奚赎？抵今只依点明，足随炬进。世间得失，置却弗问。而用力得力去处，亦不敢执以为定。平时大病，只消意，见不得故。有意便执，有执便碍。学不进长，皆坐此故。昨会陈校文，家兄旧徒也。集群议来相质，侃云：此不须辨，知者可一言而解。渠问言。（侃谓今人小小自竖，皆知所避，以完其名。岂谓负天下之望，欲明斯学，而不能避斯世之疑乎？必有谓矣。渠唯唯。与处虎跑一夕，大相倾向。年来相接，沉笃向裹，言易就绪。未有若斯人者，不日渡江来见。）[1]

校记

[1] 本篇与接下来几篇，均疑有错简，括号内这段文字，原是错接于别处的，兹据《薛中离先生全书》校核调整恢复。

寄王龙溪书

曩者同游湖山，漫羡泉清。吾丈揽而问曰："清今安在？"时忽有省。年来存主，犹未宁帖应用，犹未洒脱伶俐[1]。倘有疑网，但委之未熟耳。顷因一念消杀，不得徒尔降伏。乃痛自消融，始有忘筌之意。洞视万境俱虚，一照为实，颇觉清灵一番[2]，第乏证印，未能从（此便令透彻去也。便中点掇。）[3]

校记

[1] 伶俐，《薛中离先生全书》作"怜悧"。

[2] 清灵，上书作"清伶"。

[3] 原书此处下句"从"字之后括号内这两句，原是错接于别处的，系错简，兹据《薛中离先生全书》校核调整恢复。

奉甘泉先生书

先生与阳明尊师，其学同，其心一。其为教虽各就所见挥发[1]，不害其为同也。况体贴天理，扩充良知，均出前贤，不可谓周静不如程，敬孟义不及孔仁也。向至浙，闻自南雍来者，传有抑扬之（语，侃谓非先生意也。先生阳明一体者也。痒疴切己，休戚相关，其学是欤？自胥取益非欤？虚心往复，必归极则而后已。昔人粗心浮气，徒致参商，千载弗满，曾谓二先生亦有然哉。侃愚不知所裁，恃至爱，用祈终教。未审谓何？）[2]

校记

[1] 挥，《薛中离先生全书》作"扬"。

[2] 原书此处"之"字之后括号内这段文字，原是错接于别处的，系错简，兹据《薛中离先生全书》校核调整恢复。

又（又奉尊师阳明先生书）[1]

闻有召命，未审出得成否。摭此为天下共，人人所深愿也。侃钝根小识，平日莽莽而修，忽忽而言。未尝于极冷落处蓄聚，极峻绝处煅（煅）炼[2]。正图恳切探求，冀堪告语。沙边竹下，罄我秘密。乃今多事，恐不能以得此矣。旧岁山斋初就，聚者皆新学之士。又为儿昏草创一居，不免为累。乃今痛自鞭勉，良友多集，为久聚计，（有颇见大意，如李承、陈琠、李鹏颖曰：道皆卓然有负荷意，朝夕相磨，歌游于岩谷水石之间，使真意自长、妄意自消，似觉简易。第恐离索既久，仪型既远，差失毫厘，有不自觉者。向虑左右乏人任接引之劳，每怀走侍，今有德宏、汝中、师伊诸友在侧，侃可以缓咎矣。）[3]

校记

[1] 又，《薛中离先生全书》作"又奉尊师阳明先生书"，当以《薛中离先生全书》为是。因前文有错简，本来此篇的"又"，是应排于"奉尊师王阳明先生书"后面的。

[2] 煅，当是"煅"字形近之误。

[3] "为久聚计"之后括号内这段文字，原是错接于别处的，系错简，兹据《薛中离先生全书》校核调整恢复。

寄钱绪山书

学无巧，慕巧反拙。理无可得，自以为得者失。细自检来，二十年行脚尚未登途，二十年论议尚未道著一句，惶悚惶悚！脚下人人有路，头上人人有宅。孟子就中点出，正路安宅，千载几人寻见。寻见几人居住不离，措足不差。侃为此惧，思得证明。离索靡由，恐成枯落。吾兄久在镕范，幸为指度。

奉甘泉书

株处山岩，靡由沾教。贡士从北来，得奉读训语。舍弟归，又得备观《易》《春秋》诸说，感发良多。此学弗明，固由注释纷舛，亦由人非实际，漫自猜量。本平而显，矫而入于深晦，反费学人精力，似无益于得也。先生际时明，反处散地，亦天假清暇，收拾遗经，以惠来学，诚天意也。愿从容详酌，而后板行。亦伊川精力未衰，未肯出易传意也。侃生也鲁，顷因病，省悟错用二十余年功力，全非极则。继以弱证，又几陷于养生，赖天之灵，归魂复魄，稍窥一融万彻之机。千圣相传本色，为后儒饰之以多言，分之以功利，何异缚将归房，招魔入宅。不幸渐习其中，荡涤甚难，深惧深惧！异日得侍，当细请也。

与陈碧洋书

顷呈鄙语，总落言诠。中品人士，不免从这里磨过，故有许多漫说。若最上人，径跻无言，亦用此一字不着。高明见解，何以为诲。旧魔或萌，皆缘工夫有息。要在常缉常熙，愿共鞭勉，庶几自见，不作睡梦堕失。

寄罗念庵书

忆昔与吾丈居，每有警惕。缘吾丈恳切由中，令人自感发也。别来山居，非无良友。局在一方，材质亦自有限。顷得陈碧洋诸友，颖悟迥异，而操履亦笃实，斯道其有寄乎？弟向来浪自轻狂，小有窥测，自谓已见。坐此虚疏，不能长益。今幸省觉，追怅莫及。几欲披沥就正，僻地寡便外，鄙语于斯道，不足为有无。但于师门宗旨，颇有敷发。且因以为请教手稿耳，幸批抹。

奉兀厓书

生自辱爱东城，诲言在耳。向者入都，冀复周旋左右。顾罹先师南安之变，郁郁如痴，奄奄在告，殊失常性。盖知我者谓我心忧，不知我者谓我何求。兹得南便，襄事于越。复从同志之后，综理其家。已有可循之矩，孤寡可保，此心已释然矣。独下红之证，愈而复发。乞归，未获允。报执事，辞尊居卑。正色立朝，人诵斯言久矣。而干蛊回天，于斯犹未获见。主圣时明，又得西樵、平正、致斋、人豪，愿相与共成盛美，以无负千载一时。则生首邱，授徒理疾，亦足乐矣。万里瞻怀，谨修代问。

寄聂双江书

别后不任驰仰，正欲专人候问。而伻觊忽至，良感良慰。从政未几，而周施及此，非笃切之重，何以能尔。此心此理，本自完成。惟有所驰则亡，有所重则轻，有所杂则间。故养之之道[1]，非有以为加也，加则谓着意精微，反致陆沉[2]。非有以为减也，减则谓剥落枝叶，亦非是生意自然本色。侃顷来始悟日前工夫[3]，还是非空则着，盖空不必灰坐寂灭而后云也[4]。只言论应酬[5]，不在事事物物上，实实落落，磨刮体认，去欲存理，便涉空虚。着亦不必逐物，有所沉溺，主宰虽存之中，意必未消，将迎未去，便非合本色的工夫[6]。以此验之，后世问学，非落虚无，必入功利。非贤知之太过，必愚不肖之不及。此中庸所以难能，而真才所以难就也。侧闻善政人心大悦，此吾丈平生得力之验也。来谕且复云云，意此时时皆中，事事皆和，毫厘恍惚之间，察之或未精，接续或未能无闲[7]。此则自知自致，不容假借因循，非生所能知者也。

校记

[1] 养，《薛中离先生全书》作"卷"，当以"养"为是。
[2] 致，上书作"攻"，当以"致"为是。
[3] [6] 工夫，上书作"功夫"。
[4] 灭，上书作"减"，当系"灭"字繁体形近之误。
[5] 酬，上书作"酢"，当以"酬"为是。
[7] 无闲，上书作"无间"，当以"无间"为是。

复龙溪书

违润既久，瞻怀滋切。顷接二翰，真如侧席。来谕大意，迁善在真体上迁，改过在非真体上改。此要领也，非吾丈无以及此，谨用膺服。向者妄意有闻，退自省验，志念未一，时开时蔽，真体诚未见也。所负恃以为见者意见耳，意见变幻非一，自信自是不顾人言，不能虚受顺应，皆其祟也。灵昭自照，亦时省悟。而沾沾滞滞[1]，以磨成心；巴巴结结，亟了俗缘。一为入山计，入山半载，始觉其蔽，又半载渐开[2]，又半载始得常知之功，又半载庶几无欲，又半载乃见无尽之意。资钝功难至，是亦云极矣。今是此消息，是此面目。消息一微，面目随改。矧执意见，何预己事。阳乌阴兔，东升西沉。泉涌溪流，昼夜非息。安得吾丈一聚几时，庶过寡咎泯，诚至望也。承明春之约，以终先志，不审能果否？

校记

[1] 滞滞，《薛中离先生全书》作"带带"，当以"滞滞"为是。
[2] 开，上书作"闻"，当以"开"为是。

又与龙溪书

去岁闻迁，转有书奉问。顷者乡人回自白下，尝承召问，乃知未达。顷来自觉目前受病之源，皆由根脚不定。每到紧要处[1]，放宽一着，于事姑且成事，于物姑且就物。虽有省悟时节，病根还是潜伏。一有疏隙，便复萌发，无由莹立。以此耽阁流光，追悔何及？修质恐资口说，欲赴衡山之约，得一面证，亦恐蹈愿外靠人之咎。独坐空山，尽改故辙，磨切凝聚，似有安身立命之地。始知圣途命脉，还是致知格物。时时处处[2]，于此无歉，乃是真修。不然见得说得，只是一时之明。守得支吾得，亦是有方。逐物于大世界，正法眼藏，未知尚隔远在。赖天之灵，幸此省悟。虽失于迟，犹胜终迷。承不鄙弃，幸再批教。

校记

[1] 紧要，《薛中离先生全书》作"繁要"。
[2] 时时处处，《薛中离先生全书》之前有"端的切尽从前，反观何尝真致知、真格物。"

又与绪山书

世途多顺，名利津通，惟有志有道，类遭阻折，此神天铸造意也。吾侪值此，从无声无臭作起生涯，乃是承当得过。若又沾沾事物、屑屑人我，便成孤负。某被痰火迷闷，心气粗浮。余二十年虽常承规诲，终是自明自蔽。蔽时凡夫无异，明时还是隔窗窥日，舍形顾影，曷胜追怅[1]？吾兄高明强毅，又与吾师同地而生，想能一了百当，先登彼岸。无若下根小知，晚而后悔也。

校记

[1] 曷，《薛中离先生全书》作"遏"，当以"曷"为是。

与叶惠江书

连日得示所纂诸书，领读足占刻励。然是学后儒之学，非先儒之学也。先儒合下，尽性至命为主，瞬息有事，乃孔门嫡脉，七圣真诠也。后儒舍应无心，舍事无善，舍纂集无业，舍观书行礼无工夫。虽有静存主敬一段，不过扫厅俟客，趱资待费，非古人一贯中和之旨也。习之者日夕谈辩不了然，一寻下手，端的茫无着落。作文事亦有可观，率临物我利害，便尔周章散漫无绪。故学之一年二年此等人，十年百年此等人。以入非其方，求非其肯綮也。向初会尝提，不见诸公究竟[1]，乃修养为能康寿，世所悦也，不然侃岂为仙者哉？修其最上，亦可达于性命，毕竟主念既殊，门径终别。吾儒自有长春路、安乐窝，四通八达，普被四界，不必舍此而趋彼也。

校记

[1]《薛中离先生全书》"诸公"下有小注曰："以下疑有错简。"

答刘晴川书

远归，极欲就正，以资启益。顾病不能抵[1]，今抱歉承谕。迩来与同志琢磨，必有简切之论，愧负愧负！往者粗卤浮漫，轻动浪语，正尔惩艾。乃今不敢虚论，惟求随处见在，不自瞒欺，不自放过耳。见在而真切、而精明，谓之功夫[2]，谓之本体。见在而得宜、而条理，谓之义理。舍此而谈道义，漫辞也。舍此而言工夫、论本体，是捕风捉影，非真修也。方今之蔽，大率从本原上差却。本原者何？万物一体也，万感一心也。应之以一心，视之以一体，形体自泯，彼此自通。即事即心，不必另存心；即心即理，不必别求理。此意不明，便生许多劳扰，许多间隔支离。又从而省克之，而救益之。徒自烦费，自苦恼也。违远未能面请，便中或巡堤地方，当图奉晤也。

校记

[1] 不能，《薛中离先生全书》作"弗能"。
[2] 功夫，上书作"工夫"。

复陈舜夫书

生往候泉翁，以终白下之约，抵城为士友留，不果行。道驾临敝山，绝不闻。除夕回始接翰教，履阳入山，又见佳诗，怅怏久之。此学久晦，海内名德非鲜。然染时气，落沉痼，去而弗返者，难与为望。间有抱远志，负奇资，又往往为知识意见缠缚，自以为极则，竟不能上超深诣，以跻圣途者，必有故矣。不肖顷来方知痛艾，思得高人巨力夹翼以明。前岁漳南诸友至，从知大地多隐逸。何幸远临，乃尔违越。匪惟失主人之礼，百年嘉会，千里高怀，有负多矣。继传新春尚有盟，因停西行，以俟聚首。几时得偕游罗浮四百胜概，谒会多朋，亦一快也。

寄邱定斋书[1]

生不肖，辱附鳞翼之末，其敬慕执事，宜倍于常。而执事之视生，亦宜倍于常矣。然揆之世情，名曰爱之，实则害之。惟爱之以德，爱之至也。以生之不德，无以闲其家。而子弟才质不齐，虽古人亦未能使之尽。所愿日渐月磨，谓之稍异乎人则有矣，谓一一循矩则未也。离家以来，兹复三载，善念不培，习俗日染，益以无藉依附，违训干纪，或不免矣。惟执事视生之家如其家，视生之子侄如其子侄，为生痛加戒饬，使从事耕读，安居守分，与齐民同。则生内不忝于先人，外不得罪于乡闾。家脉不蠹，宦途免内顾之忧，皆执事赐也。感荷当何如。倘旁言相左，或未相谅，谨将戒子弟家书，并录尘览，亦可以见生之所存矣。万里瞻仰，不胜祈愿之私。

校记

[1] 邱定斋，《薛中离先生全书》作"丘定斋"。

奉西樵公书

公归，朝野推与，故望日隆，虚位以俟。新命一下，士大夫聚语，有庆有忧有疑。其庆者曰："燮理有人，斯文有领袖矣。"忧者曰："樵山可栖，樵水可游，公必不来。"疑者曰："优渥如许，不可违也。不得已中途复请，又不得已扶羸视事，以酬不世之遇。"某窃谓君子之仕，进以道伸，非为己也；退以道屈，非为人也。乃者阳明不起，所谓天地之心，生民之命，往圣后学，必有寄也。公必有以自处[1]，非浅陋所能测也。辰下渐暑，惟以时为道加爱，未尽欲言。

校记

[1] 有，《薛中离先生全书》后多一"之"字。

与乡先达书

素辱爱雅，仓卒出城，无暇告别，荒顿之余，谅在所原也。仆不任区区衷悃，妄有陈列，不幸被驱而纳之陷阱之中，而莫之避，诚至愚也。然事涉可行，言出所亲，虽至明慧，弗能辨也。讯迫而明言之，又诚似薄然非得已也。天下称乡厚，必先吾广，仆甚惧其似是而为非也。但所谓厚，以情也义也，非私也。若朋比罔上，遂非误国，非厚之道，乡丈之所弃者也。又恶敢厕乎诸丈之后乎？足恙未瘳，久稽修谢，去舟日远，无任瞻忆。统照不悉。

奉龙溪书

向见应酢之间，精神未充。半担半闪，顷似随时见在。既无推托，亦无担任。并行沓至，总归有条，忻慰忻慰！但未知轇扰烦倦之中，与清宁暇豫之时，同无喜厌，同无滞碍，同无恍惚否？此在吾丈所自察也。虽则既同，冗促来临，目中只见有事，处分有间，意下犹未了，则亦未为廓然。真体纵皆顺应，得去就中，不无疏糙，而非其至者有矣。此正吾人日有可精处，未可信手漫蹉跎也。先师投戈讲学，执戈亦是讲学。独居一室，如临三军。百万当前[1]，倏忽生死之际，亦尔优闲，若处一室。吾辈暇静时，磨切讲求，匆忙中似讲不得，便见未为究竟也。百作俱兴，坐病推躲，致专其劳，正尔不安。犹此喋喋，亦冀调适，母（毋）抵深累耳[2]。何如何如？

校记

[1] 本篇自此处之后，当有错简，兹据《薛中离先生全书》予以校核调整恢复。
[2] 母，当系"毋"字形近之误。

寄冷塘书[1]

吾师能文弗为训，能书弗为艺。才节勋绩，在天下弗为有。惟见美质，若世重宝。此天地之心，生民之命，所以成古成今一体之仁。饥渴为忘，疾羸弗顾。冒忌讳，丛诋议，弗辞勤勤恳恳，二十年来仅得略开雾翳，而知有日之暄。果木植而未敷，导泉而流未数里。中路殒徂，人神为憾。

即幸执事，握可为之机，且在根本之地，尊崇敷发，百世观瞻，诚非偶也。家在所庇，孤在所保，祠堂在所创，遗言在所修。执事之心，可谓竭馨而无遗矣。然祠宇有时而圮，载籍待人，而后能明。子孙未必能世其真，则亦犹夫文艺才节勋绩之类也。然则为今宜导流而使之远，择果而树艺之，使复生生，扬风拂翳，助日之光，使无乎或晦。则执事之所得而可为者也。

先师还越，积六载兴起，友朋数百人，征广时至大书院，尚聚以百，龙山会以百，不肖求差会，葬寓天真，犹动以百。此行初至，如履无人之境，过越落莫尤甚。夫力田而耕，犹或有馁。集肆而贾，尚未必裕。况弗田弗肆，尚何稼与殖之有？龙溪得先师之髓，心斋得先师之骨，已为知学者趋向。有庠生范引年，颇善迪后辈，可以延主天真之教。能为小立一室于近左，免致往返余姚，尤便而可久。杨汝鸣与张淑谦[2]，倘未即第而归，亦可延守越之祠。心斋小祥后，亦可惇请往来其间，庶几风教一振，人知翕向陶习。将来一以衍十，十以衍百。则此学之明，犹有可企也。师逝十年，萧条若此。不知又十年、二十年，复何如也？佛之学，兴二十八代而入中土。自一灯传而为五，五衍而遍天下。亦以为之徒者，人人有兴其本教之心也。故其言曰："若要佛法行，除非僧赞僧。"今执事能以兴起斯学，以续吾师一体之仁。匪惟有光职业，亦有功师门。

校记

[1] 本篇自第二段"且在根本之"之后，当有较大部分为错简，兹据《薛中离先生全书》予以校核调整恢复。

[2] 淑，《薛中离先生全书》作"叔"。

与周惟瞻书

简至，足纫恳切之怀。充是不已，进修何可涯，忻慰忻慰！世之学者缘见不？大多就目前近小处着脚，自意以往尽有受用，不知万植得土气方能生生。得其薄者发荣浅，得其厚者发荣盛。间有不一，则非其时非其土之宜也。吾心良知，即是诚，即是五行之土。学而致之者，犁锄耰耨，而灌溉之者也。故立人之道，致良知尽之矣。依此而言，谓之忠信。从此而行，谓之笃敬。迁善者迁此，改过者改其非此。惩忿窒欲者，去其害此也。古人为学，必有标的。释家亦谓话头，能时时以是为的，即是吾人端的路径。他日成就，当为一方出色矣。

与王心斋书

此行不面，心莫自安。天台回，拟就琢磨一番。即缘纂集遗言，遂复不果。归期尚在岁初腊后，有兴来此一聚，尤诸友之望也。不肖弟向小有见，自谓讲得行得。遂尔轻狂，自任自信。继而不得行于国，犹谓可以行于家，行于乡。乃今精察，只自浮漫矣。六亲分义，聊强依顺。然视麟趾蔼然，相去何远。乡邦凡近，后进随声。然诺亦难，征据惟歉。然进求乃觉无穷，不然匪徒罔助，反致增魔长傲，恃此欲到彼岸，不可得也。古谓放言高论非必肆，然纪律之外者也。惟就所见，从心信口，拟古议今，即为放言不量。其至不投其机，概陈底里，闻者骇愕，即为高论。古人若不胜衣，言论必则古。昔称先王，是以其学愈精，其心愈下，而德日崇也。今反自照，全未有此意思。不免着意，见落贡高，而弗自觉。似此以往，依旧只做得个后世人物。再加疏冗，便流荀卿子方之徒不难矣。

　　顷见龙溪谦虚切实，而绪山亦似微有前蔽，其所进便有不及。乃知此道真非高远，自见高远，必反失之。心无方，体无有定，是可执。自执己是，谓人未尽，便有藐视轻物，凌驾古今之意。即非古人翼翼小心，望道未见之真体矣。吾丈同志中最长，先师中路徂弃，尸其责以图继明者，吾丈也。人家早失怙恃，诸孤提携，全在长兄，家业弗坠。如仆寡昧，实仗吾兄，究竟以此不敢隐其疾痛，吐露就正。惟不吝砭教，幸甚幸甚！

卷六 薛御史中离集（三）

揭阳薛侃尚谦著

论学条款

先儒云："大学功夫，诚意而已。"此言信得及，道即可明，学即可成矣。盖吾心原与天一，与圣一，本至善也。动而后有不善，去其不善之动，即至善复矣。此易简之旨，学者舍此，曾无门可入，无地可修。此心之发，是是非非，昭然自见，未有不知者。惟溺于欲，乃自蔽耳。下手工夫，全在自决其几。知非必去，知是必行，恳切精专，如好好色，如恶恶臭。透骨彻底，无一物能碍，无一毫不尽，则此心常虚常明。耳自聪，目自明，事父自会孝，事君自会忠。间有曲折未详，自会求究。此意常存不杂，是谓诚立。此明永彻，是谓明通。诚立，贤也；明通，圣也。更有何事，苟于明知处，不肯实体。却凭讲习求明，乃外铄也。更无明处，外面寻个义理依行，乃义袭也，是谓泥团，遇水辄散，更无是处。

心之病二，非著则忘。喜怒忧惧，情之所有，但不可著，著则有所矣。随物付物，无一毫作于其心，而中常虚常明，是谓无所。后儒谓未怒之先，鉴空衡平。既怒之后，冰消雾释。如此则方怒之时，鉴已不空，冰雾已塞，岂能当乎？人之本心，如鉴常空，故能照。无冰可消，无雾可释，故常虚而无着。然不着则易忘，一忘又莫能应，视听不能，饮食不知矣。故此心之妙，以其灵昭，谓之明德，谓之知。以其应感，谓之亲民，谓之物。以其纯是天理，无声无臭，谓之至善。以其发用，谓之意。以其本体，谓之心。诚意功夫，依灵昭自照。照得是即行，照得非即去。谓之致，谓之格。故诚意之功，真切向往，是有为者也。正心非更别有工夫，就中顺适自然，为而无为而已。正心如印板，玲珑端楷。修身是欲，印得仔细。齐家即印之家，治国印之国，平天下印之天下，原是一个工夫。

急促者，气质也；疏懈者，工夫也。虽见得一真，寥廓万境，融融然。而犹有疏懈者，工夫未切也。犹有急促褊狭者，气质未变也。功夫有张有弛，有进无退。缓急顺逆，利不息之。真记曰："人生而静，天之性也。"感于物而动，性之欲也。静非不动也，所谓静亦定，动亦定者，其体也。动非不静也，所谓感而遂通者，用也。学者不知此意，但欲求静。遏塞令勿思，反添一思，把制令勿动，反不静矣。问儒释同异曰：无染无着则同，虚明广大气象则同。但于无染无着之中，斩然无情，释氏所以自私自利也。蔼然而有至情者，圣人与物同体者也。与物同体，故物各付物，理一而分殊。斩然无情，故亲仇平等，混而不顾。

未发非有时也，虽发而未尝发，谓不动也。当喜怒哀乐之时，此心寂然不动，故发而中节。一动则心粗气浮，必过差矣。如以动言发，以静言未发，则体用二致。动而无静，静而无动，物也，非神也，非心体也。吾心之体，本如太虚，二气运，百物生。而此虚未尝有加减，有去来，有起灭。戒惧之功，正求此体常存。随处无染无息，久便浑成一片。便与天为一，故能位育。此希天之学，作圣之功。学者舍此，再无基可立，无路可行。后儒只为不见此意，功夫分为两段。既以动静为二，本静时不免着空，动时不免着物。落憧憧往来蹊径，成觅驴捏目证候。使学者终岁勤劳，无入头处。虽资性淳正，持守坚定，亦不著不察，终难预乎大明。且观此章，学至位育，天下之能事毕矣。其工夫只在性情上用，则相传世学之误，亦不辨自明矣。

问喜怒哀乐，未发气象，曰未发谓中，中节谓和，一齐见在，分柝（拆）不得[1]。若以时地分得开，便是体用二源，形影为二物。盖和非顺适人意之谓，不戾本体之谓也。本体见在，无染无着，名之谓中。中则自和，定静清快气象便是。若无和意，必是心中素有取舍，有向背，有放下不得。如此是有喜根怒根在矣。有根便非寂然不动，便无定静清快气象。曰："先儒谓有知即是动，何如？""此将虚灵知觉分体用。"曰：故有此言。然不知则昏忘矣。且谓虽无闻见，而闻见之理在。理又是何物，亦鹘突心之本体虚明而已。虚明是能见能闻能知觉的物事，即是良知耳。目是虚明户牖，虚明在，户牖辟，虽不出入，自是通朗。所谓不睹不闻，而亦常睹常闻者也。虚明不在，户牖暗塞，便无中和可见，亦无复有致之者。故知虚明如月如镜，养得常存，虽闻虽见，不增不移。无闻无见，不减不去。见得此意，功夫自有下落。

校记

[1] 柝，当是"拆"字形近之误。

图书质疑

河图说者谓："虚五与十者，太极也。奇数二十、偶数二十者，两仪也。拆四方之合，补四隅之空者，八卦也。"信然，则太极之外，别有两仪。两仪之外，别有八卦。俟人拆补，八卦乃成。则河图非天地定理，圣人则之，非自然妙用矣。且六为坤，三为震，四为巽，似也。七何以为乾，九何以为坎，八何以为离，拆一何以为艮，拆二何以为兑。虽连山归藏，用数不同，圣已无取。岂河图成卦之义哉？曰："愿闻其旨。"曰："斯图也，斯理也。一之为太极，二之为两仪，四之为四象，八之为八卦。"曰："何谓也？"曰："象数，奇偶已矣。奇偶，阴阳已矣。一阴一阳之谓道，非太极乎？一三五七九，阳也；二四六八十，阴也，非两仪乎？一九曰太阳，三七曰少阳，二八曰少阴，四六曰太阴，五与十则成终成始，非四象乎？阳数皆天，阴数皆地，乾坤定矣。乾纯阳也，阳长为震，阳交为离，阳说为兑；坤纯阴也，阴生为巽，阴交为坎，阴止为艮，非八卦乎？"《易》曰："乾坤定位，山泽通气，雷风相薄，水火不相射，是谓先天之卦也。"乾坤既定，阳根阴，阴根阳，运而不息，故天一生水，地六成之，而居北。阳在内，阴在外，以阴含阳，非坎乎？地二生火，天七成之，而居南。阴在内，阳在外，以阳含阴，非离乎？天三生木，地八成之，而居东。东阳方也，故震位乎东，巽位乎东南。地四生金，天九成之，而居西。西阴方也，故兑位乎西，乾位乎西北。然北水东木南火西金，非土不能生，生相继，故中五阳土，艮也，位乎东北。十阴，土坤也，位乎西南。是谓五气顺布，四时行焉。乾坤之与六子，犹王畿侯甸，均为国也。九为阳极，十为阴极。而乾坤居之，皆自然之理也。《易》曰："帝出乎震，齐乎巽，相见乎离，致役乎坤，说言乎兑，战乎乾，劳乎坎，成言乎艮，是谓后天之卦也。"先天非伏羲而始有，后天非文王而后定。盖自本体而言谓之先，自运行而言谓之后，其实一也。

图书弗明天地之秘，圣人之蕴晦矣。今即数为图，即图成卦，瞭然易见，无可疑者。独先天后天，犹微弗同，何也？曰：奚弗同，弗同则非天矣。夫天一也。先后之云，自人谓之耳。是故乾坤弗定，非其体也。坎离弗交，非其用也。山泽弗通，雷风弗相薄，非其运也。故乾坤居乎其极，犹位乎其盛也。坎离居乎其盛，犹交乎其中也。二少就乎方之成，斯卦所由成。二长合乎物之生，斯卦之所由生也。故天地也，日月水火也，雷风山泽也，象。乾坤坎离震巽艮兑，象其象也。月卦四月纯乾，东南也。而位西北，何也？曰：阳生乎北，长于东，盛于东南，向西北而极。于上又反于下，谓之复。故语其盛于下，则东南为纯阳之月。语其极于上，则西北为纯阳之位。曰：十月纯阴，坤也。乾奚以居？河图数九，洛书数六，数奚以异？曰：阴生于南，长于西，盛于北，向东南而极。于下又生于上，谓之姤。十月阴盛，于下与阳极，于上正相互也。盖乾坤配合，阴阳不相离，故十月纯坤，其数六，指其下也。月称阳月，其数九，指其上也。皆理自然，岂人能布置于其间哉！然则阳极西北，而乾居之。阴极东南，坤不居，而居西南。何也？曰：东南，阳方也。阴不当阳，阴之分也。居西南本方，继火成金，坤之用也。

天下事物，未有阳离乎阴，阴离乎阳者。在一物则兼具，在二物则相济。故象数相涵，卦气相成。夫奇为乾，偶为坤，似分而二矣。然奇中有偶，偶中有奇。故曰立天之道，曰阴与阳，立地之道，曰柔与刚。交互而为六子。一六坎也，二七离也。三八震也，四九兑也。五与十成终成始于其中，艮也。八而十，阴终而复始，巽也。故卦奇少偶多，为男。偶少奇多，为女。《易》曰："阳卦多阴，阴卦多阳。"如拆一，西北为艮，仅有一阳，安得二阴？拆二，东南为兑，止有一阴，安得二阳？拆三，东北四，西南亦然。

奇既为乾，安得有偶？偶既为坤，安得有奇？曰：河图如四九。四中一三非奇乎？九中二四六八非偶乎？成卦亦然。乾二四，上阳中阴也。坤初三五，柔中刚也。

先后天卦位，终异。图书巽艮兑位，与数亦异，何也？曰：无以异也。即河图观之，阴阳纯，为乾坤交，为六子。先天自一至九，阳极西北。而在上为乾，从乾而兑，而离，而震，非乾之左乎？自二至十，阴极东南。而在下为坤，从坤而艮，而坎，而巽，非坤之右乎？是谓乾坤纵，六子横。后天坤虽居西南，犹在中也。兑上一偶，右阴也。下二奇，左阳也。以阴畜阳，西也。艮上一阳，乃极于上之阳。而下生，故艮居东北。巽下一阴，乃下极东南之阴，而上生，故巽居东南。先天因义以成卦，后天成卦以司令，其位同也。谓不同者，后儒之误也。阴阳之数，除十不用，除一二为阳仪阴仪。乾坤本数，则阴始于四，止于八。阳盛于七，极于九。故四归巽，而兑为七，艮为八。

天地之势，西北高，东南下。人之生也，负阴抱阳，首上而足下，即其象也。自首而前皆阳，自首而后皆阴，实一身也。是故先天卦位，不可以方隅观。特著其上下左右之殊，实则浑沦一物事也。故称乾南，非地之南，南上也。河图西北亦上也，洛书戴九履一亦如之。

拆补非宜，五十亦有所移，何也？曰：土冲气也，在两仪则为天地之中，在四象则为五行之中。故五居东北，十居西南，阴阳五行之中，非拆补也。

用古太极图微异，何也？曰：古图动静交互，由微而著。然未见根阴根阳。根阴根阳者，又欠互藏其宅，故不同。近见六书本义，亦有类者。始知至理，人心所同然也。

阴阳交含迭运，如阖辟同一门，呼吸本一气，非往即亡，而来始有也。来者下，往者上，未尝离也。故有方寒而忽热，方热而忽寒。以其两在，故不测也。此谓动静无端，阴阳无始。如可离而为二，斯有端有始矣。后儒不体此义，每于动静、体用、知行、诚明、内外等说，皆二之观。此可以不辩而明矣。观中生图、纵横图，则互藏其宅之义见矣。八卦成因而重之，则健而又健，顺而又顺，生生不息之义见矣。

阴阳相对，而非并也。语生成，成者成其生。语屈伸，屈者欲其伸。语四时，秋冬之收藏，为春夏之生长也。故阳为形，主也；阴为影，附也。阳统阴，阴承阳则治。阳弗为主，阴弗为顺则乱。知此，则知所以为君臣，知所以为父子，知所以为夫妇，为长幼卑尊矣。知所以酬物制事，而不失小大之分，缓急之伦矣。

说者谓乾退居西北、坤退居西南。盖未知西北为极，西南为本方也。凡奇皆阳，凡偶皆阴。莫非乾也，莫非坤也。日月水火，雷风山泽，莫非天地也。乾坤岂有退居之理乎？以人事言之，家国之务，皆君父之事，臣子成终之耳。虽尧老舜摄，犹未践祚，动必禀承。矧先天后天，非犹是乎？退居之云，启后世专擅之失，非《易》之旨，君子弗可言也。

先天后天之说异，《易》本旨因之，何也？曰：本义异《易》本旨，非先天后天有异也。夫圣与天一也，谓圣人先之后之，斯二矣。既谓之天，则有象可名，有声臭可言。故语其可名言者，天也。语其无可名言者，亦天也。先后之云，犹形而上下之别。上天之载，无声无臭，本体也，先天之谓也。四时行，百物生，运行也，后天之谓也。四时行，百物生，人则物之灵，鬼神则其气之灵也。指而言之，弗同耳。故先天弗违，天弗异圣。后天奉天，圣弗异乎天。谓其一也，语极可矣。曷云太周子？曷云无极？曰：此见义理之无尽也。理矣义矣，至之又至，精之又精。而后为至理，为精义。至理精义，其有穷乎？故曰：学无止法。

太极浑然全体，含两仪，具四象，成八卦，《易》之总名也。故曰：太极生两仪，两仪生四象，四象生八卦。其运则然，言之序则然。非先有太极而后有仪象，有仪象而后有八卦也。又曰：阳中有阴，为少阴；阴中有阳，为少阳。

太极生两仪，犹言道生天地，为天地根。盖生意之运，从根而起，根非树之外也。自起而言，发微不可见。自运而言，充周不可穷。知此，则谓太极在二气之先。谓无形而有理，谓寓阴阳而不杂乎阴阳，皆捕风捉影之论，何处寻求？何处下手？

图止奇偶，《易》止九六。太极安在？曰：仪者，极之仪也。象者，极之象也。爻者，极之效也。《易》云："乾坤合德，语乎其一者也。刚柔有体，语乎其二者也。"语其一者，虽有二气之分，实则一气之运也。语其二者，其为物虽异，其为用则同也。是故纯乎乾者，健而自顺。纯乎坤者，顺而自健，一而二也。柔得刚则立，刚得柔则行。阳涵阴则静而明，阴涵阳则动而精，二而一也。故曰：一阴一阳之谓道。说者以阳为善，阴为恶。静为体立，动为用行。又于阳动阴静之外，别言本体。何如？曰：太极，阴阳动静而已。动而无动，静而无静者，本体也。本体运行，动则为春为夏，静则为秋为冬。如谓阴恶阳善，则太极一边善，一边恶已乎？以动静分体用，则春夏有用而无体，秋冬有体而无用已乎？且阴既恶，阴恶之中，体恶乎立？仁礼属阳，义智属阴，义智亦可谓恶乎？本体如在阳动阴静之外，则本体落空矣，又可乎？人物所居，乃天地之中，阴阳交会处也。阳升至三，当其处而物长，故为泰。阴降至三，亦当其处而物消，故为否。

理外无气，气外无理。自运行曰气，自条理曰理，非二也。故图书即性命之象，性命即事物而见。乃曰即近明远，曰不可骤语。其亦误矣。

阳德刚明，故为阴之主。洛书一五九正位南北，乃一人中立，向明而治之象。三七生成中阳，而居左右，又为辅弼将相得人之象。此治体也，心体皆然。

河图天数五，地数五，未尝虚中也。以在中为虚中，又以虚中为太极。则中之外，为何物耶？太极无内外，无方体。谓有内外方体，非太极也。故太极一也。二其一，为两仪。四其一，为四象。八其一，为八卦。九其一，为九畴。万其一，为万殊。非别为一理也。以一而员画之，则为○之象。内涵二为阴阳，一阴一阳谓道。故曰：道为太极。涵三为三才，会天地而归诸人。故曰：心为太极。心岂有内外乎？有外之心，不足以合天心一贯之旨也。

河图体方而用员，洛书体员而用方。方者有定理，员者运不息也。故显定理，阴含阳，阳含阴也。示致用，阳为主，阴为附也。

震坎艮二阴一阳，乃曰男；巽离兑二阳一阴，乃曰女。何也？曰：此见道为一，学为求一之意。盖一则专，二则杂。专斯为主，杂斯为附。

人心至理，浑然有动有静。动静有微有著，循环而不息也。于是有健之德焉，有顺之德焉，有振而发焉，有孙而入焉，有处险焉，有丽明焉，有止说焉，以时发也。然则至理非极乎？动静非仪乎？微著非象乎？健顺、止说、振发、孙入、处险、丽明之德非卦乎？是故图书者，吾人之形像也。见其笑，知其心之喜。睹其鼙，知其心之忧。故曰：象也者，象也。得象忘言，得意忘象，始深于易矣。

人多敝神，未有能养其神者。人皆以心事物役，心如隶，未有善事其心者。养神事心，立极者也。立极者，充其良知，可以无弗知。指之以知，非其知，斯有弗知矣。充其良能，可以无弗能，导之以能，其所不必能，斯有弗能矣。是故由二而学，夷之清，不可以为惠。惠之和，不可以为夷。由万而学，物大我小，事变难穷，而日力有尽矣。盖非天下之大本，故非天下之达道也。是故发愤忘食，乐以忘忧，贞夫一也。既竭吾才，死而后已，致夫一也。此夫子所以为圣，颜曾所以为善学也。

图书奇偶尔，何以尽天下之道，古今之学？曰：纯阳天也，纯阴地也。圣人至健至顺，纯亦不已与天地合其德。离日明乎昼，坎月明乎夜。圣人通乎？昼夜而知，与日月合其明。阳舒阴敛，四时也。阳灵阴灵，鬼神也。圣人运而不息，妙用而弗穷。与四时合序，鬼神合吉凶矣。后儒拆补，别穷格，斯非真体真用矣。恶谓道？恶谓学？

研几录

立志真切，界限分明，方是学。

收敛归于一，发用出乎一，安有不是处？

道一而已，圣贤虽千言万语，功夫则同。不同便是异端，会得一时，方是知学。一者何？天理也，吾心之本体也。语其一，谓之诚。语其主一，谓之敬。语其无往非一，谓之贯。凡语求仁，语博文，语集义，语致中和，语道德九经，皆存天理别名耳。会得，便见万物皆备于我。

问良知天理异同。曰：知之良处，即是天理。昧其知，失其良，则为人欲。盖自明觉而言谓之知，自条理而言谓之理，非二也。《易》曰："乾知大始，坤作成物。"乾坤毁，无以见《易》。

意中若见自家是处，便是魔。若见人不是处，亦是魔。

无事昏沉，有事滞着，其病一也。惟作得主宰，则精神常聚。精神聚，则本体常明。

审而后发，尚未能寡过。况轻举遗悔，妄动取困者乎？

做得功夫是本体，依得本体是功夫。又曰：功夫即是本体，本体即是功夫。此先师发明，前圣所未发者也。

大丈夫如何肯作市童怜之事。

廓然无物之中，有悠然有事之意。

三圣授受在惟一，致一之功在惟精。持不逮之资，为过时之学。更宜猛省。

孟子说个体之充，读之三十年，未能知其味。盖不充满，不能流行。不诚切，不能充满。故曰专心致志，曰欲罢不能，曰发愤忘食，皆自一充字进。

所向有物，即为物缚。所存有善，即为善累。

忽其细者，未有能成其大者也。慢其下者，未有能恭其上者也。学须要勇，勇则气充，内直而守固。

圣人惟能容天下之恶，故能化天下之恶。惟能取天下之善，故能成天下之善。惟能受天下之教，故能教天下之人。惟能用天下之智，故能成其大智。惟能任天下之能，故无所不能。

无为人移，无为习变，无为事胜，无为物夺。

志刚而色和，气昌而情蔼，理直而词逊。

处忙处逆气不动，则心明而事自直，一动便窒塞不通。

论事取其要，论人取其长。

塞乎天地，更无他物，只是此气。气清则和，气浊则乱。和则百善生，乱则百妖作，皆气之为也。故知言在养气，养气在集义。

自任重则自治密，责己切则责人轻。

居官居朝得行其志者，遇也。不得行其志者，势也。如欲必行，于势必有所渎。居家居乡得行其志者，遇也。不得行其志者，情也。如欲必行，于情必有所伤。渎与伤，失中和之体，君子弗由也。

有为圣人之志，则工夫自紧，人欲自消。

招尤取谤，必有端。非其学非，必有其事非。非有其事非，必有意气言貌非。三者既免，然后不见是而无闷。

自卑而尊人，礼也。廓而达之，道洽而情周。

学未知头脑，不是认贼作子，便是指玉为石。

大凡人有三种：有为善底人，有为不善底人，有不为善不为不善底人。为善者，君子也，其纯为圣人。为不善者，小人也，其纯为盗跖。不为善不为不善，只是随时顺人意，所谓未免为乡人者也，其纯为乡原。

学要恳切，恳切便立得起，摆脱得下。颜子欲罢不能，孔子发愤忘食，皆此意也。北宫黝孟施舍，粗猛人也，孟子奚取焉？取其锐意向往，不顾利害。然却要有本领，有下落，不然只是意气。故便说出个本体至大至刚，以直养而无害，则塞乎天地之间。养得此体存，存便是道义之门。一毫邪曲，便非集义，便狭小，便屈挠，便有慊于心。师友载籍，皆是栽培。此意今人稍恳切即恐助，稍宽适即恐忘。故未知集义功夫，先讲勿忘勿助不得。

神至刚亦至柔，刚而不柔，柔而不刚，非神也。

人和让则精神长，暴戾则精神退，暴戾甚则精神灭。

学要根本正当，不妨数改，数改则数进。如萌甲之物，一番剥落一番长。

学有三节：初则舍非求是，中则有是无非，后则是非俱忘。

安宅是良知无慊处，正路是良知直遂处。一毫有慊，便辗转不安。一毫不直遂，便非本体。流行出来，非正也。

有邪梦者，有邪念者也；有杂梦者，有杂念者也。惟寂然不动，则能无梦。感而遂通，则有应梦。

知进而不知退，知得而不知丧，逐于物，局于事者也。进中有退，退中有进，得中有丧，丧中有得，在吾取之而已矣。吾能取之，则命不能限物，不能病天，不能为人，不能使险夷顺逆，处之一也。

本体如一圆之璧，弗凿何缺。如一片之白，弗点何污。故欲也者，自欲之也。自欲而自克之，自劳也。谓不能克者，自诬也。

凡事凡物，有几有渐。几处弗察，渐处弗反。则积盛不可遏，势成不可回。

以心安心即不安，有心可安亦不安。

精气完固，神思充畅；精气耗蚀，神思屈乏。

真志不存，如无主荒地，蔓草自生，牛羊自牧。求无忿欲，不可得也。

良知者，吾心之明觉也。常明常觉，便是作得主。常作得主，则一刻万年，一念百虑矣。

未能廓然顺应，故有用力处。于廓然顺应之中，著一毫力不得。真机要常养，今人重外轻内，役心如奴，终日只是害昧，孟子"寒暴"二字可知。

害心害道有四：智者驰逐，愚者迷忘，贤者执滞，不肖者愁忙。

一刻不闲度，一念不忘（妄）起[1]，一事不苟作。此是兢兢业业，斩斩截截的工夫。

天下之害，最怕行高而学蔽，论处是作处不是。夫行高足以孚召小识之人，而拒远猷之士，故其害不可破，介甫之类是也。论是作不是，则人不能难，善不能入，虚谈不切实用，故其害不可救，赵括之类是也。

天下事不可，便委馁随吾分。义争得一分是一分，扶得一寸是一寸。

有范围天地，吞吐日月胸怀，乃是此样人，乃做得此样事。

得常不满法，则随地可乐。

臧否太明甚害事，不赦小过亦害事。

未得处苦欲得，未顺处苦欲顺，最是大病。

心神不可劳费，亦不可隳颓。劳费则敝，隳颓则昏。免此二害，斯得其养。

御童仆，临众庶，好訾善扑者，忿疾求备之心，为之崇也。苟虚心体悉，因物付物，便有个矜，不能耐训诲之意。

夜梦自念云：无使一事之非义，不致一夫之失所。

君子蔼然皆春生，惟当任而后有秋杀之行，而无秋杀之心。

临事多忙，事过而悟者，事蔽之也。日间不清，而夜清者，动扰之也。

问为政奚先？曰：在正士习，士习正，皆知舍其自私自利，而惟以万物一体为心。然后公是公非明，于天下致君泽民，自有绪矣。

境逆思顺，事缺思完，人钝思利，皆非也。以善处逆，善补缺，善化钝为功。

风一也，在春生物，在秋杀物，以其气之异也。言一也，和则感乎，厉则拂逆，以其声之异也。故古人重辞命，战国之时，以富强之心，文之以仁让之辞，犹可以解纷，可以免祸，而况出乎其诚者乎？

有一毫耽静厌烦之心，即是禅；有一毫好大喜功之心，即是霸；有一毫趋避要人称美之意，即是乡原。

先师云："大学功夫，诚意而已。"此言信得及，道即可明，学即可成矣。盖吾心原与天一，与圣一，本至善也。动而后有不善，去其不善之动，即至善复矣。此易简之旨，学者舍此再无门可入。

人多思则多疑，多疑必二三其德。皆由计利害，虑得失，欲图全也。惟依良知，利害弗计，则定矣。

至诚前知，诚则自明，非奇怪也。人不能不为躯壳所累，忘我忘物，全得天地之精，阴阳不测之神，自然明炳几先，有感必通。其不能远见豫照者，俱有蔽耳。有物欲者，为物蔽。有其善者，为善蔽。执意见者，为意见蔽。

问一向以无不知无不能，为圣人事故，须博闻而后可学。今以圣人为纯天理，学者惟在去人欲存天理上用功。此方自阳明先生说起。曰：否，此孔门遗训也。太宰之问，直以多能为圣。子贡言，又则犹兼之。孔子谓："多乎哉，不多也。"则泯乎其无矣。太宰时人也，其见然。子贡贤人也，其见然。孔子之言，则圣人所自见者也，又何疑焉？且尧舜之智，而不遍物。尧舜之仁，不遍爱人。尧舜至圣也，又何加焉？曰：然则无所知无所能，恶乎为圣人？曰：天下之知，圣人之知也。天下之能，圣人之能也。惟不自知，故能尽天下之知。惟不自能，故能用天下之能。知以天下，能以天下，是谓纯乎天理，而无一毫人我之私者，非圣人其孰能之。

论曲直则非让，计大小则非容，顾有无则非守。盖让者，以至崇而处至卑。容者，以无尽而纳有尽。守者，取自适而非适物。

《大学》曰："一人贪戾，一国作乱。"贪病显而易知，戾病大而难识。凡有计利近名占便宜之心，皆贪也。任情乖方，不体物，不宜土俗，皆戾也。又有矫情泥古，守正自是，亦戾也。盖不戾，则本体周流，廓然顺应，自然通志成务，身修而国治矣。

问讲良知，何不讲良能？曰：伊良知处，是良能也，非二也。

气清则不欲，气定则不忿，故气不可不养也。养气之功，时劳佚，节饮食，省思虑，寡言动，无违逆，则清而定矣。常能清定，自然精明和蔼。以之临事自有条，以之处人自有恩。古人相安无事，以全天真，正为此也。后世惟西汉与民休息，务为宽厚，不计小过，仅得此意，治称近古。自是使人奔走劳役，神罢不可继，力匮不能支。少暇则又昼寐夜酣，莫知其所息坐，此昏乱相寻，莫知救药。

言以明道，其文以人殊，亦以时异。上世辞古，至人辞约，皆自然也。不希其本，而希其末，未有能精者也。

问史断以汉得天下为正，宋得天下以谋。如何？曰：以迹论人，以意臆事，鲜有当其情者。沛公初入咸阳，纵观秦皇帝，喟然叹曰："大丈夫当如是矣！"此汉得天下之念也。视非富天下之心，正不正可知矣。艺祖闻母之命，终始不渝，得一贤士，以畀其弟。是岂诡谋于前，而被迫于后者耶？雄猜阴臆之语，烛影摇红之词，非宜传世。故经不正无真儒，史不正无良吏。

得已即已，便无事。得过且过，便无累。能处人之所恶，便可无欲。权度失则轻重长短迷矣，本体失则是非取舍紊矣。故一言之差，一行之谬，不当在言行上追咎，当察其时真体存不存耳。悔而复存，万境昭融，不必留滞。留滞辗转，反为本体之害。

凝重从容，自可寡过。轻躁惰慢，未有不离道者。故曰：君子不重则不威。曰：从容中道。

问温公忠诚博洽，德望孚华夷，平生所为，未尝不可对人言。程子以为未知学，未闻道。何也？曰：观对张天祺之语，处东坡论助役之事，亦可见学在致中和。于此不明，是未有戒慎恐惧，时时刻刻工夫。这功夫是主脑，常用则常明，事事从此照出乃不差。不然懂懂往来，虽善必粗，非大本达道之学也。温公谨厚前辈，非有可议，但论学不得不明辨耳。

为学如登山，得其路径，进进不已，必跻绝顶。不然还是无志。

勇于为公，怯于为私，君子也；勇于为私，怯于为公，小人也；动用天人，公私俱泯，圣人也。

为政在得人心，私恩小惠，易怀小民，而不能得乎君子。大政大义，能孚君子，而未必适乎小民。

问前代革命之时，死事之臣，均是与？抑有过与？曰：此谓气节，秋凉冬寒，遇其时则然，恶有不是？若论其中正，当在任，则死社稷。尝为臣，终身不仕。曰：可与成至治，意切而礼勤。则何如？曰：如箕子，传道则可，仕则不可。

君子处事，制治未乱，保邦未危，慎乎其先者也。临事而惧，好谋而成，慎乎其时者也。成事不说，遂事不谏，既往不咎，慎乎其后者也。无毁成器，无身质言语，无忿疾于顽，无求备于一夫，慎乎其已定者也。

古人简朴，故学易成。后世纷华，志行难立。学者知此，宁省事以养心，薄物以养性，睽俗以遂志，然后无思无为，寂然感通之地可企。不然精神力量，支持未得，必至倾逐。此初学宜尔，亦孔门夫我则不暇之意也。

校记

[1] 忘，当是"妄"字形近之误。

儒释辩

或问阳明先生于侃曰："其学类禅，信有诸？"曰："否，禅之得罪圣人也，有三：省事则髡焉，去欲则割爱焉，厌世则遗伦焉。三者禅有之，而阳明亦有之乎？"曰："弗有。"曰："圣学之异于禅者，亦有三焉：以言乎静，无弗具也；以言乎动，无弗体也；以言乎用之天下，无弗能也。是故一本立焉，五伦备焉。此阳明有之，而禅亦有之乎？"曰："弗有。""然则曷疑其为禅也乎？"曰："以废书，以背朱，以涉虚也。"曰："噫！子误矣。不然，以告者过也。先生奚废书乎？昔者郭善甫见先生于南台，善甫嗜书者也。先生戒之曰：'子姑静坐。'善甫坐，余月无所事。复告之曰：'子姑读书。'善甫慁而过我，曰：'吾滋惑矣。始也，教庆以废书而静坐；终也，教庆废坐而读书，吾将奚适矣？'侃告之曰：'是可思而入矣，书果学乎？孔子之谓子贡曰：汝以予为多学而识之者欤？非也。予一以贯之，学果废书乎？孔子赞《易》曰：君子多识前言往行，以畜其德，是可思而入矣。故言之弗一，教之因材而笃也。先生奚废书乎？'""然则背朱则何居？"曰："先生其遵之甚者尔。岂曰背之云乎？孟子曰：'王之好乐甚，则齐其庶几乎？'夫今之乐，非古之乐也。而孟子以为庶几，何也？彼其于乐，孰无好？好之而已，听之而已，称美之而已，好之弗甚者也。若体其和，推其意而得乎乐之本，则必妙之乎声容之外者矣。先生于朱子，亦若是焉尔，恶在其为背也乎？且朱子，遵程者也。其为本义，多戾《易》传。孔子孟子，述古者也。其称诗书，多自为说。先生之背朱，亦若是焉尔，恶在其为背也乎？""然则涉虚何谓也？"曰："子以虚为非乎？以偏于虚而后为非乎？夫以虚为非，则在天为太虚，在人为虚明，又曰有主则虚，曰君子以虚受人，曰圣人虚之至也。今子以虚为禅，而必以弗虚为学。则糟粕足以醉人之魂而弗灵矣，骨董足以胶人之柱而弗清矣，藩篱格式足以制人之肘而弗神矣。"曰："若然，则儒释奚辨？"曰："仙释之虚，离世遗伦，虚而虚者也。圣贤之虚，不外彝伦，日用虚而实者也。故冲漠无朕，而曰万象森然，是故静无弗具也。视之不见，听之不闻，而曰体物不遗，是故动无弗体也。神无方而易无体，而曰通乎昼夜之道，而知斯良知也。致之之极，时靡弗存。是故无方无体，虚之至也。至虚而后不器，不器而后无弗能。"

正学篇

孔子曰："学之不讲，是吾忧也。""讲之奈何？"曰："讲其正者而趋焉，讲其偏者而避焉，则庶乎其弗差矣。是故有圣人之学，有贤人之学，有杨墨之学，有子莫之学，有告子之学，有荀子之学，有乡原之学，有管晏之学，有庄列之学，有老佛之学。墨子之学，偏于仁者也；杨子之学，偏于义者也；子莫之学，偏于非仁非义者也；告子之学，偏于内者也；荀子之学，偏于外者也；乡原之学，偏于非内非外者也；管晏之学，偏于有者也；庄列之学，偏于无者也；老佛之学，偏于非有非无者也。故可以仁而仁，可以义而义，则正乎仁义矣。内弗遗外，外弗遗内，则合乎内外矣。有未尝有，无未尝无，则超乎有无矣。正乎仁义者，中之谓也。合乎内外者，诚之谓也。超乎有无者，神之谓也。致中者，贤人之学。允执厥中者，圣人之学也。诚者，圣人之学。诚之者，贤人之学也。养神者，贤人之学。所存者神，圣人之学也。夫道一而已，自其不偏谓之中，自其不二谓之诚，自其妙用不测谓之神，其实一也。而学之弗一，何哉？彼数子又皆不世之英，岂谓其偏而为之，亦固以为全矣。然念有所重，旨有所宗，则陷于一偏矣。故有意于为仁，则入乎墨矣。有意于为义，则入乎杨矣。有意于执中，则入乎莫矣。修乎内，则入乎告矣。修乎外，则入乎荀矣。修乎内外而有媚世之心，则入乎乡原矣。有而着物，则入乎管晏矣。无而着空，则入乎庄列矣。有无不着而离乎世，则入乎老佛矣。"曰："圣人之于善，无弗取，是故于管仲则称焉，于老子则师焉。贤者然后距杨墨，辟老佛。"曰："否。孔子于管仲，称其仁而小其器。称老子为龙，然龙非一也，《易》曰：'乘六龙以御天。'又曰：'六位时成，且圣贤何心哉？'彼其以之自为，则过人远矣。而思以易天下，使天下之人皆墨杨，皆荀告可乎？皆管晏庄列可乎？皆乡原老佛可乎？夫乡原宜于时，老佛近乎圣，世尤弗免者也。圣人见南子受阳货，事有可非，迹有可刺。而乡原则非之无举，刺之无刺。老曰元，圣人亦曰元。佛曰寂，圣人亦曰寂。是非同异之间，非知道者，其孰能辨之？"曰："古之学，有夷之清，惠之和，尹之任者，何如？"曰："此偏而正者也。学夷而失夷，则以隐为高矣。学惠而失惠，则以仕为通矣。学尹而失尹，则以王为霸矣。是故君子弗为也。"曰："今之学，有名节者，始乎德行。有刑名者，始乎政事；有词章者，始乎言语；有训诂者，始乎文学，则何如？"曰："此正而偏者也。学德行，而名节非德行矣；学政事，而刑名非政事矣；学言语，而词章非言语矣；学文学，而训诂非文学矣。是故君子弗为也。"

卷七　林殿撰东莆集（一）

海阳林大钦敬夫著

郡志儒林传[1]

林大钦，字敬夫，海阳人。幼颖敏，嗜学，家贫无书。年十三，从父入郡，过书肆，见眉山苏氏《嘉祐集》，心好之，伫玩移日，不能去，顷之成诵。后操笔为文，绝似三苏。未几失怙，家益贫，佣书自给，资载籍于交游中，以广学识，由是旁通子史百家言。

嘉靖辛卯应乡试，对李纲十事。巡按御史吴麟叹曰："必大魁天下！"果如其言。以母老乞归，居东莆，筑室以聚族人。与吉水罗念庵、武进唐荆州（川）[2]、余姚王龙溪，时往复寓书讲学。寄意于山林诗酒之间，自谓豪举，客至或莫能见其面。母终，哀毁逾礼，卒。著有《东莆集》。

校记

[1] 乾隆《潮州府志》"儒林传"所载，与本文大意基本相同，而文字差异很大，在此说明，不一一出校记。

[2] 州，当系"川"字形近之误。

《东莆集》序

予少时见田汝成记东莆先生对大廷时轶事，深叹夫科名盛事，非可幸邀，即君相亦不得而争之也。方贵溪当国，知贡举，以成格程进士，高材生之轶于法者，有厉禁。且令所司传谕。既廷试，阁中列呈二卷。汪都宪得东莆策，惊曰："宁有对策而无冒语者！"永嘉阅之，曰："文虽逾格，然明快可诵也。"附呈。擢第一人。贵溪让所司之未传前谕也，已乃知散卷时东莆不至，故未闻斯语。呜呼！东莆当日，岂有意于高科之揽，而为此无冒之制策以惊众乎？设令与诸进士旅进，而听春曹之言，又岂复能妄冀格外之赏识，而置阁臣之议为可略乎？则东莆之少年高科，材之所优为也，柄臣安得而引之，况得而抑之哉！

予来潮，从其家索得遗集读之。苏子瞻自评其文，曰："行乎其所不得不行，止乎其所不得不止。"东莆之文有焉。盖文犹水也，东莆其川之方至乎？蓄积者深而行之以气，观于海而知东莆之有其沛然莫御者也！永嘉文贵简练，而有取于此，信永嘉之不以一格囿士也。贵溪立朝摛文，皆以气相尚，而顾欲以成格束缚学人，令背于所好焉，率不克伸其议。而东莆以少年进士，凌而上之。世庙临轩策士，使柄臣无从施其推挽，文章之荣遇固然，抑亦可以尊文章之权矣。东莆他所著述，即以制策概之可也。予故读东莆诗文，而并论其世如此。溧上吴颖书。

林殿撰东莆集题辞

汉武帝崇儒重道，进群士于廷而策之。董江都首发天人之旨，遂为千古策学之宗。魏晋以迄六朝，寥寥莫继。唐有刘去华，宋有张子韶、王梅溪，崇论宏议，彪炳两朝史册。而文信国之古谊若龟鉴，贞忠如金石，浩然之气，尤为独有千古。至明代，临轩策问，罗一峰场中请增卷纸，大放厥词，遂以名儒魁天下。

东莆林公英年入对，振笔疾书，阅者骇怪，而知己乃在九重。缅缅数千言，所陈皆唐虞三代之治，识者以为苏文之矩矱在焉。遥遥二千载，相望不过数人。盖清廓明堂之器，黄钟大吕之音，非复耳目近玩。学者宜拓开眼界读之，庶几为他日拜飏之先声尔。

后学顺德冯奉初题。

廷试策

制曰：朕惟人主，奉天命以为亿兆。君必先俾遂其安欲，庶几尽父母斯民之任焉。夫民之所安欲者，衣与食也。匪耕何以得食？弗蚕何以得衣？今也耕者寡而食者众，蚕者少而衣者多。又加以水旱虫蝗之灾，游惰冗杂之害。边有烟尘，内有盗贼。无怪乎民受其殃日甚一日，朕实忧且愧焉。然时有今昔，权有通变。将何道可以致雨旸时若，灾害不生，百姓足食足衣，力农而务织，顺道而归化乎？诸士明理识时，其直陈所见闻于篇，朕将亲览焉。[1]

臣谨对[2]：

臣自惟智识愚昧[3]，学术疏浅，不足以奉大问。窃惟陛下当亨泰之交，抚盈成之运。天下皆已大治，四海皆已无虞。而乃拳拳于百姓之未得所为忧，是岂非文王视民如伤之心耶？甚大美也。

然臣之所惧者，陛下负聪明神智之资，秉刚睿仁圣之德，举天下之事，皆无足以难其为者[4]。而微臣所计议，复不能有所补益于万一。陛下岂以其言为未可尽弃，而有所取之耶？

陛下临朝策士，凡有几矣，异时莫不光扬其名声，宠绥其禄秩。然未闻天下之人，有曰天子某日降某策问某事，用某策济某功者。是岂策士之言，皆无可适于用耶？抑或可适于用，而未暇采之耶？是臣之所惧也。臣方欲为根极政要之说，明切时务之论，而不敢饰为迂阔空虚无用之文，以罔陛下。陛下若以其言为可信，而不悉去之。试以臣策付之有司，责其可行，则臣终始之愿毕焉。如或言不适用，则臣有瞽愚欺天之罪，俯伏以待罪谴，诚所甘心而不辞也。

臣伏读圣策，有以见陛下拳拳于民生冻馁流离为忧，以足民衣食为急，此诚至诚恻怛，以惠元元之念，天下之所愿少须臾无死，以待德化之成者。然臣谓陛下诚怀爱民之心，而未得足民衣食之道。诚见百姓冻馁流离之形，而未知冻馁流离之实也。夫陛下苟诚见夫百姓冻馁流离之实，则必思所以富足衣食之道。未有人主忍见夫民之冻馁流离，而不思所以救援之者。未有人主救援夫民之冻馁流离，而天下卒至于冻馁流离而不可救者也。

今夫匹夫之心，可行于一家；千乘之心，可行于一国。何者？以一家一国，固吾属也。曾谓万乘属天下者，有救援天下真实恳切之诚，而顾不效于天下者哉，是臣所未信也。

臣观陛下临朝，凡有十余年于此矣。异时劝农蠲租之诏一下，天下莫不延颈以望更生。然而惠民之言，不绝夫口；而利民之实，至今犹未见者。臣是以妄论陛下，未知斯民冻馁流离之实，未得足民衣食之道也。臣闻之：仁以政行，政以诚举。王者富民，非能家衣而户食之也，心政具焉而已矣。夫有其心无其政，则天下将以我为徒善。有其政无其心，则天下将以我为徒法。徒法者化滞，徒善者恩塞。心法兼备，此先王所以富足人之大略也。

臣观史策，见三代以后之能富其民者，于汉得一人焉，曰文帝。当乱秦干戈之后，当时之民，盖日不暇给矣。文帝视当时之坐于困寒者，盖甚于涂炭也。育之以春风，沐之以甘雨，煦煦然与天下为相休息之政，而涂炭者衽席矣。故后世称富民者，以文帝配成、康，亦诚有以致之也。然而文帝固非纯王者，窃王者之似焉，犹足以专称于后世。而况夫诚于王者，而顾有坐视天下于冻馁流离者哉。

臣窃谓今日陛下忧民之心不为不切，爱民之政不为不行。然臣所以敢谓陛下于斯民之冻馁流离，而未知其实；于足民之衣食，而未得其道者。窃恐陛下有爱人之仁心，而未能如王者之诚怛恳至。有爱人之仁政，而未能如王者之详悉光明。臣是以敢妄论陛下，而云云也。然臣所望仁政于陛下者，非欲尽变天下之俗也，非欲复井天下之田也。亦曰宜时顺情而为之制，而不失先王之意尔。臣请因圣策所及，而条对之。

陛下策臣曰："夫民匪耕则何以取食？弗蚕则何以资衣？"斯二者，亦王者之所念而忧者也。"今耕者无几而食者众，蚕者甚稀而衣者多。又加之水旱虫蝗之为灾，游惰冗杂之为害。边有烟尘，内有盗贼。何怪乎民受其殃日甚一日也。"此见陛下痛念斯民之病，深揆困乏之本，而急思所以拯救之也。

臣谓民之所以耕蚕稀，而日甚其殃者，游惰起之也，冗杂病之也。若夫水旱虫蝗之灾，则虽数之所不能无，然君人之忧不在焉。何者？恃吾耕蚕之具素修，而无所耗，则虽有水旱虫蝗，而无所害。臣闻有道之国，天不能灾，地不能厄，夷虏盗贼不能困。以恒职修而本业固，仓廪实而备御先也。

臣闻立国有三计：有万世不易之计，有终岁应办之计，有因时苟且之计。万世不易之计者，《大学》所谓"生之者众，食之者寡，为之者疾，用之者舒"也。故王制三年耕，则有一年之积。例之则九年当有三年之豫。其终岁所入，盖足以自给。而三年之蓄，恒可以预待不虞。如此者，所谓天不能灾，地不能厄，夷虏盗贼不能困。臣前所谓王者之政，陛下今日所方欲切求而励之行者。所谓终岁应办之计者，盖生财之道未甚周，节财之道未甚尽。一岁之入，仅足以充一岁之用。其平居无事，尤未见其甚敝。值有凶荒盗贼之变，则未免厚敛重取，以至于困败而不能自振。若此者，盖素备不修，因时权设，汉、唐、宋以下治天下之大率，而非吾陛下之所以奉天理物，而深厚国脉者。其所谓因时苟且之计者，盖平时之所以敛取于民，颇无其度。而取民惟畏其不多，用财惟畏其不广。方其无事，百姓已不能自给。迨其有变，则不可复为之计矣。此则制国无纪，溃乱不时，盖昏乱衰世之政焉。

臣前所谓起于游惰、病于冗杂之弊，亦略有同于是。陛下今日所方欲改辙，而易海内之观者。臣谓今日游惰之弊有二，冗杂之弊有三，此天下之所以长坐于困乏，而志士至今愤惋而叹息者也。

其所谓游惰之弊二者：一曰游民，一曰异端。游民众则力本者少，异端盛则务农者稀。夫民所以乐于游惰者何也？盖起于不均不平之横征，病于豪强之兼并。小民无所利于农也，以为逐艺而食，犹可以为苟且求生之计。且夫均天下之田，然后可以责天下之耕。今夫里闾之小民，剥于污吏豪强者深矣，散食于四方者众矣。大率计，今天下之民，其有田者一二，而无田者常八九也。以八九不耕之民，坐食一二有田者之粟，其势不得不困。然而散一二有田者之业，以为八九自耕之养，其势未尝不足。议者病游民之众也，或有逐商之说。然臣以为游民之商，本于不得已也。而又无所变置，而徒为之逐，臣惧夫商之不安于商也。臣窃谓今日之弊源已深，更化者当端其绪而绥理之。理而无绪，势将驱力农之民而商，又将驱力商之民而盗也。天下为盗，国不可久。其便莫若颁限田之法，严兼并之禁。而又择循良仁爱恻怛之吏以抚劳之。法以定其世业，禁以防其奸贪，吏以得其安辑，游民其将归乎？

若夫异端者，盖本无超俗利世之智，而徒窃其减额逃刑之利。不工不商，不农不士，以自便其身。且其倡无父无君之教于天下，将使流风之未可已焉。此其为害甚明，故臣不待深辨。然臣窃悼俗之方敝也。秃首黄冠，充斥道路。珠宫琼宇，照耀云汉。此风未艾，效慕者众。非所以令众庶见也，非所以端风正纪之要体也。故臣愿陛下严异端之禁，敕令此辈悉归之农。其有不如令者，许有司治罪不赦。盖非惟崇力本之风，抑且彰教化之道。此臣拳拳所望于陛下之至意也。

其所谓冗杂之弊三者：一曰冗员，二曰冗兵，三曰冗费。冗员之弊必澄，冗兵之弊必汰，冗费之弊必省。三冗去而财裕矣。夫圣人所以制禄，以养天下之吏与兵者，何也？吏有治人之明，则食之也。兵有敌人之勇，则食之也。是其食之者，以其明且勇也。其或有不明不勇者，则非耕不得食，非蚕不得衣。何者？无事而禄，亦先王之所俭也。今夫天下之吏与兵何如也？臣非欲尽天下之吏与兵而不禄之也。臣徒见任州县者，固有软罢不胜，而坐禄者焉。隶兵籍者，固有老弱不胜，而滥食者焉。且入资之途太多，任子之官太众。简稽之责不严，练选之道有亏。臣是以欲于此辈一澄且汰焉，其所以去冗滥而宽民赐者不少也。

若夫冗费之弊，不能悉举。即其大而著者论之，后宫之燕赐不可不节也，异端之奉不可太过也，土木之役不可不裁也。陛下端身以率物，节己而居俭。其于三者，固未可议焉。然窃见天下之大，民物之众。九州四海之贡，尺帛粒米之赋，山林川泽之税，日夜会稽以输太仓，可谓盛矣。而国计未甚充，国用未甚足，以为必有所以耗之者矣。且夫上之赋其下者以一，而下之所以供夫上者常以百。盖道路之耗，漕挽之费。京师之一金，田野之百金也。内府之百金，民家之万金也。以百万民家之资，费之于一燕飨，一赐予，一供玩者何限。臣故曰：冗费在今日，亦有未尽节者。盖臣闻之，以天下所有之财赋，为天下人民之供养，未有不足者。特其有以冗而费之者，则其势将横征极取，天下不至于饥寒冻馁，大败极敝不已。臣读《史记》，见周文王方其受命之时，地方不过百里，而四方君长交至于其国。其所以燕飨劳来之典，不容终无。然而当时百姓各足，饥寒不病。故民诵之，《诗》曰："勉勉我王，纲纪四方。"盖庆之也。传至于其子孙，以八百国之财赋，自养一人，宜其甚裕而无忧。而民反流离困苦，至于"黄鸟""仳离"之咏作焉。臣于此见君人节己以利人，则易为功；广费以厚敛，则难为力。臣是以拳拳以省冗费为陛下告也。

陛下策臣曰："固本朕不类寡昧所致，上不能参调化机，下不能作兴治理，实忧而且愧焉。"此陛下忧勤之言，禹汤罪己之辞也。然臣谓陛下非徒为是言也，须欲励是行也。夫君人之言，与士庶不同，一或不征，天下玩之。后虽有美意善政，人且骇疑不信。陛下往年尝有恤农之诏矣，然而天下皆以为陛下之虚言。何者？诚见其言若是焉，而未见其惠也。今陛下复策臣若是焉，臣以为亦致忧勤之实而已。欲致忧勤之实，须速行臣前所陈者。臣前所陈者，皆因圣策所及条对。要之，所以振弊利世之道，犹有未尽于此，臣请终之。

夫山泽之利未尽垦，则天下固有无田之忧。今夫京师以东，蔡、郑、齐、鲁之间，古称富庶强国，三代财赋多出于此。汉唐以来，名臣贤守，其所以兴田利而裨国用者，沟洫封浍之迹，往往犹存。而今悉为空虚茅苇之地，此古人所谓地利犹有遗者。而陛下所使守此土者，一切苟且应职，而无为任此忧者。此北人所以长坐仰给于东南，少有凶荒不继，辄辗转沟壑，不能自给以生者，地利未尽也。臣意陛下莫若严其守令，重选才干忠诚为国之士，使守其地，而专一以兴田利为事。朝廷宽其禁限，听其便宜。而惟以此为田利课，则海内当有赵过者出焉。不数十年之后，则江北之田应与江南类，可省江淮数百万之财赋，而纾北人饥寒冻馁之急。一举而利二焉，大惠也。陛下能断而行之，大勇也。或曰：非不欲行也，如南北异宜何？臣请有以折之。

夫今日所谓空虚荒瘠无用之地者，非向时所谓富实而所托赖以兴起之本区乎？昔以富实，今以荒虚，臣诚未见其说。亦曰存乎人耳，魏人许下之屯可见矣。方枣祗为屯许之画也，当时亦诚见其落落难合。洎其成也，操终赖之，省粟数万。今天下之大，又安知其无能为枣祗者乎？臣是以愿陛下以此为田利课，则山泽垦矣。

臣又闻之，关市不征，泽梁无禁，王者所以通天下大公大同之制也。自汉桑宏（弘）羊以剥刻之术媚上[5]，而征榷之法始详。历代因之而不革，大公之制未闻也。然臣终以此为后世衰乱苟且之政。今朝廷之取民，茶有征，酒有榷，山泽有租，鱼盐有课。自一草一木以上之利，莫不悉笼而归之公，其取下悉矣。夫上取下悉，则其势穷。夫兽穷则逐，人穷则诈。今陛下之民，将诈乎？司国计者，非不知其势之不可以久也。然而明知其弊而冒之者，诚曰国家利权之所在也。臣以为利不胜义，义苟未安，利之何益？况又有不利者在乎！臣闻之，王者所以统制六合，而正服民心[6]，张大国体者，固在道德之厚薄，不问财赋之有无。臣观征利之说，不出于丰泰之国，恒出于衰乱之世。纤纤然与民争利者，匹夫之事也。万乘而下行匹夫之事，则其国辱，非丰泰之时所尚也。陛下何不旷然为人所难，思大公之法，去衰乱之政。令天下人士争言曰："惜哉！汉、唐、宋不能舍匹夫之利以利人，至我明天子然后能。"以天子之大体镇服民心焉，陛下何久于此而不为也。臣愿陛下息山林关市之征焉，使天下知大圣人所作为，过于人万万也。

若夫悉推富民之术，则平籴之法不可不立也，常平之仓不可不设也，奢侈之禁不可不严也。凡若此者，史策之载可考，陛下可能举而行之[7]。成典具在，故臣不必深论之也。

由臣前所陈而言之：均田也，择吏也，去冗也，省费也。由臣后所陈而言之：辟土也，薄征也，通利也，禁奢也。田均而业厚，吏良而俗阜，冗去而蠹除，费省而用裕，土辟而地广，征薄而惠宽，利通而财流，奢禁而富益，八政立而王制备矣。陛下果能行臣之言，又何忧于百姓之冻馁流离，又何至有于烟尘盗贼之警，又何患不顺乎道而归乎化哉！通变时宜之道，其或悉备于此。

然臣以为，此数者，皆不足为陛下之难。所患人主一心，不能清虚寡欲，以为宽民养物之要。则虽有善政美令，未暇及行。盖崇高尊贵之地，固易为骄奢淫逸之所。是故明主重内治也。故古之贤王，遐观远虑，居尊而虑其危，处富而慎其溢，履满而防其倾。诚以定志虑而节逸欲，图寅畏而禁微邪也。故尧日兢，舜日业，禹日孜，汤日检。臣以为，数圣人固得治心之要矣。臣尝观汉武帝之为君，方其临轩策士，奋志六经也，虽三代之英主不能过焉。洎其中年多欲，一念不能自胜，公孙宏[8]、桑宏（弘）羊[9]、张骞、卜式、文成五利之辈，各乘其隙而售之。卒使更变纷然，天下坐是大耗。臣是以知人主一心，不可使有所嗜好，形见于外，少有沉溺，为祸必大。故愿陛下静虚恬虑，以为清心节欲之本。毋以深居无事而好逸游，毋以海宇清平而事远夷，毋以物力丰实而兴土木，毋以聪明英断而尚刑名，毋以财赋富盛而事奢侈，（毋）羡邪说而惑神仙[10]。澄心正极，省虑虚涵。心澄则日明，虑省则日精。精明之运，旁烛无疆。举天下功业，惟吾所建者，岂止于富民生足衣食而已哉！

臣始以治弊治法为陛下告，终以清心寡欲为陛下勉。盖非有惊世绝俗之论，以警动陛下。然直意以为陛下之所以策臣者，盖欲闻剀切时病之说，故敢略尽其私忧过计之辞。衷情所激，诚不知其言之犹有所惮，亦不知其言之犹有所隐。惟陛下宽其狂易，谅其朴直，而一赐览之，天下幸甚。

臣谨对。

校记

[1] 开头这段策问，本书所载与康熙本《东莆先生文集》有较大差异，《东莆先生文集》整段文字如下："皇帝制曰：朕惟人君，奉天命以统亿兆，而为之主。必先之以咸有乐生，俾遂其安欲，然后庶几尽父母斯民之任，为无愧焉。夫民之所安者所欲者，必首之以衣与食，使无衣无食，未免有冻馁流离之害。夫匪耕何以取食？弗蚕则何以资衣？斯二者，亦王者之所念而忧者也。今也耕者无几而食者众，蚕者甚希而衣者多。又加以水旱虫蝗之为灾，游惰冗杂之为害。边有烟尘，内有盗贼。无怪乎民受其殃而日甚一日也。固本朕不类寡昧所致，上不能参调化机，下不能作兴治理，实忧而且愧焉。然时有今昔，权有通变，不知何道可以致雨旸时若，灾害不生，百姓足食足衣，力乎农而务乎织，顺乎道而归乎化？子诸士，明于理，识夫时，蕴抱于内，而有以资我者，亦既久矣。当直陈所见所闻，备述于篇。朕亲览焉。勿惮勿隐。"大概是收入本书时编者有所删改。

[2] 臣谨对，《东莆先生文集》作"臣对"。

[3] 臣自惟智识愚昧，《东莆先生文集》作"臣智识愚昧"。

[4] 皆,《东莆先生文集》无此字。

[5] [9] 桑宏羊,《东莆先生文集》作"桑弘羊",是。

[6] 正,《东莆先生文集》作"镇"。

[7] 可,《东莆先生文集》作"果"。

[8] 公孙宏,《东莆先生文集》作"公孙弘"。

[10] 本书脱"毋"字,据上书补。

李纲十事策论[1]

天下果有不可医之国乎?吾所未敢言也。天下果有可医之国乎?吾所未忍言也。吾尝为之说,曰:能医人之国者,豪杰也;能自医其国者,明君也。善医人者无多术,曰谋;善自医者无多术,曰断。断也者,深察乎君子小人之分,明辨而委任之者也;谋也者,深明乎是非利害之际,徐剂而经理之者也。然则谋也者,医人之分;断也者,自医之责。有其断乏其谋,则断不足以兴,是谓无臣。有其谋无其断,则谋不足以成,是谓无君。嘻!无臣之世,尚可言也。无君之世,不可言也。无臣之世,君子犹望豪杰之不尽绝。无君之世,尚委天下而付之谁?虽有善医者,无所试其能矣。然则世至于无君,君子所为长太息者也,其忍以言之哉!

执事以建炎之事下询,愚生方有所怅焉,而未暇为辞。然窃尝论之,亦曰:建炎有臣无君而已矣。夫建炎之时,何等时也?吾且先陈乎离乱危急之故,然后详吾有臣无君之说[2]。

盖自金人南乱[3],二帝北行,太原、泽、潞,辄为贼冲,真定、怀、卫,不为国守。当时,外之则金鼓之声不绝,而人情危惧,敌骑散屯于河上者,可畏也;内之则拥众分据,如王善、杨进辈,往来侵掠于东西京者,可虑也。西幸之志未决,而民无斗志;沿河之府未置,而兵无统纪。一时天下如中流遇洪波,飘风震荡特急,而维楫之具莫备,其不为长沙覆舟之虑者几希?尚赖河北二十余郡,犹能为朝廷死守。而河东余卒,亦未绝叛。两路士民依依,犹可使智者措其手足。嘻!当此之时,不有贤人,其何能国?此建炎所以为乱离危急之极,愚尝为宋人主兴念及此,未尝不曰:是不可无豪杰代之也。

吾观李纲之在当时,其忠义勇略,允孚时望。而其所以规画措置,真足以收拾金人[4],而歼夷之不难。且夫十事之议,皆当时国事所特急,而宋之人主,所当旰食而并力者也。盖自中国之守未备,而大事未可轻举,则是国是之议,所当留意焉。自京师之驾未临,而都人之心未慰,则巡幸之议,所当预图焉。自张邦昌之不可赦,伪官之不可爵,天下将谓朝廷无典章矣,则僭逆伪命之不可无议也。自军政之纪律久废,敌情之狡猾无常,金人将谓中国不能师矣[5],则战守不可无议也。自朝廷纪纲紊乱,而政多出门,则本政之议,不可不急也。自大臣之进退太速,而责效无成功,则久任之议,不可不重也。凡若此者,要皆深切时弊之膏肓,砭剂乱离之药石,其所建说,有裨于国家大体不少焉。是故和守决而国是明,僭逆正而士气倍,幸都谋定而人心安。继以招兵买马,分布要害。划东南田,募民给佃。遣张所招抚河北,命王燮经制河东[6],命宗泽守御京城[7]。西顾关、陕,南葺樊、邓。制度次第肇立,一时赖以粗定。若此,谓非李纲之力不可。嘻!使此策能行于靖康之前,则固不至于建炎之祸;使此策能行于建炎之后,则亦不至有南渡之耻。离乱危急之中，而得缓急可济如若人焉，犹谓宋室之无臣可乎？吾故曰：建炎医国者之有其臣也。

惜乎臣心益坚，主见独异，修德一语，已非畏懦者所能勉强也。且夫黄潜善、汪伯彦辈，皆一时狙诈误国之奸，而帝比之若不忍释。盖自南幸之议，主心有所偏向。而中原许留之诏，犹豫不果行者数四。所以阴排默阻于其间者，应有人矣。吾观傅亮罢而李纲避位，其后要郡沦陷，沿河失守。去新军水军，而顾募废。罢经制招抚使，去京东西路。战车法数月经画，一朝尽坏。军民之政懈弛，天下自此多事。若此者，谓非高宗之不明不可。噫！军民之左衽未复，中国之夷虏可忧。此正英主枕戈尝胆之秋，内修外攘之日。顾不能出一号令，建一规画，以为收辑之计。而乃崇任奸回，排摈英豪，进退驾驭之间，其颠倒暧昧若是焉。犹谓宋室之有君可乎？吾故曰：建炎自医者之无其君也。

自是以后，奸党之议遂成，而义士无助，朝廷处置失宜，而两河再叛，卒至敌骑充斥天子舟车[8]。今年辄觐入祁州，明年金人取永兴。今年金人焚扬州，明年金人取东京。三十年间，宋之天下，不绝如缕者，高宗自为之耳。噫！忠虑之臣不乏于内，守御之臣不懈于外。当高宗之时，天下未尝无可为之资也，而帝卒失之。自即真以来，未闻有恢复之师，徘徊奔走于救死扶伤之间。奄如一病未亡人，是宁可不为流涕痛哭乎？吾故曰：建炎之事，君子所不忍言也。

盖尝论之，天下不可一日无贤人君子之助。无贤人君子之助，是将坐视天下而莫之救。然或有所谋焉，不获以究其用。则未必皆贤人君子之过，或者信贤人君子不笃之过也。夫会稽之栖，勾践之势极矣，而以范蠡霸。南郑之迁，天下几不复知有汉矣，幸有萧何彷徨其间，卒用以显。盖惟贤才本兴衰拨乱之资，固英主之所当委重而托力者也，顾所用之何如耳！有可为之势，有能为之臣，而无能为之君，此吾所以长叹于建炎也。然则为建炎者，将若何？曰：以汉高任萧何之心任相，以勾践任范蠡之心任将。则汪、黄不得谗，李纲不得去，宗泽不得死。由是二帝可复，中原犹在。金人不得诏谕[9]，中国不至称藩矣，有李纲以为萧何，有宗泽以为范蠡，惜为汉高勾践之无其人焉。君子且奈何哉！吾故曰：有其臣无其君，则谋不足以成者此也。

或曰：建炎之势极矣，就使李纲用而宗泽存，恐亦未必有济。是不然，禄儿横，两京叛，天下已非唐有，然而郭、李持孤愤之兵，起而修辑，其后不四载，而天下大定。彼郭、李果何人也？虽然，此犹以为复天下之旧耳。至于光武，无寸土之资，而寇、邓诸臣，奔走后先，卒一呼至万乘。彼寇、邓又何人也？以郭、李为之，能以失国为复国。以寇、邓为之，能以无土而有土。然则宋独无可为者乎？况当时虽乱离，然而全楚无恙，吴越不分。此正楚庄、吴子胥、越范蠡之所以霸强用武之国。西控全蜀，南扼荆襄，北据长淮，此汉高帝、刘先主、孙仲谋、杨行密所以兴起之根本。引巴蜀之饶，漕江淮之粟，市西戎之马，而号召荆楚之奇才，走集剑客之精锐，此正汉唐所仰以为资。兼是数者，而不足以兴，吾不信也。吾故曰：宋未尝不可为也。

或曰：然则建炎以后，绍兴以前，忧国奉公之士不少，往往有能出奇效计，区画经制如张、岳、刘、韩辈，卒无能收拾南渡之偏安，何也？曰：建炎之初，犹可为也。建炎之后，不可为也。建炎之初，正如人方少壮，空中立僵，而其手足聪明，犹未易侮。有能维持调护，而急收补复元气之功，则可以复既壮之旧。自奸臣之浊乱国体，金人之再涧京畿[10]。则天下之势，溃乱四出。此正如人积弱之后，血气消索，筋骨披靡，虽有善医者踵其后，可以徐养未亡之命脉，而未可以遽壮。况夫高宗暗昧柔懦，而进退予夺，一伸缩于贝锦之口，三策陈而赵鼎安置，金牌召而岳飞处死。以前日罢李纲者罢赵忠定，以前日宠汪、黄者宠秦桧。则天下太平之策，果何时可定？且朱仙之胜，中兴以来所未有也。帝既不能以时降褒诏，优异元功，以开策励，不武甚矣。而且崇任奸回，贼害勋良，忠臣义士，孰不解体？此犹谓有人心者为之乎？则高宗之不竞也，亦宜矣。

合而论之，宋未尝无可为之势，亦未尝无能为之臣，第无能为之君。建炎之初，势可为也，而帝失乎李纲之一人。建炎之后，势难为也，而帝失乎赵岳之数子。黄秦之辈，吾无责焉。愚生所以观《宋史》而三叹者也[11]。

校记

[1]《东莆先生文集》无"策论"二字。

[2] 然，《东莆先生文集》作"而"。

[3][4][5][9][10] 金人，《东莆先生文集》作空格避讳，《林大钦集》据后文均作"夷虏"。

[6] 王燮，《林大钦集》据《宋史》《续资治通鉴》作"王璪"。

[7] 城，《东莆先生文集》作"师"。

[8] 敌，《东莆先生文集》作空格避讳，《林大钦集》作"狄"，谓系改原避讳之字。

[11]"者也"二字他本均无。

牛李之党策论[1]

问：牛李之党起于宗闵之对策，成于维州之弃取。君子处此，欲以安父子之心，全君臣之义，将如何而后可？夫大义既得，私怨自消，何至更相倾轧于四十年之久。诸子素有平物之怀，愿相与讲明之。[2]

为大臣者，当以公心徇其国，不可以私心徇其身。以公心徇国，则凡可以利夫公图者，无为也，而私怨有所不暇计。以私心徇身，则凡可以报夫私图者，无不为也，而公务因以不举。

嗟夫！天下之变故方殷，疆场之陆梁未已。叛臣逆卒，方视朝廷以为进退。所赖坐消其变而张皇国体者，以有大臣相与戮力在，则固未易以轻侮之也。而乃树方分类，更相挤援，先私怨而后公仇，攻同朝而纵敌国。此有识之士所以悲牛李之以私意害大义，而未暇论其是非邪正也。

执事以是下询。愚未能辨别古今人物，然窃尝疑之。以为牛李之党，始于李德裕之任情而过于私其亲，成于牛僧孺之行私而重忘夫国，其归在于私意取败而已矣。

吾尝读《典》《谟》之书，至于鲧以治水无功受诛，而禹卒以善继见赏。盖有以见圣人固不以一家私恩，害天下公义也。又尝读《史记》，见周、召之在廷论事，互有异同，而终不失和气。盖有以见圣人不以一己私见，废天下公理也。大抵忧国奉公，臣子之责。而行私报怨，非所以论于朝廷。故禹不以大义忍其亲，则舜为仇人；周、召不以公理持正谊，则周多党士。是鲧之杀、禹之赏，周、召之辨而和，其归皆出于公而已。

嗟乎！朝廷既委我以责，则天下之事，卷舒阖辟在我。方当同心协力而徐理之，以塞吾责。奚暇崇私植怨，而至于交相倾轧之纷纷乎？吾故以为牛李之党，不足深辨其是非邪正也。

然而论速怨之罪，则李先而牛后；较忘国之罪，则牛重而李轻。方宗闵之对策，未尝有仇德裕之心也。吉甫之讥，亦摅己见论国事耳。为德裕者，故当平心而反思之。考其言果非，则固无足较者。使其言果是，尤当力善效忠，以盖前愆。此乃人子所以匡救其父而成其美，孝之大者。顾乃怨而不解，则是德裕自绝于宗闵，而牛之党成矣。故曰：始于德裕之任情而过于私其亲。

方德裕维州之受，未尝有仇僧孺之心也。遣兵据城，正为朝廷除大患耳。为僧孺者，固当据大义而赞成之。重旌悉怛谋以壮其忠，宣慰李德裕以奖其劳。此正人臣所以左右其君，而益其福，忠之大者。乃故违其议以快其私，则是僧孺嫁祸于降人，而李之怨深矣。故曰：成于僧孺之行私而重忘夫国。

然而宗闵所坐语言薄罪，德裕之愤一人之私耳。当是时，匹夫之怨，未上构于朝廷也；排摈之私，未甚酷于中书也。使宗闵能纳之以大度，而恕其私；和之以大义，而谅其过。则亦可以平积愤之气，而收不校之功，天下固无恙也。吾故曰：德裕之罪轻也。

维州乃唐之故地也，且当平州之冲，实汉地入兵之路。此正夷人之所恃以无忧[3]，而唐之子孙所当肝食而并力者也。悉怛谋一降，则山西八国皆愿内属，当时国事可知也。僧孺假守信之说，而悉归之，使夷人诛之境上[4]。则是绝忠款之路，快凶虐之情；外肆国敌，内损国威。御戎之计，莫此为拙。故曰：僧孺之罪重也。

自是以后，结怨日深，则树党日固；朋类既众，则倾轧益甚。卒使朝廷大权，旁落于阉寺；篡杀之祸，继笔于简书。四十年间，唐之天下几不复振者，牛李辈为之耳。噫！河北逆命，藩臣不共。天下之大乱方殷，人情之属望剀切。此正朝廷忧辱之秋，臣子效死之日。为牛李者，方当戮力同心，克复神州。何至于互相凭陵，坐视国患而莫之救乎？吾故曰：牛李之是非邪正，不足深辨也。

大抵爱国家者，不以私怨害公义；图私谋者，多以小忿忘大功。故赵地未安，则相如、廉颇不敢先私仇而后国难。为类既异，则殷浩、桓温以一介臣而弱晋室。盖惟朝廷本协和致理之地，固不容以异心处之也。吾观郭、李之为将，以忠义相许，涕泣自誓，卒能克复两京，中兴唐室，未尝不叹牛李之未思乎此也。及观邓艾、钟会之伐蜀，私相交恶，人各有心，卒之槛送京师，西勋莫答，又未尝不叹牛李之所以祸唐也。

抑又论之，同心协力以奔走事功者，此固人臣之责；而驾御英豪，以销锄其犄角者，此又人君之权。昔汉之贾、寇以私贾怨，几于交兵矣。惟光武之诏曰："天下未平，两虎安得相斗。"而恂、复遂结友。是建武之不党者，有光武之义以折其气也。宋之江上之役，三大将失和，几于不相下矣。惟高宗之诏曰："贼众我寡，合力犹惧不支，诸将当灭私隙，不独可以报国，身亦有利。"光世遂奉诏。是绍兴之不党者，有高宗之义以激其心也。牛李之党，亦可以义破散其阴谋，而消释之者。文宗乃曰："去河北贼易，去朝廷党难。"则是坐视牛李之分争而莫之救也，又何怪四十年之纷纷乎？吾固以太和之党，始尤于牛李，终尤于文宗[5]。未知执事以为何如？

校记

[1]《东莆先生文集》正文原缺题目，而目录有"牛李之党"条，无"策论"二字。

[2]开头这段策问，本书所载与康熙本《东莆先生文集》有较大差异，《东莆先生文集》整段文字如下："问：牛李之党起于宗闵之对策，成于维州之弃取，不知君子处此，如何而可以安父子之心？如何而可以全君臣之义？夫大义既得，私怨自消，何至于更相倾轧，垂四十年之久矣。诸子素有平物之怀者，愿相与讲明之。"

[3][4]夷人，《东莆先生文集》作空格避讳。

[5]文宗，《东莆先生文集》作"唐文"。

孤注策论[1]

忠者，邪之所甚恶者也；危者，君之所甚忌者也。小人之欲谗其君，而必先于君之所忌[2]，则邪之所以肆其奸者巧矣。何则？忠邪之不容并立也旧矣。忠者每为艰难备尝之计，则凡可以保国家，永社稷者，无不为也。邪者动为身谋，则凡可以专权固宠，以成其谀者，何不为也？夫计为艰难备尝，则为邪者每病于异己。功可以保国家、永社稷，则为邪者忌。夫以异己之人，以当忌者之心，而又乘之以专权固宠之谀，则忠臣之不见败于小人者几希！

虽然，钦若小人也，愚不暇责之详矣，独惜乎真宗之不知悟也。何则？昔者宋之国家新造，辽寇压境[3]。当是时，人心未固，将佐未服，天下之不绝者如缕。愚始读史，未尝不悲其势之危也。及观澶渊之役，义兵一倡，辽寇寒心[4]。天下始得高枕息肩，兵戈不见于天下也数世。愚是以未尝不叹寇准之功之大也。当时不但贤人君子知之，虽妇人女子亦知有寇公也。而钦若独曰"陛下为寇公孤注"者，是岂寇准之功，能知于天下，而不能知于朝廷；能知于妇人女子，而不能知于参政大臣乎？

噫！正士在朝，壬臣所忌。忠良之见谗也，固矣。独惜寇准之有以当其口实也。何则？昔周公，周室之懿亲，成王之股肱心腹也。而群叔不利之谤，周公且不能免。使非天变豫彰[5]，则虽居东三年，亦无以自辨矣。韩、富辈亦宋之一柱石也，而朋党之议，数公又坐其毁焉。时非欧阳公为之开救力援，则数君子辈亦终为当时弃人矣。夫有周公之亲，有欧阳修之救，犹且坐毁不免，又况寇准无周室之亲，无君子之救，而孤注之谗独能逃乎？

虽然，寇公之智，其不虑此何也？吁！寇公之所为，皆天下之所极难，不得已者也。何则？真宗之时，朝廷失职，将佐不得其人，而当其任者，皆庸才弱帅，无能为朝廷效节致忠。时非亲征自将，则军旅废弛，人心战惧。虽以攘敌，适以纵敌；虽以御寇，适以长寇。宋之为宋，未可知也。使当时乘自将之威，渡河而西，张其气，奋其武，使辽人惊惶失措[6]，然后振旅班师以归。则彼将慑服退听之不暇矣，又何至城下之盟，岁出金缯[7]，以资强敌[8]，以困天下，以羞后世，以遗子孙无穷之忧乎？

为钦若者，正宜同心戮力，以除国患。又何至辄生谗毁，以肆其孤注之谤哉！抑谓孤注者，必知晁错之于景帝，然后可也。盖晁错既自激七国之变，以居难首，宜必日夜淬励，东向而待之。彼乃择其居守之至安，而任天子自将之至危。以是而谓之孤注，何不可也？今寇公以身先士卒，特藉其自将之威，以为将帅一感激耳。当时不知真宗果为寇准孤注乎？抑寇准果为真宗孤注乎？矧夫澶渊之役，黄盖一麾，三军踊跃，国势自倍。如是，则孤注之不利于真宗，未可知也。抑孤注之有利于真宗，亦未可知也。又恶可以孤注为寇公病乎？

虽然，谗臣（克士）[9]，何代无之？所恃以辨明退黜者，以为有圣天子在。是故共工与舜、禹，杂处尧朝；群叔与周公，混居周室。惟尧与成王能贤舜、禹、周公，而诛共工、群叔，故天下治，尊荣至今。季孟与孔子，皆仕于鲁；李斯与叔孙，俱宦于秦。惟始皇与哀公能贤季孟、李斯，而诮孔子、叔孙，故天下乱，污辱至今。

如是则其谗者，钦若也。而其所以谗者，真宗也。故曰：钦若小人也，愚不暇责之详矣，独惜真宗之不知悟也。虽然，哲宗之时[10]，有安民一石工耳，且不忍刻元祐之碑，既刻而不欲直书其名，惧为后世君子所短。而钦若参政大臣，反不知人间有羞耻事如此。曾意石工之所羞，而钦若忍为之乎？

其后北门之贬，虽夷人亦知朝廷处置失宜[11]，贤人失职。不意堂堂中国，其识见反为夷人下风乎[12]？及至枯竹生笋，虽天地亦且变异，以昭其功。又岂意寇公之功，能感于天地鬼神，而不能激悟于斯世君臣乎？

校记

[1]《东莆先生文集》标题无"策论"二字。

[2]《东莆先生文集》无"而"字。

[3][4] 辽寇，《东莆先生文集》均作空格避讳。

[5] 豫，《东莆先生文集》作"愈"。

[6] 辽，《东莆先生文集》作空格避讳。

[7] 缯，《东莆先生文集》作"绢"。

[8] 敌，《东莆先生文集》作空格避讳，《林大钦集》作"狄"，谓系改原避讳之字。

[9] "克士"二字原缺，兹据《东莆先生文集》补。

[10] 哲，《东莆先生文集》作"理"。

[11][12] 夷人，《东莆先生文集》均作空格避讳。

潮州八贤论[1]

善论人者，不贵徇其名，而贵考其行。善考行者，不当泥其迹，而当察其心。夫行者，事之见于迹者也。不考其行，则虚誉徒隆者，得以眩其真，无以知为人之实。心者，几之隐于微者也。不察其心，则饰情矫行者，得以肆其伪，无以稽中心之蕴。是非之极混，思齐之念阻矣。故必辨其贤否之别，析其言行之微。行虽异矣，而心或同焉，君子不谓之异也。行虽同矣，而心或异焉，君子又安可以概与之哉？

执事发策，而以吾潮八贤为问，将以观其尚友之学也。愚生生长是邦，宁无景行先哲之志乎？尝谓天之生材，固非偶然也。地之钟材，亦无限也。故人材之生也，其出将以明道也，其处将以淑身也，其去将以洁己也，其就将以立名也。推之为功业，则巍乎其有成。发之为文章，则焕乎其可观。盖其生也有自，故其出也有为。要之，地灵人杰，不可诬也。

吾潮为禹贡扬州之域[2]，古百越之地[3]。秦汉以上，政教不及，吾未暇论。及后风气日开，人文渐著。五岭钟其秀，河海毓其英。以故怀奇瑰异之士[4]，风流俊伟之人，相望后先。盖未可以更仆数也，姑就明问所及者言之。力排异端，师宗孔孟，为韩子之所尊礼者[5]，吾得之赵德焉。而真宗东巡，献赋颂，召试第一；后因灾异，言事极诋时弊;[6]若许申者，可以观启沃之忠矣。南中诸县，清介一人，为高宗之所奖谕者，吾得之张夔焉。而岁有凶歉，奏免民租；狱有冤囚，辨明得活，若刘允者，可以观济时之惠矣。投匦论事，南归读《易》者，林巽也；观其策忤权贵，而拜官不就[7]，其直道而事人乎！文章学识，直言刚正者，王大宝也；观其疏请恢复，而恳建储位，其忘身而徇国乎！事亲至孝，至为乡评所推者，卢侗之行实，不多见也。而居忧庐墓，为二苏所交游者[8]，吴复古之志趣超逸，岂多得哉！兹数君子，其出处虽不同，而功业之所建，皆足以定国家而树王猷；造诣虽不一，而文章之所著，皆足以达义理而阐精微。同归于吾潮之豪杰也。

然就其中而论之：于赵德，则吾取其识也。盖其当佛老方盛之时，而能卓然自信，不为时俗之所移者，其天资可谓刚直不群矣。故虽未敢谓其有得于圣贤之道，然其倡儒学之宗，卫孔氏之传，而陶范吾潮海滨邹鲁之风者，厥功居多矣。于大宝，则吾取其直也。盖其当奸臣柄国之日，而志存恢复，不避弹劾之所加，其孤忠可谓凛然不屈矣。故吾虽未敢谓其有旋乾转坤之功，然其倡正值之风，张忠义之气，而扶持宋室光明正大之业者，其绩实伟矣。他如张夔、林巽之清致，廉贪立懦之节也。许申、刘允之诚恳，爱君泽民之忱也。卢侗安石之论，有国士之风。复古安和之对，得养生之术。其皆一代之伟人乎！

迨及吾潮风气日开，民物日盛[9]，衣冠礼乐之士，彬彬乎倍昔，而车载斗量者，亦未易悉数也。夫何迩年以来，淳厚者变而为浇漓矣，诚悫者变而为欺诈矣。典一命之寄者，尸虚位而无实行。由科贡之选者，饰虚名而乏实才。求其如昔之贤者，盖寡矣。岂古今人才之不相及哉！抑作而风之者无其道欤？不然，何古之盛，而今寥寥无闻耶？虽然，因习俗而移者，非岁寒之操。待文王而兴者，非豪杰之士。故作人之风，虽在上之不可废；而自励之节，亦吾人之不可诿。立志贵高也，造道贵纯也。是必志伊尹之所志，学颜子之所学。过则圣，及则贤，不及则亦不失其令名。若徒以数子自期待，非愚生之所愿，亦岂执事之所以望于诸生也哉！

校记

[1]《东莆先生文集》标题无"论"字。

[2]《东莆先生文集》无"禹贡"二字。

[3]百越，《东莆先生文集》作"闽蛮"。

[4]怀奇瑰异，《东莆先生文集》作"怀奇豪杰"。

[5]韩子，《东莆先生文集》作"韩愈"。

[6]献赋颂，召试第一；后因灾异，言事极诋时弊，《东莆先生文集》作"赋颂以陈，灾异一见，极诋时弊"。

[7]拜官，《东莆先生文集》作"屡拜"。

[8]为，《东莆先生文集》作"至为"。

[9]民物，《东莆先生文集》作"文物"，当以"文物"为是。

重修宝云岩记

潮之南，距城四十里，西山列嶂中，有岩曰"宝云"。岩旧与老君、甘露二岩俱有名。老君盘桓山麓，松木参天，附城西不数武，为游人所恒登览者也。甘露岩洞虚敞，可千人坐，跨玉简峰之胜[1]。而宝云则由桑浦径口南入，两山夹道，逶迤纡折[2]。遂少折而西[3]，下有鸣泉。盖诸峰之泉，从兹下焉。其水势所激，汹涌鼓荡，石可转动。遵涧道层折而上，有地宽平，延袤得数十丈，置为阁。阁后山冈，且夷且峻。洞门岝崿，有天然石室。凡峰峦之叠翠，烟树之迷离，与夫泉流之潆洄旋绕，皆得坐斯岩之上一瞩目焉。

前有宋时，先四世祖秘书潜峰公，尝与郡人翁庆偕、纪善甫、蔡渤讲学于此。时知军州事高寿卿题额曰"聚奎阁"。是其地又以人而增胜也。嗣后兵火继作，虽深山之寺宇，不为人世所争者，亦概灰烬。惟岩之不可磨灭者存焉。

岁壬寅，届修禊之辰，余偕同人薛中离、翁东涯、谢前山三君，入山作踏青游，会饮斯岩。酒酣，有俯仰古今废兴之感。三君询及往迹，告余曰："子可无以修之乎?"遂同质于郡侯郭以亨明府，而后从事。命山僧光惠董其役，因遗址而架木，集工，越十月工竣。岩上新彩释迦、大士、伽蓝诸佛像，阁内塑文昌帝君，前贤韩昌黎伯，皆仍旧祀也。

阁既成，郭明府舆驾山中，相与燕落成而览胜概，属余作文记之。余思夫一岩一阁之胜，游人登临之所耳。而先世诸君子讲学于此，则又匡庐、白鹿遗意，非区区作游观地也。余异日解绶归里，获与数同人朝夕潜息其间，以忘老焉，斯亦余似续姙祖之一事也。爰即事而为之记。

校记

[1] 跨，《东莆先生文集》作"誇"（夸）。
[2] 纡折，《东莆先生文集》作"纡回曲折"。
[3] 《东莆先生文集》中无"遂"字。

重修宝云岩后记[1]

环潮诸山，皆岭峤别址也。其北峰峦织秀，至南田纡回曲折，独得其奇。迤南走海，蜿蜒起伏，至桑浦雄浑崱屴，独得（其大）[2]。桑浦西枕万山，曼延数十里，以傅于海。南带石涧，盖总西山之水，于以百折以出而东注者也。或汇而池，或悬而瀑，或争峡而轰然雷响，或细流而依稀作丝竹音。谷口数石，夹水以蹲，人蛇行可通。洞腹宽敞，石若床几之状，可容坐卧。涧水潺湲，旋绕枕侧。步履间寒神凄肌，恍然濯魄冰壶也。涧南一峰耸翠，巨石覆焉，中如夏屋者再。岭上白云英英，岩气日光，两相激射，云色皆成绀碧异彩。是所谓宝云岩者矣。

吾潮岩之有名者三：老君盘倚城西，甘露远跨玉简；老君茂密，甘露夷旷；宝云剑负桑浦，石涧萦之，幽峭静渺。其于二岩称伯仲间哉。

四世祖宋秘书潜峰公[3]，游而乐之。因岩稍立窗棂壁户，庭前薙芜辟秽，以供翔步。岩下平延，更置一阁，庖湢附焉。于是坐而望之，四面回合，为屏为翰，若拱若揖，莫不争妍，效谲献技。兹岩之下，郡人蔡敏斋、纪淑庵，时从先祖讲学。兹岩山川佳丽，人文翕聚，是为灵区矣。嗣后干戈继作，阁毁于兵，惟岩翼然在也。

岁壬寅，余同人薛中离、翁东涯修禊于此。山立川流，云离雾合，真足以玩目畅心，渺然与造化争骛于埃壒之表。但岩鲜护垣，阁基封草，游者惜之。二君语余曰："此君家旧物也，且近在几席，可无葺之?"余曰："唯。"乃择吉鸠工，承岩再拓二楹，下为磴道，磴尽临之以阁。岩塑西来诸相，阁祀文神及昌黎伯。益置阿田若干亩，以措祠事。是举也，山僧光惠实董其役，而郭以亨明府亦赞协以成。

独是山岩不改，世代迁矣。俯仰废兴，感慨系之。然香斜马埒，不复刘氏有也[4]。金谷铜池，岂复有存乎?即奇章平泉，敕子孙不以一石假人，今其子孙曾有过而问乎[5]?兹岩僻处万山中，有力者不易负而趋，故虽再易世，后之子孙，犹得按其遗迹，修残补缺，还于无恙，可不谓幸欤!夫花溪草堂，至今过者，犹指为杜氏家物。兹岩创之者前人，修之者后叶。累世作岩石主人，吾知过者必目为林氏有也。景仰前修，以贻后人[6]。因为记。

校记

[1]《东莆先生文集》标题无"后"字。

[2]"其大"二字原缺，兹据《东莆先生文集》补。

[3]四世祖，乾隆《潮州府志》作"余四世祖"。

[4]刘氏，《东莆先生文集》作"吴家"。

[5]乎，《东莆先生文集》作"者"。

[6]后人，《东莆先生文集》作"后之人"。

卷八　林殿撰东莆集（二）

海阳林大钦敬夫著

与高公秉年兄

别我竹所，不觉数月。时因南风，倍增怅望。贵使自扬州来[1]，详悉起居，甚喜。又闻马中丞盖通州书院，将迎竹所视师事，又喜。通州，淮海重地，人物渊薮，有贤士大夫可往来朝夕，又令弟在扬州[2]，相去不数里，时得通音问，诚客地天乐。

竹所自视为谪仙，恐不能无于邑之怀。凡富贵贫贱，皆或然无常之遇，非我所得与。君子于富贵贫贱，亦以适然之境视之[3]。其视富贵也，犹和风暖日也。其视贫贱也，犹风雨晦冥也，而己不与焉。故无入不自得[4]，见大故也。故舜之耕历山，以至被袗鼓琴，而有天下，境也，而不与齐焉，见大故也。夫子之蔬食饮水，以至于堕三都诛少正卯，为鲁司寇摄行相事，境也，而乐齐焉，见大故也。然则造次颠沛亦境也，死生亦境也，又何有于富贵贫贱。然则编修亦境也，州判亦境也，又何有于编修州判。

曩相近时，仆苦无知识，草草不能奉正。近来厌饫人情世味，见今之功名富贵，若此而已。人生不闻道，苟卒沉溺于功名富贵，亦若此而已。诚为醉生梦死，无益于世。而举世方大醉且卧，且将梦死，且不自知为醉卧且死，诚可悯痛！诚欲尽心力救援之，尤恨孤弱未能也。竹所远去，既无由论其详悉。恐竹所处困地，亦有所未释然者，略进愚见，辱相爱，不敢不尽言也。竹所得无以吾为狂否？

凡古人处困，类增益其所未能，故困，曰德之辨。竹所自验处困何如？试以吾言思之。

校记

[1][2] 扬州，《东莆先生文集》均作"杨州"，当系误。
[3] 本篇中诸"境"字，《东莆先生文集》均作"景"。
[4] 入，《东莆先生文集》作"日"。

复陈碧洋

两承教言，知学问端的，喜慰喜慰！所云此心不能惕励，复为气胜习夺。真切今日病源，亦验吾兄实用克己工夫。

方语及此，不可不察。凡气习夺人，皆缘未识本体，无缘存熟。已识本体，不宜有是。已识本体，而复为气习所夺，此恐立志不真切，向往不勇猛。如此交持，何由实得。凡本体工夫，是谓天机无息。虽有渣滓，便时觉消融，气习沾染不上。凡本体工夫，只有缉熙，不宜断续。缉熙则生意充实，日就光辉。断续则根理槁绝[1]，顿如无源之水，辄盈辄涸[2]。二者正然相反。既有沾染，便有断续。如是存修，断非集义。

所云为事所困，恐亦非本心应用，气习夺胜之故。大率超悟之资易得，克勤之功实难。吾人公病，多因虚闲，误为静心。惟其无事虚闲，是以有事则困。尧舜兢兢业业，文王翼翼小心。圣人戒慎恐惧工夫，即为至诚无息本体。是以动静无端，德性流行，而吾人未免以易慢之心乘之。纵有向往之意，终归元想[3]。

吾兄悟性绝人，且刚果信笃，居官治民，对境作用，当日就实际。然道无尽藏，诚然不自满足。知己相儆戒，良不以为赘也。别久未能促膝，便中幸教，警我惛昧。

校记

[1] 槁，《东莆先生文集》作"稿"，当系误。
[2] 辄，《东莆先生文集》作"趣"，当系误。
[3] 元，《东莆先生文集》作"玄"，是。

与孙西村

辱过爱，奔走迂道来往，已逾春秋矣。此情感激，如何可言。途中得东涯书，知起居纳福，喜慰。

隆冬到家，已图卒岁。游子远至，益见父母兄弟夫妇之乐也。故乡风景，三春熙煦，百物和润，与江北萧条景概[1]，大是不同[2]？西村南旋，复有北顾之思否？游子颇念吾乡，不为一官羁缚。异时买屋山下，正坐虎革，与吾里子弟，作六经事业，当糟糠汉唐以下诸儒幻梦不经之说，直接孟氏正传，以与古羲皇尧舜文武周公孔子游。岂能以参天地之身，与瓦砾无根富贵浮沉耶？西村力能构斋，择一胜地，以俟我不能。吾有大斋，在二合中，我自成之。我归议置西村于大斋中，不自觉耳。

西村质颇近道，务成就。近自北地回，自觉与家居时意向何如？人生不须做官，只能孝亲、弟长、亲贤、爱人，不于富贵贫贱上起分限，则可以寡怨安身，是谓天爵天禄。如是便谓羲皇尧舜之民，虽有横逆之夫，不能相加。是谓之成人，不为醉生。西村以此语为何如？试思之行之，不信请以质诸东涯。

校记

[1] 萧，《东莆先生文集》作"潇"，当系误。
[2] 是，《东莆先生文集》作"然"，当系误。

与罗念庵殿撰

缟车南奔，仓卒不及面别。每向北来人士审问起居，道念庵哀情过苦，泣毁成弱，诚然孝心纯笃。天亲沦变，哀疚惨伤，实人子不容已至情。然令母在上，又不可不自爱，全生全归之道，乃吾子事死事生之大者，所宜终身努力也。

到家颇久，卜地举事，计有次第。居丧情文，莫非天则。念庵哀苦中，自验此意何如？果不于情上起情，顺行吾心所不容已处，乃率性之孝也。人多于忧患劳苦中，刊落意见，呈露本真。此与居常说影不同，念庵便中能复我乎？

往时仆稍信任，不喜朋会。以为其人皆怀世俗之心，未必可与入尧舜之道。而今而后，乃知吾复坐世俗之见，流于骄矜迫窄之私，而不自觉也。天下之人，固有怀世俗之心，而不可与入尧舜之道者矣。天下之人，固各有尧舜之本体，而不可以世俗之心先诬之者。吾方忧天下之不尧不舜，吾又奚暇以世俗之心逆亿之哉！天下之群众，人而俗焉，亦不为怪。学术不明之，故虽豪杰无以自信。天下有一人而不俗焉，则吾道之帜也。

念庵刚明笃信，向往直任，同志中不数得。闻念庵之风者，尚有所兴起。则所以羽翼吾道者，非念庵谁望？吾又恨曩相聚时，诚自惛惑，不善取益于吾念庵也。近来王龙溪、戚南山二君，存修觉密，作用亦闲裕。诚然任道君子，仆不量力，从事于声气之末，反求诸心，若有据焉。庶几兢兢，诚不自知其浅薄（愚陋）也[1]。又念牵系京国中，未得质正天下知己。寻常忽忆念庵，便怅然怀望，不知何时复得承教左右。相期远大，进修当无住足。有自得处，莫吝见示。

校记

[1]"愚陋"二字原缺，兹据《东莆先生文集》补。

复翁东涯（时为梧守）

京居洒脱，更无烦虑。惟吾子去，时系人思。近得手书，知吾子梧中举止有次第，聊兹慰矣。世界风波，长安与梧州应同局面。良务安重，毋落苦海。是殆驱扫缘障，自信直心，不动声色者能之，非敢以意气相期许也。

吾子别后，前后书札，有谈笑世事之意。静中沉省，能无独得？古人五十知非，是真吾师。吾与足下，犹当勉之，未敢狂言也。

老母卧病，侵寻已七八月，此情如何能言！今只待秋，乞归山中，侍奉慈颜，以毕吾志尔。吾子高才，宜竟智力，以作翰宣。或出或处，惟求不失所以焉，莫非道也。

高坡新居，南临王生，东邻陈子，二贤忘机，堪以对坐，且迓朝夕。薛家郎无恙，勿多念也。会面未期，幸各自爱。

与段午峰同年[1]

山阜辱枉迂道，得奉冠裳，朝夕感荷，盛情无量。济中又蒙教旨，温循谦下，不自慊足。午峰之虚怀美意，令人恋思，不能弃置。古谓"温温恭人，维德之基"，午峰实有之，幸自珍重。良端所适，为世全人，不可草草，负此良质。

吾人各具是非之性，是以尧舜可为。所谓是非之性，无与见闻，非关法象，只是吾心。天然独知，不落世缘，能生分别。古人谓之"莫见莫显"，此是天德。今人不能充此是非之心，只世缘不断，物欲昏心。却将世缘是非之心，为天然是非之障。夫能直依本心之是非而动者，谓之中立不倚矣。直依本心之是非而动，不迁不贰，便无入不自得。世人所谓富贵贫贱，毁誉得丧，又何与于我耶？此生人之理，无圣凡之别。蔽有浅深，悟有顿渐，学有迟速，其致一也。

嗟嗟午峰！人生天地，能复几何？及时不务，老而嗟悲，宁复何及！仆诚不敏，敢忘质正？往日相订，又愧草草。差人远回，不觉赘言，临流增望。

校记

[1] 段，《东莆先生文集》作"叚"，当系误。

与王心斋

世尘悠悠，斯道孤寡。浙中有汝中、洪甫，江西有洛村、子直，虽或面或不面，皆海内之知己也。心斋又悠然在山林中，为泰州师表，幸何可言。

方在京时，从人事应答不已，未尝具一字通左右，此疏简之罪也。然此心于心斋，宁复有间然耶？今仆过扬[1]，去心斋不数千里[2]，此怀依依，能忍不见？当诣潜龙之室，听教几下。第老母恙中，未能远去。拟走泰州，候教于仰斋之馆，暂为中道雅会。想心斋与人为善，宁有形迹之嫌耶？大贤门下，行（止有）宜[3]，不敢唐突。敬先启知，伏惟照裁。

校记

[1] 扬，《东莆先生文集》作"杨"，当系误。
[2] 数千里，当系形近之误，《林大钦集》认为当作"数十里"，是。
[3] "止有"二字原缺，兹据《东莆先生文集》补。

与曾前川先生[1]

曩时侍教，每闻忧国之论，令人发愤。别来已一秋矣。此地远僻，无由闻理乱之详。且与亲知逍遥物外，时因北风翘听德音，若有所思。

近始知春时，执事又以建言下狱，已而得释。虽不详所云，要于严霜寒冻凛冽时，能长生气，与隆冬争辉，是足为六科鸣凤矣。时事多艰，耳目之职，不可不扬。

仆在翰林时，以老母顾计念重，每国事入怀，虽忧烦废寝食，良自苦死，终未能出一言希幸天听。只今思之，实国家之罪人也。既已还山，悔复何言？

近闻南山、石山、东泓诸君，俱落落不负职。诸君同志，能相唱和，以鸣国家之盛，又可尚己，出处亦何常哉！惟道是望云尔。见诸君，俱以此勉之。

校记

[1] 曾前川，原著目录作"曾前村"，当系音近之误，当以"前川"为是。

复东涯（时为征南副使）

阿三至，示我长札，拳拳眷爱之言，故人情高云汉。庄读再三，如奉颜色。中间感念存亡，伤慨古今，悼时俗之既偷，嗟直道之难容，不无煦煦儿女之悲矣。要之，善恶在我，得丧在天，君子行法俟命，不失所自得耳。区区进退利钝，何足以系念虑。出处之道，久矣承命。深惭卤莽，过谬日深。中夜兴思，眷然内讼。近来构斋山曲，将与鱼鸟卜邻。从兹脱樊笼，卒吾所好。纵未能言仁圣之理，或可以寡过远咎矣。

闻主上垂意安南，吾丈专官也。方全盛时，兼劳贤豪，岂以成功为虑。顾北边多故，中原且耗敝矣。又黎实篡陈，先朝失兴问罪之师，乃今为黎讨莫，非春秋之法。国家不驰一介之使，令莫自输。乃动戈戟，此司事者之过也。若欲直取而郡县之，以广封域，往事既足征矣。此非狂悖贪残之人，决不复造衅于承宁之朝也。临事慎重，希计万全。

与王龙溪年兄

奉教五年，乃不见吾心，岂非悟性影响，闻见障重耶？近来久坐南山，屏绝文字，悠然独省。生生之体，恍惚见之。庶几举止不烦，志虑宁一。然犹不敢自以为是也。

天真自如，人人各足。海内营营，诚有何事？海隅寥落，益有萧艾之忧。绵驹善歌，本非正声。齐右所学，仅于此耳。窃又附于黄钟，斯为左谬。

河水洋洋，知音者希。癙痗君子，行云间之。前来再承云札，辽旷不能复。三复来旨，款然为欢。然亦何敢虚然领受。呦呦鹿鸣，在野无违。我有良怀，与子同归。油油者云，南山之阿。归飞靡情，子怀如何？与子相望，聊以代歌。

复张教谕

封域为限，辙迹不相践。乃承教音缕缕，沉思高义，益悼奉会之末因也。昔叔向一言而知然，明若足下，定交于声气之末，仆当为倾盖之旧矣。

辱诗章来示，庄容诵之，铿然清越，即学高岑，有蹊径矣。如兹冲养神情，将侵寻宋、晋，以继建安之遗。近代学士，铿锵轻俊之音，往往入古。独是情兴少劣，譬如坐土骸于神庙中，衣冠仿佛，非不若人，然流动色香则远矣。此殆与达者道。闻学范宏敷[1]，多士承式。吾儒成己成物，自有诚正之学，不远吾心而自得之。区区吟咏，何足劳贤者心力也。

承征见川赠文，昧然弗能宣之荣奖之制，亦不能发足下之懿德美行，聊为发端耳。罗生回忙，不及详悉终始。

校记

[1] 宏，《东莆先生文集》作"弘"。

与罗（雍）见川论盗贼[1]

仆闻山有木，工则度之；民有患，主则革之。今岁候末（未）凶[2]，民不乏食。而奸政废慢，盗贼蜂起。浮洋、上莆、张林桥地方，连夜流劫。民以身亡，盗以贿免。夫盗自上为之，何可翦也[3]。仆闻澄风莫善于止贿，安民莫先于去盗。苗莠不能以并生，义贿不容以两利。今民移财散，寇未可止。产溪地方[4]，客贼聚者至二百余人，杀人于江。张林桥、浮洋、上莆三项地方，土贼聚者至百余人，杀人于乡。有司寝阁不究，释犯者，罪告者，不可晓也。谓之不率民以盗，吾不信也。政之壅也，孰得间之。

仆曾悼伤时弊，下官过谋己利，不恤民患；上官过信文书，不责情实。以兹相蒙，政是用郁。夫乡有盗，乡人知之矣。乡人觉之，有司从而绳之，令之信矣，民将赖之，何苦留盗以自贼其门户也？乡人觉之，有司从而释之，贼之厉也无日矣，何苦觉道以自贼其门户也？

仆闻成周觉盗之法，妄觉者反罪，失觉者连罪，当觉者倍赏。故民贪赏之利，不敢失觉容奸。畏妄之罚，不敢畜私害良。彼有里政然也。成周以六德六行正民习，以赏罚诛讨纠民奸，故民习教于家，远罪于乡。虽在荒疆逖里，趋教犹在辇毂。周之昌也，有由矣。国家里甲画一，统属各具。近时名贤，因时酌宜，乡约保长十家牌，具有成格。行之善否，存乎人耳。封内之事，一人举之，百司承之。效时者树勋，苟免者思罪，胡不效也。

凡事苦不能知，知者苦不得言，得言者苦不欲言。仁者不然，疆理之务，岂一二也。盗贼今滋急矣，执事有移风易俗之志，而有司暗昧弗宣，不敢虚下问之辱，敬附愚闻。振兴之策，经久之宜，其明图之。

校记

[1] 罗，光绪本《东莆先生文集》作"雍"，是；"罗"字当是繁体形近之误。
[2] 末，当是"未"形近之误。
[3] 翦，《东莆先生文集》作"剪"，当以本书为是。
[4] 产，《东莆先生文集》作"浐"。

复翁东涯

闻安南降定，喜与吾子虑同。初时不须烦兵，而上以黎氏之故，持兴亡继绝之义，欲穷诘其事。此蛮夷之俗，本不可以冠带之国法度理之。黎氏业已在赦外矣，而廷臣无能推明其意。向非吾子于中计事，几使安南父子不得安枕也[1]。

若陆贾入越，尉陀（佗）去帝[2]，汉文先见，古今所韪。其后，唐蒙以枸酱问蜀，张骞以竹杖通身毒国，戍转相饷，蜀道数岁不通，士罢饥，离暑湿，死者甚众。西南夷又数反，发兵兴击，耗费无功。得失之效，胡相越也。

今朝无好大喜功之臣，莫氏请罪，委质为藩，世供贡职，主上必牧畜之，不复徇汉武之失计矣。贤者能为国定大议，断大患，约垂成之祸，取无名之功。他日高官，真无愧色。

不才云游之人，日望羽衣来归，徜徉于云林烟圃也[3]。所言降王定国，不欲列功，吾子明之，此甚达见。君子过则归己，功则归人。又《军志》有之："大捷不赏，上下皆不伐善。"斯让之至也。夫上不伐善，必忘等矣。此处功名，远罪谤之道也。王事告成，幸以余智养性摄形，种子自爱。

校记

[1] 安南，《东莆先生文集》作"江南"，当以"安南"为是。
[2] 陀，当是"佗"字形近之误，尉佗即南越王赵佗。
[3] 林，光绪本《东莆先生文集》作"材"，当以本书为是。

再与王汝中[1]

《华岩讲旨》重蒙发疑，爱我良多。悟道之难，古今同之。况仆践履疏脱，岂敢于此谓是。然亦聊与吾人发明斯意，以俟他日之自得尔。近有友人刻传，偶取一帙读之，旧日字义有未融处，略加删定。然其发明人心自然之宗，议量俗学支离之失，稍见端绪，似不大越。因而闻之，亦若醒然有所兴起。顾仆反求诸心，犹多增减生灭，未能尽如吾之所云。贫子说金，乃可愧也。今附一帙再观，若兄真见所以不可处，毋惜逐一批示。盖道自在，而悟各别。磋切讲究，无厌频烦。不有益于兄，必有益于我也。

校记

[1] 本篇与下篇"与王汝中"看来是顺序倒置，但据《东莆先生文集》，本篇之前又有"与王汝中兄"一篇文集是按时间顺序排列的，本书仅是选本，故有此情况，在此说明。

与王汝中[1]

此心和明，百顺百通。吾近于此，实有用力处。夫明则无昧，通则无滞，吾非敢云尔也。庶几乎因其所滞，知其所昧。治其所昧，顺其所滞。故有不顺，未尝不知其因。又未尝不循其因，惩创而消化之，以求终自顺乐。然既知道之无险，而又未能云行雨施之常，区区迁觉，衹（只）为危尔。

自碧洋没后，吾党益孤。东涯在仕途中，虽时意兴相及，难得磋切之益。中离相去伊迩，亦各因缘家事，未能时常合并，思此又增惭愧。然既不能实体诸己，而乃区区致望于师友之助，亦已疏矣。

吾兄久别，近况何如？烈炉之中，不容点雪。相恒德日新，决不复落于口耳矣。外附《无怀章》，虽若寓言不庄，然真欲献疑于兄，以求反启于我也。闲中试一诵之。

校记

[1] 衹，《东莆先生文集》作"只"，是。

与王汝中论东廓

东廓已为国师，必能羽翼善类，成就末学。道之光也[1]，喜何可言。前时有柬相及，其意气峻嶒，直欲以斯道为己任者，又所敬服悚叹。

其言绝学千载，容易失真。至引程子"定性"之说，直欲以大公顺应，学天地圣人之常。在东廓之意，故亦无病。然寻考意旨，不知在何处。而以大公顺应，希圣希天，文义亦似支离。若人心之真，万古不磨。原自廓然，非由圣传而有。则斯道何时不明，而学亦何尝丧？若程子"廓然顺应"之说，盖揭人心自然之体，只此为圣人天地之常，只此为君子之学。非欲以廓然顺应，为希圣希天之功也。故曰："反观吾心之是非，于道过半矣。"

今人说道，多从道象比拟妆缀，心体之妙，只见回难。亦缘未尝实剥染习，独见天真。若天德流行，原无可说。心是象，道是名，此间着一字不得也。圣贤于此，直断性善，直言简易。盖谓天能，非人能，故圣凡无别。又直提出"克念"二字，为存心养性之功。若不言"克念"，而径言无欲，亦突然无下手处。故钦尝谓今之所称无欲者，寡欲而已矣。盖不知天然之体，而欲修无欲之功，不亦起灭多方也哉！

东廓处久欲修复，辄复止之，亦以交浅言深，君子所戒。近于《东廓集》中，偶见前书，朗诵一遍，则见东廓之所以爱我者良不浅。而私心所怀，终欲效之。此亦是非之见，未忘吾言，非中用也。以为芹曝之诚，不敢自外于同志之欢，则庶乎得尔。书不尽言，见时聊以商及。

校记

[1] 光，《东莆先生文集》作"充"。

复罗念庵

向承二札，能督责于道。其后杨武冈至，又得一札。拳拳自咎，且以咎予。念庵爱己爱人之诚，于斯至矣，不觉轩然鼓舞。世衰俗降，友朋中素称有意气者，亦多随俗苟容，不肯出其恳恻，此亦自信之不笃。既以自恕，且以恕人。若有性分道义之爱，于此亦何忍安？乃今知念庵真笃信君子，不惑不回者矣。既多念庵之爱，且以瞿然自讼，恐辱厚言。

近来忧苦之中，真见吾人学问，直从精神隐微处着力。有过不可不改，有善不可不迁。自然笃实光辉，恒德日固。所谓循理则乐，不循理不乐，非反躬而实践之，未觉其意味深长也。若就形色比拟，语言妆缀，则虽见解通彻，意气峻嶒，不觉私意已潜藏于中矣。所谓学问思辨者，只为饰非文过之具，亦何益于我哉！

来示闲散燕僻之疾，皆由苟安世景，未尝实致其志。若果于性命上安身，终日对越在天，何处生闲生僻。然非向内潜究，则又将不知鸿鹄之至于是为几多矣。仆出入口耳，于身无所受用。每自思省[1]，辄用愧汗。然今亦不欲空悔前过，又生后恶。直从自心无瑕障处，警觉弗懈，求（自）安详[2]，永断矫诳之罪，登快乐之天。

念庵真志不息，亦当自披云雾而睹青天。区区浮游之障，真不足以亏损阳光之体也。

偻佝沦俗之徒，既不足语矣。而有志者，多因意见自尽，好事难成，实切忧伤。非宏毅强忍[3]，如吾念庵者，卓然先登道岸，为俗前驱，其孰与究竟于斯也。

杨子端静，敝郡赖之。然既有案牍之烦，而仆抱苦，绝不出门，亦无因相质正于斯，尚嗣图之。

校记

[1] 思，《东莆先生文集》作"私"。
[2] "自"字原缺，兹据《东莆先生文集》补。
[3] 宏，《东莆先生文集》作"弘"。

与诸理斋论盗贼

顷来诸君当轴，鸡犬不鸣，闾阎载清，班白垂乳，咸诵清闲。所谓恫朴宁一之化，复见于今矣。

惟是窃鼠贪狼，与人殊心，尚梗德意。草室烟村，连夜烽火。垂伤倒悬之民，足系慈父之思者，良在兹尔。此亦从诸君抚字，心多关格。政弛，愚民无知，遂犯格令。日长月并，渐成无忌。怙恩负政，莫大于此。势极则变，改革之宜，正在今日。

今岁候末（未）凶[1]，民不乏食。而奸宄连蔓，岂皆饥寒无聊之为，实玩法跳梁之心。若不严究扑灭，虽有智者，难善其后矣。仆尝读赵京兆、王阳陵传，怪其惨刻少恩，不任仁恕。虽才技动公卿，较与召父杜母优柔民恋，何可同日语。惟是发奸摘伏，犬鼠不兴。齐赵之郊，外户不闭。至今搢绅，犹喜言之。此亦非他，耳目习察之便，智者之余事尔。若勤顾盼之虑，古今安在其不同揆也。夫政猛则民残，残则纠之以宽。政宽则民慢，慢则纠之以猛。又曰："恶莠恐其乱苗，除奸所以长善。"故德恕行于良纯，法格绳于宄奸。此在诸君之度内尔。

辛楚罪昧之中，礼不闻外事。目击之患，有类见羊。因便僭及。

校记

[1] 末，当是"未"字形近之误。

与龚少东明府（二则）

闻闭关养疴，此省事之思，古所谓吏隐也。而斯民遑遑，如恋慈父，以为明府有飘然出俗之思。仆意君子行藏，付之自然，未必以逃人绝世为贵。远去苍生，而乐就丰草也。

春事方和，勾萌尽达。而斯民贤愚不一，或有因缘轻罪，薄系囹圄者，以身痛痒，当周苦乐一体之义。如尊体和复，无大辛楚，还须登堂，释罪施恩，以应时令，而对民士之仰。

仆顷得奇疾，几负壮心，亦因将摄失宜，志意先病，乃移形体。今思所以洗涤之，然忧昧罪罟之人，既未陨灭，沉疾苦死又其所也。幽居少事，眷然兴怀，因以为候。余况又具续简。

顷闻省农息讼，祷雨祈谷，农人脍口，以为便利。此先哲之政，俗吏迁之。《春秋》无麦则书、不雨则书，所以顺时令、重民事，观政得失也。故游观省助，雨旱则祷。田畯审端径术，相邱陵原隰土地五产之宜。以道率民，岁为常务。民食既治，乃亲教事，申孝弟，崇节义，等章服，省器用。吉凶之礼有常品，所以约民纯正，而止其邪心。乃秋行不恪之刑，饬奸宄之禁。冬恤孤寡，循死事，修城郭，治沟渠，缉关梁。以毕民便，以预来岁之宜。其余乃修传舍，治道木，清径路。故入境观政，入野观俗。虞夏以来，莫之有改也。

潮自国初，守者数十人矣。思惟白守为最近民，彰善革奸，黄童白叟，至今口诵。其余坐玩岁月，芜秽江山者，皆已风消雪没。公论在人，未尝一日不明也。又有岁敛急于私囊，征科烦于草室。爪牙为蚊，讼事如麻。乃至父子同狱，主仆均囚。斯民攘攘，如失故居。往事如梦，言之于邑。

明府厉冰霜之操，持不扰之化。净俗期于无讼，息纷止于廉平。载以仁祥，而恕行之；间以古政，而时发之。所以斯民乐业，闾阎载清。雉鹿驯于桑间，鸡犬卧于松下。荡涤数年之愁气，苏息江山之余春矣。然废典先规，实庶贤者。兴革废置，宜更详力。即今农事方殷，狼鼠少息。入秋之后，恐防不虞。此亦已前慢弛纵恣之患，遗在今日。会须责成当司之官，预申保约之法，以成休隆之治。他日韩桥遗碑，当有纪绩不磨者。

扬大夫之美近于谀，伤往事之失近于薄，斯皆非仆之所敢也。以为兰泽意气之怀，且欲明府究竟所为，而同斯民欣游泰阶也。因陈今昔。

复邹一山

奉违光霁，忽焉十载。景念之私，惟寐忘之。夫三年不见，《东山》犹叹其远，况乃过之，宁不动《蒹葭》之悲哉！

昔年与君并马金门，解鞍论心，谓意气可赖，兰泽可常。旋即分携，子宰名郡，予归故里。出处殊途，王程旷隔。凤城再别，各怆于怀，谓欢会之难常矣。何期数年之间，事益参差。君遭重艰，不能生刍之奠。而仆又以过积，贻割先慈。号毁未灭，徒然视息，忽又三年。既嗟遭遇，又自悲矣。

自尔失恃，忧病漂泊，耳目聪明，凋落殆尽，不复有人世之思。时读汉张黄传，慨然慕之。谓富贵无恒，人寿几何？即能辅世长民，拟迹伊姬，斯亦达士之奇勋也。如非其能，高车驷马，其忧甚大，固有汶上之踪矣。自古得志时少，故有栖迟岩谷，不入朝市之论。若仆粗疏潦倒，不谙物情，兼成忧疾。方将去荣华滋味，畜鸡种黍，伊优典籍，逍遥无营，以全余生。幸少过愆，免贻知己之累耳。

翻思曩日，与君鹰扬虎视，叱咤古今，顾盼无人，此怀可复道耶！年逾行立，出处无成，每念古人，嗟其弗逮。窃附樗栎之义，以循所安。知兄负振俗之资，际风云之会，濯翼洪波，羽仪天衢。便当垂名竹帛，勒绩钟彝。然后拂衣，摇曳沧溟，斯则出处之揆矣。

羲和弗留，朱明又至。顷在两江，何所撰置？近日士流，类驰翰墨之技，薄金石之勋。斯卉服之能，非当官之理，壮夫必不为也。方辱教札，愈叹参商。何以解虑，临楮还答，未能悉其固陋。时又相闻。

复薛中离

仆闻改过在于自修，止谤在于无辨。盖自治重而毁誉轻，是以就业于内，不暇于外。故善我者，从而善之，其思也勃焉[1]。不善我者，从而不善之，其省也倦焉。盖善恶在我，毁誉在彼。省念克察，莫非我师。颜子卓尔，三月不违。曾参宏毅[2]，死而后已。奚暇顾人言之是非哉？

近蒙寄《惠声八问录》，虽辨问周明，莫非实事，然觉毁誉之心未忘，而精察之功少慢。若顾形迹声色之末，非吾廓然无情之体，势将治己约而望人周矣。夫人各有见，是非岂能同？君子尊德性，道问学，非必人人之信己也。同我者欣，异我者矜。故曰："以善养人。"伊尹以天下为己任，一夫不获，时予之辜。古人至诚恳恻，以万物为一体如此。此乃生人之根，从此养习充达，方为无上实际。故不见人非，不见己是，物我无间，廓然同春。此吾侪平昔讲究之旨，造次颠沛，必于是者也。

夫匡章，孟氏与游，而通国以为不孝。尹伯奇至顺，而其父以为不义。人心不同，至亲尚隔，况人人乎？夫子温良和易，至为无忤。而之陈之楚，每至不容。或谓德修谤兴，名高毁来，此犹常谈。夫子曰："某也幸，苟有过，人必知之。"圣人之忘于内外如此，故乐天而无忧，圣人之事也。希圣而敦仁，学者之职也。今不孜孜于道之所当务，而徇众人之所知见，则慢易鄙吝之心易生，而精微神化之体难入。此吾与丈之所共忧也，幸相与戮力勉之。同心肝膈之言，万毋以为狂躁。

校记

[1] 勃，《东莆先生文集》作"执"，而此字字书不见记载。
[2] 宏，《东莆先生文集》作"弘"。

复东涯（时为陕西右使）

征军未息，闻又入陕，远道奔驰，饥劬辛楚。兼闻渝水覆舟之险，虽壮志不惊，赖有天幸，于心悯然。渡栈入潼，眺秦汉之故墟，察山川之险厄。智虑起于形势，权谋生于故踪。行望三秦，思淮阴之奇勋；西怀剑关，想诸葛之遗略。班超负封侯之思，傅子怀斩夷之勇[1]。古今豪杰，安知其不同揆也？

北贼瞋目，闻望素重，专阃之托，恐在眼前。智者不避劳以立勋，勇者不爱身而辞难。自古未有借才于异代者。

盖国家之法久废，而司阃之恩甚薄。恩威失宜，边政弛慢。杀官叛国[2]，有所由来。李牧治边，使士醉饱；吴起吮卒，甘苦同等。所谓我爱其生，故人得与之同死；我忧其患，故人得与之同难。穰苴斩庄贾于军中，遂霸齐国；孙子斩美人于堂上，用振吴兵。所谓政弛则慢，威之而后知惩；兵惰则废，震之而后趋敌。故曰死威死爱。晁错有言："兵不用命，与无兵同。"此今日之大患也。夫兵由中制者败，令无定谋者危。今承平之余，法令相沿。虽有逸骥，未能展足。若当专城之寄，则必效充国之请[3]，回宣帝之聪。任专而事便宜，信重而令必趋。然后徐察地利，迅用不测。古略新谋，参伍以变。必获机宜而邀奇勋，走狂虏而封燕然^[4]。果信致命效筹，为国树功，不在甲胄而在我儒生也。慎好为之毋让^[5]。

校记

[1]［4］夷、虏，《东莆先生文集》均作空格避讳。

[2] 叛，《东莆先生文集》作"判"，当系形近之误。

[3]《东莆先生文集》无"效"字。

[5] 毋，《东莆先生文集》作"母"，当系形近之误。

卷九　翁襄敏东涯集（一）

澄海翁万达仁夫著

明史本传[1]

　　翁万达，字仁夫，揭阳人。嘉靖五年进士，授户部主事。再迁郎中，出为梧州知府。咸宁侯仇鸾镇两广，纵部卒为虐，万达缚其尤横者杖之。阅四年，声绩大著。会朝议将讨安南，擢万达广西副使，专办安南事。万达请于总督张经曰：“莫登庸大言：‘中国不能正土官弑逆罪，安能问我？’今凭祥州土舍李寰弑其土官珍，思恩府土目卢回煽九司乱，龙州土舍赵楷杀从子燧、暖，又结田州人韦应杀燧弟宝，断藤峡猛侯公丁负固。此曹同恶共济，一旦约为内应，我且不自保。先擒此数人问罪，安南易下耳。”经曰：“然。”于是诛寰、应，禽回，招还九司，诱杀楷。伴系讼公丁者给公丁，执诸坐，以两军破平其巢。又议割四峒属南宁，降峒豪黄贤相。登庸始惧。迁浙江右参政，经以征安南非万达不可，奏留之。已而毛伯温集兵进剿，万达上书伯温，言揖让而告成功，上策也；摄之以不敢不从，中策也；芟夷绝灭，终为下策。伯温然之。会获安南谍者，万达解其缚，厚遇，遣之去，怵以天朝兵威。登庸大惧，乃诣伯温乞降。是役也，万达功最。帝知其能，迁四川按察使，历陕西布政使。

　　二十三年，擢右副都御史，巡抚陕西。寻进兵部右侍郎，兼右佥都御史，代翟鹏总督宣、大、山西、保定军务。劾罢宣府总兵郤永、副总兵姜奭。谨侦候，明赏罚。每当防秋，发卒乘障，严杀降禁，违辄抵死。得降人，抚之如所亲。以是益知敌情。寇数万骑，犯大同铁裹门，又犯鹁鸽峪，参将张凤、诸生王邦直战死。万达与总兵官周尚文备阳和，遣骑四出邀击。寇登山见官兵大集，引去。事闻，赐敕奖赍。屡疏请修筑边墙，议自大同东路至宣府西阳河，须帑银二十九万，帝已许之。兵部挠其议，以大同旧有二边，不当复于边内筑墙，帝不听。工五十余日成，进右都御史。发代府宗室充灼等叛谋，进左都御史。

　　已，会宣、大、山西镇巡官，议上边防修守事宜，且谓山川之险，险与彼共；垣堑之险，险为我专。百人之堡，非千人不能攻，以有垣堑可凭也。修边之役，必当再举。因条十事上之，帝悉报许。乃请帑银六十万两，修大同以西、宣府以东边墙，凡八百里。万达精心计、善钩校，墙堞近远，濠堑深广，曲尽其宜，寇乃不敢轻犯。墙内戍者得以暇耕牧，边费亦日省。又议掣山西兵并守大同，巡抚孙继鲁沮之，帝为逮继鲁，悉纳万达言。

万达更事久，帝深倚之，所请无不从。独言俺答贡事，与帝意左。先是，二十一年，俺答阿不孩，使石天爵求贡。朝议不纳。天爵等复至，巡抚龙大有执之，磔于市。寇怒，大入屠村堡，信使绝五年。至是，俺答复遣使款大同塞，边帅家丁董宝等，狃天爵前事，复杀之，以首功报。万达言："北敌宏治前岁入贡，疆场稍宁。自虞台岭之战，覆我师，渐轻中国，侵犯四十余年。石天爵之事，臣尝痛边臣失计。今复通款，即不许，当善相谕遣。诱而杀之，此何理也？请亟诛宝等，榜塞上，明告以朝廷德意，解其蓄怨构兵之谋。"帝不听。

未几，俺答复奉印信番文，欲诣边陈款。万达为奏曰："今届秋，彼可一逞，乃屡被杀戮，犹请贡不已者，缘入犯则利在部落，获贡则利归其长。处之克当，边患可弭。若臣等封疆臣，贡亦备，不贡亦备，不缘此懈也。"上切责，不听。屡请屡却。盖是时曾铣有复套之议，夏言主之，故力绌贡议，且以复套事行诸边臣议之。万达条陈利害甚悉。议上，不省。

八月，俺答犯大同，攻五堡。官军却之。逾月，犯宣府，大掠永宁、隆庆、怀来。复寇宣府，犯滴水崖，张淮等战死。会尚文万骑至，连战曹家庄，斩四首，搴其旗，寇据险不退。万达督参将姜应熊等驰赴，顺风鼓噪，扬沙蔽天。寇惊曰："翁太师至矣！"是夜东去。诸将追击，连败之。帝侦万达督战状，大喜，立进兵部尚书。寻召理部事，以父忧归。

明年秋，大同失事，督抚郭宗皋、陈耀被逮，诏起万达代宗皋。万达方病疽庐墓间，疏请终制。未达，而俺答犯都城。兵部尚书丁汝夔得罪，遂即以万达代之。万达家岭南，距京师八千里，倍道行四十日，抵近京。时寇氛炽，帝日夕俟万达至。迟之，以问严嵩。嵩故不悦万达，言寇患在肘腋，诸臣观望，非君召不俟驾之义。帝遂用王邦瑞于兵部。数日万达至，具疏自明。帝责其欺慢，念守制，姑夺职，听别用。仇鸾衔宿怨，谗言构于帝。万达遂失眷，降兵部右侍郎，经略紫荆诸关。

三十年二月京察，自陈乞终制。帝疑其避事，免归。濒行疏谢，复摘讹字为不敬，斥为民。

明年十月，兵部尚书赵锦以附仇鸾戍边，复起万达代之。未闻命，卒，年五十五。

万达事亲孝，父殁，负土成坟。好谈性命之学，与欧阳德、罗洪先、唐顺之、王畿、魏良政善。通古今，操笔顷刻万言。为人刚介坦直，勇于任事，履艰危，意气弥厉。临阵尝身先士卒，尤善御将士，得其死力。嘉靖中，边臣行事适机宜，建言中肯綮者，万达称首。隆庆中，追谥襄敏。

校记

[1] 本篇较之《明史·列传八十六·翁万达》，仅有不到一半的篇幅，应是《明史》原文的删节本，仅在此说明，不一一出校记。

东涯文集叙

明河南布政曹忭，江陵人

忭诚不学，尝览观载籍，奇伟闲特之士，阶勋华，垂彝鼎，出入将相，大抵皆经文纬武，鸿猷远略，信非浅中狭闻，偏材曲见所可猎致。即如典谟誓诰[1]，其言炳炳烺烺，至今不朽。盖黼黻润色，上以赞襄治道，传宣奏白。下以指授戎机，一言关百世之利害，片词定顷刻之安危。苟非其人，何言华国。

官保东涯翁公，崛起岭南，以豪杰自命。登第后，与同志辈讲谈理性之学，夜分不寐。以此学有本原，文匪剽窃。公又抱至性，负奇气，作为文章，能包括今古，自成机轴。至乃奏对边事，陈说虏情，料敌如神，立言指掌。昔人所谓虽隔千里，如对面谈。一山邹公，与公为忘形之交，撰公墓志，谓公崇论宏议，浩如江河之不可竭；嫉恶锄暴，迅如疾霆之不可抗；出谋宪虑，秘如鬼神之不可窥。盖得其旨矣。余谓公兹集之行，不但以为文焉尔[2]。方今南北困于夷虏，集中如区画三镇兵机，历历皆已效。良方效于北，可通于南，真如中疾之砭剂，适用之粟帛，海内将争先睹之为快，讵直文云乎哉！刻成，省长葵山郑公示余，且属叙其后。为敬书末简云[3]。

校记

[1] 诰，《东涯集》作"告"。

[2] 为，《东涯集》作"其"，是。

[3] 为敬书末简云，《东涯集》作"余不佞，敬书末简，以俟知音云。岁丙辰孟夏之吉"。

翁襄敏东涯集题辞

明嘉靖间，边事亟矣，吉囊久据河套，俺答、小王子控弦各数十万，分牧西北口外，延及蓟、辽，而宣、大密迩畿甸，尤其所眈眈视者。杨一清、王琼、翟鹏诸公，皆负一时人望，相继秉钺行边，然而战款纷纭，疲于奔命，非有以伐其谋而夺其气，何以纾朝廷西北顾之忧哉？

公以平西粤、安南功，累擢宣、大总督，条上十事，次第举行，帝深倚信。唯议俺答贡事，屡请不行。俺答遂传箭大举入寇，早在公料中。然猛虎在山，百兽震悍。有公在，敌犹知所畏。及公以忧去，庚戌虏骑溃墙南下，直薄都城，当事者缩朒不能发一策，任其饱掠徐去。使公犹任事，何致敌骑横行若此哉？当寇犯滴水涯时，十余万骑蹂躏曹家庄，狠狠不退，大将周尚文遮战三日夜不解。公躬率精兵四千驰之，诸将谏阻不听，未至敌四十里，忽西南风陡发，车驰卒奔，沙尘涨空，如百万军声从天而下。俺答错愕惊遁，遂追败之。事定，各路报是刻左右五十里皆东北大风，唯此地独异。盖忠诚之至，风伯效灵，古称赤壁之东南风，昆阳之大风雷雨，殆同一神奇哉！公好讲学议论，皆有儒者气象。经世之文，非小儒所能及。史谓嘉靖间边臣行事合机宜，奏疏中肯綮者，唯公称首。谅哉！

后学顺德冯奉初题。

谢恩疏

臣以巡抚陕西都察院右副都御史,荷蒙圣恩,升授臣兵部右侍郎,总督宣、大、偏、保等处军务粮饷,已奉敕谕,钦遵到任行事外。

臣惟司马代贰,官秩骤迁,制阃专征,使权弥重,省循竟日,荣悚兼怀。窃伏思念,臣本南人,徒读儒书,未闲将略。昔曾分符视郡,副臬参藩,迨处粤西,聿监蛮长。惟时交州弗靖,师命有严,左江地方,会多变故。身历戎马之场,而目击战斗之事者,逾六七年,未尝撤警。然皆因人成事,无可称能。况处南夷,视之北狄,地殊势异,机安可同?

顷者叨抚关中,预闻阃外。虽虏情惕虑,时常讲求,而吏事分心,徒怀忠愤。不意北门重寄,误以畀臣。众谓独处其难,臣亦知其非任。但履危思济,陈力就列者,乃人臣之忠。而巧避奸推,适己自便者,无丈夫之志。天骄未灭,主上殷忧,臣身马牛,敢遑自爱?誓当鞠瘁从事,仰酬国恩。大较理兵饷、缮垣营、正纪纲、明赏罚,方今边事类多能言,责效则非,饰虚成弊。日求胜算,精练武经,防御必严,指踪加审,诸惟务实,以竭尽此心而已。

顾方今边事得失之故,借箸难详;而将来设施措注之方,掣肘是虑。覆车当鉴,易辙乃行。欲持永安,宜略近效。伏愿皇上少宽衔策,俾尽驰驱[1],倘有建明,特赐裁择[2]。臣无任悚惶祈望之至[3]。

校记

[1] 驰驱,《东涯集》作"驱驰"。
[2] 裁择,《东涯集》作"财择",当以"裁择"为是。
[3] 悚惶,《东涯集》作"悚感"。

钦奉圣谕疏 (节抄)

臣自受命以来,夙夜惊惕,兴寐靡宁。我国家今日之事,莫重于西北。而西北边防,尤莫重于宣、大三关。君相轸忧,与有志之士所以扼腕攘袂而思奋者,此其首端耳。总督责司锁钥,地方安危系焉。得其人则倚为干城,不得其人则视为孤注,言不可以不慎也。若泛然用之于其始,而徒哄然执之于其终,即其人以身被国法,然于边计固已甚损,亦何益于事体耶[1]!往年宣、大总督员缺,会推之日,在廷诸臣如侍郎任洛辈,俱不乐于往,至动宸怒。翟鹏再用,竟又以偾事去,是其重难可知又[2]。况今诸帅欠和,偏裨多怯,粮饷未充,士卒未壮[3],墙堡未固,戎政未肃,而强虏之骄狂觊伺尚未已也。百凡难处,委倍他时。

乃臣何能为者,而可以当此任哉。私计布列中外,经文纬武,才猷十倍微臣者何限,而陛下独以阃外艰大之责付之臣。岂以交南之役,臣曾效劳;而藤峡、思恩、龙凭之师,微有试验,故进之以卿亚之秩[4],重以节制之权。而臣则以为南蛮之与北狄,强弱难易,万万不同。才有所偏,而用有所塞,筹之于彼者,固不可以施之于此。斯臣之所以惊惕靡宁,真如以匹雏之力而欲举百钧也。顾事涉艰危,义难辞避,以身殉国,是其平生。况臣本以寒微，登第仅二十年，骤躐此官，荣幸极矣。昔人固有欲请长缨，裹尸马革，以立功塞上者。此其人岂复顾身家利害哉！授钺提兵，专制阃外，固功名之会，而图报之时也。臣安敢不黾勉任之，毕力图之。为此，今将起程到任，交代日期，及臣区区中悃。谨具题知。

校记

[1] 耶，《东涯集》作"邪"。

[2] 又，《东涯集》作"矣"，当以"矣"为是。

[3] 士卒未壮，《东涯集》作"士卒未练"。

[4] 故进之以，《东涯集》作"故进以"，无"之"字。

及时修武安攘以光圣治疏 (节录)[1]

切照宣、大前项修边事宜，节该臣亲诣两镇适中去处，公同巡抚都御史詹荣、孙锦及总兵官周尚文、赵卿，守巡口北、冀北四道参议等官苏志皋、李磐等，逐一从长勘议，俱已较一，罔有异同。本兵覆议内言，臣等舍大边十余里之墙而不为，弃二边百余里之险而不守，时诎举赢，财力当惜，欲止将大边修筑，二边修补，三边一带俱行停罢。及称钱粮易起纷争，应援易相推托一节[2]。臣惟修边，为守边也。使不可守，则亦不必修矣。大同大边，东阳河新平堡之北，有墙十里，乃参议苏志皋去年所修筑，以助大同者。在山之颠，水泉不便，去堡且远，摆守为艰。臣方怪志皋不度形势而为之，故改筑于山麓之下[3]，则费省而守易，非舍之也。尝考宣府近年所为储政志内，载有前项地方筑垣助功之议，大略所见与志皋同。志皋会议之时，亦曾以此白之臣矣。臣参众论，已力譬之，其可遽以为断案，而必欲见之于施行邪？又该部所指铁裹门、鹁鸽峪一带原有二边，则大同原送图本欠明之故耳。图载二边，即所称山口，去秋贼人之处也。阳和、天城山口数处[4]，原有垣堑。然前年贼由此而出，去年贼由此而入，官军率莫之能抗者。山口阻深，冈崖壅隔。列戍之卒，限于一隅，彼此断绝，声援不接[5]。而况虏骑登高，最称利便。一处溃防，则诸口之兵，尽为守穴鼠矣。如去秋铁裹门之官军，不能移救鹁鸽峪，咫尺之难，盖其验也。鉴前虑后，故议修山南三边五十余里，亦以阳和迤西数百里，所守者皆三边，欲遂通为一道，便于防秋耳。防秋之时，山南有墙可据。即贼或攻我之东，则量移西者；攻我之西，则量移东者。随其向往，聚寡为众，并力堵御。他处列营应援之兵，亦且刻期可集。如去秋宣府张家口之战，亦其验也。何者？假如以万人守十隘口，则一隘口仅得一千人。以万人守边墙，则五十里边墙，常有一万人之力，盖通阻之势异也[6]。况修砌二边，则必自开山口起至董家沟止，自西而东另为一道。即山北二十八里之工，亦不连属。其与先后二次所议，首尾皆衡决矣。按图不如目睹，悬度不如亲见。幸蒙圣明俯从臣等，得终其事，恃以为守。臣不敢复赘。

至于官兵之应援，钱粮之召买，则臣于前疏亦略言之。意以宣、大之互相应援者为常事，而新平等堡筑有仓场之口[7]，召买粮草，可径自处分也。夫应援之兵，视声息之有无缓急，即陕西、山西、顺天、保定等处，且有时而亟调亟趋，不特宣府之应援大同，大同之应援宣府而已。本兵所论已极详尽，亦系事例，节经饬行[8]。但大同东路，山北东阳河横直边墙二十八里，联接宣府西路之西阳河[9]，系一膜之地，旧又有西路防秋列营马军。其去大同东路山南之天城、阳和，则隔阻高山六七十里，或百二三十里，险仄难行，旧又无东路防秋列营马军。倘贼犯东阳河，而必待大同他处列营之兵，历天城、阳和逾山北以为援，其势必迟一二日，安知一二日之内，不困败于贼手邪？若西路西阳河之兵，则呼吸可至，应援甚便。即贼势重大，亦赖以支持一时，夫然后远者可及继矣。前疏所陈，盖自大同东阳河一处，孤悬于外者言之[10]，非敢昧于彼此缓急应援之通例也。设使臣与抚镇诸臣常川在彼，应援之事，何待再三。惟其不能亲自督临，虑恐该路参守等官员[11]，自分彼此，不知有同室缨冠之义。故欲题奉钦依，示之以利害耳。自今以后[12]，每遇防秋列营应援之兵，仍责宣府之西路。而摆守之兵，则东西阳河相为犄角。平时零贼倘有侵犯，亦要彼此协力，不许推托，致误事机。乃若诸镇互援便宜，系臣总督首务，当再申明，不敢轻忽，自取挠败。其新平等堡，见已盖有营房、仓场。粮料草束，照依巡抚都御史詹荣所议，仍属大同东路通判提调，随宜召买。北路镇河、镇川、镇虏、灭虏、破虏、拒马、拒胡等堡事体，止责守堡官收守放支，不必另设官攒，致兹劳费。

惟复别赐定夺，伏乞敕下该部，再加详酌，上请施行，谨题请旨。

校记

[1] 本篇《东涯集》及其他版本均题作"及时修武攘夷安夏以光圣治疏"。

[2] 一节，《东涯集》作"各一节"。

[3] 山麓之下，《东涯集》在此句之后有"而约"二字，疑衍。

[4] 数处，《东涯集》作"数多"。

[5]《明经世文编》此处加旁注曰："山险可恃，而往来多阻绝，须筑墙以通之，凡蓟门诸塞皆如是也。"

[6] 通阻之势异，《东涯集》作"通阻势异"，"之"字为空格。

[7] 口，《东涯集》作"日"，当以"日"为是。

[8] 饬行，《东涯集》作"有行"。

[9] 联接，《东涯集》作"连接"。

[10]《明经世文编》此处加旁注曰："诸镇画地，大都犬牙交错，故须诸镇协心，视缓急远近以为应援，不可分地界自守也。不然，两镇抚足自治矣，何必又设总督以连络耶。"

[11] 参守等官员，《东涯集》作"参守而下官员"。

[12] 自今以后，《东涯集》作"合无自今之后"。

劾郤永疏（《大同志》）[1]

臣闻：将不久任，即有干将之才，不能军也。任不择人，即有貔貅之旅，不能振也。郤永有不仁之性，而绝无纤芥在公之心。起废以来，所务惟牛马财利；威临所部，计猎其资。剥削多端，擢发安数？万军茹苦，怨不敢言。而永之诛，求日未已也。即其溪壑之欲，沙砾难填。况在暮年，何所顾藉。据微行险，蓄诈衰邪。盖边将之极奸，天下之巨恶也。此其人能复任军国重务哉！又，永居宣府有年矣，豪宗恶少，盘结城中。而永又钳忌很（狼）毒[2]，设若代者不与比周，彼将阴嗾宵人，挠法为祟，诪张旁午，中以危机。甚至人所不忍为不敢为之事，永亦不惮为之，盖其性然也。代者虽贤，安能自立？是不可不预为之所也。永有别宅，在于京师，徙此而居，庶无后虑。宜令听勘京师，以戒不虞。

校记

[1] 本篇编者注"大同志"，即选录自《大同志》，其他各版本文集均无收载。

[2] 很，当是"狼"字形近之误。

乞录毛伯温疏

臣近因防秋巡边，至大同宏赐五堡，见其雄视屹然，环以垣堑，居者晏如，未尝不慨叹今昔揆悟废兴。仰叹我皇上拓土开疆，制御夷狄，谟烈至宏远矣。何者？五堡为云中腹背之地，北逼沙漠，南翼镇城，东互阳和，西连左卫。昔年虏众尝驻牧其中，挥鞭纵横，咫尺为患。嘉靖三年，都御史张文锦创议修堡，为谋稍疏，工役甫兴，内变遽作。后来当事之臣，不揣其本，重以为戒。

嘉靖十七年，有故兵部尚书毛伯温者，乃复极言建堡之便，力排群疑，毅然独任。皇上遂可其议，付之伯温，得成兹举。倚地召军，三面开耕，一面御敌，自是大同始有重藩，而边人始有宁宇矣。

夫睹河洛者思禹功，环五堡者歌帝德，其事同也。而五堡之筑，向微伯温之周旋，其不为文锦者几希？边鄙之民，最顽梗难感，然犹为伯温私立祠于祁皇山，祀而报之。闻其死，捶胸顿足，泫泣陨涕，谓其能献谋天子而再造斯人也。

又曰：曩者安南不庭，庙议征之，属伯温以师往。当时忌者好为流言，伦人深于没阱。薏苡未闻，姜菲先构。伯温不遑自恤，慷慨当之，鞠瘁于岚烟瘴水之间，凡所措注经略，皆夫人之所甚难，而臣愚之所目击者。卒之不劳再役，不费一矢，面缚降王。禔福百粤，粤人到今思之。陛下亦既嘉其丕绩，增秩禄荫，寻复使掌本兵，统理邦政。乃偶因误主抚臣之议，疏防致寇，上干宸怒，夺其官而赐之还。盖伯温所自取也。

伯温家居，无何病死。闻者咸以人惟求旧，伯温陛下之旧臣也。被废之后，使能感悟惩创，追溯平生，犹当为陛下追念，不终弃置。乃遽身先朝露，不获蒙宥过之恩，徒以编民布衣易篑而敛。聚偻不饰，残魄无光。倘得闻之陛下，能不怆然恤其后事耶？

夫国家制律，有议功议能之条。伯温自为御史，已知名于陛下，为陛下所才。而北筑五堡，南定交州，大有裨于中兴之业。皇稜天抗，四隩既同。文德武功，卓铄辉煌。五堡之建，视周人之城彼朔方；交趾之降，比虞舜之有苗来格。伯温于此宣力，顾不得终为陛下录哉！

衣裳在笥，爱及丝麻。珠玉为珍，不弃筐楼。故唐宗起魏征之碑，宋帝释党人之罪。皆足以怿慰当时，传美后世。而况圣人在上，泽及枯骨者耶！所宜宥过复官，畀以祭葬，及敕该部查议请谥。则伯温之生也，罪不得以幸免；而其死也，功犹得以追录。先后互施，恩威并用，而劝戒之机寓矣。

论张凤、王邦直功状疏

虏自今秋垂涎内地，纠众入寇至数万人，而乃未及剽掠，仓皇宵遁。虽援兵速集，将吏伐谋之故，其铁裹门之力拒，鹁鸽峪之死守，实先有以挫其气而褫其魄，彼诚知其不利也，乃亟引而去。故铁裹门、鹁鸽峪之功，并宜首论。

所据张达、尹秉衡、火力赤、张霆等，带甲不能满千，临敌直当数万，协谋奋勇，夺险先登，射击强胡，死伤颇众，是皆有保障之功。而张达之恩荷再生，义甘百死，鏖战终日，而胆气益雄；指纵生威，而腥膻相骇，功尤可嘉。张凤、王邦直、成谐、王国顺、王万臣、李瓒、刘钦、李尚纶、纪承武及千百户朱鸾、许世杰，家丁义勇王成、赵臣、何勇、盖继富等，兵分信地，而退有死刑；力拒初锋，而前无生寇。虽以孤军猝遇，不解重围；自能转战无穷，亟摧丑虏。身同玉碎，贼亦胆寒。是皆有死事之功者，而张凤之间关赴斗，慷慨临戎；李瓒之调度从容，义气激发；王万臣、纪承武膂力称百人之敌，而射死甚多；成谐、刘钦、李尚纶技猷擅一时之名，而捐躯不悔；王国顺义重报亲，忠存破虏。臣当使治戎具，属之夜攻。器以巧成，机由心得。乃未及一试，而遽死于狂虏之手，得祸甚惨，毕志未能。至若王邦直者，恂恂一书生耳。力号千钧，学攻三略。行不徇物，言每中规。块然雄心，无可比量。盖真有求试请缨，颈系单于，羁致北阙之志。荐名台谏而延誉自高，操策辕门而吐奇益曜。臣以国士遇之，解衣授事，分坐谈边。邦直亦愿以肝胆相归，而益以义气自负。求仁不远，闻警即行。隘口协防，狂胡对垒。使先时肯避贼而退敛，乘夜若挥刃而溃围。罪固当原，计犹可活。而邦直之言曰："死于封疆者，分也；张凤既先阵亡，而吾独生存，耻也。况于军门，实觍颜面。"卒之触锋突刃，毕力死绥。是于国为忠，于军门为义，于其友为信，于地方为大有勋劳也。臣又闻邦直有至性，纯用德心。即臣军中畀以一鸡一黍，必南向垂涕，不忍遽食，言念母氏，悢悢为勤。故论者咸以邦直忠孝人也，如其滨死，犹挥大刀，运铁简，击百数十贼，固余事耳。虽方古之烈士，亦不多数。斯行道之人，徒结悼心。而有识之士，所为称叹也。乞敕兵部查议，生者量行劝赏，死者厚加录恤。

臣又窃思，本部近日议称，各该将领，务使虏不长驱，乃为上策，重保障也。而况保障之功，劣于俘馘。而亦有贤于俘馘者。死事之功，异于保障，而亦有兼乎保障者。盖贼之初至，其锋甚锐。我散而守，彼聚而攻。众寡之势，又甚相悬。将官务为自全，往往退避，待其深入散掠，快意惰归，然后乘而击之，则易于剿斩。是固兵家之所不废者，然已无救于地方之残伤，生民之屠戮矣。保障之功，此其所以为重。父母之身，人所共爱。乃膏润蓬原，骨委邱谷，是人生之至惨，而天下之极哀也。烈士卒甘心焉，此其志固未尝一日忘国恩。而摧折凶威，狼狈北走，生灵覆蔽。职是之由，死事之功，此其所以为尤重也。合无将王邦直、张凤录恤之外，仍乞赐谥表庸，官为立祠。而以李瓒、成谐、刘钦、李尚纶、纪承武、王万臣、王国顺诸人祔焉。俾怀报主之心者，甘毕命之节；奋敢斗之勇者，垂不朽之名。幽冀之间，有义风矣。

纪鹁鸽峪之战 （附《宣府志》）

初，十九年、二十年、二十一年之寇，率由朔州南迫雁门。当事者遂以朔州为要冲，总督开府其地。侍郎万达至，乃曰："朔州虽虏故道，今大同屯重兵，三关新筑垣，虏知之矣。且太原诸邑已残破，必舍置。是夫二十三年之寇，虏不利紫荆，不及掠洪、蔚，故今有犯，必阳和志洪、蔚也。且总督以宣、大为名，朔州倚于一偏，驻朔州是不恤宣也。阳和居宣、大中，其铁裹门、水峪口、鹁鸽峪，非得勇将守之不可。"乃移府阳和，以翼蔽宣、大。又增设铁裹门诸隘戍兵。至是，报虏骑近塞。督府曰："是必先阳和也，宜急之。"张凤者，故大同西路参将。刘伏圮擒叛贼王三凤时，驻其堡，后与伏圮争功获罪，发督府立功自赎。王邦直，磁人，生而奇异，骈胁多力，号千斤，慨然有请缨之志，以台谏荐兵部，檄送督府。时复有罢任总兵官张达，总兵官王升子国顺，生员成谐、张霆，儒士尹秉衡，降者火力赤，勇士王万臣辈，咸以自效至。督府皆厚遇之。知凤、达有立功志，数言激之。又知邦直忠孝人也，待以殊礼，引与共坐论边事，至夜分乃罢。于是诸人咸大悦，邦直时时语人曰："自邦直之至军门也，谒使相三人矣，无如翁公推赤心者，邦直不难一死以报知己，兹其所哉！"

及是，报有警。督府分诸人为二部：达将左部，尹秉衡、张霆佐之，火力赤及千户乌马勋辈为之锋；凤将右部，邦直、成谐佐之，国顺、国臣，千百户李瓒、刘钦、李尚纶辈为之锋。檄曰："达、秉衡援铁裹门，凤、邦直援鹁鸽峪。"且曰："二者可守，虏不足忧矣。"二部以其夜至隘，既而虏果寇铁裹门，达、秉衡引挽强弓，射却之。虏益攻尽日，达、秉衡力战不为挠，多发毒火炮。秉衡善袖箭，袖箭长尺许，发以竹筒，飘疾而深入，中人骑皆没羽。虏即得箭，箭短不及弦，无能反也，相骇顾以为神。乃益合众攻鹁鸽峪，凤、邦直亦射却之。虏复至，众欲稍退，凤不听。成谐呼曰："尔自守死地，虽足拒敌，而难以获功，有如虏至，绕山下绝汲道，不坐困乎？虏锋已到，直前搏之可走也。"遂跃马而进，邦直等继进。凤语邦直曰："前有不虞，奈何？"邦直曰："虏如可畏，虽不前，宁舍我乎？且成生行矣，当如之何？失成生，无以面军门也。"既而虏大合，凤、邦直分众结方阵拒之，射皆命中虏。初突围，顺发七矢，毙其七骑，后又毙其一酋。虏痛哭，谋解去，已而愤曰："南军不数百，我以数万返，何以复军？"乃益合围，而凤为所杀矣。于是有劝邦直溃围出者。邦直抚膺曰："吾誓以腔血报军门，有奔北乎？且凤死矣，吾不忍独生。"会夜，复冲突十余阵。比曙，皆困惫不能战，而死者且半。邦直绕营视，叹曰："得至午，援兵当至。虏虽倾国来，吾足御之矣。"会虏以马相联系，驱之前，而步继之。邦直奋击已数十百人，而马至者死者，拥遏于前，不能远奋。乃弃其大刀，提铁简四面击，渐击渐困惫。一虏自马腹下匍匐至，手其膝。邦直知不免，大呼曰："天也！"拔佩刀自刎。群虏斫之。于是死者百余人。虏愤所杀伤多，皆剖腹实之以石。

是役也，凤、邦直虽死，而虏杀伤几五六百人。归正者言，虏共举大刀叹羡之，每食必祭，曰"大刀朵颜"云。

论并守后疏

臣暗陋，不明于当世之故，独颇能为苦思剧问。尝自昔年，则听闻中外谈边者，间有犁然会于其心，以为必可见于其事。及躬自任之，辄大谬不然。语曰："耕当问奴，织当问婢。"谓必身亲其事，而后知也。乃亦有骜婢狂奴，不谙耕织，乱之于其前，后之人欲更其理，而复有袭其乱以眩听者。虽主者不疑，而听者滋惑矣。

夫详内而略外者，治国抚民之道也；详外而略内者，御边防秋之道也。察形势，择要害，以慎防也。大同古云中地，扼匈奴、捍中夏，为宁、雁诸关所倚重，盖甚要焉。祖宗以来，山西有两班官军，分番协大同而守，岁以为常，为虑至深矣。嘉靖十九、二十、二十一年，大虏屡溃大同、轶山西，蹂躏流毒。山西守臣，不能推原其故，遽议掣回班军，专守宁、雁。又多增参游兵马，添设民壮，亦如宣、大，纷纷摆边。关务之繁，公私之费，倍往昔矣。意岂以大同为可饵虏也，故一变而几弃大同，坐困全晋。不思大同不守，全晋单危。当日谏官，亦尝殚论，臣始受阃，欲言未言，重成事耳。

会巡抚杨守谦者，倡言并守。臣心壮之，乃于缺乏钱粮疏中载其语，而未及致其详。既奉明旨，抚镇集议。"守谦语臣，欲尽掣宁、雁防秋之兵，而并力大同。臣曰："近年增设者当量掣，第未宜太骤。先年额设者，当尽留，第不必摆边。量移于彼，而不失乎此，内外均而详略异也。"守谦弗听，持论甚坚。而一二藩臬，辄言既守大同，又顾宁、雁，设有不测，将两其辜。臣曰："臣子志在国家，既无分彼此，又安论利害哉？"守谦竟弗听别去。臣仍作书十数往还，极言关隘额兵，与增设者不同。不当概掣以空宁、雁，使后之议今，犹今之议昔也。守谦至是始能谅臣，慨然许可。臣幸一得之愚，得附于佥议之后。其言掣者，掣所增也。遇秋暂分兵于大同，主客之名，自当有辨。其言并守者，因守谦之旧文也。而师徒之数，视昔班军多寡，虽不必尽同，要不失为便宜，不失为复旧也。

圣谕有云："聚兵守要，乃防边至计。"臣仰而思之，聚兵守要之一言者，真可以俟之百世而不易者也。事已举行，俱颇就绪，赖无他虞。而臣犹皇皇然，若有未能解于其心者。诚见巡抚孙继鲁，不详臣等原议，而徒袭先年守臣之谬见也。疏有烦言，虽蒙重斥。然中外传闻，疑信相半。盖以其有宁、雁不可弃之语，而不知臣初与守谦虚心商榷，往还折衷，正虑及此。使当其时一惟守谦之请，而尽制（掣）宁、雁额戍之兵[1]。则诚有遗论，幸而臣愚未尝不拳拳于宁、雁也。宁、雁之守，止可例于紫荆、居庸诸内地，而特重大同者，虑弃大同耳。守大同，守山西也。宋人失山后云中郡，不得不退守诸关。然终宋之世，陵夷衰弱，其道何由？今有云中，顾谓其不当重者，误矣。臣不量力，经营聚守之役，而重以边工。其始也，众咸危臣，且言俟毕防秋，倘无祸害，议方可行。

臣惟天下之事，有的然而是，的然而非者；有偶然而成，偶然而败者。使其议果未当，即幸而无他，犹当改之。其议果当，即不幸而有他，犹当守之。故谋国者，不以成败定是非；况任事者，敢以异同为前却耶？臣本南人，体弱病侵，终难任重，自分当乞死首邱矣。将来或者倘摇于疑信之口，利害之说，轻动成议，则臣有隐忧焉。夫聚守之议，随时润泽，存乎其人，无弗可者，但不宜有所变更也。

校记

[1] 制，当是"掣"字形近之误。

省财用疏

嘉靖二十五年冬十月，并守议定。于是罢内郡兵，乘塞额戍防守如旧制。总督翁万达上省财用疏曰：山西摆守内边，添设太原、岢岚、平阳、泽潞、代州、北楼、老营堡参游兵马七营，岁费供亿四十余万。又仓派州县防守新民壮四万人，岁计帮贴二十余万。旧民壮二万二千人，岁加工食。辽、陕兵马五六枝，供顿及兵回赏赐，每镇不下十五万。岁以为常，公私俱困。今两镇并力守要，所备者寡。除太原等处参将兵马，姑待将来另行议革不计外，革罢新旧民壮六万余人，岁省供贴馈饷以五十万计。大同正调客兵一枝，减去客兵二枝，岁省供亿犒赏以十一万计。宣府既得大同游兵一枝交界应援，止量调辽、陕客兵二枝，岁省供亿犒赏亦且七万计。三镇通计六十八万有奇。若边工尽完，疆圉宁固，边地日辟，召集日众，藉兵营田事，可因地而举。生息教训，功将计时而成。兵食均有所资，战守两得其利也。（《雁门关志》）

虏中走回人口疏（节录）

迩年石天爵之事，其始也，彼以好来，蹇然诺之。既而设计诱取，斩之何名？大失夷心，横挑巨衅。臣每痛恨当时边臣区画之失策，而机会之难投也。乃今彼酋遣使叩边讲和求贡，虽谲诈之情，窥窃之计，不可易知。然我惟备之而已，和则不可，来则勿拒，固帝王之所以待远人。而权时施宜，察形行间，亦兵家之所以收全胜也。讵容脱误，致有后艰。臣得夷人求贡之报，时适东巡，亟拟西旋，直趋近地，规事建议，上之圣明。岂意方离宣镇，而前项夷使，则已先死于群凶之手矣。臣心刺缪，曷知所云？夷狄虽犬羊其性，固能知曲直，喜怒犹夫人也。遣彼族类，归我汉人，执物示信，恳托墩军，为其道款[1]。借曰不许，犹当善其辞说，遣之使还。乃既置夷使于墩台，纳归人于境内，又从诱而杀之，此何理也？曲既在我，·安知其不愤怒恣睢，联合枭雄[2]，弯弓报怨？将来即有畏慕威德，出于实心者，亦必回遹疑虑，重以今日之事为戒。夷狄之祸，将益炽矣。擅启衅端，致伤国体。董宝等滔天罪恶，委不容诛。且其时既该巡抚衙门廉知宝等奸状，差人戒谕，移文禁止，而宝等竟尔为之。麽髊贱卒，敢于犯法贪功，杀人若是，其烈可疑，亦可骇也。所据助马堡委守指挥李玺，左卫城守备沙潮，分守中路参将张润，俱各在彼，若罔闻知，似有主使故纵之情，难免杀降启衅之罪，均各查究。如蒙乞敕兵部备行都察院，转行巡按御史，速将见获董宝等并参提未获一干人犯，严加究问，从重议拟。干碍将官，一体参奏定夺。

其此间夷情，臣今驻扎阳和，督同抚镇及副参游守等官，量屯兵马，加谨提防。贼若拥众来侵，官当并力战守。仍选素有心机官员，伶俐通事，授以语意，令去该墩。遇贼行走，或以此事责我，即便明白省谕，大略言差来夷使，原被边外无藉凶徒，乘机盗杀，闻之上官，无不痛恨，已将各犯绑挈（拿）处死[3]。你等倘有别情，仍须来告，当为转达，不许作歹。盖使知天朝有正大之义，严明之法，杀伐之威。而蓄怒构兵之谋，亦或可以少解也[4]。即不可解，相度机宜，一意拒绝，惟按兵待战，尽其所能为已耳。臣素疏短，无他谋猷。值此艰虞，不遑寝食，伏冀廊庙[5]，示之成算，俾奉周旋。臣无任悚惧待罪之至。谨题请旨。

校记

[1]《明经世文编》此处加旁注曰："嘉靖中，一意绝款，以致俺答之寇数十年不息。夫虏纵必不可款，其通使往来必不可绝也。我绝其来使，而我民之遁入虏地者复多，则彼有向导，而我无伺察矣。近来拒奴者亦以焚书斩使为上策，愚不知何谋也。"

[2] 联，《东涯集》作"连"。

[3] 挈，《东涯集》作"拿"（拏），当以"拿"为是，"挈"字当是形近之误。

[4]《东涯集》无"以"字。

[5] 廊庙，《东涯集》作"庙廊"。

北虏屡次求贡疏（节录）

自古北虏求贡中国，或力屈于中衰，或志在于贪利。即其顺逆无常，去来靡定。虽非输诚纳款之真，在昔帝王，往往俯从所请，不忍拒绝者，亦惟羁縻之术，有不容废焉耳。我成祖文皇帝三犁虏庭，威加大漠。因其求贡，锡以印信封诰，俾世守之。不责其必来，而欲其来也有据。实欲藉此一路，因以通其情而系其望。从古制驭之道，蔑以加矣。至于宏治年间[1]，迤北小王子节投番书求贡。考其来文，犹踵袭残元旧号，及平章知院官衔。意义可解，言语足凭。缘彼时小王子威力犹能钤诸宗人，号令尚能行之部落，事有归一，他无掣肘故耳。近年以来，枝分类聚，日益盛强。画地住牧，各相雄长。空名仅相联属，事权殊为携贰。今遣通事投递番文以求贡者，俺答也。据其对写汉字，开有小王子、俺答、吉囊，为大头目者三，把都、儿台吉等，为小头目者九，誓以东西不犯我边，以结永好，词颇逊顺。自去冬及春，游虏零骑至墩讲说，半年求贡[2]，奚啻数十余次，意亦勤恳。夫来则不拒，以宏字小之量者[3]，中国之体也。得虏人之情词，而代为之奏者，边臣之职也。因见其仍无印信封诰之可凭，又虑夫墩人夷使，有欺隐转换之弊。职等仰遵圣谟，会委兵备副参等官，亲诣边外，当面诘审。所据供出前项情词，似与递到番文意不相背。但出一面之词，而各部散处穷荒，无从遍究。且近日辽陕之间，节报大虏住边，事势叵测。即俺答贡出真心，苟不能齐一众志，此顺彼逆，已非事体[4]。安知其不一面捏写各部头目，以绐我之必从，一面分众南侵，以掩我之不备，此职等之不敢轻议者，此也。原来夷使已该各官省谕回营，责取印信封诰。仍令各枝再遣亲信头目，会投真正番文，期今秋西不犯延、宁、甘、固，东不犯辽、蓟，以取信我中国，永无别项诈情。然后代尔驰奏，请自上裁[5]。

然我之所以责取信者，不难于印信封诰之必来，而难于东西各边之不犯。彼果如约而至，犹复终绝之，则彼之构怨也可待[6]，而其鼓众也有词。以蒙耻之忿，而加之有激之怒，则其报我也专而力。即我受彼之诈，有中变焉，则直在我而曲在彼，固老壮之所攸分，彼将负不义之名。而举无名之寇，虽欲为患，亦终弱且缓矣。况贡亦备，不贡亦备，固边臣职守之常。初不因是有所增减也。

如虑及入贡为窥伺中国，为困扰我边，为反覆窃发也。则当熟计审处，设法伏机。或限之以地，受方物于边墙之外。或限之以人，质其亲族头目百十人于镇城之中；或限之以时，俟逾秋及冬，然后颁赏纵质，遣之北去。诚也既在吾羁縻之中，诈也亦莫逃吾范围之内。则天时地利人和，一举而三得之矣。倘彼去而不返，竟至泯没。则蓄谋隐祸，居然可知。容职等伺其机有可乘，计禀军门，选锋出塞，直捣巢穴，歼厥渠丑。以伐彼奸诡之谋，以壮我正大之气。使彼知天威之莫测，而惮中国之有人也。

校记

[1] 宏，《东涯集》作"弘"，当以"弘"为是。

[2] 半，《东涯集》作"羊"，当以"半"为是。

[3] 宏，《东涯集》作"弘"。

[4]《明经世文编》此处加旁注曰："后来款贡成时，每以责其钤制别部为要义。"

[5]《明经世文编》此处加旁注曰："款虏之患，在于受赏于西而抢犯于东，以辞责之，则推托别部。故虏权不一之时，不可言款也。"

[6] 待，《明经世文编》作"恃"，当以"恃"为是。

集众论酌时宜以图安边疏（节录）

连年三镇防秋，征调辽、陕兵马，遂不下五六枝，费用粮赏及本镇守兵刍饷，以百四十万计。费实不赀，难于持久。并守之议，兹其所以为善经也。外边控虏，四时皆防。城堡之兵，各有分地。冬春徂夏，不必参错征发，自无不敷。秋高马肥，虏可狂逞。若复拘泥往事，散处城堡。临时动调，近者数十里，远者百余里。仓卒遽难合营，首尾自不相应。欲以寡弱之兵，当众强之虏，势必不敌。万一又如往年溃墙而入，越关而南。内地之人，素不习战。即欲坚壁清野，或恐先被荼毒。及至京师震骇，君父殷忧，方始皇皇调征，逼迫请讨[1]，即不爱咨，何益事机。是知形变不同，审固当预。守边之兵，兹其所以难遽罢也。

《易》曰："王公设险，以守其国。"设之云者，筑垣乘障，必资于人力之谓也。虏凡寇边，地迂峻则易防，地平漫则难御。有墙则易者愈易，而难者亦易；无墙则难者愈难，而易者亦难。今夫百人之堡，非千人不能攻者，堡有垣堑，则寡可敌众，弱可制强。若遇虏于平旷之墟，则百人豚羊、千人狼虎，鲜不为所吞噬。以是知山川之险，险与虏共也。垣堑之险，险为我专也[2]。我恃其所专，而夺其所共，修边之役，兹其所以当再举也。况查连年修筑，如山西偏、老一带，委极高厚。大同各路与宣府之西、中二路，旧墙可因，亦已十之七八。再加工力，数月之内可以告完。连亘千里，屹然长城，截然为华夷之严界矣。而防秋之兵，所以必带甲而登墙，列营而待敌者。

臣等闻之，险而不设，与无险同；墙而不守，与无墙同。是故定规画，度工费，二者修边之事也；慎防秋，并兵力，重责成，量征调，实边堡，明出塞，计供亿，节财用，八者守边之事也。修边因垂成之功，守边贵济时之急。边墙欲图其永利，兵马不解于秋期。国家虽费，非得已也。而稽往虑来，就中揆策，如所条列于左者，虽皆常谈，无甚高异。然自是而兵不甚劳，费可渐省，期以弭寇仇，而固强（疆）圉[3]，要皆臣等之极思也。若必倾无量之费，忍百万之师，分道遣将，深践寇庭，灭此骄狂，而后朝食。斯固安攘之壮图，亦臣等忠于陛下之职分。顾虏势未衰，我力不足。谋须积久，事必待时。以故臣等但当图其易，而不敢务其难。尽力于其所可为，而不敢妄觊于其所不可必也[4]。

校记

[1] 逼迫，《东涯集》作"迫迫"，当以"逼迫"为是。

[2] 《明经世文编》此处加旁注曰："因山川而设垣堑，自汉人已然。"

[3] 强，当是"疆"字繁体形近之误。

[4] 《东涯集》无"也"字。

传报紧急声息疏（节录）

臣照得北虏住牧，各有分地，时或驰突，不常所居。黄河迤西边境，为延绥、固宁；迤东边境，为山西、宣、大、辽、蓟。大概虏度河而西，则西急而东稍缓；渡河而东，则东急而西稍缓。据前所报，虏则大半已东渡矣。秋期迫近，度之事势，山西、宣、大正当其冲。至于辽东，尤为可虑。盖以去岁虏曾寇辽，得利而返。垂涎未已，拥众复来[1]，事势所必有者也。除将宣、大原拟预调延绥游兵一枝催取，到日另行题知；其保定游兵一枝，亦应于此时调取。及臣所辖诸镇人马，俱已会行抚镇等官查照，节奉钦依事理，斟酌往年旧规，从宜分布。并亲督宣、大边工，期于早完，足据为守，不敢疏略外，独以宣、大两镇，见今修边军壮不下十余万人，赤身为役，布满山谷。防护之兵多，则钱粮不继；防护之兵少，则侵扰不虞。今虏似有所挟，仍前求贡，即当斩其来使，昭我国威。第以费防之故，未宜遽兴兵端。姑善省谕，因遣间谍，行吾机权，务得其情，以为准备。待其可伐，然后一举，乃为万全。但遣谍行间，与交通往来，事虽远而其迹或相似[2]。故蓄逡巡之虑者，鲜应变之谋；执疑似之行者，启吠声之误。此边臣之所以自失，而机事之所以难投也。要之禁例必严，间谍不废。苟能济事，遑顾有他。

仰乞圣明，曲垂裁察，并乞天语，丁宁山西、宣、大抚臣[3]，防秋之时，务要亲赴边城，适中去处驻扎，综理兵饷。毋得久住省镇，致有不便。各将赴边驻扎地方、日期奏报查考。仍乞敕下兵部，移交辽东镇巡，就彼再加哨探虏情缓急，严为堤防，庶几有备而边患可免也。谨题请旨。

校记

[1] 复，《东涯集》作"后"，当以"复"为是，"后"字当系繁体形近之误。

[2] 虽，《东涯集》作"相"，当以"虽"为是。

[3] 丁宁，《东涯集》作"叮咛"，当以"叮咛"为是。

条陈边务以裨安攘疏

准都察院咨，准吏部咨，该吏科等衙门给事中等官李文进等题前事，本部议拟合候命下，移咨都察院转行各边总督抚按等官会同，速将各该守巡以至守令管粮通判等官，严加综核，指实参奏前来。除贪污官员本部请旨罢黜外，其可留任用者，查去资望，相应量升本处，以责后效。其策励不前，或才非所宜者，应调应降，通行查处施行。员缺另行选补，勒限赴任。若果能矢心毕力[1]，建立边功；或安养休息，苏息民困；节财裕用，振励清白。仍听总督、抚按等官具奏荐扬，不次超迁等因。覆题奉钦依，备咨到院，转咨到臣，会同巡抚大同都御史詹荣，宣府都御史孙锦，巡按直隶监察御史黄如桂议照。宣大边方，恒情所鄙，然实畿辅之屏蔽。故吏于兹土者，小大不同，均有安攘之责，不可轻也。

为地择官，不为官择地。经边谋国之虑，固不当尔邪？兹者郡守守巡，犹得例之腹里，选用甲科，稍自表见。至于州县正官，管粮通判，则多系监生与才力不及之人，沿牒铨补，贤者十一，不肖者十九。况所称贤者，亦不过中材。而滔滔不肖者，又未可尽去。州县凋残，军兴繁重。有司备数，罕可与图。通判出纳边储，岁各不下二三十万。即使才贤在职，尚恐相观朵颐，墨没自败。乃使庸庸琐琐之辈，居然于贪泉利海之中，其能不溺心丧志者，盖寡鲜矣。

今幸台谏建言，铨部注意。圣明在上，亟为一更，责之久任。则所以干济边事民事，必将有可观者。除山西、保定二镇大小文职另行甄别；及分守口北道山西布政司右参议苏志皋，已经保留；应州知州余棠，马邑县知县王一鸣，俱新任不开外。查访得分守冀北道右参议李磐，茂质通才，惠心平政，雅能率履识时，而未尝刓方，动克有恒，尚体而终当成务。山西按察司分巡冀北道佥事江南，守不逾闲，威克厥爱；外若朴而义气掀扬，中有存而时务谙练；素称善射，况又能文，此皆有裨边计，相应久任责成者也。分巡口北道佥事程绶，能毅然以有执，不苟焉而为同。黾勉操持，殷勤干济；动循轨物，茂著年劳。此其久于边方，相应量资升用者也。

大同府知府陈耀，资性淳茂[2]，识虑精详；不激不随，有为有守；罢省一切冗费，经画诸所便益；图济艰危，与民休息；即其治郡既擅誉于云中，属以备边，当运筹于掌上。同知韩梅，诚恪之资，公平之政，固已验之委用，未闻其有愆违。通判种奎，事不避难，守亦克慎；督边工而贤劳居最，署州篆而商税日增。推官王文道，宅心平恕，法律亦谙；听断详明，吏民无议。浑源州知州刘岩，温醇练达，而治行素优。朔州知州张一诚，勤敏刚方，而废政渐举。大同县知县宋大才，事日就理，民颇相安。宣府东路管粮保定府通判马昂，行不愧心，才堪集事，颇知持重，不事趋承。南路管粮大名府通判千慧[3]，夙有壮怀，久淹仕路，志未衰于进取，才益练于磨砻。西路管粮大名府通判魏河，志抱忧勤，才称警敏。永宁县知县云栋，资厚而行醇，政平而人服。以上才俱克称，相应存留。内知府陈耀，遇有本处兵备员缺，通判种奎、马昂，遇有本处知州员缺，各宜升补者也。

大同府管粮通判龙凤，心本无欺，行亦能谨。东路管粮通判强绶，典干尚可，特立未闻。西路管粮通判吴鲤，敏于行而知政。北路管粮通判周凤鸣，练于事而称能。广灵县知县藤壁[4]，财不苟取，事不务名。宣府在城管粮真定府通判郭琏，委用效勤，出纳知慎。北路管粮保定府通判赵佐，应对便捷，干理周详。中路管粮河间府通判王生贤，才亦有为，处非其地。北路管粮真定府通判邹驰，赋性惟和，守法不变。保安州知州刘知之，诚恪处心，忠厚处事。以上才止循常，相应姑留。内王生贤、邹驰，水土不服，各宜改调者也。

大同府怀仁县知县申翰，邑本凋敝，政尚优柔，所谓才力不及，相应别用者也。宣府西路管粮河间府通判宋朝，法不禁奸，政惟通贿。大同府灵邱县知县周室[5]，昏庸之才，贪婪之行，赎金为务；词状任原告之回销，酣卧为高，文移听吏书之舞弄。是皆过恶显著，相应罢黜者也。

如蒙乞敕该部，再加查访，将李磐等久任，程绶量资升用，陈耀、马昂等遇缺升补，韩梅等存留，王生贤等改调，申翰别用，宋朝等罢黜。庶用舍得宜，而劝惩斯在。其龙凤、郭珬等，暂留供职。亟将才力有余官员，及或于进士中选补，前来更代，以济时艰。所暂留者，量移腹里，以尽器使。筹边惜才之意，乃两得之。谨题请旨。

校记

[1] 能，《东涯集》作"或"。

[2] 淳，《东涯集》作"旬"，当以"淳"为是。

[3] 千慧，《东涯集》作"干慧"。

[4] 藤壁，《东涯集》作"藤璧"。

[5] 邱，《东涯集》作"丘"。

广储蓄以备军需、以防虏患疏（节录）[1]

臣查各处官兵，出百里而后支行粮，例也。而三关防秋之旅，在百里之内者亦同支给[2]，势也，非得已也。总督尚书翟鹏督饷，侍郎赵廷瑞行之已一载矣。亦以摆边之事，前此未有也，而创自近年。诸路士卒画地而守，日夜戒严，无少休息，风雨饥寒，疲劳万状，与寻常按伏差遣者不同。百里之内，亦支行粮，于例固无碍也。且大同等处摆边官军，百里之内者，既已以行粮界之，而独靳三关焉，岂公平齐一之法哉！鹏与廷瑞二臣，筹之不为不审，而曾铣所虑，尤甚周详。今欲革三关百里内摆边官军之行粮，则将并大同等处而尽革之，势必不可。设若前此未尝有行，今犹可诿也。前既行矣，而今遽议革。即当事者敢于以身为怨府，而数万之卒，其能不援已行之事为口实耶？去岁官军摆边，仅三月而撤，中间逃者、死者，尚不能无。今年防秋，六个月为期，计其时则倍矣。而行粮之给，乃昔有而今无焉。正恐逃者、死者，将无纪极。即不逃不死，其能乐为我尽力耶？民壮之从征，屯夫之借拨，非其常役。而远者千余里，近者亦不下二三百里。令各自备刍饷，委于人情不堪。况壮兵屯夫之得支行粮，各省皆然，非独山西[3]。

臣又惟前项所查，百里内官军，盖就其营堡取便分布者言之。臣近拟以关隘之冲缓，兵马之强弱，通融分布。如贼行要路，则多勒强兵，稍缓去处，则量存弱兵。不免参伍错综，难于就便。倘遇警急，则调西而趣东，徙此以从彼，尤难拘拘于百里之内外，盖兵家之常耳。如必欲节省大费，计须罢去摆边，另图上策。即今虏势方横，边事难言，摆守之法，未敢告罢。不论百里内外，行粮照旧支给，亦臣所谓非得已者也。物情边计，得失安危，差之千里者，皆起自毫端。不可不慎计利害于事外，自不宜革已行之旧规也。若三岔、五寨等处，见在粮草数亦无多，且皆本色。而曾铣奏讨之数，系间支折乾银两，与此无干，似亦不必扣算。况兵无常形，变难逆科。将来客兵多寡，所需刍饷，固有不能一一预计者。即一十八万之数，蠲发前来，事毕之后，或余或欠，虽不可知。但撙节有无，吝惜出纳，俾无滥费。臣愚体国忧时之虑，固当尔也。

伏乞皇上垂念边防，轸恤穷卒，敕部详议，将前不敷银两，早为给发，庶缓急有备。谨题请旨。[4]

校记

[1] 本文原无"节录"二字，但校之《东涯集》只节录该文约三分之一，故补此"节录"二字。

[2] 在百里，《东涯集》作"在于百里"。

[3] 山西，《东涯集》作"山西耳"。

[4] 最后一段文字，校之《东涯集》，有较大删节。

卷十　翁襄敏东涯集（二）

澄海翁万达仁夫著

甄别防秋客兵将官以昭劝惩疏

案查嘉靖二十五年七月十八日，准兵部咨，该巡抚陕西都御史柯相，题为荐论将才以备采舍事。参称：固原游击侯振，藉父势力，冒升将领；守备环庆，大著贪声，朴樕小子，边围奚赖？本部议拟，题奉圣旨："是侯振待秋防毕，有无功罪，听总督官奏来处治。钦此钦遵。"备咨前来，除钦遵外，今照防秋事毕，相应查议奏覆。

及照宣、大地方，连年征调辽、陕客兵，各该游击官员，俱应一体甄别。除宁夏游击高秉元，功虽未著，过亦无闻，不敢概论外。查得辽东游击郭都，体貌魁梧，志行端谨；驭下而军容甚整，临戎而勇略足称；承调依期，更数年而尝避事；相机策应，协诸路而辄能宣威。延绥游击陈言，谋素雅饬，事不虚张；先年铁裹门之援兵[1]，虽微霆击；近日青泉堡之退贼，大奋鹰扬；即其后功，足称奇略；已经奏行巡按御史，方在勘录另行。此皆相应荐扬者也。

固原游击侯振，昏懦而靡有所长，不堪鞭策；贪婪而罔知改过，仍肆科求。此其相应亟罢者也。

如蒙敕兵部[2]，再加查访，果如臣言。郭都遇有相应员缺，早为推升。陈言待巡按御史勘报至日，一并议拟，厚加升赏。侯振仍照陕西巡抚原劾，亟行罢黜。庶客兵将领知所劝惩，而将来防秋不无攸赖矣。

校记

[1] 援，《东涯集》作"缓"。
[2] 敕兵部，《东涯集》作"乞敕兵部"。

早处将领以便防秋疏

臣照得宣府北路地方，今年六七月间，节被朵颜别部虏贼，出没为患。参将祁勋，志意猥颓，谋勇俱丧，虽有兵马，不能军也；虽屡戒饬，莫能奋也；已经臣及巡抚都御史孙锦按其罪状[1]，疏乞罢黜，实匪得已。设若不早更易，及虽更易而更者或非近地，不可以旦夕至，皆无救于目前之急。

臣惟可代祁勋者[2]，本镇游击欧阳安也。前疏曾略言之，诚以本官志行才猷，卓不易得。昔为北路雕鹗堡守备，处置得宜，贼不敢犯，人有去思。今又承委，领兵在于本路按伏，若因而用之，良亦便也[3]。可代欧阳安者，则赤城堡守备戴纶，其次则独石城守备袁正，云州堡守备易纲，皆经论荐，众所委心。

乞敕该部[4]，再加查议，早将参将祁勋革任，就近以游击欧阳安升补。而游击员缺，亦复就近以戴纶等内推一人升补。各令即日到任管事，庶官可得人，人不旷官，而防秋为有赖矣。

校记

[1] 已经臣，《东涯集》作"已该臣"。
[2] 臣惟，《东涯集》作"故臣惟"。
[3] 便也，《东涯集》作"便且当也"。
[4] 乞敕该部，《东涯集》作"如蒙乞敕该部"。

衰老将官不堪御虏疏

臣近准兵部咨，该本部题，该征虏副总兵左军都督府署都督佥事姜奭，题为恳乞天恩，早赐兵马以实营伍，以御虏患事。该本部议拟覆题。奉圣旨："依拟行总督官区处，计足三千员名，专付姜奭管领。钦此。"备咨到臣，除钦遵多方区处外。臣惟近来边事，患在崇虚名而无实用。宣、大三关，各有总副参游、正奇游援军兵。而复以三千人付姜奭者，以兵有选锋，电奋而狙击，非此不可耳。然必兵皆可用，将素称雄，乃克济事。不然有名无实，只增冗费，何益成败。臣叨阃寄，初至地方，方图拣百一之士，练技击之兵，务足三千，用充兹选。而奭固颓然老矣，不能任也。

奭本废将，偶因言者得复起用。授以征虏副总兵，驻扎大同右卫。专一侦贼迎战，为诸将先。是其责甚重，而其事甚难，奭果能之邪？观其体貌猥衰，行立欲仆。舌结气喘，语言不明。每一跨马，必二三人扶翼而上，至不能挥鞭。为诸将士所轻侮，或群然姗笑。其所领士卒，见在者不及百人。臣求其故，先是总督侍郎翟鹏、张汉，亦尝为奭挑选、召募；三镇官军，俱不愿附奭；而各省义勇、废将、家丁，亦以奭非所可托以树立者。去年追贼，军门令奭暂领老营、代州等处人马，原非其部下也。所获首级三十余颗，多由诸营将领，亦非其能指纵之功也。且折冲之责，于坐筹帷幄者不同。即不必束马悬锋，提剑挥鼓，亦当令步趋强驶，足任驱驰者为之，奭非其人也。纵使奭有将略，臣犹以为非便。况本无异能，乃徒以墓木欲拱之人，而使当百死之陈（阵）[1]，如之何其可邪？臣又访得姜奭追贼之时，不能钤束下人，致有混杀。亦以其耳目精神多所不及，固宜其有此事矣。

即今防秋事严，臣愚居中调度，甚欲得一名将，常在军门，付与精兵，使专侦贼，亦兵家所尚也。乞敕兵部，再加查访，如果臣言不诬，即将姜奭革任，照旧闲住。另选精锐素有智略将官一员，前来更替。练兵击贼，建立奇功。若姜奭者，决不宜久居此也。谨题请旨。

乞赐就近铨补兵备官员以裨益边务疏

臣照得山西新设朔州等处兵备，专在军门，承理兵粮，赞议机务。责任关系，独为繁难。兵备副使陈燿者，能以精明宏博之才，助臣不逮，方喜得人。昨见邸报，本官已推升山西管粮右参政，度不可留。翻思代者，未必谙晓边事。即谙边事，未必地相咫尺，且夕可至。金谓大同府知府何思者，器度宏伟，才猷茂通；不激不随，有为有守；使陟斯任，必有可观；然而莅任未深，或不免为资格所限。访得山西布政司分守口北道参议辛童，沉毅有执，耿介自持；知时务而不避险艰，练戎机而动获肯綮；今官口北，贤劳虽未及一年；昔任宪金，扬历则已逾四载。按察司分巡冀宁道金事蒲泽，操持素慎，才学亦优；言不匿中，而抵掌可述；行不饬外，而抚事成能；即其驱驰于关塞戎马之间者，已五六年；经纪边防，鞠瘁吏事，其为劳绩，独多他人。往事出于风闻，虽尝被论；素履征于舆诵，未可久淹。

以上二臣，若得周旋军中，自当有所裨益。如蒙敕部查访，果实相应，就将辛童、蒲泽推升一员，更代任事。如或不拘资格，则知府何思者，亦可以备推择也。[1]

举所知以裨不逮疏（疏具，会有旨，不用，遂弗果上）

臣惟宣、大、偏、保重地也，兵饷重务也，总督重任也。已往成规，设兵画一[1]，付之硕望。又有异能，犹恐力弗克兼，必资分理。况宣、大总督之设，仅数年耳。始而不常其官，继复屡易其人。旧牒罕存，往事参谬[2]，无可循之轨。而重以臣之短拙颛侗者，欲独举而恢张之，以无负任使，安可得也？

臣统四镇、治三军。使专持挈纲领，筹度便宜，不以琐尾之事并责之，臣精神心思尚有所及。乃今一切细务，如寸楮尺牍，竹头木屑之类，非臣位分所宜孳孳者，亦旁午煎迫。所居无藩臬守巡郡县贤者，独候人介胄，但可以备使令，而不可以预画谋；一二吏胥，仅可以供抄誊，而不可以校书。计不得已，矻焉躬自为之。量己知弊，兴痱失图[3]。不肖之身，敢自利爱。顾分心于其细，必简略于其大。毛举而鼎弃之，非所以敦崇体要，经纪戎机，而建功立业也。

嘉靖二十二年以前，宣、大总督军务，侍郎都督各一员，总督军饷侍郎一员，赞画主事二员，买粮赏功郎中五员。后罢都督及督饷侍郎，而主事郎中亦并取回，悉以其事付之总制。是何繁简之悬绝，而废置之顿殊也。臣不敢妄拟必欲尽复其故，但得一人，如原任户部郎中，今闲住程霆者，使之左右军门，听臣委用，承理钱谷甲兵及一应事分，勾检簿书，其裨益当必不小。

我祖宗裁定兵律，昭示后人，不可易矣。而年来胡虏骄纵，廊庙殷忧。中外诸臣，前后建白，节经拟议题奉钦依通行遵照者，日渐繁多，积案累牍。及或于前律稍有增益不同者，即聪明博洽之士，不能记览。欲令诸边将吏一一通晓，不相抵牾，诚亦甚难。况行者未必当，当者未必行。言且当矣，当且行矣，又未必能久。忽然而举，或忽然而罢。忽然而罢，又忽然而举。由今观昔，由后观今，均不免于伐异而党同，易动而轻变。是非沿革，徒自纷纭。史言宋人议论多于事功，武备沦于委靡，良可鉴也。臣不自忖，欲有所陈，亦自需疑，恐终无补。以此臣又欲得一人，如原任兵部主事，后改翰林官，今为民唐顺之者，使之周流边关，图布山谷，综铨庶籍，考证前猷。而以今代事例，及诸臣前后奏牍，但有关于边务者，就与臣愚较勘同异，商榷得失，参以己见，必其可行可效可大可久者，都为一书，恭备御览。各部刑条例，守之不更，边事乃成。其所裨益，岂惟今兹（缺）[4]。

校记

[1] 兵，《东涯集》作"果"。

[2] 谬，《东涯集》作"缪"。

[3] 兴，《东涯集》作"监"。

[4] 本篇有藏缺，原本也注有"缺"字，其中部分与《东涯集》有出入，后面尚缺一大段文字，参见《东涯集》。

军务疏（节录）

今之战锋，即古之谓选锋也。兵无选锋曰北，故恃以当先破敌者，非此不可。然正奇游援诸营，皆宜有之。未闻于诸营之外，别为战锋五营[1]。又于诸营及各城堡之中，抽取其勇力冠军者，隶于他人。而使所存留者，多弱兵也。夫锋之为言锐也。以铁为刃，而以钢为锋，则物迎而解。若钢不附铁，铁可去钢，未有成刃而能锐于用者也。是不可不亟处者一也。

总副参游，各由推升，又奉有敕论（谕）旗牌[2]，设有坐营、中军、把总等官。苟不得人，尚不能和辑师徒，鼓作锐气。乃废弃将官，第当令带家丁，或量其才能，暂行拨与军兵，随营杀贼。不宜专主一营事务，使得与参游诸将并列。而委用之隆，反出乎其上，此亦何怪诸将觖觖怀不平邪？夫将多则权分，兵家所忌也。分其权于废弃之人，即其人果尽皆韩白，犹且不可[3]。况贪滥庸劣，如见管营都指挥董旸、李塘等，何可使也？查得董旸、李塘及已阵亡官李彬，已升守备官张忠，见革同（回）卫官江瀚五员[4]，俱前抚镇所荐用者。彼时除李塘原系把总升为坐营外，李彬系闲住[5]，董旸系缘事，张忠、江瀚系充军。因添战锋，为请免罪，各复原职。盖破格用人，宁失非经之意也[6]。各官复职领兵之后，使知奋励，树有奇勋，尚可言也。而往者虏犯广昌，困我军于土黄沟，李彬死焉，董旸等俱坐视不救，仍许戴罪管营立功，旋又再复原职。是前罪未赎，而先官之；后罪愈重，而并释之。乃竟未闻有感恩而思报者，谓之何哉！今查战锋营旧者，惟董旸、李塘二人。其都指挥周镗、韩彬、杨钺，皆新委代管。视之参游等官，有敕谕旗牌者，孰轻而孰重？参游等官不得有战锋之选，而此辈乃独擅专管之权[7]。揆之事体，委的未安[8]。何者？本镇兵马，止有此数，战锋五营，五千人必欲取足。则参游诸营，及各城堡自难充实。夺此以与彼，废兵额而启厉阶，是不可不亟处者二也。

战锋官兵，一遇警急，既自谓亲军居后矣。而奇游援兵诸军，却又有辞，往往相聚言曰："上官抽选战锋，以其与众军异也。乃厚待之，月加米五斗。彼不向前杀贼，而使我众当先，厚彼何为？"是战锋之营立，而诸营之军靡矣。是不可不亟处者三也。

户部原发银二万两，为战锋月加米五斗之用。今前银已罄，无所于处。战锋亦止月支米一石，官多而役使重繁，势所必至。甚有令其供办薪水，迎送往来，又从而剥削之者。疲敝日甚，逃亡日多，马匹倒死，亦莫胜计。诚以废弃之人，往往得脱法网，无所忌惮，自难责以治军事也。是其不可不亟处者四也。

为今之计，必须罢归各路，补充旧额。使兵力不分，事权归一。营营皆有战锋，而战锋不为虚名，方是事体。否则弊害相乘，将无纪极。如蒙乞敕兵部查议，将前五营战锋官兵，俱各革回各营及各城堡。仍将正奇游援各营见操官军中间，老弱不堪者，尽行沙汰。查照所辖地方，于革回前项战锋，及城操杂差等项中间，通融选补。每营务足三千员名，悉听总兵官调度，及严督副参游守等官，时加训练。果有勇力出众，曾经战阵者，充为选锋名色，厚加赏犒，务期人各效能，兵皆可用。及咨部（都）察院转行巡按御史[9]，查勘董旸、李塘，与革回江瀚，及升任张忠，节年以来曾在某处与贼对敌，立有何项功绩；有无剥削军士，糜费钱粮，倒死马匹等项情弊。如可自赎者，准赎。如不可赎，原犯充军者，照旧充军发遣。缘事者查照原案参提。所犯事情，比前若又加重者，从重归结。其新委坐营周镗、杨越[10]、韩彬，各革回别用，庶事无纷更，罪无幸免。边防国法，两有所裨矣。谨题请旨。

校记

[1]《明经世文编》此处加旁注曰："一军之内必有选锋，所谓属目于一夫之选登者也。……虎士当别为构募，如近者，家丁之例可耳。抽取于各营之中，堕军尖而生观望，非甚便也。"

[2]论，《东涯集》作"谕"，是。

[3]即其人果尽皆韩白，犹且不可，《明经世文编》作"即其人果才，犹且非法"。

[4]问，当是"回"字形近之误。

[5]闲，《东涯集》作"间"，当是形近之误。

[6]非，《明经世文编》作"不"。

[7]管，《东涯集》作"营"。

[8]《明经世文编》此处加旁注曰："以壮丁畀废将，邀其一胜可也；委之常拥精卒，使任事者解体，甚非制耳。"

[9]部，《东涯集》作"都"，是。

[10]越，上书作"钺"，当有一处为误，因史料缺乏，无从辨正，只能暂存疑。

计处防秋戍边人马疏（节录）

国家御虏兵卫，四时不撤，警备也。而防秋云者，以秋高马肥、水草有依，虏可深入，故特加戒严耳。然往者罕闻有客兵之调，而亦未尝有摆兵之说也。近因贼势益横，异于曩时，故征调之兵多，而罢（摆）边之议起矣[1]。二者并行，劳费加倍，已甚不赀。使于七月秋临，塞草茂而始聚；九月秋尽，塞草枯而渐散，臣犹惧其困而敝也。乃若自夏徂冬，聚而不散，是岂用武之经，而可继之道哉！去年虏突宣府，侵骇紫荆，贻忧君父，当事之臣，自罹罪棘。镜鉴不远，敢蹈前愆，如朽木顽石之无知者[2]。顾以国家之事，莫大于边情，不度理势，而一为身谋，过于惩创，则戒生于此，而祸隐于彼。泥于所可知，而忘其所不可见，非计之得也。

校记

[1] 罢，《东涯集》作"摆"，是。

[2]《明经世文编》无"如朽木顽石之无知者"这一句。

预拟分布人马御虏疏（节录）[1]

该臣议照今岁防秋御虏，分布兵马，必参众见，务合时宜。其赴边之期太早，则供亿粮草不免多费。迟则又恐一时有警，势难猝合。要当体探虏情缓急，以为准备。已经通行各该抚镇，斟酌计议分布。要在防御无失，钱粮节省。具由开报，以凭参酌施行去后。

今该前因，臣看得保定一镇，防秋马步军兵，照依上年旧规，无可更易。宣、大、山西分布守墙步军，一面出力修工，若有警[2]，各照分布信地，登墙堵遏。待工完之日，城堡近者，查照原议，分班迭戍，以少节行粮。至于列营马军，大略山西已该臣会同巡抚都御史苏祐，面加参酌停当。宣府西、中二路人马，仅足支持。东北二路墙壕，方在经理，未足为恃。朵颜零贼，时常出没，应合设法剿处。东路邻近京师，贼所经由隘口，必须添兵堤备[3]。大同游击徐淮游兵一枝，须于宣、大接境东、西阳河二处驻扎，往来应援。参将戚铭所分杀胡、杨铁山二堡，地里颇远，边墙未固，合增有马官军，或令分守破胡、残胡、马堡，而以彼处参将张润，互更防守。镇虏以东，甚属冲要，亦合再于正兵营内，酌量摘凑。庶几处分得宜，不致偏重。其要则在于慎遣间谍，加意哨探，务得虏中声息缓急，且修且守，据险待战。其一应战守便宜，查照兵部题奉钦依，及军门节行条款事理，著实遵行。至于难以逆料，不可胶柱者，临时斟酌，随机应变，期在万全。俱经备行各镇，查照施行所据。各该马步官军，已于六月十五等日赴边，各守信地。

臣恐人心玩忽，又将防秋御虏要略，通行申饬各该大小将领遵守外。为此，今将各镇镇巡官，会同分布过兵马地方，并臣参酌，通行申饬，略节事宜开坐。谨具题知。

校记

[1] 本篇《东涯集》题作"预拟分布人马以御虏患疏"；又，原无"节录"二字，但校之《东涯集》，本篇显系节录稿，故补之。

[2] 一面出力修工，若有警，《东涯集》作"不妨防守，出力修工，有警"。

[3] 添，《东涯集》作"益"。

题知起程疏

嘉靖二十九年七月二十三日，节准吏、兵二部咨，题奉圣旨："苏祐去暂行总督事，著兼都察院右佥都御史带管巡抚职，务便写敕，与他急去。翁万达即日起行，来说该部知道。钦此钦遵。"备咨到臣，臣即望阙叩头谢恩讫。切念臣自去冬遭父之丧，衔哀奔赴，毒痛结心。入秋以来，气血逆行，背疽盛发。骤闻新命，感激涕流。加以愤北虏之骄狂，上廑宵旰，忧郁交攻，瞆眩并作，伏卧苦（苦）块[1]，与死为邻。思欲捐躯就道，奈病势日甚，未能亟进，情极悲苦。臣又窃见苏祐总督，业已得人，文武才猷，臣所弗逮。已于八月内具本陈情，令义男翁从云赍进。不意行至河间府献县地方，被贼击邀失坏。俾臣区区血诚，无阶上闻。至十月十五日得报，虏犯畿甸，皇上忧勤。臣奋不顾身，登时就道，以赴国事。臣虽父丧未葬，敢遑顾念？十一月初三日已至九江府，本月之内，计期可至。臣家居岭海极南之地，去京万里，程途窵远，诚恐稽延。为此除咨该部知会外，今将起程日期缘由，具本奏闻[2]。

校记

[1] 苦，《东涯集》作"苦"，是。

[2] 具本奏闻，《东涯集》作"具本专差亲侄翁思远亲赍，谨具奏闻"。

恳乞天恩陈情认罪疏

臣于去年十二月守制回籍，今年七月二十三日准吏部咨，为恳乞圣断明赏罚，以重边防事。该吏部等衙门议称：大同有警，总督缺人。会题节奉圣旨："且著苏祐去暂行总督，万达即日起行来说[1]。钦此钦遵。"备咨到臣，臣仰荷特恩，感激流涕。彼时适患背疮，势极狼狈，然犹可裹药趋程。但念臣父未葬，毒痛结心。兼闻彼中边事稍缓，暂代总督业已得人。具本陈情，专差义男翁从云亲赍，行至河间府献县地方，被盗邀劫，捐（损）失原封[2]。区区血诚，末由上达。续得兵部差人于十月十五日辰时报称，虏犯畿甸，与大同前项边警，缓急轻重不同。正臣捐躯报国之时，不胜愤激。臣父虽尚未葬，不遑顾念。即于本日巳时扶病就道，昼夜兼行。十一月十七日至山东兖州府地方，复接该部催臣复任原职咨文，益切感愤。仍扶病遄驰，于本月二十六日到京[3]，除赴鸿胪寺报名朝见讫。查得近该辅臣严嵩等具题，节奉圣旨："万达不来，亦不必待。钦此钦遵。"臣伏闻天语，心魂飞越，措躬无地。

窃念臣受恩深重，未能补报。趋赴国事，敢复后期？缘臣原籍岭海极南之地，去京万里。虽间道兼程，犹必历四十一日而至，且不能亟趋于廷推总督命下之时，乃徒亟趋于得闻京师警报之日。限于道路，上劳圣问。臣之罪状，诚该万死。伏望圣慈俯垂怜察，少宽诛谴。臣不胜感恩待罪战栗陨越之至。

校记

[1] 起行，《东涯集》作"行起"，当以"起行"为是。

[2]　捐，当是形近之误，《东涯集》作"损"，是。
[3]　二十六日到京，《东涯集》作"二十六日酉时到京"。

再辞免重任恳乞陈情疏

臣于本年十一月□日[1]，在于山东德州途次，接到兵部咨，准吏部咨，节奉圣旨（云云），钦此钦遵。已经（云云）等因到部。备咨到臣，臣看得咨内缘由，该部先此已有催臣咨文，必是差人去路与臣来路相左。及查臣于本年八月内，已谨具本陈情，乞恩终制，俯伏候旨间。

今准前因，臣除望阙叩头谢恩讫。窃念臣入仕以来[2]，荐荷显用厚恩，涓埃未报。兹蒙特旨起复本兵，正臣矢心图报之日。乃复慊然有所不安于其心者，臣本碌碌庸众人耳，务实则有，而明体适用，变通济时，则未尝能之。虑或少通，口又拙讷，往往艰于应酬。去岁掌部数月，深愧无所修明。方拟乞罢，会以忧去。今部事日倍繁难，而臣又以臣父未葬，情事未伸之故，昏心迷性，恧然精力大不如往时矣。夫昔既不能举其官，今又安能胜其任？此臣所自揣，亦其所自知者。

臣闻夺情起复，前代如张九龄，我朝如杨溥者，皆负一时之望，经济才猷，足资治理。臣实非其伦比，岂足以副陛下特达之知，佐安攘之绩[3]，徒怀感激，实切兢惶，安敢遽以墨缞靦然陈列，贻骇斯人视听。如蒙圣慈鉴臣菲才，怜臣微恳，收回成命，别选文武备全德望者，使居是任，容臣回籍终制。庶邦政得人，安攘有托，臣愚区区方寸情事，亦或少伸[4]。臣无任恳切恐惧陨越待罪之至。

校记

[1]　□，各本均留一空格。
[2]　仕，《东涯集》作"任"，当以"仕"为是。
[3]　绩，《东涯集》作"迹"。
[4]　或，《东涯集》作"获"。

易州经略领敕谢恩疏

伏惟建屏藩于龙甸，断自圣衷；握锁钥于虎符，计从地险。本苞桑之至虑，培丰芑之深仁。必寄任于真材，庶坐收其成效。如臣迂拙，讵可谬叨？念自蚤年溽膺荣秩，戴恩惟天地之大，高深莫罄于名言。赋性视草木为灵，糜陨犹难于报称。顷遭家门之变，实切人子之私。忧病交缠，形神并瘁。初闻召命，适在荒迷，妄拟控陈，自罹愆咎。何生平之足赎，方摈斥之是宜。乃者驭下以宽，震烈靡加于竟夕；容光必照，离明奚有于遁情？仁本推心，智先观过。创艾弥殷于夙夜，甄收忽仰于丝纶。

兹盖恭遇我皇上，文武圣神，上侔尧、舜；正中刚健，远绍羲、轩。焕鸿烈于登闳，勒景休于蟠际。德宏覆物，景廓包荒。矜臣之情眤蓼莪，责以金革之大；察臣之心同葵藿，授以铃柝之司。官参贰卿，职居三辅；特称经略，爰即封疆。恩重身轻，敢复恋情于乌鸟；感深涕下，期收末效于桑榆。元甲典关[1]，墨缞恭事。矢摅百虑，冀无负其初心；慎固一方，求庶几乎小补。伏愿王仁必世，至诚如神。一大称天，对三灵而上配；止戈曰武，守四裔以来宾。臣无任感戴激切之至。

校记

[1] 元，《东涯集》作"玄"，是。

易州议罢抽民兵疏

臣伏见直隶八府所属，近奉抽选民丁之令，大县五百，小县三百。分营列队，如军之制。选官差练，遇警征发。此非小事体[1]，窃以为甚不可焉。何也？夫国依于民，民依于国，是谓命脉；兵以卫民，民以养兵，是谓典章。图治者，贵于动以其时，而驭不失道。闾阎输赋，卒伍荷戈，则典章较一而不乱；惠宁畿服，以及四方，则命脉安固而不摇。若势失于张皇，不问其当否。则拂扰交至，怨讟易生，溃乱将作。是盖古人所谓未见其隙之民心者。臣窃惧焉。

我国家制军，一隶于卫所，原无所谓民兵也。民兵如快手民壮之役，起于近日[2]，本以协守城池，非得已者。然既出税以养兵，乃又使为兵以自卫，则已困矣。顾复重之以抽丁之令，何能堪邪[3]？抽丁之令，其始出于边镇卫所[4]，既而乃及于畿辅之民间。臣窃（以边镇卫所，尚犹于时势为便[5]。而民间则急当请罢[6]，以图靖安。盖边镇之兵，陛下已允其选调。则队伍空虚，边防重大，其势不得不补。又生长于塞下者，习知战斗，素亦可用。令抽强勇，以足兵额，其法未始不善也。不然精锐内移，孰为防御？门户既撤，堂奥自孤，如之何其能守邪？臣以为不便者此也[7]。但选而调者一人，抽而补者又一人，是本以一兵而增二人也。兵额既增，粮将安出？增兵一万，则月加粮米一万。事或仓卒，势难猝办。即高其价，无从籴买，此不可不虑也[8]。若畿辅之地，迩者督临之官屡殷，往来之使不绝，)[9]既责之完纳逋负矣，又责之分买草粮，陪易马匹矣，又责之帮贴募军，供办器物，添设墩堡，修筑边墙。此其于事不可谓不繁，于民不可谓不扰也。然而闾里帖然，不敢以为言者，固曰"特以御虏而安全我也"。而今乃抽及户丁，则一人之身，百役丛集。一户之众，强半在官。远迩咸相顾失色曰[10]："吾出税以供军，以其为我捍御也。顾皆倚戈而立，据城而居。而去岁之死伤枕藉，妻孥系虏者，则皆民也。而今乃籍丁而选，联门而出，宁非驱我以为先邪？"人情惊骇，不谋同词。盖今之充军者，罪下死囚一等。抽丁听调，一如军制，安得不惊？又戎狄以骑射为业，攻击为俗。中国农民，虽授以兵械，教之击刺，止可依城堡而守。若必使之御虏，是驱群羊而战豺狼，鲜不误事。况衣粮铠甲之费，追呼迫胁之扰，即将尽鬻田地妻孥以充之而后已，犹惧其不能也。臣恐众心一离，不可复收，故窃以为甚不可者此也。

方今天下无故，惟有虏寇为患。虽虞、周之盛，在所不免。但当明察人心，预定国是。聚兵守要，而不妄增兵，经费足边，而必栽（裁）冗费[11]。则先事之谋在我，已得其胜算矣。若人持其见，则议论太泛。事体具举，则更张太骤。官多其设，则供亿太繁。龃龉太甚，忽焉而行，忽焉而罢；忽焉而罢，又忽焉而行[12]。如此，则我自多事，是为坐困。故臣惟天下之患，不专于外夷。而其大者，莫若抽民丁之令[13]。臣在易州[14]，目击其弊，不避烦渎，敢以上闻。伏乞敕下该部，再行详议请裁，早赐停止。庶民心无恐，而畿辅可安，地方幸甚。

校记

[1] 小事体，《东涯集》作"小事"，无"体"字，而后面则多一"臣"字。

[2] 日，《东涯集》作"年"。

[3]《明经世文编》此处加旁注曰："民兵之始设，皆云防守本境，必不征调，然其后必至于征调，况有发遣之令耶？"

[4] 出，《东涯集》作"止"。

[5]《东涯集》无"尚"字。

[6] 请罢，《东涯集》作"罢请"，当以"请罢"为是。

[7] 臣以为，《东涯集》作"臣窃以为"。

[8] 不可不，《东涯集》作"不可以不"。

[9] 此处括号内从"以边镇卫所"至"往来之使不绝"一大段文字两百多字，本书原系错简，兹据《东涯集》校核调整理顺。

[10] 失色曰，《东涯集》作"失色，且曰"。

[11] 裁，《东涯集》作"裁"，是。

[12]《明经世文编》此处加旁注曰："近来边事类坐此。"

[13] 莫若，《东涯集》作"则莫若"。

[14] 臣，《东涯集》作"困"，当系误。

易州经略自陈疏

臣广东潮州府揭阳县人，由嘉靖五年进士，授户部主事；历升员外郎、郎中、知府、副使、参政、按察使、左右布政使，升右副都御史、巡抚陕西；又历升兵部右侍郎、左右都御史，兵部尚书总督宣大，入掌本兵。

嘉靖二十八年十一月内，丁父忧回籍；二十九年内，起臣到京；本年十二月，特授今职。

臣切念猥以菲材，叨蒙任使，虚历岁月，未能分毫有所补报。顷者，伏蒙皇上破格用臣，起自缞服之中，宥其稽迟之罪，畀以卿贰，经略诸关。希旷之恩，同于再造。鞠躬尽瘁，死而后已，臣之心也。顾惟紫荆乃咽喉之地，而易州当锁钥之司，虏所必窥。时方多事，必得才猷超异者，方可以克称此官。臣本书生，昧于机变，治兵料敌，尤非所长。自知上不足以纾明主之忧勤，下不足以树生民之保障。辗转夙夜，愧负实深。兼以情事未伸，精神恍惚，根于天性，不能自已。背疽初愈，气血耗衰，艰于动履[1]。墨缞素餐[2]，清议谓何？

值兹考察之期，窃伏省循，疏谫如臣，忧病如臣，不职当莫逃于圣明之鉴[3]。伏望皇上将臣即赐罢退，以昭黜幽之典，以遂终制之情。臣不胜悚息祈恳之至。

校记

[1] 艰于动履，《东涯集》此句之前有"即今毒流左右两足之间"一句。

[2] 素餐，《东涯集》作"餐素"。

[3]《东涯集》此句作"不职当所乞退如臣者，当莫逃于圣明之鉴"。

俺答寇阳和（《宣府志》附）

虏得入鹁鸽峪，遂南下列营阳和川。总督万达闻虏入，曰："噫！邦直死矣。"乃自督诸军出阵，而遣劲骑伏白登村。白登村者，虏掠洪、蔚必由之路也。檄总兵官周尚文曰："急持兵自二边遮其归，吾拒其前，尔邀其后，虏可缚也。"是日，虏以精锐向我军，置阵锐首。督府令开壁门，中军振鼓作乐，不之顾，而潜伏死士于两腋，令曰："虏叩壁，炮发两翼，横冲断之，左翼拒外，右翼拒内。"而又偃诸炮及毒火铳数重于壁门，虏不敢犯，移阵还营。两翼追之，几造其垒。周尚文得檄，驰至阳和山后，计曰："此去阳和六十里，夜不可进，须晓发，恐不及。虏连战疲矣，可先声惧之。"令喊于军者三，时静夜风猛，声闻山前。于是虏大惧，虽我军亦以为尚文兵即至也。四鼓，虏拔营遁，我兵追出塞，不及而还。于是阳和一禾一畜，无所失遗。盖虏战铁裹门、鹁鸽峪，已有惧心。而中军之坚壁，应兵之时至，几成大捷。故论者犹以尚文先声为漏机，然死寇不遏，亦兵法也。

于戏！虏情于是乎三变矣。夫自十九年轻我也，于是有太原之谋。盖以边徼重兵，生养不富，纵有所获，未足致饱。以故直逼朔、应，南入杨、武，肆毒于忻、代、岢、石之间。然掠太原必深入，深入必资禾。而皮褐不便暑湿，驰突苦于泥淖。一遇邀击，则全军危矣，故复有畿甸之想。夫自复萌畿甸之想也，于是有紫荆之叩。盖以太原路远，阻隔大（太）行[1]，纵使获至，亦必难返。以故直入广昌，南犯诸隘，极锋于浮屠、插箭岭之间。然抵广昌，必由蔚州，由蔚州必道南山，非二日不能越广灵，非五日不能出灵邱。未获叩关，而马力疲矣，故复有阳和之役。夫方其有太原之谋也，而我日备宣府。及其有畿甸之想也，而我日备朔、应。则凡数年之经营劳悴者，咸与虏左矣。而望遏逸足于初入，邀满载于归途，何可得也？独此阳和之役，策之于数月之前，应之于瞬息之际。虏即敛锋止驱，倏然宵遁矣。

于戏！谓伐谋非上策可乎？谓方略权变不足御虏可乎？谓虏今事势与古不同，而一委众寡，不可以智胜可乎？或又疑督府亲以节钺驻战场与虏角，为非大帅之体。则又未审于事势之缓急，与大臣体国不避艰险之义，而概以罚十五以上皆亲览讯孔明也。

校记

[1] 大，当是"太"字形近之误。

发宗人充灼谋叛事（《宣府志》附）

充灼者，和川王府奉国将军也。素淫纵不事产业，与诸里市恶少酣饮呼卢，以夜继昼。禄入恒不给，生计转难。然敢大言，诸恶少复谀和之。且曰："岂有雄侠如三将军而贫者邪?"灼行三，称三将军，或谓之第三。时奉国将军俊桐、俊棨、俊棠、俊橡、中尉俊振、充烁、充燧，亦酗酒无行，灼皆与之善。为恶号相眩吓，有大雷公、二雷公、大六十、小六十、八肥头、道大、稀毛诸称。禄给入则群饮于市，使酒刃人。不给，则时时劫掠民间。于是大雷公诸名，闻者蹙额矣。每为人所陈诉，当道以其宗人也，启代王戒治之。不悛，以此亦恨代王。

二十三年，知府刘永以忧归，灼辈御之于门，劫其装。抚镇以闻，诏夺禄。由是益横肆，已而灼快曰：“丈夫举大事，则富贵由己，而以掠数钱为罪邪?”俊桐辈皆应曰：“善。”时有罗廷玺者，与汾州民王廷策相友善，素以左道惑人。而癸巳之变，诸叛兵所遣入虏曰卫奉者，尚漏未诛。或告灼曰：“罗廷玺有神术，移天拆地。卫奉知虏中要领。有急可使。”于是灼使人召罗廷玺、卫奉，皆至，与俊桐辈歃血盟。罗廷玺见灼，伪大惊，伏谒称臣，喧于众曰：“吾夜伺其息，晨望其光，遗泷可言。”乃复纠二狂生造飞语危言，刻“天师将军通侯”印相置，议遣奉使虏曰：“兵分三道，一入阳和、天城，一入左右卫，令酋长至镇城下，而己开门应之。徐以兵下平阳，自立为帝。”既又曰：“必燔诸刍场，使兵马不易集，我举事可万全。”遂遣卫奉赍金币使虏，诸里市恶少以火箭燔刍场。于是浑源、山阴、右卫、平房诸刍场同日火。

先是总督侍郎万达以大同素反侧，时时驻节安集之。一日，暮抵应州，有书生叩马曰：“愿有谒。”及问，曰：“大同宗人可虑也。”问其详，不对。督府阳言曰：“生狂妄语邪?”既而至镇城，私与都御史荣定计。荣曰：“此地易摇，今反侧。子甫贴席，一有所问，则哅喧矣。惟静定，以计擒之。”督府曰：“吾意也，夫镇兵迩来无不感国恩者，吾辈又日教阅抚循之，可用也。即令宗人有草泽谋，易与耳。但当虑其北走。”于是召总兵官尚文，喻之曰：“君知虏谍入吾境乎?”曰：“知。”“然则岂无我不逞者入虏乎？天象人事，殊可畏也。且君不以私人密布之境上，而但求捕于案牍叱咤之间，误矣。”乃悬赏曰：“得虏谍或私出塞者，国典外给百金。”不三日而诘边之令遍矣。

时卫奉辈自虏中返，语灼曰：“已见虏酋察罕儿，令制旗往北，兵至城下，揭旗为信。”灼大喜，制旗。又令狂生为表，许以大同为赂。且曰：“吾有天下，自居平阳，大同以界北朝，不设兵戍也。”付奉使与其党刘大济、王儒复往。奉曰：“当道何故诘边?”灼曰：“六刍场同日火，彼安得不诘求奸细邪?”决计遣行。而令罗廷玺至汾州，约王廷荣为内应，使潜为火器诸不轨物以俟。奉等至塞，遇墩军诘，则曰：“总兵官遣。”哨料者咸不之疑。次日，至镇河墩，诘对如前。遂山（出）塞至榆树湾[1]。遇雨出诸物曝之。而尚文所遣逻徼、周现辈，至镇河墩，诘墩卒近出塞状。曰：“昨有数人，当未还。”现等私谓曰：“无遣人而曰遣，岂即谍邪?”群走追之，至榆树湾，奉等尚未行，即反接之，得其旗表诸物。于是总督万达具论，灼等反形已具，无可矜疑。且言近时虏患殊异往昔，所以不能大得志者，以无内应耳。充灼欲为内应，悖慢不臣，使其谋获售，祸且滔天。将不啻若真锸之于宁夏，宸壕之在江西也。诏械系京师。初，上意不忍置法，逾年廷议再具，遂伏诛。狂生张文博、李钦，皆镇城人。

校记

[1] 山，当是"出"字形近之误。

论石柱之战疏 (《宣府志》附)

附总督侍郎翁万达论石柱之战疏：虏自去秋残伤隆、永，积聚所余，狼贪不屑。蓄谋再举，纠众倍加，且欲逞志于远抄，非徒纵噬于近掠也。宣镇无熊虎之将，有隙可乘。关南在唇齿之间，得利为便。臣知其故，欲防未然，预檄邻兵，良非得已。而独谋多惧，群虑需疑。荷圣明之俯纳臣言，幸辅部之议襄至计。俾臣疏劣，得奉周旋。度缓急于一时，责利害于能将。先期征发，一战称雄。因而获功，遂成退虏。但贼之图为大举也，时属春初，路窥滴水，盖不幸而臣之虑中矣。其未露形旬日之前也，臣屡檄宣、大将校，拳拳以滴水崖为言，不厌再四，其见之奏疏案牍者可考也。使诸将能早相听从，近者量集、远者疾驰，固不必焦头烂额，而曲突徙薪之功成矣。惟其怠弃臣言，以致损伤兵众，故臣于其功罪，敢究竟言之也。

城北路内塞 (《宣府志》附)

虏既连犯隆、永，总督侍郎万达叹曰："虏之为患，犹泛滥之水；中国设守，犹障水之堤。诸堤悉成，则渐寻隙漏；诸堤未备，必先注空虚。乃今注隆、永矣。夫隆、永者，京师北门也。城诸路以为堤，遗隆、永以为壑，愚窃惧焉。"乃上疏备言虏因诸边成，而逞志于北路。北路险远，为塞八百余里，非惟不可速城，即城亦无所需登陴者。欲于雕鹗、长安岭、龙门卫之间酌量形势，别为内塞，西接中路之六台子墩，东接东路之永宁墩。别置兵乘之，以专障隆、永，重屏京后。其北路兵将，则自守外塞，另为藩篱。

城宁远诸堡 (《宣府志》附)

往，城东路长城以虏寇鲜至之故，多修旧趾。总督侍郎万达忧之。及是，巡抚都御史宗皋曰："东路近京师，不躬度，敢安居乎？"于是督府大喜曰："与吾共国事者，郭君也。"乃同以轻骑循白河而东，遂出塞登高山下视之。时虏骑出没山下甚众，二公不为顾。已而命故副总兵徐珏、故参将刘环曰："尔一以健骑循山而北至某，其山必合，可垣；一以健骑循山而南至某，其河必通，可为悬楼。又镇南墩至蓟州火焰墩不三十里可合，虏冲光头岭至永宁墩不百余里，可接内塞。"反命皆如算，遂城长城如画。由是盘道荆棘，黑峪、黄家、白草之间，俱腹里矣。又黑峪有路可通独石，转输大便，所得虏地可耕者万顷。二公大喜曰："以此招募，东路足兵矣。"因视地形城宁远、清远、永宁三堡，以居招募之卒。东路虽塞鄙，然地势渐南，水草禾嫁甲于他所。及是，闻良田可垦者众，士民亦皆云集。二公曰："兵民当杂居，民垦田则赋租，兵垦田则世业也。"为鱼鳞图分授之。

说者谓大同边事易筹，宣府难筹。何者？大同有地可垦，宏赐五堡城，则垦五堡之田而赡，灭胡九堡城，则神京至计也。往年太原告急，内边设险紫荆、倒马之间，尺列寸守。其直隶、河南、山东之民，不有宁居。自宣、大之边成，并守之议定，岁省公费六十余万。其私于民间者，不能计也。真、保定、河间诸府之民，素有弓箭之社，技艺之名。但使厚其赏罚，勤其抚循，则虽征调为守，如汉之卒更，亦不为过，而况议其顾役耶！

若究而论之，招募而不清勾，则失之于彼，而取偿于此，既非为政之体。去者幸免，而来者不拒，又难服众之心，理有未通也。清勾而不招募，则环甲厉戈之实缺，而胜衣趋拜之名存；纳官字孤之典明，而投石超乘之技乏，功有未付也。至若征调，虽可以济用，而力役不堪于持久。行者接踵于道途，何以有息肩之望；居者疾首于瓜代，何以遂宁居之私，势有不行也。故尝缪为之酌，曰：初事必资于征调，所以救时；少缓必藉之招募，所以一效；究竟必归之清勾，所以复额。以政理较之，则征调不如招募，招募不如清勾，取诸民者有烦省也。以事势较之，则清勾不如招募，招募不如征调，措之用者有蚤暮也。是故征调以月日计，招募以岁年计，清勾以数年计。然则东北路之乏兵，不得不以征调济目前，招募、清勾求善后也。夫宣府兵额，固九万余矣，今实在者十之五六而已。逃亡之数，隐射于因循；补解之方，脱漏于贿赂。欲求无损，何可得也？故又不得不议清勾，以求复额；事招募，以足清勾之不获者也。

然是二者，事无专责，则但具虚文；督责太严，则外生他事。窃见副使魏尚纶，见理朔州道兵备，才识资力，良可付托。若以二事责之，使得久任，以求实功，当必有大就立也。但本官以去秋出塞之功，奉明旨应升一级。即其品次，当是参政职衔。臣愚以为使尚纶升加前衔，仍留旧任，俾举二事，以济时急。他日著有劳绩，容令军门录奏迁转。如山西营田留用副使某事例。庶事有专责，而亦不至于外生他事也。臣本愚暗，复处军中，鲜僚属士人，共相商榷，前项事宜，直述鄙见。伏乞下之廷臣，会议可否。庶事有定方，责效为易也。

郡兵乘塞 （《宣府志》附）

总督翁万达论内塞摆守疏：山西内边宁、雁而东八百余里，在大同之南；外边偏、老一带百余里，与大同为界。外边本拱蔽乎内，势极要害，近年摆边之兵，已非得已；内边本藉恃乎外，势实稍缓，乃亦以额设成军为未足，增添兵壮，一体摆守，委属大缪。况非旧规，当时识者已知非策，不可持久。假使大同失守，山西内边八百里之间，弱兵仅四万余，其能遏虏之入否也？虏所垂涎，多在山西，不在大同。三四年来，大同幸不溃防，山西方有宁宇。是故守大同者，守山西也。

初议并守 （《宣府志》附）

国初以宣、大为重边，建将屯兵，号曰"两镇"。自十九年之寇，大同失防，太原告急。始添置太原、宁、雁、汾、潞兵将，缮紫荆、倒马、平刑、宁、雁边隘，至秋征兵防戍如宣、大，号"内边"。由是山西无宁日，而北直隶、山东、河南之间，摇动不已。总督侍郎万达恒曰："宣、大宜以战为守，腹里宜以守代战。"又曰："山西不藉蔽于大同，大同不需力于山西，计两失之。"又曰："摆守无险，步兵日危；列营历时，客兵日费。二弊不去，终负国家也。"及是，山西巡抚都御史杨守谦议曰："山西外边自丫角山至大同仅七百里，其内边自丫角山至平刑关则八百里。今以六万兵既守外边，复守内边，两不获固，请与大同共守外边。夫山西兵六万有奇，大同七万有奇，合诸路客兵，计十五万有奇。今丫角以西，阳和以东，城垣足据，需兵不三万人。中间仅四百余里，而以十二万众守之，无不固者。守边之时，量兴垣役，不三阅月，其工可完。则客兵可以渐掣，供亿可以大省矣。"督府得之，大喜曰："与吾共事者，杨君也。"于是具奏曰："山西起保德州，逶迤而东，历偏关，抵老营堡尽境；大同起丫角山，逶迤而北，东抵阳和镇口台；宣府起西阳河，逶迤而东，北抵永宁四海治，为塞千九百里，皆逼临胡虏，险在外者，旧所有外边也。山西老营堡转南而东，历宁武、雁门、北楼至平刑关；又转南向东，为保定府界，历龙泉、倒马、紫荆至沿河口；又东北历顺天、高崖、白羊至居庸关，为地二千余里，皆峻山层冈，险在内者，新所增内边也。外边西连延绥，东距蓟州，势相犄角，屏蔽京师。内边惟紫荆、宁、雁通虏，次居庸、倒马，余称腹里矣。外之不御，内安可支？故论者有唇齿之喻，又有门户堂奥之喻。贼窥堂奥，必始门户。唇不危，则齿不寒，理所易晓也。迩年以来，犯宁、雁必自大同，犯紫荆必自宣府，事有可征也。山西旧规，守偏、老一带，岁拨班军，备御大同。内边则但存防守隘口之兵，以为大同声援，原无摆守例也。比因大同失防，山西罹害。于是山西掣回班军，摆守内边，已失建置本意。继置太原诸处参游兵将，公私转输，内地骚动。财匮于兵众，力分于备多，此之谓也。宜罢征兵于内省，分镇兵于外藩。外备已严，则内境无患。其内关额设兵马，照额存照，以复旧制。"

乘塞兵还镇事（《宣府志》附）

总督侍郎万达复上疏曰：沿边城堡，额设官军，四时皆防者，常戍之兵也。远地调集，主客相参，步军受阵，马军列营者，防秋之兵也。防秋之兵，秋尽而彻（撤）[1]，此自常规。边臣惩二十三年之役，过为疑虑，将领以委抚镇，抚镇以委总督。然臣愚不敢犹豫持两可者，诚以阃外之寄，有不得而辞也。夫远戍军士，与土著不同，冬来衣粮不便，饥寒切身。虽父兄莫能令子弟，欲保其必不解散，必不死亡，臣不能也。然虏方众强，草枯冰结，欲保其必不出没，必不侵犯，臣亦不能也。所恃者，常戍之兵，各有信地，能存警戒。日若临敌，即不资异镇之兵，亦足以自防矣，于是罢还。

尝谓事有权变，役有久暂，机有进退，一而守之，非愚即庸也。夫备虏之道，谨烽明燧，坚壁清野而已。尽此而有不获，则饰兵介马，惟有战耳。秋之宜防，谓农人收获，壁不可坚；禾稼栖亩，野不可清。虏或因粮于我，得遂深入也。秋尽冬初，西成告毕，可守可战，正在其时。诱之入以老其师，纵之掠以分其势，设之伏以邀其归，捣之巢以疲其救，皆所不废也。而顾揭旌倚戈，林林总总于塞垣之上乎？是故读督府罢乘塞之奏，而知君子临事，有润色之功也。

校记

[1] 彻（撤），当系"撤"字形近之误。

北虏寇天城 （《宣府志》附）

初，督府移近塞墩，于长城增卒为守。令曰："乘塞兵至，则谨饬烽堠；乘塞兵罢，则带管塞垣。"每墩不半里许，冬暮春初鲜大举，即小警，举烽共拒之，不数刻，所司兵至矣。故冬暮率无事。及是，逼正旦，所司督察稍怠，墩卒有潜赴城贸易者。虏伺便，烧暗门入，驱羊马数百去，官军马亦有在野被驱者，于是天城诸守备，俱获重愆，边令益严矣。

上安边书 （《宣府志》附）

虏患以来，岁调客兵甚众，皆于夏月至镇，入秋则分布乘塞。步兵登垣，马兵列营，号曰"摆边"。然山西惩十九年、二十年、二十一年之寇，募兵置将，亦如边镇，岁费大增。而山东、河南之间，一切骚动不已。又二十三年，乘塞兵甫罢，虏寇即至，一时倡议诸臣，俱伏重典。故乘塞遂成故事。且先期而集，后期不解。而宣府中、东、北路，大同西、东路，故无城可乘，率以疲弱戍兵，罗列河碛，识者危之。总督侍郎万达至镇，分布诸将，申饬节度，曲尽便宜。骑营步屯，始相联络。且赏罚明信，人人自奋。于是，铁裹门、鹁鸽峪、张家口、缮房堡、云州诸战，卒皆以寡敌众。虏始疑惧，有进贡之请矣。万达叹曰："摆守无险，步兵日危；列营历时，客兵日费。二弊不去，余终负国家也。"为安边书上之，且曰："宜罢征兵于内省，分镇兵于外藩，使山西藉备于大同，大同需力于山西。"又言："北边大势，大同最称难守，次宣府，次山西之偏、老。分之，则大同之最难守者北路，次中路、东路；宣府最难守者西路，次北路，次东路。"乃寻昔年修筑规辙，区别缓急，酌量工役，及议山西、大同并守事宜，条陈悉见施行。

卷十一 翁襄敏东涯集（三）

澄海翁万达仁夫著

征南议

督府侍郎蔡经集都、布、按三司长贰问计，万达上议曰：

日南小丑，负固不庭；天讨所加，宜有长算。是役也，大率以兵为先，食次之。兵食既足，然后建瓴而下，机在我矣。往年王师薄伐，集诸路兵八十万人。今用其半，亦当得四十万人。而两广之兵，隶尺籍者约四万人，隶荒服者约一十万人，舟师可募而用者约万人。江西、闽、楚三省之兵，可请而用者约七八万人。而土官之调度为难，所宜激以讨贼之义，宣以诛赏之条，俾慑威衔惠，自奋于捶策之下。而又简其酋长之忠义有为者，以赤心附之[1]。无后时而缓，无先时而急，而我执其中权，乃有济也。师四十万人，大约日食米六千石，旬日倍之，刍秣无与焉[2]。加之征讨百需，未克时日。即今府藏空乏，赋繁民窭，未可偏累两广，以贻肘腋忧。则宜请之内帑，借之邻藩。而又当议和籴之策，慎辇运之方，谨贮宿之地，重出纳之司。官无蠹赀，民无耗财，吏无丛奸，斯善策矣。然后议择地利，分道出师。广西之兵，一由凭祥下文渊，一由龙州下七源、会州。广东之兵，由钦州下海洋，会思安。三路并进，可破伪都。其细者，马必良，舟必固，甲必坚，兵必利。而又行者疾以速，无怨言；挽者安以舒，无劳色；侦者潜以深，无携志。购黎民之裔，捞（榜）逆庸之罪[3]。殄暴煦良，以昭大义。誓我百执事，戮力一心，以共天讨。命之曰："有犯者，君子以废，小人以戮。"厘为十有四事，以白于督府云。

校记

[1] 附，《东涯集》作"付"。

[2] 刍，《东涯集》作"蒭"。

[3] 捞，《东涯集》作"榜"，当以"榜"为是。

安南受降议

督府宜一檄安南，如以回文申达军门，止许于一路抄追[1]，无得既之广东，又之广西，又之云南也。宜一檄三省藩臬诸执事，当更会于受降之所，无参差焉。庶几乎君子有协衷之美，而泯龃龉之迹；小人有画一之守，而亡多歧之患[2]；远夷得归向之道，而释疑畏之心。事不偾于众令，奸不生于多口。而况重臣开府，以临中适之地，既便参决，尤速奏闻。不可以此为功，而自为町畦，二三其德也。

校记

[1] 抄迨，《东涯集》作"投进"。

[2] 歧，《东涯集》作"岐"。

四峒属南宁议

四峒之争久矣，图籍无归，易于丛怨。欲明归一方，势必启衅。纵使官协，民亦靡从。若中分其地，以弭其怨。纵使酋类瓜连，苦于连析。为之立县，则治之太详；为之立所，则徒费无益，皆非羁縻之道。不若以其地割属南宁，特设抚民通判治之。筑城建署，戍以指挥。分保甲、设峒老，而番役于通判，内能抚辑其众，无奸法者，给冠服荣其身。通判指挥，能各尽其职，奏旌之。以五年期其效。

复河套议

盖闻智者必待时而举事[1]，君子不昧势以图功。是故理有所当尽，而机有所宜审，志有所必奋，而谋有所不可略者。是之不备，难与虑终矣。河套本中国故壤，界以黄河，固天之所以限华夷也。讵宜弃而不守[2]，藉寇赍盗？然揆以今之时势，则有当复之理，而无可乘之机；多必奋之志，而鲜万全之算，是故不能不为图事者深长思也[3]。

河套自周秦以来，为国为郡，汉置朔方，唐城受降，据险扼胡[4]，往迹俱在。我太祖以神武定天下，成祖躬御六飞，三犁房庭。其房既残破，我亦未暇。舍黄河而卫东胜，计则偏矣。后又彻东胜以就延绥，套地遂沦之犬羊矣[5]。

然正统、宏治之间[6]，我虽未守，彼亦未取。不见可欲，其心不动，不夺所恃，其争不力，取之可也。乃竟因循画地，自捐天设之险，失沃野之利。此边疆之臣所宜卧薪尝胆，而有志之士所以扼腕而攘袂者也。先巡抚余肃敏公，置镇榆林，想亦有志斯举。而套卒未复，镇则空设。开垦无闻，转输难继。孤悬独立，沙碛为墟。外之不足恃为藩篱，内之无所资其赋役。不有其利，而益处其劳。岂豪贤固略于远谋，抑其时或亦有掣肘而未终其志邪[7]？然宏治以前[8]，我军犹岁常搜套，捣其巢穴。嗣是我谋日疏，任房出入，涉流履冰，挥鞭近塞，蔑所顾忌。今且盘据其中，滋其畜牧，遂其生养，譬之为家，成业久矣。又今昔异时，强弱异势，事体利害之缓急，人情好恶之向背，万有不齐，不可以不虑也。欲一举而复之，无乃难乎？故曰"有当复之理，而无可乘之机；多必奋之志，而鲜万全之算"也。请极言之，以干于大（天）听[9]。

夫敌有盛衰，我有强弱。以强值若，仅足相当；以弱值强，是为无策。汉武雄断天启，卫、霍不世之将也。绝幕四出，不能一屈单于之膝[10]。成、哀短祚，内衅且生。而呼韩稽颡，愿保蕃北。此何也？汉武值其盛强，而成、哀际其衰弱也。马步矢刃，各有所宜。主客劳逸，徒步异状。韩信背水置阵，死地以生。魏武舍鞍马，与吴越争于舟楫之间，乌林削迹。是何也？韩信以死地为生[11]，而得其逸。魏武舍中国之长，而困于所短也。人情莫不爱其亲，然负米以致其养，与遇变而捍其患，缓急自有不同。人情莫不爱其身，然一劳以永其逸，与暂息以休其体，向背亦为殊等。丧先王之乘舟不如死，则取馀艎者必济。义兵讴歌思归，则定三秦者，易为力也。

我国家拯天下于胡元[12]，天威所及，雷击风扫。遗虏游魂[13]，仅存喘息。年来收养残秽，兼之掳我生口[14]，日滋月息。即今小王子、吉囊、俺答诸部落可三四十万。视昔之奔命穷荒，不见马矢者，盛邪衰邪？强邪弱邪？而我承平日久，军政多偷。三五年来，虽赖廊庙注意，边防渐次振举。而其竭筹虑，耗财用，其为功业也不少矣。回视二祖之时，其强弱盈缩，又何如邪？河套久沦虏中，间谍罕至。虏又屋居畜牧其内[15]，山川之险易，途路之纡直，水草之有无，我不可必知也。提军深入其境，能无虞乎？夫塞以内，我中国地也。将领讲求其形势，卒伍谙记其要害，尚不能悉，而况塞以外乎？今我劳而往，彼逸而待。我马出塞，三百而疲[16]；彼骑遍野，一呼而集。得有小利，归途尚难。倘失乡导，全军何赖？数万之众，缓行持重，则虏备益严；疾行趋利，则辎重在后。且尅日有定期[17]，裹粮有定数。虏迁徙靡常，则战无定地；远近不测，则战无定期。一战之后，虏或保聚，或佯为逃遁，笳角时闻，壁垒相待，已离复合，终不渡河。而我军于此，战邪退邪？两相守邪？数万之众出塞，亦必有数万之众援之否邪？有骁将以通粮道否邪？保无抄掠不至匮乏否邪？是皆至难而不可任者也。夫驰击者，虏之所长也；守险者，我之所便也。弓矢利于驰击，而火器利于守险者也。舍火器守险，而与之驰射突击于黄沙白草之间，得邪失邪？

今塞下兵，即塞下人也。坟墓庐舍，先人之所营。妻孥眷属，骨肉之所居。禾黍桑麻，业产之所具。牛马牲畜，身养之所供。迫于兵刃，怵于生死，尚每每退怯，以烦上人之督责。今驱之于无人迹之地，限之以可立尽之食，要之以难必成之功，苦之以不即罢之役，恐之以将徙之祸。而欲得人之死力，可乎？

议者欲整六万之众，为三岁之期。春夏马瘦，为虏弱而我利于征；秋冬马肥，为虏强而我利于守。春搜于套，秋守于边。三年三举，虏必难支。待其远遁，拒河为守。是固一说矣。然天时物性，不甚相远也。秋冬虏马肥矣，而我马不亦肥乎？乃止利于守邪？春夏虏马瘦矣，而我马不亦瘦乎？乃独利于征耶？夫春夏马瘦而虏弱，不能入寇。然坐以待我，诚惧其扰击我也。秋冬马肥而虏强，既能为寇，则多方设谋，诚惧其报复我也。六万之众，非所以袭人；千里之途，非所以自逸。转盼之间，情态异致，岁一为之，以俟三举，其可得乎？兵家胜败，本难预期。一举失利，士伤马耗，议论蜂起，则将已之乎？竭天下之力，排天下之议，以俟其成乎？三年三举，咸可得志，虏败而守，我去复来，终不渡河，版筑难举，则将何时已乎？

盖议者见近时捣巢之举，恒获首功。昔年城大同、五堡之边，虏亦不来深竞，以为套地易复。然复套与是二者，实有不同。盖捣巢因其近塞，乘其不备，胜则倏忽而归，败亦支持以退。举足南向，便是家门，壕堑城堡，为援可恃。复套则深入虏境，后援不继，胜固间关[18]，败虏陷没，事势异也。夫必胜之兵，有限之矢，此李陵所以失也。今我之将士，能为陵之所不能为者乎？往城诸边，实近我土，又沿边之地，虏原不以为利。故虽城边筑垣，少有侵取，虏不恤也。套地则自火筛入寇以来，据以为家，四时之间，不离住牧。一旦欲取而有之，彼肯晏然不有争乎？事体异也。故曰："杀虎者易，夺虎子者难；夺虎子者易，夺虎穴而居者难。"今未能杀虎，而夺其子，欲处其穴，得乎？夫先据北山，将勇者胜，赵奢之所以得也。今我之将士，能为赵奢之所为者乎？

若曰伺虏出套，拒河为守。先将渡口及可以履冰道路，亟筑垣墙。以次移置边堡于沿河，如昔年王晋溪[19]，近年张南川及总兵官周尚文论[20]，似若可为。而不知今日诸酋，各有分地，套地为吉囊四子所居，控弦者当不下十余万，岂有空套以出之理？沿河计二千余里，筑垣为限，岂时日可完。移置边堡，非百数十不相联络。堡置兵非千人不可，而游徼、瞭望、哨守者不与，当三十万众不止也。诚恐布置未定，而争穴之虎至矣。况我边去河，动辄千里。一年之食，为数亿万。沿边所出，仅足自供。益以此数，必仰内地。由内地而输之边，远者二千里，近亦不下千余里。乃又自边而输之于河，即粮道可通，飞挽实难。此尤所当摅虑而殚思者也。

然则套中之地，其终不可复乎？曰：事变之来，至无常也。要之，君子不可有侥幸之心。夫秦之所虑者胡[21]，而终秦无北边之警。汉之所备者胡[22]，而中叶有款塞之顺。事变之来，孰能逆睹？我皇上以圣德建极，元老以上知作辅，天心助顺，将来虏之盛衰强弱，虏能保邪？自相攻击，如匈奴之南北；荐遭疾疫，如先零之殄灭，岂无期邪？彼有其隙，我乘其弊。套地之复，此其时乎？谨我塞障，饬我戎备，和我行伍，固我元气。以俟其隙，计之得也。故曰："知彼知己，百胜之道也。"若不察虏势之强弱，不审事情之难易，不揆我力之有余不足[23]，使塞下之民迫于备边者，喘息不获定；沿边之卒伤于锋刃者，疮痍不获起。而复横挑强寇，以事非常，则愚所不解者也。谨识。

校记

[1] 而，《明文海》作"以"。
[2] 守，《明文海》作"收"。
[3] 图，《明文海》作"国"。
[4] 胡，《明文海》作"敌"。
[5] 犬羊，《明文海》作"左衽"。
[6][8] 宏，《东涯集》及其他版本均作"弘"。
[7] 《明文海》无"有"字。
[9] 大，《明文海》作"天"，是。
[10] 单于，《明文海》作"劲敌"。
[11] 生，《东涯集》作"主"，当以"生"为是。
[12] 胡元，《明文海》作"故元"。
[13] 虏，《明文海》作"敌"。
[14] 掳，《东涯集》作"虏"，《明经世文编》作"卤"。
[15] 虏又屋居，《明文海》作"人不屋居"，《东涯集》作"虏不屋居"。
[16] 百，《东涯集》及其他版本均作"日"。
[17] 尅，克的异体字，《东涯集》作"克"，《明文海》作"刻"。
[18] 间，《东涯集》及其他版本均作"艰"。

[19] 王晋溪，《明文海》作"王近溪"。

[20] 论，《东涯集》作"所论"。

[21] 所虑者胡，《明文海》作"所虑北敌"。

[22] 胡，《明文海》作"匈奴"。

[23] 我，《明文海》作"吾"。

宣大事宜议

形势者，设险之所必固；而时势者，兵家之所必不能违也。兵不审时，险不度地，未免于泛然而举、倏然而罢，非所以揆事体而弭寇仇之道也。山西起保德州黄河岸，逶迤而东，历偏关，抵老营堡尽境，实二百四十五里。大同起西路丫角山，逶迤而北，东历中、北二路，抵东路之东阳河、镇口台，实六百四十七里。宣府起西路西阳河，逶迤而东，北历中、北二路，抵东路之永宁、四海冶，实一千二十五里。共一千九百二十四里[1]。皆逼临胡卤，险在外者也，所谓极边也。山西老营堡转南而东，历宁北、雁门、北楼至平刑关尽境，约八百里。又转南而东，为保定之界，历龙泉、倒马、紫荆之吴王口、插箭岭、浮图峪，至沿河口，约一千七百余里。又东北为顺天之界，历高崖、白羊，至居庸关，约一百八十余里。共二千五十余里。皆峻山层冈，险在内者也，所谓次边也。

我国家虽不守东胜，弃大宁，然重险天设，固犹在我也。外边西连延绥，东距蓟州，势相犄角。至于为京师屏蔽，则宣、大为特重，非他镇可比。即宣、大、山西外边之地，有彝险迁直，合而言之，则大同最称难守，次宣府，次山西之偏、老。分而言之，则大同最难守者，北路也，次中路，次西路、东路。宣府之最难守者，西路也，次中路，次北路，次北（东）路[2]。而山西偏关以西百五十里，恃河为险，无待防秋。偏关以东之百有四十里，则略与大同之西路同焉。内边可通大举，惟紫荆、宁、雁，次居庸、倒马、龙泉、平刑诸关隘。要之，内外二边，皆所以捍蔽燕、晋，保障黔黎。然外之不御，内安可度？故论者有唇齿之喻，又有门户堂奥之语，理所易晓也。迩年以来，大卤屡寇山西，必自大同入；侵犯紫荆，必自宣府入。事所可征也。盖形势之大略有如此。

古称彝狄之众，不能当中国数大郡。若智与谋及戈盾火器之属，长短相较，又万万不侔。然所以能为中国患者，毡裘之族，鸷忿而雄捷，出于风气异我汉人。又彼以骑射为本业，抄掠为生理，专精于技，无待于教，战斗之事，人人能也。而我事隶于群牧，业分于四民，百一为兵，劳于训习，习且弗专，故亦多弗精也。彼聚寡为众，乘时而攻人；我散众为寡，画地而自守。攻无定势，所资必锐卒征骑，而运之飘忽如风雷。守有定形，遇贼必赍粮负甲，而随之瞻顾而狼狈。彼去文字，简号令，进无所驰，退无所摄。而我则议论多端，号令多门，进退由人，上下牵制。故彼拙日巧，我巧日拙。

又，国初之时，我太祖、成祖抗棱远斥，彝狄势衰，窜伏莽榛，仅存喘息。正统以后，则生齿渐繁，种类日盛，近且并海贼，吞属番，掠我民居，为彼捍隶。诸酋所部，约可二三十万众，视国初何啻倍蓰。沿边戍卒，较以旧额，未尝加多。彼丑先年秋高入寇，控弦不满数千，掠境不能百里。我兵临时，调遣缓急，仍收胜算。顷者每一大举，动称十余万，蹂躏关南，侵骇京郡。寻常师旅，莫敢遮邀。盖时势之大略有如此者。夫度形势之便，则详于外防，正以捍内，量为内备，所以资外。揆时势之难，则今所经略，当异于昔。而后所经略，当始于今。并力以守要，益兵以防秋，要皆事势之不得不然者也。

校记

［1］共一千九百二十四里，但上述三个数字相加却是一千九百十七里。

［2］北，当系“东”之误，参见《东涯集》卷十《集众论酌时宜以图安边疏》。

进宣大山西外边墙长图说

臣万达谨按，右所图外边墙详矣，而略于内诸关者，以外边特重[1]，又墙肇完，而诸关不与也。三镇边墙，亘连一道，其居然而内布者城堡也，杂然其外环者堑与窖也，亭然者墩，而穴通者台与隧也。增旧为新，缺一不可，必如此而后可守者。我军视虏聚散、众寡、疲逸、勇怯、疾迟之势，不相当也。虏人多食少，工格斗，喜抄掠，复以为生之道在是也。大战则大利，小战则小利，不战则不利。较得算者，战（我）什一而虏什九也[2]。是故我必以守为胜，而匪墙焉（守）[3]？毡幕邻迩，挥鞭山凌，结阵川拥，朝发夕至，倏如雷风，前无抵拒，后难追袭，岂不战守失据哉！

今墙完而戍者、侦者、田而食者，备秋林会，而墙立、而营屯、而首尾相应者，虏不得而轻视也。设虏以数万来侵，必塞窖填堑，而后及墙而仰攻，亦难矣。墙台我专，披坚鳞集，矢石并发，炮火远及，虏亦岂能飞渡哉！臣故曰：自是始可以言守也。而又不能不却顾而长虑者。传曰：“地利不如人和。”又曰：“在德不在险。”斯二言者，至言也。

校记

［1］特，《东涯集》《明经世文编》均作“持”。

［2］战，当系“我”字形近之误。

［3］此处原无“守”字，而《东涯集》有，当以《东涯集》为是。

进宣大山西偏保等处边关图说

臣万达谨按，右所图形势，起宣府东路之四海冶，迤逦而西，历北、中二路，抵西路之西阳河，为大同界。大同东路之东阳河，迤逦而西，历北、中二路，抵西路之丫角山，为山西界。山西之老营堡，迤逦而西，历水泉、偏关，抵保德州，为黄河岸界而止。计一千九百二十里有奇，皆迫临虏巢，所谓外险也。又老营堡转南，迤逦而东，历宁武、雁门、北楼，抵平刑关；又迤逦而南、而东，为保定界。历龙泉、倒马、紫荆之吴王口、插箭岭、浮图峪、沿河口。又东北为顺天界，历高岸、白羊，抵居庸而止。计二千五十里有奇，皆峻岭层冈，所谓内险也。

两险截然，固天之所以限华夷者。然自正统以来，胡虏窥兵，屡恣干扰，迩且结阵长驱，远薄汾沁，全晋为眚，边议日兴，岂其险固不足恃邪？溃废大防，由来者渐，有险不设，同于无险。故设险云，因地形而经纪之以人力者也。内倚诸关，间设崇垣。外筑崇垣，长遮绝漠，绵堞百万，诸美攸辏，比之金汤。我皇上今兹所宏创者，皆前兹所未有者也。边臣自是始可以言守矣。是故善守者，不战而屈人之兵者也。遇秋分遣内卒，协戍外边，备寡力全，彼此受益，岂特变通，是为善经。乃若御冬防河，城规具在，又差缓矣。臣虑险设而不守，与虽守而无其便也。先今小疏刺列款目，期于可久，盖亦颇详。俟之将来，脱有不虞，当在意外。

夫天下之事，多成于其始，而废于其终。建工动费帑金[1]，役劳大众，其成之亦云难矣。臣愚欲责宣、大、山西抚镇诸臣以交代法，巡按御史以阅视进图法，则兹垣也庶乎其有永矣。虽然，重关叠障，险在地者也；谋臣猛士，险在人者也；栗栗危惧[2]，毋流循玩，险在心者也。摅探本之思，延却顾之策，此臣所侈望于亿万年者未已也。

校记

[1] 建工，《东涯集》及其他版本均作"边工"。

[2] 栗栗，《东涯集》及其他版本均作"慓慓"，当是字体形近之误，以"栗栗"为是。

杂　录

先是府江与藤峡相为表里，罗运东去府江二百里，而近藤峡之猛。失守罗运，则东奔府江，论者谓府江用师亦不可缓。故翁公复著议曰：治藤峡宜急，治府江宜缓。盖藤峡三面可罗，所虑者东奔耳。府江则山溪辽远，又沿江往来，难可踪迹。欲治府江，必先于五屯、永安、荔浦、平乐、贺县积粟屯兵，以能者主之，熟其乡导，探其塞易，扰其耕耘。俟贼惊骇失守，乃可环攻。又曰：征蛮与伐狄殊科，大举不若游击之功，一剿不若屡警之力。又曰：南蛮之倚山，犹北狄之倚马；北狄舍马不能为雄，南蛮舍山不能为力。广中称为至言。

嘉靖二十四年二月，兵部侍郎翁公来督军务。三月，并民堡，边方村落移民堡，缘役起间阎，谋鲜周密。亦有一乡数堡，一堡数家者。又素无弓弩火器，虏入守空陴坐视，恒有陷失，杀戮动千数百人。至是，总督军门下令合并，其孤悬寡弱，度不可守者废之，编其民于附近大堡，协力拒守。每堡择才力者为堡长，次者为队长。堡长得制队长，队长得以制伍众。立法曰：守陴众每五十名为一队，每队奇正各半，队长二人，一统其正，一统其奇。居常一人守一陴，奇正相间。若有警则三方应援，奇者赴之，正者摄守。每队为红绿布旗，队长执之，以分其众。为方圆二牌，堡长收之，以出其奇。又多造火铳、飞炮、佛郎机之类，分给堡塞。（《宣府志》）

夏五月，客兵至。督府以为，兵不精则众不若寡，食不继则远不若近。乃省调客兵，是岁止四营。至六月，诘边。近岁偷玩，盘诘鲜实，奸细得行，为虏耳目。虏入，道里必知，至有杀掠时呼人姓名者。于是督府下令诘边，且督诸将分遣间谍往来塞外，多方巡徼。于是境上始严，虏莫能窥我虚实矣。

冬十月，颁招降赏格。先是，归正人至境上，墩军以为奇货，往往执杀伪首功，遂有南望号泣，不敢近塞，及乘间窃入，抵为虏谍者。督府翁公曰：首功赏重，招来赏轻，小人惟利是趋，其势必至杀降以邀重也。乃议定招降赏格曰：远哨人于大边外招降人至者，壮男子与五金，幼弱妇与三金。同行人众，壮男子每一人递加三金，至三十金，幼弱妇女每一人二金，至二十金。墩卒帮送者，壮男子三金，幼弱妇女一金。同行人众，亦递加有差。颁布诸镇路行之，于是一年得降口数千百。边人曰：是不惟全生命而革伪级，惜官禄亦巨万也。

长城之役，宣、大并举，西路洗马林、西阳河者，两镇接境也。始大同长城议自高山口，遵山麓而东，至水磨口，又自李信屯以与宣府接，虽土地平坦易城，而界西阳河于外。巡抚都御史孙锦曰：是弃西阳河也。堡中生齿数千家，膏腴地且千顷，推而远之，无乃不可乎？然使大同边北出，不界西阳河于外。则山险中断，应援不便。大同以为争，持议不决。于是总督侍郎翁公下令曰：地不可弃，兵必有援，徇宣府疆域而置大同戍卒于绝地，是不恤大同也。便大同应援而置宣府西阳河于境外，是不恤宣府也。若地徇宣府，兵便大同，是为两得。乃修边自水磨口而东北逾山至马头儿地。又度沟而北至宣府镇口台。边戍属之大同，而以应援责之宣府。著令曰：居常戍不备，罪大同；有警而宣府西路不以兵至墙下应援者，罪宣府。议乃定。由是西阳河人喜不见摈，歌舞称庆；而大同戍卒知宣府应援之兵密迩，亦恃以无恐。是役也，微军门纤谋，几两失之。（《宣府志》）

言行录

翁子曰：用舍存乎时，伸屈存乎道；有见于进，而无见于退，君子弗能也。是故道而在，退亦伸也；道弗在，进亦屈也。

所贵于士大夫，必敦尚本实，温雅博大；通达治体，忠鲠有气质，敢于任事；不龌龊进退，与时浮沉相上下者。夫然后举所需而畀之，天下大平可恃。不然，吾惧其终也。

君子行不诡道，故慎言修辞，即日用刺札，亦可以观也。

夫道之敝也，甔言掊听，故其学寡实；席望贾荣，故其时寡耻；穷老治经，至不能尽事辞，乃狭中自耀，居傲长非，故其才寡庸；是故君子不坊此三者，不可以入道，不凿夜气，以定虑研几，约行广业。

气之本体，理也，至善而已矣。动而后有不善，气为之也。是故理不凝，则为昏为欲。昏闭物也，欲逐物也。胜昏为明，胜欲惟静。

与邹一山云：夺情起复，出自廷推，我朝前此未有。诸老不生于空桑，乃忍为之，是岂有人心者哉！父死未葬，边事又已稍缓，决不可忍心遗亲，得罪名教。将来即有不测，身还朝廷，魂依先子，亦所甘心。

粤人能谈圣人之学，缅缅然若倒囊出物，示人富矣。至稽其所就，则百一登堂，十九堕甄，此其可以易言哉！昔者庄渠先生，一以至诚遇士，然听言太狭，求成太速，聚讲太扰，防溃太疏；故林生纳贿于番禺，刘子鬻权于潮海；灵场反画，伪乱相乘；有志生儒，捐弃不录。而庄渠不察也。今兹二生，已作异物；余亦没没，仍蒸土耳。乃先师阳明，则异于是。淘金之喻，虽其本心，而不逆不亿，抑又先觉，则其妙用也。何尝诲伪导乱，至以弊终。夫二先生者，皆亲履东粤，示人作圣之的。而意同事异，此是彼非，毫厘之差，固得失之总也。

与吴默泉提学云：近来潮中文学彬彬，异于往时。闻有悟良知之说，一意向往者。即不求以自见，固亦渐尔有闻矣。斯大贤过化之力，甚幸！甚幸！

与陈豹谷云：某致知工夫，未能合一，凡百作用，多就其质之所近。又或自任太过，皆非良知本体。舟中稍稍习静，痛自湔刷，渐觉有太平无事气象，只恐不能时时如此耳。

与林退斋提学云：今天下谈正学者，多类上蔡。所谓能言似鹦鹉，厌略躬行，简弃典籍，近甚惊怪其人。私心夙昔每宗服退斋，率轨稽行，截截示人。

与萧同野云：吾潮人多谈道德、负意气，不屑侍于公卿之门，前辈所及闻睹者。

情法论

人皆曰：居官之道，惟情与法。而不知情也法也，不可分为二也。且如某事当行，我从而立法惟严，夫谁谓不可；然稽之人情，或未得通融之说，则法之当而严，严而不可犯者，终归于苛。又如某事便民也，我从而惟情是通，夫谁谓不可；然律之法守，或未得正中之防，则情之顺而达，达而不可御者，终归于流。苛与流，二之过也。是故法用情，通之以就规也。情丽法，约之以就矩也。规主圆、矩主方，方圆之至，仁义而已矣。仁义之道，互为其根，故曰：情与法，不可分为二也。

主静说

或问主静，曰：主静者，恒定焉尔矣。恒定者，恒知也。知属念也。夫既有念矣，则谓之动亦可也。曷偏言之？曰：主静，所以一动静也。然则主静之静，与动静之静有以异乎？曰：动静以时言，谓其感与未感耳。主静之静以心言，心无动静而动静之理出，道之所以时中也。是故以动静之静心为静，非也。而诸子之陋，则又曰静非有也，曰静非无也。若是，则果在有无之间乎？是不免启学者捉摸之弊，而无所于止吾惑焉。

今夫天以其有专一直遂也，故有动静之名。而天之所以恒久而不已者，不曰乾以易知乎？人心之妙与天同，吾固不能外知而言静也。不达曰知，良知也，此道以良知为有外乎？此学以灭念去智为得其本体乎？心之本体，无内外，无终始，而虚通明觉之自然者，固未尝不在学，惟其精焉而已矣。不离乎物，亦不蔽于物[1]；不外乎闻见，亦不牿于闻见。精之也，日缉熙焉，念念皆天理矣。寂然不动，感而遂通，动亦定，静亦定矣。合内外始终而一贯之，夫是之谓主静。故曰：主静者，恒定焉尔矣。恒定者，恒知也，非予言之也。《易》曰："天下何思何虑？"《经》曰："知止而后有定，定而后能静。"夫何思何虑，非不思不虑也。知止而后有定、静，非截然为二也，圣学也。口耳者支离，虚空者谬幻，默而成之，存乎其人耳。

河西退署旧颜其堂曰"主静"。因书所见如此。

校记
[1] 蔽，《东涯集》作"弊"，当以"蔽"为是。

《稽愆集》序

君子行不诡道，故慎言修辞，即日用刺札，可以观也[1]。予自丙戌筮仕以来，诸刺札多逸毁。癸卯春入蜀，舟覆，漂而复存者，仅百一耳。甲辰迄今，凡有所启答，必畀之僮辈，并以其百一存焉者，编次为是集。疑于陈迹唾去之物也，乃不厌琐掇，诚以溯言观行，曩昔之愆违可知矣。致知存悔，震无咎以复吾无妄，固学者之事也。集凡若干卷，嗣得其所遗者补入，新者续入，而藏之私箧云。

校记

[1] 可以观也，《东涯集》作"亦可以观也"。

贺崦山周提督公入贰司寇序

两广提督属郡县吏民事，视他省略同，至所治诸军，平百蛮，措吏民安，则授钺比重于西北边镇云。然自开府以来，历数君子，凡军兴所至，辄风靡凯闻，无龃龉挠败，往往茂声伐如所睹记。岂东人馈财，需饷无缺？西有两江土兵，善格斗，可使以夷制夷，张吾军气势。所辖文武属，自镇守若藩臬大吏，始谒必跪拜，恒亦自执牒，翼趋立堂下，入坐侍虔，若有事受约束惟谨，故政令齐一。地去京师远，无中制之患。不幸言治，而耳食者，吹疵毁全，亦鲜已甚。故措注优裕，而群志不摇。大较与西北边镇，事体难易悬绝。故有志功名之士，动称两广两广云。

公昔三仕东土，有异理效。及为提督，吏民咸益相欢，见攘宁之治甚幸。未一年，乃夺拜今官，方隆倚注，不特烦公提督之事已也。夫国家制刑，察之参伍，以信于天下，司寇职刑书，无怵利害，务轻重当情实为难。天子大圣，顷者一二巨狱，独裁断可否，臣下莫能及。有所疑谳，务必当上意为尤难。思举而试之，有节行忠信之人，使以其志意达之论议，诚动上下，而旧章不乱，光助平明之理，有足侈者。抑西北鄙方多故，不撤警备，天子寤寐英略，顾问孰可，搢绅缨绥，能不揽衣中夜，思弮寇凶。而哲庸同轨，贤墨并驰，是其所非，而非其所是，杂然出入于疑信反覆之间，向往异而心力穷，安可济邪？公负当世之望久矣，掌机衡，建韬钤，惟所用之，皆足易视听，将又不特烦公司寇之事已也。

某鄙人，量己不朽（材）[1]，当腐败山泽，不复知有时事。独经怪海内贤者，间亦弛心，薄鹰扬而慕鸿举。率是道也，倘所谓砥柱长城，仓卒将安恃？以是知公当不忘平生特达委身之义，恢恢为之，慰答海内外吏民，功德岂有涯极哉！公属潮，郡守陈君某，与其僚刘君某、计君某、赵君某适来闻，予鄙人言如此，辱不厌书之，再拜特以贺公行云。

校记

[1] 朽，《东涯集》作"材"，当以"材"为是。

赠少司马詹角山公序[1]

云中，天下之所难也。往公以巡抚自河西来，数月鄙人以总督亦自西安来，相与四五年，而云中称治。恃公之能，非鄙人之力。鄙人时未备边，辄好谈边，既使备边，辄复怯谈边。以备非所谈，而谈非所备也。矧于云中，微公负贤人之上资，诸所议画，周朗而曲当，鄙人何赖焉？公益鄙人，即以其所至与其所治，而知诸谈边者，亦将有所待于公，故公召人而镜观存焉。

夫官不择地，多惧而瘁躬，远臣之节也。一旦使容与优游，依光而多幸，无贤乎独固邪[2]。均劳逸，驭世之彻义，而况以为镜观哉。今俶傥奇伟之士，鹰扬凤举，思与国家凿凶系房，建阃外之业，其言率铿铿可诵。异乎鄙人者愤激发于躁心，议拟疑于揣测，病鄙人之病，必待公为镜观，倘亦有之。语曰："虽有百闻，不如一见。"故前哲教人，有迪知之旨，问陈不对，盖其慎也。故行且习矣，犹多不著不察，以为涉世深而虑事精，必负贤人之上资者也。抗居高视，尚言而亿中，均之无当焉。安免于出入可否，循环殿最？

昔有十人说车，一人造车。其一人者多异能，知车之为器，内方而外圆，方者载圆者行，服而制之者马牛之力，又亲骋险途鉴前覆。而十人者则不然矣，然见一人者之陈述制置，扬榷利害，推极致远之术彰彰也，辄相约却谈而改听。入门知心，出门践辙矣。公其造车而躬乘，骋险鉴覆而坦然安者。异日京师却谈改听，而知新践辙，岂惟十人哉！是故公召人（入）而镜观存[3]，鄙人喜。时戊申冬十二月之望，作此序辞。

校记

[1]《东涯集》无"詹"字。

[2] 邪，《东涯集》作"亦"，按文意，如作"亦"，当为下句句首。

[3] 人，《东涯集》作"入"，是。

贺铁峰萧太史公寿诞序

太史年垂六帙，邑诸生来问东涯山人言为寿。山人善太史，欲为寿同之。顾谓诸生曰：太史负奇异，文学斌然，举于乡第一，登进士为翰林官年最少，翱翔于金马碧驼之间，名誉又最高，不改玉趋，即卿相可立致也。于是海内咸争敬慕之。

今上即位之初年，乡有黄门者，大不类吾徒，鼠附时宠，势焰熏燎，人可畏。太史刚肠疾恶，不与比周，持黑白论议，为所衔。顷之，时宠人闻口语，亦愤愤恚恨，欲以事相中。会黄门得罪教，上书自解，语辄干太史。或劝太史辩，太史顾不屑与辩，息驾欣然，乐而忘其官也。当事诸人，往往交章欲起用太史。太史顾又不屑屑起用，于是海内益争敬慕之，而太史若不知也。

有子六人：伯子曰启，读书中秘，有斐然之称，今为才御史，益茂声伐。仲子某某，咸举乡试。余亦骎骎踵武起矣。顾又海内所希睹而喜闻者，而太史乃大豫。夫不知其可欲而能豫，是能寿之道也。乃予昔尝过访，其别业在广园长池之上，杂荺花木，下上鱼鸟，隐约如烟岩霞坞。盖器宇亭亭，绝尘物表矣。时诸郎俱尚幼，予间语今人文字得失，及感叹时事，讥评出处。太史不甚答，第呼诸郎出侍立，或引置膝前，取酒张坐饮予。辄醉，顾复扬言曰："丈夫雄飞雌伏，一龙一蛇，胡效灶下蚕，炎则跳跃，寒则鸣邪？世故浮云，万物何有？雕虫之技，壮夫不为也。"予语塞，欲为长跽执鞭久之。今诸郎俱长大济楚，太史日康强无恙。即予所经怪今人，腾突华仕，若市儿争饼，不得则狂叫号啼。稍知引退者，又易都声名，拟捷径如贾道然。不且刻意于无益之词章以自表见，日烦瘁其心神。即贤者能忘情于此，或又限于嗣续，不怿豫其志意，乌足以语云鸿海鹤之心，诒谋燕翼之事若太史者哉？

夫寿固神与志为之也，志啬者窒，神役者竭，寿之反也。不见其可欲，而能豫其务，蓄神与和志者欤？宁一而流，畅绥于气，不衰于形，即不必导引吐纳可长生矣。故曰："是能寿之道也。"诸生曰："然。"于是执无疆之觥，持予言往其家。予山人将亦屡过太史而问焉，而觞焉。乃因诸生先致其筐币。

赠罋斋龚君陟东广少参序

某好谈君子长者，至我罋斋公，辄欣欣慕焉。某昔在京师，廉得公所致，为议论，博大有长者风。至辩析可否，则侃侃谔谔不能屈。赞中丞，署司寇郎，皆侈流声实。比陟金西广，无何，某亦以户部郎官出知梧州，为公属吏。传闻上官视其属，每衡置崇卑仪，咫尺盈盈不可即，甚厌苦之。公贵礼明贤，不简亢自峻，故某始获觏公，即大慰。西人又为某言，公博学淑志，毖而周物，而不挠悾悾，而不塞语枭。能不暗时事，孜孜为理，视往迹弗愈，如公者实寡。

左江故荒杌难治，公来监兹土，弗遑宁处者二年，其政简而核，典而率，训下观而夕惕之。轨度不愆，小过在宥，未尝吹疵。茹憾匿中，以观直于人，人即不亮，公亦终不改行以首鼠妍宠。风所扇动，即郡邑诸长吏，无不人人向慕者。武夫承式，亦异他日。民咸戴厥庇，道路以让，颎洞而欢呼者，莫之能御也。公既擢今官，吏民愿少须臾借公而不可得，未尝不发愤沾衿涕下也。

陆子任忠，时方视浔州，乃乐以告某云。夫某与陆子，皆东产也。东人近苦岁饥，多赤土，盗亦并起。为邦得我公也，夫安得不相与庆幸为乐？公行，其所表著，当不啻江左，其以慰东土来苏之望者，真未涯极也。某不佞，无以赠公。公惟不厌射我邦人，邦人久安可恃。又闻之，君子能建立伟绩，使不淹没无传，而不能使世无逸口。是故不愧反观，则人言以为鉴；未能信己，则人言以为訾。彼诚信己而已矣，又安所枉志哉？公大观今昔无间然者，某敢为谬语，时特有所感公尔[1]。

校记
[1] 公，《东涯集》作"云"。

送冯用先令平阳序[1]

用先冯子补平阳，熙载罗子喜曰："吾闻君子不择地而官，不择民而治，平阳始命，用先无弗豫也，可以知政矣。"曰："君子之仕也，以观民也，无以有己也。不择，无弗豫，政是以和。罗子知言哉！"罗子曰："盍终诵之，以胥告用先。"

某曰："夫政，心而已矣。有己者，未闻其有政也。程子曰：'古之仕者为人，今之仕者为己。'为己者，有己也，有己者，利之故。秩弗称则弗豫，知弗可徙也，强受焉。既而有所觊也，则卑躬附物而自诎以求伸，睽众矫情而自标以干誉。过与不及，失则均矣。虽有闻焉者，亦利也。君子无内外崇卑，无远近难易。利有其民，而不有其官也。平阳方二百里，既庶矣，令也亲之，何弗豫耶？夫豫，然后见君子。而顺志以动，乃罔艰于行。故曰：'由豫大有得。'用先吾知其不忘斯豫哉！充此心也，时靡有他，惟斯民是从。由是而不变曰守，不息曰毅，不纵曰严，不厉曰宽，筹画之曰虑，经纬之曰文，固而孚曰贞，振而静曰肃。肃以树则，贞以一度，文以昭庸，虑以周物，严以格奸，宽以裕众，毅以集事，守以率履。有此八者，咸出于心，不附不矫，允臻于道。虽之天下，无弗可者，岂惟平阳哉。"

罗子曰："吾辈于用先也，别而弗诵，无以章情；诵而弗规，无以申义。子言得之，可以告矣。"维时女益黄子、希大李子、禹成陈子咸在，曰："可以告矣。"书之。

校记

[1]《东涯集》无"冯"字。

汀郡守华山陈君平两滩碑

汀州故东南陬上游云。其地隆崇皆山，盘亘蹁连，中拆而微豁[1]，划若两岸，而溪水即焉。水源非一，始惟滥觞，既会既远，卒可舟而通[2]。舟制视他舟独异，土人以三枋为之，褊小而轻薄，于此溪为宜也。然水道所经，多陡峻束溢，无广陵巨浸为之停润容受。故其流迅疾，径南走入海，有建瓴下岑楼之势。冲击震撼，力攫声斗，齿齿断断[3]，舟行甚艰[4]。溯焉如登，沿焉如崩。而其淋雨注潢潦涨也，则惊波电制（掣）[5]，骇浪雷击，榜人股栗于洄谷，而莫敢与水争。盖诸滩皆然，而龙磜为甚。磜滩隶长汀，龙滩隶上杭，长各可三里许，杂然顽石，偃塞波中，密若星列，错若棋布，森若戟立，蹲若虎踞，乍隐乍见，或起或仆，有逻诘相辅而害舟之状[6]。即潦销溪细，犹呀呷迸怒。舟师素称巧绝，一失趋避，靡不颠沦，莫可援救，甚足患也。而两岸又巉峭仄塞，跣陟为难。

华山陈君守郡之明年，考量凿括，捐赀召匠人而授之，时冬水浅落，群然攻凿。又明年冬，竢工程，能不愆于始，推其坚刚，以杀湍悍。而两滩始平，它滩亦稍疏治。又徇度岸势开绎道，斩斩异往时矣。

翁某曰：余闻昔有障大泽，勤其官而受封国者，重水事尔。汀自建牧以来，历世久远，间亦有闻人[7]，然未闻有平险拯溺，如今兹所遭睹者。余数数道汀，尝舍舆即桴，历经两滩，土人往往为余言，滩险不可为，盖系之天事非人力云。余窃怪，以为不然。龙门逼天，大禹凿之，岂需鬼力。积芦沉璧，何其诞也。夫苟无意于平险救溺，即拉朽之事，比之捕风，易者且难，况其难邪？乃今陈君，毅然已任，行所无事，以利安斯人，转输百货。吾潮北壤[8]，自是仕商往来，亦赖无恐。其孰不舞跃欢呼，歌咏泽利与此溪相为无穷哉？余又闻君昔尝为水部，治徐梁，通漕河，人为立石，至今盛略不衰。平滩之绩，靡所因于前，尤章章焉不可没也。而上杭知县赵文同，守御千户所千户余相，长汀知县祝一鉴，典史某，亦与有贤劳，并宜勒而存之。陈君名洪范，字某，辛丑进士，浙之仁和人。在郡多惠政，平滩特其一事云。

校记

[1] 拆，《明文海》作"折"。

[2] 卒，《东涯集》《明文海》均作"率"。

[3] 断断，《明文海》作"斷斷"。

[4] 舟行甚艰，《东涯集》《明文海》均作"故舟行甚艰"。

[5] 制，当是"掣"字形近之误。

[6] 逻诘，《东涯集》缺"诘"字，《明文海》作"罗诘"。

[7] 闻人，《明文海》作"文人"，当以"闻人"为是。

[8] 北，《东涯集》《明文海》均作"比"。

卷十二 翁襄敏东涯集（四）

澄海翁万达仁夫著

《渼陂续集》序

《渼陂续集》者，集渼陂先生垂老之作也。先生有集，传且久矣。日就月将，老而弥笃。门人集其近作，称续焉。于戏！去而不返者，时也；无所息肩者，学也；日慎一日，振于力而莫之休者，志也。其先生之谓乎？

序曰：说者谓文能穷人；而又曰人穷则文工。谓耄期倦勤；而又曰老乃诗律细也。是二者将何所取衷哉！《坟》《典》之文，至文也，其人率皆在位。游、夏之穷，不加于颜、原，而顾以文学称。郊、岛寒薄，根于所赋，虽不苦吟遐思，要之不能通显。故以穷咎文者，诬文者也。司马子长遍历名山异境，而其文益奇。柳柳州不摧踣困郁，亦不能辞理极到。则穷而工者，盖一说也。有初靡终，进锐退速，此志不帅气者之事。卫武公克自抑畏，九十自警，今观《宾筵》诸诗，所谓有德之言也。唐诗人杜子美夔州以后之作，读书更为刮目矣。则老而细者，亦一说也。

渼陂先生遭际敬皇帝，赐第大廷，不可谓不遇。而立朝在郡，为日可数。至其蕴而大者，举天下莫之试也。穷与不穷，当有定论。今初集与续集具在，其耄细与否，亦夫人可按而知也。要之，正大以敦体，悲壮以措辞，冲淡以入格，简严以复古，谓耄者能之乎？而亦不无所自也[1]。夫国朝有作，莫盛于敬皇帝时。时则李、何首倡，徐、郑继踪，边、殷、王、薛，翩翩羽翼。今数雄已没，先生独振逸响，硕果不食，时有所出，为世大观，不亦大幸也哉！

予读是集，更有慨焉。先生齿德既高，践履纯笃，诸所酬应，罔不协道。若集中叹禹夫之货殖，善鹤夫之主农，惜瀛也之宦成，戒渼也之土木。施于有政者，概可见矣。外则《论学》《论师》诸书，《牝晨》《孤儿》诸吟，《陨霜》《警火》诸赋，盖拳拳于希圣学古，移风易俗之意也。则所谓大而未试者，其所可慨不既多邪？

予不学，得先生是集，敬为梓之。使天下知今日有先生，亦以知先生有今日也。而先生书寄来则曰：是不宜无序者，故叙说其端如此。若曰究其学以窥立言之本，论其世以极取善之公，则非所敢也。

校记

[1] 自，《东涯集》作"助"。

留别沈紫江序

夫负奇者不忌毁而下人，善徇者不匿中而替好。故有倾盖一时，而意气没齿；嬿婉平生[1]，而情如邂逅者，言以其类尔。彼我相形，异同殊轨。智相伯仲，则骈志而降心。诣有浅深，则缦衷而居亢。降则敦故，亢则匿存。较亦人情，安可强也？

紫江沈将军，粤西之杰英，而当世之名将也。健敏多奇，敦笃操谊。然不屑琐尾，文吏刀锥，什伍龃龉间。于贵官达人，又怠折节。故或疑其亢而弃礼，讦而为其薄也。乃余观将军详矣，昔人有云："知人未易，人未易知。"又云："女为知己者悦，士为知己者死。"信斯言也。余昔作牧苍梧，良觌伊始，听其言论，斩斩动人，意干风猷，度越诸将，私心慕之。嗣是得时接音尘，因缘存记。比叨藩臬，式监南浔。将军谢事家居，相过频数，促膝更仆，披腹谈心。久之，边机幕议，必相参闻。毕事报成，无爽铢忽，用是益敬重将军矣。将军亦然诺余言，动必称善。有声求之应，而无朋比之非。盖利重于断金，而情拟诸同气。不愆终始，良岂偶然。乃若袍泽相通，疾难相慰，此特海内交游之彻义耳，固未暇以一二谈也。

暌违在期，知己难再。追念往昔，喟然长怀。何者？昔尝见将军性不甚喜饮，饮余辄欢。酒情中酣，仰而赋诗，弹剑相和，其音款款。时或慷慨激昂，瞠目攘臂，叱咤时事，意若系南蛮、吞北虏[2]、标铜柱、登燕然，树奇勋于当时，勒鸿声于异代。斯固丈夫之雄心，而亦鄙人之所希冀者[3]。然用舍遇也，显晦时也。君子不昧时而诡智，达士不要遇而损衷。余方悟山泽之辉荣，譬朝市于桎梏。抑情魏阙，旋踵旧栖。赋潘生之《闲居》，咏左氏之《招隐》。将军幽况，夫岂同之。如将军言，异日固当弃鹊印、敛龙韬，拓落纷嚣，简弃烦促，慨然命驾，贲我潮阳。仰遗风于昌黎，濯清流于东浦。鄙人多幸，跋履以从，相与陟罗浮，浮南海。探灵奇于元岭[4]，穷灏漾于扶桑。然后薄言行迈，逾大庾，溯长江，访匡庐，吊白鹿，历览天台、雁宕之胜。出钱塘，泛西湖，问津于豫阳田氏子之宅而宿焉。当有悠然冥合，而豁然相通者。田子往尝与我约矣，将军亦闻之。抗志浮云，彻迹九有[5]，将军有兴，婉予二人。

校记

[1] 平生，《东涯集》作"生平"。
[2] 虏，《明文海》作"敌"。
[3] 《明文海》无"而"字。
[4] 元，《东涯集》作"玄"。
[5] 彻，《明文海》作"辙"。

送宪副三洲李先生之任湖广序

李君以广西提学佥事擢湖广副使，备兵辰沅，辞不欲往。同官诸大夫属翁子为劝行。

翁子方病苦行役，亦有长林丰草之思，奈何强李君。已而抚按疏留铨部，檄李君往即事。翁子则语诸大夫曰："余观李君，李君负当世之具，今世故云轮，棽错转动，不可底止，其所需豪贤如李君者，使得十数辈，落落参错宇内为长监，万物吐气，天下治安可得。孰能抗心高举，不与斯人共安乐邪？夫世臣博洽有文藻，翩翩欲自表见者，率多脂韦缩朒，活变浮沉，无慷慨执义，特立振俗之行。不且偃蹇颛门，阔略吏务。雕虫之外，便已面墙。华实不兼，无益殿最。乃李君则文学、气质、政事三者兼之。故曰：李君负当世之具，今之时安可无李君邪？"

余少好谈乡文人，至李君未尝不欣跃侧慕，即一字一言必手录卒业。比释褐京师，始得觐李君，与李君游。李君乡故人有得意，比翼持衡[1]，居显位者，方当泾渭搢绅，抑扬庶品。李君即不必屈门下，稍致凤昔，犹可以自翊（诩）[2]清高，并都宰执。李君器器不降节，昵故不废讥评。为郎十余年，仅得以金事补广西，此其故何哉？余观李君始为县令，则为才县令；继为部郎，则为才部郎。然其仁迹，余不可得而纪矣。

顷者乘间致密，促席对膝，商较时事。则见李君亹亹言时事不怠，至谈说广西夷情边务、兵刑钱谷诸沿革大致，虽他人职治，亦悉有注略示人详也，顾不甚难甚难者邪？李君自视为世称雄，为吾侪所委心而瞩望者何如？

要之，简弃世途，非以身徇国之义。故君子不择官而废施，不背时而妨誉，束发行义，没齿令终，夫孰不可？此意余窃与诸大夫同之，抚按铨部亦同之。李君学道明心达观，今日独能无同人者。于是闻余言遂行。

校记

[1] 翼，《东涯集》作"翌"。

[2] 翊，当系"诩"字形近之误。

赠笠江潘先生入觐序

制：三岁，令天下诸司百执事小大，会入觐京师，上所致功状，受废置。相承至于今，莫之能改。然间亦有微关敷言之指意弗彰也，计簿具文，上下势相隔远甚。三事六卿暨若属，居常议论相稽次。四方壤地美恶，氓人欣悴，与治务沿革，斩不闻略。诸所便宜，非外百执事人相告不可。天子置今外台也，得与藩司课第其境内郡长吏而下，计达天官部。天官部视以为镜别殿最，不枉闻者，恒得之于此矣。先生其可轻兹行哉！

先生博观今昔，明治体。陋予无以为助，无已，则固有所甚惑不可解者。先生曾为予言，广西故支藩陬徼，由来异土中[1]，然其事尚可为，此何异昔予所闻睹及所考于志籍者。每私诵之，君子不择地而治民，志士不易操而居险。苟可以树立流传，不淹没于世，则亦何薄志于广西邪？惟是赤子若属，于牦拔之痛罔弗省，夫安忍殊视，异哉今人之见也。选拔藩桌，广西大较犹得例诸省。至郡邑长贰，则固俭于才间有之，辟则举十鼎也，一人之力曷亦能胜？岂（貌）弃遐域[2]，夷鄙其氓人，而以为不可理邪？广西无贝玉金钱刀布之币，百物之需，其所以充奉邦君，至不能具骀稿，然亦不为陋他省。称沃地何限，所置官联给御备善。若程较华美尊荣盛大，即一邑令，犹侈于西人牧伯。然往往溺志弗克任，岂贤者固宜居此，而不肖者乃啬之。此皆予所鲜能解，而达人所以兴叹也。夫均齐远迩，任用庶官，当自有持衡者，予不敢知。其所望与公卿，极论西人长吏父母，不得比他省诸郡县，乃以咎其地与事，何其误也。

先生兹行，且奏最矣。载德抒章，造我髦士，西人固能纪之。德音昭晰，唯天下是式，西人能复服先生邪！然先生方将持论而鸣之天衢，而以覆露于兹土者，尚未涯也。

宪长白石公暨诸君子属予叙为先生别，是故予敢以其所未解，及所望于先生者，相与言之。真亦不自知其为多言也。

校记

[1] 土中，疑应为"中土"。

[2] 此处"藐"字原缺，兹据《东涯集》补。

送陈宏感之福州节推序[1]

节推陈君宏感将之福[2]，不鄙问余所以为推者。僭告之曰：推，司刑也。刑以用惩，君子畏其成，重民命也。余为童子时，见王官之笞杖人也，惊且走，不敢正视。弱冠则但能隐之而已。比其壮也，即之不惧，而用之不疑矣。夫心一也，少而畏，壮而不畏，其故谓何？曰：畏者，本体也。不畏者，习于见也。习则玩，玩则无畏，无畏则肆刑，斯邪矣。是故道离其经，政挠其俗，不能救法以明人，且不反也，而固罹元元之弗逮。刻意深文，弗居其厚，习相比况，何以寿民？陈君其尚监兹哉！民苦于刑久矣，君行当有事，罔或无畏可也。

余闻之，致理之道。纯用德以迪者，上也；不得已而刑者，次也；不畏刑而任其敢者，殆其下矣。君子得其上，弗居其次；居其次，而下者无之。故师听五辞，大吾公也；熟审出入，昭吾明也；大赦非终，示吾恕也；丕蔽弗疑，张吾威也；居之无倦，励吾勤也。公以始之，明以悉之，恕以行之，威以济之，勤以终之。合五者以成仁，则畏之道尽矣。舍是而用，是谓罔刑。刑非君子之所慎矣乎？畏非君子之所履矣乎？虽然，君子无弗畏也者，无弗养也可为难矣。苟得其养，虽日迩庖厨，而其性固不摇，法固不滥，民固可以无戕。故善养吾畏者，所以养吾民之脉也。陈君之养豫矣，福之民其将苏也乎？若夫闻当道陟台省，以大显于天下。此固陈君之所必至，而非所以相期也。

校记

[1][2] 宏感，《东涯集》均作"弘感"。

上诸军门书

本月初十日以来，节据委官谍者禀报，安南贼庸投降听处，颇有准验。某等计料，旬月之间，或可讫事，乃议出巡龙、凭等处边隘，以便审处归一，转报施行。十五日，忽报彼国具申，欲请督备王良辅抵关验接回文，而申内却言登庸已往海东府永安州降服，及以金银方物奏本由彼转达。来人通事又称，广东、云南俱已许可等因。某等见所言与前数日禀报大不相类，反覆思惟，安南一国也，檄问一事也，一事而二三有行，一国而频繁回答，事体委有不便。即使两广、云南各道官员同虑同心，忠恳谋国。然彼此差人往还问答，事辞之间，自难较一。贼善觇探，固得以售其奸矣。今贼欲往永安，广东分巡参将或已许之。若强由南关，彼将疑我中国互争纳降，所损非小。若驳以永安非受降之地，则又形广东之失。且嫌于自以为功，良可耻也。至其所具奏本，及所献金银方物，两广、云南亦必却弗纳[1]。及或同以分地割地等事[2]，责之谕之。然贼方影彼而饰此，托东而诳西。我虽百虑千方，恐难以易其观望延推之计也。某等欲令王良辅等姑且闭关严拒，不与接受，候白军门另为画策。王良辅辄执词请行，似亦一计。乃今于十七日诣关审验人文，语之曰：两广事从一体，莫氏若果实心投降，其在于彼，犹其在于此也，但未得军门明示耳。幸得陈副使手本称，奉军门明示，广东虽行檄问，不接回文等语。某等已将来文批驳，及一面修仓盖营，相机而处。事若尚可为者，但不免于迟缓月日，且恐广东虽不接回文，而云南又或接焉，则贼庸犹得以有辞也。

伏望军门明示，今后安南回答文书，若从广东钦州路入[3]，则不许复由云南、广西。止令某等一人，及云南二司官一员，前去钦州驻扎。若从广西镇南关而入，则不许复由广东、云南。止令广东、云南二司官各一员前来龙、凭驻扎。及乞通行抚镇三司，并各守巡副参等衙门知会，庶无彼此参差之患，而某等误事之罪，亦可以少免矣。某等菲才，叨蒙任使，一得之愚，不敢隐讳。

校记

[1] 弗纳，《东涯集》作"弗且纳"，当以"弗纳"为是。
[2] 割，《东涯集》作"国"，当以"割"为是。
[3] 钦州路入，《东涯集》作"钦州路而入"。

上东塘半洲书（四首）[1]

安南回文，准在七月二十五日到关。反覆思惟，必须差官审验，方可接受。案查已经具由于本月初六日程禀军门去后，欲待详示，方才施行。计日已逼，恐不相及。欲令改缓来期，非惟致彼猜疑，无以示信。又虑淹引时月，迟误事机，于我亦有大不便者。况屡蒙谕言，早当讫事。某当如期督委王良辅辈慎重而行，不敢谬枉[2]，预料莫氏回报，必有本状，揆之事体，似未可突与接纳。设使情词明实，止宜令写申文，转达台下，允日方令亲自抱赍投降也。

上年访据谍者报称，莫氏父子备我之策大约有三：早恳陈乞，幸免加兵，上策也。不得已而乘虚先突，扰我边场，大兵至日，势如不敌，坚壁清野，退守海东，中策也。又不得已，航海而逃，伺间窃发，下策也。今日谍者之言，亦多及此。兵家之胜，贵知彼己。某愚不谙戎务，深惧负乘。况今凡百便宜，俱当在于太平地方商订指画。乞赐再委布、按二司官三员前来，与某共事，庶谋审而动不差，某幸甚，地方幸甚。

其二

十月二日，指挥钱希贤是夜巡检翁栏、舍人徐豪各赍到钧翰，庄诵再四，益仰见元老名公谋国忠恳，曲尽事情，毫发罔缺。其言登庸关口投降，愈于出境，为虑宏远，真有非某辈智识所能到者，谨当奉以从事。但遣子一节，须令必从，乃见全美。昨据王良辅等报称，安南本状已遣到关，但恐夷情谲诈，不无依违，尚费辞说[1]。某已命其往接，验看若何，公同拟议，委曲操纵，疾徐之间，不敢不竭尽心力。将来或不远所料，数日之后，即当差人兼程驰报也。窃念某愚，叨辱恩遇，厚见周称，镂骨书绅，曷以报塞？昔日有言，愿以微躯先死，备录者，信不诬也。

九月三十日具禀，差指挥刘光会、郑副使转达台下。盖以圣人夹谷之役，尚不忘武备，师会不阵，君子讥之。左江兵力寡弱，即如某等尽数调用，犹未足以示威。而总督所调且倍减焉，恐愈不敷。亦以土人疑惑，两难适从。守巡调兵，非其常职，未奉明文，虑或得罪，不得不言，惟台下察之。更乞作速量摘右江目兵前来，兼同镇压，以肃人心，以威远人。先是，王良辅曾面许登庸差人过关，赴军门及各道请降。某语以请降须回文归一，转达详允，示以的日，方可施行。其人乃暂止坡垒矣。毕竟请降之人不可令诣军门，止合某等为其转达。而监统等官若峻拒之，似有未可。临期欲于念涯营令其来请，以示信也，或者礼亦宜之。夫某所以切切求益兵者，非独欲借威以示震，且欲设卫以耸观耳。右江兵集之限，当计登庸投降之期，迟则无益，徒多扰也。其余琐琐，不敢尘渎。

其三

九月念八日发到公文，遵行外，手札所示事宜，谨已一一奉命。窃惟戏下临邕[1]，当在十月初旬，则登庸投降似宜以月尽为期。独夷情叵测，其所以投降听处者，惧加兵耳。示以必征，使无反覆，所谓计也。若徒待之以诚信，谕之以文辞，彼将以诈探我，愈恣支吾，无忌惮矣。某今驻扎念涯营，为龙、凭、思陵诸路适中之地，去南关五十余里。督同各官，谨严关隘，修治仓廒，缮桥梁，开道路，伐木树栅，分布兵马，计诚非得已者。第恐兵力寡弱，无以示威。万一登庸知之，不无易虑。左江士兵正调加，共一万有奇。某与郑副使及参将官，先今所整搠者，三万有奇，盖兼报效之数耳。近日移文催督，虽尽取用，其实将来止可得二万余。右江目兵又难猝集，意甚难之。昨奉总督明文，左江止调兵一万名，与某等所调之数，多寡不同，某愈惊惧，且虑土人难于遵守。某等所调，中间亦有如数到营，及已在中途矣。限以一万名，多者必纷纷禀告，准令摘回，则于今日事势，殊为未便。不令摘回，则某等似有擅增之罪。且一万之外，不给粮赏，则失土人之心。给与粮赏，他日刷卷或以某等为额外滥支，又不无形迹之累。以此不得不通行呈夺。某愚屡蒙台下及总督参赞提督衙门钧示，凡百当行，不必禀白，致失机宜，谨已服膺矣。兹当仍照职等所调之数，暂拨各营，及守隘修路等项，听候分哨，盖机宜所在也。更乞批示，以便遵行，其于事体，庶无妨碍。向日登庸把关[2]，兵颇严整。王良辅禀称，彼兵约有十余万，其实则有二十万云。今我止有此数，尚尔参差。而往来路人，又妄传用兵之意不甚坚决。某愚不谙戎事，兴寐靡遑，亦惟尽心以报台下厚遇之恩，他非所能逆料也。

校记

[1] 戏，《稽愆集》作"台"。
[2] 把，《东涯集》作"抵"。

其五

指挥王良辅、通判苏廷瓛揭帖所云，亦以仰承钧虑，非得已也。切惟至诚可行于蛮貊，用术须达乎机权。然必济以兵威，用乃不竭。倘兵不足恃，则术或有时而穷，诚或苦其难入。兵法有之，罢兵息民者，必不能去兵。然兵不可试，贼不可玩。今日之事，只以檄问，使必输情投降，实心听处，上计也。必扬兵而威之使从，中计也。必不得已而用兵，下计也。下计不可为，上计不可必，中计不可不预备焉者。交人诡谲，自古为然。檄问甚明，若罔闻睹。驳之谕之，诚是也。设或改正回文，仍复如故，渎告之既不可矣，其将何以讫事耶？时日不停，两处为得。若专恃辨驳之书，以取效于所难必之事，某诚不敢也。反复思惟，似宜一面揆算，及时扬兵，然必兵皆可用，以守则固，以攻则胜，庶几动可万全，功成一举。万一莫氏畏威，投降听处。我师凯旋，地方无事，即不得其上，亦得其中。否则，不得已而就下计，犹不至坐失天时，进止无据[1]。若兵不可以守，亦不可以攻，徒扬虚名[2]，反以启侮，是无计也。且将并其下者而失之。何则？贼固善于刺探者，我不可以无用之兵，而遽忘意外之戒。主张必用，似若出下计然者，将以成就我中计耳，是兵家之说也。议者以为，调湖兵，募海卒，积粮糗，奔走两省，张皇我师，即费至十数万金，其于百亿苍生，犹甚惠也。盖所弃者少[3]，而所全者大，所谓不去兵，而后可以罢兵者此耳。伏惟台下择焉。乃若上计，安敢不竭心力[4]，夙夜图之？但恐事难逆料[5]，耽阁月时，则某不言之罪无所逃。况预为中计，其于上计，固不相妨。万一上计可成，中计即备而不用，或因而用之以征剿我境内地方，亦可也。[6]某欲驰赴台下面请临邕，以回文未得，不敢擅离。谨颢差指挥钱希贤，吏目吴激前赴禀请，并将王良辅、苏廷瓛审谕过安南国夷人语词，及回答莫登庸书，赍附呈览。

校记

[1] 进止无据，《东涯集》作"进止无据也"。
[2] 名，《东涯集》《明经世文编》均作"声"。
[3] 少，《东涯集》《明经世文编》均作"小"。
[4] 竭心力，《东涯集》《明经世文编》均作"竭尽心力"。

〔5〕但，《东涯集》《明经世文编》均作"第"。

〔6〕《明经世文编》自此处以下不录。

上东塘毛尚书书（三首）

顷谒军门，洊承钧谕，意虑周密，敢不仰承。今时已交秋，计当早定。顾惟事体重大，吃紧一着，全在檄文。然必先得其情，庶几发可中的。而用人行间，察变观形，实有非旬日之间所能立办者。某以多方图之，候有成验，方敢驰闻。大较不震之以兵，则彼或无畏。虽以计行之，终亦猥委无力。骤则易入，数则不尊，非所以威贼而谋成也。欲震之以兵，又恐大众未集，徒以虚声。彼疑不宥，轻弃国人。万一计出无聊，何以待之？夫兽穷则斗，蜂虿有毒，急示之形，非计之得。况兵家之法，不用而示之用，用而示之以不用者邪[1]！莫登庸枭雄狙诈，熟于兵事。时未至而张皇，彼或得以窥测我矣。故兵不扬则威褻，扬兵而不适其可，非大逼则启侮矣。谍者报云：莫登庸近持精兵五六万人，往来于山海之间。又云：莫登庸甚惊惧，有以天朝加兵言者必系之，有以不加兵言者亦系之。曰但观他日[2]，言可据者生，不可据者死。又云：莫登庸国中多言天朝前后檄谕，皆所以懈其备也。登庸且信且疑。此数人虽未必可据，然我所以处莫贼者，不可以不审也。诱之以可生，彼亦必不肯出无聊之计。劫之以必讨，又安敢挟隐饰之情。某惟登庸固亦有心计者，使知中国正大之体，明白如日月；机权之妙，变化如鬼神。则必趋其所可免，而避其所必不可免。贼知趋避，而后我之计可行。即藏形密声，示以不用可也；举兵临境，示以必用亦可也。顾先后缓急，几微之间，某诚虑有所弗及，但当慎之[3]。若因彼之隙，而成我之谋，则又意外奇举，间不容发，未敢取必于今日者。参将余恩欲诣各土官地方，整搠兵马，某移书止之。彼以为奉有军门明文，不敢稽且误也。然某思登庸方得檄，而间者方启行，姑宜静观勿逼，俟有回文，亟议进止，未为迟也。且土官衙门甚畏委官相临，余参将纵贤且廉，然跟随部下，未必不因缘扰害。况整搠兵马，大要在某等皆洁己[4]，以服其心。陈纲纪，示威信，辩臧否，明赏罚。先其肯綮，使知向方。他日征发，自得其死力[5]。若数数往彼查点，无益于事。土人之情，又大不堪。某先禀提督公，欲借兵权为重者，盖以太平去梧往返当三十余日，万一机或可乘，权不在手，临期禀请，不无后时，故预请谍书备之而已。若必扬兵威，须待时至，另当关白，不敢轻也。

校记

〔1〕邪，《明经世文编》作"耶"。

〔2〕曰但观他日，《东涯集》作"且曰，第观他日"。

〔3〕但，《东涯集》作"第"。

〔4〕洁己，《东涯集》作"洁己自防"。

〔5〕自得其死力，《东涯集》作"自当得其死力"。

其二

日月承差某捧至尊札[1]，慰劳良勤，垂意甚备。自顾菲材，何以当此，未能报答，只有微心。窃念时已交秋，事难直遂，檄闻已发，谍者亦行，欲得其情，非用间不可，然实未敢以旦夕期也。某因病痢，至浔不能登陆，舟行虽迅，竟逾月旬。离邑以来，痛痛愈剧，不能坐卧。追程前进，亦觉稽迟。然每自揣平生，并不敢惮劳缓事，乃独于今日淹阻若此。虽不至防（妨）误所务[2]，此心刺谬，实大不堪。今病已少愈，幸不即死，尚当毕力，冀免愆违。

校记

[1] 日月，《东涯集》作"月日"，当以"月日"为是。

[2] 防，《东涯集》作"妨"，当以"妨"为是。

其五

至诚之道，可行于蛮貊；用兵之法，须达乎机权。所谓机者，如弩之机也。其发也至速，而所以发之也者我也。所谓权者，如物之权也。其用也至平，而所以用之也者我也。故进退迟速在我，如机如权，而始可以言兵矣。夫兵者，圣王所不能免也。故曰：以此毒天下而民从之，盖有道存焉耳。

今日所以处莫贼者，其策有三：以天朝威德之盛，布之文告之辞，震如洊雷，扫如欃枪[1]。使千里之国，折于咫书；万人之命，全于一檄。登庸蹶然献诚，顿首待命。以全我圣天子大造之仁，而二三执事，可以垂橐端委，揖让而告成功焉。此上策也。若彼以奸宄之心，逆我大信，犹豫之状，挠我宽仁。必将提兵百万，大震天威。譬之泰山临于累卵，洪涛沃于一爝。而摄之以不敢从，则犹幸兵不血刃，以戢烈焰于昆冈[2]。此中策也。倘彼以义问为要劫，以至诚为可绐，迷复怙终，奸我皇命。则徒繁辩驳之书，反伤尊大之体[3]。于是乎三略训兵，五申誓众，灵旗直指，云骑长驱，取鲸鲵以为大戮。虽僵尸蔽野，腥血洒途，芟夷绝灭，所不惜也。执事者将驰露布以告捷，系俘馘而献庙。皇灵焯赫[4]，震于九埏。威则威矣，而圣天子好生恶杀，非其所先。此下策也。

今宜总众长，兼群策，临之以惧，终之以谋。集兵粮，倡勇敢，俾机权在我，动出万全。纵不得其上，而可得其中，不得已就其下[5]，亦将举之裕如，不至于从事失时也。若徒炜华以驰声[6]，眩骛以腾说，夷情狡谲，岂谓无知。惟台下其图之。

校记

[1] 欃枪，《东涯集》作"搀抢"。

[2] 冈，《东涯集》作"岗"。

[3] 反，《东涯集》作"返"。

[4] 焯赫，《东涯集》作"弹赫"。

[5] 不得已，《东涯集》作"必不得已"。

[6] 华，《东涯集》作"晔"。

启罗整庵先生

某潮人，晚陋无闻，独好谈当世名臣，师其懿矩。于今天下大老，惟明公一人耳。骤旷道林，溯渊艺水；言行出处，根极圣贤。辟之泰山乔岳，景星庆云，固有耳目者所愿闻睹，尤士林之所委心而仰止者也。某不幸不得及门编牒，依以扬声。但觌明公著作，如《困知》等篇，畀之苍头，以时诵读，何啻龟策。

传闻明公始以朝议征南愀然轸虑，降书遣报，喜动心颜。盖虽龙卧东山，而志在庙廊黎黔，故休戚同之，亦当时得失之衡也。窃念兹役，前此憸夫么议，自比灵场，欲丛褊棘，未闻苡薏，先构葽菲，是志士之所扼腕，而鄙人所用惕惊者。所幸东塘毛公、半洲蔡公，承休明之策，拥千载之任，一德一心，不忧不贰，讦谟远略，潜定帷幄，隐然长城，为朝野倚赖。卒之兵陈而不试，粮设而不尝，保兹疆内，坐制远夷。诚旷古所罕闻，前史所未有，非偶然之故也。某执役颜行，躬领边画，雅知二公之设心甚苦，谋国甚勤，而所以功德斯人者亦甚厚。故两广之列署分符，综文经武之吏；萌情抱气，元龆黄发之民；穷谷深崎，翦发文身之长，莫不鼓动欢欣。而浔南太平一路，尤仰戴二公如父母然，欲相与立石征文，以系永思。

某谋之联事，不欲遏吾民注向之情，念谓必得所谓命世者，赞述阐扬，我国家隆盛之福，二公平定之勋，乃可以传信今人，昭示来代。恭惟明公修辞为训，上嗣泣麟，然而轸蓄英光，浑浑至道，不欲为应酬无益之文，以希悦于世久矣。某倾心明镜，悬念逡巡，不敢卒然干冒，积诚之极，炯炯于衷。窃惟交南之役，大不类寻常，而偃兵息民，中外禔福，其事固明公所喜闻而乐道者。盖曾质之贵乡参政萧启旦辈，还书语某，使速殷勤陈请云。夫有名而勿居，功高而不伐，人臣之义也。易乱以宁，易危以安，感焉而能慕，慕焉而能章，庶民之德也。珉镌纪迹，金玉为光，垂播无穷，永资不朽，又下吏之虔诚，昭代之胜事也。拟躬执赘，匏系有官，谨遣训导刘铎奉币门下，仰惟鉴其鄙心，慨然执笔，欣幸之至，倍万恒情，不宣。

与薛中离书

不肖容易离群，孤征绝域。矫矫意气，幸未陆沉。今亦不敢多言，第为之而已。荷矛以拓地，息戈以安民，审择者必有一得。不肖已扣辕门，得以安民之说相入矣。苟可遂志，即尚有奸臣旁午设陷，我犹得以明目张胆，归傲林泉也。昔人有云："自古未有奸臣在内，而大将能立功于外者。"况今日之事，大势如搏沙浪中，真未易于收拾。二大臣及提督公，畀万钧于不肖者，不肖安敢以孤注为辞，成败利钝，虽古昔豪贤，固亦未能逆料也。今且之龙、凭檄问矣。

与郑德明书[1]

南都之游，耳目闻见，当开阔不可量。但愿以守约为贤，而以侈交游、骜时好为戒，如何？不肖区区，尚滞于官，未能归来与贤者为尚䌫之学。邹山有田，可以课耕；山斋有书，可以卒业。我德明幸勿贵远而贱近也。适行边逼迫，不多言。

校记

[1] 郑德明，原著目录作"邹德明"，内文作"郑德明"，郑智勇先生据《邹堂郑氏族谱》考证，郑德明为郑旻次兄，名勖，号邹阳，德明为字，当以"郑"为是。

与黄月溪书

闻公北来，综铨庶籍，宣博前闻，上究乾枢，下稽物变，足以垂名琬琰，昭示来代矣。丈夫事业，何以易此。若区区腐鼠功名，真可唾去。某亦即当比迹古人，返吾初服。故读《闲居》之赋，则叶赏潘生；咏《招隐》之诗，则契幽左氏。况山林无寒燠之世情，诗书有平生之旧好。是以仲舒湛思下帷，郑元屏窥城市。展彼二子之雅志，自谓过之。举对人言，终贻俗笑。但要之皓首能不谩耳。明公其能亮我哉！安南事已草草结局，俟报至，遣疏丐身，依依桑梓。末由瞻奉，聊布中悰，千里相求，恃有惠子。

与唐荆川书

海内交游，贻我书札，多相标题，及起居温寒之间，即不敢厌致，然于心无当也。乃今何幸，得闻君子之教，洒练胸臆，从之无由。时事云轮，未可方正[1]，卧龙跃马，孰是孰非？不为缩朒，不恋死鼠，仆固有平生也。安能易心肝，麻面目，自贻世人观叹邪？

曩昔与二三君子抵掌谈边，若将颈系毡裘君长，悬之藁街，以摧薄其雄愤。乃不意果真使之凿凶门，制阃外，如昔人之沐冠者，深惧不免损辱听闻。待罪半年，敢忘慷慨，理绳有渐，易辙斯行，群志未同，百谋未备，迟以年月，或尚可为。然所以扼腕拊胸，不能摅虑而直遂者，足下其亦知之邪？大官门下，函刺喧阗，荣辱去留，视货轻重，活变宛转，遂成风流，仆死不能也。有伟朋俦，每相养劝，致曲旁行，而孰能以进退之说教不肖邪？法曰："将能而君不驭者胜。"今仆非能将，而又从中驭，弩马系蹄，欲使之走路，且死矣。受命之初，曾以此意书上书陛下，果欲其仔肩图难，树建戎绩，自当不策近功，不适小愆。今之廊庙，何尝不知。虽此朔方，亦多智勇。仆来兹土，注意良勤。昔人有言："用者未必贤，而贤者未必用；行者未必当，而当者未必行。"仆以为贤且用矣，当且行矣，而未必其能专且久。此边事之所以日非，而达人之所以兴嗟也。

陕西三边近地，多砂碛，乏水草，若宣、大、偏、保四镇，则水草可依，弥延千里。虏骑大举，可长驱而入者，非止数路。近日摆边，乃自困之道，非长策也。简百一之士，练技击之兵，即不必似汉武之穷追，但当如周宣之薄伐。狂虏纵有大志，度无能为。往过平凉会浚谷，相与极言边事，大较有必胜之旅，则可攻也；有必攻之谋，则可守也。若我不自定，而欲以制人，安可得耶？

九边图颇多，俱不甚较一。宣、大三关旧图，尤多舛乱不足据。别具一幅，乃仆近所更定者。仅能脱稿，欲旁为之说，而劻勷未遑。藤峡图曾寄浙江一山人胡姓者，乃竟未彻程耶？南国材士，诡弱不泼耐，诚如来教。向循故牒，率尔有行，旋已知其不可。俟毕防秋，当议停止。边机幕议，言人人殊。仆有穷思，未能条刺，嗣当质之有道者。在关中时偶见足下为仇将军赋南征，甚爱之，珍重抄录，畀之苍头，以时吟诵。足下视仆何如仇将军，乃独靳之耶？相见无由，言念向往。

校记

[1] 方正，《稽愆集》作"方止"。

与陈立峰掌科书

四月间，人持翰贶至，适在夷落凄晦之晨，跫然足音，何可云喻。暑中闻起居佳胜，甚慰。又闻致知之学，日升川增，智崇礼卑，效天法地，其与厌略躬行，驰骛元眇者，不同日而语矣。桂林去全州不能三百里，而仕牒限人，云树愁予，虽欲褰跣相从，安可得也？道旆北指，近远何期？时事可忧，惟北虏为急。执事以身佩天下，知必轸怀有注略，为朝野倚重者。

仆近见邸报，辅部台谏暨边塞诸臣所建白，御戎之策，不下数十疏。然仆诚愚暗，不能通解，独松溪程驾部疏言颇劘切。虽不及边略纤巨，要在君相卧薪，瘠瘵颇、牧，似探本之论，然已逆于听矣。颇、牧今诚不易得，设有之，恐亦不能用也。昔周、召二公分陕而居，故终成、康之世，无犬戎之患。今之时，岂特无有周、召耶？上下相蔽，中外宴安。而谣诼饕回，倾诐鄙薄之风，偃行而煽处。铤铩相向，不自利止，夫是之谓内戎。内戎不治，虽十周、召，百颇、牧，吾知其无能为也。天下之患，不在边圉，而在朝廷；不在兵财，而在纪纲。此非迂谈，实切时事。

仆疏才多病，年过四旬，未有子嗣，又父母俱高年，已无意于用世久矣。然亦不能不忧王室之故，猥辱知己，敢私言之，所幸恕其狂悖。蜀中之转，深愧负乘，前疏乞休，不蒙赐允。今拟抵家，当再陈情自乞也。省中冗甚，促笔无次，统惟照之。

与谷聚庵书

东望京国，有怀兼葭，积多劳绪。八月以来，屡有戎马之警，不能及时修问，悾偬尘状，计能照知也。虏寇隆庆，入自镇安。此地险甚，原议未及筑垣，间多斩崖为守，又恃朵颜支部为我藩篱耳。乃不意猾寇沿攻大小白阳、龙门、赤城不能克，而朵颜支部为所驱逐，遂取道逾险，而主将莫之防也。要亦天数，为之奈何？不肖拙劳无补于四年，罪状实深于一旦。方当自劾，恐难生还，恃在知爱，敢私言之。知必为不肖兴叹，曲赐维持，无待陈恳也。

与唐养吾年兄书

每读大笺，意语华朗，仰知丈者修辞之学，轶迹时流，驰声艺苑，吾榜有荣耀矣。夫文章，经世之大猷，而致身之上务也。近代惟大复、空同刻意为文，然或畔于道；阳明、甘泉立言明道，又不专于文。吾丈固将兼之。若不肖者，役役于簿书之丛、刀笔之末，疲神殚力，永谢雕龙，奏议序，聊以塞命已尔。村落老妪，胼胝手足，不施脂粉旧矣。乃一且学作婆娑于西施帘下，见者不掩鼻而走，已云多幸。况蒙延赏，其必有为之先容者，好而不知其恶矣。稿中反毅王之旧二句，鄙思正觉未妥，忽领来教，即已更之，并其余数字。逼迫遣上，愿再呈相公，尚有纰缪不自知者，吾丈径为斥正，小弟之厚望也。文集序亦曾构思，倘相公再有命，当不敢违。不然便不宜重献丑矣，丈第勿言。精膳司记，容另奉教。时寒，惟起居自珍。

与魏嵩麓书

顷者简略申候，方深悚感。乃辱巍函还答，教旨勤备，诵之欣然，如获面觌。贵州曾有军兴，固高贤建功之地，暂屈旌旆，何论僻方。侧闻道过紫荆，心路咫尺，无能缩地，怅焉如何？不才从事艰危，劳不补拙。华颠纷白，旧植荒芜。重以乌鸟之私，日迫方寸。时体龌龊，周身寡术。东归上拟在今冬[1]，此意令兄东麓所能亮。敢为知己道，难与他人言者也。颛人代讯，不尽依依。

校记

[1] 上，《东涯集》作"止"。

与苏舜泽书

秋过半矣，墙事既毕[1]，度此胡虏无能深入。而况高垣云齐，深窖网密，虏亦安能飞来邪？大同周帅统师出边，甚有纪律，解围退贼，颇获首功，良可壮也。梁玺当遵台下及军门明文，驻兵唐家会[2]，乃擅渡河，深为可怒。杨次村明心观理，宜絜彼此，何迫人至是。先是，生不与辨，今不得已，当极论得失之故，冀或有悟。咨文已遣达兵部矣，容上稿请教。不尽。

校记

[1] 墙，《东涯集》作"穑"，当系误。
[2] 驻兵，《东涯集》作"驻兵于"。

与郑平山书

使旆严发，计在中旬。别绪纠分（纷）[1]，何当倾倒。自别敬吾，还抵蓬州，病且烦闷，而聒耳之声，甚费调解。闭门坚卧，静言反观，居身之道，只宜谢绝世情，简弃时事。若屑屑于应酬，动可曰义，终亦扰扰自累也。九鲤、武夷之游，亦寡过捷径，当以仲秋为期。台下五羊旋日，握手之地近远，安可知耶？审造已定，仰悉贤劳，宾兴入帘，朝觐报政，自是鸿渐之仪，足快闻睹。揭人难治，校之无益。但愿于诸士子稍加优待，俾勿嘈呶为弊民倡也。近有四五辈来相见，迫言诋不肖者，第逊逊好谕之，虑铄金耳。台下威严，下情或未能尽彻。敬吾远去，不肖若复隐秘其所闻，岂肝胆肺腑之义。爱莫能助，心安忍欺？政成之年，功加一箦。此意惟不肖与敬吾二人独拳拳，而他人不知，亦绝不与言也。不肖不敢负一山，其敢负公耶？人之多言，何所不至，情均休戚，宜戒履霜。邸金者不足虑，顾彼善辆张袖事语授之人，而为之煽煽者众。则市虎三至，谁复能辨？左右役从之人，公在邑则莫敢揶揄，去后妖么将孰忌惮？即四五辈于不才，犹辄面刺，幸而有简略之迹，固非其情，然自不能不惘然流汗也。中综纤郁，万一鉴念，悚慰且倍常矣。

校记

[1] 纠分，当是"纠纷"同音之误。

与王居屏书

不侍多年，侧怀明德，何能忘之。远辱讯函，把玩无厌。御虏长技，犁然示余，仰服高人，夙有注略。达也寡谬，无他技能，凿凶门、制阃外，怵惕从事，忽已四年。赖有天幸，不为祸始。迩者时事警人，委曲无术，揽衣中夜，震于其邻。四五年间，总督先我者三，同时者二，其得罢而去者幸也，谪戍次也，系狱且死哀也。乃达将来能得免邪？死鼠吓人，匏落是惧。退有缧绁，计将奈何？卧龙跃马，孰是孰非？丰草长林，实劳癏寐。安得脱毂飞来，依依南海？萧条异域，怀想故人。病中作书，不自宣备，伏惟照之。

与戚南山年兄书

关中鸿便，造次附启，不自宣备。嗣拟颙人持尺素过全椒，达钱塘，溯会稽，逾婺源，候我大兄暨豫阳、龙溪、训斋诸君子。而竟以冗迫因循之故，未遑也。念之愀然凄惋，悚然明动。兄亦亮小子平生面目肺肝，不屑施丹腌黑墨，变态如时人邪！来札把玩再三，几欲泪下。萧条异地，昔人所悲。然弟粗胆，不为憔悴。独以无同志切磋之功，而惟事谋人。击搏之技，万一作用，日离本根，损辱良友。旧约既爽，沤荣何为？曩尝买田数亩，咫尺东莆，欲相与讲道致知，安根立命。乃今风尘波浪，眊焉将安从邪？又尝谈边事，辄攘袂奋臂，真欲颈系夷狄君长，悬之藁街，然后朝食。乃今果使不肖者凿凶门、制阃外。雄心壮志，将亦不终于落莫邪！卧龙跃马，孰是孰非？西兔东乌，一来一往。愿各努力，达乎大观。南元东涯彼此，其谁能辨之。顷得石唐相依，深荷意气虹川。虽尝倾慕，始彻姓名。有伟谏垣，实鲜知己。赖兄题拂，幸免进訾。传曰："不信于友，不可以获乎上。"斯言岂欺我者哉？

侧闻吾兄与龙溪、中离，迩来颇信黄白养生之说，不知然否。黄白真铅也，合真土而九炼之。洗心服食，积累之基。而十月养胎，三年调弄。九载面壁，非此不可，但又不知果于道有碍否。果然无碍，小弟亦好为之。人还勖勖，占授不次。惟兄爱身明道，用慰倾仰。

卷十三 翁襄敏东涯集（五）

澄海翁万达仁夫著

奉许松皋阁老书

赍录人旋，接领尊函，真若自天而下。某睽贰京师，沿牒西广者，计九年。入蜀适秦，又二年。叨冒大遇，五转官阶，皆出公府。尝所闻欧公石江、日（田）子汝成[1]、邹子守愚辈，备言公府省录故吏，不遗寸长。庇护培殖之恩，穹厚罔极。仰瞻辽绝，简弃恭勤，曷胜刺缪。私念昔为郎官，偶矶当轴，出守苍梧，公府喟然兴嗟，拳拳慰谕。以广右军门，可以树勋。某嗣是罡焉有思，欲以微躯仰图报塞。藤峡之役，龙凭、思恩、海南之征，交址之议，比之犬马，非敢言劳。然于公府昔日诲旨，得罔忿违，即遽溘死，犹云多幸。乃今承流三秦，夙夜懔懔，欲有所修明，以无负尊听，而未能也。秦、粤相去万里，桑梓系念，怛焉增悲。年将五旬，未有子嗣，此安敢以渎闻台慈邪？阳灵启祥，合履万福，谨布中悃，恭候起居。下情无任瞻恋陨越之至。

校记
[1] 日，当系"田"字形近之误。

与熊东川书

小价还，备述盛情，兼得闻起居无恙，甚感甚慰。香币之贶，稽首拜，嘉翰教至百余，示予详矣，敢不卒业。交州事毕，幸免迸訾。若以功言，某当愧死也。迩来情事，吾兄所知，遣疏乞归，不蒙赐覆。一二当道，岂真欲以我为牺牛耶？不肖年齿未甚衰，使得承乏近地，老父或者便不欲趣我明农，中弃宦业。锦官佳丽虽可览，然地去潮阳太远。自离桑梓，我思甚殷。虽平生不避畏途，而垂堂实怀重戒。进止迟速，尚当白老父图之。

塞北云扰，海内殷忧。近日邸报，辅部台谏屡有建白，某诚愚暗，不能通解。独私（松）溪程驾部言甚劘切[1]，虽不及边略纤巨，要在君相卧薪尝胆，寤寐忠贤，似探本之论，然已逆于听矣。时事从何处立基，杞人中夜展转，辄揽衣起坐，流涕长太息而已。松溪、抑斋误谈小子，令人悚息。不肖亦王室之故，然于边事，暗莫能知。况齿大未子，又父母俱高年，非以身许国之时也。惟兄怜念，勿复言此。若以此事相属，蜀道即远至十倍，我尚当往，不愿以彼易此也。安南事近已勘审明白，流言自息，即当结局矣。

校记

[1] 私，当系"松"字形近之误，本篇后文有出现"松溪"。

与张南川书

自古贤圣豪杰，类多摈抑。历观记载，犹异代足宽解。乃不谓亲见如公者，未尝不仰天堕泪也。然公允显令德，通于鬼神，天祚国家，自当再起，柱石庙廊。此时韬贲抱真，著书明道，陶然自适，区区腐鼠，安能吓人哉？某叨滥筋于此者三年矣，兢兢惕惕，如临深谷。然所以未能一旦决去者，其说甚长，非昧保身之义，揽衣中夜，喟焉长嗟！平生学道，不应作茧自缠缚若此也。恃爱漫言之。西望门墙，曷胜依恋。某顿首。

与黄芹冈书

绝塞因依，教庇勤厚。匏系瓜代，去住不同。惟此肺肝，羹墙如见，能勿忘也。京师人士谈边者，得我芹冈还朝，当改观听。不然，容有口听而耳食者，边臣之惑终不脱然。小子学道未成，轻进为累，不能发挥事理，示之吾人。徒厌委曲活变，背驰性情。首鼠妍宠者之为，此何异于坐跐床而讥跐耶！卧龙跃马，孰是孰非？沙砾黄金，同归澌尽。方当诵法孔氏，默而识之。芹冈知吾志在山中否耶？别绪纷麻，聊陈梗概。颛官代候，神爽俱驰。

与林退斋提学书

顷辱手书，诲旨勤厚，三复卒业，与心俱藏也。苍梧得叙，分隔忽复参商，眷恋之怀，良不可任。盖痛灵禀之难遇，而恐俗心之易萌也。贱体近遭奇疾，几不能自还，今幸少间，已决意林泉，不复有雄飞之念矣。时事云轮，宦情蕉鹿。本原之学，若存若亡。昨约中离、东莆结庐宗山，为藏修之地，相与讲明此学。俾不至落莫无闻，亦或可吐纳还精，广种而生子，计不相妨也。兴寐辗转，虽十口之隶，未去饥寒。然课妇织麻，胼手艺黍，当不至饥死于尧舜之丰年也。执事宣博有本，为吾道先路。岭表学官弟子员，方矗矗向风，笃于文行，似未可动木兰烟水之兴，如某不才者。出处各有适，安可同邪？来谕欲不闻肉食，疑有激云尔。大道不私，终未可薄，吾党厌弃之。某已遣疏丐归，贱眷先遣还，夫舆欲借重台吏，赐之遄行。龙川度岭甚艰，更祈垂照。恃爱唐突，又病中笔不谨，均乞亮原。

与程训斋年兄书

吾丈蕴蓄英猷，不当久于林下。固知君子乐道，无寒燠之世情，有诗书之夙好。然必欲见太平之业，非丈其孰当之。小弟僭论吾兄及唐应德疏草，曾附贵族潼关兵备，君当已彻览。通谋之忧，相公业已许我，姑待时云。边事愧远略，第尽心之所可尽，力之所可能，似与往日虚张无实戈戈者不同。虏于夏间，款塞求贡，秋来且远徙，离边五六百里无幕庭矣。支持目前，稍亦可观，但未知将来利钝何如？结局何如？所知者此丹恓耳、平生耳。防秋事剧，又偶有贱恙，捉笔不尽所云。

与杨次村书（六首）

捧读台函，无任遥悚，万达死罪死罪。窃尝自言平生肝胆，非我明公，更将谁尽？偶以公事，喷有烦言，诚死罪死罪。伏惟鲍子知我，当必见原，有终爱焉。万达敢再披沥，以仰承我公终爱之恩。宣、大、山西总督，预请征兵于贵镇，故事正月内必具题。乃达今岁以公屡有札示宁戾故事，而不敢违诲旨。而申明互援之疏，则去年公已举行，鄙心即疑其有未然，故亦僭有启渎，乃竟未蒙俯察，尊疏一而再焉。入秋以来，文移督促，词意大严。是万达于当请者犹寝之，而公于其可疑者每冀其必行焉。用是亦遂疏辨，盖在公再疏而咨催之后也。谓互援之兵，无预征之理；而救邻之义，异往戍之役也。设可以预征往戍，则孰如李嵩不必东、梁玺不必西，两静佚而无劳扰之为得邪？今年预请征兵，出自兵部，若难为贵镇，则当力与兵部争否可，不必预调山西兵一枝使足相当，而反难为山西与不肖也。不肖愚见，真以互援之兵为不可预调。盖各镇挂印总兵官有敕有制，遇有大警，临时得征兵于邻镇。且计程而限以时刻，后至必诛，例也。九边皆然，无待于申明也[1]。申明互援而预征之者，非例也。以其不可以通行也，彼犹此也。万达之所以喷有烦言也，以公一再疏而又咨催也。以万达先有启渎，而未蒙俯察，明岁将复缘此为故事也。望公置万达于腹中而不厌教之，万达曷胜欣踊感仰之至。

校记

[1] 申明也，《东涯集》作"申明者也"。

其二

承惠霹雳车，感甚。山西、大同饬备省饷，战守可因，多我公之创画也。一隅溃防，末路更驾。君子之教，深得鄙心。一息尚存，岂容少懈。顾今之时何时邪，多田不娄，见鹰乃獭。去之则理道不辱，久之则心事蒙尘。即永隆之役，圣明亮而宽宥我，不赐遣斥。本来意气，未遽陆沉，然为之亦难矣[1]。宣府执事者冰炭日甚，巨细纷庞。安得借力荡扫，斩然一新？独石西、龙门、关东、四海冶，外纡计七百余里，内经计二百余里。前岁仆欲修二百余里之险，以屏蔽皇陵，京师无一和者。而仆又以孙松山之故，遂不果于犯众议而力为之。今虽亹亹，已涉救过。乃益叹我公一人，不可再获相与排俗见而树奇烈也。将复谁言哉，将复谁言哉！并守大作，拭目待观。正拟颛官奉候荣戟，适使者还，聊附区区。不尽。

其三

两承使翰，一日并至，仰慰何如。预征贵镇游兵，生意固欲之，而重违尊命，竟迩逡巡。兵部以宣、大屡报警急，遂径议行，敝地实赖有此[1]。蒙遣发，甚幸甚幸！今秋贼以求贡弗遂，决欲一逞，闻已会兵云，宣、大、山西良可忧也。彼邻境互相策应之兵，必待临警飞报至日，方可摘发，且难定营，亦九边通行之例[2]，岂可与预请征兵之事同哉！况本境须是无事，方可策应他境。若贵镇（可预调山西兵，则山西亦可预调贵镇兵矣。此地方事也，不敢不尽言之。近已两奉书，又移文台下及石冈公，谅必见亮。事理有一定而不可易者，何有于彼己。恃爱喋喋，无任悬悚。贱体病逾旬矣，近以宣镇钱粮之故，夺俸两月，将来罪状，又不知如何，第付之命也。

其四[3]

冗病之余，捧读嘉札，旷若有瘳。所示药方，比之仙授，珍重藏之，卜顽幸已愈，过辱台念，何以克当。咨文内开，欲以山西老营兵援贵镇，而以贵镇新游兵援山西。窃惟山西兵鲜可用，独老营兵若强耳。贵镇兵多可用，独新游兵稍弱耳。以弱易强，正恐难为山西也。且我公于山西援兵，必预定某枝；则舜泽公于贵镇援兵，亦将预定其某枝。公若以老营兵援贵镇为故事，则舜泽公亦将以贵镇东路旧游兵援山西为故事矣。夫彼此策应者，谓大举入寇，力不能支，飞报邻境，临时发兵相救援云尔。其与预请征兵事体）[4]，万万不同。彼此互援之兵，原无预征之理。九边皆然，非特延与、山西尔也。贵镇去秋预调山西兵，至日既无大举，又迟发回。鄙意窃大谬，然辱公道谊之爱，有难于为言者。今秋望公止依九边通行事体，与舜泽公相约行，乃见忠恕之道，亦仆精神骨髓拳拳所仰望于豪杰者。山西分守大同百四十里之边，其极冲去处乃在据虏堡，抚镇拟以老营兵一枝守之，去贵镇远甚。设使定老营兵于黄河东畔，则分布之事，在贵镇而不在山西。仆亦遂不敢檄老营兵于据虏，是以公一言而掣肘矣。我公独能不以舜泽与仆二人置腹中邪？若预请征兵，则始自近年。而顷者洪洋建议，则本为宣府。该镇边墙未尽完，而其地去京师为近，又咫尺陵寝。谍者屡报，大虏窥欲从独石、马营拥众而入，长驱而南。臣子忧危至情，不先于君父邪？此预征意也。今宣府抚镇，尚疏请京营兵为援，况贵镇旧游兵不远而来，宜不为过。本兵既已题有明旨，而宣府所恃以无恐者，亦惟是也。望公早发，不然，宣府他日或得以有辞，仆亦不免于惶恐矣[5]。造次言语无绪，伏惟照亮。

系据《东涯集》校补。这样，本篇"其三"实际上已包括了"其三"和"其四"两篇。另外，《东涯集》尚载有"其五""久疏奉候……"一篇，为本书所未载；而本书接下去的三篇"其四""其五""其六"，则为《东涯集》所未载。

[5] 惶，《东涯集》作"皇"。

其四

复套之役罢矣，生灵之幸，社稷之福。中外搢绅，闻者欢倒，况吾辈边臣耶！石唐公病在急于功利，不听人言，坠甑何及。所虑国事有大体，倘不能阔视平行，惟其所及知而过焉。则祸机之杜塞于此者一线，而倚伏于彼者滔天也。况我之于虏，未宜示弱，而将来豪杰，纵欲一举恢复故地，亦不免于惩噎而废羹矣。奈何石唐前后疏言，只欲以欺斯人，而斯人又不能摘其所不可通者以告陛下。使知复套之事尚可为，但其时其人与其谋则非也，可胜叹哉！仆昔复桂翁之言，已冒妒妇之讥。故于石唐最后二疏，绝不敢置喙，然亦不谓遂有今日也。台谏不纳牖于昔，而竟下石于今，真可发叹！

近事刺人腹肠者甚多，某也病苦，满拟明农，恐逢圣怒，不复敢言。震于其邻，惧将及我，行法以俟之而已。俺答诸酋，未尝西渡，且以求贡不遂为辞，正月以来，传勒所部，攻围大同墙外墩台，未必遍攻，尽而后及墙。拥众二十余万，用长梯、牛皮洞、诸长板为攻墙之具，必一举南下，用雪其耻云。梯洞曾舁至墩下示我军，其言甚烈。宣、大止有张达、白爵、王继祖、陈凤诸宿将，皆为石唐公所夺，新来者多不谙戎计。宣府抚镇甲乙其意见，百凡费鄙人心力，甚可忧也。榆塞有公，虏当远避。又，今岁俺答辈向往多在东，陕或无事。但闻陕内地民饥盗起，祸或不专在边疆也，如何？如何？援兵之调，承谕当另复，实不敢不仰体至意。西望台端，不任惆怅。

其五

近者辱使旋，已附报书，意所欲言千万，未能悉也。修边守要，并力大同，以固山西，仆之初意本愿，与公同之，而不意庙廊借寇榆塞，仆不自量，持之益坚，宁死决不敢易始图，负知己也。所有疏陈，及贻诸当道柬札，并以此议为出自区区。盖公在，则嘉谋嘉猷，惟公之侈；公去，则一利一害，惟仆独当。少有逡巡，便非君子本来意气，亦赖公知。今事已就绪，百四十里新分之界，近会舜泽公处分，大略已定。即不劳抚臣登台而守，亦或无他。大同今所筑边墙，委胜于山西之墙。贼纵欲仰窥，诚亦难矣。俺答诸酋，仇于小王子，可间也。仆方竭心思于此，即骇人听闻，实不遑恤。夷狄相攻，中国之利。盖自昔言之，松山秋后当见原。仆亦曾闻其语，初是拟疏解，竟中辍。今致恳恳于桂翁，固不容已之谊也。尊教良切，营田之事，仆曾面语舜泽公，愿相终始，而张大参之勇于任事，真非时辈所能几也。复套之举，毕竟如何？此时似有机会，但将士恐不能同心。顷者出塞，已占其不可矣。贼体因驰驱劳顿，不能治簿者数日，今已少间。小豚犬幸无恙，承念，感德何已。临楮悬恋，唯顺时自爱。

其六

明公再造延绥，功在斯人，前此未有。近日之转，虽未满舆望，然节旄移镇，昔峻坂而今坦衢，驰骤之势，日益千里。秉钺开府，行且借重。天下多事，匪公任之而谁任耶？不肖罹忧以来，情事惨酷，乃不意复有起复之命。方寸惊悸，不知所云。即已恳切陈情，乞恩终制。如不得，当再疏乞。倘有不测，宁从地下见先人，岂敢为无父之行，得罪名教，贻辱搢绅耶？设使国有门庭之寇，弁带服而从事，义或有取。今边庭暂警，辄拟夺情，甚非盛世美事，不幸使不肖当之，泣叹奈何！恃在旧知，敢布腹心。适背疽狼狈，修候不尽，伏惟照亮！

与程古川书

来谕用间须密，人多则口多，反起争忿，最是最是。但所云近来差哨颇多，不知是何衙门。若军门，近来止令中军官差一战锋通事赵云佩者，出边谍探，欲知虏情，以为准备，不知果否生事，有无多口。烦为访报。其他参游等官差人远哨，自是切务，不可沮抑。况用间与哨探不同：用间欲密，不可人多；哨探欲广，方有耳目。用间非贤智不能，如所差赵小挨、高茂、张仓、孟怀、孙彦章等，亦须防其口多致起是非。若哨探则但有地方之责者，皆当有行。既奉明文，恐非私出者之比。若非奉有明文，便是私出。纵非私出，若系生事，便当拿送。大抵哨探一节，多多益善。如五月二十七日，贼入天城，使先期有人出哨，自然有备，何至失事？彼时贼入而官军不知者，正由于不哨探之故耳。又惟宣、大、山西虽有彼疆此界之不同，要之皆朝廷地方，吾辈视之犹一体也。用间之人，必须知一体之义，乃可专任。不然则恐其惟知有大同，不知有宣府、山西，则他衙门之谍探亦非得已者，止要其为公非为他耳，愿共图之。适得宣府西路降人供报，贼欲抢山西地方，不可不信。倘有警报，须为策应乃可。

与孙月厓书[1]

万达潮人，叨领阃外。盖生于极南，寓于极北。老母念达三四年间，频履危机，恐难自还。老母跋涉远来，冀获相见。道经贵治，敢渎尊严，赐之卫人[1]，俾无戒心。则不肖之所以忧老母者，庶其少纾。敢不顿首，再拜君子之明惠。

校记

[1] 校之《东涯集》，本篇只是节录该篇之后半部分。
[2] 赐之卫人，《东涯集》作"赐卫之人"。

与李吾西书

连日据各塘报，虏酋俺答等已会十二个头儿，聚兵十余万，要分作两路入抢。每十人作一梯，为攻墙之计。即今已将老幼牛羊起往北去，大举就在旦夕，亦未可知等因。行间本月初九日申时，又据大同谍者禀报，近自俺答营中回来的，知本酋约定月明时候，分路进抢，说要将稍次达子攻我墙垣高厚去处，哄我人马集在一处，却将多多精兵，从我不甚高厚边墙，人马稀疏去处，尽力攻下等因。据此看得前项所报虏情，参证彼此，似为不误。必须着落堤备，遇夜及天阴之时，尤须戒严。遇贼来攻，不可张皇。守墙之兵，近者协力，远者不可离次。列营之兵，近者登墙，远者策应。亦不可尽数摘离，致使顾此失彼，以堕贼计。平日守墙之兵，恐不足恃，量于列营马军内，摘拨每里冲要去处二十名或三十名，稍冲去处十名或十五名，听从便益处分。大抵据墙而战则乘高攻下，贼自难当，决胜为易。万一不谨，贼得逾险，则虽有劲兵，决胜甚难，便无上策。其差人伏路一事，更须留意。

与邹一山书

关塞萧条，昔人所悲。风尘去住，睽贰久远。忽承手札，喜若自天[1]，把览涕下，不能飞来，因依朝夕，菀郁奈何！金石之约，辱兄不渝。常对山妻，感叹盛德。老父近亦有书，念仆仅有此女，即步徙相离，犹自恋恋。仆指金石，当作永盟，不必缧缧见之谈论。来谕举采，欣荷曷胜！但兄行次京师，仆方提兵塞上。彼此勖勤，恐非所宜。嘉礼嘉期，敢祈徐卜，更当恳之谁氏，属以冰人。仆拟事毕防秋，疏归田野。吾兄宦辙倘在粤东，则犹可以从容遒议，承受休美。

边事艰大，付之不才，慷慨为之，敢自缩朒。然时局难改，瓦釜何为[2]！韶光易流，孤注无益，仆之计决矣。图籍轮囷，耳目兼收，静处海滨，次第综理，都为一书，倘未梓[3]，尚当质之豪贤，献之天子，庶几此生不落莫也。逆党事情，即当遣报，惟职之尽，何功足云。都下士人，实鲜知己。顷来物论[4]，得之听闻，千万密示。东川故人之情，良亦甚厚。使能为余脱梏，不坠苦海，乃见平生。若以两京处我，则脂韦怯心，虽死不能也。不作傲吏，宁为边臣，差比时人[5]，钻逃利害。此僻成性，毕竟难移，一山当为我图之。拟差小价颉候起居，兼道此意。

校记

[1] 喜，《稽愆集》作"降"。
[2] 釜，《稽愆集》作"全"，当以"釜"为是。
[3] 梓，《稽愆集》作"棺"，当以"梓"为是。
[4] 物论，《稽愆集》作"论物"，当以"物论"为是。
[5] 差，《稽愆集》作"羞"。

寄邹一山书（六首）[1]

小函临发，垂涕思兄。万里外安得一见，相劳苦慰藉邪？闻行部辰州，远矣。车百山素能知兄，不肖有书相奉，见间为叱名[2]。潮居凤约，愿兄勿渝。金石善地，已全得二三十亩。卜筑于此，将为千百年计，使人诵邹翁二氏也。弟欲决去浮名，虽有用世之心，退而藏之，无弗可者。流行坎止，贤圣所珍。不肖耳目心思，不让于今人，但不能比周于物[3]。又谈星者以土计流孛作祟，理或然也。居官十八九年，无一日无谤，命实为之。不肖自反，即老死不为恶，亦惟兄知耳。柳子厚常言："人之君子，天之小人也。"弟近好读书，亦有心于述作。今秋以防边之役，得出重关，眺绝塞、访遗耆[4]，稍知边略。真能言之，夷狄可灭，河套可复。只恐吾人论议，不可同耳。泉石有盟，多言无益。拟退作《九边或问》，私质同志，待有合者，试一为之，吾实不能自为也。又，平生得意，独往年《救荒约法》，颇条理可行。所恨稿已无存。将思索大较，并掇近年《征南事略》，都为一书。吾兄以为何如？人去逼迫[5]，据案言无次第，种种别绪，又非笔札所可能也。

校记

[1] 本篇《东涯集》题作"寄邹一山兄书"。
[2] 间，《东涯集》作"问"。
[3] 但，《东涯集》作"第"。
[4] 耆，《东涯集》作"考"。
[5] 逼迫，《东涯集》作"迫迫"，当系误。

其二

边事继今，后当无他。墙高且厚，里为敌台二。墙之外为壕，壕外为品窖。虏即来侵，必先填窖填壕，始及墙台。即妇人为军，虏或不能飞渡也[1]。说者谓唐宋之后，无今日塞垣。鄙人亦妄谓宣、大边事，只可如此。使有良将守之，或一二十年免北顾之忧。然抄掠之志[2]，锐不可当。虏以为生之道在是也，安敢逆料？顿忘警备。达图疏乞省亲，或仕南都。而当道固不可。无已，则宁以罪去。俟兄至再商之。静峰公誉望甚隆，或言将以西北边寄烦静峰云。静峰破格待不肖，畀以表坊，又檄所司，请家君徙城中，仍以兵卫海居。虽所司不能奉行，而此公之意则甚厚也，便中为我谢之。黄岭东未能裁讯，拟十一月中差人过莆候兄，并致书岭东也。病中言无次第，亮原亮原。

校记

[1] 渡，《东涯集》作"度"，当系误。
[2] 抄，《东涯集》作"钞"，当系误。

其三

吴子传书至，心动神愉。既复潸然，安得旦夕相见，慰藉平生。大作未能尽读，即当付梓人。公至京师，万达拟移驻怀来奉候。京师去居庸仅二程，居庸去怀来不能一百里，相见良便[1]，百凡须面请。万达去秋以隆、永之役，百千艰苦，以身尝之。今春再役，自以为万死不足赎。岂谓人谋得天，偶尔退虏？然军中事颇奇，初周帅被围，贼被击搏，死者十倍我军，然彼精兵十余万，狼狼不解。万达提兵不能四千人，相去四五十里[2]，忌于前进，而狼虎且侦我于仓卒。不有西南风顺，鼓噪疾趋，灰尘障天，俾贼疑惧，则周帅之围急，而万达之兵亦甚危矣。此岂非天意邪？是时关南北皆东北风，且甚烈。独万达师行五六十里内，起西南风，兹亦异事。乃知周公瑾赤壁之捷，东风之便，亦天意为之，非尽由于人谋也。敢闻之记室。

校记

［1］良，《东涯集》作"官"，当系误。

［2］四五十，《东涯集》作"四十五"。

其四

春来秦怀南行，曾肃状相问，想已达矣。不肖凿凶制阃，备尝险艰。常以不能生入玉门关为虑，而敢望列于六卿邪？初意今岁防秋毕后，当获假一秩，于南部超然长往，跧伏海滨，侍家君为乐。讵期本兵承乏，畀我以今之所甚难者邪？夫本兵以人而重，亦以人而轻；君子以时而行，亦以时而止。不肖不足为轻重，然于行止之义，其敢忘之！致曲不泥，旁行易流，随时陆沉，有死不可。一山宜早北上，使得商榷心事[1]，较勘时政，不专劝公以功名也。欲见如渴，公能无此心哉！迪郎读书当日进，望携同来，至仰至慰。不肖初至京，拜揖苟礼，令人弗堪。重以酷暑，呀然病矣。过数日欲令人回潮，当过莆相闻。意者我公此时已束装在道[2]，然久无一字之况，何也？贱眷赖粗安，近添一小女，盖薛氏出也。忙甚不能多及，伏惟台慈照原。

郑平山在敝邑，以廉能驰誉，已占其有初矣。敝邑士民，亦有秉彝，易于感动，仆知平山亦愿与斯人相乐也。邑中利所当兴，可垂不朽者，非面公及平山莫能悉。公当赴部，平山当以觇事行，盛会有期，鄙心甚仰。潮人通番一事，仆痛恶之，幸恳平山留意于此，期必禁止。但施为之间，不疾不徐，乃见平妥。

校记

［1］榷，《东涯集》作"确"，当系误。

［2］束，《东涯集》作"肃"，当系误。

其七

近得平山使者传知，我公北上之期在于秋仲。欲遣价来候，适遇部使至，又偶发背疮，痛苦不可忍，遂稽数日。敬吾兄亦不获遄归，穷忙可想见矣。夺情起复，出自延推，我朝前此未有。诸老不生于空桑，乃忍为之，是岂有人心者哉[1]！父死未葬，边事又已稍缓，决不可忍心遗亲，得罪名教。将来即有不测，身还朝廷，魂依先子，亦所甘心。疏草奉览，中所云云，似亦委曲，更烦裁削，方可封上也。祭葬恤恩，藩司公移，始行到郡，葬期拟在明春。第恐小疏一上，官校索我，当在仲冬，则安葬之期，尚不可泥。今已逼迫，择日举事，非得已者。所幸公方北行，京中事情，有所仗赖。望兼程赴彼，庶不失援手机会。得免系吏，则百口之幸也。他尚奚恤哉？公卿台谏，若只用疏中语意，似不足以发明人子之心。须别作议论，使读者流涕，乃见君子不可以功名利害动者。此非大笔不能发挥，千万构思。即不肖不病疮，能操柔翰，亦当假重，况痛苦呻吟若此乎？倦倦之意，敬吾能悉之。背疽狼狈，今稍就愈，勿忧也。大臣起复，极非美事。孤宁一疏就狱，决不忍忘亲背义，为天下后世所诟詈。但百口之计，或轸公怀。为孤遄行，无待再四。临楮涕下，万达稽颡言。

校记

[1]《东涯集》无"有"字。

其十二

平山行，匆匆附启事矣。昨会饶三溪太守，言公已转河南方伯。又陪推抚丞，然尚未得报云。仇贼族诛，吾搢绅之祸自是可免矣。鄙人年衰子幼，万无意于用世之事，我公幸勿逢人说贱名也。迪郎婚期，承命卜吉，兹由汀州入武夷，还当道莆阳，携佳郎入潮。金石新构，已足蔽风雨，贱内及儿女辈，已暂移东莆别业居矣。海寇日益为害，鮀浦恐有变，其形已具。语之有司，如水沃石，良可瘝叹。敝邦横政，昏黑天日。聚贿者纵贼，惧势徇情者纵贼[1]，暗于事者纵贼。贼白日行于市，莫敢谁何问也[2]？寒居举登[3]，贼艘日夜过其门，而欲入者屡屡，业已避之。安得龚、黄来，为吾民除目前剧祸邪？潮人独倚一吉湖刘君，顾又过于慎，不力任艰大，他又何望哉！相见何期，临楮惆怅。十月二十日[4]，寓汀之永定山斋，仆偕蔡次轩为武彝之行[5]，所经之地，即故人不相闻，况敢烦人夫马邪！物外之兴，山人之体，颇与俗异。嗣尚有书寄也。

校记

[1] 徇，《东涯集》作"循"，当系误。
[2] 莫敢谁何，《东涯集》作"莫敢何"，当系误。
[3] 举登，《东涯集》作"草登"，当系误。
[4] 二十日，《东涯集》作"二十三日"。
[5] 武彝，《东涯集》作"武夷"，是。

又与孙月厓书

宏赐[1]、三边、墙外、拒门等堡之贼退矣。虏对通事言，欲送老弱牛羊于北畔，而以兵东袭我之虚云。盖东向云者，指宣镇也。西路兵厚不足虑，渡口、柴沟，如公来教，亦足自防。北路龙门、马营一带诚可忧，须益以人马。赵总兵挈延、绥二千人于彼，业已定矣[2]。而大白阳之单弱，可于山西奇游兵内量摘协防，望公委曲与赵帅一筹之。客兵钱粮作何措置，不得已则郎中、守巡会议停当，台下咨到军门，方可会题。然揆之事势，真有难者。盖大同、山西未尝有不足之请，而独于宣府为然。彼不相亮者，安知我东路曾兵摆守邪[3]？西、中二路援兵，应否全支，仆未之查。若不当全支而全之，则又该道之过，愿公指示，改正未晚也。大同折色，止于粮草，每升止折银一分，草每束折银一分一厘，盖时估如此耳。宣镇折银价值，各路高下不同，更望公一查。仆近来冗剧，速给不能，所仗台下教之耳。天城之役，方云遣疏。而拒门诸堡之役又逼近，且夕良亦苦止。今贼且声言东抢，忧如之何？据案作字不成牍[4]，想能照之。

损伤官军，当以实报。不然，则南川往辙不远也。发兵护稼，渠自为之。即吾辈与之同体，亦不可与之混途也。渠于兵事巨细，恣意专擅，及至败事，反不吐露真情[5]，仍复诡谲变诈，欲以计左吾辈为之庇护，多见其不知量。夫有毫发之功，必尽揽为己有；及有自取之咎，则必分之他人。即古之藩镇所为，不如是其烈也，愿公斟酌。生方刺探其事，而未得其详，未敢草率奉复。大都吾辈当有欛柄，我是而彼非，事直而辞曲，非公命之，敢不奉以周旋。揭帖达之兵部，亦及阁下兵科否？原稿早发示，偶或有报，期免异同，仍且勿语渠知也。贼不逾墙，虽非以为功，亦可以免罪。兵大损折，渠不以为罪，而反以为功，则亦难任彼为之也。损折之数，渠尚未报，而吾辈不可不预查其实，以为之地。渠所报者，如果相应，则疏中宛转一二言以自防，若不相应，则仍列他官所报之数。而彼之失，于吾辈无干也。吾辈勿代渠揽利害，延是非。第为分咎及委曲一二，则于此心、此理、此事情，庶几得之。阵亡官军，已行文两道，查给棺木，及军门径发告示，令勿隐匿，盖顷者天城之役之故事也。尊驾闻驻宁虏，尚之镇宏赐否[6]？百凡频频寄示，勿吝为恳。

校记

[1][6] 宏赐，《东涯集》作"弘赐"。
[2] 已，《东涯集》作"既"。
[3] 曾，《东涯集》作"增"，是。
[4] 牍，《东涯集》作"渎"，当系误。
[5] 反，《东涯集》作"又"。

答赵总兵东溪书

俺答，夷狄之雄者，并西虏、吞海寇久矣。今闻又以兵临朵颜，挟宁福，迫其从己。若果有之，此其志岂小哉！北伐之议，毕竟何如？昔人有言，边臣当以战守为实事，讲贡为权宜。如来示所云：贡亦权宜之术，庙廊间亦有定议矣。但此事出于俺答，而小王子知与不知，想必诘之。夫贡亦抢，不贡亦抢，难测其在彼者。来亦备，不来亦备，惟尽其在我者。此时无羁縻之术，则秋来事势，恐又不止如往岁已矣。度其入寇之谋，而为我先事之算，边臣之虑，非得已者也。塞垣初完，而乘塞之议格。虏之大举，不归咎于乘塞者之失，而归咎于城塞者之非，误矣误矣！知执事亦叹息此事，故漫及之。

与黄泰泉书

顷领瑶函，诲旨勤厚，三复卒业，与心俱藏也。佳刻琅然风雅，布之几案，以时诵观，疏豁尘虑。我公独擅明德，海内委心，黄阁指日，无庸多赞。顾所望于公者，当今天下事势，如所目击。将促膝更仆，弹剑抵掌，缕缕而莫之能尽。不有君子，其何能国？吾广人应不弱，泰泉人杰，尤比之一夔，足耀桑梓。某也经术行能，蔑可称述，徒以资质之近似者，酬酢斯人，冀立尺寸。时事日殊，世局难改。从委曲则辱理道，行直道则蹶颠危。揽衣中夜，恒自诧嗟。谬和吹嘘，受知君相。黾勉攀附，炯有愚心。只以乌鸟之私，每迫方寸。长林丰草，实系梦思。真不知所为处也。

典边三年，拙劳无补。独有顷者并力守要之议，颇当于心。偶有异同，致烦诘辨，谅在存择，悬之镜林也。兹役已极意经营，将告成事，得免匏落，不为祸始，幸矣幸矣！计部追发边饷，责在抚臣，其诚任嫌、任怨、任劳，勾稽出纳，其兴革之端、节缩之要，毕吾心力已耳。修边比之往者，费省十之六七，按迹可知。乃不能自达于蒲老，亦遂泛然视鄙人也。愿公会间一为陈说，鄙人有区区平生，岂敢专甲兵而藐钱谷。即往日曾为计部郎，辄殷忧度支，今遽亡羊哉！恃爱喋喋，起居常礼，不敢渎陈，惟台慈照之。

与萧同野书

人还，辱惠答，勤悉为感。邸报知足下条军政甚美，全疏愚甚欲观之。台端得贤者，固章章如是。鄙人好谈时事，亦有壮志。顷以防秋得历重关，眺远塞，访遗老。自谓御戎上策，尚有可言，欲著边论，私质同志，然后试一为之。他务猥琐，旁午未遑。东南岁饥，司农告匮，此其忧且不在外夷。又愚以疏远之迹，不能剖方，动多茹撼。长林丰草，已系梦思；卧龙跃马，同归渐尽。行当如野鸟飞去，不复为攘臂下车者。僻在西陲，凡百坐井，声实美恶，苦不自知。辱在通家，倘有听闻，千万报告。墨刻绒巾侑启《金刚经》《醴泉铭》，尚未得之，容嗣奉也。

与薛中离书（二首）

小仆至，拜辱手札，真慰寤悬。所贻久庵书，深得古人折简之体，意邃而文亦炳也。末言不才，奖借太过。俟有良便，便当附闻。倘他日言猷藉此，不相龃龉，罢兵息民，帖席枕广之人士，则仁者之言，其利溥矣。久庵近疏，欲节制两广、云、贵小大百执事，报许之。今又疏乞科道官，意或不专主勘处也。奈何奈何！初蔡公入广时，力言南征事已有成命，某专官也，畀以扛鼎。左江诸郡民相传大师且临，往往弃井庐去。某危之，不拥兵自随，至则呼黔黎聚堂下，指天画地，涕泣与言：宁以身为沟壑，不敢使赤子无宁宇也。自是民乃稍稍相煦燠而居，变不内作。某仍赤臂行边，经略诸务。会入交，近地龙、凭二州，部酋杀官，相踵为乱。交人伺变，境内震骇。某出万死擒韦应、械李寰、毙赵楷，皆巨魁也。又格杀其余党百十人，二州始帖帖屏息，交人亦悚服。窃惟往年思恩、田州恶目庐苏、王受等，朋反二三年，露报日剧，兵集三省，糜赏至五十余万，竟莫能讨平之。某不费一金、挫一矢，数月而槛致三凶，坐消巨患。譬之狗马，敢论微劳？然亦或可以免罪矣。南国便宜，前后条刺，无虑数十事，款降章表，固亦足以尊中国、摽四夷、光前烈、示后世也。况百万之命系于此耶！蔡中丞不言功，某之意耳。乃今豪杰所见，犹有同异。岂必欲开边死万民，积尸封土，然后麟阁足书勋耶？吾辈谈心论世，学道爱人。马上功名，要非得已。中离试观不才，即未能援摆甲，提剑控弦，以当百死之陈。然使之载笔参军，借箸前席，从容称娖卒乘，田猎于龙编、富良之间，或与棘门、灞上儿戏不同。况边疆之臣死于边疆，分也。某敢自爱？所欲宛转罢征者，谋国远虑耳。阳明夫子不主征南之议，致忤时宰见山，竟落爵，死无悔也。久庵可得闻否？仆近多病，又为儿女所虐，宦情灰弃久矣。满拟归来，择地一区，方五六亩，不必疏堂重辕，侈饰华润，但可以迥嚣绝迹，辟燥湿寒暑，即茨屋蓬壁，荆扉槿篱，无不足者。且某素善耕渔，近又颇好书史，妻妾辈皆贫家，课令勤纺绩、畜鸡豕，以娱老亲，自是乐事，况或从此多生男也。南征告罢，余遂东矣。今有职竞，未遑也。此地僻左，同志寡希。惟频惠我音，毋或遐弃，至幸至幸！

又

寓蜀时曾泐小状，想彻奏记。罗浮有神仙遗迹，未闻有圣贤筑居。今属我大儒游衍，当与武夷、白鹿并传也。秦中知学者少，西北丧朋，闻见日俗。虽立命跟脚，不敢差移，毕竟未能得力也，惟中离终教之。向日过家，限于聚晤，恨恨心事，几于间隔。中离勿投杼，然竟不蒙一字之贶，何也？松溪先生主张学政，我东人之幸也。行边劳冗，不一一。

与林东莆书（三首）

吏还，辱手教勤矣。平交叙文，佳甚佳甚！当使退之捧辔，子瞻扶毂。度越凡作，独擅名流。僭有更易，以司寇作司马之类，即命登轴，绎诵以传也。不肖交州之役，行当讫竟，瞻恋故国，喟然长怀。今已决意田园，无复雄飞之志矣。卜筑依子，读书习静，即田无负郭，饥寒于尧舜之凶年，亦甘心也。老父书来，申申速予。方寸之情，三公不易。监寐辗转，未能遄飞。须安南议定报至，乃可遣疏乞身，敢自误耶？偶发中悰，恃有惠子。中离辈不及奉状，为道殷勤。

又

书报太夫人之戚，怅然悲。吾子罹荼毒甚酷，狂诉奈何？吾子知哀知礼，知幽明死生之故，仆莫为助。窃念太夫人早事尊先大夫，虽劳苦丧贫，晚岁犹得见吾子之及第为官也。锦衣归侍且十年，不幸奄弃。吾子为能肖容貌，绎语言，厚衣冠，丰祭奠，象服襜如，吊客骈如。吾子哭也，犹若无以生为。乃仆弃先慈，时方五龄，不能记容貌，传言语，治衣冠棺椁，而修祭会奠也。视吾子之于太夫人何如耶？先慈病剧时，不知如何呼我语我。张目顾盼，引气咽息，而孺子无知也。比有知识，能思量，剔心苦索，已不能得其状，悲哉！使先慈及此时而卒，仅七十寿耳。其痛也，尚当如吾子之丧太夫人也。乃不寿不禄，不能不为太夫人因吾子之悲，而重悲先慈，其情若此。先慈葬地不甚美，葬时棺椁亦甚潦草。去年仆患疽欲死，抚心瞪目，以俟天命，他无所戚，独以先慈未改葬之故，时时拥衾吁天大哭，诸婢妾皆涕下不忍视。疮愈，以安南近报，系不得归，情事苑结。入夏拟脱屣，当从东莆为太夫人视葬事。徐按地理，择风水之佳者，与吾子参论，易葬先慈便宜，固亦足相资也。小价去京奏致仕，闻已下铨部，不知主者作何判置。即不得命，图始虑末，我亦当归，安能久居此耶？便偶言无次第，亮之幸幸。太夫人容归日撰文致祭，不敢遣人代云。

又

解携日远，思企难裁。追忆去岁，历秋冬二时，虽屡与我丈相见，然多谈风水地理、方中之术，间及时政。未尝较心事，互证日用得失。混混汶汶，若有所疑昧冯塞，韬讳遏隐，姑待畏言之者矣。夫志意相许，善过相规劝者，惟是东莆与不肖尔。分隔数年，合并匪易。乃尔草草不求益，何也？私自省察，为母妻化者，及时改厝。营营独抱，无暇治心。急地求人，不妨任计。济海渠之举，虽十一腾吻，侵轶有司，而志在利人，迹不足累。此皆谬饰，而况有别怨乎？昵同党之情，多盛年之戏。时遇宴饮，往往酒情中酣，耳热舌出，叫咷发狂。丧其威仪，不自检押。又好轻事直言，容易然诺。数者甚非所以勤学明德，而示人也。某每经快（怪）今士大夫讲说道德[1]，悬示高妙。自以六籍未谈，道园独悟，群然仰之。稽所践履，卑卑无观。故立言似乎君子，而饰过甚于小人者，诚然有此事也。然渠犹饮食言语似人，无酣狂躁易之失。以我为鉴，我实当愧死。乃复文饰过迹，兼其所有，即死无地矣。失之东隅，收之桑榆。万里寄声，恃有惠子。寓巴县舟次。

校记

[1] 快，当是"怪"字形近之误。

与尹朔野书

病卧经旬，近复感冒，口鼻不仁，耳目多畏。所赖药物，幸少间矣。病读佳序，如登太山[1]，游渤海，（目）纵神竦[2]，天下无以易其观也。近世文字，咸称何李[3]。然于旬月之间，未必能连篇累牍，烂然具陈。且或盛枝叶而略根柢[4]，骋臆说而昧经纶，犹虚车耳。高才天授，睿思泉涌，根极时中，综铨地里[5]，开阖变化，高壮宏朗。驰骋前昔，鞭挞今人。吾于丈者，拱手属心久矣。夫志，史之流也。江文通称："史之难，莫如志。"非丈者其孰能与此！鄙人喜真欲狂，不啻口出。所（冀）朝夕获尽观之[6]，倘有一得，将寄托于班郢之手。苍蝇附骥，梦寐欣歆。欲得面陈，而无其便，徒积菀叹耳[7]！诸序大都靡可更易，稍抑骈丽，潴汇波澜。则所谓富如马迁，严如班固，明如贾谊，奥如扬雄[8]，吾丈兼之。盖当与《史记》《汉书》诸名家并美而永传，非苟作者。吾丈文章事业，斯非其大端邪！达碌碌平生，独幸有遇，气动心踊，头奉珍宝[9]，要使天下后世不嗤予耳。《雁门行》甚得体，近曾以《塞下谣》寄吾友赵浚谷氏[10]，称为杰作，当敛衽退避云。浚谷傲睨海内，少所许可，乃独屈于丈者，岂徒然哉！

校记

[1] 太山，《东涯集》作"泰山"，当以"泰山"为是。

[2] "目"字原缺，兹据《东涯集》校补。

[3] 咸，《东涯集》作"亟"。

[4] 叶，《东涯集》作"华"；柢，《东涯集》作"致"。

[5] 综铨地里，《东涯集》作"综诠治理"，当以"综诠治理"为是。

[6] "冀"字原缺，兹据《东涯集》校补。

[7] 菀叹，《东涯集》作"惋叹"，当以"惋叹"为是。

[8] 扬雄，《东涯集》作"杨雄"。

[9] 头，《东涯集》作"愿"，当以"愿"为是，"头"乃繁体形近之误。

[10] 《东涯集》无"氏"字。

与曾石唐书

顷曾肃状附使者，想彻闻矣。明公负当代伟望，赫其有光。厮圉厖童，皆知君实。天子方命阃治云衢，以听横扫直驱。夏席将革，秋声愈远。西土平康之休，已可概见。一时英雄所就，孰与公多？若达区区者，无他奇画，徒怀忧危。近议增崇垣于云中，幸已就绪。工完之日，虏或不能飞渡也。闻套贼大半东徙，俺答诸酋，稍与小王子构隙，方在讲解，有东犯辽左之言，未可知也。贱子疾病日甚，首邱之念，勃不可遏。秋尽倘幸免他祸，便当以死自丐矣。恃爱谩及之，薄仪旌贺，伏乞照存。

祭孙松山文

嘉靖丁未闰九月四日，翁子巡省长垣。维时元云寝晖[1]，塞草黄落。会有自京师至者，报我松山孙公病亟且死。翁子色骇心伤，潸然久之。乃再拜遣使持牲帛走奠，而告之言曰：夫有心同而意见异，时同而生死异者，人邪？天邪？公不负余，余其负公者，然邪？否邪？今欲沥血髓、堕肝胆，偻偻相道，其孰能听之邪？昔公为郎计部，雅独余好，二人又并有謇然当官之心。既虽分隔，常若见闻。比余叨制阃外，公适观察山西，得复相觏欢甚。

迁去复来，控抚兹土。会有筑垣守要之役，余委心幸托经始图终，公独哓哓欲反成议，上两封事，闻者需疑。余弗得已，亦两嘈辩，均之为王室封疆之故耳。夫用中之道，必求两端。吁咈之风，始自前昔。余不能苟同于公，犹公之不能苟同于余也。人各有见，夫亦何病？然不意公竟被诏狱矣。悁刺于衷，诧不自解。拟有所请，属草频更。谋之朋侪，谋之卜筮，俟毕秋防，冒昧一举。即有叵测[2]，与公同系，吾宁甘心。乃不意公复遽尔不相待矣。悲哉！

余与公皆南产，万里同官，萧条异域，倥偬戎马；艰险怵神，瞬息死生。安知尔我，一存一殁，命实为之，何能不悲！然而海浅蓬莱，鱼龙共尽；河流酸枣，瓦砾俱沉。苟达人之大观，则雍门之歌，大夜之感，皆足以慰吾人之悲心也。

擒罪虎文

思明府江州一带，山溪峭险，茨菁瀁蒙。郡虎多当途噬人，行者苦焉。万达行边逾丰门，因大雨途泞，人马俱疲，虎适出，伤其一卒死。万达悼之，乃为文以告于山神，曰："天地生物，而圣人治之。放龙蛇于渊，驱虎豹于山。所以使各遂其生，并育而无相害耳。今吾奉天伐罪，道经是途，尔神不能驱逐猛毒，以伤吾军，是上违天道，下旷若职也。夫违天者灭，旷职者废。吾将叩阍于天帝，稽令于女责[1]，而有所辟罚于神矣。敢告主者，其令哐人者死，犯吾军者缚吾垒，无或故纵，以为神羞。"乃募力士，以千户尚昂、土舍黄纯等督捕之。探其穴，前后射杀者七十，而其一独猛，果生得之。金曰罪虎也[2]。登庸畏威输款，此其为之兆矣。

祭薛给事宗铠文

呜呼东泓！余与汝同年而生，同井邑而处，又同学古人，溯泣麟而上，不欲落莫人世，与草木共尽。乃今遽忍哭君邪！君之乡行，我广人慕之。宦迹贵溪，洎闽人思之。凤著风裁，卓有令誉。朝士又类能诵之，史册且将书之。乃受命于君，溘然物化，真得与龙逢、比干游于地下。揽观宇内，罔生者何限，方且唾去之不暇，而自谅其死之为安也。予于君夫复何悲？独慨邦人河岳不能庇才贤，国家元气不能寿忠直。天亦弗佑斯文，俾将蔑所凭丽而宣朗也，此所以恨耳。思挥戈碎贼臣之首，而不可得，君其知之否邪？

昔予来苍梧，逾年以觐事北上，得复俱君信次京师，相劳苦慰藉，更仆谈凤昔为欢。至语及时事，则咄咄不能平，思共抑情辞魏阙，结社宗山，为安身养命之计。乃今遽捐弃良友，其能不悲耶！

贼臣误国，畏莫敢言。君一疏从容累数百语，盖深得纳约之义。讵意和者过激，贼臣流訾，圣主不怜，遂使下诏狱，廷杖以死。此岂智士所能料者耶？相传君始被系而终易箦，志定神宁，不震不慑，语后事朗朗，真所谓有道者。死之日，京师内外，无识不识，咸为愤惋唏嘘！至愿以其身赎。即支藩遐壤，武夫悍卒，观余道君，亦潸然泪下！况朋谊姻好，以骨肉通家为期者，痛又何如耶？承讳迄今，寝不安枕，食不下咽，累唏重息！未始一日而置。欲一旦归来哭君于枢次，而一官鞓系，奋飞未能。

时常梦与君促膝剧谈，眷眷不忍别去，觉寤辄泠泠自失。而欣然之容，铿然之音，犹恍恍在耳目也。岂意气相感，抑幽明生死，固亦有相通之理耶？比闻贼臣与其子斗，竟疽背而殡，柩不宿庐，负而走，虞乡人之怨者之欲鞭其尸也。岂恶极天厌，使假手于其子？抑君英爽不散之气，犹能驱使造物，颠弄若人，为天下后世殷鉴耶？皆未可知也。我所可知者，君生平耳。俾余即不死，当为君操觚作实录，以垂不朽，今尚未能也。生刍延颈，山川回纡，哭不尽意，哀岂达辞？悠悠君子，孰知我思？

卷十四　萧御史同野集（一）

潮阳萧端蒙日启著

邑志列传[1]

　　萧端蒙，字曰启，潮阳人。嘉靖庚子乡荐，辛丑成进士，选庶常，著论二十余万言。上重其才，授山东道御史。稽屯伍，清畿内军，纠官邪，悉报可。命巡按贵州，疏请置督臣，增试额差。旋途病，予告归。上疏陈潮民疾苦，请拓城除害等六事。又陈时政十余疏，多切利弊，不报。癸丑秋，俺答大举入寇，京师戒严。起浙江道，奉诏选延安、绥德精兵入卫。还赐金绮，按江西。病卒。有《同野集》。

校记
[1] 此文载乾隆《潮州府志》，故应题为"郡志列传"。

同野先生文集叙

　　窃闻诸鲁叔孙云："立言者，谓之不朽。夫金之刚也，或烁之；石之坚也，或裂之。金石且毁，而言犹立。"至哉言乎！夫言之立也，非华也，非辩也，又非苑积而多者也；其旨远，其辞文，其前民用也，如布帛菽粟，不可一日废，如是者立。综核于事，体要于词，蔚然其光可烛也。以行诸远，如规矩縠率设，而艺者射者必取衷焉，如是者立。非是二者，而枝叶其言，速朽之道也。若汉之杨雄，亦庶几乎立言者矣。潜其思，闳其度，凡作必拟诸圣，非圣无作也。虽有，仅仅焉谨毛失貌之讥。若为规矩，必取诸倕焉；为縠率，必取诸羿焉。是故艺者射者，无能他适也。当时弟子侯芭，一受其言，遂信其必传。人或疑之，历数世则有称为胜老过周易者。迄今诵之，虽谓不朽亦可也。今之业文者，知言立为不朽，乃驰骋于棘刺，而匿其端；婴志于丹垩，而忘其质。帙累汗牛，而无当于道，比比皆是矣。没世之后，子弟门生，又多编勒诸梓，以为不朽盛事。而知言君子，方厌其猥且繁也，曾不一瞬焉。尝历按其籍，皆枝叶其言也。所可取衷者，盖鲜矣。

　　潮阳同野先生，蚤有声于艺苑，在台中政绩炳炳。乃复养疴种学，务得其本者操之，非徒沃于枝叶者也。其发为文章，惟古是程，不苟徇时好，多沉思，以力追左史之踪。其规矩彀率，不爽其旧，窃比诸雄非欤！信乎天下爱习其言，将与元并传也。

今既没，二弟春元左山，自麓汇其遗文若干卷，以授贵与给谏孙君叙之。二子皆先生门下士也。受先生之辞有年矣。愧非若芭，能探元奥。而信其必传，不敢让焉。先生位不称德，年不符仁。所恃以不朽者，良在兹欤？先生尊人铁翁太史，以文为海内宗，盖知言君子也。持以献之，不识以为然否？门生丰城李贵谨撰。

萧御史同野集题辞

御史朝廷清要之官，而巡按代天子巡方，大事奏请，小事专决，与抚院同称两台，其任尤为雄剧。疏关宫阙，则天子为之动容；规及黄扉，则宰辅惶然待罪。庶几谏行言听，膏泽下于民，为能不负所学哉！

同野侍御为铁峰太史长子，学有渊源，通知时事。由翰林改御史，历按贵州、江西。使车所至，风采肃然。所言皆军国重务，为人人所欲言，亦人人所不敢言。即桑梓利病，无不激切敷陈，冀以少苏积困，洵不愧名臣。奏议行文，修雅有度。读之者，共喜为威凤之和鸣，非同秋鹰之搏击也。

后学顺德冯奉初题。

增解额疏

题为乞恩赐增解额，以作人才事。

臣窃照得贵州自嘉靖十六年开科以来，士气倍增，文风骎盛。明经力学，复异往时。近科场屋生儒之数，几埒中州。兼以湖广伍边卫学附入乡试，婺川等县又复比例建学，就试之士日加，取解之额未广。臣愚以为，凡民每伺向而后兴，中材必有激而始劝。迩者蒙皇上开科作养之恩，士咸自奋，力学待举。较之先年附试云南之时，相去远甚。上意所向，立见明效。即今群情方锐，若不再加激励，诚恐将来美才格于遐遗，锐志沮于狭取。士心文习，不无少懈。既该提学等会议前来，臣愚复博加咨访，咸谓前项解额，委未足以收拾人才。故敢昧死上言，如蒙皇上怜才劝士，洽远敦风。敕下礼部详议，将贵州乡试解额，特赐加增。庶遐荒绩学之风益振，而黎献共臣之愿不孤。文命诞敷，王灵丕著。其于格远绥夷之化，胥在此举矣。

特建总督重臣疏[1]

题为恳乞天恩，特建总督重臣，以为边方长久计事。

窃照贵州地方[2]，与湖广、四川、云南、广西诸省边界地方，疆土参错，砦落交杂。争斗频生，奸宄叠作。边围之患，无岁无之。所以然者，盖缘辖属各异，事体不一。各怀彼此之心，竞图利害之便。互相推托，养成患害。贻毒生灵，亏损王化。臣自入境以来，询求利害[3]，而阖省士民，谓宜建设总督，以专西南之阃。重以事权，责以经略。长久之术，莫大于是。臣请言其利害之故，陛下幸垂听焉。

贵州之在国初，本三省之远地也。至永乐十二年，始置都、布、按三司，以扼西南之吭。军民衙门，大抵皆分属二省，以示犬牙相制之意，甚善计也。但百年之后，时异势殊。脉络阂隔，威信阁滞，于是贵州遂称难治矣。何以言之？边情夷患，动必牵连，约会则不及，独任则不可。此制驭之难，一也。两省之间，牵制文法，意见异同，谋猷互异。此体统之难，二也。武弁夷酋，动分彼此，名虽兼制，不受约束。此任使之难，三也。纷争奏诉，必经会勘，文移往返，壅滞积年。此勘断之难，四也。贵州钱粮，多额川湖，连年拖欠，动以万计。此催征之难，五也。每遇有警，调用军夷，或托他故，动相妨病。此调度之难，六也。钤属既别，期会自疏，地方事情，多不互报。此经略之难，七也。有此七者，则虽有雄略之士，其能展布行事矣乎？此威信之所以未广，疆宇之所以未宁也。若使总督重臣，合诸省要害之地而并制之。则统涣合离，任专责重。事无制肘，势如使臂。利害萃于一己，既不敢萌择利之心；事权总于一人，亦不至重輿尸之弊。无事则坐镇绥抚，以安一方之民；有警则合师征讨，以消诸省之患。积以岁年，疆场可定。此臣之所谓长久之计者也。

况今日铜平、镇箄之苗，其患孔棘。迩者伏奉严旨，责成两省抚镇官，以期荡扫之绩。皇言震赫，疆圉之臣，戮力奉行之不暇，臣固知贼不足平矣。然以事势度之，合讨之有功，终不若统帅之便利也。何者？责分则人心难一，地远则声援难通。缓急之情异，则纪律难齐；虚实之势殊，则机权难酌。不必彼此异同，可以败算；至于进止先后，亦足溃成。自古以来，未有主帅不一，可以成功于阃外者。就使同心共事，卒奏成勋[4]；亦必老师费财，坐迟岁月。其与专阃用兵，难易自别。臣故曰合讨之有功，不若统帅之便利也。是总督之建，在今日征讨之役，尤若不得已[5]。此臣之所以昧死而有是陈也。

臣又见得，先后诸臣，建议亦多有及此者。然皆议于二省巡抚之外，别设大臣以制诸苗。此亦救时之权，未为不可也。臣则以为职守虽专，政体滋病，愈相颉颃，转益纷纭。又况西南隐患，不止铜镇为然。孰非版章，皆当豫弭。故臣愚计，窃以为宜如两广汀赣事例[6]，将贵州并川湖云广边界地方，特设部院重臣一员，专一总理夷情军务。即铜平、镇箄有事[7]，暂于沅州住扎，以便调度。以后地方宁静，仍回贵州坐镇。其贵州巡抚、都御史，仍行裁省，以总督官兼理[8]。则叛苗剧患，既有所责成，以伸薄伐之威；而诸夷隐虞，亦有所委属，以任经略之寄。安边全策，无以逾此。[9]

校记

[1]《明经世文编》本篇题下注有小字"川湖总督"。
[2]﹝6﹞窃，《明经世文编》作"切"。
[3]利害，《明经世文编》作"利病"。
[4]成，《明经世文编》作"戎"。
[5]不得已，《明经世文编》作"不可已者"。
[7]即，《明经世文编》作"即今"。
[8]总督官，《明经世文编》作"总督"。
[9]《明经世文编》以下尚有七八百字，议论"应行事宜"，当系本书编者所删。

条陈地方事宜四事疏[1]

题为条陈地方事宜事[2]。

臣待罪贵州,奉职无状。既不能贞肃诸司,以销朘患;又不能振厉武事,以遏寇冲。坐使苗贼纵横,生灵荼毒,以廑君父之忧,愆罪万甚。兹方简集师徒,奋扬威武。徼幸桑榆之收,少逭邱山之责[3]。而臣代次将及,又以患病,具陈调养。诚恐区区犬马之心,无以自效。故敢即所见闻,条为四事,昧死上陈。伏惟圣明[4],幸垂听焉。

一曰决大计。夫治苗之议,不过抚剿二端。自苗叛以来,大率皆用抚议。然以臣观之,今之所谓抚者,非威有以制苗之命,恩有以结苗之心,而使之就抚也,不过厚利以啖之,曲意以邀之。上下相蒙,共为欺罔。其或诸苗厌倦,数月不出。方且自以为功,而弛兵撤备矣。一旦卒有警报,仓皇失措,无所为计。于是多方掩护,以求免责。钳制细民,不得控诉。文过遂非,执抚不改。而生灵鱼肉,壤土践蹂,固所不恤也。臣思兵凶战危,抚非不可。然抚之而无烦于费,抚之可也。费矣而无伤于体,抚之可也。伤体矣而有益于民,抚之亦可也。今则口粮种具资给[5],岁余鱼盐犒劳,时颁不计,费不可谓不烦矣。戕民于大都,则莫敢致诘。讼民于公府,则代为甘心。惴惴媚承,如事大国。惟恐少忤其意,以速其叛,体不可谓不伤矣。然而朝方受抚,暮已出劫。殷勤招谕,曾不足少系其心[6]。果何益于事,而乃孜孜以抚为也。臣自莅事以来,广察士民之情。闻征剿之举,则欣喜如狂;听招抚之议,则疾首相告。人情如此,是非可知。言抚诸臣,非不及此。然而不胜患得患失之心,养资待迁之意。是以甘为辕驹,鼓眩邪说,此效彼尤,以迄今日。而铜仁一方,威灵法令,盖荡然扫地矣。故征剿不行,抚议不屏,则西南之患,未有已期也。近者伏奉明旨,期于克平。安边大计,无以易此。以故西南士民[7],幸抚之去,快征之来,莫不欢忭鼓舞,思见武功之盛[8]。即今湖贵二省,合兵举事。进哨有期,荡灭可待。无如当事诸臣[9],奉行未至。或首鼠不决,或逗留不速。则于机略,不无少左。臣愿陛下明示意向,重加责成。谕以征剿之机,决不可失;戒以招抚之策,决不可行。其有异议者,治以欺罔之罪。庶以杜塞邪谋,壮扬兵气。坚将士必战之心,而慰士民来苏之望也。

二曰议粮饷。窃照叛苗巢穴[10],竹箐丛密,溪峒险峻[11],每闻兵至,辄弃其巢,分散逃命,跧伏岩谷。官军之临,不知地利,虽加穷搜,所获不多。以故往岁征剿,鲜有大得志者。臣闻土人之议,惟有久围,颇为长策。盖我师既合,分布搜剿。彼既不敢出以求食,而资蓄无几[12],久当自毙。查得嘉靖二十三年征剿,贼已濒困[13],所需者旬月耳。当时班师太早,遂使残喘复生。铜仁吏民,至今恨之。况闻今岁贼中禾稼,俱为虫灾,无所收获。虽有抢劫牛马米谷等项,计亦不多。若能迟以月日,自可坐收全功。但恐资粮不继,难以久驻,则其势不得不撤。而垂成之功,遂亏于一篑矣。往年之事,闻亦以此。今宜鉴往惩弊,广处粮饷,以为可久之道。但贵州地方褊小,兵粮已竭,极难计处。查得湖广粮米充溢,由水运可以达铜仁,颇为便利。况该省原有额解贵州折粮银两,合无暂令改纳本色一年。或湖广折算脚价,径运交割。或贵州出备夫船,自往交兑。其或本折互有低昂,俱从时估抵算,是固善策也。议者每以各分彼此为虑,谓该省必不乐从。然以臣计之,朝廷封疆,本无分土,同为王事,岂宜自异?况湖贵之势[14],本成辅车。若贵州以速撤失利，则湖广岂能以独制成功。苗寇未灭，后忧方长，来岁之间，必当再举。则靡费愈巨，用力愈难。固不若因邱为山[15]，虽劳而功省；羡补不足，虽费而事成。其于二省，似为两利。又况数本岁征，非额外之求；价从时估，无重困之累。宜若无不可者。乞行贵州巡抚都御史多方预处粮饷，或趁时籴买[16]，或悬则召纳。务使仓庾充实，入夏不缺，仍行湖广巡抚都御史一体处置。及将嘉靖二十六年额解贵州钱粮，照臣所议暂改本色兑纳。并行抚镇各官，督率将卒，戮力搜剿[17]。必俟夏交之后，兵威既伸，苗类就尽，方许罢兵。其有推托误饷，诡饰撤兵者，听二省巡按御史纠劾。庶乎资粮既足，胜算在我。以攻则可胜，以守则可固。攻守并施[18]，而贼将坐毙矣。

三曰严驾驭。访得湖广永顺、保靖二司，四川酉阳、平茶二司，俱与苗寨密迩[19]。党逆扇乱，罪甚于苗。平居通串之恶，臣固不暇言矣。至于用兵之际，怀奸尤甚。不但窝藏通匿，而借兵助粮，漏机卖阵，无所不至。用之则惧其二心于我，致误兵机。不用之则惧其合势于苗，重贻患害。而酉、平之为贵州用，复恃异省，骄恣万状，协求厚饷，要索增兵，视之永、保，尤为难驭。故议者谓制苗不难，惟制诸司难耳，盖以此也。臣访之与议，谓驾驭有方，虽狙诈可作使，况诸司乎？窃以为苗寨之地[20]，外环三省。今湖广举事，而四川不预，似非事体。宜令方面官，分领官兵，坐镇酉、平，制其后路。一则可以截苗贼奔逸之冲，一则可以折土司桀骜之气。而又令四司各质其爱子一人，羁于内地，以系其心。其犹有怀奸党贼，如前所云，及逗遛无功，妄杀希赏者。各视其罪，削职割土有差。若能建立奇功，克破三五寨，擒斩二百人以上者，赏以千金，或以所克地与之。若土官不忠，而目把有能，自来报效。获功多者，授以巡检职事，割所辖地以官之，改属流官衙门。则庶乎重赏必罚，而土夷亦当知所畏慕矣。或以为土官植根已固，加之削夺，势所难行。臣则以为非也，夫以国家之力，何所不克。臣观诸司之强，视之岑猛，曾无什一。然先年取田州，如驱鸡羟。此辈寡弱，又何足言。况彼之所以能驭其下者，亦恃朝廷之威灵在也。土官既叛朝廷，则目把叛土官。况有赏以驱之，夫谁不效忠求异，以希爵土之荣也。将不劳兵，而自削弱矣。或者又以为，千金之赏太重，后将难继。臣亦以为非也，盖铜平之苗，不及八百。镇箄之苗，不过三千。计其赏资，约以二万有奇而已。此不过一岁抚苗戍兵之费，而可以永珍苗患矣。失此不为，而欲以常格成事，未见其可也。乞敕兵部特降榜谕各一道，分示诸司，使知赏罚条格。仍行四川巡抚都御史，分遣方面重职，持兵坐镇酉、平。并行川、湖二省，将四土官应袭儿男，羁于附近府州，候事宁日遣归。如有异志，即以属吏驾驭之术，此其最急者也。再照贵州调用军兵四万，而宣慰安仁部下三万，虽通苗之恶，保其必无。但臣观其队伍不整，沿途扰害，则其约束无纪明矣。诚恐进剿之间，仍复如是。则违令不进，妄杀冒功，离次先逃者，彼皆无以禁之也。误事殃民，所系非小。亦乞特降榜谕，示以威法。如有奇功，照前赏劳。其或失事，本官降职，目把依律问罪。庶乎有所畏警，而兵皆节制矣。

四曰画远策。夫征剿机宜，臣略陈之矣。而所以规画措置，以为善后之计者，尤不可不豫为之所。臣查得铜平、镇箄地方，屯堡稀阔，戍兵单弱。制置疏略，备御废弛，以故寇贼纵啸无忌。臣以为宜行二省抚镇等官，乘今兵合之时，于湖贵苗巢之界[21]，以众之力，因地之利，开凿大道，以通往来。此路既开，则我之脉络贯通，其威自壮。而苗之窟巢断截[22]，其势自孤。此则当今急务，所当首图者也。然后相其便宜，修立哨堡。或环路为守，或据险为备。旧堡之当损益者，损益之；新堡之当增置者，增置之。或输戍旗军，愿留者留之。或远近军民，愿募者募之。或招集流移，听其复业。或团结土著，使自为保。或召募他处熟顺夷民填实，或起发诸司勇健士兵住守。或汉夷一处杂居，或军民分布间处。务使屯堡相望，声势相倚。军民相掺[23]，犬牙相制。而凡附堡空间地土，俱拨与尽力垦种。且耕且守，以为捍备。此则二省要机，所当详画者也。然或者犹以土夷之募，恐贻后患为虑。臣则以为，是不足忧也。夫汉人顺而弱，土夷悍而强。必欲悍御，非夷不可。但使安插之时，度其轻重，制其众寡。于彼此间错之中，寓汉夷颉颃之意，则善矣。况今如黄连溪、狮子崖等处，不过倚苗为乱耳。使吾之势既盛，可以制苗。则彼无所假托，又安敢独逞也？是在当事者，加之意而已。若使如臣之议，哨堡既密，招募既广，兵皆久居之众，人有自保之心。处置得宜，弹压遂定。使其苗蛮一旦底平，则吾不失其经野之规。若或残孽乘间窃发，则吾又不废其先事之备。所谓善后之策，信无易于此矣。[24]

如蒙乞敕兵部，将臣所陈四议，复加看议，如果可采，转行各该抚镇等官，著实举行。仍望圣明丁宁以谕之，督责以成之。毋以畏难误机，毋以推调偾事。则平苗之勋，指日可就。而西南之患，庶几永清矣。

校记

[1]《明经世文编》卷二八五《萧同野集》题下注小字"征苗机宜"。

[2]《明经世文编》中无此句，当系删节。

[3][15]邱，上书作"丘"。

[4]圣明，上书作"皇上"。

[5]种具资给，上书作"纵其资给"。

[6]少，上书作"以"。

[7]士民，上书作"军民"。

[8]盛，上书作"成"。

[9]无如，上书作"但恐"。

[10][20]窃，上书作"切"。

[11]峒，上书作"洞"。

[12]几，上书作"何"，当以"几"为是。

[13]已，上书作"以"，当以"已"为是。

[14]"朝廷封疆，本无分土，同为王事，岂宜自异？况"，以上文字为《明经世文编》所无，当系缺漏或删节。

[16]趋，上书作"趁"。

[17]搜，上书作"收"。

[18]"攻守并施"四字，为《明经世文编》所无，当系缺漏。

[19]苗寨，上书作"苗酋"。

[21]湖贵，上书作"湖广"，当以"湖贵"为是。

[22]断截，上书作"断绝"，当以"断截"为是。

[23]掺，上书作"参"，当以"掺"为是。

[24]此处以下一段文字，为《明经世文编》所无，当系删节。

条陈边省吏治四事疏[1]

题为条陈边省吏治事宜事[2]。

窃惟国家之抚有方夏，建藩臬者十三，而贵州亦列其一。虽越在要荒，壤域褊小，然控夷夏之交，扼滇楚之吭，壮内威外，最为重镇。故建置流官，所以宣布威化，辑绥封疆，监护夷酋，错揆武卫。视之诸省，尤当致慎。迩者庙堂之上，率以边方薄之，其所以待贵州者[3]，与中土顿异。官秩之制，多从简略。受职之士，每乖实用[4]。虽内外详略之体，不得不然；而抑扬轻重之间，未免太甚。此疆域所以未宁，而化理所以未一也。臣待罪地方，细加咨访，咸谓贵州之患，莫急于吏治不足，干办无托，机事坐乖，因循不理，以迄今日。借使官属众盛，贤才布列，则弹丸之地，势非难理。群力共济，未必无绩也。岂至皇灵国法，阂滞若是也耶？臣谨采集闻见，搜剔事原，列为四事，条具上陈[5]。如蒙皇上俯存遐迩一体之念，敕下吏部详议。见之施行，勿拘以旧规，勿应以虚文。急病恤难，慎今矫往。则贵州宁谧之效，将不劳而见矣。

一曰除授太轻。窃见贵州地方，虽设文职流官。然除授居此者，非为事迁谪，则不及改调。非监胄告远，则胥吏杂流。才望之士，科目之英，率不除此。以见在计之，二司方面，迁调者半。各府知府，非尽科目。其余官员，举人出身者仅三人，余皆例监吏承为之。求其以岁贡授者，盖已不多见矣。夫迁谪之官，沮抑之余，志意局缩。兼以自生疑畏，虑必末路难全。观望优游，势所必至。至于监胄杂流之士，虽才识所赋，未可概薄。然资格所限，趋向顿殊。荣进之阶，既不足以鼓其气；俸给之利，又不足以系其心。因循苟度，曾无实志。纵使奔走就列，不过应答弥文。而况前项官员，又皆有不复顾惜，甘于下流，难以尽举者乎？臣思铨衡之上，固非薄此一方。不过以为边方事简，虑枉人材而已。臣窃以为，斯言似矣而实非也。夫中州之地，政务虽繁。然事有端绪，势易弛张。循守绳墨，自足致理。贵州则不然，事机盘错，节目纠纷，非有利器，莫能纾解，此其难易自迥别也。况于官秩多虚，一人常兼数事。苟得其人，必须广摄。众简所萃，亦足为繁。岂至优游寂寞，老其才而无所用乎？近者铜仁多故，诸务益繁。治兵主饷，调度不易。则其除授尤不当泛泛然而已也。臣乞自今以后，凡贵州二司官，俱以才望素著者升任，迁谪调改者，姑勿界之此方。各府州县官员，量以进士举人铨补。其铜仁守巡兵备有司等官，尤必极加遴选。勿以瘠土而轻之，勿以畲壤而忽之，勿以恤私为念而有所徇，勿以避怨为心而有所惮，则庶乎公选之政也。

二曰旷缺太盛。窃见贵州地方，壤域甚远，凭限甚宽。赴任官员，往往逾年始至。又以土皆贫瘠，地多险恶。俸粮柴薪，倍加凉薄。而例无马夫，又与各省迥异。仕途所薄，素指为忌。万一选除，不胜怏怏。领檄之后，类多弃捐。其或情非得已，勉强而来。就职未几，厌心遂起。于是闭户托疾者有之，弃官私逃者有之。得归为幸，遑恤其他。故贵州诸司，有选官经年而不至者，有缺官数年而未补者[6]。即以今日言之，藩臬方面，额设一十三员，见缺五员。其见任者，又有赍捧应朝等差，在任者仅四员而已。所属大小流官，额设二百七十余员，见缺者不下百员。频年缺乏，大约类此。于是事出权宜，官皆暂摄。有以一人，而总署二司印者矣。有以一官，而并管各道事者矣。有以知府署兵备者矣，有以经历等官署府印者矣[7]。甚至武官土官，亦令代署。此皆各省之所未闻，而贵州之习以为常者也。缺官若此，其欲事集民安，不亦难乎？臣乞自今以后，凡遇贵州方面等官有缺，俱于附近省分推补。严立凭限，令其作速赴任。庶几旬月可至，不致久瘝职事。其余合属小官，就将本省应选监生吏承，并四川、湖广原役贵州吏员内铨补。仕宦不出其乡，使之乐于就职。风土其所熟历，不至速生厌心。是或止虚实旷之一道也。

三曰员额太简。窃见贵州原设官员，不及中州一府之数。虽有思州等八府，但各府只设有知府、推官各一员。额数原少，空缺常多。缓急之间，莫可倚属。甚至数府通缺，求一委署而不可得者。幕职权摄，体统既乖；文移事体，多有未便。所以先后抚按诸臣，议于各府添设佐贰一员。盖欲官属稍盛，庶几委托有人。节经具题，未蒙施行。臣思庙堂之上，不过以为增官则扰民，故付之寝阁耳。以臣计之，官虽增设，而于民则固无所扰也。何以言之？贵州缺官，盖参（叁）之一[8]。即以缺官俸给，转资增置之官，盖已充裕有余矣，固不必加赋于民为也。况贵州之病，惟官简为剧。故置一官，则民受一分之福。正不当靳费惜财，而况于赋无所增，民无所扰。人情政体，深为便当[9]。此前诸臣之所以有议，而臣所以敢于再申也。伏乞俯从诸臣节议，于思南、石阡、铜仁、程番、都匀等府，各添设同知或通判一员。其镇远府同知、通判、推官，俱系土官，亦乞增设流官佐贰一员，协同管事。俸粮柴薪，俱于司府缺官贮库银内支给，分毫不以敛民。其增置各官，仍乞以科目出身者铨补。员盛则任使自裕，何有于丛委而莫纾；官阙则委署可图，不至于四顾而莫属。公有集事之便，民无加赋之扰，是亦边方之一幸也。

四曰更迁太骤。窃见贵州方面，官无久任，政无久思。优游饰观，鲜有实效。求其所以，盖更迁骤忽之故也。何以言之？贵州地远法疏，得升之后，莫不枉途，以为展省。比其履任也，较之初升已逾岁矣。莅事未几，年资已及。同时之人，俱已递转。则铨衡之上，固不得不循资以叙迁其位。即其不然，又以乏人，次当入贺。往返之间，复历一岁。资深叙转，盖所必然。计其历考，岁月虽深。然居闲之时多，实任之日少。资劳累积，半在道途。官次所居，仅如传舍。骤忽若此，虽有鸠僝之士，志未及施[10]，席未暇暖，辄已得命而去。而况中材以下，恒乐私便，彼知不久于此，又安肯视官事如家事，而尽力以为之乎？故拜官于此者，非应答故事，则粉饰弥文，盖孔掩瘝。徼幸无事，委艰推患，以遗后人。日复一日，彼此相仍。事务丛积而不理，地方震辣而未宁，其原盖出于此。臣乞自今以后，凡贵州方面官员，遇缺而推用者，不必尽拘常资，虽俸浅者亦得推。而其既升也，必久任以责成之，使之以后资补前考可也。在任而应升者，不必尽如常格。虽资及者姑勿升，而其再考也，必越级以优异之。使之以殊宠，酬积劳可也。庶乎委任既远，责难猝辞。纵使遗大投艰，亦将躬莅力任。自不至推艰避事[11]，泄泄然如今日者矣。

校记

[1]《明经世文编》卷二八五《萧同野集》题下注小字"贵州吏治"。

[2]《明经世文编》无此句，当系删节。

[3] 贵州，上书仅作"贵"，无"州"字。

[4] 每，上书作"多"。

[5] 此处以下至本段末一段文字，为《明经世文编》所无，当系删节。

[6] 此处以下，《明经世文编》缺百余字，至"而总署二司"处才接上，当系删节。

[7] 句末的"矣"字，连同上面四句句末的"矣"字，上书均无，当系删去。

[8] 参，当系"叁"字形近之误。

[9] 当，上书作"宜"。

[10] 施，上书作"伸"。

[11] 艰，上书作"奸"，当以"艰"为是。

议处驿站疏[1]

题为议处驿站事宜，以苏困苦事。

窃见贵州地方[2]，为四川、湖广、云南三省交道。使客往来，殆无虚日。供应繁难，公私疲惫。兼以军夷贫瘠，户口稀少。地薄费奢，重为困累。穷苦之状，言之痛心。臣请略陈其故：贵州原设三十二驿，俱系府司出办马匹供馆，各有定额。先年夷民，自行应役。其后或以顽野，不便供需，乃议金卫所军余代役。馆谷之资，听其自取。始者寨皆充实，民亦富朴。照额兑交，颇为良便。军虽代走，情亦无苦。近日逃移者众，马多久缺。视之原额，十减二三。加之以黠夷之揩勒，贫民之逋欠。额数既损，供亿犹仍。于是军多被累，破产代办。畏患马馆，有甚于征戍者，是驿传之弊也。不惟累及于民，而军亦重为之累矣。以站堡言之，贵州原设站堡三十余处。额定官军，多者四五百少者二三百。当时犹以为苦，近岁逃绝渐多，勾补无至。甲军之额，十减七八。站堡既已不堪，乃议令卫所拨夫帮助，以示苏恤。然贵州各卫，差役本繁，重加以此，军益告病。况使轺旁午，扛抬络绎。奔走道途，妨废生理。且以一卫一站计之，岁用夫六千有奇。其得过卫站，虽不胜其苦，犹或可支。疲惫去处，何以堪此，是站堡之弊也。不惟累及站军，而卫所亦重受其累矣。查得贵州有司，粮差轻省。惟马馆之需，大约岁不下六七万。其给公家者，十之二三；而供过客者，十之七八。费用侈繁，民财坐困。至于卫所军丁，除本等屯粮公务差役外，其帮站走马牌夫等项，系出编金长役者，不下五六百人。而暂时轮差，若门皂舆卒，围随护送之类，又不可悉计。较之正差，亦几其半。是贵州一省军民，其财赋丁力，尽竭于驿站而耗之也。及今不为议处，则日复一日，困敝相仍。户口日寡，而差役日重。差役日重，而逃亡日增。将来之患，且莫知其所终矣。臣待罪地方，采之间（闻）见[3]，谨条为六事，开坐上陈。虽未足以言全惠边民，然节冗杜浮，纾财恤困，或可少救其千百之一云耳。如蒙乞敕该部，再加详议，赐之施行，边方幸甚，愚臣幸甚。[4]

一、严禁例。窃见往来使客[5]，滥用夫马，非其仆从之多、辎重之盛也。盖其阴受贿赂，附带商货故耳。自川、湖来者，虽有此弊，数犹无多。惟云南地方，素产奇货。其石屏、象牙、苏木之类，俱系违禁及重难物件。奸商黠贾，惮雇倩之为奢，乐途次之无滞。往往计赂过客，冘求夹带。而贪鄙之徒，利贾人之财。遂为容隐，妄称行李，概索军夫，驾托家丁，皆骑驿马。故经过官员，有行李八十余扛者，有家属二三十人者。苟非潜夹，何以有此？中间虽有素黩货宝，囊箧本多者，要之惟附搭之弊为甚。即今贵州民穷财殚，一夫一马，当他省之十。滥扰若此，人何以堪？臣自巡历以来，痛加禁革。但法例太轻，人不畏警。臣窃以为[6]，因时救弊，宜重为法禁。今后但有夹带私物、附搭客货，与附骑驿马者，俱听臣及巡抚都御史按察司查拿问罪。其审系附搭得实情重者，仍比照黄船事例，本人与商人各充军。庶法重而人知畏，驿站或得少苏矣。

189

　　一、立限制。窃见使客人员[7]，所以敢于骚扰者，盖以未立限制故耳[8]。臣请言其最急者有二：其一，谓云南管解方物人员，横滥太甚，往往擅作威福，凌虐官吏，多索夫马，乃至有进宝石而五十余扛者。各该官吏见系上供之物，无不照数应付。臣查宝石系珍重之物[9]，虽云南额进之数，非臣所知，窃意其必不能及此[10]。乞行云南巡按御史，将应解方物，议定若干斤为一扛。今后如遇起解，俱赴彼处，巡按验数定扛，印给批文，以为信验，以杜横滥之弊。其二，谓贵州赴任官员，例有本身家口脚力。但原给关文，类于中途改易。至有加增廪粮，擅用人夫。而甚者妾媵儿孙，肩舆至数，奴婢仆隶，脚力十余。革之则远宦羁苦，难乎为情；与之则驿站冲疲，不胜其苦[11]。乞敕兵部酌议，立为定制。因官职之崇卑，以为数之多寡。通谕各官，使各依额带领赴任。非此额者，不许应付，以杜骚费之弊。此二者虽若细务，但查贵州日逐应付，惟此二项为多，此臣所以僭谓之最急也。其他一应琐碎事宜，听臣就近立法处置施行。敢有逾越者，听臣拿究。庶法定而下可守，驿站或可少苏矣。

　　一、革骚扰。窃见起关给驿[12]，自有定例。近来过往关文，冒滥太甚。有称黔国公各省买办织造而起关者；有称各处势要收买宝石青碌而起关者；有差委人员，而军伴四五名，俱支口粮者；有经过二司，而关文十数纸，通索应付者；有非系紧关事务，而辄差官者；有不应给驿人数，而遂支廪者；有妄称在京衙门，委官遣牌者；有伪捏各省公干起关者；有承差而给马四五匹者；有赍册而给夫二三十人者；其他滥冒，不能尽数。盖由各省官司，曲徇人情，违例妄给。而所给之人，又复买属驿递[13]，洗擦关批，增添夫马。以致附带之弊遂滋[14]，骚扰之害为甚。至于关批之外，其多索横取者，其弊又不能尽数也。虽经臣严行裁革，然弗塞其源，其流终难杜遏。请乞通行川、湖、云南抚按官，一体禁革。及行总参三司等衙门，毋得仍前违例，滥出批关。违者听臣查出，将出关衙门官员参究。其一应人情，舍人关文，俱行禁革，不许应付。庶原清而弊暂省，驿站或得少苏矣。[15]

　　校记

　　[1]《明经世文编》本篇题作"议处驿站六事疏"，下注小字"贵州驿站"。

　　[2][5][6][7][12]窃，《明经世文编》作"切"。

　　[3]间，上书作"闻"，当以"闻"为是。

　　[4]以上"如蒙……"以下至本段末一段文字，为《明经世文编》所无，当系删节；但该书另有"计开"二字，单占一行。

　　[8]未立限制，上书作"限制未立"。

　　[9]珍重，上书作"珍贵"。

　　[10]窃意其必不能，上书作"切意其不必能"。

　　[11]苦，上书作"困"。

　　[13]属，上书作"嘱"。

　　[14]滋，上书作"至"。

　　[15]本篇文中标明六事，《明经世文编》所载尚有"实站伍""议协济""增粮食"三事，为本书所未录，当系删节，故本篇应系"节录"。

陈末议以裨军政六事疏

题为陈末议，以裨军政事。

臣奉敕清查直隶等处都司卫所京操旗军。自受命以来，于凡所以害军及凡所以恤其贫苦者，并军政应行事宜，悉心询访，略得其故。谨条为六事：曰更队伍；曰申条令；曰处粮饷；曰定员额；曰禁侵克；曰严勾补。虽不敢自谓得经久之法，或可以救弊于万一也。如蒙皇上轸念京操重务，特敕兵部详议施行。愚臣幸甚，军伍幸甚。缘系陈末议以裨军政事，理未敢擅便。为此开坐，具本亲赍，谨题请旨。

一曰更队伍。照得各营旧规，各有队伍。所以齐一人心、整肃戎事也。但各队旗军，名虽同卫，居则异屯。每遇上班，不能约集。先后参差，莫得而齐。逃窜纷纭，无所穷究。其于事体，深为未便。臣以为，不若以同屯同所为队，居则比屋为邻，行则共事为伍。其赴班也，既便于约率；其逃班也，复易于清查。非惟有联属之势，且庶几古人比闾族党为兵之意。除密云、黄花镇、紫荆关故关等处存留防守。兴营等六卫、保定等五卫，春秋两班，真、神二卫秋班及天真右卫春班，各官军候掣回之日另行外。其余卫所，合无听臣照依各营队数，更定队伍。各注以某队，系其所。行令各卫转行各千户所掌印官，将原额操军从新编定队伍。每队仍编管队小甲二人主之。每遇上班，掌印官将本所操军查点定足，责令管队小甲督率赴操。仍于每千户所内轮差千百户一员，协同管解，赴部掣批回验。若队内欠军，罪及管队；所内欠军，罪及管解。千百户俱照欠军多寡，轻则量加惩治，重则送问发落。其管解官除嘉靖二十三、二十四年，暂听臣选差外，以后如遇军政之年，俱听抚按官考选。注定每班一替，以均其力。庶人心联属，事体归一。其于军政，不无少裨矣。

二曰申条令。查得兵部题准事例：一、凡领班都指挥，少军一千名之上，俱提问住俸三个月为率。过期未完者，许支半俸。此领班官少军之例也。少军卫所官员二分以上，行抚按提问住俸；五分以上，将掌印官提解来京究治；八分以上，提问降级调发边卫；不及二分者，照例免究。此掌印官少军之例也。及查得见行事例，内开军一班不到者，送营罚班半年；军两班官一班不到者，发附近居庸、密云、山海等关罚班半年；官两班军三班不到者，发大同、宣府等边卫罚班一年；官三班不到者，边卫罚班年半。其补班月日，各另扣算。俱先送法司问罪，毕日免其纳钞杖断，俱送兵部发遣。此该操军官不到之例也。轮操官军逃在京城内外潜住者，初犯打七十，再犯打一百送操。若逃回原籍，卫以越关论。其在逃三次者，各免决，京卫调外卫，外卫调边卫，俱带俸食粮差操。此见操官军在逃之例也。法令严密，固足以警不恪矣。但各卫旗军，散处各屯。各该千户所官通同作弊，纵容不赴班操。掌印指挥虽行督率，而地方分隔，无如之何？盖由罪罚不及，故敢玩愒若此。其领班官脱逃，虽有前项条例。但赴班盘费，为利甚侈。是以奸顽职官，往往冒领班银，公然在卫住坐。势利肥家，以为得计。甚至有军政五年之间，全不赴操者。至于解补，原逃操军中间系户丁别余者，该营多有不分皂白，概行送问。及系正身应送问者，文移往来，动经旬日。淹禁囹圄，困苦无奈。况且旷役益久，营伍益虚。合无今后各处少军，将各千户所掌印千户，俱以原额十分为率，照依掌印官事例问罪。领班官脱班者，追取盘费入官，问罪发落。若四班以上不到者，量加降级调卫。其解补户丁别余，并免送问。逃操及不到，正身应决打者，兵部径自决打。应罚班者，兵部查明的，决罚班，俱不必送问。其脱逃官员，仍照旧例送问发落。各著为定例，庶法令严明，人心畏警。其于军政，不无少裨矣。

三曰处粮饷。照得直隶各卫军士，月粮欠缺数多。年远者姑不暇知，且自嘉靖十九年以来，欠多者二十八月，少者亦十余月。士卒冻馁，转徙众多，营伍消耗。职此之故，臣切思国家设军自有定额，粮饷亦有定数。往时军伍全盛，不闻欠粮。今军伍减昔之半，而粮反不足，良可怪也。臣访得直隶粮饷，多出河南、山东等处。各该管粮官员，每分彼此，不肯催惩拖欠，相仍岁复一岁。兼以直隶地方，连年灾患，蠲免数多，以致粮饷不继，军士怨嗟。合无敕下该部，咨行各处巡抚，从长议处。或某处贮积钱粮，可以散支；或某处拖欠粮米，应当催解。多方处补，务足数年未给之数。庶士免饥色，人存固志。其于军政，不无少裨矣。

四曰定员额。照得各该卫所领班官员，俱有旧额。各随其操军之多寡，定差指挥千百户等官。近者乃有改用指挥之说，无非慎重其事。但各卫指挥员数不多，中间又有掌印、管屯、管局、巡捕、巡盐等项差委。空闲者少，恐不足以充其数。况前项官员，贵在慎选。若徒取备员，又何指挥千户之别。至于随操官员，不过供将领之祇役。五年一替，甚为苦楚。间有不查本卫文册，辄将远年随操已满官员，一概帖下混勾，以致卫所难于适从。合无量为之制，五百人之上，以指挥领之；一百名之上，千百户领之；不及百名者，以总小旗领之。额制一定，永为遵守。其随操官，旧规已久，或不可废。将各该管解千百户，分拨各营操练，班一更替。庶规制不紊，劳逸得均。其于军伍，不无少裨矣。

五曰禁侵克。访得管工把总等官，往往不务存恤军士。克剥多方，凌虐万状。其揽头车户人等，因而拨置抑勒包工，吓骗财物。间有不满其意者，非法拷打，至用火烙石压等刑。其贫军不听包揽者，苦刑之外，复立严条，令其日兼数工，疲于奔走。逮夫势不能完，遂即以之为词。假公饰私，淫虐以逞。名为程工董惰，实则速贿济贪。各卫工所，每每皆然。而大石窝、琉璃厂，又其甚者。虽屡奉明旨禁革，各官因仍不改。至于追取工价，系出遗奸。往年事败，即行禁止。近来坐营等官，辄又诡名工价。或差人追收，或移文催取。威缚官吏，责令赔纳。以致卫所官员，挟制军士，包支月粮。其桀黠者，又复乘机射利，冒支肥己，莫可致诘。夫外卫军士，生业既已无何，粮饷又复不继，加以卫所之诛求，营伍之常例，其困苦已不忍言。今又再加以包工工价等项，毋怪其流移逃窜也。臣广询博访，皆谓军伍空虚，其源盖出于此。合无敕下该部，转行各工所，严加禁约。仍听提督、科道、部卫等官，访纠参拿。其拨置包揽人等，俱照律例从重问究。军士补工价银，不分年月远近，尽行革去。坐营官员，有敢指以工价为名，行卫追收；及卫所官员，指以解补为由，擅扣月粮；及因而冒支入己者，各以赃论。庶人知畏法，军得安生。其于军政，不无少裨矣。

六曰严勾补。照得国初旧额，每卫以五千六百人为率。此旧制也。夫何近来军伍消耗，查得北直隶所属卫所，见在食粮军士，仅足以充操运粮之数。其守城杂差等项，俱系余丁。间有食粮而在卫听差者，不过数人而已。其京操运粮数内，大半是拨补别余。其系原额正军者，盖仅十之一二也。臣窃惟祖宗清勾之法，甚为严密，近来有同全不奉行。况北直隶卫所军士，大率多是顺天等八府及山东附近去处之人，其中畏惧当军，暗行帮贴拨补之人者，往往有之，又非名籍难查也。然而经年累岁，未闻解一军到伍者。盖由各司府州县清军，官员视为末务，略不经意故耳。臣窃以为，拨补乃权宜之法，清勾实经久之规。除将殷实精壮别余，权且拨补赴操外。合无敕下部，转行北直隶府州县并山东等处布政司，照依原发军册定限。责令作急勾解赴伍，其清军官员，不分所属异省，俱听臣分别解军多少，以为勤惰等第。旌奖戒饬，以示劝惩。庶综核既严，行伍自实。其于军政，不无少裨矣。

举明节义疏

查得先任广西梧州府通判刘仁次女神秀，年方一十六岁。于正德十六年四月内，随父赴任，因父在途病故。有伊兄刘澄扶柩回籍，行至广西平乐府沅藤滩，遇猺数十挽舡劫掠，驱迫登崖。秀奔脱投水身死，伊庶母张氏郭氏一同溺水身死。贼怒，将幼女祈秀，义男刘怀、刘定，义女四喜杀剉，丢弃江中。将幼弟刘时举虏去。具告。昭平堡把总，指挥刘璧，捞获三尸，合葬昭平堡。

为照褒贞劝节，王政所先。发潜阐幽，风教攸系。所据烈女刘神秀，产于荒逖鄙陋之陬，非有诗书礼乐之素。乃能见义陨躯，临难遂志。不惟勇烈于一时，抑且倡激乎二母。揆其清风高操，虽古之投崖抱石，何以过之。此足以见国家周南之化，渐被于遐荒。而汉广之风刑，及于妇女矣。但其迹在，两藩稽核久滞，是以事逾一纪，褒劝尚遗。既经该衙门结勘相同，前来所据，事迹信核。行烈瑰奇，似应旌表，以励风俗。如蒙皇上敦崇节义至意，敕将烈女刘神秀照例旌表。庶幽光振乎宅里之褒，而妇德激于风声之树。则将来贵州地方，夷陋变习，礼乐同风者，固在此一机也。

卷十五　萧御史同野集（二）

潮阳萧端蒙日启著

申谕二省抚臣同心讨贼疏

题为恳乞天恩，申谕二省抚臣同心讨贼，永靖边患事。

窃照铜平、镇箪等处，叛苗介在湖、贵之交。桀骜弄兵，负固干纪。顷者伏奉明旨，责成抚镇官同心戮力，务在克平。远方臣民闻之，莫不以为圣明仁武，恫患恤遐。至于同心一言，尤为明见万里。屯寨传播，皆欣欣然有更生之意。暨今二省当事之臣，调兵转饷，约期举事。一应戎务，次第而集。其抚时共事之风，犹若未少衰者。而猜嫌之萌，臣愚已微窥其渐矣。何者？苗情顺逆，失事重轻，在二省者本自不殊。而防御疏密，调度得失，在二省者亦无大相远也。而乃动相归咎，互加诟让。此以彼为致寇，彼以此为缓师。各立藩篱，两存形迹。今虽犹事含蓄，未敢尽发。万一此隙遂开，彼此异志。猜微构短，择便委艰。怀以邻为壑之心，灭同舟共济之义。致使事机相左，进止无据。则虽提兵百万，金粟陈积，臣惧其无益于事也。又况数年以来，二省生灵，荼毒已极。而贵州财力，殚括无遗。今日之事，盖其为术仅如孤注矣。所望幸而成功，一劳永逸。若复猜嫌不已，荡殄无期。后患犹仍，连兵未解。在贵州者，何以继之。则内忧之患，且莫知其所终已。臣窃虞之。

伏望皇上痌瘝为民，威断驭下。特降严旨，责谕都御史姜仪、王学益同寅协恭，戮力举事，以为诸臣之倡。毋以细节败大事，毋以虚文破实功。务遵前旨，共图克平。更乞俯念边方事权宜一，将臣先日所奏建设重臣一事，赐议早行。此固边方臣民之至愿也，臣愚无任僭越待罪之至。缘系恳乞天恩，申谕二省抚臣同心讨贼，永靖边患事理。为此具本，专差承差安廷敬赍捧。谨题请旨。

条陈远方民瘼六事疏

奏为条陈远方民瘼事。

臣原籍广东潮州府潮阳县人，邑介穷荒，地居岭海。其去京师万里，而距会城亦逾千里。越在一隅，素称僻壤。间阎疾苦，无由上达。臣近养疾家居，询诸父老，参诸舆情。

即所见闻，条为六议，谨代百姓为圣明陈之。

一曰议均平。照得先年潮阳县里甲，每遇见役年份，凡有大月杂办勾摄等项，俱是照依丁粮朋办。近年始议增添均平，放民归农。于是甲首执此为词，率不赴役。里长在官，势不能脱。凡百差使，皆其独办。负累破产，比比而然。盖其法之立也，徇其名若甚便民。而其法之行也，曾莫知其害之至此耳。臣请详言其故：本县除民里外，旧额粮里三十九里，姑以一里言之，均平料价之外，一岁所费，多者三百有奇，少者不下二百。往年里甲朋当，民犹告病。今使千家之差萃于一户，其何以堪？况里长之家非尽富实，多有虽或罄产，犹不足以当岁费之数者。而乃忍令竭泽而渔，坐使倾踣乎？此其不便一也。本县甲首户粮中间，多有倍于里长者。固非因其贫富以为等差也，特以版籍之际，或袭父祖之遗，或为官府所点。其居里役，本非所乐。而又十年之间，期会之劳，使用之赀，鞭扑之楚，皆里户独当之，为甲首者不与焉，此其苦已倍矣。及至该年，又复使之尽出一里之费，岂人情所堪乎？夫里长、甲首同为王民，均受王土，差役之间岂宜偏重至是？此其不便二也。均平所定，虽有其目，及至临办之时，大半不得实领。官吏凭威，逼勒书状。凡所措办，重出己赀。吏习营私之便，民受重科之累，此其弊已非一日。若更增多其数，未免累民益多。况官数虽增，民费如故。增者自增，办者自办，曾不因是而有所减损也。就使再加倍增，其弊固自若耳，亦何益之有哉？此其不便三也。夫今之行是法者，非不知此。不过曰：吾有法在也，又有循环簿稽之也，彼必不至也。抑孰知民之愚，倾产不敢言；而吏之肆，虽刀锯弗能禁乎？循环之报，才千百之一，虽上之明，有弗能察者乎？而况旧典之外，固有事不容已，而必于费者，虽良吏有弗能免者乎？夫费不能免矣，法不能禁矣，循环不能察矣。而欲其弗役民以供，使甲首毕归之农，窃谓其不能也。役民以供矣，甲首且归农矣，里长有催征勾摄之责，朝夕奔走于官，而欲其无偏累，又窃谓其不能也。二者皆不能，而欲徇虚名以行之，臣未见其可者。且此法之行数岁矣，初岁而里长窘者二三户，再岁而五六户、七八户。此其为弊，大较可见。窃虑行之十年，而里长无不贫且窘矣。里长既窘，复取甲首以补之。轮复一轮，而甲首无不贫且窘矣。夫一法行而使民至此极，岂为民上者所遽忍哉？故窃以为县官额外之费，决不可无。则丁粮均派之法，决不可废。今宜急复旧法，使里甲派办如故；或照丁粮分日听差，照多寡出银朋办，立为定制。其均平之数，减如旧额，或尽蠲除，听民自办，尤为省便。庶乎不徇均平之虚名，而自有均平之实惠矣。此固一方民瘼之急务也。

二曰议拓城。照得本县先年，城池广阔。至天顺间，海寇猖獗。彼时虑其难守，始改为今城，即今西北二面，废址犹在。近年生齿日繁，城外居民倍于城内。地滨海汉，屡遭寇掠。秋冬之际，波恬风便。倏来忽去，莫可备防。群情汹汹，卧不贴席。以故人皆思，愿改拓县城，以为障蔽。窃谓城池之建，贵在因时。昔之城阔而人稀，则小之以便守；今之城隘而人众，则拓之以便民。此皆事体所宜，无足怪者。况改城之举，事出民心，非敢动支钱粮烦费。官府但令城所包及之处，计亩出钱，以供工费，人无不乐从者。盖本县城中之地，亩直数百金，而城外或仅数两。若使城垣遂拓，非特可以转危为安，永免寇患，抑亦可以易瘠为沃，坐得厚售。其在居民，甚为两利。以此人心，咸愿出力。所谓因利而利、可劳而劳，上无损于公，而下有益于民者也。窃以为宜因民情，择委廉能官，以专理拓城之事。除旧址可遵者，以旧址为定。其余或就人家尽处，或因形势所宜，从便规画。

基址既定，然后遍诣民居，躬为履亩。某多某寡，各登其数。屋以屋计，地以地论。各定为等，则照亩派出，以为工料。或就派定丈尺，令民自行砌筑。其垣濠所占民地，即以旧垣濠遗地鬻价偿之。仍要程督有方，高厚如制。庶邑有金汤之固，而民措衽席之安，诚为万世之永利也。

三曰议备寇。照得本县地方，三面距海。近年以来，海寇啸聚，肆入劫掠。南由海门港直入隆井溪，以及本县沿海乡村；北由马耳港直入牛田洋，以及潮揭二县沿洋乡村。掠人攫货、焚屋掳舟，无所不至。或大帆巨舰，徜徉累日；或轻舟快舻，倏忽来去；或假装渔船；或公登陆岸。出入不测，莫可预防。舟楫不通，居民震恐。窃谓此等海寇，多系通番亡命之徒。舟既峻大，器亦犀利。官军民壮，软弱太甚。虽有千万，莫敢谁可，况畸零不足数乎？惟有东莞乌船，素为此贼所畏。目今虽有防守柘林七只，大率相去窎远，有事难于遽调。且或受买港之金，故行坐视，转托支吾。非有专责，终难弭寇。为今之计，莫若转行海道衙门，另拨东莞乌船五六只，或就柘林分拨前来。令其一半住札（驻扎）钱澳地方[1]，一半住札（驻扎）马耳地方[2]，无事则分地常用哨守，有事则传报互相策应。其在钱澳者，以海门千户所军；在马耳者，以蓬州千户所军，使之协守。如贼突入劫掠，乌船不行拒截及救应，致有失事者，即坐以交通之罪，并责其赔赎。合用犒给等项，或于本府盐银，或将二县民壮，量征免役。钱厚为之给，两班更换，悉如柘林故事，则庶乎可以永靖寇患矣。再照沿海之人，多有专以接济为生，坐致巨赀。凡贼之所以敢于深入而久驻者，皆此辈为之（地）也[3]。虽滨海处处有之，而揭阳之鲶浦为甚。乞行潮、揭二县查访渠魁，姑宥其罪，加以应捕名色。以后海寇俱令彼任之，如有劫财掠人，亦令此辈赔赎，是亦潜消寇患之一端也。

四曰议追逋。照得本县征收各项钱粮，或遇上司催并，多令里长及解户库子人等代输。鞭扑之下，孰敢不赔。多是揭债以了官钱，多者百余，少者数十。其始也，官犹许以日后追偿。及至完官之后，视如越瘠，漫不加理。甚有把连到官，亦或叱出不问。以此奸顽得志，转相效尤。岁甚一岁，逋者愈逋，赔者愈赔。良善之民，逼于债累以倾家；而此奸民，置而不问，乃并其逋赋而蠲之。甚非所以惠元元，惩奸宄之深意也。况逋者既以无事，则输者谁复肯完？催科之难，职此其咎。合无专委廉正官，或就委本县知县，令其遍出榜示，但有先年代赔过钱粮，而纳户未偿者，不分年月久近，许其闻官，即与追理。务于正数之外，照依年月追其利息，不得少贷。仍将顽户问罪，枷号示警。其有抗逃不出官者，即令赔户查其田业所在，给帖准其收租。通追完日，造册送抚按查考。若虚瞒苟且者，事发即坐委官以罪，且注下考。仍将此条榜列县亭，永为定制。至于近年逃役里长，致累他户者，亦照此条施行。庶民知所警，而征输易办。此其利固在官，不独在民也。

五曰议禁俗。照得本县刁讦之风，近来颇炽。怨在睚眦，必兴讼词。事本纤微，至诬人命。情暖万状，不能悉言。而其尤可恶者，则扛尸图赖一事。盖当初死之际，呼集亲党百十为群，持执凶器，扛抬身尸，径至所仇之家，打毁房屋，搜括家财，掠其男妇，肆意凌虐。或行反缚，或加乱棰，或压以死人，或灌以秽物。极其苦楚，几于踣毙。必使供应酒食，打发钱银。满足所欲，然后闻官。及至勘鞫，类皆诬赖。有司之官，但知人命为重情，家财为细故。见已重事招虚，遂谓昭雪已足。虽明知抢夺是真，亦不复为民究竟。而其所被诬者，多系善弱之民，受此欺凌逮系之苦，已不胜其困顿。但乐得释，遑计其他。

非惟不敢讼而求追，甚至加以厚赂。代之纳罪，以冀免再讼者。此风之煽，积以成俗。非有痛革，莫可救返。况所诬之中，有诨语不相加，马牛不相及，平空诬构者矣。有甲争而乙死、男争而女死，因为奇货者矣。有因其仆及其主，因其兄及其弟，因其贫族及其富家，规取厚赏者矣。无辜重罹，实为可悯。乞行府县官，以后但有扛尸图赖，因而抢夺者，务为之追究。仍出略节告示，沿村晓谕。凡有人命，必先告官。但扛尸至人家者，即坐以罪。人命虽实，其所抢夺毁害赃物，仍要尽数追给赔还。非惟可以扶善抑强，而移风易俗，亦在此举矣。

六曰议均徭。照得本县每岁审编均徭，往往不得其平。所以然者，非特有司能否不齐，抑亦法制经画未备，故役难于取平，而吏易于为奸。窃以为欲徭之均，莫若明轻重之等，定画一之法，以为之制。臣尝询之乡人，以为徭之最重者，莫若广盈库子；而永丰预备三仓，斗级次之；禁子耳房库子，京解户次之；而弓兵渡夫之属为最轻。此轻重之大较也。而其中又有轻重错揉者，如府库子分季则轻，全役则重；县库子分季则重，全役则轻。此等曲折，何由骤知。左右之人，加之蛊蔽。则虽有公廉之吏，且莫之能平也，而况未能尽然者乎？合无转行守巡一道，亲临本县，面召里老人众，再加询审，将本县银力二差，别为三等。其最重者，仍定为次第。某役第一，某役次之。以后如遇审编，即查人户丁粮。多者为第一户，次者为第二户，余亦以次而第之。预先榜示，如有挪移作弊，许各户自陈。然后以第一户充第一重役，余皆照次定编。其人户已编重役，而丁粮有余者，即以中下二等之役足之，不许两重偏累。庶几法制画一，确不可移。某上某下，卓有定据。虽有狡胥黠吏，亦将不能上下其手，而无赋役不均之弊矣。再照前项重役旧例定编，不过十两或二十两。而一岁之费，或相倍蓰，或相什佰，不无重累。与其萃之而使困，孰若摊之而使平。窃以为宜量增益，或倍其数，以纾民力。此不过摊之众户，正所谓均徭云者，其于法固无不可也。此议既定，然后榜之县亭，永为遵守。则非特以惠远民，而万世不易之制，将在此矣。

以上六事，如蒙准行，乞敕都察院，转行广东抚按等官，再为详议。如果有益民瘼，将臣所言逐见施行。远方幸甚，臣愚幸甚。

校记

[1]［2］住札，当系"驻扎"同音形近之误。

［3］此句"地"字疑衍。

议龚滩收税疏

题为乞恩设官收税，以正大体，以济边计，以惠商贾事。

臣巡历思南府地方，据江西、四川等处客民张钥等联名告称：钥等屡年在于思石地方，收买净花，前往四川发卖。船经思南府，先年本府修理儒学，每百包暂借纹银一两，袭以成额。嘉靖十三年，增作三两。至去任李知府，每百包另加三十包，及今百包另加五十包。该房吏典，经纪银匠，每百包外勒银二两，方与报数秤兑。及至经过板桥巡检司，以缴票为由，每花百包勒银二两。又至酉阳宣抚司管下地名龚滩，被水德司流棍罗钦等反籍钻入酉阳，买充户长总甲拨置，宣抚冉元轮差虎狼把总义官二员，造作横缆截江，每花百包抽纹银一十二两，户长总甲水手每银十两，外勒银三两。暂遇洪水泛涨，船难舣岸，喝令凶手，挽缆邀船。矢石如雨，船破货漂，纵凶抢捡，枉死人命数多。缘此贰阰，于国无补，于民有伤。伏乞亲提镜断，疏通商途等情到臣。随提巡检赵栻，吏匠经纪郭翰等到官。亲自审鞫，多有实迹。及访诸士夫师生耆老人等，所言酉阳暴横之情，与告相同。除将赵栻等发分守思仁道，问罪及行禁革外。

为照贵州思南府地方，素通舟楫，颇集商贾。先年因修学权宜抽税，后遂相缘为例，每季征解布政司收贮，以为定制。虽赋出无名，然犹供官府经费之用耳。及今之弊，官吏人等，巧立名色，需索钱物。虽弊则多端，然犹出吏胥奸慝之常耳。至于龚滩之税，尤为无谓。横取之害，极为惨烈。臣闻宣抚冉元，狡黠无似，而群小复左右之。近年假以经历教官俸给为由，厚赂都御史宋某为之奏请，得于龚滩抽税。自是之后，遂为西南一大患。蛮夷暴横，无复法制。任其所欲，莫敢谁何。稍不如意，则抛矢飞石，掠人抄货，破毁船只，伤溺人命。迹其所为，无异盗贼。臣窃惟征榷商贾，乃朝廷经国之权，岂宜使在夷狄，以操此柄。大防既失，体统殊乖。又况犬羊之性，贪强悍戾，已自难制。今复假之以此，是虎而翼也。他日之患，安知其不出此邪？

臣查得思南之去龚滩，仅三四日程。而两抽商税，似属繁密，人情不堪。及查思南岁解之数，不过六百余两。而酉阳岁入，且二万余两。一二幕教所须几何？而使操其赢余，以资其不逞。惨虐行旅，怨气通天。是利归夷狄，而害及于赤子也。不亦重可慨哉！臣询之舆论，龚滩居河之下流，商船多于思南且二三倍。若以中正之法征之，岁可得银数千两。今贵州地方薄瘠，师旅频兴。又近年初设科场，支费未经议处。挪移措办，终非事体。四川频年兵荒财竭，不若因而收之。设官监榷，分解二省，以资经费。其于事体，似为良便。况酉阳与贵州沿河等司，地境相连，节次侵凌邻界，占夺田土，告讦不绝。在四川虽为辖属，而苦于地远。在贵州虽名兼制，而病于势分。独断则体统不宜，会勘则参差相左。若使龚滩设官，因而剖决，解纷息争，亦二省之利也。故臣愚计，窃以为酉阳之厂，首宜革去。思南报税，亦从裁省。专设通判一员，于四川重庆府带衔住札（驻扎）龚滩[1]。专管收税，兼理词讼。应设公馆，并本官柴薪俸给，及合用吏书人等，廪粮纸笔之类，俱于税内支用。每季将税银，分解二省贮库。在贵州者，则以备科场之用；在四川者，亦以供军饷之需。其酉阳宣抚司旧给经历教官，俸薪照数，于四川内扣给。各土官如有阻挠行事，及侵夺职掌者，参呈抚按，从重究治。一以存尊内贱外之体，而阴折夷心。一以塞横征暴逞之源，而近贻商利。一则储蓄有赖，而岁入之额反浮于今。一则质成有人，而蚕食之患必减于昔。又况因税银以给俸，初不病于扰民。收夷利以归官，亦非由于作俑。政体既顺，人情亦安。此臣之所以妄谓为良便也。

如蒙准行，敕下该部详议，特设通判一员，于龚滩管税，兼理词讼。将思南、酉阳二处抽税，各行省革。仍行巡按四川御史，将冉元等提究问罪。庶大体正，边计充，而商贾之受惠者，不浅浅矣！

校记

[1] 住札，当是"驻札"同音形近之误。

铸钱议[1]

尝闻圣王之造钱币也，物重而币轻，于是乎作重钱以救其轻。物轻而币重，于是乎作轻钱以救其重。所以一法令，阜货财，杜奸伪也。伏见方今钱法阙格，公私困乏。其患盖由于钱轻。何者？惜铜爱工，则易于取赢。易于取赢，则奸人窥利以盗铸。奸人窥利以盗铸，则淆杂之钱多。淆杂之钱多，则币益轻而物益重矣。故曰患在于钱轻。轻而不知所以权之，则财货壅，民伪滋。非所以通懋迁之益，明泉布之义也。故为今计，莫若铸嘉靖大钱，以五铢为定制。而布之上下，其轮廓深广倍旧钱。而以之市易，则缗准一金焉，是固圣王所以救轻之意也。

或以为旧钱既废，新钱尚寡，恐不能家给而户足。况所铸之钱，费奢而直廉，非所以为国之利也。窃以为不然。夫经国者以度宜为政，而不袭于故常；议事者以成务为经，而不顾小费。夫唐宋旧钱，及本朝通宝，皆轮郭深厚。其瘠薄者，不过民间所盗铸者耳。今京师虽用板钱，而大钱之流于天下者，尚不为少。宜令民间旧钱，与新颁轻重相若者，贸易如故。其不及者，官征入之而偿其值，即其所入者而改铸焉。其有私藏小钱淆杂钱者，以私铸论。著之令甲，永为定式。

夫费奢而直廉，则奸人无所射利以启其邪心，一利也。盗铸既少，狱法自简，二利也。易恶为美，足以富国而裕民，三利也。通财货、惠商贾，四利也。公私皆得，商农并利，五利也。费于财而便于国，用虽侈而利则宏[2]，何足病乎？故窃以为改铸大钱便。谨议。

校记

[1]《明经世文编》本篇题下注有小字"改铸大钱"。

[2] 宏，上书作"弘"。

治运河议[1]

夫治河之议，人人殊旨。约而言之，则有数端。趋便易者则曰："治诸泉以浚其源。"睹末流者则曰："开凿二洪之石以缓其势。"狃近利者则曰："挽黄河以益漕。"矜小惠者则曰："制转运以纾困。"殊方异势，固难遥度。观变察微，可以理睹。得失成败，盖得而言之矣。

夫治泉治洪，二者虽非下策，亦戾远图。有之固足以为利，舍之亦未见其害。所谓平时救弊之方，非今日济急之要也。若夫既兴转运，即废运河。治河之费虽省，输挽之费尤奢。长运之卒虽宽，转运之民卒瘅。况京师之地，素称瘠土。衣食百货，仰给东南。漕河既废，商贾不通。畿甸之民，坐受其困。借使国利而民不便，犹不当冒然为之。况公私两困，上下俱病者乎？河性剽疾，迁徙不常。往岁决张秋，决候家渡。殚力浚塞，始复故道。曾未数年，奔溃再出，今又南徙涡河矣。纵能挽复使北，然所费公私缗钱，不下数百万。而丁夫力役，大略相当。假使来年再决，将鸠财屡役复挽之乎？窃恐河决无已，虽空国之赋，不足以当之也。况河性利于润下，大智先于无事。自瓠子既决之后，日复一日，大率渐南。以今涡河，较之禹道，已逾千里。所谓江河之变，日趋于下也，岂能复逆挽之哉！夫昔之决张秋为北徙。北则挽而之南也，顺而易。今之决野鸡冈为南徙，南则挽而之北也[2]，逆而难。此理灼然，人所共见。故以为宜罢挽河之役，纵之南流。稍加堤防，令不至害民而已。固不可以有限之财，兴必不可成之役也。

欧阳子曰：智者之于事，有所不能。则必较其利害之轻重，择其害少而利多者为之，犹愈于利少而害多[3]。嗟夫！为今之计，其惟引沁矣乎？沁自武陟即并于河[4]，今宜塞其故道，导之入漕，历曹州由旧分水处出永通闸，以达于二洪。然后于其下流，树栅立埄，置堰增闸以节之。非惟利多害少，庶可一劳永佚。诚能不惑浮言、不惜小费，释挽河之财力，以转移于此，则劳同而功必倍矣。夫沁水一通，漕河自利。而黄河既却众流，其势自杀。是上之足以足国，下之足以利民。近之足以除河之患，远之足以贻万世之利。三策弗施，四善咸集。斯盖允赖之良猷[5]，平成之上策也。故窃以为引沁便。谨识。

校记

[1]《明经世文编》本篇题下注有小字"引沁水"。
[2] 挽而之北，上书作"挽之而北"。
[3] 犹，上书作"尤"。
[4] 河，上书作"湖"。
[5] 猷，上书作"谋"。

叙赠姚君西川任宜山令

姚君西川，以乡进士，授知庆远之宜山县。或谓之曰："夫庆远，僻壤也。宜山，小邑也。境扼夷獠，地称要害。其去京师万余里，而户不满四千焉。莅其地者，既不免驰驱险阻之劳。而民淳事简，虽有刲剧之才，无以自表见。是故吏兹土者，恒难之。今姚君之为宜山也，将无有难矣乎？"予曰："不然。夫大智者贵攘夷，善政者不择地。是故王尊叱驭，后世称忠焉。而虞诩之为朝歌长，亦曰不遇。盘根错节，无以别利器。君子用世之心，不避艰险，固如是也。今宜阳之域，左瞰右江，西联阪丽，虽土地遐僻，如宋志所云，然非有九折羊肠之险也。况其民皋而淳，俗朴而野。嚚讼之风，视诸郡为尤寡。而监司之临乎其上者，又以其荒僻之故，不重绳以文法，而掣其肘。苟有勉强为政之心，劳来安辑，粗宁夷獞。则朝发政而夕可僦功矣。是固中土之所不及也。议者乃率以边方薄之，不已甚乎？且昔之以德业著者，莫如赵忭、吕琦。二公皆尝出官于宜，后悉跻月无仕，垂令誉，为宋一代之名臣焉。夫二公之所以自树者，固不以地自限。而事功之建与否，亦不以地之远迩、邑之繁简，辄有所损益也。姚君沉毅多谋，长于治事，有乃祖郎中公之风。顷者就铨部选，乃慨然以地自请，盖庶几乎王尊、虞诩之志矣。及其拜宜山之檄也，则又曰：'吾乐其邑之僻小，而职守为易称也；吾乐其联络吾省，而民俗为易知也；吾又乐其上易事下易使，而政令为易敷也。'观其言词气概，其无难色可知矣。君之往也，道苍梧、溯龙江。其闻见日益博，而志日益壮。至于暇日，与邑之俊彦者，登四贤堂以望焉，则必有感古怀贤之思，而求所以匹休乎前政者矣。异日之以名臣著者，将不在于斯人乎？则斯土也，固姚君之所以自表见者也，又何难焉？”或者以告姚君，姚君怃然曰："吾志也，请书之以为官箴。"

赠郭子知南靖序

岁辛丑冬十二月，选部奏记，铨次天下土，以郭子知福建之南靖县事。

按图志，南靖为漳之裔邑，业薄，山峪间，疆地褊狭，其户民租税，视闽诸大县，不当参之一。旧率以乡贡士，洎胄监之秀者为之令，其以进士补者自郭子始。乡之诸君子闻是命也，咸以弗称其材，为郭子屈焉。萧子解之曰："岂其然乎，岂其然乎？夫出冶之剑，不以刜犀兕，所以蓄锐也；试途之马，不穷其筋力，所以致远也；筮命之士，不穷以大官大邑，所以养材也。是故事练则精，才逸则裕。致用之基，始于是矣。南靖虽小，未可薄也。"郭子闻之，则蹙然以喜曰："吾岂敢薄南靖哉！子不闻昌黎子之言乎？大木为宊，小木为枅，此之谓矣。矧南靖之为邑，犹足以当古子男国。吾以政学于兹，惧吾之辱之也，而又敢以薄之？"

既而戒行，诸君子相与送之于郊。郭子因而乞言焉。皆逊谢，莫敢当于是。萧子进而言曰："造父之为御也，驾骓骃、驰九折，而辙不乱。而或折轴于方轨之途，公输子之巧也。以之制清庙明堂，而无遗制。及其具尺寸之器，或苦窳焉。无他，忽之也。子固不薄南靖也，得无忽南靖乎？昔庞士元宰耒阳，蒋公琰宰广圻，皆以不称称。夫二子者，岂固能短于理民，而略疏于制邑也。良由挟震世之奇才，忽薄书之末务。遂使民庸隳于意广，官理弛于志荒。邑之不治，非忽之过欤？今南靖讼狱繁兴，矫揉滋斥，未可以朝夕理。而子又方释褐从政，天下观望在是役也，其可忽哉？语曰：育稼观稚，育士观始。始之不淑，后将何观？"郭子再拜谢曰："大哉言乎！夫敬事者守政之良图，慎始者服官之上务也。"微子之言，吾几不及此。遂受辞，书之于策，南辕而迈。

赠少溪郑子教建昌序

饶平少溪郑子，授南康之建昌训导。既受牒矣，见萧子而问教焉。萧子曰："在师古。古者前人之迹，后人之式也。为政而废古，则治乃厐；为教而废古，则风斯下。事不师古，罔克永世。古之训也。"郑子曰："何谓也。"曰："吾闻朱弻之教庐山也，动持礼法，讲论造理，而四方至者，日矗矗焉。张洽之长白鹿也，简其贤者而迪之，择其不肖者而绌之。故士咸用勤，罔不力于学焉。当其时也，人才济济，甲于江右。曳绶横组，袞然首出。而二子名，以此益重于天下、垂于后世。何者？教者修故，学者慕淑。后之泽永，故作人之誉隆也。乃今则有不然者矣，生齿日繁，而士日鲜；条格日峻，而学日荒。教尼不行，士以科目进者，指不多屈。而论士者，几谓建之无材焉。呜呼！是岂士之罪哉！夫合抱之材，成于灌溉。珪璋之质，始于雕琢。士患无以作之者耳，君能以弻、洽之道待其士，又安知建昌之士不能如弻、洽当时之士哉？"郑子遽前席谢焉。萧子曰："未也。论至德者贵不孤，师古人者在取上。昔周、朱二夫子，皆守于南康，率以教化为大务。濂溪之迹，白鹿之规，旧典具存，万世亡斁。君能率而行之，以教建之人士。则非惟能师古，且善能复古矣，郑子勉乎哉！且建之令次轩蔡子者，吾之乡人也。其往也，介斋郭子赠之言矣。大略以谓何易于之为政，民咸歌之。遵其旧辙，可以作颂，是亦师古之意也。所谓为政为教，无不然者也。君往而告之蔡子焉，益进而上之胥与请。求周、朱二子之遗教，令以董之，师以敷之，则建之士其三代矣。师古之功，不于是为大乎？"

于是郑子恍然自失，离席而起，再拜而谢曰："美哉！洋洋乎？踵美承芳者，为高明之资。裂矩废规者，起昏墨之渐也。吾而今而后，知师古之道大矣！愿以四君子之烈，次第而卒师之。"

赠杨靖州序

靖州在楚西南陲，地称要塞，故州之置与郡等。盖重其事权，镇压边围之意。其幅员虽不及数百里，事得专达于藩者，枭不与，他州同而会同，绥宁通道，三县之吏，泊若属皆得以约束之。岁时要会弊成，如府故事。州故与诸戎卫同治所。武夫悍卒，时或扰政不可治。至有所期会质成，辄庇其部曲，持不相下。而编氓之黠狡者，亦复数窜以避督责，故驾驭为难。境多橥弧遗裔，盘据箐阻，桀骜不可化。时或持弩矢跳梁村落间，以睢恣为不逞。缓之则伤威，急之则虞其生大变，故绥辑为难。州多山谷涧阻，自昔鲜沃区。其田赋在楚诸州下，其稍去而西北，即镇箄、铜平之地。频岁用兵，漕粟赋甲。州人亦为之骚动，故阜息为难。论者以谓，靖之为州，壤小而要，地僻而繁，望尊而梗，其置守视诸州宜加重。

乃今岁二月，吏部试天下选人，揭阳杨子一溪为第一，得知是州，重其选也。既沿牒，以余昔莅贵州，于靖为邻壤，谒而问风土。余既语之以所闻如前云云。而复申告之曰："子知所以为靖乎？武夫横虣，制之用公；蛮夷反侧，怀之用信；氓黎困敝，养之用惠。夫柔亦不茹，刚亦不吐，公也；携则威之，服则舍之，信也；事举其中，敛从其薄，惠也。公则法行，信则化孚，惠则下阜。以是为政，虽岩郡犹振槁也。而何有于靖州。"杨子曰："然。"

赠两川郭子拜袁州教授序

国家重进士之选，凡释褐则分之九曹。俾习其政事，乃次第而用之，授之以庶司郡邑有差。其有以养亲故，愿左除学职者听。盖恤私体下，敦孝劝忠之意也。

维甲辰岁，吾同年两川郭子登进士第，习政于封部。未几，以太孺人年艾，惧途阻弗克迎养，乃谋引例丐学职。人有为郭子谋者，或曰："可。辞尊居卑，孔子有取焉。"或曰："不可。食缩于秩卑，官寂于务简。志拙于占毕之习，识馁于阅练之疏，非计之得者也。"

郭子惑焉，以决于萧子。萧子曰："吾子之意谓何？"曰："吾以为有三利焉：禄养一也，职卑易称二也，得英才而教育之三也。三者备，吾志斯安矣。而人有异议，吾是以惑焉，子其为我筹之。"萧子曰："稽疑用谋，蔽谋用志，志苟断矣，何恤乎人言？"郭子曰："先生且休，吾之计决矣。"越数日即上疏，以情请得授江西之袁州教授。

既拜命，萧子乃走贺之于其邸曰："吾见子之质直镇静，行修而德完，有师仪矣。见子之为学官弟子也，以博洽纯懿知名当时。自辛卯以及庚子，四选于宪大夫皆第一，有师则矣。以是教袁，蔑不宜焉。匪以贺君，实贺袁矣。"郭子则蹙然言曰："吾虽不敏，自束发以来，即有四方之志矣。今日之事，为亲屈也。方重惭或者之谋，而子何贺为？"萧子曰："子何见之陋耶？夫古今政教相若，教授虽卑，与郡守等。郡守理境内之政，以治其人民；教授理境内之教，以治其人士，无非王事者。子苟自厉，以胜若官人，何惭焉？不然灾且将及，惭无益也。"郭子乃下席再拜，请曰："吾昏，未知所自厉，愿吾子教之。"萧子曰："衣敝茹苦，以先多士，斯不亦食盈于节用乎？简其率教者而诲之，汰其不率教者而威之，斯不亦官肃于教严乎？毋专事经义，必以治事为训，绪析而缕辨之，斯不亦志伸于经济之豫乎？古今上下，制度名物，察其故而类其撰，有素晰焉，斯不亦识广于闻见之博乎？知斯四者，可以却惭矣。"郭子再拜，谢曰："闻子之言，予恍然矣。"他日则又以告诸萧子曰："昔我同乡之谊也，出必有赠言，其事旧矣。予之赠言，请必属之。子其纪向者问答之词，次而成之，用以志实焉。"萧子曰："诺。"

尚友说

孟子论尚友，自一乡一国，天下以及乎古人，可谓大矣。然必以为，一乡之善士，斯友一乡之善士；一国之善士，斯友一国之善士；天下之善士，斯友天下之善士。然后进而古人焉。呜呼！天下之士，未有德之不竞，而可以尚友古今者也。夫士有高下、量有广狭，意气所孚，以类而致。昔者孟献子有友五人，以显于鲁齐。桓公以四友而入齐。彼二子，固一乡一国之士。而此五人四友者，亦不过齐鲁之良也。使其时有天下士出焉，二子固不得而友之矣，而况于古人乎？故士生斯世，必有豪迈不群之资，而后可以倾结名隽，窾寐贤哲。不然，上无周公硕肤之德，下无叔度闿达之材。而欲受知当世，相契异代，难矣！

蒙既被选入翰林，所与朝夕者，尽天下士，又得启中秘所藏书而读之，可以上下古人，而论其世。深以获尚友自庆幸，而恒惧无德以致之。其于神交古圣，固未敢望。而当世之英，亦恐其未易以景附之也。故为之说，以自警。

论时政书

某闻：政有必于革，不必于因；法有宜于前，不宜于后。故象魏之法，易岁改悬，贵通变也。昔者三代之刑，世轻世重，圣人岂乐是纷更哉！盖以法不从权，则无以宜民；政不宜民，则无以保世。因时损益而适之中，此圣人所以治天下也。当今之政，咸正无缺。子孙世守，足以为治矣。然其间岂无不宜于今，而必于革者乎？则损军之罚是已。

夫损军之罚，固善法也。国初之时，承平未久，将有绛灌之风，士皆淮濠之旧。祛革之余习未亡，而脱颖之锐心未厌也。容有挑功生事，轻心于一逞者。故为之法，以损军多寡为差。所以抑侥幸之途，而养安静之福也。乃今则有不然者矣。何者？纨绔之子，世授节钺，非复国初之将也；市井之民，冒充行伍，非复国初之卒也。一遇寇警，其不褫魂而落胆者鲜矣，况敢轻战也哉。今辕麾之间，动以完守为上策，坚壁纵寇，以自保全。或有奋不顾身，决于一战。其以全取胜者，固可以觊区区之赏。万一少丧师徒，则文法之吏，随而议其后。故虽有鹰扬之略、敌忾之心者，率掣肘而不敢为。往岁虏寇中原，六支之战，至环戈而莫救焉。闻之边人，皆曰将官畏法，而不敢战也。

　　呜呼！古以杜侥幸之心，今以藉选软者之口。然则是法也，又安得恃以为常而不变哉！今庙堂之上，锐志远略。凡百施为，悉破常格。故愚敢以是说献。虽迹近于纷更，然变法以从时，反重以审势。是亦破常格之一端也。

卷十六　王别驾半憨集

澄海王天性槐轩著

南昌府王别驾天性传

王天性，字则衷，号槐轩，别号半憨，澄海金砂人。以诗文名于时，性豪爽自喜，不顾世情（邑志）。

嘉靖壬子，以尚书领乡荐第四人（行状）。初任盱眙教谕，却馈遗，周贫乏。都院唐顺之视师凤阳，每召与语，质所学，器重之。未几，迁县令。初署江西丰城，邑大民刁，更苦虚粮之害。天性至，适承丈田，革祛宿弊，奸宄敛迹。明年平丰堤决，躬相地势，移马胡实地，金工分丈修筑完固。辛酉聘典楚试，未撤棘，迁上高令（行状）。抵任即作矢言，痛诋贪墨，令警夜者摇铃诵之，丞簿尉无不仄目。积年，胥隶惮其严明，多托词告罢役（半憨先生传）。庭无留狱，锄奸剔蠹，豪右不得售其奸。转擢南昌通判（行状）。南昌多要宦，又处会省。天性秉公而行，不恤利害。如议一条鞭法，不曲顺都御史旨，不阿督学陷，退生于非罪，权贵犯法，绳以律，无幸免者。同官皆为天性危之（半憨先生传）。既而南科以风闻，劾不职者十九人，天性与焉。吏部覆，留调用者二人，天性其一也。天性不赴调，拂衣归家，止图书无复余物（王志）。居二年，则前令丰者，憾天性发其脏事嗾，夺原官矣。天性既去丰城，士民思其功德，特建生祠祀之。事载明一统志中（行状）。

天性既归，足不履城市。家素贫，及罢官，生业益窘。性喜为古文，晚年益工。澄邑初建，未有志，且屡经兵燹，天性留心辑衰成书。其后海氛数十年，百事俱赈，后人犹得按籍考定者，天性志略之功为多（王志）。所居傍大河，多水患，田园污邪（邑志）。万历初，行履亩实赋，邑令欲摊八乡田园，与七都同赋（怀德祠碑记、邑志云：赋视他地倍重，误）。天性请于官，得从末减。更请筑堤设矶，堤成，乡人赖之。立怀德祠于天后宫左以报。所著有《半憨集》（金志）。祀丰城名宦（行状）；又祀邑乡贤（邑志）。后学里人杨世勋敬撰。

《王槐轩文集》序

澄海姚士裘

学以治心，行以适用，文以传其学与行。苟文之高下浅深，能各如其量，皆足以为天下之至文。余窃观夫今之学则不然，导利以学，欺世以文，竟不知行为何物。故其文虽奇丽辩博，驰骋今古，自以为至矣。败坏之祸，世实受之，得非学与其行者非欤？

余少时阅澄海邑志，其文质，其事核，始记所谓槐轩先生者。及交先生曾孙季翁，得读先生《半憨集》，大端酬应之作，要无饰说而有实用，益慨慕其为人[1]。乃考逸行，纪宦迹，又见其泽在乡者。乡之人，至今尸而祝之。因叹风俗人心，嘉隆间一时之盛，非偶然也。

当先生之时，虽刚方狷洁、不容于世。而当世名卿巨公，识者犹见推许。其风俗人心，视今日又何如也。闻先生为文辄弃去，或录之则戒其勿传。呜呼！先生之学，盖笃于行，不欲以文自见于世。先生不欲以文自见，此先生之文所以可传也。[2]

校记

[1] 慕其为人，康熙《澄海县志》作"慕夫其为人"。

[2] "当先生之时……"这一段，康熙《澄海县志》所载略有不同，其文作"先生逮事穆宗，然己刚方狷洁，不容于世。而当世名卿巨公，识者犹咸见推许。其风俗人心，视今抑何远也？闻先生为文辄弃去，或录之，先生切戒勿传。呜呼！先生之学，盖笃于行，不欲以文自见于世。先生不欲以文见于世，此先生之文所以可传也"。

《训士俚言》序

王侯王大父迟翁，名重浙东西。宏治间奋迹贤科，拜江西浮梁令。以刚正近时，弃官归，闭户著书，有《训士俚言》十二章，藏于家。侯令澄海，出示师生。师生请梓传，而属性序。序曰：

古人置士四民上，则知士贵矣。乃有若扬雄氏所讥，秦士固自取贱乎？亦训之者，非其道耳。今人家秀子孙，非一家士耶？父祖训之诵读，已而文艺，已而巍科，已而肮仕，意殷殷哉，总不出富贵利达陋习。至所为人之道，如孔门孝弟、谨信、爱亲等，父祖既不以训子孙，岂复知所以学。终身没没，亦不出富贵利达。将有狭邪，趋垄断望。苟可以餍足，即决性命之防，为东郭贱行不羞焉，则训之者非也。翁训子孙，殆不其然。其训使不为也，则欲安分乐天，无或蝇营狗窦。苟希冀所不可必得之富贵利达，以有忝清白吏子孙。其训使为也，则欲以道立身，检点矜持于人情物理间。无恶无斁，以无坠世德家声。宛有孔门训弟子宗旨，而谦名之曰俚言，条为十二章。指事迩而见义远，词明切而意有余。思用能兴起后嗣，振拔流俗，世世象贤勿替。如曾孙侯，奉其遗训，矢无欲之心，而躬行仁义，以有荣施于世。奚啻江左、河汾二王氏，子孙仅能守青箱传素业，为足贵已也？今澄海岂不亦有父祖之训，然未审中翁训一章何等，无亦前所称今人家父祖所为训者已邪？侯有慨焉，乃出翁训，以新其志向，爱士之意甚厚。倘士因而憬寤，涉富贵利达之途，而能以道战胜。庶可与脱凡近，游高明。不然，口诵十二章，而陋习犹昨也，无为贵士矣。

代州守赠张梅岩荣奖序

国家之牧马也，内地则取给于民，边地则责成于官，官牧无论已牧之于民者。今河洛、齐鲁，两畿之间郡若邑，必设之佐贰一员以专理。梅岩张子来判泗郡，盖专理牧民之政者也。莅官半载，能于其职，柱史陈公驰檄旌之，以劝有终。于是龙冈张子率其寮，卜日陈乐奉檄行礼，迓自南郊，燕于中堂。酒既半，梅岩请于龙冈子曰："过辱提携，取知上官。虽然，何以教我，俾无负于上官之称许。"龙冈子曰："子职马者也，请以马喻，而因以赠子可乎？骥服盐车而上太行也，血汗交流，负辕而不能进。伯乐遭之，下车攀而哭之，解绂衣以幕之。骥于是俯而喷，仰而长鸣。颜子观东野之御，而知马之必佚。或问之曰：造父无逸马，为不穷其力也。今东野之御马，力尽矣，而犹求马不已。马穷则佚，可见善御马者，必习马性，而后可以调其性；必爱马力，而后得以用其力。君子之御民也，亦奚以异是。彼马之牧于民也，即王介甫保马之旧也。宋行此法时，文潞公已言其非便矣。但彼之保甲养马，愿否听民也，仍蠲他徭也。今则计丁受马，愿否弗恤田租，户役并征如故。法之为害，视宋较惨矣。且行之日久，百弊互生。编金之际，准贷挪移；输直之顷，越例要索。是故始也计丁受马，今则丁耗马存。始也他徭并征，今则私橐渔侵。夫民已疲于不能无弊之法，而又御之巧为生弊之人。是何异于马服盐车，从而将之以东野之御哉！斯时也，不无望于伯乐与造父矣。今子之为人也，气下而心柔，识练而才达。识练才达者，习民性者也。气下心柔者，爱民力者也。是故计丁受马不可革矣，而编签之际，每操纵于贫富予夺，以纾计丁之害。他徭并征不可变矣，而输直之顷，每痛惩于吏胥饕餮，以宽并征之苦。以民之疲于牧马，而得子若是噢咻之诚，犹马遭伯乐而离负辕之困，遇造父而脱穷佚之虞也。然则陈公驰檄而旌之，夫谁曰过情。虽然，政成于难，败于易；名全于歉，毁于盈。今夫御马者完驾于峻阪，而多覆辙于夷途。何者？难易之势殊，盈歉之心歧也。今子马政理矣，上官嘉之而名遂矣。然亦岂可遽生盈心，而使夷途中有覆辙耶？书云：'凛乎若朽，索驭六马。'唯子其终念之。"梅岩子再拜称谢曰："敢不加鞭策以服训词，俾无负上官之称许。"

赠田三尹擢官休致序

今之宦者，智昏于富贵，情溺于功名，去就之间，多不能以自决。是故恋恋于所不忍舍，戚戚于所不屑就。其能安分命明，止足泰然，浩然不以累灵台者，世果何人哉！姑即迁徙论之，彼其迁去，即美地美官，心则畅然喜矣。犹不即舍此就彼，营行囊，需赆金，踟蹰累日月而后行。夫迁徙得意犹若此，彼不得意者，类可知矣。诡邸报之未真，托文凭之未领，讽父老之保留。甚有新官已至，犹且安然管事，交相争竞，动烦口舌。今人薄王府官，不屑为，一闻报即恚曰：吾决归矣。已反思曰，我迁王府官矣，第不审何王官，与王府何官也。日访诸人其府，若官稽可藉升斗之入，犹甘心就之不辞。必甚落薄不能糊口，然后归计始决。如是归也，岂真慊于心哉。虚室中常作咄咄声，向人多可怜之色，甚有泪下沾襟者。吁嘻！富贵功名，何物事而能使人不丈夫如此耶？恋恋于所不忍舍，戚戚于所不屑就。余重慨时之滔滔，而有感于田君矣。

君簿澄仅二岁，一日，闻迁王府官，未就何府何官也，趣舍人治装归，舍人曰："何遽甚也，诸王府王府诸官，岂无愈于枳棘之栖者。"君曰："久望林泉，又安顾此？"顾侯闻之曰："王涣失仇览矣。"父老闻之曰："赤子失乳矣。"共谋留君，君不可曰："当道不察，将谓我有利于澄海也。"夫闻君迁也，官次未定，即少留以待，夫谁曰不可？乃以利为嫌，而速于去。盖君素清谨，虽职钱谷，不招利权。门庭萧条，真堪罗雀。尚无所利于当任之日，又肯有利于迁任之后，恋恋不忍舍哉！王府官诚落薄矣，固有府擅山海之饶，而官据财货之津者。课其岁入，厚倍州县，君之迁，安知非此等，乃置不顾，决计林泉？是不觊望人所欲矣，又肯戚戚于人所不欲哉！君诚可谓丈夫矣，顾侯惜君去而欲赠之言，授简于余。余重慨时之滔滔，而于君有感也。书之如右。

送罗后山之平乐郡博序

后山先生，貌朴而气和，志豪而才敏，盖潮之瑰琦士也。而又素以诗文自雄，咳唾余亦悉珠玑，可爱可传。癸丑春，挟其技战于京师，偶北，而俯取学职，来教中都下邑。行艺益畅，特上无为汲引者。居九岁，擢平乐郡博。去道过都梁，见王子而自咎曰："世有不能自振拔如予哉！趑趄邑庠九岁矣，而竟转郡庠。"王子曰："若先生言，则谓功名利钝，果系人之能不能与？自余观之，固有遇不遇焉，莫非时之适然耳。齐有贾人，鬻珠致富，无訾。东邻之子，羡其有从，请趣利之术。贾告以实。邻子欣然，卖其家之有，得百金，以购隋珠四，持而鬻诸赵，赵人问价，答以千金。"赵人曰："闻以千金养死士，即可博封侯，而奚用于珠？"持而鬻诸魏，魏人问价，答以千金。魏人曰："珠犹璧也，吾闻匹夫无罪，怀璧其罪，谁能舍千金而贾罪。且怀宝于道，弗善藏，罪将及子矣。"邻子大惧，持珠疾走，资粮且罄，乞于途，糊其口以归。叩胸而让贾之绐已。贾曰："凡得时者昌，失时者亡。若宝与我同，而利与我异者。我非智得，而若非愚失，时之遇不遇也。且得失何常之有，先日所用，今或弃之；今之所弃，后或用之。若姑待焉，有宝不贫。居无何，孟尝君入秦，求奇宝以行。邻子献之，获千金。夫隋氏之珠，世所谓希宝也。方其时之不售，且不免饥困之患，则功名出处之际，宁谓无需于时耶？今先生行出瑰琦，艺焕珠玑，真希世之宝也。而世无能物色之，则时之不遇耳，而又奚咎哉？虽然，否泰也者，相倾也；剥复也者，相乘也。时之来也，若循环也。是故先贱后贵者，隋氏之珠也；先困后亨者，吾道之贞也。孔不云乎：'我待价者也。'先生行哉，有宝不贫。千金之价，指日可待矣！"遂笑而别。

《罗后山诗集》序

或谓诗有四务：运意、定格、结篇、练句。句贵委婉而忌直率，篇贵贯通而忌支离，格贵高古而忌芜乱，意贵圆融而忌暗滞。余尝执是历勘晋魏以降诸诗家，未有越是而能轩鬶翰途，驰迹艺苑者。然君子曰："风雅既没，删后无诗。"则三百篇之下，其皆无取耶？夫古人未尝学为诗也，桑妇歌谣，牧夫讴吟，何有意格篇句之拘也。而圣人取之，与六籍并传。后世骚人墨客，日煅月炼，词求泣鬼，语必惊人。欲以擅业专门，侵风薄雅，而君子顾谓删后无诗。则诗之所贵，果不系于意格篇句，而别有所在欤？

余观古人，七情未荡，一真自如，故触物歌吟，矢口为训。虽匹夫匹妇，胸中自有全经。盖包韫本根，至情自溢，风雅之宗旨也。诗家者流，迷失真源，标显色相。意格篇句，号称古体。要不过点缀江山、铺妆鱼鸟。风容徒盛、神情不敷，将奚取哉？由是观之，诗之所贵，断可识矣。

近读《后山诗集》，余未辨其工拙较古作者何若也。然其直撼胸臆，刊落铅华，庶得诗之宗旨者。盖先生宅心冲和、赋分慧敏，禀之厚矣。吏隐八稔，元奇静颐，养之邃矣。园陵宫阙，壮其大观；凤岳淮波，兴其豪思，助之广矣。助广者情超，养邃者情粹，禀厚者情笃。是故情之所通，声歌自骋。高彻上穹，深入重渊。大亘八埏，微潜一发。卒皆流泄道妙，会归理趣。非徒点缀铺妆，粉饰文貌焉已。所谓包韫本根，至情自溢者，不其在是乎？君子曰："后山之诗，有风雅之遗致焉。"故意格篇句，均所不论。

《北溪诗集》序

诗有别解，无关于学。曾见名人伟士，学问擅一时，常患不能诗。哀古名作，苦诵而力摹之，欲与墨卿词客争工拙于个字只韵间，终不能快所欲。村夫里妇，何知诗学，情忽有感，鼓唇掉吻，或讴或谣，往往有风骚极致，则胡以故？譬彼禅家六祖，不识字，圆悟宗乘；慧能禅师，坐破七蒲团，不明佛旨；一旦卷帘，忽然有省解也。诗亦有解，思之不通，鬼神将通，醉醒梦觉，恍见真宗，解之谓乎？三百篇勿论已，汉魏以还，诗道代兴，间有杰然传世者。试观所著，何曾丐灵蠹简。而匠心司契，独倡宗风。指事写形，穷情品物，能与造化争柄。亦其性术圆融，灵窍天启。真诗在天地者，元解于意，言象数之表。是故杼柚在怀，离众绝致，言言中律，中和可经。如犹未登解境，徒撷已披朝华。寝既陈刍狗，拘挛补缀，语无直寻。欲以笼宇宙于形内，挫万有于笔端。指时述事，美是刺非。思归怨别，志喜陈哀。而各极其趣，若天籁之吹，万不同寥寥刁刁，咸有自然之响。足以铿锵金石，鼓吹风雅也。必不几矣。

澄校（教）谕君徐北溪[1]，业明经。不专诗学，而有独解。自北游而训铅山、谕澄海，所至有作，积而成帙。一日出示，余读之，见北游之作，音韵谐和，如五味之调，咸酸适口。铅山之作，思致渊涵，如食取咸酸，味在咸酸之外。澄海之作，神情超脱，如太羹充铏，不下咸酸，至味自足。而统其指归，冲淡雅正，类北溪为人。故学者称为北溪诗。

夫北溪江西人，江西宗派图，诗祖双井。争以镂绘，奇险相高。北溪后出，独冲淡雅正。何江西其人，不江西其诗。盖得之独解，自不至学人口吻，而徒成一家言。斯足传已，欲付剞劂氏，余弁其首曰：盖闻孔子学琴于师襄，云初习其曲，进而解其数，进而解其志，复进而解其人。为文王操，弥习解，弥进圣。于琴操，犹然诗操类也，不可例观北溪诗哉！北游之北溪，不尽训铅山之北溪，训铅山之北溪，不尽谕澄海之北溪。则今日之北溪，又安能尽将来之北溪哉？子曰："吾见其进也。"续有集行，当别有解，余别具只眼观焉。君讳一缙，豫章进贤人，由训铅山洊谕澄海，北溪其别号也。

校记

[1] 校谕，当系"教谕"同音之误刻。

《袁氏家谱》序

谱之作也古矣，录自身以前，明宗也；录自身以后，合族也。明宗所以教孝也，合族所以教悌也。孝悌兴，则世德深厚，可以鸠宗保族，光振其家门。斯谱之大也，由周迄唐掌于官，宋以后则人家自为之。当时庐陵有欧阳氏谱，眉山有苏氏谱。今士大夫家，亦往往有谱，而多所可慨焉。推本世系，则记附前代闻人；广收族属，则攀援当世名家。虚张阀阅，以自表异印。然谓为贤圣后裔，衣冠右姓矣。夫地望崇卑，视德污隆，陇西家声，坠于降虏。而抗节致身者，卒变逆族为忠门。是故君子垂世作则，将望子孙以贤德世家。而徒侈盛竞爽于阀阅间，岂古人设谱初意哉！

袁氏谱，袁氏九世孙明台将军作也。盖惧祖德之泯没无传，而将来孙支蕃衍无所收摄，于是据承袭亲供而实录之。其发凡起例，则仿欧、苏而参以今朝名公家乘，至精矣。姑举一二巨者，袁氏先有讳正者配邵氏，实始祖所自出。将军犹得于传闻，始祖子三：伯今将军派，而仲、季俱世袭千户。将军大人犹能言之。然以无征，谱不大书，而仅见于分注。此诚慎重之意，彼妄托攀援者，视将军识见高下何如也。军功独详，调迁必书，而附祭典谱末。盖知世禄之自，始家之基，则追报在所必隆，所以教后人孝也。袁氏族今未蕃，而将军自叙，则豫以隔形骸、分尔汝、相仇雠为大戚。盖肫肫乎有同源共本之思焉，所以教后人悌也。将军作谱，不苟于随俗侈盛竞爽，而以教孝悌为先务，其犹有古之遗乎？夫孝于先公，则祖德益耀；悌于子姓，则孙支日繁。此鸠宗保族、光振家门、寝隆寝昌之道也。袁氏必兴，余于斯谱卜之矣。

袁将军《武胄剩词》跋

方今纨绔子弟，苟鞍马弓矢之娴习，则人便称将门种，克振家声矣。矧有卓尔不群，通书史、文词，彬彬然有儒将风者，宜乎见贵，于俗命之曰文武全材云。余窃谓武而止于鞍马弓矢，文而止于书史文词，斯乃艺成而下也。英雄豪杰所树立，大根基或不在是，盖有所谓德成而上者。尹吉甫六月之师，诗人歌之。车马服帜，外美其德，有严有翼，而继之曰文武。吉甫万邦为宪，由兹而谈，所谓文武者可知矣。

澄所袁明台将军，生而聪颖，童年即为邑博士弟子员。人咸期以文显，已遵其大人命，舍所学袭祖秩，亡几推视澄所军事。彼鞍马弓矢，实乃世业，姑置勿论。已闻其戎政余暇，辄从经生讲读书史，学古文词。以故儒术淹贯，大有声于搢绅间。余固心奇之，近得读所寄《武胄剩词》，盖将军自警之编也。所条十有五目，内而身心之本，外而人事之交，大而生死之关，细而服食之节。援圣经贤传以始义，酌人情物理以终意。盖字字句句，皆欲自针自炙（灸）[1]，剔洗凡流积习，期于成德之归。此其所树立，岂仅鞍马弓矢、书史文词者，可得而絜短论长哉！余不觉敛衽惊叹，谓将军有志向上如此。虽然，愿有效于将军焉。将军名编曰"剩词"，谦也，解在幼林引中。余谓词与行贵相符，行不掩其词，则行不足而词有余，有余之谓剩矣。将军其竟所志，字字句句，尽力行之。毋使词有剩，则盛德在躬、文武为宪，何谢尹吉甫哉！

校记

[1] 炙，当系"灸"字形近之误。

顾伯龙增筑澄海县城记

今上之即位三年，六月，新增澄海县城成。城周若干丈尺，高若干丈尺，高增旧四之一。雉堞遒遒，楼橹修修。峣然瞰海之陬，群岛失势，层波夺色，壮哉丽乎！斯足以域民捍侮，辅德壮威，为万年之固也。是役也，费若干缗，徒若干人，肇工甲戌冬，仅三阅时而告成，实邑侯顾君为之经理云。

初，侯至县也，行城视陴，周遭宏伟，而高独不称，以问左右，左右曰："作者迫于寇祸而速就，继者亟于更代而未增，是故城之庳也。"侯慨然曰："兹其在我乎！"则集部吏，召父老，延士大夫议城事。佥曰："劳。"侯曰："暂劳永逸。"佥曰："费。"侯曰："费小利博，投针疗病，匪不针痛也；裂裀窒舟，匪不裀爱也。计全其大耳。今高数尺城，则曰劳曰费。即寇之来，城庳不可守，汝屠汝掠，又宁止劳费间也。且今之劳费，孰与始事？夫人能为九仞山，我乃惮于一篑土耶？"遂破佥言，而独任其事。总计城应增几丈尺，需徒费若干。先度抚巢，灰垣堪以代石，既可省三之一。次会帑贮，官金之堪动者，复可得五之二。不足往例，令民视若庸租，调高下输金以助。民既输金，即归之农，不复勤以役。应有价值，尽以给工，听其贸材募作，不一经吏人之手。是故财靡渔侵，力匪农妨。用能鼓舞劝率，敏有成事，而佥忘其劳与费。

于是佥议伐石为碑，以纪实功，来而问言于某。某曰："古者诸侯，守在四邻，政贵人和，不以险塞为固。澄已城矣，乃复高之，何专险之恃如此，盖至德遐矣。澄又环海，烟屿风涛，尽奸薮也，胡可一日忘险不戒。姑不远引，只如往寇之横也，民各壁垒自固。彼高厚如法，即得不破，犹赖至今。有稍稍卑，恶寇则逾垣蹋门入，若履平地然。纵奇材剑客莫守，此胡可谓不在险也。夫短布待冬，不可暖也；弱条借阴，不可凉也。侯诚计虑深远矣。且我闻侯廉靖饬躬，优游敷政。方且植民之田畴，而教其子弟，使之足衣足食，有勇知方。彼其域民捍侮、辅德壮威，为无形之固者，别自有在矣。夫岂徒恃险者哉，夫岂徒恃险者哉！"

郡丞王实庵轻赋建堤碑记

万历九年，诏天下郡县，履亩实赋。我澄主丈匪人，贿匿不籍田亡算，民间已啧啧不平久之。假令者复变则壤旧法，摊七都赋为一等瘠土。民愈惶恐，于是性率八乡长老，上假令书曰：愚闻禹书，则壤成赋。我乡金沙北则汗邪，每当霆飓，江海沸腾，亡堤捍御，禾稼率多淹没。南低为卤，高为硗沙，更瘠于北。以较七都，北不得比三莆苏，南不得比鲍鳄蓬，恶可猥同科赋？又言匿亩当问。皆弃不省。

时十又四年夏也。公适行刺史事，知澄籍棼谬，民不安状。奏记两台诸监司，请自厘正。报可。乃定赋，则除初垦并山泽杂产，七都无殊其旧，登籍田颇采前书。第三莆苏赋上，鲍鳄蓬赋中，而我乡金沙北如鲍鳄蓬，南赋下，视七都独轻。已复搜出匿亩数万，均俵实丈额数，准上中下递减。视往日我乡，又与七都并轻什之二。已复于去年冬，用长老言，治金沙北堤。规工虑财，相土方、槎木石，为关为浛。仍助以俸金。民喜趋事，四阅月堤成，水患有备。

于是八乡长老辈，莫不欢欣，奔走相告曰：我今其苏生乎！夫地固有瘠腴也，而赋同一等。是不问力强弱，贵其均重。而挑弱不踬，必弃而逃。明诏履亩实赋，而额外羡田，与民均俵从轻，恩至渥也。而贿匿焉，小民不沾分毫惠。我乡旧亡堤，岂昔先民智不今人若，而忍困于水数百年？官无召信臣也。呜呼！瘠田腴税，而水潦重之灾。所获既微，公赋难办。则人莫不以白丁为乐，有产为累。然鬻之惧不售，舍而污莱，又贻子孙忧。微公谁与苏我生耶！

盖公治潮也，簿书余[1]，好问闾阎衣食事。闻有所疾苦，辄低回叹息，为计安全之术。稍涉利病，巨者不专行己意，群进三老孝弟[2]，诹所便宜。其注念民隐，而勤博采如此，故见彻于蔀屋，而泽周于向隅。如清田籍，均渔课，免口齰，罢私饷，浚三川溪，定桥盐额。诸此类，既造十邑百千之年福。而剩膏残沥，又足润我八乡民。宽以中正之供，贻以粒食之庆，使不罹于天灾人祸，以养以恬。

公之惠于是为大，乃共谋伐石为碑，以志不忘。而属某记，某惟使民有今日，我公惠也。永公惠于后日，我民职也。固其堤以保田，保其田以供赋。世守公法，为乐土顺民，则公所遗爱我八乡民者，宁有既乎哉！因书为后人告。公名懋中，江西人，甲戌进士。

校记

[1] 簿书余，嘉庆《澄海县志》作"簿书之余"，是。

[2] 孝弟，嘉庆《澄海县志》作"弟子"，是。

邑侯王全吾浚渠辟关建桥碑记（代）

今县治，盖古辟望村云。村有三川溪，北受玉带水南注，东西为民居，西地博，视之东倍。初议治所，人多欲就西，而以三川为东濠。长乐周侯，行首知县事，至则曰：辟望之胜，以有三川溪。诚割西之半，合东治城之。民居分列，一水中流。汪洋荫注，为孕秀发祥大地。且时有警，避寇丁口船暨商贾舶，可尽收入保。舟中子弟，可部为兵。鱼盐米柴诸食货，可贸为军储。即安常无事、懋迁辐辏、人物繁昌，可壮县之形势。居民转输，岁计省费，又可巨万缗，公私有数利矣。

议成，周侯以忧去，后城县卒用其议，置关北城下，以出纳溪流。又后，浚溪深之，并构二木桥于关内溪上，以济民涉。顾关广八尺，溪深不没胫。舟楫浅隘难行，木桥易败，时板穿陷焉，民嚣然称不便。久之侯至，易二木桥以石，民喜去危即安。已增建一桥于关外，民无病涉之苦。已用长老言，复拓关宽之，加旧三之一。已再浚溪深比旧倍，而灰石固其两傍，使无崩壅，舟楫始通。已构楼关上以居守者，俾不病于露处。经理周详，缓急足恃。且川源疏导，地脉融贯，扶舆磅礴之气，有所宣畅，人文自当从此盛。而溪而关而桥，始为一方利云。

于是长老既述其事于不佞，又语不佞以县有三川溪，而通之以关，济之以桥。三事相须，孰不为一方利。然惟侯始克成之，岂徒曰才，诚足办哉。侯常言：自省此心，于己不敢有私便图，于民不敢有逆情施。夫己无私图，则凡有怀，欲与民计安利，不至有所牵恋，不得遂民。无逆施，是能设身处地，当使人人满愿，无不获之嗟。由所为三事观之，捐俸助役，继之以赎金，不自为封殖计。饬临司里，日一再至，不自知为劳。而又视里粮税，白差夫家之征。测土高下，繁简其人徒。算道里远近程，奏工之迟速，以调适于众志。而又举于火，见水涸之候，以无废于农时。凡皆心所操，宁损己以益民，不咈民以从己。用能鼓舞群动，俾自竞劝，以共成三事，为一方利，有由然矣。请文之石，以彰盛美。不佞某曰："今夫良吏，能垂美誉于不朽者，不过曰功曰德。二有其一，皆足以著于春秋。盖肩鸿任重，能为一方创千百年巨利，斯民将终赖之。即德不甚盛，人不以故贬功，有不忍于拂众也。洁情体物，节劳爱费，民将母怀之不能舍。即功不甚大，人不以故贬德。二者皆称，然兼之为难。"如所论，侯才优经理，见谓莫大之功；心操公恕，见谓莫盛之德。兼长备美，为良吏最，诚不可使泯泯，无闻后世。顾不佞不文，即强文之。又焉有加于尔长老敬述所闻。尔长老者，归而勒石，俾后之人，获藉三事之利者，知所自来。歌诵侯之盛德大功，永永无极。侯善政多可书，以记三事故不及。且所注措，方日新日盛，未有穷底，具以俟后之传循良者。

邑侯王全吾建桥砌矶碑记

蓬州都之金砂村，北有溪，经流犁头宫，为都人往来通津。旧设木桥，支撑窄窄，行者危之。溪北则金砂等村，田园五千亩，东西有堤，滨大河，无矶障，屡决害稼。于是阖都暨金砂等村长老，议易木桥以石，砌东西矶十座。矶役出五千亩田园，而桥役出都内丁。贫者免，喜施者听。议上，侯允焉，躬定桥址，而捐金倡义。一月始事，五月桥矶成。

长老谋勒石，不佞记之曰：昔召信臣守南阳，为民开沟渎，起水门提阃，广灌溉。王周为刺史，桥覆。民租车，偿民租，为治其桥。民父视召，而称王善政。然此犹远引，近如吾潮治广济桥济韩江，而民专祠祀，非郡守王公启源乎？治上中下外堤矶，保三都田庐，而民肖像祀，非州守周公明辨、林公光世乎？斯知守令所治，靡不水利是亟。而兴水利，俾民永戴无忘，非贤守令，亦未易能。侯治蓬州桥，济一都人往来，使无病涉。治金砂等村矶，障五千亩田园，使水不为灾。惠深功永，所谓贤者非欤？

尝观侯下车未几，架三石梁于三川溪上，复疏（浚）三川[1]，辟关门，固已利济邑中之舆徒舟楫矣。又悯澄地沮洳，飓潮为虐，议出帑金，募待哺之民，为七都治堤。欲变污莱之区，为禾麻沃壤，奈之何任浅未行也。今读其议，想见为心。盖欲举七都民，无一不享水之利，而悉除其患害，乃愉快哉！我都桥矼，不过囊锥末见，然此亦足以知侯矣。世所称廉吏，类沾沾自好，欲无受劳民费财名，莫肯为吾民作一钱事。而所称能吏，敢任事又不胜其喜功亟成之心，而操一切，反重吾民累。侯廉洁好修，何尝轻有所劳与费于民。然利所当兴，如今之役，又何尝辄以劳与费为解也。役以亩赋者[2]，勿论已丁赋，不足济之俸，余继以锾赎，岂不知俸赎之无几。若曰上好义，下有不终事乎？而富室果乐以财助，鼓舞率作，具有成算。且章程宽约，调度有方，夫岂不欲视成致期也。

曰暴贼之谓何，胡可不早戒豫令，而先庚三日、后甲三日。虽以俟道使，未尝急效于旦夕。盖廉而有所倜傥担当，能而有所忍容剂量，故能成一方百世利。而民忘其劳与费，是侯之贤也，亦奚啻一桥矼已哉！

近者探囊胠箧之奸，村村见告。如某某，非吾都之暴子弟乎？大为汝长老苦卧不安枕矣。一旦擒而歼之，余伙惊散，夜犬无声。较往盗觉不捕，捕复略脱，至恶少横行白昼，攫金于市，而莫谁何者何如？

谷贵闭籴，下令地方捕漳船。漳船诬以剽劫，词逮百数十人。官丁混勾，民窜断烟，非吾都之富砂、石厝陇诸村乎？毅然力争，事卒以白，而闭籴愈严，谷价得平。盖不恤一身利害，而为民生休戚计。与阿意从谀，置民瘼于度外者又何如？此惠在吾都，关利害巨者，故及之。

其均施一邑种种嘉政，未暇详也。然汝长老固所习闻，试举以絜之召、王、周、林孰贤，彼皆民所怀，矧侯民当何如感也？则今日之碑，不佞固为蓬洲桥矼记，将来读者，当以比之岘山云。

校记

[1] 疏，当系"浚"字同音之误刻。

[2] 校之嘉庆《澄海县志》，此处以下文字略有删节，为免繁杂，仅在此说明，不一一出校记。

志左侯应祀名宦事略[1]

左侯讳承芳，字宜桂，福建宁德人，岁贡。癸酉秋，由惠州府归善县学训导，擢知澄海县事，盖抚按特保云。先是县官率侨居府城，不肯一至县，盖惧寇也。于是逃移之民，咸嗷嗷然，谓未有复业期。侯自惠来，携妻孥径入县。居之日，视城池，示固守，以定民心。居无何，海寇林凰四百余，夜薄县南门，众皆为侯危。侯意气自若，率众登城，阅部伍、齐器械，欲出击之。寇知有备，解去。于是众知侯足倚。逃移在外者，络绎云至。然犹以公廨街衢未定，莫必其居。侯遂申旧图，详书丈尺，壁以示之。而街衢之辟，毁垣拆屋，处以虚心，民无怨者。时值大造，澄民素畏里役，更金之际，往往行贿求脱，点充率多贫户。侯秉公执正、博询密访。里老不敢徇私捏报，即富室豪门，亦不敢有所请托，民大称平。

甲戌春大征，百凡军需，取办民间。侯处之有方，民不为扰。迎春竖县堂，小童聚观，左右呵辟之。侯呼之前，分以果饼，或手摩其顶，肫肫怡怡，如家人父子。士夫父老时进谒，辄询民间利病，将次第罢行之。充侯心，盖欲起疮痍于旦夕，然后为快。侯为人外似汶汶，疑不甚解事。内经纬明，诸所当为，毅然肩之主之。以真心实意，非苟且饰观者。苦节贞操，人所罕及。军士月支，往有叩除常例，尽革去之。里甲正供外，一无所与。及改教去，橐不满十金。先有富室，点充里役。至是乘侯去，欲厚赂求脱，先托左右关说。侯怒曰："岂以失官变吾志哉！"其守如此。

予时进唁侯，侯迎笑曰："仆昨秋来，抚台荐之也。今春去，抚台论之也。好而知其恶，谁谓天下鲜。"余应之曰："故人知君，君不知故人。"侯愕然，不省谓何？余曰："君不知抚台之非杨伯起也。"时抚台保升者，各致金谢，侯无故被论。侯复笑曰："仆岂不知抚台之非杨伯起也。彼夜中所怀，民膏脂也。吾宁一家哭，忍使一县哭邪？"侯将归，室人虑无以为家，趣侯谒选。侯曰："今谒选，当得府教授。府教授何如县令尹，理米盐簿，既不能有所点染，以保见在之禄位。乃欲餐苜蓿盘，冀有所赢余，以实如洗之囊橐，非所几矣。"遂归。夫侯之善政不多，任浅也，复半夺于兵事。然即此观，亦可知其人矣。其节用爱人者耶！其行之以忠者耶！其悃愊无华，日计不足岁计有余者耶！其公忠奉职不为私图者耶！去之日，民无不泪下者，相率剧金，以赠行李。即今县门外穹然两石，军民为侯所立去思碑也。呜呼！侯可不没于澄海矣！

校记

[1] 康熙《澄海县志》题作"志左侯应祀名宦传"。

半憨先生传

半憨先生，不知何许人。少从愚公谷愚溪高士游，性欠圆通，动与俗戾。尝官江淮间，时仕者率以官为家，视民脂尽囊中物也。先生令上高作矢言曰："官要钱死他乡，吏欲钱男为盗女为娼。"令警夜者摇铃诵之。丞簿尉无不仄目窃骂[1]，积年胥隶惮其严明，皆托辞告罢役。邻邑长贰嫉其形己短，谤声交沸，卒赖一二观风使者保持之。既擢南昌判，南昌多要宦，又处会省。先生居之，秉公执正、不恤利害。如议一条鞭法，不曲顺都御史旨，不阿督学陷，退生于非罪。权贵犯法，绳以律，无一幸免者。一时同官爱先生者，皆为危之，而卒以此败。戊辰春大计，先生得无过。既而南科以风闻，劾海内方面有司不职者十有九人，而先生与焉。吏部覆，留调用者二人，则邵武府知府吴国伦与先生也。时先生已厌薄世味，不赴调。归居二年，家大人强之出[2]。

辛未春，濒行得报，则以前发丰城令脏事夺官矣。家事萧条[3]，一清如洗。或讽以请谒郡邑，则曰："腰佩方寸铜时，何求不得，顾不知为家计，今反欲倚他人门户，摇尾乞怜耶？"每乡饮酒礼博士暨弟子员，议请为大宾，则固让。或曰："此士人所荣羡而不可得者，何让为？"先生皱眉曰："大丈夫遭时得位，不能勒勋彝鼎，以垂声后世，顾以一乡宾为荣，左矣！且今之为宾者，果皆以德举耶？"居族里间，人有过必面斥之。虽亲厚，有大恶即与绝[4]，愤疾之心，见于言色，恨不得如持三尺法时寘之辜。盖其性质高简亢直，不习为潝阿态，故其所行，多过激如此。古诗曰："肮脏自肮脏，伊忧自伊忧。君看百岁后，传者非公侯。"先生常喜诵之，不辍口。斯足以见其为人矣。

颂曰：呜呼！先生尔何人耶？谓尔为善人耶？或有恶之者，何也？谓尔为恶人耶？或有好之者，何也？其不要钱也[5]，或谓严于操守，或谓只自取穷。其不阿台司也，或谓傲上无礼，或谓秉正奉公。其不避权贵也，或谓无士大夫体面，或谓能搏击强宗。其不请谒也，或谓拘方小谨，或谓恬退高风。其不乡宾也，或谓轻视盛典，或谓耻与凡宾同。其不容人过恶也，或谓所恶情正，或谓疾之已甚，亦非中庸。故有谓于俗戾，亦有谓于道当。谓于俗戾者，谓憨。谓于道当者，谓不憨。谓憨者一六，谓不憨者二三，吾无以命之。命之曰：半憨。

校记

[1] 仄目，康熙《澄海县志》作"侧目"。

[2] 家大人，康熙《澄海县志》作"家严君"。

[3] 萧条，康熙《澄海县志》作"萧索"。

[4] 有大恶，康熙《澄海县志》作"大恶"，无"有"字。

[5] 不要钱，康熙《澄海县志》作"不欲钱"。

邑侯王全吾传略

不佞则读史书矣，循良吏必有传。匪惟述往行，将以示来者，意深哉。

王侯令我澄至仁，深洽民心，嘉声遥驰帝阙，近二年于兹矣。视古循吏，有光无忝。乃志避见任之嫌，不为立传。不佞惧盛美之遏佚也，则采辑成编，以补志阙，庶后尚论者有稽焉。

今吏苟不至渔猎民也。民所自效芹于我，如贽修问馈赠庆之筐篚，辉煌乎？一切受焉，人不议贪，谓常例固然耳。侯曰：是遵何例哉！尽视为脂膏，标出之无留也。衙舍米盐柴菜，谁能不取之坊市，而随给以值，一视民间私估。悼末俗之浮靡，而导以质。每搢绅招饮，必先与约，罢戏剧，去席面。上计台司，慕休光者，公制幛赠行，相争先托所忠，恳辞再四。行部从，数隶落落，所经过，人不知为令也。供张自随，一饭二蔬[1]，里长无所与。即往来郡省，无不然。即均平诸经费，咸官办，概不干里长。尝念谒郡傩寓民舍非便，捐俸营行邸于开元寺，以省里长傩屋费。今春奉文发籴，谷价腾踊，计曰：仓谷当晒干扬净，而谷贵必多滥恶，里长买滥恶之谷于谷商，而晒干扬净入仓，奈赔贩何？乃停籴，以待夆禾登场。主计者文趣积逋，复计曰：古人一年租，庸调犹用一缓二独。奈何举数年逋租，而责办一年，不几乎东野之御哉！遂置其旧，专理见年，虽有上文弗顾焉。春夏不雨，斋戒露祷，而开仓平粜，以赈贫民。悯旱恤灾之意，又何尝有一息宁也。往者狱词，率权货出入，不然应罪深之、应罚重之，而因以为利。不则有原告执成案[2]，迎上司喜怒，故狱常冤。乃悉反所为，惟公惟恕，息讼者听，不乃质之庭，岂不时罚锾，而辄听告免，于大辟多为求生。而开单罗织者，尤所痛革，可谓能宽恤狱矣。而独严于盗，常曰：盗以赃成法也，然必赃乎登时获乃可。迟或庾或费或存，而主惧累不认，或银谷难辨别，如是而概宥之，盗岂不得计。盗横[3]，故其治益责觉发于伯格长[4]，访公论于三老里正，如得其情，无赃必儆。又立子弟兵，缉奸赌、捕鼠窃，以防微杜渐，盗何从生？盖不惟境内晏如，即海阳之龙溪、南桂，无不赖以安枕。

又虞澄城蕞尔，孤悬海上，而兵卫单弱，夷寇叵测。议免二所军戍梧，留备非常。虽上格不行，而深忧远识，后当有思其言者，所为地方虑如此[5]。且乐与兴利，如浚川建桥，辟关砌矶，皆利之大。有碑记具志中。至念七都沮洳，飓潮害稼，出帑金募待哺之民，与治堤，而因以寓赈贷。盖范文正施于浙西者，乃救荒奇策。虽见掣肘，而其心无一不在民，亦足以想云。凡此皆时务之要，而设诚议行，既欲修众庶之和矣。复葺庙坛，创邑乘，重乡宾，讲乡约，禁浮屠桥，勒书院碑，颁训士言，而月朔引诸生与讲诗书，因谕以提躬饬履，谆谆无厌，殆有意于右文兴学，移风易俗，以庶几乎礼乐，可不称雍容大雅，文儒盛致哉！

至义有所激，辄又慷慨奋发，不少顾避。漳船诬讼地方劫谷，挺身力争。事具旱灾志中。平远令中飞语下狱，率十邑为白冤状。二事得解，固当道虚受乎？而壮气直节，卓卓荦荦如侯，亦足以愧世之婟阿依违者。盖尝论侯洁介而不露觚棱，慎重而不蹈狐疑，灼奸而不至渊中察，博谋而不惑道旁。筑轸民瘼，如痒必搔，不外膜视。直己志如水必东，不横梗阻，故能大有所恢张如是。

先令平远，率用此道。故两台交章荐调我澄，而平远人攀辕无计也，思之至今。我澄复抱平远人之忧，去冬相率奏记，直指使者，乞久任侯。未闻转奏，今圣天子注思，耳目近臣，铨部拟侯。呜呼！君门万里，虽有借寇书，谁与上哉！

校记

[1] 一饭二蔬，康熙《澄海县志》作"一饭一蔬"。

[2] 有，康熙《澄海县志》作"右"。

[3] 盗横，康熙《澄海县志》作"盗益横"，是。

[4] 治益责，康熙《澄海县志》作"治盗责"。

[5] 为，康熙《澄海县志》作"谓"。

祭刘健庵文

嗟嗟！予于先生之殁也，哭之哀。其哭之哀也，岂曰姻娅之情云乎哉！慨自正气销、士风颓，世或名男子，虽或须髯如戟，少有特立之奇材。当其重权焰势所压摧也，则皆脂韦渜忍，为隶为僵，孰敢薰城狐，灌社鼠，凛然而独持风裁！

嗟嗟！先生秉乾坤间气，钟海岳精光。为乡闾表率，为人士冠裳。文章政事之美茂，阶兰庭桂之芬芳，予概不暇详矣。惟挺然奋身，能为世俗人所不敢为之大节，往往钦服之不忘。彼夫江陵当国，威倾四极，先生判岳军，需是职纲运武。夫江陵嬖戚，怙势私干，何欲不塞。郡邑长官，趋承悚息。先生持法，拒之维力。逢彼之怒，构陷罗织，煽惑军情，几成反侧；众为危惧，祸患莫测，先生屹不为动色。岂无大官，能分白黑；茹柔吐刚，万口一默；拂袖归来，怡然自得。官虽不擢，善流仰德。

嗟嗟！先生。予判南昌，亦露锋铓。触忤权贵，放黜还乡。人嗤予拙，或笑予狂。拙耶狂耶？非拙非狂耶？予不自识否臧。迨观先生所为，仿佛与予同行藏。乃知富贵非所重，士君子立身行己，不可以瓦合而毁方。

嗟嗟！先生与予，生于嘉靖丙戌，其年同矣。各以所治经冠多士，其举同矣。远倅江湖巨郡，其官同矣。讵知仇贵中伤，直道难容，其去官之故又同耶？方拟追随杖履，永结同志之乐于无穷。而先生忽焉没兮，予将曷从？

嗟嗟！先生。子期死，伯牙剖琴不弹。惠施亡，庄叟叹无与语。予于先生之殁也，哭之哀。岂曰姻娅之情云乎哉！

与周鹿野邑侯书

久慕斗山，景向至殷。耽禄他乡，亡从望履。舄奉末光，心怅则甚。敝郡海滨，会遭劫数，夏夷二寇，继戈为横。当事者目击苍赤大困，请割三邑村落之薄于海者，建置一县。以冲格外侮，而藩屏于潮之内地。

圣天子之命官，即首其任于我明府，以为澄海开先之父母，是岂偶然哉！恭惟明府，德肖凤仪，韬藏豹变。想其下车视篆，令施案牍之间，而化行乎海山数百里之外。鲸鲵遁迹，狐狸归穴。山岳尘清，海水波恬。昔之流膏涂血于锋镝者，可必其父子夫妇相生相守，以无荒废于渔樵笠镈也。山阿远吏，亦何幸其室家有赖，以乐沾夫太平之美泽耶！

敬因鸿便，附候起居。冬气渐隆，万千珍摄。以需驿召，不宣。

与张应亭邑侯书

潮之苍赤困矣，而澄海又重困矣。倭奴解甲，南洋继戈。许氏乞降，吴平复骋。海滨万户出租税以供，朝廷之良民尽遭驱逐，牵爷挈孩，散而就食于别村。而桑麻沃壤，鞠为蓬蒿。燕雀新居，化成灰烬。兴言及此，可啼鬼神，何况于人，能不酸楚。前任周父母虽不久于位，顾欲呴呕此一方者，心则汲汲。乍以忧去，民几失乳。则所望吸西江之水，以活涸辙之鳞，宁无有待于仁人君子耶？

恭惟慈台，韩斗时倾，盾曦春盎。恺悌余波，足以浸鳏寡之肤；廉威劲操，足以寒暴顽之胆。想其令修于庭宇几席之间，而人自畏詟于海山数百里之外。区区群丑，皆将褫魂丧气，卖刀买牛之恐后。而此流离苍赤，因恃之无畏无恐，归安笠镈，以复睹汉官威仪之盛。谓非慈台再生之福哉！昔昌黎驱鳄鱼，潮民德之至今。今之寇祸，倍万于无知之物。惟慈台奋以一身，为海滨百里之长城保障。则万世之下，称澄海开先之良令尹者，必曰我张侯。我张侯其系结人心之思，讵肯多让于昌黎也。

某宦寄吴西，心怀桑梓之忧。景仰父母慈德，窃幸族党有赖。谨因便鸿，聊附起居。诸惟顺养，以慰喁喁。

与夏印峰书

贵治岂乏能书算，顾索之东邻，意欲杜弊窍耳。由弟观之，正不必尔。贵治吏胥，老兄得以生死之法制其命。彼惧后祸，且销其贪利舞文之奸。假用于他邑人，日后或败露，老兄能持大明律令越境诛之与？彼料老兄日后之无如彼何也，于趋事之际，撩草塞命以归，岂不误老兄之事愈大。熟用者虑其贿，生面者忧其苟，要之均亡羊也。古云：有治人，无治法，狙诈咸作。使唯在老兄一驾驭耳。又承不废刍菲，诹求徭法，窃笑老兄之不智也。索涂于盲，奚能致远？意者谓弟尝折肱，故一试问之。殊不知老媳妇，亦有倒绷孩儿时。方且救过未能，焉敢代大匠斫也。但观老兄初政不肯苟于作为如此，彼邦之民何幸，福星一普临哉！磐溪补德化，恐欲知，附报。

与吉安令刘节斋书

泗上尝一侍执事，时见执事之豪气壮心，直超流俗。如枥中骅骝，其志常在千里。今观执事于西江，际兵旅之后，抚凋瘵之邑[1]。而以爱得民，以能获上。人情所难，执事所易。岂崎岖峻坂，不能窘霜蹄也。然自执事视之，此亦聊展骥足耳。燕赵之郊，八通之衢，今日方看执事之飞腾矣。

某最不才，陆沉散职。虽有前进之心，而驽骀骨格，鞭策不效。乃膺当道谬托，得入三异境内，饱听有襦之歌。因以承咳唾于下风，而执事又欲以内召比矣。邑中之官邪吏弊，孰能为我指示哉！惟乞垂情旧爱，矜察愚心，于其政之蠹、民之贼，掇其尤而疏其事，留以示我。则感知己之恩，当与金石同一不刊。况执事即有建白，大任于天下利害，皆所得言。乃于一吉安，而遂逭之曰：已去地方，分不当与。吾知执事必不尔也。向在洪都，叠承枉顾，尘冗间既不能倒屣以迎，又不遑登舟一送。怠慢之罪，自知难逃，惟冀盛德容之也。并及不尽。

校记

[1] 凋瘵，原书作"瘔"，但字书未见此字记载，疑为"凋"字形近或异写，凋瘵在此处与上下文搭配颇切当。

与林盘溪书

菊天一别，忽又桃红。渴想道仪，有劳梦注。老兄赤泽白驹，当食内厩粟。乃负盐车，登太行。千里霜蹄，卒遭一蹶。此何理也，殊令人郁郁不能平。

但世事浮云，白衣苍狗，须臾改变。塞翁失马，福未可量。则今之渐挫，抑宁非老兄后日亨通之地耶？且吾辈处世，只顾安身立命处。苟可无愧，则谤誉得丧之非，在我者视之，如蚊蚋之过前。老兄夙称有道，此事想能勘破。岂谓一凡夫无根之舌，果能震撼忧戚向来矻矻巍巍之盘溪哉！

弟在会城，大无佳趣。日逐折腰诸贵人前，逐队而入、逐队而出，局局促促，与辕下驹，真无少异。信哉！五斗之能折磨人也。

仙旆何时入省，耿耿有怀，冀俟面布。敬因鸿便，聊附疏承。动静诸惟尊生自广，以需来福。不备。

与南昌守陈暨阳书（二首）

去年分袂，枫叶飘丹。此日思君，柳条转绿。吴门粤岭，云树凄迷。未卜晤言，岂胜恋慕。

某最不肖，不比数于人世，辱吾翁左提右挈，稍得扬眉掉臂，翱翔士夫之后。讵意康庄周道，反遭一仆。始知驽骀之材，不堪鞭策。虽有王良造父，终不能责其千里也。守雌尚元，拙者所宜。败絮自拥，何惭儿子。某盖私心慕之，只恐垂白二亲，饘粥不继。则行止之权，又不得以自由耳。归囊如洗，赖有可翁多方扶持，得免阮生之哭。不者男妇七八丁口，几与江西作流民矣。丈夫生世间，有此七尺昂藏之躯，仕宦逾十载，既不能跻月无仕以荣身，又不能猎厚利以肥家。即如途中之费，亦且不能自谋，而以累他人，是岂不为四民中之一蠹邪？

吾翁茂材隆望，简在帝心。征书且旦夕下矣，必不复来江西。即来必不久留，即留亦以臬司，必不以府。然幸使吾翁以臬司留也，某或有四方之志，而过部下，犹得叩阍而长跽于霜台之前，以承咳唾之余音。顾今需材之地，非止江西也。而某进取之心，十且灰其八九。则吾翁迁擢，未必江西。即江西，某未必来江西。如是则后日相逢，夫亦茫然无有期也。后日相逢之无期，而今乃不得一握手别，虽欲不作儿女态，亦安能不堕泪于江树暮云之思哉？行李匆匆，谨此代面。但不知吾翁得观此书在何时也，又不知在何地也。

又

翁此时计已到南昌，八郡生灵喜再借寇。顾惟渥洼龙种，不驾鼓车。含影金精，不充庖割。如翁逸才骏德，当为明时大用。又且年望深崇，公私倚重。超次叙迁，宜在旦夕矣。梦兰之吉何如？去岁似闻诸夫人有有身者，不知明珠尝入掌中否？海陬贱子，素食翁恩。祝愿私悰，盖不忘饭顷也。

某春仲解职南归，三月下旬抵大埔，闻海寇跳梁，进薄潮城。白昼掠人货，扬扬酣歌以去。官兵非特怯当其锋，且不敢履其尾。即今城中士民甲而后行，岌岌焉不自必其性命。先是海滨乡落，群趋府城，以为安宅。乃今并城中著籍者，尽欲求出他往。而地方主司戒严门禁，许得入，不许得出。然竟有潜以出者，计亦不可得而诘御矣。某今已令人往城，计出老父母入大埔，为久往图。但杖端无半文钱，客食他方，甘旨安措。自惟受父母遗体，佩服父母训教。上既不能策勋树德，为父母光荣；下又不能保有五斗，以资父母朝夕饘粥。计人子之罪，孰此为大。缅追古人，捧檄负米，宦游之情，复已勃勃。但家乡多虞，不忍即抛老亲远去。须宁定后，复图之耳。辱翁爱均骨肉，此等心事，谅在所怜。乃不觉言之，若是碎屑也。首夏雨湿，更乞倍加调摄，以需大擢。

与唐曙台书

敛迹田庐，人事几废。文驾北归，缺迎马首。乃先手教温存，嘉信宠及。捧函拜赐，愧感交滋。田居趣味，别有一种。花晨月夕，近局相呼。云屿鹤汀，穷探远讨。兴尽归来，拂枕熟眠。觉坐茅檐，省饲鸡豕。间行园畔，刊卉扶蔬。雨余烟中，倚锄独眺。练江黛岭，荠树月洲。满前诗景，的的撩人。时未尝不思老丈素能模写景物，而恨其不及品题。使我歌之，以相田间之乐也。都野悬阻，握手未期。北仰丰神，怅矣心往。

卷十七　饶副使三溪集

大埔饶相志尹著

郡志列传

饶相，字志尹，号三溪，大埔人。嘉靖乙未进士。授中书舍人，晋户部员外郎，监山东、河南漕运。条奏四事：一、申明旧例以速限期；二、改拔军船以省虚费；三、实报灾伤以苏民困；四、请给关防以防诈伪。悉采纳。癸卯，以讦误谪无为倅，权州事。乙巳，量移兖州判官，迁淮阳郡丞。己酉，擢守南昌。

时宁藩既废，诸王势颉颃，莫能一。事下抚按，属相勘处。相议曰：推贤之举，一时权宜之制，不可为常。而郡王互相统辖，则爵位并肩，势亦难行。莫若比照襄垣、山阴事例，郡王同城无亲王者，各自分辖，其祭祀开读诸礼，则轮递从尊。奏上，报可。以建安、乐安、弋阳三王，分治八支。乃相安无竞。

癸丑，升饶州兵备。饶属安仁之邓家埠、余干之黄圫埠，濒湖多盗。相分居民为八区，每区择有行谊者为约长，交相觉察。其康山诸贼出没处，以民兵二千戍之，四境帖然。

乙卯，连疏乞归，家居三十年。请蠲阖邑无名租赋，上策歼巨寇张琏等。三河为邑门户，倡议建城。子与龄，万历己丑进士，孙堪、燈，俱举人。

《三溪文集》序

大埔肇建于前明嘉靖五年，其褎然首举成进士，开埔邑文运者，观察饶三溪公也。

余于公为乡后进，余外祖羽瀛公，为公六世孙，因得从戚里耆旧，窃闻公之嘉言懿行。如立祖尝[1]，以将孝享。修家乘，以教惇睦。广置义田，以瞻（赡）族人之茕独无告者[2]。固已心焉仪之，以为"孝思不匮，永锡尔类"，可以风矣。屡欲购其全集，而旧简散佚，不可得见。

乾隆庚辰春，余自西安解组归里，适公之裔孙咨畴，搜辑公遗文数十篇，将付剞劂，属余为序。余喜吾邑文献之有征也，亟读其文，光明俊伟，涵泓演迤，皆有关世道之言。其尤可传者，因埔邑粮少丁稀，疲于供亿。奏拨邻封里图，以均徭役。又监兑河南山东漕粮，条陈四事，皆洞悉时势，酌群情所便。达诸当宁，朝闻而夕报可。始叹公实本道德为经济，故其见之奏议者，剀切详明，犁然有当于人心也。公年甫逾强仕，即辞荣勇退。自是优游泉石，以诗文自娱者三十余年。观集中所载，于当道之实心爱民，捍患恤灾，卓卓有循声懋绩者，每津津乐道之。纪其实，且以为后来者劝。自非素存心于爱人利物，何以流连赞叹。不啻自其口出若是哉！言者心之声也。孔子曰："有德者，必有言。"是之谓欤？既卒业，因弁数言于简端，用志平生向慕之意焉。

时乾隆二十五年，岁次庚辰四月下浣，乡后学杨缵绪顿首拜撰。

校记

[1] 祖尝，《三溪文集》作"烝尝"。

[2] 瞻，《三溪文集》作"赡"，是。

奏拨大埔县都图疏

为恳乞天恩，垂怜新设县治，丁粮稀少，赋役繁重，添拨粮里，以苏民困，以解倒悬事。

臣缘本县所辖滦洲、清远二都，人民先因隔离，旧属饶平县鸢远。法度不行，教化不及。以致盗贼纵横，民遭荼毒。两烦大兵征剿，祸犹未息。当时二图遗民，如在水火之中。思就衽席，惟冀建设县治，以舒目前之患，不虞后日之累。于嘉靖五年内，奏蒙新设县治。止拨滦洲、清远二都。滦洲都原额里长二名，清远都里长一名，粮共三千七百余石，人户未及二千余户，因嘉靖初年，遇例通融，粮白相兼。滦洲都编作十一里，清远都编作九里。每一里长粮米未及二十石，人丁共凑五十余丁。中间见存者少，逃亡者多。丁粮稀少，莫过于此。比因地方稍宁，道路开辟。本县北接汀赣，南通潮惠[1]，水陆并冲。官员使客，经过不绝，应付下程夫马船只之类，岁无虚日。兼且官吏胥徒，供亿浩繁。科派侵渔[2]，尤难计算。丁粮减于饶平者四之三，赋役倍于饶平者十之五。即今设县以来方十余年，小民应当差役，富者倾家荡产，贫者鬻妻卖子，仅能竭力支持。稍殷实者，已变而为穷困[3]；得安生者，已逼而之逃窜。若复不为之所，则必至于极弊大坏。又将驱困穷逃窜者而之盗贼沟壑，莫知所终矣。

臣切见本府所属潮阳县粮米五万二千八百余石，揭阳县粮米三万五百余石，海阳县粮米二万六千八百余石，饶平县粮米二万七千余石，程乡县粮米一万四千三百余石，惠来县粮米一万一千四百余石，人户各有数十余万。惟大埔新设县治，粮米止有三千七百余石，人丁未及二千余户。比诸各县丁粮，不及十分之一二。况兼路通冲要之所，徭役供应之繁，比诸各县且加数倍。查得潮阳、海阳、惠来三县，丁粮虽多，地非接壤。海阳系附郭县分，饶平地方，复有九墩大山隔界，俱难拨补。惟程乡县溪南都一图二图三图地方与本县滦洲都地土相连，人民居处混杂相关[4]。且以近就便，人情亦甚相宜，堪以拨补本县当差。又有本县粮米二千余石，先年因地方旧属海阳，混造于丰政等都册内，寄籍于海阳县当差。一向因袭，未蒙拨还。即今征税于大埔，当差于别县，深为未便。相应清查，拨回本县，随地当差。

伏望皇上天恩宏布[5]，轸念民艰，垂怜新县丁粮稀少，小民不能支持，死亡无日。乞敕户部咨行两广巡抚都御史，及咨都察院，转行巡按广东监察御史，行守巡地方官会勘。如果县小役重，干系民瘼，事非得已，将程乡所辖溪南都人户丁粮，拨补本县应役。及将本县粮米寄籍于海阳者，尽数拨回本县随地当差。仍复旧额，每粮米五十石，人丁一百丁，编为一里。则赋役丁粮稍为适均，少解倒悬之苦，而获永逸之休。下邑小民，不胜激切战栗感戴之至。

校记

[1] 潮惠，《三溪文集》作"惠潮"。

[2] 泒，《三溪文集》作"派"，是。

[3] 穷困，《三溪文集》作"困穷"。

[4] 居处，《三溪文集》作"居住"。

[5] 宏布，《三溪文集》"广布"

监兑条陈疏

为陈愚见以裨漕政事。

臣顷蒙宸命，差臣前往山东河南监兑粮斛。臣随即遵依，亲诣各该水次。除将二省粮米器该照常兑运者[1]，该奉例支运折银者，俱分投差人催趱，依期完兑起解外。臣切思之，漕储者，国家之大命，生民之休戚犹关[2]，诚重务也。而祖宗之成法具在，历年之条例甚明。且每岁漕事已毕，集多官会议，复采斟酌损益之舆论，必求至当不易之规画。臣谨遵而行之，夫复何言。顾法久而驰，则人心之玩愒，漕事之积弊所由生，有不容于不申饬而举行之者。况以漕储事务之浩繁，间有细微曲折之难尽。虽经贤智之会议，亦有限于闻见之所不及。而愚不肖之所知者，亦或有一得之可采。书曰："匹夫匹妇，不获自尽，明主罔与成厥功。"诗曰："采葑采菲，无以下体。"故刍荛之言，明主择焉。臣谨摅一得之愚，条陈四事，冒干宸听。臣不胜惓惓待罪之至。[3]

计开：

一曰申明旧例，以速限期。查得议单内一款，军卫有司正月二月终，粮船不到水次者，领运指挥千百户，府州县掌印粮官，俱行巡按御史提问住俸，仍先革去冠带戴罪催趱。若延至三月终，粮船不到水次者，府州县掌印管粮官，领运指挥千百户，提问降二级。四月终粮船不到者，不分多寡，连布政司掌印管粮官，领运把总通行提问，各降二级。文职起送吏部别用，军职发回原卫带俸差操。以上四等，俱听监兑官完兑之日，公同各该巡按御史逐一查参，毋事姑息。此乃嘉靖十四年户部题准事例，其为法固详且明也。然法虽立，而行不逮。近闻监兑官查参过过期误事人员，各该巡按衙门不惟例该降级者不行照例起送，至于例该提问住俸者，亦不依期举行。[4]夫朝廷所以奔走天下之人，动必遵令必行者，以其有三尺法也。今立法徒能书之于纸，而不能行之于人。则欲大小臣工协力宣猷，取必于一春之间，完四百万之京储，不亦难哉！况以漕储重务，其过期误事人员，不过提问降级，于法固已轻矣。又复不遵而行之，则将来玩愒废弛之弊，可胜言哉！伏乞敕下该部，申明旧例。今后监兑官查参过过期误事人员，巡按衙门不依期举行，及应该降级不照例起送者，许本部查将各该巡按御史参送法司提问。庶几法令严明，人心知警，而漕事易集矣。否则数年之后，愈加迟误，部属官复难于行事，臣殆亦忧其所终矣。

二曰改拨军船，以省虚费。臣闻一定不易者，政之大经。因时制宜者，政之大权。切见山东、河南之粮，例限虽同，而其粮之到于水次，迟速则异。何者？地里既有远近，事势亦当个别。夫山东济兖东三府所属州县，皆离水次不远。其兑军秋粮，多有本年十二月以里运赴水次仓听兑，其余迟者，亦不过正二月以里运完。即使有司不得其人，更迟延者，亦不过三四县耳。[5] 二三月间，闸河水多浅阻，故三总之船，每至四五月间，方得抵水次。以致山东之大户待此船领运者，必有守候半年之苦。既妨农时，复劳赍送。此则病于有粮而无船也。至于河南一省之粮，[6] 比于山东稍迟。而漕运衙门，俱拨山东遮洋二总附近卫所领运。每河水一开，运船毕集。守候数月之久，无粮可兑，以致运军坐縻行粮，食费不给，则领运之后，未免有盗偷粮米，搀和沙土之弊。此则病于有船而无粮也。伏乞敕下该部详议，咨行漕运衙门，今后山东兑军粮米，除将正兑米六万石，照旧拨与遮洋总带运外，其余正改兑米二十二万五千六百石，俱拨山东总卫分领兑。则不出二三月之间，山东兑事俱完矣。其江北中都等总并山东总遗下船只，改拨领兑河南粮米。即使该省河北等州县粮有先至者，则遮洋总该运天蓟二仓十二万之粮船，亦当至于水次，可以交兑。使兑此粮将毕，则河南等府之粮相续而至。而江北等总之船，亦当以次而至。随至随兑，亦不至于误事矣。若此则不惟省山东一千余名之大户防守半年之苦，抑且省山东总四千名之旗军虚縻粮食之费，其为利不亦溥哉！

三曰预报灾伤，以苏民困。臣切见近年题准事理，屡奉明旨："今后漕运粮米，务要本色到京。不许于内奏准折银，致损国储，钦此。"臣有以仰见皇上慎重国储之意。然贵五谷而贱金玉者，固圣人立法之大经。而或准折银以舒民困者，亦圣人救时之妙用。三五尽神，错综成化，固圣人之所以经纶天下也。夫水旱灾伤，尧、汤之所不免。故皇上每于被灾之处，常施望外之恩。但各该抚按之题请，宜于早而不宜于迟。早则官免催科之扰，民得以受其实惠。迟则虽有宽赋之名，而民已受督责之苦矣。夫兑军秋粮，例该十月开仓，十二月济足该年之地方凶荒灾歉。开仓收受之时，已可知矣。如果民力不堪，无从出办税粮，则十二月间，亦可具奏矣。何近年以来，各该抚按官每至二三月间兑军之期已过，方行一面催征，一面具奏。及至恩命之下，则或征全完者有之，或征十分之七八者有之。[7] 是朝廷虽有浩荡之恩，而小民苦于鞭笞之峻急，固已竭产而输征矣。例该折银者，或病于易银之难；例该支运者，其所宽之租，亦当得家与而人复之哉。徒使侵渔之吏，因而为奸耳。是盖抚按之奏请，皆据司府之申呈。而布政使等官，自以资望深重，日冀迁擢，视藩司如传舍。及至二三月间，催征不前，方为申报灾伤之举，意图毕事。彼其视律法十月开仓之说，徒虚语耳。若使真有为国为民之心者，肯如是乎？伏乞敕下该部详议，咨行都察院，转行抚按衙门，今后如遇地方灾伤重大，各该抚按官务要于该年十二月以里奏报，以凭议覆。若或仍前延至二三月，布政司官方行呈请，抚按官方行举奏者，许本部查参。则庶几奏报以时，国储不致于虚损，民瘼亦得以少舒矣。

四曰请给关防，以便行事。臣切惟国家于有职任繁剧之臣，每给以关防印记者，所以闲邪杜乱，核真示远也。[8] 臣等监兑南直隶、河南、山东、浙江、江西、湖广等处粮斛，上有题参奏缴，及部院之呈请，下隶司府州县各总卫所催趱查委案牌，络绎不绝。其文移之浩繁，钱粮之关系，职事固亦剧且重也。而顾以白纸之文移，应酬于上下之间。滋伪长奸，深为未便。况皇上每遣监兑之臣，则各给以敕书一道。令其会同巡按御史，钦遵协和行事，固亦慎重其职矣，岂独吝于此哉?[9]伏乞皇上，于下年差去官，各赐以钦降关防一颗，令其前往各该地方钦奉行事。候事完复命之日，同原降敕书进缴。则知皇上之于漕务愈加隆重，而诸臣之于奉行愈加严密矣。伏候敕旨。

校记

[1] 器，《三溪文集》作"应"，是。

[2] 扰，《三溪文集》作"攸"，是。

[3] 《三溪文集》在"冒干宸听"之后的一段文字"乞敕该部详议，如果臣言不谬，早赐施行，则于漕政未必无小补矣。臣不胜惓惓待罪之至，为此开坐具本，专差吏刘冠亲赍，谨具奏闻"。

[4] 《三溪文集》在此处还有一段文字，估计是本书原编者所删。

[5] 三四县，《三溪文集》作"三四州县"。另外，《三溪文集》此处还有一段文字，当也是本书原编者所删。

[6] 此处同上注，也删去一段文字。

[7] "及至恩命之下"以分二句，《三溪文集》作"则或征十分之五者有之，或十分之八者有之，或全完者有之"。

[8] 同上，此两处也删去一段文字。

三河镇建城记[1]

三河镇距郡城北二百余里，梅溪趋其东，程江绕其西，杭川经其北，三流聚会于此，故曰三河。西通两粤，北达两京，盖岭东水陆之冲也。嘉靖初年，于镇北三十里，建大埔县治以辖之。四境宁谧，生齿日繁，商舶辐辏，遂称雄镇。

岁庚申夏，巨寇张琏率党攻破，大肆荼毒。嗣而倭夷踵至，据为巢穴，脯肝饮血，焚杀之惨不可言。遗民奔窜，庐室邱虚。镇之士民，始议筑城堡以为保障。吁呈郡邑，时前令马君俶芳上之监司，冯公皋谟檄行查议。易曰："天险不可，升地险。山川邱陵，王公设险，以守其国。"三河之民，固王民也。司民社者，宁忍坐视其颠沛流离，而不设险以守之哉!于是建城之议，不容已矣。然寇盗蜂起，警报日至。吏民皇皇，朝不谋夕。事中寝。

壬戌，大兵扫荡妖氛，民有更生之乐。是冬，张侯孔修，相度事宜，条陈五策。一曰苏民困;二曰齐民力;三曰预财用;四曰征商税;五曰因天时。大吏咸报可。顾兵燹之后，官民绌乏。檄驿丞林甲，征商协济。采石于山，陶甓于冶。典史周时，巡检蒋思治董其事。计城延袤四百七十七丈，其西南隅苦于湫隘。适翁公梦鲤，以惠倅领郡事，捐金拓二十二丈。周迴环抱，与地势相称。既而观察徐公甫，宰临三河，周视城垣，谕以每二丈横砌砖一堵，以防牵连倾圮之患。工竣，四门各系以名:东曰"永清";南曰"宜和";西曰"镇宁";北曰"拱极"。雉堞一新，楼橹相望，而城始奏绩矣。

先是甲子仲春，巨寇蓝松山、余大春，率其党由三河入闽。时城工未就，民靡所依，赴水被掳者数百人。夏杪，寇复回三河，崇墉屹屹，老弱者登陴以守，壮者持矛追击，大败贼于万江峡，斩获以千计。自是捍外卫内，三河之民，始有恃而不恐也。是役兴工于癸亥夏，迄甲子秋竣事。广四百九十九丈，高二仞有奇。费四千金，榷商税者半，输诸民者半。

于戏！当事者长虑，却顾竭财殚力，征商募民，夷阜塞池，以成厥工，亦维艰矣。然镇内外，皆商民错处，侨寓多而土著少。上当三水之委流，下接三洲产溪，二百里无人烟。夫居民溷杂，则奸宄难防。地当委流，则其来也莫御；下流荒僻，则去也莫追。兼此三者，守之亦不易矣。

噫！其难者，当事诸君子既任之于前矣。后之官斯土，居斯镇者，其尚知所守哉！

校记

[1] 本篇与《三溪文集》相校，大意差不多，而文字差别很大，大体上应是修改压缩之作。在此说明，不一一出校记。

茶山增城记

界乎闽广之交，诸山拱护，三水湾环，建邑于其地者，大埔县治也。南围茶山之巅，北绕印山之麓，其高逾寻，其阔逾丈者，大埔县城也。有屋数椽，巍然于茶山城南最高处，一举目而溪山胜概，庐井联络，俨若图画者[1]，县城之茶山亭也。亭中树石一笏，备载吴侯增城之勣，添兵之由，与营房之建置，戍守之严密者，亭之碑记也。记胡为而作乎？增城而建营房，所以据地利，添兵而严戍守，所以得人和，斯保民之准绳也。是记其可容已乎？

夫大埔居汀潮接壤，北抵上杭，而溪南之盗拊其背；东接平和，而小段三饶之盗扰其左；西联程乡，而东石单竹楼之盗据其右；独南至海阳，犹为善地[2]。而自三河抵郡治，逾二百里无村落市镇。流贼每出没其间，是埔盖潮岩邑，而城垣低隘弗称。非所以严守御、壮国威、弭寇患也[3]。矧自城之东西门以北，颇有烟庐联接，稍为可守。其南则倚山为城，城已卑而寡民居，即牧竖可逾，鱼贯而登，其废防也甚矣。

吴侯始令兹邑，雅欲增修而绌于财[4]。逮戊午秋，侯之念益切，乃极力区处，陶甓、鸠工，环茶山东西之城，皆增高五尺。截然改观，屹然保障，侯之功伟矣。然侯不自以为功也，有城而无人与守，是以其城予敌也。邑故有民兵二百名[5]，后以晏安节其半[6]。顾邑当孔道，即缉捕送迎奔走之役，且不能给。至于城守，每每缺人。侯乃询诸舆情，佥以为宜增。揆之事势，亦不容已。遂达诸监司，咸报曰可。增兵如旧额，以其半专备防守。自是而巡警颇严，刁斗之声，彻夜不停。然茶山延袤数里，绝无人烟，遇风雨夜，巡徼兵卒，靡所栖止。尤恐初昏及昧爽之时，巡警弗及，而奸细不测。侯乃相彼山巅之东西，竖营房各四间。酌量简僻之役，如安乐、洋桃、水声、大麻、银溪、党溪、古野、芦州等铺，调拨铺兵各一名，分布于东西营房。令其常川戍守，瞭望防范，日夕不离，于城之计益密矣。夫以简僻之铺，概编司兵。三役所宜，量为裁革。乃今移空闲之兵，为有用之卒。举措允协舆情，可以垂诸永远[7]，是达权之善政也。譬诸治家然，高其垣墉，严其扃钥，饬其童仆，时其讥

227

察。即有不虞之寇，罹其殃者寡矣。家国一理，为邑之道，奚以异哉！

鸣乎！予于是而知侯得为邑之道矣。明作之功，先葺祠庙[8]，次修廨宇，次增城垣，由内而外，井井有条。绥靖之政[9]，先抚善良，次戢强暴，次理戎防，由民而兵，事事有备。即某良法美意[10]，若能世守而推行之有道，则将衣被于无穷矣。诗曰："迨天之未阴雨，彻彼桑土，绸缪牖户。"惟侯有焉。书曰："若作室家，既勤垣墉。"惟其涂塈茨尚，以俟后之君子。

校记

[1] 图画，《三溪文集》作"画图"。

[2] 扰，《三溪文集》作"稍"，是。

[3] 患，《三溪文集》作"志"，当以"患"为是。

[4] 绌，《三溪文集》作"拙"，当以"绌"为是。

[5] 二百名，《三溪文集》作"共二百名"。

[6] 节，《三溪文集》作"截"，当以"节"为是。

[7] 永远，《三溪文集》作"永久"。

[8] 葺，《三溪文集》作"缉"，当以"葺"为是。

[9] 绥靖，《三溪文集》作"靖绥"。

[10] 某，《三溪文集》作"其"。

宾阳桥记

大埔拱辰门外，有溪流自东来，逼近县治，折而之北，会于汀杭大河。旧有石桥一座，凡自埔邑北趋两京闽楚者，胥此经行，盖潮惠通衢也。

嘉靖戊午秋，值洪水冲突倾圮，其石随流沙埋没，仅存者无几，民复病涉。邑大夫困翁吴侯，目击其事，念切于衷，即欲重造，而诎于财力，踌躇者久之。私计曰："先圣有言，因民之所利而利之，斯桥盖民之所利也。择可劳而劳之，重造盖民之所劳也。择其可劳而投其所利，责乃在予，又将谁诿？"然时值东南用兵，帑无余积，乃首捐己俸以为倡，仍谕僚属及乡士大夫捐赀而助役。[1]复给簿二册，[2]遣乡耆吴本澄、李伟何本，遍谕境内之民，凡尚义而乐施者，酌量捐赀。咸登于簿，以助工役。复令老人刘文明晏爵董其事，乃募石工永安颜添富、同安吴良等八十人，兴工于己未仲冬朔日，告成于庚申暮春既望。以金计者四百六十而盈，以工计者一万八百而缩。比旧桥高四尺有奇，增高益壮，屹然伟观。[3]商民经行者，日无虑数千人，咸啧啧称便。

夫天下之事，无不废于因循，而兴于明作。兹桥方圮而未造，值吴侯六载考绩之期；方造而未成，值吴侯荣升州牧之日。在恒情固委而去之，以需后人者矣。而侯心存民瘼，力任其事，督理经营，迄于有成。为埔邑垂无穷之利，岂非明作有功者耶？昔子产以其乘舆，济人于溱洧，孟子讥其惠而不知为政。今侯用民力重建兹桥，垂休百世，惠而不费，可谓知为政者矣。且侯之令吾邑也，循良政绩，修举事功，更仆未易数。他日自当载诸邑史，勒诸贞珉，以垂不朽。兹特纪其建桥之始末大都如此云。其余邑中士民尚义而预有劳者，另纪实镌诸碑阴，以示后人。

常春亭记

嘉靖癸丑,予以南昌守迁江臬,诘戎饶州。既之任,值椿庭罹鼠雀之虞。予因忧思成疾,上章乞休。越乙卯春,得请南归,既而跋涉岭海,匍匐周旋者四载。逮戊午秋,赖天之灵,事始得白,颇有宁居。乃于邑之东廓,荒圃筑基,临池竖一草亭,扁曰"常春"。将盘桓于此,以终余年。客有谓予曰:"子以亲难告归,固非得已。今事既白,宜出佐明时,宣力四方,移孝为忠也。遽尔自逸,以便其身图,于义何居?"予曰:"君臣之义,固所素筹。然事有可否,权有轻重。慎而行之,存乎其人耳。今天子明圣,俊彦登庸。即仕卑官,伏草野者,尚多彬彬遗贤。以予之谫劣迂戆,奚足以为有无?夫鱼目不可以混珠玑,樗栎不足以充梁栋。岂宜复冒禄妨贤,以来素餐之诮乎?于理不当出也。矧予祖母寿几百岁,二亲年逾古稀,垂白在堂,桑榆景逼。即朝夕随侍之不遑,岂宜远离膝下,于情不忍出也。且予年虽未及始衰,而资禀素弱,今发已种种,两耳蝉鸣,痰晕时作[1],蒲柳之资,望秋先零。虽欲勉强趋事,力所不任,于势不能出也。夫审己量力,既不堪世用,则将终老林泉。而此亭之建,亦山人之所栖迟者也。子奚讶耶?"客曰:"子之不出,则已闻命矣[2]。吾闻古人有三不朽:立德、立功、立言是也。今子于前二者固蔑有闻,惟立言以垂后,尚可图之。而乃欲与溪山泉石为侣,花木诗酒相亲,毋乃役志于小,非所以为训邪?"予曰:"唯唯,否否。夫古之尚立言者,初非有意,德盛而自宣其实,故言足以传也。今之君子则不然,言与行违,虽搜肠呕肝,词藻迈众,仅足以眩一时之耳目,终不免为覆瓿之具。矧自中古以来,著述日富,汗牛充栋。口诵心维,日亦不足。又安能效拙工之斫,血指汗颜,以来傍观者之哂乎?且予性素拙而好简,素懒而好静。不能随时俯仰,与众周旋。故乐与溪山泉石花竹诗酒为友,聊以寄情遣兴,无所为忤耳。而岂真役役于此者邪?夫对境忘境,居尘出尘,予窃有志焉。故将藉此以守拙养静,适吾志耳。又奚以言为?"于是客曰:"夫泥龟不乐于登庙堂,井蛙不足以语汪洋。人生贵适志耳,吾诚不足以知子。"遂拂衣而去,予乃述之记吾亭。

三误记

误者过也,遇事不能三思筹度,自陷于有过之地,以速戾于厥躬者,其为过也大矣。

志之者，示不忘也，所以自讼而自省也。

嘉靖癸卯春，予任户部郎中。上祈谷于元极宝殿，予以职事例应陪祀。时六曹诸大夫应预祭者，十有八人。咸以为祀坛在大内，昏夜出入惟艰。且骏奔就列者，皆京堂诸公。郎署之职，不能为有无，只以手本至祠部引疾开除足矣。予亦如约，偕众不往。适上明察，令大鸿胪稽查。予辈落职为州倅者，十有八人。呜呼！食食而不能事事，自作孽不可逭。不恭之罪，将谁诿哉！嗣是奔走风尘，服劳中外。再逾十年，始迁江西宪副，整饬饶州兵备。

时予父东轩公，因家仆与奸佃以小忿互争，遂以人命诬捏，有司傅致其罪。而金宪尤君瑛、御史郭君文周，咸为其所惑。癸丑岁，予以始迁前职，便道之家，若能曲意奔趋，周旋左右，则或事从末减，亦未可知。时予以理直，漫不加意。径往饶州之任，而当事者憾予不往见，遂锻炼成狱。予乃弃官东归，疏辨待罪，间关岭海者数年，始得就白。呜呼！使当时不惮旬日之劳，多方求救，或亦免老亲数年缧绁之耻。而暗于事机，惮于屈辱，自诒伊戚，悔曷可追？

逮戊午之秋，亲难始白。适天时痘毒为灾，予妻黄氏谓曰："痘灾流行，次男与璋盍逋诸？"予曰："是子颇坚实，且命乃在天，逋之何益？"未几，布痘甚密，体无余肤。竟惑于村妇，用草药疗洗。虽平昔酷好方书，亦不及一试，遂坐视其毙。呜呼！昏惑乃至如此，痛何可言？使当时不执迷，从俗移避，或亦可免。即使灾不能免，若依方用药、多方救疗，或免于殒。而计不出此，终身之憾，尚忍言哉！

或曰："宦途之迁谪，亲狱之淹延，子命之修短，皆天也。子乃引而自咎，不亦迂乎？"予曰："天道隐而难知，人事显而易见。使当时人事曲尽，而不免焉。则亦无所归咎矣！今人事未尽，则孽自己作，而诿诸天也可乎？"呜呼！遇事而不能三思筹度，以求尽其在我。乃致获罪于君，罹祸于父，贻殃于子。其既往者，既不可以复追矣！而自讼自省，勉图寡过于将来者，庸可以自已乎？是用记之，以自附于佩弦韦之义。

建义田记

予观古人，达则兼善天下，穷则兼善万世，斯大圣大贤之事业，杳不可及已。若夫达则致君泽民，功光廊庙；退则立德立言，化行一乡，斯其次也。达则树勋扬名，泽及郡邑，退则厉行崇礼，推所有以济及一族，亦其次也。仕虽不显，而行谊无玷；或虽不仕，而乐善好施，能修本业，以淑其子孙，抑又其次也。其虽登名仕籍，有玷官常，退处山林，务为封殖，视族人之休戚，眇不相涉，斯则市井，存心与草木同腐，风斯下矣。

予自髫年，游心艺圃。见范文正公设立义田，以赡其族。心窃慕之，顾力尚不逮。今垂四十年[1]，拮据缔造，始克成此志。乃于隆庆辛未之春，将所有物业，虽非常稔之产，择其水旱颇无虞者[2]，拨出五顷，将税声粮亩另立簿籍。择族人之行辈尊而有行谊者，爰立为族长族副各一人，付之专司，出纳于内。以三分为率，将二分为义田，以赡族之患难贫苦者。将一分为学田，以济族之贫而有志向学者。其敛散之方，施予之则，差输之费，各有条规，以为遵守。若秉公持平，周恤得宜。将见子孙咸习诗书，族人咸知礼义。其于保宗善俗，未必无少裨。而祖宗在天之灵，亦借以少慰矣。然租入不多，若族属繁衍，则支费不敷。子孙若有策名仕籍，禄积稍赢，仍冀扩充增立，以广其数。庶泽施溥，足以垂诸久远云。

校记

[1]《三溪文集》此句之前有"自登仕以来，至"六字。

[2] 择，《三溪文集》作"顾"。

慎言箴

人心良知，触物斯应。言发诸外，酬物为令。再思契理，庶几安定。可述可行，达诸远近。是谓时然，后言中心。一本于敬，昧者弗思。率尔任情，根本无据。枝叶徒荣，放恣悖理。噪妄弗经，失人失言。不以时鸣，轻则招尤，重则祸并。是以金人三缄，宣尼有取。元默如愚[1]，颜不违仁。为训为则，宜书诸绅。昔灌夫醉言，身陷大戮。李勣口诹，遂倾唐室。言之遗祸，若是之烈。粤予凉德，言不道揆。应物成务，旋发旋悔。欲寡言过，简默为美。合义与道，庶不自馁。是用作箴，永为懿轨。

校记

[1] 元，《三溪文集》作"玄"。

厉行箴

道无常形，圣人作极。经纶赞化，至诚无息。夫子之道，高矣美矣。揆厥本原，忠恕以传。始由一端，可以入道。扩其全体，遂臻堂奥。百世称仁，比干之忠。曾子克孝，道统之宗。夷齐一介，万古清风。苏武持节，麟阁镌功。或为圣贤，或垂令名。一善造极，终能有成。事在勉强，德贵日新。闻过速改，勿事逡巡。徙义如获，必造精纯。以穷理为入门，以至善为准的。知之既明，守之勿失。勿为利疚，勿为威惕。勿为达淫，勿为穷易。勿为惰止，勿为名激。如行赴家，必登其堂。如食求饱，必充其肠。始虽劳怒，终焉允臧。爰制行箴，有事勿忘。

惩忿箴

七情之发，惟怒难制。怒而曰忿，拂郁之气。蕴结于中，雷霆斯阀。发扬于外，为威为厉。率尔不思，任情刚愎。或从劝谏，觍然于色。傲物伤人，聊快胸臆。一念之忿，遂为蟊贼。以言加人，人将我复。以行加人，人必我辱。缔谋反报，百倍其毒。虽欲追悔，其何能赎。是以古之圣贤，以道御情。道心为主，人心自平。以直报怨，犯而不争。行惟自反，忿无自萌。粤予小子，学渐变质[1]。有所忿怒，气不志帅。欲求刚制，道将焉述？舒徐以思，惩忿良术。思之又思，知难自懔。念念不忘，守为身律。

校记

[1] 渐，《三溪文集》作"惭"。

寡欲箴

人生有欲，物理之常。欲不可绝，绝则人道以忘；欲不可纵，纵则自决其防。不绝不纵，率理为良。昧者弗觉，徇情恣欲。汲汲皇皇，惟日不足。掩于显明，肆于幽独。声色货利，自耽其毒。亦有高明，舍浊求清。学务隐怪，诡激求名。金丹吐纳，妄冀长生。操行虽异，欲心则并。孰知苍冥，默有等则。不以静舍，不以求得。求之可得，亦非汝力。纵欲逾度，适以自贼。仰惟圣贤，动必以天。极高致广，清其本源。纷华声利，交接于前。道心为主，中则不迁。湛然无欲，德性以全。粤予多欲，为德之累。欲无未能，寡之为贵。欲几之发，俨若有畏。刚制于初，勿使萌遂。约以自处，谨于晏晦。勿忝尔生，无贻后悔。

崇俭箴

天地生财，以供民欲。俭则有余，奢则不足。淑人君子，节欲廉财。心以礼制，事以义裁。见大忘小，内重外轻。深于道味，薄于世荣。啬己丰人，菲衣恶食。崇朴黜华，守之无致。量入为出，用则不穷。坦荡其心，无复憧憧。彼昏不知，肆然行奢。纵欲逾度，去实务华。厥费孔多，经用必竭。日夕营营，计析毫发。所守靡坚，蔽物则迁。辞受取予，适己自便。行亏名堕，宁不赧然？嗟乎！克勤克俭，家邦之基。日食万钱，百世贻讥。圣愚相去，实系于兹。后之欲崇德永誉者，云谁之师。

戒惰箴

常闻大禹圣人，乃惜寸阴；陶侃贤人，亦惜分阴。惟古之人，行修而名立，犹孜孜而汲汲；惟今之人，无闻而岁逾，犹懵懵而悠悠。嗟圣愚之相远，实勤惰之致然。苟斯志之不立，终有愧于前贤。惰于为学，皓首无传。惰于修德，蔽物则迁。政事之惰，疏漏受谴。应酬之惰，简略为患。有一于此，已为不免。矧或兼之，宁不自觍？粤予弱植，每耽晏安。气不帅志，愧尔衣冠。名行德业，寂无可述。岁月其除，宁甘汩没？仰惟圣贤，夙夜勉旃。亹亹不已，圣亦希天。敢不敬瞻，以为良范。鞭策磨砺，夜以继旦。庶几柔愚，必明必强。无逸无已，何用不臧。

赠邹春山擢都昌教谕序[1]

邹春山先生者，闽人也。以明经起家，奉檄为埔庠分教者，将九秋矣[2]。壬戌春得邸报，荣擢都昌教谕。邑民举喜色相告曰："邹先生自此升矣。"其为士者，咸惓惓不忍其去。三溪子曰："邹先生其贤者哉！夫歉于德者，人咸乐其退而忘其进[3]。今闻迁而胥悦者，其德足以风之也。荒于学者，士咸安其去而厌其留，今闻去而不忍者，其学足以范之也。故曰：先生其贤者哉！"

余自乙卯家食，得交游于先生者八易寒暑。其貌癯而粹，其言闿而理，其进退周旋，闲于礼度，敬恭而不懈。叩其所蕴，尤潜心于经术，泛览于百氏。笔之为文，温润而缜密，充赡而精确。类皆可以传诵，非徒饰也。间或作为诗歌，皆清奇雅淡，足以发舒性灵，涵泳道真，可以为士林宗匠。求之于郡邑文学中，岂多得耶！然先生虽居学职，日久尤工于举业。勤于自修，翼翼循循，始终一节。其造就埔士，多所成立。如黄生宸、李生炤、吴生与言，咸学有成章，联取科第，彬彬待用，皆先生训迪之余烈也。乃躬自不偶于时，屡试弗售。昔人有言："刘蕡下第，我辈登科，宁无厚颜？"余于先生亦云。虽然，名不惟其显惟其称，位不惟其崇惟其立。宝剑埋于土，精射斗牛；明珠藏于渊，光润川泽。物理且然，矧于人乎？

先生行矣，余闻都昌为南康属邑，昔朱晦庵领郡事，辟白鹿洞书院，阐明道学，以淑后进，芳声懿矩，垂于不朽。兹固先生之乡先哲也，则而范之，益崇令德。讲明理学，以淑都昌之多士，将见流风余韵，遐迩旁达。白鹿洞主盟，舍先生其谁耶？其能称能立也，审矣。推明晦庵之道，以训迪南康之士，嘉惠后学于无穷[4]，端于先生有望矣。拟诸猎取科第，无所建立，徒侥荣于一时，其声价轻重，当必有能辨之者。然则先生虽未得大行其志，顾已有其具[5]。所谓宝剑明珠，将待时而售。岂终于韬晦者耶？愿先生之珍之也。

校记

[1]《三溪文集》标题作"赠春山邹先生荣擢都昌教谕序"。
[2] 九秋，《三溪文集》作"九禩（祀）"。
[3] 忘，《三溪文集》作"忌"，是。
[4] 此句疑衍一"于"字。
[5] 已，《三溪文集》作"既"。

赠邑侯李湘峰旌奖序[1]

三代以下吏治，以汉为称首。盖当时重守令之选，非孝廉贤良不预。其用有成效，则玺书褒美，增秩锡金，以宠异之。若政久化，成如龚黄卓鲁，往往入为台辅，故汉史良吏为盛。逮唐宋以来，此意浸微[2]，率多重内而轻外，吏治渐不如古。我朝选用，虽蹑前规，然巡察论荐考课之法，颇为周详。近者复举锡宴赐金，久任超擢之典。故职亲民者，咸自砥砺。然志节操者[3]，或限于干济；抱通才者，或流于苛刻。求其廉明而恺悌，才节兼全者，盖不多见也。若吾邑湘峰李侯，可以当之而无愧矣。盖吾邑自兵戎之后，令兹土者，如潮山张侯之明作有功，观吾刘侯之惇大成裕，固皆称贤焉。兼是二者[4]，以实心而行实政，则侯为最。自侯之下车也，以清介自持，心事如青天白日。催征适缓急之宜，赋完而民无怨。问断有神明之誉，情得而法从轻。不假借于左右，每平易以近人。即其善政，更仆未易数。姑举其大者，邑中每年金点京解，道远多虞，往往为粮里之累，侯申明革去。解户将粮科分收于各里[5]，委官领解，处置得宜，事集而民无苦。往时里役皆逾制科派，剥下以奉上，侯遵照均平规则征收，贮之官库，量入为出，小民役竣而不告劳。邑当孔道，丁粮少而差徭重，比他邑为最。侯为申允巡台，将力差之重者，如并济留斗级归于预备，移埠头商税抵解弓兵，省空闲之役为有益之用。皆调停酌处，衷多益寡，不至于偏累。即此三者，可为善政，永垂不朽，其为埔民造福何如耶？贤声远达，遂来巡台嘉奖，褒词温语，无非阐扬廉明恺悌之实政。且曰："政有余闲，盖惜小邑未足以展布也。"又曰："器当远到，盖以公辅期之也。"嗟乎！枳棘栖鸾，贤者所安。中牟驯雉，台辅阶梯。巡台之所望于侯，与侯之所以自期待者，其征应岂相远哉！诗曰："恺悌君子，民之攸暨。"惟侯有焉。书曰："德懋懋官，功懋懋赏。"圣天子轸念南陲，注意民牧，当不以遐迩而有间矣。敬用书之，以申士民庆幸之忱云。

校记

[1]《三溪文集》标题作"贺邑侯湘峰李先生宪台旌奖序"。

[2] 寔，《三溪文集》作"寝"。

[3] 操，《三溪文集》作"掺"。

[4]《三溪文集》此二句作"固皆称贤。然兼是二者"，是。

[5] 科，《三溪文集》作"料"。

卷十八　薛孝廉拯庵文集

饶平薛雍子容著

郡志列传

薛雍，字子容，饶平人。郎中张公觌谪潮，雍上书论时事，张大奇之。嘉靖辛卯乡荐，以亲老不会试。读书莲花山，闻亲病，月夜踉跄归。虎眈眈伏草际，不为却步。喜参稽天下之务，及天官律历诸书。著策四十三篇，详明博洽，伟然经济才。亲没，数上公车不第。尝语人曰：吾视恒情所羡，不啻土苴矣。未仕而卒。有《南潮诗集》传世。

边三（论交南当复与复之之策）

臣按祖训，不许后世征交南。臣尝仰窥宸衷，宽容广大。包涵之量，实以陈氏首先纳款，此天地覆载之心也。然传至成祖之时，遂命张辅统兵讨黎季，犁拔彼清远，扼彼富良、藤江、花步，悉为我有。因而郡县其地为一百三十四，而总之以黄福。至宣宗之时，复叛杨荣、杨士奇，以劳民伤财，乃弃之。夫一交南也，圣祖之训则不许征，而成祖则征之。成祖既征之，而宣宗又弃之。盖成祖郡县之心，即太祖不征之心也。何也？陈氏首先纳款，守宰人民，城郭皆吾有也，而但使守之于陈氏。且陈氏首先纳款，忠爱莫加焉。用忠爱之臣，守荒陬之地。正不必变易其常，贡赋之输于吾国家者不绝。则交南固我之郡县也，陈氏固我之命吏也。黎贼篡弑陈氏，是戕我守宰，虏我人民，据我城郭。盖干王章，而裂我国典，必诛之贼也。故太祖不许征之者，为陈氏也。而成祖征之者，亦为陈氏也。仇饷之义，古人重焉。而况陈氏举国归附者耶？其功绩之在国家，与往为葛耕之童，轻重大小当能辨之。然而宣宗弃之者，何也？屡讨屡叛，反覆无常。我宣宗盖悯中原内地赤子之无辜而死于非命者，亦汉人弃朱崖之说也。

然在今日，南讨之师虽未可轻举。而以臣之愚，南交之策，当在必征。何也？臣尝按《南交志》，考其为国之疆域，我钦、廉等州，实邻其东；南宁、左江等处，实旁其中；云南石屏、临安、元江、马龙诸处，实界其西。沿边戍卒，势远而孤。又思凌、忠州、上林、泗州、安隆、镇兵、向武、都康、利龙、奉议、江州、思恩、田州、太平，俱系汉时交趾故地，而广南、广西（二府属云南）、滇南、宁远诸酋，素号执德不宏，易为前却。

大抵物我相形，私心易动。万世之后，非我犯交，必交犯我，自然之势也。萧注宋臣在邕州时，正值熙宁新法之朝，中州盛行手实均输之役，而民心不宁，是自保不遑，奚遑谋人？注实达时通变之人也。今臣征南之策，盖经营内地，外及边陲，内极奠安。既非宋人之浮虚，而相时出兵，中虏肯綮。又不如孙全兴之无虑，一举而胜，有必然矣。

然伐交之谋不难，而治交之谋则难耳！臣实尝为国家深虑于此，有可言者。我国家稽古建官，两都之外设都布按三司，以统军卫所府州县。前者交趾之复，亦尝以是法治之。而竟失其心者，臣深思其故。盖新复之地，豪酋恃险而难制，或有以梗吾之公。小民信向而未笃，或有以遗我之爱。若如前时，更设三司巡守，以维各府县。臣见守巡所为，远或千里。令尉权微，不得调兵。忽然贼变，纵能坚守所治县城不拔，亦羁维城外四境不溃。是故俟巡守之至其地，令尉始敢调兵。然事已无及，而守巡、令尉之懦弱者，或先遁矣。臣鄙见，欲使交人久宁，云广安枕，三司之设，巡守之立，可于交州顺化等处为之。盖其地连我，边人亦顺治。其他府州属县之治，宜仿成周封建井田之意。如太原府司农县，有里额若干，带税役若干。则按籍考图，因图考都，即都求乡。某都某图某乡某民姓氏丁户，山川土田俱稽于籍。人家耕田，岁纳粮若干，检阅得实。因审所居之地，果系形胜之冲。则为之筑其城堡，守以军职，食其租粮之入。每堡数人，分其专主之权。徭役国课，每岁上供，不相统属。其法制略似贾谊众建诸侯，而少其力之意。然彼专职一人，而我实如内地卫所之官，又似我成祖经女直总卫散所之意。然彼以夷制夷，而我实有内地巡守之设。或山川险要，形势深阻，则以宣尉之列，设置土官，使自统其众。然亦参制于守巡之臣，盖责赏伐之权，既职之流官，而安民和众尽付之守土。则权无所专，而势不可逞；民有所统，而势不可离。南州之地，虽遥在万里之外，而九重之中，自可运之掌上矣。又何患其反覆无常耶？

盖反覆无常，夷之性也，亦华之性也。中华之民，控制一失其宜，戢安不得其法，固有以致其叛乱不常者。往岁近畿霸、曹诸州，横暴恣睢者数载。而近日崇明盐徒之发，驾舟劫掠，进泊南都。江口居民，日不宁息。亦何以反覆无常，徒责之交民耶？昔人谓："御得其道，诈谲咸作使。"又曰："无德则舟中之人皆敌国。"观此，则天下之民一也，要在为人主者，有以服其心耳！臣稽载籍，见秦汉以后，臣服天下，既无德化，徒以刑政治法施之。天下郡县分设，威权专于一人，而倾危甚于累卵。每一夫崛起，而守令无民。守令无民，而三司自削。朝廷所以为辅者，亦既不厚矣。以是知圣人封建之法，未可非也。但时异势殊，一王兴起，初无所因，非不欲复，不可复也。今服交南之后，事势在我。略可因其土俗人情，而默寓古人之意。

臣又有一策，臣闻国家开创以来，凡与于战征之功者，随其功之大小，而为爵之崇卑。故禄之厚，实因之也。坐食之徒，天顺之初，计两都以及海内边徼卫所常数十万人。且疲庸孱弱，十已八九。将欲如汉唐之无恩，张彝之请削耶？则带砺山河。祖宗不忘故旧，又非后日所以奔走，天下豪杰而使之敌，王所忾者也。坐袭其故，则官多禄费，民力之穷，实有深可慨者。臣因顾念交南之为县百五十七，地既广大，又甚膏腴，可调内郡官职疲弱之徒，就食其地。固所以杀中国之食，亦所以酬功臣之勋。且内地官长与土著并用，离间其心，事不相一，亦足羁縻交人初服之心。孟子曰："天下归殷久矣，久则难变也。"大抵交民屡讨屡叛，亦有由也。盖其素安于夷教，而一旦密绳以中国郡县之法，则蹢躅之性犹在。加以流官远离乡土之思，暴怒贪婪，约束之严，情不相安，易动于恶。故臣欲国家服交之后，直养以优游，疏大其节目，使其民日喜我治。又摩以岁月，久则梗化不驯之人，日就枯谢。而倡乱无人，驱羊之势在我，夫然后可以有为。不然虽服犹不服也，臣以为伏波之铜柱，不胜其标。而鬼门之关，终不可胜入矣。

边五（论经营居延女真之略）

臣经营边策，必起大宁诸卫，后及振武。以次受降宁夏、罕东六卫、哈密诸所。至于女真，则后及焉。盖女真古肃慎，地在混同江之东，即今鼻之部落。初号女真，后避辽兴宗讳，号曰女直。其地山高而长，水远而聚。臣按《东夷志》，其长白山横亘千里，其高可二百里。又有马鞍北山南山，垣拱高厚不下数百里。其镜泊黑龙脑温胡里改松花混江等江，亦极天下之名水也。故识者多谓海西水峻急，风气不完，贤哲不生。所可患者，在女直也。地气精英所聚，恒笃于人。故雄才机智，多生于其间。阿保机生于潢水，阿骨打生于混同江，铁木真起于双泉海（胡谓撒里怯儿属开平，潢水属大宁，混同江属女直）。其初虽微，而卒能以夷猾夏，传祚享国。在今追贬，固为虏酋之寇。从实考核，实与汉唐宋相为后先矣。

匹夫胜予，先王是畏。故开平、大宁、女直，皆必收复而宰割之。至虑或有此辈崛起，为我深忧。在臣愚见，每念辽金、鞑靼、猾夏之祸，天地为之翻覆，日月为之不明，三纲为之坠坏，伤心汗浃。然我成祖既征北胡，而女直惊怖喘息，悉境归附。盖自开平迤北，因其部族所居，已为建都司一，立卫一百八十，立所二十。又官其酋长为都督、都指挥及指挥、千百所、镇抚等职。不相统属，各自为贡。所以散其党、杀其势，而阴制其桀黠，甚得大易、猿豕、牙吉之象。今虽情意不孚，而臣服如故。况地运兴衰消长之势，实不可常。保机、骨打、木真，此二三君者，自开辟以来，夷酋中盖所未见。一旦相继叠出于二三百年之间，且地相去不出数百里之外。臣策其运之精萃，亦不能如是其盛且淑。此臣所以谓收复之急，莫先北虏西戎，而后及此也。

虽然，己巳之变[1]，海西、□□诸夷[2]，尝为鞑靼兀良哈所胁，次我都城之下，危比辽金。其间不能以寸，然则女直未可少也。故王师收复大宁、开平、爪沙、河朔、西域之后，而女直之心，亦必震慑不宁，益坚戴我之志。归附效顺，受我约束。苟或不然，事必更新，变通其法，密寓制御之机。如□□[3]、合兰、宾州、忽汗、脑温、黑龙、哈州、奴儿汗（干）[4]、九连城、歹郍、木川、五国［城］等处[5]，实系东北诸夷脉络喉咽之冲。既有都督、指挥[6]，及指挥、千百所、镇抚参错于其间矣，又必悉为添设兵备、御史十余人，分镇监察，专管官员袭授、夷兵调发之事，及词讼农田贡物之政。禄廪使取给于公田，而不滥于部落。又为兴学校、通商贾，制冠婚丧祭之礼，教骑兵车马之战。其制度略似我内地宣慰诸司之法。温恤之中，警戒寓焉；涵濡之内，约束存焉。

然在今日，因循畏事之臣必曰，备兵之设，既无郡县翼辅，以严体统之规。而经营治役，又必取助于辽东之卒。而辽东之地，惟三岔河一带最为沃壤，延袤千里，不知昉在何时。割弃边境之外，以资三卫住牧。富强之资，已在外夷。而卫镇之设置，悬在空虚之地。取给京师，以供军食。东际鸭绿，北系圹塞。朝鲜往来之使，日费无纪，尽出之军校之供。是辽东本非富厚之镇，平时自保，犹且不遑。往岁一遇水旱之灾，死者填壑。骤然而敝以经营女直之役，坏实货以求虚宝，是两弃之也。且华法之不可施于夷，犹夷法之不可施于华。羁縻一失其宜，或不得其人，离心之祸，又可惧也。譬如虎狼猛兽然，缚束之急，而奔逸之乘也；怒心之积，蹄噬之横也。是未知用夏变夷之说。夫朝鲜之国，本为东夷。武王定殷之后，裂海内外以居诸侯，箕子于是得朝鲜之邦。八条之教，至今犹在。今之西南桂林象郁之州，亦古荒陬远夷。汉平其地，因设九郡。地之居民，多为汉功臣屯守者之子孙。奉赋供役，已如内地中原之盛。盖南方之地，在国家仅可比之手足。而东北西方，实为肩背。手足尚不可无，而况可无肩背耶？此臣之鄙见，国家之绪，欲延永久，虽女直不可失也。

又抚治女直，本以卫辽东，兼系大宁，以制鞑靼，而非以敝辽东也。然虑辽东之虚敝，此亦有说。欲实辽东，必兴海运。风帆转辽海，粳稻来东吴。此皆秦汉盛时故事，我国初之典制也。且愚臣之策，必京山东西河南北，水田经理之后，内地既实，方可议此。夫京师之食，取足于北方滨河滨海之田。而海运之积，专以实辽东之仓，一为供给营理东夷女直之计。将见数年之后，不惟辽东可富，虽由永宁、广宁、小凌河，以实大宁可也。况加以山海关北一带，三岔河之地，既复饶田乐土，尽驱屯戍之士，假以牛具，耕种其中，辽东可使立富。而女直之役，益见无难。

夫食足则兵强而利物，可使和义。辽东富足之后，暂借诸卫军民数十万，协以□□[7]、合兰、滨州[8]、忽汗、脑温、黑龙、哈州、奴儿干、十九连城、[9]郎[10]、木川、五国城等处土夷，经营宪治，肇立军民，庐舍畜筑，兴于有素，收功期于旬日。如周人城朔方之役，则饱足之后，而力可忘劳；众劝之中，而功可立绪。虽一时难于并役，暂图其近且易，则远而难者，徐以俟之可也。又虑羁縻失宜，与不得其人。此亦有隐忧者，未谓无见。然能缓集流移众徙，近边贫庶为之侨，立州县于备兵相邻之处。盖吾国初亦尝有此也。安定自在二州，置之定，辽城之外，当时兵备之设与焉。则其体统之尊，土夷归化之顺何如也。纵使变难仓卒，则彼此相资，缓急相援，保机、骨打之徒，崛起部落，而制之于微，犹易为力，辽金土崩之祸可免也。然此必复收黄河，引流灌溉，使北方水田成熟之后，乃可议此也。必国家食足兵强，中原殷富，出击四胡，收功西域，乃可议此也。不然，则为轻举妄动，隋炀辽左之征未获，而晋阳龙飞已据西京；符坚白下之师未渡[11]，而慕容燕蘖已捣秦都。故量力而动者，其过鲜；贪得无厌者，其祸危。

臣尝读汉史，见武帝之为君也，雄才大略。心窃叹服，以为三代之后，人君大有为者，莫过于汉武矣。迹其上嘉下乐之志，雄南征北伐之威。开拓疆宇，答摧四夷，无不归顺，天下一统。土宇版章，亦孔之厚。虽周宣殷宗之才，不能是过。后之学者，无明微洞隐之识，徒见武帝末年，海内虚耗，因斥之以秦皇之为。殊不知武帝之财，非特为穷兵费也。土木、神仙、方士、女宠、封禅，诸所纷纷，以耗天下之财者。盖千万创，兵云乎哉？使武帝当时，无所他好，以文景之所遗余，而为开疆拓宇之费。但见有土则有财，而内郡屯田，外夷输贡。未见其损，适以招益，奚有至于海内之虚耗？不咎武帝土木、神仙、封禅、方士、女宠之非，而但引以为穷兵黩武之罪？是何异士师之职狱，舍其杀人而罪其詈骂？故曰武帝之虚耗，非武帝穷兵之罪也。然而末年，侯封千秋，而都尉赵过与民安息，力穑务本，海内宴然。传昭及宣，汉业之盛，号称中兴。武帝之才，过人远矣。后之为君者，实未有如汉武帝者也。宋神宗史称锐志致治，一用安石，天下离心，中原涣散，不可复合。然则回死为生，起废复完，惟武帝之才为能。能否之辨，于此可知也。

校记

[1] 己巳，原文作"巳己"，当系误。

[2] [3] [7] 此数处原文各有两空格，当系为避讳。

[4] 奴儿汗，当系误，本篇后文作"奴儿干"，是，见《元史·地理志》。

[5] 五国，疑缺"城"字，本篇后文作"五国城"，是，见《清·一统志》。

[6] 指挥，疑应作"都指挥"。

[8] 滨州，当系误，本篇前文作"宾州"，是，见《清史稿·地理志》。

[9] 十九连城，疑衍"十"字，本篇前文作"九连城"，是。

[10] "郍"作为一个地名，疑缺一字，本篇前文作"歹郍"，是。

[11] 符坚，当是"苻坚"形近之误。

律一（论推历有合及中节二气，因详律吕长短之分）

臣闻欲作大乐，当知历法也。今按管候气之宜，欲推天以求历，缘历以明时，即时以测中气，就中气以求元声者，果何术耶？盖诸月各有中气，如十一月冬至，十二月大寒，正月雨水，二月春分，三月谷雨，四月小满，五月夏至，六月大暑，七月处暑，八月秋分，九月霜降，十月小雪是也。惟闰月则无中气，盖气之行也，有气盈朔虚。朔虚者，自前合朔至后合朔，不满三十日是也。气盈者，一节一气，共三十日，日有余分，而为中分即中气也。是故三十月则闰，闰前之月，中气在晦；闰后之月，中气在朔。月朔之与月节，每月剩一日有余。以所余之日归之于终，积成一月，是之谓闰。故三岁一闰，五岁再闰。十九岁七闰，七闰为章，二十七章为会，三会为统，三统成元历。至于元，前后积四千六百七十年，依旧十一月甲子朔夜半冬至，又为历元矣。故曰治历者，不外求节气，置闰而已。

臣愚尝取今年合前九年，详检其日，必系干食支冲，斯节气俱合，而闰月必无中气矣。甲木生丙火，乙木生丁火；丙火生戊土，丁火生己土；戊土生庚金，己土生辛金；庚金生壬水，辛金生癸水；壬水生甲木，癸水生乙木，所谓食神也。子与午，丑与未，寅与申，卯与酉，辰与戌，巳与亥，所谓相冲也。如以为未也，再取六十三年前之历，随月日辰验其天干不动，地支相冲，节气之交，求其干，配合支，必进一，其节气相符，犹若指掌也。干之相配，甲与己，乙与庚，丙与辛，戊与癸，丁与壬是也。知此则节气、中气可求矣。臣又即今年之历，合三十之年以前之历，起寒露并今年立春，从始徂末以照之，逢闰便加一日，则无不合。又以为未也，近取二十四年之历，验其节气交何时刻，若仔细推至八时，时上推上四刻，尤为径便，所谓致闰与推月大小之由。此历家浅事，未足为奇。夫前九年二月之中，其日合今年元旦之日，而月之大小，详其干之相冲为大，其不相冲者为小矣。抑又闻之，治历溯自四十七年之前，其年某月逢闰，欲求今闰，则自某月数至前之二月，则今年之闰可得矣。故曰闰前是今逢。

臣愚闻天气先至，故十二节气常先半月；地气后至，故十二中气常后半月。昔者黄帝则焉，遂制十二钟，及十二律，筒以协之。是小寒十二月节也，其大筒协大吕长四寸二分；其大寒十二月中，而律则长四寸五分矣。立春正月节也，其筒协太簇四寸九分五厘；而雨水正月中，其筒则长五寸四分矣。惊蛰二月节也，其筒协夹钟五寸八分五厘；而春分二月中，则律至六寸三分矣。清明三月节，筒协姑洗六寸七分五厘；谷雨三月中，则律至七寸二分矣。立夏四月节，筒协仲吕七寸六分五厘；小满四月中，其律长至八寸一分。五月节所谓芒种者，筒协蕤宾八八寸五分五厘；夏至五月中，蕤宾之律遂有九寸焉。六月所谓小暑，筒协林钟八寸七分；大暑六月中，林钟之律乃得八寸四分焉。立秋非七月节乎？其筒协夷则七寸九分五厘；处暑七月中，夷则之律只七寸五分而已。白露非八月节乎？其筒协南吕七寸五厘；秋分八月中，南吕之律只六寸六分而已。寒露九月节也，其筒协于无射六寸一分五厘；而霜降九月中，无射本律仅五寸七分矣。立冬十月节也，其筒协于应钟五寸二分五厘；而小雪十月中，应钟之律仅四寸八分矣。十一月有大雪焉，筒协黄钟四寸三分五厘；及冬至十一月中，黄钟之律乃有三寸九分焉。盖其数目短渐长，直至蕤宾而极也。由长之短，驯至应钟而止也。应钟之下，积之逾月，一阳复生；黄钟之复，贞元相生，而循环无穷焉。然其节气之相推也，二三四五，递月俱加九分；八九十月，递月便减九分。惟十二月少于十一月一分五厘，正月加于十二月七分五厘。六月加五月一分五厘，七月少六月六分五厘。莫非气数自然，而圣人制筒亦因之而已。

若宋臣蔡元定所谓黄钟九寸，大吕八寸三分七厘六毫。太簇八寸，夹钟七寸四分三厘七毫三丝。姑洗七寸一分，仲吕六寸五分八厘三毫四丝。蕤宾六寸二分八厘，林钟六寸。夷则五寸五分五厘一毫，南吕五寸三分。无射四寸八分八厘四毫八丝，应钟四寸六分六厘。与此全别。盖西山之律，自长降短，而穷于应钟之律（仲吕是也）。今愚臣之律自短起，黄钟渐长，由长之短；起林钟，复生于应钟之后。此中理数，却极要妙。蔡元定尝言：六阳辰当位，自得六阴辰各居其冲。揣摩理数，以就其巧。遂使昧者苦于推算之不精，智者眩于乘积之偶合，盖用心亦劳矣。况推演其数，仲吕遂穷，已失造化循环之妙。

臣愚尝以所定律之长短，底安于地，俱各九寸，其律口去地之浅深也，亦各随其分焉。黄钟律口去地面五寸一分，大吕四寸五分。太簇三寸六分，夹钟二寸七分。姑洗一寸八分，仲吕九分。蕤宾律长九寸，律口与地面平。林钟律口去地面也，必以六分。夷则一寸五分，南吕二寸四分。无射三寸三分，应钟四寸二分。律各直树正立，皆齐其下，不齐其上。周以三重之室，筑以净黄之土。先辨方位（各从律应之辰），次准员木，然后按管入地，填以黄土之粉，覆以轻缇之素，实以葭之灰。当月气至，管自飞灰。且如子月气升才满，黄钟之管，灰必飞去。其上去孔口地面尚五寸一分，大吕太簇以后诸律渐升。至于五月阳气极盛而出地面，则蕤宾灰飞管通。自此阳气日降，至应钟乃极。极则复生，终始无已也。

律二（论五音及辨黄钟九寸之非）

臣按先儒，若司马迁、班固、朱熹、蔡元定诸臣，多以是黄钟为九寸，其数八十一，则不得不以黄钟为极浊。以黄钟为极浊，则不得不以宫声亦极浊。夫九寸者，数之极也。极则不可复益，则自黄钟以下，又不得不损之。以至应钟而极短，故又不得不以羽声为至清。既以黄钟极长，应钟极短，二律之间，长短隔绝，音调不属。故又不得不用半律子声，及以黄钟相生而不还为说矣。

臣愚欲使五音和定，使宫羽不至相凌夺，用其纯调（正律是）。而涉于凄怆者，不容以相错。故先定黄钟声气之元，其余可不劳而定。夫黄钟律长三寸九分，空围九分，其气清而上行，在音为宫，共丝三十有九，厥声清越微妙，而众音宗之。亦犹人君至德渊微，而天下应之也。故黄钟之宫极清，其数极少，故宫为君。臣数多于君，故商为臣。民数多于臣，故角为民。事多于人，故征为事。物多于事，故羽为物。皆原于黄钟，生生而不已也。大凡天下之物，少而清者必贵，多而浊者必贱。彼先儒错认黄钟之宫，九寸而浊。南吕之羽，五寸三分而清。度数一差，遂使君臣民物，不安其位。此大乐所以不作也。

臣愚又闻之，宫声五十，商声八十，角声九十，征声七十，羽声六十。所以然者，何也？盖气始于一，具于三，究于九，而中于五。由五八九七六之为数三十五，以十乘之，凡三百有五十。故五为天之中正，阳气升而出为宫。宫土声，其数五也，以五因五二十五，而倍为五十，是故宫声之数五十。由五升八为商，商金声也，八者三五之合也，以五因合倍之为八十，是商声八十。由八升九为角，角木声也，九者四五之合也，以五因合倍之为九十，是故角声九十。阳极而阴，阴降二为七，而为征，征火声也，七者二五之合也，以五因合而倍为七十，是以征声七十。又降一为六，而为羽，羽水声也，六者一五之合也，以五因合进倍为六十，是以羽声六十。是五声者，征之于天，乃为河图之文也。验之于人，是乃五常之德也。至其所以为声，上下升沉，又秩然而不紊焉。故宫声最上，元声出于中宫，其气直升，则人声始发于喉，而直上也。商声次上，元声出于中前，其气斜升，犹人之声再出到腭，而上腾也。角声平舒，元声又出于前，其气横出，其犹人声出舌，而平出者乎？征声下行，元声出于前下，其气舒迟，其犹人声出及齿，而斜降者乎？羽声下降，元声出于下，其气沉滞，人声降齿到唇，实似之焉。盖其始也，原于天而赋于人；及其终也，出于人而同乎天。不假人力之安排，而自得乎气之一定。臣愚所定五声，盖如此。初不徇于先儒之旧说，而但以吾身求合于天地之正数也。

至于变宫变征之说，又自不同焉。何也？夫声止于五，而律管十二。以五而配十二，隔八以相生，止得其十而尚虚其二。惟其虚也，是以气数不接，声气不和，而变宫变征立焉。变征在角征之间，蕤宾是也。变宫在宫羽之间，应钟是也。所以然者何也？盖黄钟为宫在子，则太簇为商在寅，而姑洗为角在辰，林钟为征在未，南吕为羽在酉。然姑洗生林钟，南吕生黄钟，则各隔二律。如不更变，则律自生律，吕自生吕，孤阳不生，独阴不成。声音气数，或几乎熄矣。故角征之间，近征收一律，声下于征，而立乎七辰（午也），是为变征。仍置正征于八辰（未也），羽宫之间，近收一律，声高于宫，而位十二辰（亥也），是为变宫。以接乎正宫（子，黄钟是也），两律既立，将见六月林钟为征，则八月南吕为羽，其十月应钟为变宫。前竭而后生，当月而孕。后自此起大吕而终黄钟，起太簇而终大吕，起夹钟而终太簇，起姑洗而终夹钟，起仲吕而终姑洗，起蕤宾而终仲吕，起林钟而终蕤宾，起夷则而终林钟，起南吕而终夷则，起无射而终南吕，起应钟而终无射，咸则当月之宫数。至七辰为变征，八辰为正征，十辰为羽，十二辰为变宫，皆如黄钟之于应钟者矣。由是阴阳相生，以备五声，弗及则相以济。彼以黄钟九寸为宫，至应钟四寸六分有奇，为变宫。不及黄钟半律，而音节不属。无射四寸八分有奇，则黄钟为商，其长四寸一分，而音节亦不属。遂至强迁半律子声以足其调（西山律书如此）。臣愚不知其何说也。

或者闻臣不徇儒先旧说，有不免骤骇，耳目之疑，以为商角羽之三音不以立变，而必主于徵之吕者，有何说也。且又一调之中，三阳律必和以二阳吕，三阴吕必合以二阳律。以阴律转入阴吕曰变徵，徵阴也；以阴吕转入阳律曰变宫，宫阳也。又举黄钟一调而言曰："黄钟变徵，蕤宾接上接下宜也。变宫，应钟将何续耶？由南吕转无射，势顺脉贯；若以应钟接无射，则势逆上而伦不顺，不惟不续而反断之矣。二变之音，如楼之梯，如堂之阶，若使列为七音，则固有当续不续，不当续而续者。"凡此之疑，皆由平日耳目溺于闻见之梏，而不能自拔，是故知其一而昧其二。夫古律隔八相生，正以自本宫而数至八辰也。如黄钟为宫，而数至林钟徵，其辰当八位。由是以林钟至徵，而生南宫为羽。羽宫之间应钟，则为变宫，循环不穷。其他之律，悉放乎此。庶得阴阳备，而五音和也，如此而已。彼或者误于隔八相生之说，而每每以八位当之，则其声音不接不顺也宜矣。然所谓商羽角不以立变，而宫徵变者，盖五音宫君商臣角民徵事羽物。臣有常职，民有常业，物有常形，俱安于不变。惟君统万务，要在于权断。事出万变，难拘于寻常，兹宫徵二音所以变也。此五音二变，乃所谓象天地人四时者，岂容以私意加损耶？

律三（论上下隔八相生之误及三分损益之差）

臣按先儒论乐，皆以隔八相生，而取其当于正徵（各宫起数至八辰者）以定律。所谓律，娶妻而生子，与夫三分损益，旋相为宫。此实与臣愚见不同，臣请辨之。

盖臣愚见所以不同者，非敢求异于古人，亦欲取其大同者耳。夫先儒定律，隔八相生，至仲吕而穷。若愚臣之律，则无时而穷也。何以言之？先儒谓黄钟隔八生林钟，林钟隔八生太簇。是以十一月微阳，下生六月渐长之阴；六月之阴，上生正月开泰之阳，中间四五月皆无生气。四时失序，八风背律。若播于乐，则宫徵隔越，商角倒用矣。以臣愚之律，验之于四时也；而四时合序，播之于声音也。而声音顺节，初无背律失序隔越之弊。臣愚请言臣所定之律，盖以黄钟三寸九分，益六分以生大吕，而为四寸五分。自大吕至蕤宾各律，咸益九分，则蕤宾遂有九寸，而为九十分。仍损蕤宾六分以生林钟，而为八十四分。乃自林钟至应钟诸律，各损九分。左益六管，见阳以时而升；右损六管，见阳以渐而见。右律各损三分，比左律各益三分，损益隔八相生也。律吕相生，止循一辰以转运。徵音之正，必求八位正徵（十二律宫宫各数至八辰者是也）以为谐。由是气候相属而不断，音节相和而不乖。近而三百六十日，远而三百六十年，其污隆之道同也。

臣愚尝以此推之于天，当期之数，无不合焉。盖十二律生成之数，各得十有二寸九分，共成一百二十九分。如黄钟之于蕤宾，黄钟生数三十九分，则蕤宾成数九十分也。大吕之于林钟，大吕生数四十五分，则林钟成数八十四分也。太簇之于夷则，太簇生数五十四分，则夷则成数七十五分也。夹钟之于南吕，夹钟生数六十三分，则南吕成数六十六分也。姑洗之于无射，姑洗生数七十二分，则无射成数五十七分也。仲吕之于应钟，仲吕生数八十一分，则应钟成数四十八分。其生成也，咸有一百二十九，是谓各得寸一十有二，故有以当期也。零各九分，终天之数也。而远三百六十年，可以类推矣。故曰：其污隆之道同也。又尝以此推之于天，节气无不合焉。日月所会，在天为十二舍，在地为十二辰，而律吕生焉。是故冬至日月会于星纪，位在丑，气合子，为黄钟。大寒会于元枵，位在子，气合丑，为大吕。雨水会于陬訾，位在亥，气合寅，为太簇。春分会降娄，位在戌，气合卯，为夹钟。谷雨会大梁，位在酉，气合辰，为姑洗。小满会实沈，位在申，气合巳，为仲吕。夏至会鹑首，位在未，气合午，为蕤宾。大暑会鹑火，位在午，气合未，为林钟。处暑会鹑尾，位在巳，气合申，为夷则。秋分会寿星，位在辰，气合酉，为南吕。霜降会大火，位在卯，气合戌，为无射。小雪会析木，位在寅，气合亥，为应钟。阳道常饶，故律顺而左旋；阴道常乏，故吕退而常缩。无非应乎日月之会，而为自然之合。圣人于是因十二律，皆文之以五声：宫商角徵羽。皆播之以八音：金石以动之，丝竹以行之，匏以宣之，瓦以赞之，革木以节之。然是八音之器，又以十二律为之度数，以十二声为之齐量。未尝以私智妄作，而乖声气之和焉。此往古圣人制乐之旧法，而后世遂遗失不传也。不然何其得声气之元，而无硍（声气藏浑不出）、缓、散、敛、赢、嚣（声小不成曰嚣）、衍、筰、郁、甄（声不密经者）、肆、石（声继散不收，石声无余韵）之病。

臣尝观往古圣人之祀天神也，必奏黄钟，歌大吕，舞云门，非以此律之极清乎？其祭地祇也，必奏太簇，歌应钟，舞咸池，非以此律之次清乎？其祀四望也，必奏姑洗，歌南吕，舞大韶，非以此律之次浊乎？其祭山川也，必奏蕤宾，歌林钟，舞大夏，非以此律之极浊乎？奏夷则，舞大濩，歌仲吕，以祭先妣也，则以二律之半浊。奏无射，歌夹钟，舞大武，以享先祖也，则以二律之次清。夫所用之乐，皆与六律之气贯通。而又以精禋之意，格之其郊则天神，格其庙则人鬼，享也宜哉！又不特此而已，凡六乐者，一变（一成又更曰羽）而致羽物及川泽之示，再变而致赢物及山林之示，三变而致麟物及邱陵之示，四变而致毛物及坟衍之示，五变而致介物及地祇，六变而致象物（日月星辰之类）及天神。呜呼备矣！其孰能与于此哉！古之聪明睿知，齐戒以神明其德者乎？故曰：大人举礼乐，而天地将为昭焉。是以明天之道，而察于人之故，是用作乐以宣天地，以育民物。然岂以臆见为之哉，亦本土天地间原有此理，圣人因而制之耳。易曰："流而不息，合同而化。"此之谓也。是故日月会而律吕生，然行而未会也。累候为气，积气成时，因时为月，合月为岁。其东缠则经氐土，西度则经胃土，南行则经柳土，北流则经女土。阖户谓之坤，辟户谓之乾。一阖一辟谓之变，往来不穷谓之通。见乃谓之象，形乃谓之器。制而用之谓之法，利用出入咸用之谓之神。故人知日月会辰，合气生律，天地圣人，乐道同神。而不知乾坤变通，见象形气，皆律吕之寓也。盖乾坤变通者，化育之功也。见象形器者，生物之序也。法者圣人修道之谓，而神者百姓自然之日用也。然而律吕皆兼之，是故元气之流行，万象之变化，蘖萌于黄钟，纽芽于大吕，尊于蕤宾，昧蔓于林钟，申坚于夷则，留熟于南吕，毕入于无射，该关于应钟。专翕直辟之相根，所谓乾坤也。运化终始之相禅，所谓变通也。孰谓律吕之推行，而非阴阳自然之妙邪？

金山读书记

余潮郭有金山[1]，玉华书院在焉。有精舍，有玉华堂，有北山书屋，有两峰深处，有初阳洞、少北洞，有少北旧洞[2]。初阳洞在山之东，与两峰深处、少北洞各上下相去数十武。自余与初阳、少北为年宜弟昆，每渡河来会，二君子必携余徜徉于金山。尝至两峰深处[3]，余指而言曰："是予榻也。"二君笑而不言。

丁酉，予先北上，初阳秋捷，继亦北上。少北西江疾回，移居初阳洞。戊戌余独与初阳春试，初阳得隽，余又下第。从京师与初阳别，已约为两峰主人。

己亥，竟访少北于金山，读书两峰深处。而韦君南木亦携书箧入居少北旧洞。方与南木、少北旦夕山中，怀念初阳远在万里，未繇共赏夙愿[4]。忽山童报初阳归，余与南木、少北喜甚，乘夜出迓，孤舟江上[5]，相顾而笑，如在梦中。时方春物骈育，余与南木、少北每诵读暇，会坐披云亭，而初阳君常在焉。去簪冕，携书箧[6]，葛巾野服，逍遥闲暇。招我三人，常相与品第春光，极探幽隐。

向余虽常至，而诸景初未遍观。至是，日得涉猎。披云旧有石刻，玉华翁结亭其上，故名"披云"。是亭也，为金山第一奇观。俯瞰金城，云树远近，楼阁台观，隐隐重重，海上诸山，争妍献翠。时遇斜阳晴空，嶙峋之色，不可模状。东襟韩峰，环带一水，碧浸清沙，澄然如练。风鸥云鹤，飞止上下。用以开豁心眸，可融神智[7]。

山多松柏，每雨后，春阳迟暄，江山丽色。予与诸君共寻松路，如复如往[8]。茅中见白石，横竖隐伏，平者如席，危者如几。或倦，坐卧其间，挂衣松干，呼童取酒，携笔砚[9]，因争折松花，散入杯斝，拮蕨为殽。醉则置樽石上[10]，唱和歌咏，继以琴瑟，默与禽鸟、春蛰相为律吕。

西麓有岁寒庵，道士曰员江者，深老子法。来自湖湘，今五年矣。时常侍我游[11]，亦使偈唱道曲。初阳指谓予曰："一部韶乐，今犹在此山谷间也。"相与拍手大笑。西行至镇疆寺，隐然山河[12]，岩路幽曲，竹槛松根，共消永日，真出世界然。少北喜佛氏学，初阳亦素能道释语，闲中同为一过访方丈，听道经梵音，四壁袅袅，绝无尘埃迹，令人飘然欲脱樊笼也。

西谒马公祠，北观望海亭。马亦郡人，名发，宋安抚使。遇元死节，凛凛生气，至今犹存。忠义之士，在余辈尤所景仰。望海亭在金山绝顶，可望南海。马庙之西，其荒甃旧址，乃马却敌日为堡寨，名为"子城"是也。下有岩石突起，高下嵯峨，散布西麓。不知昉在何时，有"孝弟忠信"四大字刻字，各相去数步，远远可望。又有"第一山"三大字，乃宋米元章笔迹。初阳曰："自昔唐宋元名贤显仕，往往遭斥逐于此地。愤抑不平之气，发于诗文，如珠如玉，灿烂山谷。石中苔画，今犹历历可览。千古退心，兄能不发长慨。"余曰："余与诸君追思古人，当使后人有追思我者。"于是共怅然者久之。

少北招余观"拙窝"，入西晖岩，登最高台。初阳、南木继至。台圮已久，然故迹未湮，因相与眺望，苍藤老树，曲屈盘旋。千寻崖壁，两水如虹。是日余辈皆有作。时天晴日朗，视轩窗犹图画中物。相与入旧少北洞，一径高深，盖破石所通。蒹葭离披，苍杂松竹。西顾岩石，突嶐崎岖，人不可到。从洞口出，登高，行数十步，深转，其傍有"坦斋曾来"石刻，盖宋时莆人陈俊卿曾游此也。从东南下探投龙洞，稍上百步，望二仙窝。茅檐清晖，掩映山麓，是何异考槃之居也。

又有独秀峰，石今已反向，相传为震所覆，泐迹可征。峰上有薜老峰，少北以余别业于此，乃刻石以砥砺我学。下有"介石"，亦少北新为郑子瞻书。东南为"初阳顶"三字，苔入石中，傍小字，灭没不可认识，然依稀可见为"唐常衮书"，必其刺潮时所勒石也[13]。下平衍，广五六丈，似为台阁故基。少北谓余曰："此旧'初阳亭'也，先初阳读书于此洞时[14]，有异人与言'代为伯乐'之异。"是日之游，初阳指其迹为予言。予曰："奇哉！兄之事也，吾道将藉兄以光，神物岂特为兄一人？"初阳曰："弟敢不勉。"

薛老峰绝高，而北一洞，西向窈冥，常护云气，松萝四围，人迹罕到。少北常结茅，招予与初阳、南木读《易》于此。离为两楹共堂，以石为案，煮石为食[15]，有茶炉，有藤床，每至，竟日忘归。或天阴烟气匝地，客常访予辈，茫无所从入。今亦有"少北洞"石篆，洞后为"栖凤石"，上有"栖凤台"，台亦无存。登此石，则可北收韩江万流之水，入我怀中。山仰凤凰、阴那诸峰[16]，重江叠嶂。余先数年常与初阳、少北观此，今真见其如列剑（刺天）[17]，如车骑云从，远道长驱。又如群仙跨鹤，凌空涉汉。东由冈阜（下百）步[18]，巍然石壁，城堞可凭[19]。下瞰江波，滔滔滚滚，一泻千里，百折不可东回。余曰："是可为夫子川上之叹！"诸君不以余言为谑。

一日同行梅迳中，斜深傍曲[20]，石上有梅数十株，盘盖迳上，约百余步。虽（当午，罨蔽）日色[21]，皆北山翁手植。乃共落梅子，青黄可甘。因忆先丙（申）岁[22]，初阳、少北来此游，时值残腊，见梅梢冲寒破白，唱和有诗。余于是诵其诗，抚初阳背而谓之曰："君幸无负岁寒意。"尝同坐此君亭，亭俯池水，每清昼夜静，轻风四至，入耳皆琅玕戛玉之声。真为君子之居也。池中有鱼数十尾，穿石出没，投以饼饵，则洋洋（而至，奋鬐）相争[23]。尝倚栏，与少北醉中口号联句，作《吕梁叹》[24]，词甚跌宕，清新可爱。初阳因援笔大书壁间，客过见之，称为三绝。岸多丛槿，四时有花，红映池面。余尝与初阳、少北、南木三君对客，少北戏谓客曰："是水中玉仙容也。"客笑曰："吾辈登山，而水仙亦尔相从，一天凉意，皆此仙所为。"时季夏六日也。乃由"海滨邹鲁"双石桓而南下[25]，遥望西峙忠节之坊，逼暮矣。是夜风雨，林扉静闭，木叶飒蹋[26]，因相与联床，共谈今昔，更残漏尽，闻鸡声呷呷喔喔，尚未能寝。

吁！予四人数载相与之情，同事之志，乃今日得朝夕聚乐。何初阳又将北上[27]，然自此予与南木、少北，登览此山，问谁从？京华聚首，计虽有期。然此山景物，犹在一方。地与人遭，景幸事会，惟此日为然。故作"读书金山记"。

校记

[1] 郭，《金山志》作"廓"。

[2] 旧，《金山志》作"故"。

[3] 至，《金山志》作"在"。

[4] 赏，《金山志》作"偿"，是。

[5] 江上，《金山志》作"江山"，当以"江上"为是。

[6][9] 携，《金山志》作"弃"。

[7] 融，《金山志》作"怡"，是。

[8] 往，《金山志》作"住"，当以"往"为是。

[10] 樽，《金山志》作"尊"。

[11] 时常侍我游，《金山志》作"时侍我游"。

[12] 山河，《金山志》作"山阿"。

[13] 勒石，《金山志》作"泐石"。

[14]《金山志》无"时"字。

[15] 煮石,《金山志》作"煮茗",是。

[16] 山,《金山志》作"西"。

[17] 此处"刺天"二字原缺,兹据《金山志》补。

[18] 此处"下百"二字原缺,兹据《金山志》补。

[19] 因,《金山志》作"固"。

[20] 深,《金山志》作"阳"。

[21] 此处"当午,鼍蔽"四字原缺,兹据《金山志》补。

[22] 此处"申"字原缺,兹据《金山志》补。

[23] 此处"而至,奋鬐"四字原缺,兹据《金山志》补。

[24] 吕梁叹,《金山志》作"吕联叹",当以"吕梁叹"为是。

[25] 桓,《金山志》作"垣"。

[26] 木,《金山志》作"水"。

[27] 何,《金山志》作"何期";北上,作"北向"。

卷十九　陈侍郎玉简山堂集

海阳陈一松宗岩著

郡志文苑传

陈一松，字宗岩，海阳人。嘉靖丁未进士，选庶常，除兵部主事。迁湖广佥事，乞归终养。母寝疾，侍汤药，衣不解带者逾年。比卒[1]，哀毁庐居。免丧，补苍梧道，调福建储粮道，湖广副使，陕西参政。升福建按察使，江西右布政，应天府尹。所至有声，民为立祠祀焉。转大理寺卿，工部左侍郎[2]，督修皇陵，加俸服一级。乞省墓归，杜门谢谒。卒于家，谕祭葬。生平不迎合上意，然亦无刻核，故无后艰云。所著有《玉简堂集》行世[3]。

校记
[1] 比，《玉简山堂集》作“妣”。
[2] 工部左侍郎，乾隆《潮州府志》作“晋工部左侍郎”。
[3] 玉简堂集，《玉简山堂集》作“玉简山堂集”。

序[1]

玉简山人曰：世谓立言为不朽之业，乃鳃鳃焉竞成一家言[2]，以蕲有声于代，文集之盛，溢于域中矣。夫六经无文法，三代无文人。古先贤圣吐辞为经，足以垂世立教。初何尝雕龙斧藻，而遂曰不朽在是耶？壮夫不为，汉儒盖尝叹之矣。不佞尘忝，学道无成。又鲜奇抱，谢足述作之途。诸所应酬，靡当于心。而乃欲遗灾于木，不亦谬乎？但惟五十无闻，蹉跎且老。去岁病起，检所存稿，逸去过半。顾手泽之谓何？平生泛应[3]。虽无惊世可喜之论，然素性过戆，亦不能作媚语，以取泽于时。为我子孙，倘有贤者，览而绎之，亦足以知吾意之所存。于是刻而藏之山堂，以示我后之人，非敢以闻之大方。乔东陈一松自序[4]。

陈侍郎玉简山堂集题辞

士不患无才,患在挟震厉群物之才,而无道德之气以居之。有赫赫之名,乏温温之度。后世才人所以招尤取忌,而鲜克有终者,往往多由于此。

公性端凝,自部曹而监司,而卿贰。举能其官,丰骨内含,仁声外著。其于声华驰逐之场,若将浼焉。其发之为文者,皆沉实渊懿之言,有关于世道人心风俗之大。而不苟为炳炳烺烺,以悦时人之耳目。仁义之人,其言蔼如也。诗云:"淑人君子,其德不回。"惟公有之。

后学顺德冯奉初题。

上军门地方揭

本道巡历郁林州,查得陆川及往岁各州县库被劫,悉系龙山八寨猺贼。而有永平乡贼首陈某者,勾引内应,若本州境内,宵人为之贼脚,间固有之。然踪迹潜隐,似宜从容缉剪,未可急遽兵诛。盖急则罔获,而或生他虞矣。八寨倚永平为主,藩篱之寇;永平藉八寨为势,腹心之忧。第八寨巢穴众多,相应摘剿,一二越在左江,权非在我;永平之众虽不满千,顾地隶廉州界,逼兴业。又海北招安,彼民此贼,永平除,则八寨之贼息矣。然须夹剿,始可成功。故本道议请假将贵县,所以控八寨与权督备,所以阴制永平也。

近奉牌仰督发戍兵千名赴郁林,除遵行外,职再思之,兵至千数,当有所事如守云乎?加之一二百人足矣。盖永平八寨,非本道所可得事[1],而内地宵人亦已敛藏无踪。郁林民愚,不堪多扰。职既奉委驻扎该州,岂不欲拥重兵以自卫,但于事势,于地方,恐无便也。统乞钧台,特赐裁察。

复殷军门揭

伏蒙钧谕,闽中吏治、民情、兵饷、贼势等项,令职条刺以备采择,地方幸甚。但职愚在闽日浅,其于军民大较暗未有知,然亦有可言者。大都闽中八郡一州,幅员不甚辽阔。曩昔盛时,民殷物阜,诛求竭泽,供应滥觞。顷自倭变以来,迨今疮痍之后,法纪严于督过,民财罄于漏卮。间有染指之夫,庶无吞舟之吏,吏治稍稍改观矣。但邑捕生事扰民，巡司倚关为暴。虽日三褫焉弗顾也。泉漳多下海宵人，汀延有窥罅穴鼠。得贤守令以戢绥之，则汀延之界，可寝黄池之谋。若海滨宵人，倚凭城社，似未易以尺绳理也。弹压统临，倘有所托，亦可无事。邵武民淳讼简，饷粮先完[1]。近因党斗，当局者稍错一着，几启厉阶。幸有巡道善处，旋亦贴然。省卫官军，骄悍无将，已非一日，盖有隐忧焉。恭承下问，聊述梗概。附禀中军，伏乞裁察。

校记

[1] 饷粮，《玉简山堂集》作"粮饷"。

又复殷军门揭

恭承台谕下询闽事。先是冒昧，曾两陈其大略矣。兹奉特问，谨再言之。闽中兵食，较有画一。境内梗化，只宜橄理。义乌将士，坐食闽粟。惧其掣罢，每岁防泛[1]，多属诪张。福宁州为闽之北门[2]，孤悬海上，经略宜详；五寨为闽之边防[3]，舟师城堡，整饰当先。然后客兵以次而渐罢焉可也。省下卫军，久负无将之罪，常存跋扈之心，似当示以包荒，激以义气；或托以罢客为名，时常操练[4]，毋俭粮赏。察其大半稍有怀我畏我之意，而后密刺其一二枭怙，素首为崇者，以他事籍治之，则省军可永永无患矣。

近来吏治，虽改观于法纪风厉之余。然贪黩如阿大夫者，尚十有二焉[5]。综核其著述[6]，有左验者，不论崇卑，稍罢置之。若夫名色把总，本起匹夫，至与府大吏抗衡争导，似亦不可假借，以长骄悍之习。倘议罢客旅，尤须善遣，庶亡他虑。狂瞽恒谈，无足当幕议者，聊备采择。

校记

[1] 防泛，《玉简山堂集》作"防汛"。
[2] [3] 闽，《玉简山堂集》均作"间"，当系误，应以"闽"为是。
[4] 操练，《玉简山堂集》作"掺练"，当系误，应以"操练"为是。
[5] 十有二焉，《玉简山堂集》作"十二有焉"。
[6] 著述，《玉简山堂集》作"著迹"，当以"著迹"为是。

议慎任将领稿

为急处将领，以镇安地方事。

切照郁林境土，地旷人稀，逼近贵县。龙山八寨等猺，往往越劫为患。义当大举，时或有待。自今言之，贼从贵县渡江，兴业首当其冲。转而之东，则祸延北流、郁林。转而西南，则毒流白陆川，及广东之廉州各县。譬之水焉，一决巨防，泛野注墟，靡有底极。故善治水者，塞其源而已。不急其源，而末流之治，增兵益戍，非策之上也。

为今之计，莫急驻一主将于贵县，以控阻猛贼渡江之路。新任参将，日久未至，地方紧急，相应议处。查得各处守将乏人，间多权以见任都司或闲住者暂摄。今似宜比照特委一员[1]，权理参将事务，驻扎贵县，统集所辖卫所官军分布。贼渡江口，游徼堵截。或彼处兵少,量摘戍兵以益之,听其相机掩捕,则贼必不能飞渡。非惟郁林之一州四县得亡他警,而廉之郡邑亦因以晏然矣。是所谓计之上者,塞其源也。

其次则莫要乎慎督备之任,重督备之权。夫各营堡既有千百户领哨矣,而又设督备者何也?谓其总统而调度之也。百凡营务,得以相稽,责任匪轻,体势宜重。访得近来督备与各千百户哨官,宾主相欢,号令不振。既失统临之体,焉知调度之权。军伴之外,无一练甲,有司民款,绝不相干。倘或有警,即怀敌忾,亦坐空拳。此所以徒拥虚名,因循岁月,而无裨于封疆也。似应比照守备备倭事例,任以他卫指挥,假之事权。使平日足以相临,庶遇警便于调遣。无事之时,一应兵壮,悉听操练,挑选精锐,巡缉截捕。有司毋得驾言侵越,有所阻挠。哨堡官兵,敢有抗违不遵束调度者,参申处治。则统驭之权重,而地方之责专,号令之威震,而奸宄之胆落矣。是所谓治其流者,亦今所当亟处也。

夫贵县既已遣将,则扼其要害,而外寇屏迹。督备假以事权,则兵威自壮,而内变坐销。不必变置纷更,增兵益饷而保障。戡宁之道,计无先于此者。使贵县主将苟得其人焉,由是而遣侦购谍,掩其不备。雕剿之机,亦默寓于其间矣。

校记

[1] 比照,《玉简山堂集》作"此照",当以"比照"为是。

议籴粟备赈稿

为议处籴粟事宜事。

奉巡抚批云云,依奉该本司会同该道议照积粟,以备凶荒课殿,以重责成。先该言官建议,后复累次申严,行之已久,遂为通例。推原其意,专为储积计也。但其分数,虽屡递减,比及课参,类多受罚,各处往往病之。或不能无遗论焉。

今该道议称:地有南北之异,谷有易湿之虞。欲将存留赃罚,二分籴谷,其余悉令积银,以免查盘包赔之累。若遇赈饥,近者受谷,远者受银。筹画已详,但计利害于平时,则虽倾廪而银之可也。倘河东河内皆凶,粟无所籴,不免于惩噎而费餐矣。包赔之累,固所当悯。猝然之变,亦所当防。相应酌处,合无候详允日,本司咨行该道,督同该府通查所属各县境里之广狭,户口之登耗。如一年之耕,仅足资一年之食。万一岁凶,须仰他粟,则剂量盈缩,不拘存留二分之数。预籴备赈,庶免蒸玉疗饥之患。若果境土沃饶,民有余积。虽遇岁歉,无俟移民移粟,亦不必拘泥例谷,徒累包赔,以蹈夫胶柱鼓瑟之议[1]。会计某县,岁积应若干石,某县积银准谷。积谷者务要看守如法,或变旧易新,不至贻累包赔。积银者准充谷数,不许别项支销。仍照近例,通计分数,以备查参。庶储积有备,综核得宜。而积粟积银,均有所裨矣。

校记

[1] 议,《玉简山堂集》作"讥"。

为恳乞天恩赐留保障宪臣以急救生灵疏（代乡耆民草）[1]

切照潮州地方，邈悬岭外，山海盗贼匪茹，洊遭荼毒之惨者，垂十余年。群丑日招月盛，居民十死一生。酿至戊辰之岁，生人之祸已极。所幸本府知府侯某七月到任，计缚白哨渠魁，威詟诸巢剧贼。民始耕于野，行于途。三年以来，实倚侯知府为长城焉。先经耆民某等前后具奏，旋荷圣明，特加俸级，钦赐宴赉，久任责成。阖郡士民，罔不欢欣鼓舞，举手加额，祝圣天子万岁！而思见太平也。

臣等伏念太守事权颇轻，而侯知府报绩在迩，惟恐一旦迁去，保惠靡终，不胜惊惧，走告两广军门，乞留侯知府。幸天心厌乱，蒙将本官升本省参政兼宪职，管潮州兵巡事。报至之日，阖郡士民，传相慰幸，以为群盗指日可平。非但如往时，忍须臾无死也。又罔不欢欣鼓舞，举手加额，齐祝圣天子万万岁！

乃未逾旬，续报本官改任江西，士民不胜骇愕，私自惊讶[2]！潮人之困于群盗，如此其亟且久也。虽与财虎同居，而未尽为所吞噬者，徒以区区有侯知府耳。兹者擢之兵备，假以事权，方幸荡平有日，而又夺之去。代者即贤，事尚有待。又况本官改任之报甫闻，而诸巢雄剽之心遽启，径逞叫号，变且不测。此士民之所以日夜皇皇，朝不谋夕，奔赴阙下，冒死陈乞。

如蒙皇上轸念边方涂炭，潮不可一日无侯知府，侯知府不可一日去潮。敕下吏部再体访，速赐题覆，俯将本官照依新升职衔，免调江西，责以讨贼之任，假以便宜之权。务俾诸寇尽灭，山海廓清，上纾皇上南顾之忧，下慰万姓倒悬之切。地方幸甚，臣等幸甚！

校记

[1] 宪臣，原著目录作"宪官"；又，《玉简山堂集》标题仅作"疏稿（代乡耆民草上）"，本篇标题乃为正文首句，其中"疏"作"事"。

[2] 私自，《玉简山堂集》作"私相"，是。

为盗贼纵横恳乞天恩复回守御以急救生灵疏（代潮征士草）[1]

切照民出食以养军，军出力以卫民，实相藉以为安者也。潮郡西北负山，东南望海；山海二寇，出没为患，盖自昔然矣。国初设立潮州卫，管辖十所，共旗军一万余名，分布内外，地方以宁。至成化间，广西浔猛作乱，提督军门暂将本卫所军借调若干，戍广梧州；往还三千余里，水土不服，十九疾病，十五生还。以致尺籍空虚，见今仅存若干。而环潮之疆，群盗巢穴，奚啻数十。包藏祸心，变且不测。城守缺人，又且借调不已[2]，岁复一岁。

隆庆二年，蒙巡抚王御史目击时艰，深悯戍梧病亡之苦，特为奏罢。卷存兵部，转行军门，未蒙除豁。不惟军罹戍亡，在此有空籍缺守之虞；而强弩之末，在彼亦何尝得远戍病卒之益，计两失之矣。臣等查得每年赴调一军，给水脚银二钱五分，每月行粮四斗五升。今若免军出征，令其专一守御本处地方，只将应调名数，岁给脚银行粮，汇解军门[3]，另募壮士。可以战，可以守，顾不愈于远调病亡无益之军哉！

再照嘉靖初年，饶平县乡官苏御史，奏准大城所旗军永免调征，迄今本地赖以安妥。若前所旗军，近奉钦依，拨屯新设澄海县，防守盗区，尤为紧要，有难于远调者。

如蒙陛下轸念遐方赤子连年荼毒，缺军守御。敕下兵部查覆，将本卫借调梧州之军，查照巡按王御史奏准免调，只令防守本处城池地方，或将应调名数脚银行粮截扣，汇解军门[4]，别募壮士。庶人得实用，而军无戍亡之患。卫不虚设，而民有保障之安矣。

校记

[1]《玉简山堂集》标题仅作"疏稿（代潮征士草上）"，本篇标题乃为正文首句，其中"疏"作"事"。

[2] 不以，《玉简山堂集》作"不已"，是。

[3][4] 汇解，《玉简山堂集》均作"类解"，当系误。

为地方伤残不堪增设府治恳乞罢议以安遗壤疏
（代惠、潮士民草，会先揭户部事止，不尝封闻）[1]

某等生长广东惠、潮二府长乐等县，各以公务至京。顷见邸报，广东抚按衙门疏，欲将岭东长乐县添设一府。臣等闻之，寝不安枕，食不下咽。盖诚见其设府之害，而不见其利也。请得略陈其说。

夫惠、潮二府，自国初来，潮之属县五，惠之属县七，时则官司不扰，而百姓乂安。故岭东一路，向称乐土。自宏正以迄于今[2]，增设颇繁，惠、潮各添至十县。官日多而民日扰，民愈穷而盗愈炽。此其弭盗安民，在官之贤否，而不在多寡，其效可概见矣。夫岭东寇乱，垂二十年。田庐鞠为榛莽，人民半遭屠戮。今群凶虽剪，而疮痍尚未能苏。当此之时，正宜宽徭薄赋，招徕安集，与民休息。庶乎生养渐遂，而元气可复，太平可致也。今议者不察盗之所由起，与其所由炽。乃谓欲弭盗以安民，必须众建府治，多设官联。是犹一羊众牧，而欲其孳息；投数罟于污池，而望鱼鳖之得所也，岂可得哉！

某等窃见其不可者，盖有六焉。惠州原有八县，今割其半，并潮之大埔、程乡、平远三县，以新设一府。则其徭役供饩等项，是各以其半而各奉全府，民何以支？此其一也。城池公廨、学舍仓狱，势必增拓，始称规模。不惟经费不赀，而大军之后，所在荆棘，痛痛未瘳，工作遽兴，民不堪役。此其二也。有司洁己爱民者固多，而竭泽厉民者，间诚有之。苟一不当，是滋病也。喋群儿以一饼，饲众鹰以一雏，欲民之安生也，能乎？此其三也。惠潮近增设诸县，如永安、平远，虽有空城，而无民以居；普宁、长宁，远者十余年，近者三五年，徒有其名，亦具其官，尚不知县治所在。县且如此，而况于府乎？此其四也。古人建邦，必问聚落，民不改聚，邦谁与守？况皆创残之余，即其新添虚县，民已病之，思欲革之，而不敢有言；若增府焉，其为地方永远之害，可胜言哉！此其五也。夫开郡设官，凡以安民便民也[3]；因民之所欲与之聚之，斯民心安而理道得。今新府之设，实非民心所欲，强而成之，不但伤民之力，而且拂民之心。此其六也。

或谓岭东地方辽阔，长乐为惠、潮二府之冲，山寇出没要害之所，非设府无以控制。是又不然。夫封域之内，寇攘奸宄，所恃以剪萌戢乱，镇安黎庶者，兵备道也。长乐旧设有兵备宪臣驻札，实以控据上游治安，垂二百年。近因地方多故，议以兵道驻潮，另设伸威道驻长乐，分守道驻惠州。各领官兵分镇汛地[4]，弹压得要，经略已详。长乐虽冲，可无他虑。岂谓兵备之权，反不府若也。而顾添设府地，以重滋民扰耶？

某等偶至都下，闻此变置大事，不胜惊惧！诚知为地方切患隐忧，情逼弗已，相率昧死哀鸣于阙下。伏乞皇上轸念地方创残，不堪重繁。敕下该部，速赐覆议停罢。庶疮痍未苏之民，更生有望；残破断烟之壤，再造可期矣。地方幸甚！

校记

[1]《玉简山堂集》标题仅作"疏稿（代惠、潮士民草，会先揭户部事止，不尝封闻）"，本篇标题乃为正文首句，其中"疏"作"事"。

[2] 宏正，《玉简山堂集》作"弘正"。

[3] 安民便民也，《玉简山堂集》作"安民也便民也"。

[4] 汛地，《玉简山堂集》作"信地"，是。

棘寺平反序

今之大理，即古士师廷尉之任。位备九列，职典平反[1]。为朝廷执法之司，盖与尚书比部、御史大夫院，并称为三云。凡内而庶狱，外而录辟狱，具送寺[2]，引纪法议当否。转闻取旨，苟或未当，虽屡驳而不以为过。若该司有所持不下，重则参官，轻则提吏。载在会典者，至森严也。故明允之称，无冤之讼，诚自古重之矣。但辇毂之下，狱多成于罗织。而居是官者，又卒岁迁去，类以长者养望。余承乏，闻先朝王恭毅公，守廷尉有声。乃取其驳稿而谛观之，一字诖误，辄反不少者。自惟谫劣，无足当恭毅。然字语差错，第潜授吏人易之。独于剖律析例，始封驳焉。所驳仅十之三耳，彼疆有势力者[3]，顾以好辩而罪我矣。夫平反，廷尉职也。吾守吾职而已，知我罪我，奚计哉？于是录而存之，以俟夫知者，庶不以为罪云。[4]

校记

[1] 典，《玉简山堂集》作"兴"。

[2] 寺，《玉简山堂集》作"院"。

[3] 疆，疑系"彊（强）"字形近之误。

[4]《玉简山堂集》后有"万历九年冬阳至日乔东陈一松书于玉简精舍"一行字。

赠崔太冲掌教建昌序

太冲崔君，余癸卯同年友也。结发业儒，瑰玮敻绝，性好读书。书无有不读者，盖南海闻人云。自游邑庠，即铿然有声。泊领乡荐，意气凌踔[1]，谓进取天下不难，数竟弗之偶也。乃今嘉靖庚戌，以乙榜进士，铨拜署江西建昌县教事，行征言乎余。

余幸其往，将大有造到也。乃告之曰：先贤曰仕而优则学，学而优则仕，仕学相须以为终始。此古人所以茂德峻业，而永有闻于后世。今之仕，非故忘学也。案簿稠积，孜孜焉理之，犹惧有留政。矧纷华夺向，而承趋靡暇者哉！故仕而优游艺圃，大肆学力者，惟儒官为然。然环天下皆邑也，邑有学，学有官。而名山川，足以养性读书者，不仅仅见。虽有暇力，而长进或无资也。志载建昌隶南康郡，郡有山曰匡庐，山有洞曰白鹿。川岫萦纡，幽胜奇特，盖唐李渤兄弟读书所也。后之学士，往往托处焉。意其游览之际，吟适之余，于身心必有所裨益欤？昔朱文公知南康，尝主其洞，揭教条以为洞规，至于今犹绪绪可寻。君去建昌，靡有期会征输，而获周览名山之胜，陶情理性，汇潴醖籍，所谓资力兼得，而峻茂之基也。由是申朱子之旧规，日进多士，相与讲明反躬穷理之学，士将彬彬焉。有兴起者，则教学相长，其所到又可涯涘哉！

余少闻江西有庐山，窃欲访五老、探栖贤、临石室，以观所谓白鹿者，以养吾趣。履迹海上，无由一往。兹复羁宦于朝，愿莫之遂。则于君之行，余固贺其得胜游，以进德修业无疆也。而异日教成被召，当有以告予，以慰其遐思。

校记

[1] 凌踔，《玉简山堂集》作"夌踔"。

贺大参华峰贺公平寇序

饶寇称乱僭号，杀宪臣、屠城堡，祸烈三省。变闻，上命督府亲提大师讨平之。寇既平，郡伯宾岩何君，鞅然谓治人陈子某曰："惟是役也，我大参华峰贺公实董饷事，参决幕议。赐边人生，幸及边吏。执事边人士也，其庆幸岂后哉！撰叙茂伐，用以凯歌。"何君与某俱公同年友也，于是再拜而言曰：余闻之，天子讨而不伐云，彼狂何知？其初不过区区一御人小丑耳。当是时，遣数兵扑之易易也[1]。乃缘倭夷掠境，姑置未暇问，彼遽以为莫予问也。乌合亡命，噪众至数万，连结诸蘖作祟，毒流江闽间，盗窃王号。釜鱼井蛙，胡为者其猖狂乃尔？盖至是不可得而疏捕矣。露报日棘，天子赫怒，以师命督府移镇于潮州。公承檄摅虑代谋[2]，剂量材官力士，刍饟罔不绪济。又与何君私相订画，观形察变，诇知贼惧甚，投机遘会，重赏以购之，显戮以劫之。则党与可离，而首寇可坐致也。因而乘之，势若振槁[3]。不然，万一哄然蒙死以迎执事，而我甲士有裹伤者，乌足以语天讨哉！白督府，督府始下令曰：生获琏者，千金赏，仍予官会部。执贼细与其巨奸，不可诘者，磔诸市以徇。于是贼党褫气，果自缚元凶请命，而诸酋悉生致戏下，祸乱以平。

先是大兵将临，居民相惊讶，有欲窜者，百物腾贵，至斗米千钱[4]。公筹度周悉，豫征海运。且令舟人挟私米自鬻，舟人凯利[5]，争先而集，米价遂与平时埒。兵至之日，民不知兵，安堵如故[6]，其枕席我粤东之人士，安有涯也？

公负当世之具，闿朗精练，克济艰大而平易长厚。又足以系人心而销逆念，以故动有成绩。往尝征大罗山，茂著勋劳，西人德之。然未有底平之亟如今兹者，乃是而知策定幕议，福造边氓。公盖不以语人，人无知之者，余实知之。宾岩君亦语余云：督府将上书献俘于朝，首膺殊宠。而帷画旗勋，特书国史。余第与我边人士，窃听之观之。

校记

[1] 数兵，《玉简山堂集》作"歇兵"。

[2] 代谋，《玉简山堂集》作"伐谋"。
[3] 振槁，《玉简山堂集》作"振稿"，当以"振槁"为是。
[4] 千钱，《玉简山堂集》作"百钱"。
[5] 凯利，《玉简山堂集》作"觊利"，当以"觊利"为是。
[6] 安堵，《玉简山堂集》作"按堵"，当以"安堵"为是。

《平寇诗》序

宾岩何公守潮之再期，为今岁壬戌，朝廷命督臣提师十万，会于潮，讨逆贼张琏，郡中事丛然棘矣，凡百仰公。公肃给之，卒诛琏及其渠党。民乃幸有宁宇，而颂声作焉。于是潮邑博刘君，暨学士之能诗者，相与歌之。汇卷谒余言为引。余实与士民共被其休烈者，乃言曰：尝读史，至燕召公治西方得民。民怀之，于是有《甘棠》之咏，每为之慨慕焉。何政之感人若是其深耶！

潮极南海，国家万里之邦，承平日久，民务以本业，相嬉乐至老死，罕识兵革。自嘉靖戊午，倭寇入我潮，始苦兵，己未、庚申以来，倭数入，邱尸川血[1]，所在无免者。其宵人之雄琏，遂乘我有外侮，起而为乱，辄僭称孤，势张甚。公至，按牒刺变，豫为军兴需甚备，日晋诸生讲习文事，示以勿迫。值岁大旱，公虑师旅饥馑之相滋乱也，彻盖步祷，为吾人请命于天。天立雨，民情始定，乃得以悉心经理戎务。比琏就诛，公奏记督府曰："周营洛邑以化殷，齐城楚邱以靖卫。琏已死[2]，为今之计，则惟增树县治，而益置戍守，庶可以永无祸患。"督府用公议行之。潮有贼细某者，其枭雄远在琏上，肆螫藏形，不可穷诘，公谈笑缚而磔之市。远迩相贺，以此占太平焉。此固公之表表著者。

余尝私论之，昔韩昌黎刺潮，鳄鱼噬食人为害；乃今盗贼剪杀人，其祸尤烈。琏盖今之鳄云，夫鳄无知者，韩以文驱之，旋徙去入海，靡有绳刃弓矢之费。琏之乱也，不可檄喻，竟烦大师以平。丛挫勌勤，不得如韩投片纸江中之为雍容。然公出斯民于水火，士民感之不已，而歌咏之。余展卷尽读焉，沨沨乎，殆有《甘棠》之遗声也。视韩之时，潮未知学，无有能歌咏其事者，其亦有幸不幸欤？要之，驯鳄平寇，钧大有造于我人，彼幸不幸，乌足论哉，乌足论哉！

校记
[1] 邱，《玉简山堂集》作"丘"。
[2] 已死，《玉简山堂集》作"已矣"。

贺大司马督府自湖吴公平倭凯旋序

岁嘉靖癸亥冬，上轸念南国赤子频苦倭创，残甚。乃用廷议，以豫章吴公负文武望，授钺其柄，以司马兼中丞往督两广军。公至，开诚布公，进诸将吏，咨所为击倭便者，得其批捣剪薙之略，若聚米焉[1]。于是谋诸总戎，恭顺侯松川吴公曰：潮人坐倭汤火中棘矣，主上殷忧，臣子其遑朝食耶？予其徂征之时，甲子春二月丙午也。盖公莅镇始两旬云。公既从诸将东征，会南赣大将军都督俞侯，亦以被诏旨讨贼至。当是之时，新旧倭之纵横境上者，声称数万。而故所抚寇，若伍端诸酋，亦狐鼠观望以起，呼号钞攫。潮盖岌岌焉危旦夕矣。公乃为书方略，遗俞将军暨监统使者，令急击，毋滋蔓启群盗心。又别遣偏将军益援为势，于是诸将军奉策惟谨。三月丁卯，进薄泷水垒，一鼓歼之。泷水倭二千，无一免者。余垒震骇，浮海亡。我军蹑之。六月壬辰及金锡，复斩首千有二百。而端寻伏锧，潮寇平。

方公之遗诸将书击倭也，潮有戍卒数百脱巾，以海艛叛，入省言状，省使者议必诛之。卒遂焚掠郡鄙民居以去。后诛失利，势张甚，羊城大恐。公时在惠阳，闻变恚曰：“谁为此画者，左矣[2]！其亟收之。”会报倭大捷，卒气夺，袭杀白石贼自赎。公故许，阴购谍，绐入寇[3]，伏劲甲江上扑之，悉生致戏下，磔以徇。夫羊城，古南粤百聚之国也。承平日久，变起仓猝，无以应。士大夫多欲他徙者，脱少不戢，则全粤摇动，将益纷纷矣。故论者谓公擒叛折萌，有功德于东人者尤盛。

是秋八月庚寅，公班师，饮至，分巡佥事陈某曰：“某盖闻诸乡人云，往岁倭彝入寇，官军莽莽焉，趣之鲜得志者。自庚申南洋之捷以来，此为旷睹。其崩溃亡去者，咸相戒，毋再犯吾境。吾侪继自今得耕凿，长子孙老，作太平人矣。夫潮当倭始乱，里巷童谣言：‘岁甲子，民始出。汤火就，枕席由。’今观之，殆验。天赐公以活我人，斯固其会欤？乃童子先告之矣。”镇守副总兵王某，分守参政刘某，以某言当实不华，宜序贺以备国史记。某不佞执鞭幕下，敢言贺？虽然，在昔有唐裴晋公讨蔡，蔡平。宪宗命昌黎韩子撰碑纪绩。盖以昌黎实佐晋公幕，检淮西事也。公膺惩茂伐，特书国史。然以某潮人言，足备记载。若是乃敢以此献矣。是役也，所俘馘以百计者甚夥，不具著其大云。谨序。

校记

[1] 焉，《玉简山堂集》作“然”。
[2] 左矣，《玉简山堂集》作“左矣左矣”。
[3] 绐，《玉简山堂集》作“给”，当系误，应以“绐”为是。

寿戚南塘总兵序

往余为郎、司马，盖闻大将军戚公名云。时虏入北门，国家备胡，急置三辅军。公以万夫长，治赵中丞军中事，善戢士，士无敢哗者。余私识之，以为异日有仗钺登坛，为国家剪大难，非他，必公也。居无何，岛彝寇吴越及闽，所在荼毒。东南大震，靡撄之者。公为偏将军，手铁钺流血挞之，百战百胜，事具《攘彝录》中。复城邑，返彝倪，定疆宇，所全活东西赤子数十万[1]。天子既设开府文臣，乃以公有大功于闽，特假大将军节镇之，协力经营。数年以来，海上遂以无事。

夫当倭之犯闽也，宁、福、长、莆之间，联营数百里，烈甚。将军提兵不满万，仅匝月扑灭之。其号令纪律，机牙神鬼，视古韩、白无以让。余闻而伟之慕之，愿见其人，初不谓其为公也。

乙丑冬，余徙官闽藩，会公奉诏击夷党吴平于南澳。南澳壁立大海中，称绝险，平巢焉，自以为不拔。公用计破走之，追入潮。余始偕士大夫谒公，盖恂恂儒者也。乃其灭倭数万，若振槁然。而南澳之役，论者至埒之邓征西下阴平。曩余所谓克勷大难者，公果其人哉[2]！

今岁丁卯十月之旦，公生四十春秋矣。游戎张君某，阃帅陈君某、罗君某，三君者皆从将军击倭有功者也。谋献无疆之觥，而先以问于陈子某。乃陈子者，素不能为蟠桃火枣之辞，乌能以寿公哉？虽然，余闻之，昔宋曹武惠征江南，戒诸将毋妄杀一人，后位至封拜，子孙奕昌，盖若天所佑焉。公为将不上首功，每临战辄树一白帜，以生胁从，此其心岂异哉！匹夫抱有咫尺之谊，犹足以永年长子孙。而渡蚁微渺，且能以阴功感召。矧公身为大将，所活数万命，则其所孚感而寿而昌，将不特如武惠焉已也。公有生人之仁，顾其心谦抑，未尝言战功，惟日修良知之业，以慎事边疆。夫仁以基之，谦以受之，公之算远未可量也。公将而儒者，吾固以儒道寿之。彼蟠桃火枣，仙家奇异之，云安足齿哉？三君跃然曰："大将军活人多，今春诞生元嗣，其征之矣。"敬以执事之言上公寿。

校记

[1] 东西，《玉简山堂集》作"东南"，当以"东南"为是。
[2] 公果其人哉，《玉简山堂集》作"公果其人哉！公果其人哉"。

送梅墩公总宪东广序[1]

梅墩林大夫，自都谏出参湖藩之政。政成，擢观察使，以纲纪东粤，时隆庆戊辰冬十月也。报至，同寀诸大夫咸往贺。乃陈子者，粤人也，贺而色欣欣然，若重有幸焉。于是藩大夫长刘公谓陈子："子诚幸林大夫矣，宁无所以赠大夫哉！"陈子受简唯唯，乃再拜言曰：惟昔放勋，命九官咨十二牧，而蛮彝猾夏，寇攘奸宄[2]，独于明刑之士师委重焉。我朝稽古建官，凡衡鉴、礼乐、金谷、兵刑、工虞，则六卿领之。又并命御史大夫识纪法于朝廷之上[3]，其在方域树岳牧矣。特置臬司，持三尺以贞百度。诸所论报，弹射洗泽，表率责任，盖与御史大夫埒，故论者称为外台云。

粤越在岭外，去京师万里，其人士诵服先王礼教，奉约束唯谨，顾其地复岭重溟，多亡命干纪。顷岛彝内哄，宵人相扇为乱，是在潮惠之间，而毒流全省，迄今生人之祸亟矣。彼登坛受社者，未能尽捕杀所谓乱者，却日持牛酒啖之。又为夺便利田地，筑城以居。白日剸搏人于市不问也。甚者至与为欢，此其故难言之矣。犹谓有纪法否耶？夫蛟窟鼠穴，纵横于山海，而什一遗黎，曾不能以一枕安焉。泽竭卮漏，而盗不止。此固其亡纪法之大者，虽猾夏奸宄，不棘于此矣。乃今何幸得林大夫哉！大夫起名进士，宰大邑游刃髋髀，多异政。比为谏议，所建白必关国家大事。荐绅之家，咸想望其风采。其参大藩也，守在武昌，问疾恤灾，锄强厘蠹，吏畏而民怀焉。省会重地，故乏甲士，亡以镇压众庶。大夫建议哀丁壮而部署之，奸萌为之潜销。余不佞，无足当大夫者，但从大夫游，雅辱以文事相切劘。窃稔大夫沉几讦画，积用有成盖如此。操是以往，饬宪贞度，综情烛物，人仰之如神明，将无欢吏，无暴客，彝罔生心，民罔化盗。嗟！吾粤人于何得大夫哉！诚幸之也，诚幸之也！

语具。将持以复二公，以为大夫祖道之献。客闻而请曰[4]："子何幸大夫之深也，大夫琐闱凤望，名在金瓯久矣。且夕且内召去，粤人恐不能望麾盖。即至，恐不能久于粤，子何幸之深也。"余曰："客言固然，然吾人引领纪纲之使，以宠绥我也，不啻云霓云。圣天子念我人之困于群盗，乃命我大夫，意岂徒哉。倘邀福大夫，从是镇抚其人民，余且将终幸之也。"客乃首陈子曰："第俟之。"余亦曰："俟之。"

校记

[1] 梅墩公，《玉简山堂集》作"梅墩林公"。

[2] 寇攘，《玉简山堂集》作"寇乱"。

[3] 识纪法，《玉简山堂集》作"议纪法"。

[4] 闻，《玉简山堂集》作"间"。

贺郡伯星湖侯公参知江西序[1]

夫士平居自许，孰不俎豆龚、黄，钤石韩、白，思与国家建治平之绩。一旦遭逢休会，而试为大夫任，有师师之责，其所作用，辄与所夙许不相符。彼脂韦突梯，秦越其人民者，固亡论已。而其贤者，亦惟日治茧丝，从事于期会簿书之间以为能。至于事变猝婴，艰难奏棘，壁垒盈郊，未尝发一矢。问谁何？第区区守尺寸文墨，甚者至与贼欢，因病其地与人，厌射之。然竟弋声称，窃美官以去。乃若无欢于贼，而为贼所惮，去留安危，隐然万里长城。此其人，余窃思慕之，愿为执鞭焉。

潮越在岭外，国家万里之邦也。其土壤宜桑麻百谷，其人士自昌黎过化以来，诵说先王，服习礼教，文物埒于上国。顷乃群盗起山海间，蔓延鼎据，内地为墟。而掠人要赎，羽翼诸巢者，又啸满原野，至戊辰之岁棘矣。毋论居民，即城守亦且岌岌焉危旦夕。余每私与乡搢绅以为安得龚、黄来[2]，俾吾人得须臾无死耶！

是秋，星湖侯公，自南库部郎出守吾潮，至则问民疾苦，得其豺虎纵横，民不聊生之状。首罢城守，核军实，简省一切。诸烦苛不急者，与民休息。乃谈笑指麾，先剪其所谓羽翼者，诸巢始震詟，不敢白日行都市。曾议事会省，间道集中，贼率其党逻拜马首，肃队前驱。虽汾阳单骑之事，亡烈于此矣。有一儒生，其子为酋长，虑败，欲借名色以生全之。故为他氏子金结会保，公数而责之，人称神明焉。公所刺潮，异政多类此。此固其卓荦著者，是以三四年来，民得耕于野、渔于泽、行于途，庐聚长子孙，咸我公赐也。百姓盖倚公为长城云。是余所谓龚、黄、韩、白，愿为执鞭者非耶！

圣天子廉公有保障功，加以俸服，宴以卓异。至是特拜参知，兼管潮州兵巡事。又念公久劳岭外，改任江西。士民方相谋所以遮留使车者。无何，公俸部檄行矣，于是诸搢绅授简于某，乃再拜言曰："余读东汉书，光武以寇恂有文武材，拜河内太守，行大将军事，封侯，邑万户。后从车驾过颍川，会盗起，百姓遮道，愿借寇君，光武特诏许焉。未尝不叹慕寇君诚才也，非遇光武，百姓安所从借哉！公守潮，潮人上书阙下借公，不下七八章。而诸搢绅亦为余言公保障之政不休[3]，余益企慕焉。迩缘便省，窃窥公之壮猷硕画[4]，神鬼与谋，世称鲜文武全材若公者，盖其人哉！方今圣天子锐意图治，远迈光武。而潮人万里叩阍，视之遮道，其情为尤切。假节钺以奠我邦，当必有以慰吾人借寇之思者。余故于兹独致意焉。若由是推毂秉均，显显都大位，固执事事也。序以俟之。

校记

[1]《玉简山堂集》此题目有文三篇，本文为其三。

[2] 与，《玉简山堂集》作"于"，当以"与"为是。

[3] 不休，《玉简山堂集》作"甚休"，当以"不休"为是。

[4] 硕画，《玉简山堂集》作"石画"，当以"硕画"为是。

奉赠大中丞念山罗公巡抚宁夏序

我国家都燕，筑西北塞，开九边，设重臣持兵以御边远，镇抚其民人。宁夏盖古朔方、灵州一巨镇云。贺兰西峙、黄河东绕，形胜势全，称险塞。民生其间，引流灌田，疆浍绎画[1]。惟冰凝马渡，始有烽燧之警，故曰宁夏。视之诸边，其制御难易较然矣。然山前山后，寇所野猎。设或刁斗不戒，则窥瑕长驱，蹂躏内地。此其推毂授钺，非具有匡襄雄略者[2]，未尝以轻畀也。

万历元年，宁夏缺抚臣，廷推首以大理少卿念山罗公名上。上谕晋公大中丞，假节钺以往。余窃幸而语诸同人大夫暨若属曰[3]："宁夏得罗公，贼自是率岁不敢牧马贺兰矣，岂独宁夏云乎哉[4]！"

公少负奇节，居家以孝友闻。与其伯氏户部君连翩而起，蒲人目为双凤。而公又魁特磊落、博大通方，明于当世之务。被选为御史，侃侃持大体，不毛举细事。其揽辔东鲁也，露濯霜飞，风纪丕振。曾典秋试[5]，所抡荐多名士。其理轮畿甸也[6]，游刃髋髀，风裁愈厉。及迁而佐大理也，余侍公教垂一年，所平反庶狱，赞藉良多。然棘务颇简，每公暇，辄相与拯论时政[7]。问及边事得失之故[8]，余尝私于公曰："雍容庙堂与号令军门，固不可同日语矣。乃古之豪杰，往往有投笔请缨，欲树勋塞上者，其故何哉？诚耻功名不表著于春秋也。方今圣人在御，北方款边。以公之才，固当周旋揖让，羽仪朝著之上。假令一日授以疆事，则修贡罢战，虽欲系单于之颈，建北边之绩，将安从乎？"公第应曰："唯唯，否否。"

居无何，公有是命。余既从诸大夫贺公，复当有言以为祖道之赠。夫公抱匡襄雄略[9]，又稔习西边事，余鄙人何所增益于公耶？虽然，尝闻之，天下虽安，忘战则危。今西夏开贡，华人岁持羊酒货帛，与彝人互市为欢，日恬月嬉，将不复知有技击之习，战斗之事。万一败盟，祸变安极？识者盖有隐忧焉！顷上特遣大臣分边阅视，正虑封疆之臣，狃以为安，而或忘之也。余不佞，惟愿公勿忘战守，先伐贼谋。俾修贡益虔，以永固疆圉，以仰纾九重西顾。则殊锡之典懋，制阃之业成，岂非功名之会，而豪杰之概欤？诸大夫以余言为然，于是乎序以送之。

校记

[1] 绎画，《玉简山堂集》作"纬画"。

[2][9] 匡襄，《玉简山堂集》作"匡攘"，是。

[3] 同人，《玉简山堂集》作"同寅"。

[4] 宁夏，《玉简山堂集》作"夏宁"，当以"宁夏"为是。
[5] 秋试，《玉简山堂集》作"秋赋"，当以"秋试"为是。
[6] 理轮，《玉简山堂集》作"埋轮"。
[7] 拯论，《玉简山堂集》作"极论"，当以"极论"为是。
[8] 问及，《玉简山堂集》作"间及"，当以"间及"为是。

奉贺督府右御史大夫石汀殷公平寇序

百粤古南暨之域，去燕京万里。复岭重溟，多峒獠。鲸鼠相蠢动，为生人患。自开督府，镇以重兵。而广中有宁宇者，垂百余年。顷乃岛彝东哄，所在盗起。而西则有寇藩之变，始称多事。圣天子南顾忧之，会督臣缺，廷推难其人。石汀殷公负文武重望，有复古田功，乃自抚臣陟司马授节钺[1]，以总两广师。

当是之时，粤岭以东，山海宵人为乱，盖十年往矣。彼登坛受社者，莫问谁何，却日持牛酒、金帛与之为欢。日招月炽，又为之张大声焰，动以危言相恐，此其故盖难言之。百一遗黎，忍须臾毋死，徯望王师，真不啻云霓焉。公至，开诚布公，延揽周谘，有以惠民荼毒图，上书言变者。公览而慨然曰："噫嘻！有是哉！匹夫匹妇之膏涂原谷，相枕藉至此也。封疆在予，予其忍视之哉！"于是综饬兵食，规画章程，决策兴师。调度已定，乃极陈贼所必诛之状，师所必誓之期。上请庙谟，下授方略，于隆庆六年十有二月，师会于惠阳，分道并进，直捣蓝赖等巢。所向披靡，破竹之势，若振槁然。而群盗底平，捷闻，天子临轩受贺，以为自是可亡南顾忧。时晋公右都御史兼司马[2]，锡白金文绮，荫一子世锦衣千户，盖异数云。

夫以螳螂微渺，尚欲怒臂当车。矧兹群盗，实繁有徒。犹之猛兽负嵎，未有撄之者，欲一举而悉致戏下，斯亦难矣。方公之以师期告也，士大夫闻而壮之。然亦私相以贼众为疑，迨捷书至，始翕然服公策，胜若持左券。盖公具持冲上智[3]，运神鬼壮猷；秉谋国之忠，奋肩事之勇。遂使淹逃灵诛之寇，蕲芟殆尽。即有一二么麽，潜伏林莽，亦共畏公天威[4]，而不复反矣。是役也，从征壮士仅二万，军兴需仅七万，乃三阅月，所俘馘共一万二千有奇[5]，诚两广用兵以来所未尝有之殊捷也。

余既从公卿大夫陛贺，退而同乡诸君诣余第而请曰："十年剧寇，一旦铲平，公之功在岭东者甚巨也。百官则既相率而贺于朝矣，其在我人，宁无抒其庆幸之私耶？"某东人也，又辱附同升之后，谊不得辞，乃再拜稽首言曰："尝闻之，非常之原，惟智者赴焉。无前之事功，其在大攘之会乎？先是惠寇环疆，众谓不可向迩。公独纳上变者言，不为浮议所动。草薙禽狝，而匹夫匹妇之仇始复。盖辞之棘也[6]，天固厌之矣。在昔有唐淮西叛，时议勿兵，惟裴晋公力请于朝，率奏平蔡之绩。史称其惟断乃成。今此草泽，虽非可与方镇例论。然虎噬鼎沸，鱼肉生民，至亡道也。失今不图，乱将安极？其祸变又岂特蔡人之逆命已哉[7]？故论者谓公惠阳之役，功收独断，与淮西之师有相类者。余故特举为贺，以备国史氏之采云。若乃入管枢轴，显有勋华，行当与晋公后先炳耀。余不佞，且将为天下贺矣！独吾粤乎哉！谨序以俟。"

校记

[1] 抚臣，《玉简山堂集》作"抚丞"。

[2] 时，《玉简山堂集》作"特"。

[3] 持冲，《玉简山堂集》作"折冲"，当以"折冲"为是。

[4] 共，《玉简山堂集》作"其"，当以"共"为是。

[5] 有奇，《玉简山堂集》作"有余"。

[6] 辞，《玉简山堂集》作"乱"，当以"乱"为是。

[7] 蔡人之逆命，《玉简山堂集》作"蔡人逆命"，无"之"字。

送唐曙台令万年序

万年盖饶一新造小邦云，其地环重山，民生其间，峭而好逞，往多草伏，崛负阻声教。嘉靖初，乃裂饶信之支壤，为县以治之。垂五十年来，始登于理。然幅员仅数十里，例以小鲜视之，未有制科往令兹土者。

今上即位，殷念斯民[1]，慎重长民之选。万历二年春，大计群吏，又特进其治行卓荦著者于廷，上亲降玉音，奖谕赐宴，赍玺书，其所以宠异风劝之者甚盛。司铨氏奉承德意惟谨，是冬十月，以唐君仁卿令万年。万年令得制科自君始，故事长吏拜官，无面恩礼。君之拜万年也，司铨氏独旅引至御前陈奏，若举而亲授焉者。其重如此，此其故何哉？重民也，重民斯重令矣。

君博雅沉毅，道义意气，直追古人。自释褐为比部进士，益明习当世之务，才誉蔚起搢绅间。比拜万年，则靡不啧啧谓君非百里也，而况俭于百里者乎？君乃独过余曰："某一投笔生耳，初试为万年甚幸，顾所闻于盘错致理之道具矣。今安所施之？"余因慰之曰："君小万年耶？古有天民以一夫不获为己辜，万年虽小，能必无一夫之不所哉！然则无一夫之不所，而后可以对民心而称上旨。君小万年耶！"君行，同乡诸君子将合饯于郊，乃相率造余，欲得一言以为万年重。

夫君负非百里之才，而宰俭百里之邑，固恢恢乎游刃有余地也。余不佞，何以裨于君哉！但周行行省，而颇得长吏之概焉！大都今之为宰者，类取给于茧丝，奏记以为能，熟磬折容悦之节，以邀誉上官。迹其声，居然一良吏也。而入其疆，问其野，则固有大不然者。又或卑卑民事，日弄文墨，偃塞于斯民之上。然此皆世所谓贤而有声称者且尔，况其下乎？

先是，君观政多暇，间尝就余极论古今吏治得失之故，辄有当于心者久之[2]。今第以所睹闻者以语，君诚具之矣。然区区犹有望焉者，昔汉庞士元宰耒阳，自谓才非百里，不事事。宋王京兆器重韩魏国，谓其要路在前，乃勤民于此[3]。彼不事事者，即非百里，民其谓何？君诚能勤恤民隐，不小视万年。子惠怀保，覆露燠咻[4]，不遗余力。由是田野既辟，外户不闭，俎豆斯秩，礼乐可兴，而万年称治。异日者玺书征召，为耳目、为股肱，显有勋庸，实托始乎？兹是重民，乃所以自重也，顾不伟欤？君闻余言，而跃然也。遂戒单车往万年。

261

校记

[1] 斯民，《玉简山堂集》作"期民"，当系形近之误，应以"斯民"为是。

[2] 久之，《玉简山堂集》作"久矣"。

[3] 于此，《玉简山堂集》作"如此"。

[4] 燠咻，《玉简山堂集》作"燠然"。

贺督府司马洋山凌公平寇序

皇帝统有四海，凡海内含哺一物之微，莫不好生而并育之。其有冥顽梗化，祸我生民者，始命司马用九伐提师征之。方今皇灵远抗，四夷咸宾[1]。乃罗滂山猺，逞螳螂之臂、肆蜂虿之毒，为祸甚烈。且在棨戟之下，释是不诛，何以令三军而镇百粤。于是制府司马兼中丞洋山凌公，发符征材官甲士，将问罪诸猺。而先以师期请，甲集遂部署文武将吏授方略，而躬督之。所向披靡，骈趾就戮，不旬月而山穴犁焉悉平，斩首计四万有奇。盖自开府以来，所未尝有之殊捷也。

廷评小泉田君，遣使自雷阳以书抵余山中曰："罗滂之役，所上首功甚巨。亡论两广，即海内善兵家，其肤奏宁有前哉！捷闻，天子临轩受贺，嘉公非常之伐，自有非常之典，晋爵延赏，宠赉当异数也。但某叨以谳狱使者，睹兹休美，愿得一言，以为函币先。"某不佞，辱君旧爱。又私窃庆幸乡人自是有宁宇，庸敢以不文辞？乃再拜稽首言曰："往余观察苍梧，盖习闻罗滂事云。罗滂为两省通津，去肇郡不能百里，司马公建牙在焉。猺穴其间，鸟言卉服，由上古所兽畜者。性嗜杀戮，往往御人于江上，或寇城堡，或掠乡村，流毒地方，盖积有年数[2]，横甚，难于疏捕。若非天威夺魄，神略致人，乌能树此奇勋哉！"初，公拜司马之命也，余候之邸舍，公执余手曰："比岁军兴，民得无苦乎？予往欲休之。"余曰："广中多山海，宵人乘时而窃发。猺獠环疆，素为边患。不压以重兵，恐不可为理。"公第应曰："唯唯，否否。"以今观于公是役，筹无遗失，功收万全。是所谓用而示之不用者非耶？一弛一张，文武之道，司马公有焉。顷上念边臣之劳苦功高，独贤于外，即赐环枢衡，以均劳逸。行且藉公之重，以镇服夷夏[3]，由是而茂有勋华，炳炳乎未艾也。余故叙述其平寇大都复君，以为公贺。

校记

[1][3] 夷，《玉简山堂集》均作"獠"。

[2] 年数，《玉简山堂集》作"数年"。

卷二十　林提学井丹集（一）

潮阳林大春井丹著

郡志列传

　　林大春，字井丹，潮阳人。少嗜史汉，工古文辞。弱冠举于乡，登嘉靖庚戌进士。时严分宜慕其名，招致之，不应。后除行人，两使秦中，泉南藩王及大臣以金帛馈，却之。晋户部主事，部例疏奏，以郎官四人主稿。凡大春所拟稿，皆当上意。奉命使辽东，赍帑二十五万给军。还，随众谒分宜于直庐。嵩喜曰："林君何相见之晚也。"众以为与分宜有旧，视所投刺，不称门下，惟具衔而已。转员外，出为湖广江防佥事。丁内艰归。服阕，补河南睢陈佥事。执法不避权贵，置故相高拱私人于法。拱衔之，以大计调。后二年，拱免相，起苍梧佥事，改浙江提学。奉诏选贡士，皆得人。太宰杨博廉其能，晋秩副使，浙江提学如故。迨高拱复相，言官希意劾春命题断裂经义，遂罢归。其后张居正当国，雅与春善。及江陵居父丧，人言第得一诔辞，通显可立致。大春笑而遣之。尝语人曰："宰相须用读书人，江陵负才欠学，故动多躁妄，必及于难。"后果败。家居十八年，杜门著书。于桑梓利病，必备悉达之官。招收都混迹萑苻，当道欲遣师屠之。春为力阻，全活万余人。卒年六十六，著《井丹诗文集》十八卷，祀乡贤。弟有声，隆庆庚午举人，历福州判官，有惠政。

序

　　文章经国大业，不朽盛事，然其所由来难矣。何以故？诗与文兼之难，兼之而神解者，尤难乎其难也？

　　惟先生也，复灵以生，其才天笃，昭旷之见，洞彻乎坟索，贯穿乎子史百家，其知有所至矣。是惟无作，其有作也，自古出者化而不桎，自己创者达而不调。今独不观之方素乎？一部之书，其言累数百万，探之有本，如悬河泻泉，注而不竭也。布置条列，如公输之规制，苏张之纵衡也。端严庄雅，如冠裳佩玉，立乎宗庙朝廷也。变幻不群，如太空之云舒雾卷也。绰约乎其处女也，回复乎其旋濑也，珍丽乎其玦璜也，古质乎其彝钟也，快顺乎其出峡之舟也。感慨激烈，如击筑易水上也。精而逸，如庖丁之游刃也。其啜之隽永，其太羹元酒之谓也。其悦之不厌，其布泉菽粟之谓也。其听之如八音，以言其谐备也。其神之所，诣之不可以色相窥之也。其吹万也，不同犹之风也。文其在兹乎？

然先生匪特文已也。官自大行以至学宪，高自抗节，未尝毁方为员，少投时好。其所扬历，树立伟然。督学两浙，衡平鉴空之名尤著。家居仅立四壁，宴如也。不问生产，而喜赴人之急。贫贱之交，何曾以贵倨疏乎？而又惓惓推奖后进。故其相与，诵义于无穷也有以。夫先生之文章既如彼，其行业又如此。

语谓文人鲜能立名节，又谓文人无适于用，是耻也，幸先生出而一洒之。使天假之年，用荐者言而起，则以正学佐人主，以撰述被金石，必大有可观。如平津者，且羞道之矣。

裴智不足以知先生，污不至阿其所好也。或者以先生之位不掩文，庸憾焉者。嗟乎！此其枵之人哉！先生文足以传矣。而克鸣君以诸生高等，廪于庠，善立名义，非徒读父书已也。先生又有子矣，如此则其名必极，荣施无竟。人世禄位石火耳，奚足为先生重？门人周笃裴撰。

林提学井丹集题辞

明初以古文鸣者，宋、刘二家，高视阔步，蔚然开国气象。守溪、琼山、震川，济以经术，瓣香欧、曾。驯至二李登坛，何、王竞爽，彬彬盛矣。

先生崛起岭东，掉鞅词场，方将与天下才人，期以文章报国。既乃匹马边关，饷军辽蓟。崎岖山海，不敢惮劳。迨事竣言旋，雍容供职。顾以不能随时俯仰，一扼于分宜，再扼于新郑。以年例出任监司，旋提衡两浙学政，声誉煜然。寻为忌者所中，先生淡然安之。文学两汉，诗学盛唐，与前后七子同一风尚。当其沉吟握管，直欲肩随北地，平揖济南，闻者亦不以为过。其行谊清纯，雅与其文相称。宜乎后进之士，相与慕义于无穷也。

后学顺德冯奉初题。

严贪酷疏[1]

臣闻财之在天地，自足以周天下之用。今天下之财，称诎乏矣。无他，贪酷之吏剥之也。祖宗时征伐颇繁，而水旱灾荒，亦往往有之。然民不困，而国用足者何也？无贪酷之吏也。其所以无贪酷之吏者何也？贪酷之禁严而鼓舞之术神也。今贪酷多矣，十金之家，有事而隶于有司，则十金不保矣。百金之家，有事而隶于有司，则百金不保矣。朝廷每岁论狱，必三宥而后刑，如此其慎也。今民之无罪而死于敲扑者，岁不知凡几，此贪酷之害也。

臣读前史，见古之所谓酷吏，不过以深刻为能、锻炼为事，欲以取名当世，要结人主。今则酷以济贪，非仅古之所谓酷吏也。臣见各省抚按，多以百姓逋逃为言。臣窃以为人虽至愚，宁不知安土之乐，与夫输纳之当然？而乃甘于离乡背井，辞亲戚弃邱墓而去，此必有驱之者矣。夫以天下奉一人，岁之所输几何？而贪酷之暴，朘削无已。其出于常赋之外者，恒什百千万也。此民之所以逋而去也。逃亡而无所归，将逼而为盗，势有不得不然者，贪酷之罪，可胜诛哉！今抚按以逋逃为解，甚者以贪酷为能而荐之。盖堕彼弥缝结纳之工，趋承供奉之便，而不知其皆取之于民者也。伏乞敕下法司，凡赃自百金以上，置重典、籍其家。次遣戍，一如祖宗故事。抚按不举，罪如之。如此则贪酷之风息，财用之蠹除，而逋逃不归未之有也。

又闻祖宗时，天下朝觐，官吏部考，其政绩优异者以闻，赐宴礼部，及金缯有差。仍诏吏部查京堂卿佐缺，以次迁逋。当是时，有自布政入参机密者，有自知府入为尚书者，有自州县入为卿贰者。鼓舞激劝之道已至，固不徒法制禁令，使人知畏不知感也。伏乞率由旧章，拨一二人，以风天下。将见化贪酷为廉仁，虽两汉循吏，何难复睹于今日耶？

校记

[1] 本篇《井丹诗文集》名作"论贪酷之害状"，相校该文，大意相同。本篇有较大删节，仅在此说明，不一一出校记。

平蛮碑

皇帝受天明命，诞抚多方。威灵震于殊域，德被方夏。上覆飞鸟，下及牛马。以至日月所照，罔不宾服。其鸣镝射雕之长，雕题露纷之国，献琛纳款，奉职贡于朝者，不可胜计。况乎六合之内、五岭之外，职方所载，又恶敢有越厥志？

惟是深林大泽之中，时有藏垢纳污，负险为固，以苟活于戴履者[1]。有司者御之失律，遂用不逞，以鱼肉我民，民乃大困。于是夏官尚书，按图籍，核户口之数，上书阙下，谓南有揭岭，自秦属南海郡，故称沃壤。编户之民，采山为茹，钓水为食，至终其身，老死不知兵革，吁吁喁喁，日蕃以息。乃顷者守臣言，田畴多芜秽不治，人靡宁宇，户异其处，膏涂草野、血流川渚，盖已十丧而五矣。推原本始，则以黄巢、石碇、大节诸寇，积岁为之蠹也。桂岭之属，是为古田，亦桂林、象郡之奥区也。往自先朝，县没于贼，窃据垂八十年。吏议弃而不守，以为弹丸黑子之地，不足以烦中国也。而或者又以时屈，鲜任事不贰之隶为解。至置盗府库、戕大吏之罪而不问。臣窃伤之。夫九真内附，珠崖外进，斯往事得失之明鉴也。惟我天朝，幅员方数万里，咸正罔缺。奈何遂弃古县于远，以业蛮夷。臣愚以为服之便，其岭东黄巢诸寇，并宜扫除，以清北户。诏许之。因特置广右抚臣，以新安殷公正茂为之。而以兵部左侍郎南昌李公，迁节制两广军务兼抚东省，为罢东省抚不设云。

先是两广频年用兵，而议者谓莫亟于古田及岭东诸路。乃先后镇巡诸公，与夫境内搢绅先生之在都下者，咸以为言。及李公到镇，复与巡按广东监察御史赵公惇，巡按广西监察御史李公良臣，亹亹申明之。至是本兵乃力主其议，以赞于公。公因得以便宜从事，以隆庆四年夏秋之月始事，于辕门下令曰："今日之师，奉天伐罪。将以禁暴止乱，以惠安元元也。诸将吏从东西行者，有进无退。其不得贼者无返，有不用命者罚无赦。"于是东师则以游击将军诚立将长乐之兵，按察使张君子宏监之。以参将濠将程乡之兵，副使江君一麟监之。以总兵成将潮州之兵，佥事杨君芷监之。而以成总其事。专理粮饷，及纪验功次者，则参议许君天琦也。西师则以游击将军山，都指挥佥事龙，都指挥佥事国贤将思管、风门、莲塘之兵，参议龚君大器监之。以左参将应甲，右参将世科将三门、龙坑之兵，副使郑君一龙监之。以署都指挥佥事凤翔将都狼之兵，副使应君存卓监之。以副使总兵崇文将总甫之兵，副使邵君惟中监之。而征蛮将军俞君大猷，实总其事。总理军储及分理粮饷，纪验功次者，则左布政使郭君应聘，参政柴君淶，佥事金君柱也。当是之时，兴师十万，飞刍千里，旌旗蔽空，烽烟相属，盖已先声而夺人之气矣。乃公复往来于苍梧、兴庆之间，相度机宜，指授方略。羽檄交驰，朝闻夕发。于是破凤凰、涉潮水，斩西贼渠魁黄朝猛[2]、韦银豹等以殉。得村栅六百五十五处，降人卒数千，斩虏一万有奇。东攻黄巢，击石碎，袭大节，生擒贼首苏继相、曾魁、杜高山等诛之。寻又乘胜出奇，南走东坑，斩获曾朝元等于海丰之界。破巢五十、斩卤三千，其坠落岩堑、堙塞、溪谷中死者无算。盖自兵兴以来，甫浃旬时，而群凶授首，古县克复。其在东则张宪使，在西则俞将军，二人之力为多。论者谓其有伏波楼船之遗烈焉。师还，李公疏上诸将吏功次。诏加爵赏有差。于是张君乃以李公之意遗书林子，请纪其事。林子曰："予曩盖备兵苍梧，古田之役，吾其与闻之。若夫揭岭之捷，即今之得于睹记者甚盛，讵可以不文辞？"辞曰：

于惟明德，既成武功。统一宇内，六合同风。奄有百粤，遂荒大东。桂林内拱，南海朝宗。驯至中叶，运抚熙隆。古县沦没，蛇虺为宫。亦有妖氛，近集海邦。如鸩斯毒[3]，如鼠斯藏。我皇嗣统，轸念遐荒。司马叩阍，义激中肠。天子曰咨，咨尔封疆。念我旧址[4]，幅员既长。云胡不吊，恣彼猖狂。锡尔节钺，我武惟扬。既敬既戒，群丑于襄。臣拜稽首，帝命肃将。敢不矢心，告成于王。东征西怨，大旱虹霓。貔貅十万，霖雨三时。骁驱电发，羽檄星驰。方略指授，庙算神机。更有同心，共济艰危。日惟宪使，南土是依。矫矫虎臣，料敌出奇。千骑万旟，谈笑而麾。一朝克复，久陷城陴。歼厥渠魁，胁从罔治。黄巢大节，以次芟夷。丰狐授首，狡兔魂飞。西人欢呼，言归故园。自我不见，于今抱孙。东人悲辛，有赤其村。载芟载柞，岂我思存。于嗟明德，覆育元元。无忘远略，永固雄藩。于今始成，岭外乾坤。皇心悦豫，湛露鸿恩。将士戮力，其膏靡屯。臣拜稽首，天子万年。四夷宾服，昭格于天。嵩台之阳，泷水之滨。勒此贞石，敢告筹边。

校记

[1] 戴，《井丹诗文集》作"载"。

[2] 渠魁，《井丹诗文集》作"渠率"，渠率也即渠帅，与"渠魁"义同。

[3] 如鸩斯毒，《井丹诗文集》作"如鸱斯啄"。

[4] 址，《井丹诗文集》作"止"。

端州督抚行台碑

万历八年某月，大司马两广刘公新建督抚行台于端州。越某月而行台成，百工毕，堂寝门庭、廊庑轩墀之属，高甍深闼，宏广壮丽，巍然为一方巨镇。其时会有西征之役，捷闻及既旋，乃大会两省藩臬大寮，总帅将校而下，宾而落之。远近观者肃如。百蛮之长、九夷之使，莫不翘首跂足，喙息而趑趄。

于是两广公戒使致辞，请书其事于岭东林子。林子曰："曩余尝行游宇内，起咸阳而西至贺兰，北涉医闾，历燕赵梁陈、吴楚闽越之墟；南逾岭表，抵于苍梧。盖所至多重臣开府处，然未有若苍梧之盛者也。彼其据高冈而俯层峦，控诸粤而走百蛮，固节镇之雄也。而复有行台之设者何居？盖梧去岭东郡县远甚，又地属炎荒，暑气为烈。故自先朝以来，前辈督抚诸公，往往以夏月移镇端州，名曰避暑，而实以城彼东方也。顾其所居为岭西，故道嚣尘湫隘，岁久敝坏。余在苍梧时，尝从自湖吴公至州白事。公指示余曰："此虽即次，非所以重军旅，肃夷夏之具瞻也。"方议修建，会迁去不果。

其后十有余岁，洋山凌公乃始创建后堂及东西二楼，稍拓门前衢路，而增饰之，亦足称大观矣。而制犹未备，岂知瓌瑰壮丽之观，竟有待于今日耶！夫天下事，其作也必有因，而承其敝也必有待而兴。奕奕明明，厥功乃成。方是州之有行台之称也，其初不过为襜帷暂驻之地，来往无时，人情因陋就简。遂不复与更始，亦无怪者。

刘公本三楚豪杰，剔历中外，偃蹇朝野，以身系天下之望者，垂三十年。故其所至，勋名彰彰如是。至诸所举措，大都期于宏远垂久，不为一切苟且之计。维兹行台既建，俨然与苍梧旧镇角立而峙，即西省有事，直鼓行而西耳。假令东省诸郡卒有不虞，亦可以传檄而致，自不至于偏重遥制之患。是一举而关于军国之利甚大，不可以不书。乃系之以辞。其辞曰：

余昔壮游经四方，北走碣石东扶桑。重臣出镇职封疆，建节开府为边防。星分斗列摩天章，惟有苍梧称昂藏。沧海为池岭为梁，镇抚甿黎走蛮王。谁其作者韩都堂，至今人说羊襄阳。顾其地远余之乡，赫赫炎炎气莫当。先朝节使念遐荒，麾旄东指崧之江。白石粼粼水洋洋，耀武敷文到海邦。但仍旧贯临康庄，襜帷暂驻空寻常。南昌老臣归岩廊，行台坐啸嗟未遑。十载方逢凌太仓，广陌岑楼志未央。谁知今夕重辉光，神宫仙苑属刘郎。经营勿亟何安详，旅楹有觉曼且长。轩然高举凌穹苍，腾空五色卿云翔。于飞千仞集鸾凰，韩刘并驾联芬芳。是日平西露布张，薄言旋归凯歌扬。会集大寮烹牛羊，旌旗闪闪罗干将。刘公燕喜为举觞，四方来观祝寿康。蛮夷跂足随趋跄，一时胜事欢难量。贻书遣使征琳琅。恨无椽笔回秋霜。伐石留辞比甘棠，不独流声漓与泷。

平九丝碑

今上龙飞改元，覃恩八极，乃眷西顾，底清梁益。于是西川守臣御史大夫曾公省吾，祗命惟谨。既广德意，柔远宁迩。乃穷览其山川，考稽图志，周爰咨诹，及于荒裔。

惟时西南之夷，宅彼戎乡，倡乱称王，号曰"都蛮"。流毒于江、阳、卬、僰之间[1]，几易世矣。彼其据九丝以为城，恃天险以难升。而辅以都塞，翼以凌霄[2]。自秦汉而后，弗能歼也。

迄在先朝，屡勤将吏，师出罔功，顾愈益炽。于是前守臣部使，莫不亹亹上书，请与西南夷从事者。有诏悉听便宜行之。至是，御史大夫乃以疏闻，因下巴蜀檄谕，意曰："明兴二百余载，德被群生，风行区外。皇上御宇，六合一家。自彼氐羌，至于北狄，莫敢不来。享虽虞格，有苗周服，獯狁弗盛于此矣。乃兹匪茹，负险为固，下黩坤灵，上干天纪，予其敢缓于不赦之诛？咨尔将士，暨尔黎庶，尚其与予同心，克清大憝。予敢弗敬，以忝于百执事，惟百执事图之。"乃与镇西将军都督刘君显，及藩臬大吏二千石而下，以元年春三月，大会兵于犍为之郊。其年夏五月朔，克凌霄城下之虏，蛮王以归。我兵乘胜长驱，遂薄都寨。以六月既望，袭破其巢，因遂进攻九丝，既逾时乃下。获宝鼎二、诸葛铜鼓六十有四。献俘阙下，上嘉纳焉。

先是凌霄捷至，御史大夫与刘将军计曰："贼据九丝，以凌霄为东藩，都寨为左臂，撤其藩而不断其臂，非长策也。"及都寨已破[3]，乃分兵为五，以克九丝。而以刘将军之兵冲其西，故将军郭成击其南，故将军安大朝等绕其东，参将张泽战其北，故游击将军吴继祖等扼其西南，与刘将军兵合，号连珠营。营近蛮场，禾稼方登，我兵因之为粮，既饱而嬉。会积雨屯雾，贼守愈固，我兵稍却，持之。贼谓兵惫弛[4]，可少纵矣。又会夷俗赛神，因大醉，谍得其状，诸将从帐中喜曰："此可击也。"乃夜令传箭，我兵冒雨攀藤缘崖而上，至明，斩关而下，诸蛮大溃，九丝遂破。时其年九月九日也。是役也，凡克寨若干，擒王若干，斩卤五千有奇。其坠崖落堑堙塞川谷者[5]，不可胜计。拓地至八百里，牛羊、积聚、金甲之属无数。盖自通道渡泸以来，西征之烈，未有若斯之盛者也。

初，刘将军以它事坐，论当夺将印。御史大夫乃言于上，谓将军久事西南，宜可使过；又故将成、大朝俱尝效力西陲，乞勉，留共事。许之。竟以成功。至是，御史大夫复请如滇南沐英、交阯张辅故事，久任将军。及条具建城、置守、扼险、通道、设官、分戍、恤民、兴学等十事上之。又请易戎县旧称，以绝戎心。俱得报可。特赐名曰"兴文"。于是侍御龚公懋贤，以代巡至岭南间，述全蜀士民之意，及故相大学士赵公贞吉所为《平戎诗序》示予，而属予为纪功之碑。其辞曰：

奕奕梁山，作镇西蜀。惟王建国，分为藩服。产彼戎羌，乾坤并育。岂伊异心，匪我斯族。冯阻为昏，高旗大纛。历代逋诛，徒滋焰虐。嗟我先皇，轸念边陲。群臣献计，请事西夷。我皇嗣统，益隆抚绥。天语丁宁，命将出师。鼓未成列，首下云陣。擒王斩帅，薄言旋归。继锄险寨，孤垒岩峣。九丝壁立，飒如风飘。野无遗寇，千里萧条。云谁之功，曰汉嫖姚。朝息狼烟，暮收鼓角。秋猎春耕，牛羊露宿。严城置守，设官建学。成聚成都，家给人足。伊谁之赐，御史大夫。忠比诸葛，檄似相如。三年通道，五月渡泸。鸣金列鼎，丕著祯符。亦有雄才，为赋蜀都。天子乐胥，赏延于世。身归于朝，将留于戍。古县更新，易名今制。欢震岩谷，泽流荒裔。戎运告终，华风永固。孰启斯文，钦哉命使。勒此青城，永光白帝。

校记

[1] 犍，字书未见此字记载。

[2] 翼，《井丹诗文集》作"翌"，当以"翼"为是。

[3] 已破，《井丹诗文集》作"既破"。

[4] 惫，《井丹诗文集》作"备"。

[5] 堙塞，《井丹诗文集》作"堙塞"，当以"堙塞"为是。

潮州通判翁公平寇碑记

嘉靖三十九年六月，有贼大举袭入潮州。潮阳府通判翁公帅师击破，走之，城中按堵如故。先是倭奴为寇，内侵浙直，浮海上东达闽广。闽广漳潮之间，故有受募为兵者，率多因之以劫[1]，齐民散入山中为群盗。其时，公自户部主事出判潮州，寻署潮州府事。降卒数千，南却倭夷于韩水。其后倭夷徙攻潮阳，不下，转掠诸村里屯于贵屿。公乃上书监司请归印，而身自督兵行县，与守备陈学夔，指挥亦孔昭俱居。

一日，忽有贼迤逦从西北来，自号为兵，盖漳寇云。是时邑无长吏久，又倭去备弛，贼初不知公之在内也。乃夜缒城上，鼓噪而入。时漏下已数十刻，守者皆僵甲卧。贼众二千人，号万人，猝至，出其不意，惊起莫知所为，多奔走投城下。贼因环啸城上，城中闻之大恐，以为倭寇入也。于是公即勒兵戒严[2]，而自骑往见贼，问贼何来状。贼中相顾愕然，窃惊怪之。顾贼业已入城，即不下。公乃部署吏士分布诸要路，而调守备军于郊。贼亦分队焚烧边城庐舍，城中愈益恐，咸奔依公所，男女以万计。公为感泣露祷，愿身先士卒，受石矢，为百姓请命，父老无不流涕。

时有上书言便宜事者，其略曰：“方今城中百万生灵之命，悬于足下，故愿为足下效愚计。窃闻之，兵不百者不可以当敌，计不一者不可与共事。今贼拥二千之众，负层城之险[3]，而我以兵制其下。人民外徙，声援内空，胜败尚未可期也。为今计，莫若速出令，号召四乡之兵，使皆毕集城下。且夫四乡负海之兵，轻敌而敢战，皆天下之所谓勇悍精兵者也。足下诚发帑金，悬赏以待之[4]，则壮士皆相率而为足下死矣。夫收天下之精兵，以与贼战于城上，而又以游兵薄城下。是贼进无所得、退无所据，破之必矣。”

公得书，遂从其计。于是益调诸路援兵，兵自远近至者，盖数千人。其时家君亦从城中收子弟兵，得六十人，克城西路，却敌先登，捕虏一人。公得所捕者，辄手斩之以殉，贼气遂沮，而邑人刘应望等，皆以诸生起兵属公，城中军威大振。斩首二十三级，捕虏一十三人，贼已穷蹙，悔入城不得去。会天大雨，贼兵愈益溃乱，自相蹂踏。而守备指挥等军，复进攻西南路，与公兵合，因夹击之，斩首一十五级，捕虏二十三人，获伪倭首一人，夺回虏中男女二十人。于是贼自度力不支，因此退保城隅，进退无路。而城外四面皆我兵，往往奋喊邀战。从雉堞中掩击之，矢石入城中如雨，所击杀又数十人。城内兵乘胜逐北，及于郛下，转战数十合，斩首二十七级，捕虏二十三人。贼人大败窘甚，我兵犹殊死战。相持至暮，有逾城遁者，城外兵多窃伏道傍，伺贼出即坑杀于城壕中，后者莫敢出。贼乃蒲伏，号泣求生，愿以残虏退，城中父老，亦以为言。公因传令，北开城门，稍放逐之。贼投戈袖手裹疮驰，从间道去。公复发所部兵追捕之。于是城中士女乃辞公抵舍，明日追者至，又得十余骑十余人以归，公因抚其众而还。

初，公既用父老言，四召壮士，士无不望风响应者。其临阵授策，无大小，皆推诚与之。以故人亦乐为之用，而得其死力。其搴旗获级之赏，未尝逾时也。至士有杀伤死者，亲为医药临视之。闻者无不叹息泣下，其感人如此。

林子曰：嗟乎！潮阳之名尚矣。明兴二百年来，海内宁谧，我潮地处偏隅[5]，未尝有犬吠之警。迩年寇扰江南，潮始多事。贼因乘间入城，然竟以通判故不敢逞。岂非朝廷之威灵，而山川社稷之福哉！且余闻之长老言，贼入城时，倭奴复有觊心，至贼不得意狼狈去，乃始窃相戒，吐舌自幸。诗曰：“渔网之设，鸿则离之。”夫通判之行，本为备倭也。而流贼竟以授首，倭亦因之寝谋。由此观之，功何如耶？公名梦鲤，字希登，福建莆田人，由进士左迁今职。

校记

[1] 已劫，《井丹诗文集》作"已陵劫"。
[2] 勒兵，《井丹诗文集》作"勤兵"，"勤"当是形近之误，应以"勒兵"为是。
[3] 层，《井丹诗文集》作"曾"，"曾"当是形近之误，应以"层"为是。
[4] 悬，《井丹诗文集》作"县"，"县"当是形近之误，应以"悬"为是。
[5] 地处偏隅，《井丹诗文集》作"最号偏安"。

新建海门莲花营碑

万历六年夏六月，有海上遍寇百数十人者，反自外夷，至于海口，权领潮州参将游击将军金丹将兵御之，贼乃遁去。先是南澳副将新立，方调集海兵屯海上，而会贼猝至，将军乃从中计曰："贼来宜与兵遇，彼兵必扼其冲，而我固守以防奔突，可成擒矣。"及谍之水兵，固无战意。又贼佯告招，彼兵辄以安抚为辞[1]。于是贼竟扬帆去，或以让将军。将军叹曰："嗟乎！使丹而得隶水兵者，讵能令贼生还耶？"盖是时，将军所部者陆兵也。夫捕鼠者狸也，以之沉渊而制巨鱼，则不及獭。故贲育而絷其手则却，骐骥而系其足则蹶，此其势然者。于是将军乃退修靖海、海门二城，寻筑营于莲花峰下，为海门南障。因命名曰"莲花"，而上其状于镇巡，诸公咸嘉美焉。

初，客兵故无营，往往散聚人间，与齐民杂处，军民颇厌苦之。至是，营立而兵民始分，海口翼然，增胜概矣。然其费也，多将军廪入，及上所赏赐，不以侵兵也。总哨千兵，镇抚而下，各捐俸给，以佐工作。而力取诸兵，土取诸野，石取诸山，不以烦民也。其为门八，为堂二，廨宇九十有奇。颇仿方隅列阵势，分布官兵环居之。盖经始于孟秋之中，越二月而告成事。其区画指授，虽出将军，而程督劝，相以期底绩者，则千兵镇抚总哨之力也。落成之日，将军请予与邑大夫往观之。予惟将军本浙西豪士，起诸生而摄大将。跋涉山海，驰驱南北，至身经百战，蹈九死以有今日，可谓壮矣。六月之师，不得贼命也。乃其设险御敌，以待有制之兵。所以为边防计者至深远，不可以不书，乃为之铭曰：

天开溟渤，东南有截。汪洋浩荡，涛声震叠。不有重关，孰障狂澜。乃作高山，乃凿青莲。开花十丈，擘藕为船。爰立守御，用清比户[2]。鸡犬人家，樵苏野戍。胡不百年，大风有隧。遂起长鲸，飘来忽逝。不有莲营，孰拊其背。乃饬师徒，乃奠厥居。圆规法象，方列阵图。为国干城，为乡比闾。将士协力，共济同心。谁其主者，将军姓金。昔号莲花，今传细柳。坝上海滨，光映前后。柳既不凋，花亦不毁。谁其作者，山中逸史。

校记

[1] 辞，《井丹诗文集》作"解"。
[2] 比，《井丹诗文集》作"北"。

黄公堤遗爱碑

黄公堤者，堤为黄公作也。堤以地名易今名者，思其人若比之苏堤之义也。黄公为谁？晋江紫东云卿氏也。紫东本名一龙，由隆庆戊辰进士来知潮阳，逾年而政平狱理。其明年辛未，乃作是堤。又二年癸酉而堤成。其时紫东已入为大理评事矣。于是士民思之，而国子生黄守约等，率其耆老，请余为遗爱之碑。余心许焉。未几有谗紫东于当道者，竟从计吏坐免。士论益深惜之，以为紫东不可复得矣。生乃走求之北山之麓，得砥石丈许，命工辟之，舁致堤上，覆以石亭。而以图状碑质，来速余书。按状堤在县北直浦门，辟官道，长可数千步。东渐于海，西联络于诸村，亦一方之巨障也。前此尝屡修矣，而工程靡固，往往溃决莫御。甚者荡田庐、漂畜产，岁以十数。自辛未之役兴，而民乐趋事。盖实土维坚，含沙负石之徒蚁聚。于是有堤蜒如，有峻且硕，视昔殆加倍之。卒遇海若为灾，其远近四十余乡，咸免于昏垫之患。斥卤之区，化为腴田者三万余亩，盖不独行人称便已也。又大堤以西，旧有通渠数道，流衍各村，居民赖之以滋灌溉，而富室豪家，间有欲专其利者，辄倡为壅遏之议，以干紫东，紫东不可，命疏通如故。故议格不行。盖紫东之惠政，在邑非止此，而此其此方利赖之大者欤？但天下事固有幸有不幸，彼古有修浚仪之渠，筑荥阳之堤者，其遗迹与斯役何异？顾彼独以功名，显传之循吏，而紫东乃竟以谗去。绩用弗彰，余甚悼焉。呜呼！此北山之石，所以不能不裂而为周道之碑也。铭曰：

有亭翼翼，有砥斯石。谁其书之，伊余载笔。厥书维何？政迹孔多。谁其巨者，封堤浚河。维堤若黛，维河若带。外障狂澜，内芟菱稗。中田有庐，疆场有居。环堵周屋，鸡犬相呼。乐兹寿耉，十千维亩。虽有凶年[1]，终善且有，云谁之功？令德是崇。吁嗟尺雾，曷掩循风。何以为报，穿碑周道。凡百君子，是则是效。

校记

[1] 有，《井丹诗文集》作“则”。

黄迪功碑

　　君讳时春，闽之漳郡平和人也。初名梅，寻以文无害辟郡从事，称今名。万历癸酉，始得除为郎，补丞潮邑。其年冬十一月至官，政甚慈惠。俄而海寇大入我边鄙，有檄令丞往抚之，且为质。丞不辞而行，宾客咸饯之江上，有为易水之歌者。及旦，抵贼所，贼第为稍释俘卤十二以归，实无听抚意。犹时时登岸野掠，间夜出迳口。然不果薄城下者，皆丞中阻之力也[1]。后丞思归不得，贼闻而悲之，乃竟扬帆去，挟与俱东。其明年夏六月，丞遂卒于海外，谈者悼焉。盖楚魂不返，千古兴嗟，今昔之所同也。乃为之碑以表之。其辞曰：

吁嗟迪功，筮仕于东。甫及下车，羽檄匆匆。遭时不靖，抚御失策。堂堂命吏，投畀荒域。有昔楚君，见羁虎狼。孤魂不返，行旅悲伤。方兹明盛，势殊事异。岂意伊人，葬身无地。松风若涛，野水为号。何以告哀，刻石岩峣。

校记

[1] 皆丞中阻，《井丹诗文集》作“丞本中阻”。

梧州镇城改造瓦房碑

梧州为东南重镇，实两省冠裳之会。三军所出，四民聚焉。然其地僻在西鄙，非通都大郡。其俗尚简朴，无高堂华屋之观。盖自官府学宫之外，率多竹庐，以蔽风雨。每间岁旱烈，辄焚烧，数百家俄顷而尽。居民常望见火荧荧从屋脊起，遂谓天灾，莫可幸免。已复结竹环居如故，以为常岁。

嘉靖乙丑六月，城外大灾，其明年丙寅六月又灾。于是藩、臬二使者患之，因上书督抚兵部右侍郎兼都察院右佥都御史南昌吴公，自言奉职无状，弗能宣扬德美，致召天灾，殃及于民宇，民用惨戚，请与吏二千石而下，痛自修省，以回天谴。因发仓赈梧之被灾者，不胜皇恐待罪。是时吴公适以上命东征二源，先移军于端州。书至，公方劳师军中，为辍食泣下，言我以东兵之故，而遗西镇黔黎忧。虽大夫自引咎，乃余罔豫图，其亦何责之辞。遂可其请，且移檄镇中，召父老而谕之曰：“顷余乃弗虞尔等，弗戒用燔于尔宫，余甚悯焉。虽然，火作不于秋冬，而于盛夏，此非必皆天灾也，其居使之然也。夫沧海之舟、雪山之骑，昏夜索火，必无与者。使童子操竹而磋之，则其火立炽。由此观之，竹以致火，亦明验也。而梧之民乃往往折竹为椽、编竹为户，上栋下宇，匪竹莫须。环城远近，鳞次而居，井灶相续，寝爨其中。日气下暴，地气上蒸，欲求无火，不可得已。故火之起自屋脊也，实暑盛竹热极之所致也。而反谓为天灾，不亦误乎？且夫惮费惜劳，而安于陋习者，贾竖之守。而更化善治、移风易俗者，圣人之事。是以豳风陶穴，亶父契龟，陶唐木处，神禹凿龙。故泰伯端冕以化吴，仲尼弦歌而治鲁。凡以承天之道，相地之宜，贻斯民以久安长治之术者也。故民罔携志，士习而安焉。子孙世世，守以勿失。夫然后教化可兴，而风俗可同也。今梧人不悟，乃欲为一切目前之计，以苟岁时。卒有不便于己，即委而去之，视弃其居如弁髦然。甚非所以示民不迁之义也。其令民自今，皆易竹庐为瓦屋。力不足者，官为资给助之；能以义倡为凡民先者旌之；有不如令者罚之，甚者籍其地而墟之。”于是乃发窑戌千人，命中军监制砖瓦，凡累数十巨万，资贫民所易取。令藩臬使者以意行之，行之郡县。五阅月而镇城外内民居，无敢复为竹舍矣。君子曰：“观于此，而知王政之及人至易也，其泽远矣。礼乐其可兴乎？”

初，公令既具，或谓不如令之罚至墟其地，不已重乎？公曰：“不然，正使之难犯耳。”至是功成，民果无犯者。其年秋，二源平，公且还镇，往观之。会有诏，召公入赞机务，寻复召还本兵。于是士民争赴郡，请纪其事曰：“公之惠我西人者亦多矣，靡得而悉记也。不动声色，而遗我西人百世之安者亦大矣，不可得而闻也。无已，则请以前事识可乎？”太守许诺，更请于二使者，二使者谢曰：“是诚在我，顾我愧罔以赞公，其何敢辱之。”太守曰：“夫六月之灾，惟使者幸闻之；今日之役，亦惟使者幸教之，愿使者勿辞。”于是二使者揖让三反，而太守而下与博士弟子复三过之。然后乃始采掇其文，而为之记。使者谓大参刘君子兴，与佥事林大春也。而记即大春为之，明大参之让也。太守为谁？晋江丁君自申也。自太守而下，若同知柯文绍，通判陈绍文、潘仕云，推官李佐，苍梧县知县海鹏，则均之与有经理劝相之劳者。其辞曰：

于皇我明，德覆六合。翼翼苍梧，雄镇是作。宛彼江流，宾旅杂沓。民亦繁止，修篁是托。四月维夏，六月徂暑。连衽成帷，挥汗成雨。炎蒸载临，烈炎为灾。使者陈辞，爰告我哀。吴公曰咨，咨尔群黎。祸匪自天，厥乃自贻。我图尔居，陶瓦攸宜。曰止曰时，筑室于兹。乃资尔财，乃佐尔力。庶无后艰，以永今夕。百工趋事，庶僚祗式。一劳暂费，其究安宅。于惟我公，泽并洪钧。潜消默运，大造我民。御灾捍患，尸祝户陈。君子万年，正是国人。粤稽史籍，伊谁配矣。夏禹不作，民鱼鳖矣。齐微管仲，吾左衽矣。方公之功，谁今古矣。千载穿碑，卑汉水矣。

重建东山灵威庙碑

有唐忠臣张、许二公死节事在睢阳，睢阳祀之旧矣[1]。潮阳非二公故所经历地也，而必祠之者。按旧志，宋熙宁间，军校钟英以郡遣入贡京师，道出睢阳，祷于双庙。其夜梦神告以遗像处，命之归祀于东山。英心异之，及抵京竣事，还过庙，如神指探寝殿筒中，果得十二铜像、二铜辇以归，置于东山之东岳祠。时有元旌见其上[2]，旁寺惊怪不安，请移避之，有司因立庙焉。事闻，封二公王爵，赐庙额曰"灵威"。潮之有庙，盖自兹始。

其后二百余六十年，元之大德十一年也。县尹袁天汉始与前进士赵嗣助倡义鼎新之。说具刘山长应雄碑记。又二百六十年，为我明嘉靖癸亥，庙毁于兵。越二年，而潮州节推郑侯良璧者，来署邑事，复捐俸重建焉。其年邑人林子适自睢阳至，因考睢阳庙祀位次，自张、许二公而下，祔以雷、南、姚、贾凡六人，盖详之也。而吾潮则特祀二公，继增雷、南者，义起也。今新庙像设二公与雷、南，而不及其它者，仍旧也。庙制雕镂金碧之饰，视旧略为浑朴者，费省而不及民也。庙庭从以钟、赵，及生祠郑侯者，不忘其初，从民欲也。而记则林子为之，乡先生志也。林子曰："余曩尝守睢阳，亲吊二公百战处，为之低徊而不能去[3]。至询及二公托梦来潮事，则故老已无在者。或谓昌黎韩公，当时尝持正论，以辟朝议。后坐谏佛骨谪潮，潮人祀之。故二公之来，以韩公所游寓也。

天顺间，夏岭为乱，长驱且袭潮阳，既入界，遥望见城中车旂火炬甚盛，遂不敢进。乃者，倭数内侵，少年辄乘城骂贼，贼为首鼠而走。又漳寇乘虚，夜缒入城，为翁别驾所破。其时贼众尝自言，既入城，即手持尺铁不动。长老相传，皆谓二公之灵致之。

及癸亥之春，倭复大举，数万薄城下，以云梯十道先登，乡兵庄七等奋击死之。贼兵大败，顾独恨。欲坐困我，又复造为临冲之车，以图后举。未至，客有被虏者，乃从贼所射书城中。言击车法甚具，且曰："贼围潮阳且两月，不下，彼意亦欲遁耳。第窃闻之贼中言，往者来寇，尝有二神人现，今望之蔑如矣。意者神其不护此邦耶？此乃所以久而不去也。为今计，莫若祷于双忠之祠，请夜见焉。不则迎神于城，以明为神，或一助也。"书至，父兄豪杰皆疑以为为贼间谍，且尝试于我。余独谓，此若有合乎兵家用诡之说者，从之便。于是与众祷之，复为二公遗像，夜出城上。贼望见，果大惊。既又稍用其法，连破贼车于城西南。于是倭夷始有遁意矣。会贼中有伪降者，阳为兵向贼，实持城中阴事以与贼，且幸不去为利。贼乃以千人积薪累城下，历昼夜，高可二丈许。城中危甚，莫知所出。父兄豪杰皆云，宜用火攻。会是时日暮风起，议未定，复如祠卜祷之，请得反风。顷之火下薪燃，天果反风，火大炽，鼓噪闻数十里。我兵从城上望见贼弃营走，所射杀焚死无数。明日果遁去。其英爽如此。世谓二公在日，死守睢阳，屹为江淮保障，唐人得之以济中兴。而不知神游千百载之后，犹能显其灵异以保我海邦如此也。则夫今日庙貌之重新，亦岂偶然之故哉！

初，潮之被围也，兵火相接者弥月，遂及于庙。及郑侯至，首谒行祠，而有感焉。即慨然以起敝更新为己任，士民闻者，莫不慕义输金，协力以佐工作。盖至是而东山新庙告成，侯因乐与乡士大夫登览而赋之。其年乙丑秋九月也，距经始才三阅月耳。所谓不日成之者非欤？辞曰：

于穆双庙，爰始睢阳。二公是祀，历宋而唐。功存一代，神游八荒。钟君乃梦，至于海邦。旆彼元旌，不显其光。庐厥禅居，以慰神栖。天子闻之，赐爵执珪。世代更易，岁久而隳。邦有贤哲，赵公令仪。作庙翼翼，是享是宜。大明中天，祀典维时。威灵有赫，翦彼潢池。天运维艰，栋宇山颓。会朝堂构，忠魂是依。云谁之功，贤侯庋止。明明我侯，化隆风纪。明禋匪懈，下民是庇。勒此贞石，永垂奕世。

校记

[1] 祀，《井丹诗文集》作"祠"。
[2] 元，《井丹诗文集》作"玄"，是。
[3] 低徊，《井丹诗文集》作"低迴"。

记张金宪龙门之战

张金宪名时，字宗易，保定易州人也。少与杨太常继盛同学，杨兄事之。嘉靖中先后举进士，杨拜南京吏部主事，稍迁员外。而张君方待次公车。会北虏入寇，长驱薄都城下，京师戒严。君倡言于当事者，请与虏决战。时不能用。虏退复来，以入贡为名，大将军弯上言，请令塞上，得纳胡马，因稍易以缯帛，塞南侵之望。诏许之。其年杨适入考，调兵部，客于张君所。遂草疏劾弯误国不道，以稿示君。君曰："此疏正不可少，第必无听。如听之，将令为之，当谁属乎？"杨曰："请以属子，某有死以报国而已。"君勃然作色曰："大丈夫死必济国家事，岂徒死耶？"因私往见陆太傅炳，说曰："大将军议开马市，杨员外以职事宜言。主上幸而见原大善，有如圣怒不测，使汉有杀谏臣之名[1]，为夷狄笑，窃为大将军不取也，此其责在太傅[2]。"太傅深然之。及疏上，下杨继盛诏狱责问，坐谪边尉，得不死。后岁余，弯伏诛，杨复召还兵部。甫至京十九日，又坐劾奏严氏父子事，论弃市。先是杨既之边，君亦寻以忧免。至闻杨召还谏死，独恨弗能救。又复自念业已往，即救俱死，无为也。因为之发丧于易水之上，而服焉。且为力存其后，或问君与杨子异乎？答曰："昔者伯夷、太公两人者，同归周，岂其志不同哉！然而孟津之会，尚父鹰扬，夷齐叩马，彼固各有谓耳！"

其后六年丁巳，服阕，补刑部主事。有诏令大臣各举才堪边寄者以闻。于是九卿中三疏荐君，调职方主事。其年奉使征兵，入卫西，自秦中还，上边事，因言故将某某可用，从之。己未迁员外郎，寻出为山西按察佥事，备兵独石。是时边戍久空，动倚客兵为援，其实首鼠伏匿不敢战。所过骚然不宁，边民苦焉。君乃始请罢客兵，复屯戍，稍益募壮士教练之。久之西北传举烽，言虏酋黄台吉且入寇。君私与部将计曰："虏入必先掠龙门[3]，龙门者，宣府之右臂也。龙门失守，虏必乘胜南下，逼近红门，此其为患不小。"乃自选骑卒[4]，得七百余人，趋援龙门。俄而虏果大至，凡数万，会日暮，分屯夹道为营，营长可数十里。君复私计曰："虏至不知我有备，且贼虽众，屯夹道，道狭难猝聚，可掩击也。"因出死士数十人，夜袭虏营。营中大乱，首尾不得相救，尽获骡马牛羊以归。台吉闻之大骇，黎明悉众来攻龙门。君令集民间车环以为营，以五色彩缯画龙文衣车上，出城中老弱守之。而以精骑自将而前，与台吉战，大破台吉兵于龙门之野。我兵锐甚，往往驰戟入虏壁，斩骑将，骑坠辄刺杀之。有捕虏者，谓台吉言，我累岁盗边莫我抗，今若此，固愤不肯退。及遥望见后车，车尽五彩龙文[5]，势甚壮，望之如山，业思为遁计。适城中樵夫为虏所得，问得虚车状。虏乃大笑复奋，我兵犹殊死战，不可败。相持至暮，所击杀无数，我兵死者，亦百数十人，虏因罢去，卒保龙门。

林子曰：余观张君所将破虏士，仅七百人，可谓壮矣。岂李陵所谓荆楚之奇材剑客勇士耶？何其能以少击众如此也！往余在京师，客从塞上来，为余言张君阵龙门事甚备，余故悉记之。大抵君平生与人忠、遇事智、见义勇。其待士也，严而有恩。临难不避，以身先之。此其所为，能得士之死力，有以。论者谓其轻敌寡谋，致颠越于我师。又却客兵不用，以至无成功，竟下兵部议，坐贬。

校记

[1] 谏臣，《井丹诗文集》作"计臣"。
[2] 责在太傅，《井丹诗文集》作"责宜在太傅"。
[3] 入，《井丹诗文集》作"人"，当系形近之误，应以"入"为是。
[4] 选，《井丹诗文集》作"还"，当系形近之误，应以"选"为是。
[5] 尽，《井丹诗文集》作"画"，"尽"当系形近之误，应以"画"为是。

潮州凤凰台记

距潮州府治东南可数里，水口有洲，方广数百余丈，隐起中流，为江城巨障。今太守滇南侯公新筑凤凰台在焉。曰凤凰者，从洲号也。洲故以老鸦称，太守乃取凤山、凤城之义，更命之曰"凤凰"之洲，明凤凰于飞，亦集爰止。所以覆庇我潮人者甚大，非昏鸦满林之时也。以故台亦因之为号云。环洲以外，是为韩江，一曰凤水。凤水者，凤溪之水所出也。源自凤凰山下，历十数舍而入于海。其来颇远，但其水道故东奔迅疾，直下千寻，少回翔曲折之势，堪舆家往往病焉。

顷自太守刺潮，久之而水势遂西，江流左掖，沙潮涌出其间，望之如旋苍璧。盖山若增而高，水若浚而深者。此殆天意，非人力也。于是太守行春郊牧，乘暇登临。几石桥而牗高岑，不觉喟然兴叹，谓美哉，山河之胜，诚海宇之大观也！而坤轴流转，又若或相之。惟是台榭之观未备，非所以壮形势而收一方之灵气也。因遂谋之僚友，诸公并嘉其趣，而以隆庆辛未之春经营之，及夏而告成事，弗烦民也。乃其文则以属之林子。

林子曰："夫国之有台，所以望氛祲，察灾祥，时观游，节劳逸，长民者之所重也。而况有关于一方之灵胜焉。则斯台之作也，又乌可已也！且古者诸侯，主封内山川，以敬共神明[1]，奠安黎庶，用光天子之宠命。故凡厥冈陵，孕秀含精，能兴云物之瑞[2]，致黍稷之馨者，侯实守之。其钟而为人文，产而为麟凤，为金玉珠玑、羽毛齿革之属，亦惟曰我侯之德。是故其山有偏陂，聚或崩阤[3]，若草木阴翳，芜秽不治，多猛兽毒虫之害，则有作屏之令。其川泽壅滞不通，湍流悍急，汗漫无纪，或萃渊薮，以匿神奸，则有疏凿之令。其或山童而赭，原屼而下，罔以穷高极远，盼望四野，则有封植之令。其岳渎之位号不严，名义罔称，罔以妥神灵而壹观听，则有更新之令。凡以正疆域，慎封守，理幽导，和翊赞，化王之所不及而已[4]。今潮之山水，概皆以凤名[5]，而洲独仍旧称。且河流业已西转，维洲实砥柱焉[6]。苟亭台弗修，泱漭犹故[7]，将何以上承天意、下顺地宜，以远体先王经国之制耶？故凤台之作，匪独赞地灵也，亦职守之所不废者也。”或曰：“太守之所肇建者，台也；所更革者，名也。似未及于作屏、疏凿之事，而吾子侈言之，何也？”曰：“作屏、疏凿之事，其力出于人者也。若夫地道不言，而功成则天也，要必有潜孚而默运之者矣。不然，召信臣之守南阳，王景之守庐江，非不凿堤修陂，卓然称汉氏循吏也。回视乎德及重渊，功旋造化，俾风气攸钟，人文宣彰，以佐我国家文明之治于未艾者，其气象固不可同年而语矣。”

太守名必登，起家进士。历南京兵部郎中，以隆庆二年至，居一岁，境内称治。士民诣阙上书颂德者以百计。其明年，诏进三品，服俸一级。又明年，大计群吏，太守治行第一，特赐宴奖，以风天下，士类荣之。寻拜大中大夫，广东参政，仍分镇潮州，盖异数也。为之歌曰：

韩山苍兮韩水西，乌鸦飞去（兮）凤凰栖[8]。凤凰栖兮翔八极，繄公之德兮永无斁。江有汕兮洲有台，乌鸦飞去兮凤凰来。凤凰来兮凌青空，繄公之功兮耿不穷。

校记

[1] 神明，《井丹诗文集》作“明神”。
[2] 云物，《井丹诗文集》作“云雾”。
[3] 崩阤，《井丹诗文集》作“崩弛”，当系形近之误，应以“崩阤”为是。
[4] 化王，《井丹诗文集》作“化工”。
[5] 概，《井丹诗文集》作“既”，当以“概”为是。
[6] 砥柱，《井丹诗文集》作“底柱”，当系同音之误，应以“砥柱”为是。
[7] 漭，《井丹诗文集》作“莽”。
[8] “兮”字原缺，兹据《井丹诗文集》补。

孙忠烈纪遗

忠烈死忠，去今且七十年所矣。其曾孙刑部主事，以建言谪居潮阳。时过林子，称引先公遗事，林子亦乐道之。而先是关中人王祭酒维桢者，尝为忠烈作传，林子见于京师，后祭酒死，其文遂不多见于世。至是主事以问林子。林子曰：“夫亦各言其志而已矣。”主事曰：“先王盍为传之？”林子曰：“盖闻之，雉尾虽华，不及加翟也。狐腋虽美，不以袭貂也。祭酒既有言矣，何复盖之？[1]”乃主事请益力，于是林子惕然思，恍然若有遇也。为作忠烈公纪遗云[2]：

公讳燧，字德成，忠烈其谥也。其先为孙武子之后，世官大梁。至后唐时，有仕为三司使讳岳者，徙居余姚，子孙因家焉，故今为余姚人也。公大父某、父某，皆以公贵，赠礼部尚书。母夫人李氏，以成化某年月日生公。公生有异气，自少即负奇，挺特不挠[3]。宏治壬子[4]，与同邑王文成守仁，仁和胡端敏世宁，同举于乡。入试之夜，有二神人现，遥相谓曰："三人好作事。"闻者异之，然莫喻其意也。武庙末年，诸贵用事，皇储未建，车驾巡幸不时。宁王宸濠因蓄异志，聚天下亡命，图为不轨。于是端敏首疏其奸，公继弭其变，死其难，而文成竟收其功。始信神言于斯为有验云。

初，公举进士，拜刑部主事，历员外郎、郎中，逾十有三岁，始出为福建参政，转贵州宪使、河南右布政使。久之，擢副都御史，奉敕巡抚江右。是时，濠方睥睨神器，往往赂诸权贵，通朝中阴事。又属以所知布东南要地，而所深忌者惟公，乃庙堂竟以推公，非其好也。时公在河南，闻命即单骑就道，以一僮一仆往。及至镇，濠辄谬为恭敬，求结欢于公。公正色待之，不少屈。濠由是益严惮公，戒左右勿犯，谋亦渐寝。公因日修内治，严守御，下所部积粟练兵，增城置县。及檄沿江诸路修战具，以备不虞，其意常在宸濠。濠知公意在己也，思百计去公，不可得。一日遗公枣梨二物，公笑曰："不可。"盖公知濠忌己，欲令蚤离其地，以逞其私。不知公职守封疆，义无可去。万一变从中起，惟有举义讨逆，以死社稷而已。于是濠恨始深。濠疑公必有密疏如端敏也，时令侦卒从间道遮疏使，果得七奏以报，濠恨益甚。濠所蓄亡命群盗，横行大江中，多所摽掠，公募壮士，辄捕得渠魁斩之。于是濠恨愈不可解矣。

先是，濠从中贵请复护卫屯田，事连内阁。至是，内阁闻濠且为变，心殊悔之。因讽台臣劾奏濠不法状，请革护卫，以翦爪牙。有诏遣中使及都尉重臣责问，且革护卫。使者未发，而濠之所私即驰报至。会濠生辰，方宴镇巡诸司，诸司不知也。明日入谢，濠遂宣言于众，矫太后密旨，以监国为名，诸司相顾震骇，莫知所出。独公与副使许忠节逵，抗声请旨，同口骂贼。公愤甚，至脱靴掷濠当颡。濠怒，纵兵击公中肩，忠节以身翼公，并被执，曳出惠民门外，同日遇害。其年己卯六月十有四日也。是时天气炎蒸，忽阴云四合，烈风骤起。城中士民，争走收二公尸，槥于禅寺。远近闻者，无不流涕。濠于是遂发兵反，大掠官民船数千，蔽江而下，破南康，下九江，进攻安庆不克。娄妃谏不听，赴水死。

王文成闻变，传檄诸郡，征兵击东南反者。于时公所素练精兵，不期响应者以万计，军威大振，遂击破南昌，焚烧濠故宫。濠闻，解安庆还，遇官兵于王家渡。我兵迎战稍却，既而大破贼兵。濠因退保樵舍，尽出金宝犒贼，贼殊死战。我兵以小舟积薪，顺风纵火焚之，贼众奔溃，濠始就擒。天子亲征至瓜步，寻幸金陵。其明年冬十月，班师驻驿通州。濠与逆党俱伏诛。

又明年，守臣上二公死事功次，会武庙弃群臣，世宗即皇帝位，始追赠公为礼部尚书，赐今谥。许赠副都御史，寻进公官，诏立祠，并祀于南昌，赐额曰"旌忠"。各荫一子，世袭锦衣千户。盖特典也。

始公平江西，修治督府，掘得古镜一，有"光扶日月"之文。宸濠之变，公子堪等赴难，易槥启视，颜色如生，槥中习习有香气。及归葬余姚，卜地于某山之原，又得古琴一、金簪二。盖奕世簪缨之兆，而流风余韵，益深远矣。其后子堪、孙钰，曾孙如津，皆以荫累官至都督、同知、都指挥、佥事。而仲子墀、季子升，次孙鑛、次孙铤、次孙鋠，季孙鑛，并由科甲高第，致位九卿方岳牧。世宗朝，鑛尝上封事，今其子如法，复敢谏，有祖父风，即主事也。主事亦起家进士，其世食忠贞之报如此。

林子曰：余曩盖过洪都，道彭蠡，望龙光于斗牛之墟。途逢故老，犹有能谈忠烈公遗事者。方公之经略江西也，盖四载也，其所为操心虑患者甚深。要之，何尝一日不为宸濠地耶？顾濠时犹惮有公在，其谋未著。假使台章未下，护卫未削，濠不即反明矣。乃不幸所私报至，变起仓卒，公不及知，反为谢宴被挟，手击宸濠，因而骂贼以死。已致举义讨逆之志未施，此亦有足悲者。然而调兵四集，安庆死守，至缆长江不得下，文成因之以擒王斩将，伊谁力也。嗟乎！汲黯在而淮南寝谋，张巡死而江淮保障。至如公者，其殆兼之。不然安化王寘鐇之反，非不戕杀镇臣也，卒之泯泯无称焉。语云：死有重于泰山，有轻于鸿毛者。其此之谓欤？

校记

[1] 何，《井丹诗文集》作"可"。

[2] 忠烈公，《井丹诗文集》作"孙忠烈公"。

[3] 挺特，《井丹诗文集》作"挺挺"。

[4] 宏治，《井丹诗文集》作"弘治"，是。

卷二十一　林提学井丹集（二）

潮阳林大春井丹著

送督抚刘公总宪留台序

在昔名卿硕辅，靡不精白承休，寅恭体国。以上结主知，下孚民志。故出则为封疆之臣，入则为社稷之隶。其出也有穆如清风之诵，其入也有衮衣绣裳之称。故勋业与嵩岳争高，姓名与天壤俱久[1]。此周公之所以遗爱于东人，山甫之所以流声于大雅也。呜呼！此风邈矣，不可作矣！乃今何幸于临武刘公见之。彼其以少司马兼宪职，出镇两藩也，其同朝大臣搢绅先生，所为惜别赠言，如吉甫之诵者，吾不知其几也。兹承简命，入为御史大夫，以总宪都，振肃百寮，纪纲百度也。其镇抚重臣[2]，观风部使，与夫藩臬大夫，搢绅先生所为惜别赠言，如九罭之篇者，吾又不知其几也。乃岭东巡守两公者，顾独何取于鄙人之言耶？

夫鄙人东人也，东人被公之泽厚矣。前此室庐荒废，田畴芜秽不治，乃者山不童而海不波三年矣。譬之鸟焉，栖于茂林，不为烈风之所飘飘也，而不知其谁之力也。譬之鱼焉，游于广洋，不为巨浪之所飞翻也，而不知其谁之德也。然而我东人者，朴而野也，质而不文。巡守两公所以宣上德达下情，以慰元元之思者也。今民被有厚泽，而我弗揄，是隐公之赐也。自畅厥辞，为近于谀也。是故于鄙人乎属之也？夫鄙人东人也，义当为东人摅其素。又鄙人隐者也，无心于世，无意于文，故卑言之而不为诌也，危言之而不为抗也。洋洋乎、缅缅乎，言之而不为烦且支也。毋亦效衮衣绣裳之遗意，以系我东人之遐思而已。

或曰："子之于公未面也，其言众矣，行台有碑矣，八寨有作矣，新志有序矣。兹复为两公言之，不几于赘乎？"不知公于鄙人，盖神交者也。于庙廊尝辱一言之誉矣，于山林尝走千金之使矣。如是者，固知予者也[3]。夫士固为知己，使不遇知，即只辞为多。苟有知，我虽累千万言不足也，而况重之以两公之请耶？且夫行台、八寨、新志之作，不过纪建置之因，著义征之烈[4]。本述作之意，皆未深明乎东人德公之义，如今兹者也。是故于两公之请，而详之乎其言之也。不然，两公方出自台省，侍公帷幄，以共赞疆理之猷。即欲表勋庸、誉盛德以颂公，相业于方来，宜莫如两公者，而亦何假于鄙人之言耶？

校记

[1] 久,《井丹诗文集》作"敝"。

[2] 镇抚,《井丹诗文集》作"抚镇"。

[3] 固,《井丹诗文集》作"徒"。

[4] 义征,《井丹诗文集》作"而征"。

送陈郎中知杭州序

始余初补为郎,郎中陈君言余于尚书所。尚书用郎中言,辟余视地官草奏,居郎中。郎中盖它日尝奉兹事,兹以余代。余因窃叹郎中君云:夫世有久处,终日相与,言吁吁然,出文字相示,号为文字交。至其小小进退,辄依违不敢出一语,甚者或倾挤之,如王介甫之于苏子瞻是已。余虽与君同举进士,又辱同官,然余多病偃蹇,奔走且数年。而君亦持节往来江淮间,往往迹不相及,盖未尝一日坐谈文苑,较声律,争一字工拙,如骚人墨客之为者。而君乃謇謇道余,岂其趣亦有合者,不在会聚文字间欤?推此志也,虽古之互相称让,何以加焉。顾余方病且贱,愧不足以报君。而君复以郎中出为杭州守,余闻杭州盖多才地,其说言高论,万万于余者不可胜数,君其持此心以往可耳。昔者汉吴公为河南守,其所与博士而荐之朝者,得一人焉,曰贾生。卒之汉文富庶之治,自贾生发之。而吴公之治行第一,无大于此者矣。君今得无意乎?且余又闻之,子瞻知杭州时,会高丽求贡,而子瞻不纳。因上言以为朝廷宜勿与知,从州郡有司却之,而治其僧商之与彼通者皆报可。夫子瞻文士也,而治杭若此,可谓知治体矣。今东南之夷虏方平,而诸路之创残未已。滨海之民、商贾之舶,安知无有阴结外寇,求以入贡为名者乎?以子瞻之好文,而能为此。矧君之志,不在文字间者乎?吾固知君之所以却之者,有道矣。君行,余当言,而君之欲余言也益力。然君之意,亦不为文也。余故论著其所以言余之义为君赠,使杭之见君者,知君之宅心类如此。而他时治状,将有稽焉。若夫子瞻却高丽事,固并言之尔。

循良奇绩诗序

昔在成周之盛,教化行而风俗美。其在上之人,既有深仁厚泽,以及于民。而其在位者,又多节俭正直,以化乎上。故其在下之人,莫不咨嗟咏叹,形诸诗歌,以赞美之,如《羔羊》《素丝》之篇是也。周衰,世教浸微、习俗渐靡。然而先王仁厚之泽,犹有存者。以故在位者,犹足以感人而兴起。是故司徒善职,而《缁衣赋》圣人采之,此《国风》之所以传也。

嗟乎!此吾潮州太守何公循良奇绩之诗之所为作也。公括苍人也,少尝读书名山,治古人百家言,始举进士,仕梁楚间,声名藉甚。其入为秋官大夫也,余始获交之。余间于朝署中观其言论风旨,盖所谓节俭正直,庶几乎《羔羊》之风者。久之,乃以次出为潮州太守,历数月潮州称治,而颂声作。是时会有饶埔之寇,诸路用兵,公辄从中调度之。以需大举,军储毕集,而民罔告劳。寻以近郊告急,士民争走入城依公者以万数。舍宇无所容,又会疾疫,有露寝者,公为下车泣之,又设法以安置之。卒之饶埔平而潮人生,语在冯少参平寇序中。盖余尝所论著云。

先是，饶贼璉既就擒，其贼将王伯宣者，素称很黠难制[1]，又多部党，闻璉已为官兵所得，欲生劫以归。乃伪射书城中，从公请降，愿以兵赎罪。公阳许之，令率数骑入，因遂以计擒伯宣伏法[2]，并捕其徒斩之。当是时，伯宣部伍已定，幸入城且为变，意必得志。向微公定计擒贼，城中几危。盖公于饶埔之役，所为运筹决胜之策甚众，而此其尤著者。公于戎事之暇，犹时不废乎论文，且惓惓以兴贤进士为务。故尝于名山所藏古书，辄手校之，以示学者。于是士靡不感发兴起，咸彬彬然向于文学矣。而其著为诗歌，以诵公之功者，类皆可喜可观，有《缁衣》之遗意焉。

嗟乎！此循良奇绩之诗之所为作也。沨沨乎，其犹有周之风乎！夫《国风》既列，子夏序之。汉定四诗，匡衡立说。余非其人也，徒乐道贤侯之谊，感诸生之美，为之序次其端如此。夫入国知教，闻乐知德。君子于是诗也，亦可以知政矣。诗凡若干首。

校记

[1] 很，《井丹诗文集》作"狠"，当以"狠"为是。
[2] 法，《井丹诗文集》作"发"，当以"法"为是。

刻《镇广纪札》序

今少司马吴公自湖先生，既自广镇还朝，其门人乡贡士李学一、陈尚贤辈，得其曩在镇时，所与公卿大寮以及四方搢绅宾客参佐之书，为稿凡若干首，私记之。客有传至苍梧者，苍梧之故吏，从游诸生，竞手录焉，顾力弗能致也。于是太守丁自申为之梓行郡中，以诒同好，而属林子为序。序曰：

夫辞命之作，莫盛于春秋矣。当是时，郑侨、子羽、子贡、晏子、范文子之属，皆以善辞称名诸侯。乃余独窃叹夫数子者，不幸而生于叔季之世，不获见成周之盛也。而徒挟其文辞，以从事于列国聘问之间，犹能使百世之下，诵其言而想见其为人。而况先生生逢大明一统之朝，奋起先帝中兴之日，得以奉天子玺符，出制万里、镇抚区外。彼天下之士，固已幸见其人矣。一得其言，有不爱而传之者乎？信乎非斯刻，固无以应之也。且先生在镇最久，其间疆理之略、戡定之猷，大者疏闻、小者檄喻，中外莫不敬而诵之矣。惟此札，则疏之所未竟，而檄之所未具者，其关于军国大计，生民休戚甚备。譬之方书，此为选要，先生特因病而制之耳！然而先生不喜高谈以骇俗，不为曲学以阿世。是故其与公卿大寮，遥计于庙廊之上也，若不降乎几席之内。与宾客参佐，指画于边圉之外也，若不越乎樽俎之中。其虑及乎千百世之远也，若不出乎眉睫之近。至于振士之急，扬人之功，进人之能也，又若不遗乎秋毫之细，即祁奚、鲍叔之忠无以过。而其文尤雄伟宏深，委曲详尽，其归必至于安社稷，奠生民而后已。以故见者，莫不内服其义，外醉其辞。其气之所推排而折伏之者，不独宗藩武将为然。然则郑侨、子羽、子贡之徒，执其辞说，以游于列国，能令国君敬礼，群臣悦教，又何足异耶？昔者子产铸刑书，叔向争之。子产曰："吾德弗及远以救世也。"盖虽不行其言，而心固服之矣。先生之书，以理服人，大率类是。而其策尤多所施行，虽然亦有未尽行者。先生方入为君相面陈之，安知此札非先为之绍介乎？

贺督抚吴公奏绩序

三载考绩，古之制也，至汉尤重。故吏自二千石以上有治效，辄增秩赐金，或爵至关内侯，入为卿辅。以故汉世得人为盛，其治称近古云。我朝稽古定制，特隆斯典，以激厉臣工、下逮郎吏，皆得如期报政考功，为具奏之，课其行能而论叙焉。至于大臣列卿，秩满有奇绩，得自疏闻，下吏部议，天子为赐玺书褒美之，追其先世而录及子孙，所以崇德右功，风劝百辟也。

两广僻在岭外，东薄于海，西底于交州，其间溪峒耕聚之国、雕题椎结左衽之族，不可胜数。盖自上世弗臣，其人不可羁而理也。成化初，始设总镇，以重臣抚绥其地，东南赖以底定。承平既久，法度渐弛，吏因之稍猎齐民，民始大困。于是逋负之徒，亡匿山泽，见间而起，倭奴乘之，以侵东夏。内与海舶连和，所过邱墟[1]，萑苇聚焉。加以诸巢雄据窃发，猣獞出没林莽为患。于是郡邑所在，城守士民，靡不鳃鳃然望王师矣。

公以庭推特膺简命，节镇诸路，睹兹多事，殚心经略。盖日昃不遑暇食者，三年于此矣。今上其最于朝，果猣獞之未戢乎？则开山伐木，因险置塞。辟我疆土，有截海外。此公之功在百世者也。果山寇之未歼乎？则堕其岩谷、捣其巢穴。既缚伍端，载殐丹楼。马五授首，春文就俘。遂定群丑，抚和胁从。封狐骇汗，狡兔藏踪。此又公之功也。果倭夷之未靖乎？则征兵四出，飞刍千里。劲卒如林，猛将如虎。或以计破，或以威取。皆魄落于汉垒之灰，魂销于中华之土矣。此又公之功也。果海寇之未平乎？则楼船大会，航海而东，珍之南溪，坑于汪洋。残党霞散，独夫鱼逝。宣威殊俗，献馘荒裔。此又公之功也。若夫会朝而弭哨兵之变，一言而却远夷之贡。建重城之险，议二源之征。凡以保固边境，潜消祸萌，以禁暴止乱者也。今公之明试于朝廷之上也，人或未尽知之。意者上将以问于宰执大臣，宰执大臣得无以是为皇上言者乎？夫泽被海隅，功在社稷，职守封疆，固大丈夫得志于时，建节万里，扬勋绝域者之能事，不足为公难。独公以难为之时，处难为之地，而克成厥功。重以明德敷文，表端国纪。事不偏颇，吏无苛慝。虽岷山汉水谢其休风，而铜柱铁船未为峻迹也。惟圣天子轸念遐方，纾忧南顾，将崇其宠章，锡之命服，俾光泽加于上下者，又岂寻常可同日语哉！

初，公以今岁丙寅春三月秩满，疏且上，会有二源之役，移军端州。于时潮阳林大春，适起家来官广右，与参政刘子兴、王春复暨郡守丁自申等共逢其事。因为之叙次其大且著者，以为公寿。将使后之览者，得有稽焉。或曰："公曩尝抚治荆扬河济梁宋之间，皆有功德于民。而子乃侈言粤中事，得无遗与？"曰："谚有之，谈远者听，视近者明。言贵信也，公在他方，其间搢绅先生之徒，有能言者。余东人也，故特详东事。"

校记

[1] 邱，《井丹诗文集》作"丘"。

贺督抚吴公平二源序

昔苏子著御将篇，自奇其言，至骐骥之喻，归于养之备、贵之极，而后得以尽其才也。盖古之人君，所以奠安疆宇，威信蛮貊者，用此道也。广之者曰："匪独人主也，人臣之职，亦在御将，儒者莫得其指，以为人臣奉命宣力于外，而将者亦天子之虎臣，乌从而驭之也。"曰："不然，臣者心膂也，将者爪牙也。以心膂而运爪牙，苟御得其道，靡不济矣。"是以古之大臣，必托君之权以御将，人君必重大臣之柄以集事，故能得至于成功而不废。此汉高祖、文帝所以交制海内之术也。假令当时韩、彭、绛、灌之徒[1]，而不得其人以驭之，是项羽不必亡，诸吕不必诛，吴楚不必破也。

夫俞将军者，今之所谓宿将也。彼其发轫交南，树功浙直，驱驰塞外，而徘徊于章贡之间。常高视阔步，以为世无复有。文终曲逆，其人者出焉，无复我知。而我自结发起，行阵用兵，且老矣，宜无复用此拘拘为者。岂知大司马吴公出镇两粤，首疏辟之，请移将军军于潮州，责以平倭事。已而倭奴平，潮人三载不为倭苦者，公本请移将军之力也。其后广、惠、英、韶诸路，时复有群盗窃发，雄据乡县，延蔓数百余里，版图户口，几不复为我有。甚者建官伪置，至不逞矣。于是公复上疏发兵诛之，分部既定，公因与诸将计曰："公等分道击贼，乃贼之为备甚，率有警急，其势莫相为援。非公等才不足也。今必择为大将者一人以统之，计无如俞将军者。"于是众皆许诺，而以河源兵属将军。当是时，将军方以海寇酋首未得，朝论纷纭。乃公独慨然上书争之，以为此人可将别将，而别将不能将将军也。于是将军愈益奋誓，必平贼以报戏下！俄而河源捷书果至，将军请以百金赏壮士，公从之。乃尽征其兵为龙门、从化之援，皆能与诸将戮力同心，以次俘获酋首，斩卤甚众。而英源之兵，亦从间道东与将军兵合。因用将军策，夜下贼垒数十所，二源悉平。

当是时，有诏罢将军归。然而将军犹在军者，实以公知己故，欲报之于凤夜也。嗟乎！若将军者，亦可谓知所事矣。彼其有感于公之举也，而始终不变，必欲以成其报公之志。吾不知公之所以御之者何如矣？倘不啻如苏子所喻已乎？不然何以得此于将军也。方将军之功未明，身且归第矣，而公独以身任之，将军亦知公之不负已也。故竟得以毕志于二源之役，而不去此。非公见之明，计之定，感之深，何能至是。吾故曰：人臣之职在御将，公之谓也。

夫平倭之捷，将军方复用，信者未衰而任之，其成功也易。二源之役，将军方解绶，疑者颇众而任之，其成功也难。若公，盖可为难矣。昔者韩公启镇于此，特引副将欧信为冠军，大破诸蛮于藤水。近时尚书翁公之在宣大也，以得周总兵尚文，故累收云中之捷。由此观之，方今天下，南北之事，亦在乎知人，善御将而已矣。然则今日登燕喜之堂，而歌方叔、召虎之勋者，舍是亦何足为公颂哉！

校记

[1] 绛、灌，《井丹诗文集》作"绛条"，当以"绛、灌"为是。

贺两广总制刘公荡平广西十寨序

盖五岭之外、百粤以西，其地多溪峒，山绝岩险。其在龙城、象郡、东兰、上林之界，尤为扼塞要害。爰有巢穴，是曰八寨，槃瓠氏居之，实繁有徒尔。乃蜿蜒伏蛰，合万为一，散而为万，聚而为十。猛兽毒虫，一呼丛集。用是勤于我师，我师奋击大破之。捷闻，有诏嘉镇臣少司马刘公功，因下廷议，所以宣捷事。于是礼官上言，按令甲四方抚镇，奏报俘卤功次，非大捷不得传宣，致告重国体也。

维兹十寨，世为边患，盘据万山之中，联络千里之远，以虔刘我人民、荼毒我乡县，至不遑也。往在先朝，故都督臣观，尝合围困之矣，而卒以抚罢兵。土酋岑瑛，诸猺所畏也，仅获百级而还。惟故新建伯臣守仁师，自思田旋攻之，出不意，乃克底定。顾其斩馘不越二千，建白未竟施行。以故历岁滋久，复尔生聚，以有今日。今一鼓而荡平之，功以万计，此百世之伐也。诚宜如故事宣播捷音，君臣致贺。仍乞遣官祭告郊庙，以彰宠灵。得报可。礼成，上乃锡公及总帅将吏而下金币有差。于是海内搢绅，谓公斯举也，有新建之遗烈焉，而遭遇盛典则过之。其时东郡守吏二千石，咸有征言，以侈其盛。而潮州刺史张君某，则以言属之林子。林子闻而贺之。

有问者曰："窃闻之，西粤之寇，所在而是，十寨虽雄，亦为寇耳。曾曷与于全粤？而子乃独贺，何也？"林子曰："迂哉！子特未之考耳。夫吾省之有西粤也，是辅车唇齿之势也。诸猺之有十寨也，是新建车轴木根之喻也。故自戊子一创，粤人亦幸有宁宇矣。乃顷岁以来，不能不兴古田、渌水之师者，则以此贼复生之故也。假令失今不除，虽日与诸巢从事，譬之伐木而弗拔其根，摧辕而弗折其辐也。势不至于蔓衍不止？此充国之所以破先零，而孔明之所以擒孟获也。则亦安得而不为两省贺。虽然，士幸而生逢明圣，亲授节钺，出师万里，僵尸流血，海岳为之震荡，三光为之薄蚀。此固大丈夫得志于时者之所为，而岂其心之所欲。若乃际会风云，身依日月，口不谈平胡之事，色不动破秦之烈。而宇内晏如，蛮烟景灭，移风易俗，使天下回心而向道[1]。此则大臣之致意者，公宁无慊于志耶！余窃为公愿之矣。"是年秋，又会有河源之役，河源平。诗云："薄伐狇狁，蛮荆来威。"此之谓也。

校记

[1] 向道，《井丹诗文集》作"向道者"。

贺督府张公平逆奏功序

潮自逆琏倡乱，荼毒生灵，海滨所在盗起，其乡邑流移破灭者，不可胜数。山林草泽，亡命之徒，靡然从之。于是负险称孤，分部置属，东接倭夷，引瓯粤，徜徉于江、福之间，诸路大震。于是垦野积储，闭关通贾，南绝潮粮道。而又垒石为城，煮海为盐，销铁以造兵器，而反形成矣。当此之时，羽檄旁午，道路讹言，吏莫能禁。而琏又以虚文妖书，征礼儒士，以荧惑愚民，民愈摇动。

乃督府大司马进贤张公实奉命往征之，以嘉靖四十一年四月移军潮州。先是师过潮阳，有上书戏下言便宜事者，因言贼众，甚未易与状。公笑曰："予奉命从诸将击东南反者，吾知以顺讨逆，众寡非所论矣。"闻者惊服。后一月，果得琏及其伪将伯宣、雪峰而下凡若而人，余党悉平。公乃宣喻本朝威德，以劳将士，而镇抚其人民，民乃大悦。林子曰："嗟乎！公之此举也，非独以戡祸乱也，盖亦有正人心之功焉。我潮在昔为南越故址，其在汉全盛时，赵佗犹雄据一方，以妄自尊大。陆贾操玺绶而说之，仅乃称藩。武帝元鼎中，越相吕嘉反，杀汉使者。至勤江淮以南十万众，遣楼船六将军伐之，大会兵于番禺，逾年而后获嘉。夫以陆生之辩，而不能使越人之知有汉也。楼船诸将亦雄矣，至其所建功名，乃仅以一嘉故。然而史氏书之，以为美谈。而今公乃独驰岭外，亲秉节钺，以与南越从事，不旬月而克平，大憝廓清，海隅日出。不知后之论者，于汉何如也？"

方琏等之未就擒也，人心汹汹，以为必不可得，方观望焉以徐俟其定，而彼亦且自以为莫我谁何。岂知师未及阵，乃一鼓而擒之。使人心晓然复归于正，此五帝三王之师，所以无敌也。假令当时，公不慨然以讨贼为己任，稍徐议之。而彼因得以有备，外与诸寇连和，赵佗、吕嘉之事，岂足道哉！

于是潮阳学博刘子绂、蒲子世麟，与其诸生郑某等，闻而请叙其事，以为公寿。且将列之学官，以俟来者，得以考焉。林子曰：始余盖与公论及王阳明先生平江西事，尝窃有感乎斯时之难云。夫江西之役，事既出于便宜，而功复成于独制。乃今公之此举也，则不然矣，权分而制遥，非大勇其孰当之。若夫明大义以正人心，谓非仁者之功不可。虽然，公固不自知其功也，方归其德于上，而让美于人。诗曰："公孙硕肤，德音不瑕。"盖古之大臣用心类如此！

贺少司马二华谭公应召还朝序

北虏世为边患，其来已久。嘉靖中入我北鄙，大掠蓟门诸县邑。鸣镝闻于京师，天子震怒，命将兴师讨之，虏乃遁去。大将军出塞而还，自后始调边兵入卫，分布股肱，郡岁费累百巨万，以为常会。

今上即位，诏起先朝能直言极谏者，于是工科左给事中吴时来起自谪籍，上书言兵事。其大意谓，匈奴数苦边郡，往往得志去，而我非有以大创之不可。今征兵入卫，岁费不赀，即带甲百万，飞刍千里，而终无益于缓急之用。臣窃见今兵部侍郎谭某，尝以数千练卒，南破倭夷于浙江东平闽粤，此亦已试之明效也。陛下必欲信威域外，贻边境百世之安，何不令得与征蛮将军俞大猷，骠骑将军戚继光等，讲求车战之法，聚天下奇材剑客，敢力战深入之士数万人，教之塞下。不过三年，可以横行朔漠。省卫兵矣，又鲜浪费，是一举而两利存焉者也。书奏，上嘉纳之，遂命召谭侍郎入计事。

先是，有诏假侍郎节钺，总制两广。甫至镇三月，及报至，亟趣治行而北。其官属参政庄应祯、金事林大春，与将吏而下，谒军门贺曰："我朝建都幽蓟，屯戍九边，以控制胡虏，明示首足之分，立天地之限界，为万世虑至深远也。乃者胡马南牧，浸入内地，彼诚见乎我之无以御之也。其意谓我兵虽众，易与耳。今诚如给事策，第得精兵数万，惟公为之，而辅以两将军之勇略奇谋，又何忧北虏耶？昔孝文时，贾谊自长沙召还，因陈时政及西北边患，而曰一方病矣，医能治之。而上不使至，为流涕。今公固医国手也，主上既已知而用之，此亦西北边转弱为强之会，而扁鹊、仓公尽智竭忠之秋也。贾生之涕，吾知免矣。独惜生于当时，不知天下之大将而举之，而其言乃曰：何不试以臣为典属国之官，以主匈奴，至三表五饵，其说疏阔而难行，视今给事之所论奏何如哉？

赠冯宪副讨贼有功序

海徼黠贼张琏以三饶叛，上命督府移镇潮州讨平之，生得琏及其伪将以闻，事在嘉靖壬戌五月中。先是倭奴入寇近郊，郊邑所在城守吏，因征调为备，刑用颇繁。奸民往往通负伏匿，以与贼向。于是琏等乘间而起，潮州始苦兵矣。是时议者谓宜以岭东分守驻潮，以给军食，而镇抚其民人[1]。而今按察副使冯公，乃以少参分道驻潮。潮之以少参分驻，实自公始。

初，公既至潮，而会琏等袭执县令请抚，时公方有事于倭夷，念百姓新劳苦，乃释琏不诛，许以其众降，从以击贼。顾琏业已虏我王官，度无赦，内不自安，复稍稍畔去。于是冯公为御史言状，御史因上言粤中便宜事，请命督府，移军至其所。许之。寻贼又入江西、福建，势甚横，江、岭之间震动。至是诸路督抚，始奉命从三道至，分遣裨将将十万兵临潮。盖冯公所为储峙扞御之备，已三年矣。而知潮州府事何君，实夙夜赞襄之。以故琏虽流劫他省，而犹未敢肆然得志于潮者，以公与何君在也。其后大兵至，公复亲督中军以捣贼巢，所至夷山刊木，辄从间道出。琏不意，旬日中身所下数十余寨，遂以得琏。寻又以计，擒获琏党王伯宣等以殉。城中悉按堵如故[2]。林子曰："嗟乎！海滨承平久矣，琏本编户亡命，一旦聚众至万，流血千里，转相伪置，为一方乱首，可谓至悖。然其始终画策，卒以成擒者，冯公之力为多。"

方公之抚琏降众，羁縻而驾驭之，不知者恨不急于一击，以快其愤。而公方且日修战具，治军需，以宽齐民。当此之时，虽士大夫亦未甚解。及其大军既至，公乃暴衣露盖，为士卒先，至取间道，如就熟路，军中馈饷未尝乏，然后知公之所以筹之者，素定也。假令当时以朽顿之甲，驱市井之众，以与贼战，彼其旷日相持，贼守愈固，我师既老，民罢奔命。一旦虽幸成功，其所得失，盖不可同年而语矣！余故著之以为士民告，且以复于何君之请。夫何君本与公同事，而乃推让归美于公，此其能同心讨贼以成功，有以也。然而以君之心，推公之心，又安知果肯自以为功也耶？

校记

[1] 镇，《井丹诗文集》作"填"，当以"镇"为是。
[2] 按，《井丹诗文集》作"案"，当以"按"为是。

送少司徒赵公赴召北上序

始邢台赵公以御史中丞来镇浙中也，盖去为浙中巡按御史十二年所矣。是时天子践阼之初，有诏求先朝直节任事之臣，以共图治理。而公乃起自廷推，特膺简命，以复浙中之行。于是乃日夜鳃鳃然，兴废举敝，思永底烝民之生，以报主上。间陈民所疾苦，与夫吏治之失得以闻，天子颇采其议，下所司颁之宇内。而浙之藩臬大吏，独首举行之，以无旷官，无废业，一方底平。于是廷议以为乃者泉府告竭，边储未充。天子忧劳于上，计臣筹画于下。非得留心国计之臣，如赵中丞者，相与协共其事不可[1]。且中丞久劳苦于外，谓宜入侍左右，以资辅理。于是更有司徒亚卿之命，其年予亦奉命按浙。入境久之，而公之命召适至。予因窃叹主上之知人，而赵公必能竭忠宣猷，以不负知遇也。

夫世之有志于天下事者，亦多矣。其平居往往好为高论，动即称引古人，抵掌谈当世之务，自以为遗大投艰，无足难其为者。及一旦授之以政，其见之施为注措，乃与向之所论者迥不相及。此其故何也？则虚文胜而诚悫之志微也。

方公之为巡按御史也，会东南多事，其时徐明、叶麻诸寇，拥众数万，蜂屯海上，流血千里。而公乃以身膺监军之寄，卒收荡平之功。置赤子于袵席之上，何其壮也。方内载宁，因疏督抚以时行边，用戒不虞，何其虑之远也。命乡论秀，皆名士。其至今所登用而显名于朝者，多出一时之所甄收，又何其盛也。然而公独以严正宅心，以精勤莅事，未尝为惊世骇俗之谈，以炫耀乎人之耳目。至见诸章疏奏对之间，又莫不切中事情，旁通民隐。及其再至也，且将并前烈而忘之。而其自视犹若欿然者，然则古之所谓大臣非欤？

或谓公向在浙，其所经画，贻休于后者，尽彰彰如是。顷来坐镇，率循而行之，已足以奠一方之安。宜无俟于复有疏陈者。岂知法久则玩，士习而靡，公之虑盖益深矣。予观周礼，司徒职掌土地之图，人民之数，而其重者，则在于保六息，养万民。意者公之所陈，毋亦保六息，养万民之遗意欤[2]？顾予不敏，偶承乏于十年之后，方幸得见公之所建明者，乐与士民守之。即政与时更，亦欲时有请益，以幸无过举，而公乃式遄其行，舍我而去。则予之感今思昔，怅然惜别，而不能已于言焉者，亦岂独为此方士民之故哉！

校记

[1] 协共其事，《井丹诗文集》作"协共共事"。

[2] 《井丹诗文集》此处之后多"然亦岂知适所以兆今日司徒之行也，吾故曰主上知人，而公必能竭忠宣猷，以不负知遇也"一句。

赠李见罗节镇伸威序

夫赠言其起于古乎？其盛于周之烝民乎？是故吉甫作诵，穆如清风。评者谓为三经佳句第一，似矣。岂知惟其人，不惟其辞。而惟其人也，故其辞宜以畅，其指悠以扬，音节和调，情致远矣。是谓清风，微之至也。夫风动也，穆之为言沐也。言其辞清淑柔婉，能沐浴万物，以风动乎四方也。此其所以列于大雅也。然诗赠山甫，美城齐也。夫封建大事也，城齐大役也。诗顾弗详其役，而独深赞其德。至以柔嘉慎翼，法古嗣先。为言且推及于保身补衮诸事，岂非以大臣之器，必其具粹。质而充之，以虚受务。学术而益之以家传，然后上可以辅台德，下可以保完名。而肃将王命，特其余事耳[1]。由此观之，山甫其殆周之纯臣，而吉甫者，亦可谓善言德行者矣。

予友见罗李先生，江右产也。凤禀醇姿，冲翼为度，动遵彝训，信而好古。盖自其先尚书襄敏公肇启家学，业已得其宗旨。家庭间日与诸父昆弟搢绅先生之徒，相切磨于仁义道德之中，蔼如也。南都兵变，先生从襄敏划平靖之策，不崇朝而六军底定，是时天下固已知有李生矣。及举进士，遂引疾归养，隐处山中者十年。乃一旦起官郎署，凡七月而出宪岭西，明年与刘太仆来会予于潮阳。其年平寇于高电化南乡盗，通罗旁阳春诸路。又明年作端溪书院，远近学者日益至。于是议者谓西事若兹，其亦可矣，奈全广未靖。靖之宜，莫如久处先生者，诏遂用其言，晋秩中宪，移驻伸威。伸威盖岭东巨镇，建节循惠之间，吾潮其治境也。

先是岭西平，先生尝遗予书，谓将返初服，谢西事。请约予为匡山猿鹤主。予报书许之。及是，伸威命至，先生复以书告予曰："行矣濡滞是广，尚未可去也，子其谓何？"予方沉吟久之，而端州太守虹涧杨君，适驰书使来自泷水，因言先生岭西之政，卓哉伟矣！即有东行，乌可无辞以扬其烈。予惟先生自西徂东，其为东广宪吏犹昔也。矧有懿德，西政乃其余绪，先生方且忘之，而又何辞之为？虽然，当匪懈而不忘乎明哲之诚，值东行而不忘于衮职之思。此山甫之所以永怀，而诗人所为作诵，以慰其心者也。顾予才谢清风，而先生德举辖毛。闻斯言也，宜必有释然于中，毋以岭表之地异。岩廊罗浮凤凰之胜，殊于匡庐白鹿之墟者。且先生之学，以无我为至，以广大为宗，故其所居云聚、所在景从。西人被化久矣，幸东其再试之。譬犹振衣千仞之冈，领袖既张，四维可坐而举也。而于全广之平，夫何有于是。乃为书复于杨君，且属君为先生趣驾而东曰：彼都虽邈，有林生在，固知先生者，可以行且乐矣。是岁冬十二月，先生如循州。君子曰："猗欤！礼乐其东乎？"

校记

[1] 耳，《井丹诗文集》作"耶"。

伸威张宪使平寇序[1]

五岭以外，惠潮最称名郡。然其地跨山濒海，小民易与为乱。其道通瓯越闽楚之交，奸宄易入也，以此故称多盗。盖自倭患以来，其亡命之徒、乌合之众，斩木为竿、揭木为旗，所在蜂屯蚁聚。弥漫于岩谷，充斥于岛屿者，十数年矣。然以二郡较之，潮寇往往不绝。至今惠寇迭起，即不旋踵而底定者，则以今宪使张公亟剿必征之力也。夫国之有盗也，譬之台榭之有积尘也，陂池之有浮萍也。夫尘拂之复生，萍击之复合，亦其势然耳。然使不拂不击，则其积愈厚，而其滋蔓愈深[2]。诚屡拂而屡击之，盖未有不惊且散者。今循、惠、兴、乐诸邑，民无终岁之警，是屡拂而屡击之效也。潮、海、饶、揭之区，村无十家之聚，是不拂不击之致也。顷余方有行役，遇公江上，而得是说于立谈之间，因叹公之所为见天下之势甚审，而其为虑甚远也。且公以总宪专职备兵于惠，足迹未尝及于吾潮，而独为此言者，诚痛乎潮之未有少创如惠者也。嗟乎！此诚仁者之言矣。公前年平河源矣，次平西桥矣，去年复平杨子亮矣。彼其视惠，真如一身，其手足体肤无时不关于心，少有病痒潜伏，即施之以药石，治之不遗余力。如是而欲民之为盗如潮，奚可得耶？虽然，行宿莽之野，荆榛交于前，而目不瞬。入虎豹之穴，麋鹿兴于左，而神不变。何者？彼固其所习见者也。今杨子亮之平也，在公诚为习见之事，不足以侈茂伐，而扬休烈亦明矣。而其属海丰杨尹，乃特以书属余，谓若不容已于言者，岂非以四境之内，方幸仗公之威德，以安齐民，而其政易行，其教易施，其县官之租赋，可无逋负，而吾为令之责始塞矣乎！夫蠹去而佳木茂，螟去而嘉禾长，故可以登明堂而奉宗庙。外寇除而内治举，故可以称职业而报天子。是则杨尹德公乞言之意也。顾余犹窃有望于公者，盖公之为惠则善矣，潮民固公之民也，其所疾苦，宜亦有概于心者。诚执前说，以告于后之君子，是即拯我潮人于水火之中，而置衽席之上也。公其以为何如耶^[3]？

校记

[1]《井丹诗文集》标题多一"贺"字作"贺伸威……"。
[2] 滋蔓，《井丹诗文集》作"根蒂"。
[3] 公其以为何如耶，《井丹诗文集》作"不识公以为何如"。

伸威苏公平寇序[1]

万历改元，广南大剿，惠潮山寇克之。其年督府移军惠潮，大会将士于白鹤之野，遂进师于长乐，今伸威宪使如皋苏公实监督之。越一月，长乐平，诸所上功次，捕卤以千计，盖殊捷也。

先是黄巢、石碇之寇为乱，大震于揭、永、丰、乐之疆，为前伸威张公所破，语具余两广平蛮碑中。当时庙议，方欲移兵遍剿诸巢之未靖者，乃适以师老中止。

会今上即位，锐意治安，诏书屡下，每厪东顾。至于惠潮两郡，复罹恤有加焉。盖伤元元之苦于盗贼，而思所以赈贷之也。至是，守臣既以便宜闻，乃厚集兵粮，六道并进。而以藩臬诸公分董其事，苏公因遂有长乐之役，以克底于成绩。其属邑令长乐艾君、龙川尹君、兴宁俞君者，乃以谋之程乡令武君，致书于余，请纪其事。大意谓两郡之寇，声势相倚，均之未可易制。惟长乐一县，介于循梅之间，联络江岭之裔，万山蟠郁。贼居其中，一夫狂呼，援绝其表。玩之则蚕食累岁，急之则狼奔四出。斯乃东峤之极冲，而北户之要害也。以故先朝特用廷议，分道于此。寻易伸威宪节，以弹压之。所为控厄塞，据上游，以寝奸萌之虑，至深远也。乃今苏公特膺简命，适逢大举，师兴以来，不遑启处。其运筹决胜之猷，设伏出奇之略，固宜有勒之金石，树之全镇，以备史氏之采者。惟是一方仰藉之私未展，吏民颂德之辞未彰，惧非所以扬休烈而系无穷之思也。用是敢微惠于下执事者，惟执事者图之。余得书叹曰："噫嘻！是诚盛举，顾不敏何足以辱之。虽然，吾潮固公所覆庇之乡也。幸赖山川之灵，当道之赐，诸巢亦已次第举矣。假令长乐未平，将引东寇为援，且奔突于我郊。我兵愈益敌，贼愈益炽，潮人虽欲一日安枕得乎？固宜武君欣戴之意，与三君子同之也。夫即武君欣戴之意与三君子同，则潮之人士所宜共戴于公者，亦将无异于惠。信哉！辞之不可以已矣。而况重之以武君之请，则亦乌可以不文为辞？"

然或者又谓，苏公雅度不伐，兹役不崇朝，而岭左肃清，群雄授首，功至巨矣。独其急攻之际，偶有一酋逸去，竟以别枝得之。是公之所为谦让而不居者。余兹请以猎喻，使有虎于此，势方负嵎，将搏之乎？抑急而逐之，俟其走平原失故步而后搏之乎？如俟其走平原失故步而后搏之，虎因以毙，而反不以逐者为功，亦已过矣。且古之善将者，其战也常在百里之内，其胜也常在千里之外。故能衽席之上过师^[2]，非徒计功目前，拘拘于斩一级、俘一虏，如偏裨之为者，此在公之自信而已矣。于是报书武君，且叙次其语，以为公赠。或曰："子何以知苏公？"曰："公往仕漳泉，声称籍甚。其督储吾省也，下民德之。由此观之，公盖实有诸内，而经济之才，业已见之于外者也。虽欲弗知，胡可得已？"

校记

[1]《井丹诗文集》标题多一"贺"字作"贺伸威……"。

[2] 过师,《井丹诗文集》作"还师"。

赠翁别驾平寇受奖序

始,有司以别驾平寇潮阳事,驿报于巡按广东监察御史。御史既奇其功,因特移文奖之。言别驾一出,而身保全城,破贼数千,系酋首于戏下。其临难不避之节,捍御抚绥之略,俱可嘉尚。其与郡二千石以下,以礼奖劳吏士,进诸有功者,以共成使臣风厉一方之意,毋忽。于是郡举行之如礼。

礼成。而潮州刺史何公,以书来言状,谓余为潮人也,宜序。余既为别驾平戎之碑,间颇采其事实,用补碑所未备。盖别驾曩尝与余官为同舍云。戊午中,余与别驾同坐使边还报失期,法当徙外。会余至阙,不果坐,别驾竟左迁潮州。明年,别驾至潮州,其年署潮州事。又明年,辞事行县,以六月戊申至潮阳。于是潮阳始有漳寇入城之事,而别驾适至,起兵讨贼,城赖以全,语在平戎碑中。其年秋,余以母忧奔伏敝庐,又明年,乃为之序。序曰:

始,寇袭入潮阳,时别驾闻警,即单骑见贼,与士民泣誓,不与贼俱生[1],何其壮也。及其檄谕贼中不下,乃始进兵击之。寻用家君言,四召壮士。贼乃自悔入城,窘甚,乞贷死。复从众议开门出之,可谓仁者之师矣。方贼初入城,未知有别驾。此时城中已岌岌如重卵,假使别驾平日威信未孚,未必能寒敌人之胆,而夺其气。且卒然召募之间,士讵有响应者?又使当时贼已穷蹙溃负,即拥兵不解,必尽剿乃已,非不能得志于贼。顾城中旦暮且自困[2],贼急,殊死自卫,杀伤必多,此余之所以重有取于别驾也。嗟乎!向令别驾优游郎署,远迹江海之滨,幸而朝中无事,谨守管籥,持议论,不过与文吏等,顾安得此功哉?今御史既已奖进其功,还且奏荐之,国家方有南北之役,求天下文武士,是必将以御史言用别驾,讵得久留潮州哉?且夫奖进忠勤,以厉庶僚,真御史事也。至如刺史下车,首先乎此,其用意亦可以风矣。

校记

[1] 不与,《井丹诗文集》多一"誓"字,作"誓不与"。

[2] 旦暮,《井丹诗文集》作"日暮"。

陈郡侯参谋纪绩序

夫岭以南起循梅[1],而东至于海岳。其山多宠岰,野多丛薄。隐以盘河,亘为邃谷。密若鳞比,蜿若虹落。纷若孔鸾之毛,腴若駃騠之肉。其危若累棋,绝若惊弦。其中实萑苻之所潜伏,亦有四方亡命,互相结纳。乌合鸟举,虎噬狼跋。毁我室庐,荒我百谷。囚系子女,燔俵六畜[2]。退则负险为固,邻国为壑。以故民多逃遁转徙,不得保其族里者,踵相续也。甚者膏涂草野,血染锋锷。朝见魂游,暮间鬼哭。其厉气上腾,化为灾沴,降为殉瘼。盖自抚剿之说行，而贼不见其剿之害，惟坐索其抚之利。

至于隆庆庚辛之间，民之涂炭极矣。顷者督抚大臣，用吏民之请，下藩臬两司集议，上言必剿便。乃以万历改元先一月大举，分兵六道，表宪臣以监督之，而以潮之贰守陈公，参谋潮州诸军事。其檄曰："盖闻之，王猷允塞，上将伐谋。本官往尝领邑重镇，其素所筹画，卓有能声。宜听监督，自辟用随君。向往诸所上方略，悉采行之。"陈公遂从辟诣军中，军于揭阳。因退而考地利之险夷，度贼情之向背。每有见闻，必札具以报，罔不悉中机宜者。卒之举无遗策，而功流万姓，厥猷伟矣。师还凯奏，其大寮太守梅溪李公而下，相率为燕喜之贺。而以书遗林子，请纪其概，以示来者。

林子得书，报曰：是诚盛举，某不敏，恶足以知之？请愿闻其指，记之将何如？太守乃手书其略，以告大意。谓潮人苦寇盗有年矣，而高沙、旱塘、石坑、赤珠诸巢，实为乱首。所为未即殒于我师者，以抚巢李仲山、苏继成等为之捍蔽也。是故欲攻诸巢，必先自苏、李始，而后兵可进也。公以为言，从之。贼果并力距战，我兵首挫其锋。公之伐也。抚巢既破，我兵始进。至贼疆时，贼且奔遁。将以三溪、鮨溪为营窟。二溪者，剧贼马祖昌、王贵之所宅，亦抚巢也。法宜用间，以镇其心，俾其杀贼立功，然后可图也。公以为言，从之。二贼果不敢纳逃，我兵因得深入，擒仲山等于鮨溪，并破三溪之巢，得祖昌以殉。公之伐也。仲山积聚以万计，我兵既因粮于敌，取用于贼，所向无前，先声震慑。王贵乃生俘诸酋献于戏下，恃功不疑，除夜见执，鮨溪悉平。公之伐也。海南二哨，阳顺阴逆，内结诸巢，外连海舶，纵横丰惠，行道梗塞。议者往往难之，公曰："此事机之会，不可失也。"遂因旋师，乘胜袭攻其腹，贼既失据，束手受缚[3]。海寇势孤，折其羽角。公之伐也。若其应变之权，料敌之神，任人之智，固公之所秘而不录者。乃今又且议上兵后便宜，以垂百世之利。所为利泽于潮民者甚巨，又胡可以弗志也。

于是林子抚然太息曰："噫嘻！果若所闻，岂兵法所谓出其所不趋，趋其所不意。行千里而不劳，行于无人之地者邪！岂所谓事莫亲于间，将务食于敌，兵以诈立，以利动，以分合为变者邪！夫有文事者，必有武备。曩余尝与公语，见其谈当世之务，上下古今之变，焕若指掌。及观潮州之政，尤肃然振饬之不倦。盖儒林之选，而循良之遗也。而岂知其临敌制胜，反为宿将元戎所不逮如此。且夫苏、李、王、马之寇，业已弗在剿中，但将在军，君命不受，苟利社稷，专之可也。使公不达此义，即东征，大事去矣。虽欲迳剿诸巢，其可得乎？嗟乎！余于是而知二说之不容以并行也。向失在抚，故百发而不中，今得在剿，故一鼓而成擒。然则御寇之策，亦利在必剿而已矣。假令往时将吏，能执公之说，以与海寇从事，其为生灵之福，可胜道哉！虽然，是举也，群策毕陈，诸公固与贰守同之。而乃独推美于公，以不自居其能，一时济让之风，可想见矣。余安得不志以归之。"

校记

[1] 夫，《井丹诗文集》作"大"。

[2] 彼，《井丹诗文集》作"彼"。

[3] 受缚，《井丹诗文集》作"执缚"，当以"受缚"为是。

送潘郡侯序

余读《小雅·大东》之诗，悯东人之困，至不见恤于人，而复致望于天，未尝不叹其辞之悲也。其曰："维南有箕，载翕其舌。维北有斗，西柄之揭。"则其望已绝，其辞愈蹙矣。当此之时，王室陵夷，侯度废弛。其在位之人，既不能修德行政，布宣先王之惠泽，以绥黎庶。加以赋敛重数，征伐不休，至殚竭其才力。力尽不能胜其役，财尽不能胜其求。是以上天震怒，下民怨咨，而《小雅·大东》之诗作焉。故曰："周道如砥，其直如矢。君子所履，小人所视。眷然顾之，潸焉出涕。"伤先王之道，不复见于当时，故已思之而至于流涕也。

吾潮僻在海隅，承平日久，圣明在上，时复加意长吏，期以奠安海宇，初无有周人末路之事者。顷自倭奴航海入寇，薮泽萑苻之盗，往往乘间窃发，为百姓所患苦。于是民间财力，不得不穷且尽，视东人之困，又不啻倍之矣。然吾独幸天意尚未绝望于潮，犹有仁人君子，如今郡侯潘君者至，岂非东人之所深望，而不可必得者欤？

初，君自陵水令稍迁潮州别驾，而督府吴公，特疏荐之，谓令治行高，稍迁未足视劝。又御史奏言，宜减郡佐吏额数，请加别驾禄秩优宠焉。于是有诏擢守惠州，秩次二千石。时署潮阳事才逾月耳，其所省民供输以千计。而缓征息民、崇儒兴学，与夫厉世维风之具众甚，莫可殚述。盖自三月以来，而贼不入境，霖雨以时，天心所在，不可诬也。乃今又将舍潮人而去矣，是乌能以忘情也哉！虽然，君今行守惠，即惠与吾潮，疾苦无大异，而潮尤为远，民瘼遽不相闻。异时君如过省，会当以其亲所睹记者，为当道言之。亦谭大夫痛叹，哀我惮人之义也。夫千寻之木，蠹多则折。不测之渊，渔多则竭，亦其势然者。今潮之民命，折且竭矣。失今不闻，将日浚月削，至于不可治。是使潮人负臣隶之名，而国家无疆理之实也。且以匈奴之强，汉为致币，贾生犹且羞之。况区区潢池之众，万不及此者乎？而乃姑为一切之说，以幸其不为变，亦失计甚矣。嗟乎！潮人之所望于君者，意者其在是乎，意者其在是乎！故予于师生之请也，申以告之。

卷二十二　林提学井丹集（三）

潮阳林大春井丹著

希踪《营谢》诗序

夫诗称《营谢》，美召伯也。千载而下，作者盖寥寥矣。乃今复见于是诗何也？曰：为张少府也。夫少府何以致是诗也？曰：为董边城屯戍之役也。夫屯戍边城，政之一也。少府治迹，匪一尽也。而胡独于是乎诗之也？曰：纪其大也。曷言乎其大也？盖自海滨寇横，邑无长城矣；蜂屯蚁聚，邑无门户矣；郊渔野掠，邑无锁钥矣。少府之举是役也，即保障有资，是金汤之固也；捍御有备，是重关之险也；启闭有时，是管籥之严也。如是而谓之与《营射》同功，可也；如是而播之声诗以备风谣，宜也。呜呼！此希踪《营射》之所为作也。此境内搢绅先生，学校师儒之所为同声而应者也。夫同声相应非强也，本之中而达之外者也。譬诸风然，不触则不鸣也；譬诸水然，不激则无声也；譬诸木然，弗培其根，则其华弗荣也。呜呼！此希踪《营射》之所为作也。

或曰：营射，亲亲也。召伯，重臣也。屯戍，远役也。少府，小吏也，而胡为乎希之也。曰：分封置邑，藩王室也；命将设险，守王国也；庶职大僚，总王臣也。官守不同，所为受直敬事，以毕公家之务，其心一而已矣。虽然，建议非始于少府也。而少府得诗者，以版筑功兴，民不告疲，官不重征。所以奉当道之讦谟，成一方之巨镇者，少府也。诗曰："肃肃谢功，召伯成之。"少府之谓也。少府为谁，永新张君应尧也。

南野陈公保障凤山序

凤山之上[1]，有古寨址[2]。天顺中，夏岭寇起[3]，乡人陈千山公尝倡义守此[4]，击贼数万众[5]。自是贼无敢东向以窥凤山者。其后百余年，为嘉靖庚申，又有倭夷入寇之事，而千山之孙南野公，复以保障有功，称于当时[6]。

初，海上久安，诸寨圮废。适诸路方用兵，公因与其弟山谷公，议修寨事，寻又浚渠列栅，以益其险。时倭报尚远，而公已先备如此。已而倭夷果至凤山，凤山虽已置寨，而人心顾望，未所有定。公独身率子弟，负版锸先登。而其乡之父老，乃始定为守计，亦莫不率子弟以从者。盖众方入寨，而贼遂至。公乃与众泣誓，定约束，勒兵以守。贼果拥众仰攻，公命以石击之，中二贼；既复以铳击之，中一贼；其为流矢所中者，又数贼。贼惧，以为此乃木城，有备不可攻也，遂夜遁。越一月，贼复从钱冈渡水，且袭凤山。其乡之子弟，复以公命迎击之，获贼骑二[7]，及其辎重以归。贼由此益愤[8]，言我屡挫凤山，必甘心报复焉[9]！又一月[10]，而大举来寇。是时乡之子弟，既经累捷，胆气益壮。公登寨，如前督战之，无不一当百者。贼兵大溃[11]，从火山下而去[12]。公因释戈甲、解约束，劳诸父兄[13]，论赏功以次[14]，及有伤者助之。有顷，忽火从公室起，众争赴灭之，且恻然为公叹息泣下。公曰："幸吾乡无恙足矣，家遑恤乎？"于是乡人益高公之谊，咸思立石以纪其功。而公辄固辞。

其明年，乡老庄万双等，乃与其乡之庠士陈轩，及公族子大宾者，请序于公之甥林子。林子曰：嗟乎！余今乃而益深渭阳之思矣[15]！语有之："环海之乡，其民轻徙。"非以多寇盗哉！乃若凤山之为乡，在明且二百年，中间再遭强寇，竟赖陈氏祖孙，以保有族里不至于迁徙[16]，岂不幸与[17]？方诸乡盗起，民多望风奔溃，或举城下者。乃公以一人之身，率闾阎之众，伐木为干，屈竹为弩，亲婴孤垒，以与贼抗，三战而三却之。功光于海隅，泽及桑梓，可谓盛矣。然使公平日不能以信义固结人心，无胜算以维系众志[18]，亦未必能至此[19]。诗曰："岂曰无衣，与子同袍。"其南野之谓乎[20]？

校记

[1] 之上，《井丹诗文集》作"其上"。
[2] 有古寨址，《井丹诗文集》作"盖有古寨址云"。
[3] 寇起，《井丹诗文集》作"为寇"。
[4] 守此，《井丹诗文集》作"守寨"。
[5] 击，《井丹诗文集》作"劫"。
[6] 当时，《井丹诗文集》作"当时云"。
[7] 二，《井丹诗文集》作"二匹"。
[8] 贼由此益愤，《井丹诗文集》作"贼人由此恚愤"。
[9] 必甘心报复焉，《井丹诗文集》作"必欲甘心凤山者"。
[10] 又一月，《井丹诗文集》作"于是又一月"。
[11] 贼兵大溃，《井丹诗文集》作"贼兵大愤"。
[12] 从火山下而去，《井丹诗文集》作"徒举火山下而去"。
[13] 劳诸父兄，《井丹诗文集》作"劳苦诸父兄"。
[14] 论赏功以次，《井丹诗文集》作"论赏其功次"。
[15] 余今乃而益深渭阳之思矣，《井丹诗文集》作"余今乃重有感于渭阳之思矣，敢弗序"。
[16] 不至于迁徙，《井丹诗文集》作"不徙"。
[17] 岂不幸与，《井丹诗文集》作"岂非天歟"。
[18] 无胜算，《井丹诗文集》作"无法"。
[19] 能至此，《井丹诗文集》作"得人至此"。
[20] 其南野之谓乎，《井丹诗文集》作"南野公之谓也"。

赠张将军留守海口序

曩余在京师，张将军尝以武生比试兵部，谒余邸舍。余见其人，盖将家子，顾其貌直率[1]，若无他自异者。余既接士众，久亦忘之。久之，有里人至京师，颇为余言家乡事。谓家乡乃者惟海寇急耳，自张君握兵海门[2]，贼不敢临城[3]，而渔于河者数岁。后君偶坐事归印，谪戍柘林，而海上之寇，辄引舟东与倭夷交通，深入濒海之乡县[4]。君乃身自请行，将兵击之，大破倭夷于南洋，其勇略如此。余始闻而壮之，顾未知其为向之所见武生某也[5]。其后余以先安人忧归，明年始与弟辈言及前事，乃知前所谓武生某者，其即为将军也[6]。因窃叹之，以为向者几失将军矣。

庚辛中，督府既上将军南洋功次于朝，寻令还军海上，发楼船五，益兵若干，以佐将军[7]。乃将军志益厉[8]，习士卒水战，与之同甘苦。是时倭夷虽已远遁，而海寇尚乘间出没，南绝潮人粮道。于是将军乃伏为奇兵，以邀击之，所斩获甚众。贼人愈益恐，远去海曲，自此晏然，称无事焉。及是，代者且至，潮之士民因为书言于有司，请留将军。会有令复益将军兵，示无去也。于是士民转相慰劳，竞持醪以贺军吏。而乞言于余，以赠将军。林子曰："嗟乎！张将军其先，盖有武功显于世已[9]。方余见将军俦伍中[10]，似碌碌未有奇节[11]。及其身戍柘林，乃能矢志立功，以收南洋之捷。而海门又赖将军为潮人南户，有大江长城之险，可谓无愧乎其先者。传曰：'兵贵先声。'夫使贼而知将军在者，其不敢复犯海滨明矣。"

校记

[1] 直率，《井丹诗文集》作"率直"。
[2] 自，《井丹诗文集》作"往自"。
[3] 贼，《井丹诗文集》作"贼人"。
[4] 《井丹诗文集》无"之"字。
[5] 武生某也，《井丹诗文集》作"张将军也"。
[6] 乃知前所谓武生某者，其即为将军也，《井丹诗文集》作"乃知其为张将军也"。
[7] 以佐将军，《井丹诗文集》作"以佐将军游击"。
[8] 志益厉，《井丹诗文集》作"志愈益厉"。
[9] 已，《井丹诗文集》作"云"。
[10] 见，《井丹诗文集》作"所见"。
[11] 似碌碌，《井丹诗文集》作"当时尚录录"。

豪山筑堡序

按边法：五里为墩，五十里为堡，以受边民，而严守望。无事则散处于边，以屯牧射猎[1]。虏至举烽火[2]，则收牛羊仓廪入，坚壁以待之[3]。虏人掠于野，往往无所得而去[4]。迩来余邑有倭夷之患，余尝欲仿其法，令邑外诸乡里置城堡，如边陲然[5]。顾鲜有行之者，以故环海之滨，无高城深堑之限。贼遂乘胜长驱，如履无人之境。而豪山一乡，始置堡为守御计[6]，若有合于余之策焉者。意其中必有协力任事之人，而吾未之见也。乃今得闻陈氏尚昭、以宦二君者，岂余所谓其人欤？

初，君既以行谊为乡所推，闻于郡县，以从事于筑堡之役。其后堡成，寇至不敢深入[7]，乡人赖之。于是，乡有余子豪等，及其宗人邦服、继挐、大美者，过而以告于余曰："乡也，斯堡之作也，本众志也。所为倡而成之者，二君也。今请得一言以报二君，是使吾乡有闻于天下，而先生赐之也，是乡人之义也。"余既辞不获，乃为之序。余闻之：能世守其乡者，然后可以世其家。今陈氏盖故家也，而有二君之贤，为众所推。迹其协力任事，以成扞卫一乡之功，此其行谊，必有过人者。其为此乡之望，以长有后于潮也，不亦宜乎？诗云："怀德维宁，宗子维城。无俾城坏，无独斯畏。"是乡人之义也。

校记

[1] 以屯牧，《井丹诗文集》作"以时屯牧"。

[2] 虏至举烽火，《井丹诗文集》作"虏至传举烽"。

[3] 坚壁以待之，《井丹诗文集》作"坚壁清野以待之"。

[4] 虏人掠于野，往往无所得而去，《井丹诗文集》作"虏人往往野掠无所得而去"。

[5] 如边陲然，《井丹诗文集》作"如边垂便"。

[6] 始，《井丹诗文集》作"因始"。

[7] 不敢深入，《井丹诗文集》作"不敢窥兵"。

重校《邹襄惠公文集》序

始予返自京洛，南浮湘汉，尝得公集于赵黄州所。后十年，东过夷门之墟，复得朱镇国所为公年谱一编读之。比还海上，则以归公之子乡贡进士迪，迪再拜谨受焉。又十余年，迪乃持其二书，请予订定之。因重梓诸其家，而乞言为序。嗟乎！公文宏博浩瀚，雄深尔雅。其友王参知公，谓如赴壑之泉，清庙之瑟，善矣。顾予所及见，而知有出于文之外者，请得为公序之。

盖公故与大司马翁公为管鲍交，今观《管子》一书，其文伟矣。要之管仲之所以传者，不在文也。肃皇初载，何、李、康、王数子，皆以文鸣海内。海内之士，莫不云集景从，而公与闽中诸贤，先后继起，并有文名。然公亦不常为文[1]，顾独雅善翁公，优游郎署。寻出典大郡，会有安南之师，拔赞幕府。遂各以讦谟硕画[2]，垂声两粤之间。由是天下无不知有二公者。想其一时慷慨相许，艰危共济，屹然以身系东南百世之安。名流域外，勒功铜柱之表，可谓盛矣。

庚戌虏逼郊畿，公适以河南参政督饷至。俄而司马亦以召命起服，舍墨缞赴阙。予往候之，则见公单骑过司马，促膝语辄日夜不休[3]。其言甚秘密[4]，大抵多军国大计。盖公志在廓清疆宇，方欲与司马共成匡济之猷。而司马乃不幸先世，公始累迁至御史大夫，晋司徒，列为九卿。当此之时，予谓司马未竟之志，其将尽发于公矣。岂虞未几，公竟勤事以死。嗟乎！使九原有知，两公相见，安知不咨嗟太息于地下耶？方司马在日，每疏荐公，动至累千百言，虽鲍叔未能远过。假令公少须臾无死，其所建立，讵出夷吾下者？惜也！司马既殁，公复继逝。遂致百年鼎蒂[5]，空尔先期。半世勋业，郁焉未施，岂非天耶！虽然，公之交谊，上追古昔，平南丕绩，著在封疆。即微斯集，亦足以传矣。而矧是集，始行于楚，年谱再见于梁。其集中所载表状奏记，类多忠君爱国之辞。而文字迭宕，有悬河倒峡之势。年谱所称，盖实录也。至两相国之所不能屈致，尤其大且著者。从是观之，则公之所为不朽者，宜不外是。而区区订定，一日之劳。与进士汲汲梓行，一念之孝。于此或可以概见云。

赠王太仆之任辽阳序

方今为天下元元病者，患在主泽弗究于下，而郡邑长吏，所使承流而宣化者，类多刀笔筐箧之徒。至举闾阎疾苦，而秦越之民，用是冤苦失职，弗获以闻于上，此其责宜在监司矣。祖宗时官邪之禁至严，一时监司使者，方行宇内，皆能令洁白之吏守官，而贪黩之夫解绶者，何也？其甄别淑慝之镜弗湝，而权衡审也。乃其后法网少疏，使者行部，往往相率为宽大和厚之政，以御下吏，甚者听其残民而弗之问，且强庇之。于是吏愈益横，间稍见绳束，即有所弗堪，而怨讪从兹起矣。自非实有为民之心者，安能以不赀之躯，犯众人之忌，而召不测之谤哉！

夫使身为监司，而坐视主泽弗究而下情壅，此亦姑苏王公之所为太息腐心者也。故其分巡浙西也，按部所至，每察吏治失得，及民所隐痛而不能自达者，间辄以闻。当事者多采其议，上之朝而黜陟之[1]。乃吏罔不饬，惟奉职无状以干于公是惧。然公竟以是稍迁辽阳太仆少卿。知者以为少卿自秋官大夫，出金浙江按察司事，三年于兹矣。诸所厘举甚众，而察吏治、恤民隐，尤其著者，以此先后镇巡诸公，一入其境，闻其政，未尝不朝驻车而夕奏荐也。一旦遽有兹命，则信乎彼宽大和厚以御吏者之为得矣[2]。然岂少卿之所以秉宪嫉邪之意哉！

于是其僚友岭南林子，以藩臬诸公之意而为之序曰：余曩盖备兵淮阳，而先是少卿尝为淮阳守，士民德之。及考其行事，大率与今异。岂不以守在养民，当以拊循为职。而监司振扬风纪，必使下无伏奸，斯为真宪臣事耶！方少卿之卧治淮阳也，淮阳之人咸谓太守诚长者，能永底我烝民之生，弗纯任法。抑孰知于此固有不得不绳之以法者，即持之愈坚[3]，而其忌愈众，播迁随之，吾知少卿必有所弗顾矣。或曰："辽阳之迁逊矣，少卿且必无往。"曰："恶，是何言也。夫管宁当汉之衰，以皂帽而浮东海，犹能垂名至今，使医间渤海，忽焉生色。矧今少卿，生逢明圣之朝，身膺疆圉之寄，则是行也，固丈夫壮游万里之秋，而声施百代之日也。夫岂独区区如管宁之游者哉！然则谓少卿之无乐于去者，非知少卿者也。"

送陈宪副之江右序

曩余入户部，始识六溪陈君于众。君时以清盐至自滇蜀。其在滇蜀凡三年，所与民兴革十余事。事在清盐疏议中，余盖尝序之云。

其后君名日以彰显，迁为山西司郎中。山西司主边事，事甚繁苦。盖自天子加意南北，特勅所司，选百寮忠谨者为之。于是廷议翕然，靡不称君之宜为山西矣。居久之，有诏征南夷，调水军若千万。君因督饷，随军参谋幕府。所至区画调度，兵食未尝乏。师还，论功次，或晋卿贰。而君乃稍迁大夫，加一级[1]，还领山西司事。众皆不为君满，而君独从事如故，未尝见其有惰容。有时羽檄交至，人情汹汹。君辄从容应之，不动声色。卒之边境亦赖以不摇。盖自数年以来，南北多警，征发频仍。然师不告老，而泉府流通者，君之力为多。前年余归，君送之郊。且别，相慰勤勤，谓宜努力自爱，而不及其它。及余还，而君犹依其在京，若将安焉者。余怪之，君因叹曰："嗟乎！古固有十年不调者，或一岁超迁为大中大夫者，仕宦讵有常哉！"余闻而益壮之，以君为义。

乃今君始迁矣。向时同舍诸君，与送余者[2]，十仅存一二。而余犹区区，不能它有相慰。徒以诸君惜别之意，而为叙其事如此。盖曰：方今天下事，其大者，岂非南北二事耶？君居郎署，所经略多北边，又身自督进南军，有廓清疆宇之志。即志虽未尽酬，其所筹画，亦足以表暴于天下。今江西号称无事，而君之宾僚多达者，间因政事之暇，稍从车骑，望江山之胜[3]，览古人之遗迹而赋焉，其劳逸固不可同年而语矣。然使君退而感于一方之安，思南北之故，宁无惕然有动于其中，而未能忘者乎？诗曰："无已太康，职思其外。"请以是为君赠。

校记

[1] 加一级，《井丹诗文集》作"中一级"，当以"加一级"为是。

[2] 与送余者，《井丹诗文集》作"与君送余者"。

[3] 望，《井丹诗文集》作"幸临"。

送王职方迁宪江西序

夫士有可望而知者，其进止语默，若无以异于人，而中之所存，常隐然有世教之虑。是故其为教也，使人縣其道不易其俗，怀其德不非其教。当其抢攘草昧之秋，人心汹汹，方惑于祸害，溺于声利，而吾若有物焉以维系之，而卒不可摇动，则以教之素明之故也。

昔秦起西陲，鞭笞天下，以东制六国。六国争走西面帝秦，鲁连一布衣耳，卒以数言却百万之师。汉高帝提三尺剑定海内，而叔孙通为制礼以文之。于是起岩穴、征儒士，独鲁有两生者不肯行。盖当是时教之不明久矣，上之人未闻有德礼风行于上，而士游其间，复以从衡阿谀之说进。区区三子，徒以齐鲁之产，执其师说，犹足以服强暴而维世俗[1]。而孰知圣人之教，入人之深至此也。夫士资其说，犹足以服强而维世[2]，而况亲闻其政教者乎！又况有志于世教者为之先乎！此余之所以不能无感于王君也。

始，君以春秋举礼部上第，余始见君于同年中，循循如也。间与之语，亹亹尔。其退而为学也，不倦。余意其中必有特立自许之意，庶可望而知者。乃君不久以忧去矣。其后五六年，而余复见君于吕梁水上。君时盖以水部治河，徐人颂焉。顾余观其貌犹故也，言亦如之。叩其学也，愈益勤矣。余间行过其境，见其树枯而不伐[3]，其肆集而不哗，其四壁琅琅多弦诵之声，其儒衣而趋者相让于道。余问之，皆王君之徒也。余因窃叹之，以为如君者，岂余所谓有志于世教者非耶？惜也！其未足尽之，使寄之以一方风教之责，其所感士，何讵不若齐鲁也。

今年之秋，君自职方员外迁为江西佥事。夫江西一方之寄，奚啻吕梁也。意者，君得无以治吕梁者治之乎？是则余之所大望者也。或谓："君之所司者，屯田水利也。而子以教为言，迂矣。"曰："君昔固治河也，又何教之为也。且事有若相殊，而实相须者，如禹之平水土，稷教稼穑，而契敷五教，是三者固未始相慕也。然而三圣人者，咸有责焉。诗曰：'无此疆尔界，陈常于时夏。'言能率育其民，而进之于常道也。尧舜在上，方隆风化之源，急生民之命，其于屯田水利，尤所当讲。而君既有志，纵未获专其任，将竭罢罢之思，以庶几禹稷之事。其为教，宜无大于此矣。又况循行之暇，犹得以其余力，与一方人士修明圣人之教，如曩时耶？"或曰："子之言广矣，鄙人固不识。"因举以赠王君，而为之别。

校记

[1]［2］服，《井丹诗文集》作"伏"。
[3] 枯而不伐，《井丹诗文集》作"枯尚不伐"。

送王员外擢宪宣府序

嘉靖己未，关中王君柏亭，以解州守迁为度支员外郎。君闻命驰赴阙，始视事。顷之，有诏迁山西佥事，奉敕分巡宣府中南路。事在是年冬十月中。

先是，河东地大震，州郡多陷溺，城郭人民，流离破亡者，不可胜数，而蒲、解二州为甚。事下大臣议，以为宜选天下廉能吏，有治行卓异者，量移居之，以镇河东余民。于是君自阳信徙解州，时当乱离之后，人心汹汹，靡所底戾。君乃一意安集之，民用大定。盖数月而鸿雁之歌作焉。君间以事至蒲，会蒲有王子者，与其国将军有郤，互持阴事，告于臬长吏，长吏莫能决。君因奉檄案验之，并有证佐，因草疏劾王及将军以下不道，法当坐。王等恐，皆伏地请罪，愿罢去。君为谕而遣之。其在他州事固如此。余盖闻之蒲人张先生云：是时大司马杨公开府宣大，辟四方贤豪集幕下，有共清疆宇之志。公蒲人也，闻君治蒲事，奇之。其后东边失守，公乃奉诏东军蓟门。而会宣府中南路报缺，公因以书言于朝省，谓宣得人如君者可。于是朝论共推君，乃以君及某君名上，诏果用君。

君子曰：夫杨公者，可谓知人，能荐士矣。彼其身离二镇，而犹思为一路得人，至勤书疏。间大臣之用心固如此，然非王君才者，孰当此举哉。且余闻之，边事之坏，坐将不得人，而当事者率首鼠伏匿，以致虏骑深入，视我无人。文吏绳趋尺步，动多牵制。卒有警急，其势莫相为用。此皆坐于责之不专，而法从中制之故也。夫所为举边臣者，以济事也。今乃以兵为讳，而多方掣肘之。余不知其何意也，岂所谓所用非所举者耶？今公之举

也，意必有超然于时俗之外。而君本关西豪杰士，宜无屑屑于文墨之拘者。顾公今召入矣，其去诸路远，不识边镇诸公，亦有知君如公者乎？吾兹试矣！夫大夫出疆，苟可以利社稷、奠生民者，将尽心为之，他固不计也。然则君之所以树勋域外，流声后来，以无负杨公之举者，其在斯行矣夫，其在斯行矣夫！

《戴论》序

始余与戴子伯常别于京师，尝得其所著论一帙，笈而随之。戴子曰："幸不谬，愿有言也。"余许诺去。会有先安人忧，于故所藏书，尽废不复读。间一取《戴论》读之，不竟也。后三年，复起自岭外。行至江，因思戴子言，业已许，不可负。复取而读之，乃竟帙也。戴子为天子待卫之臣，其修职不懈，有愿知主上之意，而尤潜心问学，以尚论乎古人，亦可为难矣。余尝间过其所，居陋巷中，萧然若寒士。然其中多博硕大雅，搢绅先生，与语终日不能去。戴子故又师事大司马双江聂公，讲良知之学。彼其所为论著如此，有以夫。为之序曰：

余少盖善老苏言，苏子曰："武王非圣人也，世儒惑焉。"夫苏子非敢于非圣者，彼其立言，固有为也。太公望渭滨之夫，而霸王之佐也。而是谕非之，此其意正与苏合。然使斯言一出，安和无有惑之者[1]？乃戴子竟持其说不变，非其中灼然有见于君臣之际、几微之间，有不可易者而能然耶？余是以特著之，使人知君臣之义大，而儒者立论之指严也。夫戴子盖儒者也，夫惟儒者，而后可与立论矣。论凡二十篇。

校记

[1] 和，《井丹诗文集》作"知"，当以"知"为是。

《游山记》序

始余忝朝绅，与莆人戴子者游，尝窃高其节、奇其气，以为可许身稷契也。乃未几一麾出守，寻入壶公旧隐，关卅七洞天以居[1]。时余亦适归卧东山，不相接者数岁。

万历改元，戴子乃自闽入广，过潮阳访余。数千里外，相见甚欢，止宿久之。余或叩厥曩所自许，辄张眸不言。至谈及登临事，则跃然自喜。余因叹曰："嗟哉，巍巍乎！戴君之志，其在高山乎！"顾山有不同，有得山之趣者，有徇俗之名者。是二者，不可不审择也。君游半在全广，余今请以广喻。夫盘互领表，飞来吴会者，有罗浮焉；其中有四百峰，金沙、铁柱、符竹、万松之奇，是葛生之所宅也。横亘于滇渤之中者，有珠崖；千仞汪洋四望，瀚海之所导也；以大汉之强，而不能至。突起西北，累累乎若贯珠者，其小金山乎？其中有灵洲郁水，郭璞之所望而营者也。翼然翔于吾潮之东者，有凤凰山也；吟风长啸，声闻八极，昌黎遗迹在焉。华然秀于吾邑之海口者[2]，莲花峰也；根连玉井，影插天河，有宋漂泊信国之所陟以悲者也。若夫东山虽芜，名胜攸归，其灵踪玉检，犹有存者。君如好游，亦何必遍历五岳，穷五原，陟医闾，踏贺兰，然后为适耶？诗曰："岂其食鱼，必河之鲂；岂其娶妻，必齐之姜。"又曰："岂其食鱼，必河之鲤。岂其娶妻，必宋之子。"于是戴子闻之，谓余曰："子言其契予衷乎？"因出《游山记》一卷示予。其所游率多岭南诸岩洞，如余前所云者，盖十二矣。惟东山未至，遂命驾偕往，则见其奇峰凌云，幽谷产芝，古柏千秋，清泉四时，令人轻得，丧忘物我，戴子又不觉爽然自失矣。已复振衣绝顶，濯足沧溟。以及其所谓凤凰、莲峰者，而尽收入指顾之中，一时海宇之极观备是矣。乃其志固未已也，犹将约余遍五岳，穷五原，尽阅天下诸名山巨镇。然后返于武夷，重入罗浮，归壶公曲水而终老焉。呜呼！君之志，其真能乐山者欤？其真能得山之趣者欤？世之同好者，有能得吾说而存之，其亦足以知君之心矣！

校记

[1] 关，《井丹诗文集》作"辟"，是。

[2] 华，《井丹诗文集》作"烨"，是。

《疑略》序

学必有疑哉！明不至则疑生，疑无以为也。学不必有疑哉！小疑则小进，大疑则大进，疑固所以求进也。此皆有成论已。彼立论者，非固为是两可之辞，终于相牴牾而已也。盖必斟酌于疑不疑之间，以求其所谓的然无疑而后可者。故告子不得于言，勿求于心，最长于无疑，而独疑于义之为外。孟子曰从事于审问、慎思、明辨之学，若疑之不置矣。至其距邪说以正人心，则断断然必以圣人复起为不易吾言。然则求圣贤之学者，不但当知不疑为非是，虽疑亦当知有不是者在，斯可与进于疑也已。

晋江王参知先生，自幼学及于优仕，日以经书所载圣贤之道问之、思之、辨之，其有不得者，仰之继日夜，终不自释于疑也。乃录其自著《疑略》三卷，以示同志。其邑人丁使君序之，意谓朱子当年，未必自以训注为是，亦将以俟后之君子。而先生乃能上下千百载，间出己见，与之辨析疑难，固朱子之所取者。其说备矣，然余尚疑先生所以有疑之故，意必自其无疑者致之。及观先生为人气节挺挺，不为世俗邪跛之态，至莅官，表树必裁之义，以正人心，盖得之学问思辨之功为多。向使先生果于自是，而不求诸心，其于圣贤之训，自以为一无所疑，则今之为告子之疑者，又不知何如也。独惜疑进方殷，未见其止，充其志，殆将求至于孟子自信圣人之地而后已者。讵知业未竟，而不幸赍志以殁，遂成先生之疑于永世也。岂不悲哉！

初，先生以序嘱予，予心许之。及先生殁，而使君复以遗言请予。因为之论著其指如此，聊窃附于延陵季子挂剑之义云尔。

《怡衍编》序

戴子自八闽入五羊，所至名山大川，辄登览焉。盖身所涉历，凡十余处，自为文记之。既成，以示其友人林子。林子得之，叹曰："嗟乎！子之游壮矣。顾子尝为余言武夷九曲[1]，余童时所钓游者也[2]。吴会湘峡之间，尝从先大夫隐焉。比岁登朝，则北燕云而佐雁门，固皆壮节之所建也。渡伊洛，上肴函，出连云，抚西戎，客三吾，窥九嶷，览祝融、天柱之胜，其尽天下之大观乎？虽子长之迹，弗能宽也。乃吾子曾弗子记，而独区区于是，何耶？"戴子曰："夫大河乔岳，流峙之大宗也。夫人或涉其津，而陟其巅。骚人墨士，类能言之。若兹名山，僻在海隅，非穷搜而力索者，不足以与于方域之表。故山中之胜，惟予能探之，而人莫得而遇也。山中之乐，亦惟予能得之，而人莫得而知也。斯记之所为作也，聊以适吾趣，与吾子共谈之而已。且夫余向之所云者[3]，梦也。今之所记者[4]，真也。予方破前日之梦，以寻今日之真。即撮尘杯涓，亦可以比巍高阙，量渊天汉。而况山若罗浮，水若沧溟者乎？虽然，犹未也，自此而心游太虚，神交千古，穷天所覆，吾将骋目焉；极地所载，吾将纵步焉。庶几嘘我以清风，沃我以元露[5]，以娱悦此生，予之志愿毕矣。"林子不觉瞿然易容，欣然而笑，顾谓门人曰："小子识之，戴子之学，其进于是矣，惜余病未能从也。乃姑与之枕东山而瞰蓬瀛，陟方洲而俯金城。歌流天地，出金石声。盖飘飘乎有御风凌云之意焉[6]。"于是，门人请次其辞，为《怡衍编》序。

校记

[1] 顾子尝为余言，《井丹诗文集》作"顾余闻之"。
[2] 余童时，《井丹诗文集》作"予童子时"。
[3] 余，《井丹诗文集》作"子"。
[4] 今之所记，《井丹诗文集》作"予今之所记"。
[5] 元露，《井丹诗文集》作"玄露"。
[6] 御风，《井丹诗文集》作"驭风"。

刻《孔文谷先生诗集》序

夫士有迹在隐沦，以其沉冥之思，发之于山林涧谷之间。故其辞多豪宕冲逸，有轻世肆志之意，其原盖出于衡门考槃之风也。若夫历金门、上玉堂，以其博探元览[1]，著之于颂美功德之际。故其辞多雍容尔雅，一唱三叹，而其体亦本于卷阿崧高之遗。岂才情顿殊，亦所处之地固然尔。昔先正谓屈原不能从事大雅，而独驰骋于变风变雅之末为原惜。不知原之所处，变雅之时也。虽欲效大雅之雍容，其可得乎？至如史迁称三百篇为圣贤发愤之作者，亦非通论。夫文王生民之什，清庙明堂之章，其气象何如也。而谓其发愤所为，不已过乎？是故诗者，发乎情，极乎礼义，顺时而动，非能强也[2]。

乃今考诸近世名公之作，如孔文谷先生者，亦可云备矣[3]。始先生仕浙中，尝著《霞海》篇二千余言[4]，其自叙天台、雁宕之胜[5]，以为不让华、嵩，顾独怪其所托幽遐，光灵不属乎禋祀。余每三复其言，慨然悲之。其后入关陕、游河洛，退居汾曲，于是复有《履霜》《泽鸣》《渔嬉》诸稿，为别集若干卷。其中摛词比义，大率与《霞海》篇类，而其兴致益深远矣。

夫先生起家进士上第，历官为方岳长，非隐者之流也，而其辞反多冲逸豪宕之致。入对之后，即以藩臬出为外史，贬徙栖迟且二十年，未尝一日身在朝廷之上，非赓歌应制之会也[6]。而其调乃多叶乎岩廊钟鼎之音。盖先生负卷阿崧高之具，生逢大雅之朝，而其迹乃似原之放。其意有硕人之宽，故其形之于诗也，在江湖而怀庙廊之忧，居京洛不忘山林之趣。是以性术兼该，而骚雅之道备也。假使当时弗为制格所限，得以联玉堂金马之班，抽金匮石室之藏，即房杜王魏之业何足道。然其凌云吐凤，飞商流征者，不过敷陈盛德之形容而颂美之。欲求一言如衡门、考槃，固不可得矣。岂非天欲全其令名，使其言无不传[7]。不徒奏伎周卫之中，与文史并贵于世也。先生始著《霞海》篇，传已久[8]，为词林所宗，今大中丞芳洲洪公，复取前后诸集合而刻之。譬如连珠累璧，见者靡不宝矣。余辱交先生于十年之前，而公之刻是集也，特遗书于千里之外，是以得具论之如此。

校记

[1] 元览，《井丹诗文集》作"玄览"。

[2] 非能强也，《井丹诗文集》作"非强物也"。

[3] 亦可云备矣，《井丹诗文集》作"亦可云睹矣"。

[4] 二千余言，《井丹诗文集》作"二十余言"，当以"二千余言"为是。

[5] 雁宕，《井丹诗文集》作"雁荡"。

[6] 赓歌，《井丹诗文集》作"登歌"。

[7] 岂非天欲全其令名，使其言无不传，《井丹诗文集》作"岂非天欲令其言必传"。

[8] 传已久，《井丹诗文集》作"传之已久"。

《思齐堂稿》序

南海李子藩，仕嘉靖中为考功员外，居常不乐，不妄从游，而性好著书。见世事辄废书叹曰："嗟乎！丈夫不能一言悟主，奈何碌碌随人，希贵富为？"是时海内多故，吏承风围猎齐民，民以大困。明法久寝不行，朝中诸大臣九卿，默默循故事而已，不能有所建白。而梁、谢、宗、王数子者，皆号有诗名，与李子善。李子间从数子辨证古今[1]，谈说当世之务，因稍以己意讽劝诸大臣九卿，考本朝法制可更复者言于上，诸大臣九卿不能用。于是李子病修德而言不施，以为儒者空文饰治。而俗吏奉禄养交，急细务而不知大体。乃条为议，议二十余事，将疏奏之。会丁巳夏四月三殿灾，李子复退论天人之际，推阴阳之理，而归其本于大臣蔽主之罪。反覆数千言，言极剀切。方草稿未上，其友度支郎林子，从省中遗李子书曰："窃闻之，足下因灾变而欲有所陈言，甚善。顾言有积而见用，辞有发而见疑，是二者不可不审察也。昔者贾谊陈政事，明治乱，定法制，至流涕痛哭，可谓切直矣。而绛、灌排之，以为少年好纷更时政，不可任。董仲舒论天人，究征应，其指甚备。而高庙园灾之对，偶失经义。虽其弟子吕步舒，亦以为大愚，何者？皆不积而发之之过也。是以伊傅著训，而殷商以兴；管晏作书，而齐国用霸。此岂激于一时之见，牵拘挛之说，而徇当世之誉者哉！兼听并观，积小高大。故累说而后通其意，旷日而后进其谋。今不审其所积，而欲骤有所发，是使贾谊、董生复起，而伊傅、管晏之业不见于天下也。愿足下详虑而熟计之。"

于是李子得书，遂罢灾异疏。及更故所议二十余事为私议，曰："吾未能公言于朝也，吾将议而后言，以无忘我友之教。"因以其《余日集》先后所为《理学论辩》等篇，旁及诗、文、序、记、箴、铭、应制之作，与前议凡若千卷，藏于考功舍中，命曰《思齐堂稿》云。

校记

[1] 辨证，《井丹诗文集》作"辩证"。

赠别刘宪使入闽序

见湖刘公，曩以四川宪副擢参政广右，守苍梧且三年矣。其一时同游，布列区内者，多再迁为藩臬长，或晋秩中丞，列为九卿。其从公寮佐起者，亦间从征辟致显融焉。乃刘公独守苍梧如故，不迁也。客有为公难之者。公叹曰："嗟乎！往自倭奴入寇我潮，痛惟先人邱墓，业已不有其官。不意复纤组绶乎此，庶无罪悔，以迄于今，诚不啻足矣，他复何敢望耶？"修职如故。

居久之，会今上即位，诏天下郡国列侯吏二千石而上，皆得奉表入贺。而刘公复以次当往。客又有为公难之者，谓公职典外藩，今内者多同时朋侪，位在孤卿之列，处密勿之地。即公朝回，上谒邸第，回翔道路，宜非其心之所乐者。公曰："往予自出职方也，奔驰于闽越、荆楚、巴蜀之间，往来桂林、象郡，地至远矣。每以孤臣万里，无由再立玉阶，方寸为恨。乃兹幸从中大夫之后，复睹汉官威仪，亦人臣之荣遇，而士林之希觏也。他又何计耶？且夫君子之仕也，才品不一，际遇有时。向之与予同者，今固不得不与予异也。予尽其在我者而已。"于是乃卜日戒行。

盖行之日，而福建按察之报亦至。其苍梧之属，自郡守以下至学官诸生，闻之莫不皇皇然，若有所失也，相与乞言于林子。林子曰："余闻之，孝子出不离其亲，忠臣远不忘其君，其刘公之谓乎？方我潮癸亥之变也，豺虎在道，陵谷易处。士大夫不得保其邱墓者，何可胜数。而公乃独陈情叩阍，乞身田里。会大臣有知公者，力持其疏不得上，而公亦遂言归自蜀，未几，而广右之命下矣。公因得返故园，改封树。既襄事，而后敢出。由此观之，公可不谓识轻重大节仁孝人哉！此其安于广右不迁，宜非矫然者。若夫身处江湖，而心怀魏阙也，亦人臣之义有不容己者。夫虽然公安于粤，而迁必得闽。闽于潮至近，行将由之重省封树，修扫除，以为仕人重去其乡者之法，殆天之所以成公之孝也。方入贺而忽有今迁，且迁而掌宪，行将率属入觐于天子。天子嘉其治状，用祖宗故事，锡宴礼官，将不次擢之。由此而跻孤卿，赞密勿，固亦不远。盖公之所谓际遇有时者，此其时矣。岂非天之所以成其忠也耶！夫忠孝德之大也，公行兼而有之。必欲为赠，宜无易此。"于是郡守而下至学官诸生，皆谓林子言有当于志者。因请书以赠之。

送曾襄阳序

始余读韩子，盖至于上于襄阳之书，未尝不太息也，曰：贤者固急于自进如此。及观其送崔复州、许郢州二序，其所以致意于于公者惓惓[1]，惟在于"赋急民穷"之一语。然后知韩子之所为急于自进者，有悲人穷之意焉。嗟乎！岂世之区区欲求闻达者比。然又尝窃怪之，以为襄阳自汉晋以来，镇守兹地者代不乏人，其最著而可纪者，则有羊公之碑在焉。韩子欲讽于公，而见诸崔、许二序。至其所上书，累数百言，曾不之及。吾独喜唐人上于襄阳诗有"逢人惟说岘山碑"之句，其用意微婉不迫，有风人指意者。岂韩之明不及此？抑诗之与书序，其立言隐义指意固不同也？抑襄阳之为人，固不足以语此也？使当时或强而与之语羊公之事，彼其心将有所拂而不堪，而吾亦无以通其志。故凡与之言而期之古人者，必其人之可以语此者也。

余观今曾襄阳公，盖余所谓可语者欤？吾将以羊公之事告之也。或谓羊公当兵革之际，惇信明义，与民守之，其遗爱于民固也。今曾襄阳生逢明盛，全楚无事。民淳而俗和，地宽而法简。襄阳之民，藉广土之富，兵食之利，以内供上国。襄阳至不过卧而治之，宜无事于羊公之为者。盖韩子之所云，不急其赋足矣。余惟襄阳据上游，藩中原，控秦商之固，通巴蜀之饶。而疆（强）兵用武之地也[2]。使襄阳至，而信以孚民，义以教之。民得广土兵食之资，以无怠志，而缓急为用。襄阳将屹然坐镇一方，为天子屏翰以视诸路，而百姓安之。诗曰："之屏之翰，百辟为宪。"言贤侯能藩屏王国，而诸侯法，则其治也，如是而谓之羊公可也。若夫宽赋恤民之事，何足为襄阳道哉！

校记

[1] 致意于于，后一"于"疑衍。

[2] 疆，当是"强"字形近之误。

赠郑郡侯署代还序

顷余过赣江，尝闻吾潮节推郑公之贤，有养士也。及至郡，则公已视篆潮阳矣。因得幸从乡先生后，见公而询知其政，盖有古循良之风云。久之，公以新令至，得代还郡。而邑之博士弟子，与乡之搢绅大夫，舆论皆归公。谓公行不可无述也，因以属余。

会是时，余且有行役，闻其事则为驻车迟之。已乃伏而思之曰："夫言者，所以达其志之思也。公之行也，诚哉！言之不可以已也。顾吾尝观公之为政也，闷闷然如时雨之润物，而不以声色也；凿凿然如良工之制器，而不以雕刻也。则亦何可以言悉也。且古者之有德于其上也，第相勉以居职，无忝为盛世之民；相戒以温克，不辱于有道之交。将上游乎忘言之域，下薄于堕泪之石。是以风弥崇，而治行广也。乃近者文益繁矣，实之不孚，贤者耻焉。而修词之士，因有所惧，而不敢为诚。虑夫世之疑我以诬，且重为贤者羞也。今公政诚近古，而吾苟徒效世俗之辞，以谀盛德，将使后之不知者，谓为故事，无裨美于公，则余之过也。"乃略采其政体大者，而为之序。

盖公始以乡荐起家，署会昌学事，以文教名于江藩。先后督府辟为书院长，远近学者宗之。于是天子用宪臣荐，擢今官，职司理。司理刑官也，往往当其任者，辄以深刻为明。而公每持之以长厚，至法纪所在，则执之而已。其署潮阳也，或有为公难之者，公独喟然自念曰："是诚在我。"既至，乃知潮民独苦，士气斫丧久。为革冗费，进儒行，而以恭俭先之。会四月大雨水，城圮（圮）[1]，海寇又棘甚也。公乃身亲版筑，以倡士民。而又时其间谍，以防不测。顷之城完，民不告劳，贼遂远泊琼崖[2]，无复有东意，则以公之素备之故也。大军屯海上，以楼船十万众击贼。而公从中调度，兵食未尝乏，然于民一无所扰也。属吏有奉法不恪者，公辄引咎，吏为愧服，戒其徒无复犯公者。而府胥舆台至，里闾与民接，辄自却立，不敢妄其严，惮公如此。至如下车而瘗积尸于野，建忠节之祠。

可谓政先风化，泽及枯骨者矣。

林子曰：始余闻之恒言，谓儒者空文饰治[3]，多虚名而鲜事实。若此者，岂足以论公哉！方公之谆谆讲业于章贡之间，以兴起乎一方之士也，可谓循循儒者。及其再试而为理官，署潮阳也，其所建立乃如许。使他日寄以郡守卿辅之职，龚黄丙魏之业，岂足道哉![4]

校记

[1] 圯，当系"圮"字形近之误。

[2] 崖，《井丹诗文集》作"厓"。

[3] 空文饰治，《井丹诗文集》作"空文饬治"，当是形近之误，以"空文饰治"为是。

[4] 《井丹诗文集》此处之后，尚有"余是以特著之，俾人知儒者之学，自适于用，其莅政未几，已足以系人心，而使之爱慕也如此"一段文字。

贺黄明府擢大理司评序

曩余自行人徙官户部，部在北阙之东，所谓东曹郎者。其位署介铨、仪两曹之间，主天下钱谷之数。然而两曹郎，不得相往来。又江浙之士不得入，故其人众，而寡与论交。其诸路之委输，九塞之征发，岁无虚日。督察之使，冠盖相望于道。盖其繁如此，即余虽幸得备员掌故，视奏草上章阙下，犹以弗克称上意旨是惧。每思肆力于学，以求表见于当世，而不可得。尝窃怅然西望，以为如西曹者，真仙吏矣。夫西曹者，刑曹也，制与台寺俱，三司并署，实兼海内豪英而总萃之。乃刑主讯鞫，尚亲狱事。而台职绳纠，其纪纲尤冗且巨。惟大理司评，得以舒徐容与，揖让其间，高持大议，与三司大吏相可否。无文致之嫌，无讦直之誉。暇则以讲律令、治诗书为事。其出入进退，日与诸豪英为侣。月有会也，或夜相过从。因得相观，以陶成其德器，而润泽其辉光。初无事于钱谷、甲兵、米盐细碎，若东曹之为者。然则丈夫筮仕，而得大理，亦可谓儒雅不俗之司矣。以故制科胪传高第，始得与此。而竞进喜事之士，反以为恬淡闲旷而卑之，不已过乎？传曰："仕而优则学，学而优则仕。"盖言仕学之不可偏废也。彼居东署者，脱不从事掌故，日惟驰逐于征发委积之务。即不幸而汨没其中，亦祇与俗吏等耳。岂如西曹之适，而学仕之兼也；又岂如大理之尤雅且闲，足以为养望进学之助也。

今吾邑侯紫东黄君，稍迁而得是职。余固知其仕益优，而文日益有名；交日广，学日益进，而不自知矣。时情或颇为君屈，君得无慊于志耶？君治潮阳久，政在方策，教在庙学之碑。其遗爱之在人心者，近而里巷歌之，远而岩谷传之。余兹固弗暇著，特著其仕之可资于学者如此，以为君贺。请以见君之所志，政不屑屑于簿书期会之末，而必以大臣之事望之也。夫大臣以典学为急，以缉熙圣学为至。然则异时台寺中有大肆其力于此，卓然能自表见，而不为余之所悲者，其必在黄君矣乎！其必在黄君矣乎！余虽隐矣，方与乡之一二同好，共拭目以观焉！

卷二十三　林提学井丹集（四）

潮阳林大春井丹著

东莆太史传

余尝历观自宋以来制科士，至东莆太史，叹曰：呜呼！才不其难乎！乃太史一朝崛起海隅，受知当宁，名动京师，可谓奇士。而论者乃不深惟本始，徒以其年弗永，勋业未就之故，将并其人泯之，以是靡所称术于后世焉。此其责宜在予矣，于是为之传以广之。

曰东莆者，以里为号，大钦名，敬夫其字也。其先世与予俱出殷太师之后。宋元之间，始自闽迁海阳，或居南桂，或居东莆。而在南桂者为予族氏。至太史始以对策入翰林，为展书官。因遂退而里居，故称东莆太史也。

太史生而颖敏，幼嗜学，家贫无书。年十二三时，尝从其父如潮，过书肆，顾见眉山苏氏《嘉祐集》，心绝好之，辄仁玩，移日不能去，顷之成诵。已乃操笔为文，文绝似之[1]。搢绅长老先生咸器重焉。会中道失怙，家益贫，独与其母，居常自佣书给之。间颇交游列邑士，资其载籍以自广。由是旁通子史百家言。揣摩曰：此足以角当世之士矣。嘉靖辛卯就试有司，督学王公得其文，奇之，以荐于巡按御史，相与叹曰：是必大魁天下者。其年果首荐于乡，连举进士及第，如其言。先是，天子临轩赐封，一时待问之士，集于大廷者凡三百余人。殿阁大臣第其文，得孔生而下十二策以进，而太史不与。上览而问曰：是安得无异者乎？始以太史对，遂大称旨[2]。此制下[3]，中外莫不翕然，以为海内复有苏子矣。

久之，以母老，疏乞归养。居东莆山中，筑室以聚族人。族人待而举火者，数十余家。而吉水罗念庵，武进唐荆川，复时时寓书潮州，言学问事。太史顾独自负奇，以为儒者多论议而寡事实，又绳趋尺步，弗获舒其志意。乃遂寄意于诗酒、台榭、声技之间，自谓豪举。其故所与游谢生、黄生之徒，辄稍稍引去。客至或莫见其面，其简抗如此。后母以天年终，太史哀毁逾礼，及既葬，归道病，竟卒于家。天下闻而惜之。

论曰：余尝闻之谢生言，吴侍御之知太史也，实以李纲十事之对，其辞直，其事核。至今读之，犹令人耿耿有诛奸谀、泣忠愤之气。假令一日立朝，即澹庵封事，何足异者。乃使之弗克见其用以殁，亦可悲矣。然太史故以好游称，及既贵，辄隐居自废。颇著稽生之书[4]，恣东山之娱，以致交游却步。语有之："后宫盛饰，则贤者隐处。"岂谓是欤？岂谓是欤？盖予于是而益信乎才之难矣！

校记

[1]《井丹诗文集》无"之"字。

[2]《井丹诗文集》多一"上"字,作"上遂大称旨",当系衍。

[3]此,《井丹诗文集》作"比",是。

[4]稽,《井丹诗文集》作"嵇",是。

萧御史传

萧御史端蒙者,字曰启,岭南潮人也。父曰与成,武宗时举于乡第一,寻举进士,为翰林检讨。今上即位,稍迁至修撰承务郎,以忧去。

蒙少事父,治老苏之学,与季父洁俱。季父多技能,任侠,而蒙沈静有器,好读书。客过父,父使侍食,蒙尝要经而食,父怪之。客故于众中斥其名,阳谩之者,尽受之,不与校也。后乡举,季父下第,而蒙与从兄来凤并荐。上春官,蒙举嘉靖辛丑进士,召试文华殿,补翰林庶吉士,改御史。而从兄竟不偶死。

蒙为吉士,思继父之业,下帷发愤,与大梁高拱、晋人裴宇同舍,恒相让。尝著论二十余篇,几十万言,少师夏言见而奇之[1]。学成,会言免相,出为山东道御史。御史自抱奇,不欲谈说诸公,又不喜炫物,以致知者亦少云。御史既失其父业,以不世其官,居常深念。然独伏思御史之职,得以循行天下,纠官邪、观民风,以讽劝主上。遂慨然有四方之志。

上二十三年有诏,诏御史治军畿内。畿内军多异屯而伍,往往散没,其势莫得而齐。御史以为不若以同屯同所为伍,休则鳞次而居,行则鱼丽而阵。以庶几古人比闾族党为兵之意。言上,上从之。明年入报,会海内无事,上遣使者分行天下,问民所疾苦,御史使贵州。贵州盖夷中地,故尝介诸梁、益间,无专使,嘉靖中始置一道。然天子终以为邈,非文物所,亦略之。御史至,会有铜平、镇篁之寇,因上疏请置重臣,抚绥其地。其略曰:"臣闻鸷鸟累百,不如一鹗。千夫牧羊,不如一竖。何者?势有所重[2],而权有所专也。今贵州虽尝建置抚臣,而统纪不一[3]。两省诸司,以客相视,谋谟异同,动相牵制。一方有事,彼此提衡而立。此威信之所以未广,而疆宇之所以未宁也。诚如臣计,宜仿两广汀赣故事,特设部院大臣一人,以专西南之阃。自贵州四交之地,地无夷险,悉以制之。吏自川湖云广,诸路兵司而下,无贤不肖,悉以听之。其调度兵食,有不用令者,许以军法从事。如此则熊罴之师奋死,而金石之士守官矣。此臣所谓长久之计者也。"

先是,贵州试士,皆会于滇南。至置本道,始得专试,然其额未广。至是,御史乃上书曰:"臣闻由余,夷人也,而霸于秦。相如,蜀产也,而文于汉。故王者之治无外,而圣人立贤无方。今夫盈尺之网,不足以罗燕雀。而矰缴千寻,鸿鹄将下之,彼其所持者广也。今使贵州拘于额而不得广,有司因循以为定制。使远人无所观化,非所以崇广圣意,厉夷俗也。臣愚以为增之便。"于是天子皆报曰:"可。"为置重臣及增试士焉。明制诸所置吏,率加意中州。至云贵间,多以赀郎鬻爵者为之[4]。或谪罚去,又地远,去者辄经岁时,事寝不治。于是御史奏以宜重郎吏之选,又吏有行能,秩当迁者,请自近地移居之。

由是名吏稍稍出，与中州等。明年使者代至，御史还，道病，因免，家居。间采其乡之长老之言，吏治之弊，民所隐痛而不能自言者，为代之言，凡六事，以闻天子。方下吏议，未行。

会北虏入寇，逼近京邑。诏下诸道，故所免吏，有名称者悉起。于是御史复起为浙江道御史。大司马列侯议请边兵入卫，制诏遣御史之绥德，得精兵三千人。赐金若干斤、缯若干匹，寻遣南行江西。江西藩王素骄纵，自宸濠反时，颇不奉法。及宸濠诛，稍戢，已乃复纵。江西自抚制大吏，皆敛手而谨事之，或与宴游[5]。会御史行县，吏收民间俊秀，王麾下剽而夺之，辱其长吏。于是御史劾王不道，捕麾下治之，境内肃然。然自是颇不与大吏、抚镇合矣。是年又当乡试，士方锁院三试之。毕，院灾甚急，御史乃亟收诸所所读试士文数千卷，下令曰："诸所吏无大小，救火者如得士之赏，不救者如蔽贤之罚。"众争赴之，火乃灭。比校文得士，士无遗者，御史本收试卷之力也。于是御史自劾监临无状，上原之，诸司得不坐。时当代者未至，有丧。

御史复行江西如故。盖先后凡三载，江人至今思之。三十三年甲寅，复命赴阙，廷议欲迁御史为廷尉。会病，疏未上，其冬御史卒。御史为人丰体重步，寡言笑。然性尚简朴、习劳，探知人情。循行所至，未尝侈奉。舆马临视士民，煦煦然诲之不倦。至奸宄，亦不能藏也。所部事无大小，必亲省决，无间寒暑，以此吏莫敢欺。然卒以劳获病，罢形弊神，竟死于此云。

初，御史与某地人某者，并居台院。御史之江西，而某入南粤。某因讽吏大索御史家，数其父罪捕。曩与御史同学者，季父某某，贡如京师。及其庶弟某某，亡道奔死。御史有二弟，端贲、端升者，亦以乡荐偕计北上，下第，客吴越间，不得归。或以告御史，御史曰："吾尝遇吏厚，何得至是。"不听，后御史代还，其人寻悔，乃檄吏奉币谒其父及御史，吏因谩为敬，伏谢御史，御史谦言不敢当，终不及前事。其后父病，而季父洁遥拜光禄署丞以归。吏继至，竟承故吏，指捕治之，僇辱其家。盖其时御史已死矣。

赞曰：萧盖殷微子之后，世有闻人。唐汉以前故不论，论其近者，自宋漳州公而后，有潮阳公、容州公、巡海公、程乡公、山西公、给舍公以及修撰公，至御史盖十数世矣。何其盛哉！岂微子之遗烈欤？余尝闻之，师大宗伯欧阳文庄公谓，御史之行县邑也，有古使臣风。余渡江，御史过余，余观其状良然。方御史下江西，劾藩王，诸司望风慑伏[6]，岂遽不能绁一吏哉！乃竟不为，其亦贤于挟私怨快恩仇者远矣。虽然，御史如不死者，其志猷可胜量耶！

校记

[1] 少师夏言，《井丹诗文集》作"光禄大夫少师言"。

[2] 势，《井丹诗文集》作"执"。

[3] 统纪，《井丹诗文集》作"纪统"。

[4] 贲，《井丹诗文集》作"子"。

[5] 宴，《井丹诗文集》作"晏"，当系形近之误。

[6] 慑伏，《井丹诗文集》作"伏慑"。

沈少卿传

沈錬，字纯甫，浙江绍兴卫人也。少负奇气，为博士弟子。督学汪先生得其文，异之，以为列郡士第一。嘉靖辛卯举乡试，戊戌登进士第，授溧阳知县。以政尚严察，被论徙茌平，再徙清丰。久之，稍迁锦衣卫经历。庚戌，虏大举入古北口，鸣镝闻于郊坼，京师震动。上命群臣集议，一时皆相顾莫知所出，錬独慷慨上言，请发兵万人出良涿以西护陵寝、遮虏骑，使不得前。因得开关门，通有无，不报。既又以逆虏犯顺，咎在辅臣，因抗疏数严氏十罪，暴著其奸。严氏恶之，有诏廷杖五十，安置保安为民。

錬自以怀愤之日久，而忠不信于上。犹思竭力边陲，成尺寸之功以自效。乃日夕习骑射，设的肖秦桧像，射之。又散千金结客，期虏至，为捍御计。是时宣、大数苦边患，而总制杨顺者，方握重兵屯境上。虏至辄束手不敢战，虏退则割汉级，以上首功。錬因作书誚让之，顺固心恨沈生。而严氏复时时属顺伺察沈生，得生骑射结客状，谓非逐臣所宜为，遂与巡按御史路楷交章上变，錬坐大逆不道，传示九边，连死者五人。又驰捕其子襄，自浙械至榜掠，且死。会天子纳谏臣言，悟严氏奸，诏夺嵩官，勒归第，嵩子世藩谪戍岭外。后世藩竟以罪觉论斩都市。籍其家，至累巨万。于是襄始得释归。隆庆改元，录先朝能直言极谏者，有司以闻，赠錬光禄少卿，荫子一人。

论曰：余初举进士，居京师，会沈少卿以抗疏，责问下部，遣予亲见之，时少卿已创甚，几不可起。犹精神耿耿，有骨鲠之气。余固知其虽之边，然不死以报国不止也。乃竟如予言，悲夫！自少卿之疏一出，而其后相继劾严氏者，有徐、赵、王、杨、董、吴、邹、张诸君子，而杨最著。然天子竟用邹君言，逐严氏，可谓神圣矣。

俞长沙传

明兴二十有七载，天子临轩策士，得张信而下百人。有俞允者，字嘉言，松江华亭人也。官拜楚府纪善，改鲁山令，寻迁礼部主事。奉命使楚，坐还报失期，谪判长沙，故今称"长沙公"云。

初，长沙公少时，为人疏节，倜傥不羁。然能力耕以事其父。父性乐施予，尝与道者俱，一日有道人者，羽衣策杖而过之，因止宿焉。父命侍食，侑以美器。道人辄陨其一，公殊不为意，遇之如礼。明日道人者出，遇少年行博于市，旋博得一器以归。其器绝类昨陨者，曰器固无恙如是。盖道人业已预知有此，姑以试公耳。乃公固不为动，而少年者辄恚愤益急，与博徒十数辈，求博道人。道人每与之博，必得奇胜。于是少年窘甚，不敢斗，咸窃惊异之。公因笑而问曰：而技可学乎？曰："子有奇气，异时当奉大对，为天子命吏，是不足学也。"遂别去。公悟，乃始折节为儒，补博士弟子。

是时，江南甫定，经学失传，公独得三传于蠹简中，玩味久之，欣然有得。乃以春秋举畿内高第，至是果举进士，历前官，如道人指。其后之长沙贬所，未至，会道病暴卒，已而复苏。先是，公病既革，已易箦待椟于沙门七日矣。忽有医者贸药而至，或戏之曰："寺有死者，可复生否？"曰："可。"入，取青囊一粒，纳公口中。有顷，得呕数声，竟起不死。于是家人大喜，竟以金帛酬医，医无所受。询其姓名，亦不答也。第云："长沙有白鹤大仙庙，盍往修之？"俄失所在，众皆骇然，然后知其为白鹤仙神也。而或以问公，公始为言畴昔事。谓我实神游其地，而未尝往也。往而复还，而未尝生也。其静定如此。及至官访之，果得白鹤庙，重建焉。居七年，以寿终。后六世孙汝为者，复以毛诗举隆庆辛未进士，假守潮州，为予道其事。

林子曰：余少客吴越间，尝闻吴中人士，往往谈长沙公始终遇仙事，私心异之。及得其孙贰守公所为事状，始知公盖儒而自托于仙者。其于死生之际，视若梦幻，亦可谓有守，能不乱者矣。而论者又谓圯上之遇，济北之祠，卒成帝师，以光辅有汉。而公官不过为郎，位不过别驾，以为公憾。不知公于死生能齐矣，彼区区得丧何物者。且以贾生之贤，尤不免于长沙之悲，而公乃不闻其有悲愤之辞，投湘吊古之赋。其视贾生处此，似为过之。由此观之，其迄于今，以有后嗣也宜哉[1]！

校记

[1] 后，《井丹诗文集》作"胤"。

赠通议大夫右副都御史汝阳赵公小传

赵通议公者，故封君赵中宪公之父也。中宪公卒，予实为表其墓，观其行事，而考其世。即知中宪有父，世德远矣。顷公以孙少宰贵，获赠今秩，中宪公复再晋通议。于是汝南人称赵氏再世两卿，为族里光宠显荣矣。是为厚德之报，而少宰君则谓予不可以无纪也。乃为之传。夫传者，传也。凡厥先民，事有可传，则传之。

矧公孑然以一身迁自河济，独奉母与俱西，卒为汝阳赵氏始迁之祖。此其建立经营，岂浅浅可窥者。乃今人徒以少宰既贵，而后识公亦晚矣。盖公少孤，事母至孝。其徙居汝上也，实与母弟相依为命，服劳奉养，甚苦也。乃其弟以老母少子故，颇傲睨不事事，公友之极爱，竟为感化。久之，家日隆隆起，甘旨寝备。及遭母丧，丧葬如礼，故搢绅家咸自以为不及。是时公有一子，晚育中宪，盖年且老矣，犹课农事供宾祀，辛勤如壮时。于是乃始定居汝阳之董村里，故今称董村赵氏，实自通议公始也。

初，公之在旅寓也，其里人有两大姓者，自谓世族，稍侵削之。公顾不为动，待之愈谨。其后两家子皆为愧屈，愈益敬重焉。由是约为婚姻，至今往来不绝。盖其感人如此[1]。

林子曰：余读诗至《大雅·绵》之篇，知国家之兴，多由积德累行，从微至著。若首章"瓜瓞之喻"是也。故成周之业，肇于漆沮，而衍于丰岐，有以也。矧搢绅士夫之流，修身于内，成名于外。而使后世不乏绝，岂非以先人世泽故哉！乃今观于通议公，事有足征者。夫太原郭君尝过汝南黄生矣，第不知曾观其祖与父若何。而予之访少宰君于汝南也，则获亲见中书[2]，而闻其祖德如此。乃君固无愧于叔度也，予敢谓林宗哉，予敢谓林宗哉！

校记

[1]《井丹诗文集》无"人"字。
[2] 中书，《井丹诗文集》作"中宪"，当以"中宪"为是。

徐君传

程乡徐君，以明经举岭南乡荐，历官为分水令。既归，余十年所矣。日惟以著书善俗为事，暇则啸傲邱园[1]，作寿域其中，拉朋旧往观之。酒酣，击节叹曰："嗟乎！大丈夫生不能大用于时，即死，犹当图不朽耳。有如不佞，一旦与公等长眠于此，可无一言以志吾墓乎？吾闻海隅林生，知言君子也，盍往征之？"于是斋沐具书，肃使者诣林生，请志寿藏。

会林生东游名山，舣舟于程江之浒。徐君闻之，喜曰："吾今乃得见林生矣。"趣驾过林生，为言畴昔致书状。居数日，使还，以书示林生。林生谢曰："达哉！徐君可以志矣。顾古有气凌云而倦游，节餐英而赋归者，君知之乎？"曰："知之。"曰："文园惧世之莫称也，而自著本传。彭泽惧后之无闻也，而自传五柳。彼二子者，固皆达人也。君如有意于此，则人之知我，孰如我之自知哉！即自志焉可也。"徐君曰："不然，盖言浯必征诸史，行方必取诸儒。是故元方借誉于邯郸，河间流韵于崔子，有以也。幸吾子其勿辞。"于是林生许诺，若曰："无已，请为君传之。"

及别归，逾岁而传不成。徐君讶曰："余闻林生无宿诺，今者幸托名山之灵，以徼惠林生，意者生得毋忘之。"乃因谢子寓书，督过林生。林生曰："非敢忘之也，尝闻行百里者半九十里，登泰山者至梁甫。是以仲尼七十方不逾矩，卫武九十未忘箴规。今君年未艾，而道日益加，修何可限也，吾是以迟之。虽然，君志定矣，老将益壮，固可书。"已作《徐君传》。

徐君名铿，字伯鸣。其父仕嘉靖中为龙南令，有治迹，号梅林先生。生四子，惟君与仲以科贡起家。仲蚤卒，君其季也。君少喜阳明之学，而嗜其文，多慕效之，下笔辄滚滚数千言不休。尝读《名臣言行录》，慨然以先达自任。及领乡荐，上春官也，顾屡试弗偶。时会龙南公先世，君独与母古孺人居。孺人诫曰："往者仲子弗仕，遂弗逮养而父。乃今予且老矣，儿复奚俟于是。"君始谒选，得西粤之罗城令。罗城故民夷杂处，号难治。君至以慈抚之，以威莅之。罢冗役，蠲逋赋。建堡设障，凿石通衢。居逾岁，而复土酋侵地若干里。齐民德焉，为伐石纪功。寻以母忧去。其起补分水也，实本罗城治行故，故至则民悦矣。而厉溺女之禁，严轻生之罚，罢无名之供，立轮输之法。与夫重学兴文，济贫恤孤，起敝维风诸事，尤其彰明较著者。于是当道廉其能，议调山阴，以父老乞留止。然君政在养民，至于豪猾有犯，辄置诸理，不少贷。以故豪民患之，乃疾走京师，伪为君使，馈铨曹千金。铨曹大怒，欲黜君。无间，遂转君秦王审理。及命下，询之，始知其为豪民计，然业已迁，无及矣。而当道诸公，复议疏留，不果。君遂浩然赋归。分阳人至今祠祀焉。

先是，君复侵地于罗城，土酋憾之。使人以蛊中君，君竟不死。分阳时境内有虎，噬人甚炽。君为文驱之，竟得三虎伏辜以殉。其异如此。

论曰：余盖闻之，刘安有言，轻天下则神无累矣，细万物则心不惑矣，齐死生则志不慑矣。夫以徐君之才，即畀之以八面之寄，宜无不可者。乃竟止一令，且令以执法故迁，为王官屈矣。然使其凭轼而西入秦，又何王门之不可曳长裾乎？乃竟不往，其于得丧可谓轻矣。方土酋之见仇也，人谓酋必用蛊，蛊能杀人。君笑曰："死生有命，蛊何能为？"分阳有虎，邑中之人，失色无主[2]。君坐而擒之，如殪犬豕。其于万物，可谓细矣。啸傲邱园[3]，预筑寿藏。千里驰书，诣予请言。其于死生，可谓齐矣。吁嗟！如是而所以为徐君者，亦足矣。彼世徒以负奇任怨，以文章自命论徐君者，岂不浅浅乎知徐君也哉！

校记

[1] [3] 邱，《井丹诗文集》作"丘"。

[2] 失色，《井丹诗文集》作"五失"，当以"失色"为是。

心斋何先生小传

先生名某，字某，郁林郡之兴业人也。武庙末年，以贤良文学举广右乡试，历仕嘉靖中，为英德、古田二县令。当宏正正学大明之日[1]，而先生适生其时。时两广硕儒继起，东有甘泉湛司马，西有东湖吴司空。而厚斋梁公，湘皋蒋公，皆以德业闻望，为时名相。先生皆及从之游。而叩其论议，大都湛主体认，吴崇实践，而两相国者，又以闾阎侃侃，表端于朝，先生总括而深维之。若曰禹稷之勋，与颜回同道。颜子之学，只心斋坐忘。间以质之诸大老，诸大老咸深然之。因自号曰"心斋"，示学颜也。

方其挟策上春官，入南雍也，一时同游知名士，接其言论风旨者，莫不敛容揖让，以为颜氏之子，志欲大行其道于天下。故问治天下之道，而夫子告之以四代礼乐。则心斋之志可睹已。顾屡试弗偶，及谒选，仅得英州，非其好也。然时以老母在，奉篮舆东，慨然以起敝维风为己任。即曩之所闻于诸老者，亦往往略见诸施行。其后以母忧去。服阕，强起补古田令。虽诸所注措，多袭英政[2]，而疾与行会，勇退之念决矣。其时藩臬大寮多故，人每引疾乞休。疏至，辄移书劝谕，率未能知先生者。惟豫阳督学，为言其状，始得解印绶归。时谓有元亮赋松菊，季鹰思莼鲈之意。不知英州之仕，为亲屈也。若古田之去，则先生之志。悲矣，乃未几竟赍志以殁，学士至今惜之。

初，先生之父太学公，以需次公车，卒于逆旅。时先生尚幼[3]，后计偕北上，每一至其所，辄号恸几绝，复苏者数四。盖其至性如此。先生有子五人，并以儒术世其家。而叔子某者，亦寻举于乡，官拜国子博士，赠先生文林郎，累迁南京驾部员外。以忤天官尚书指，谪判姑熟。久之，量移潮州郡丞。其明年，孙耿又领乡荐，又二年，丞考绩最，得加赠先生如其官秩下大夫。

论曰：余尝历邵阳、下曹溪，闻之父老言，先生在英州时，有邻、封两巨姓者，相与争田，久而不决。当道以英君往，行草莱中，得有宋古碑为界，其争遂息。其虞芮质成之遗事欤？剧贼啸聚山泽，出没为患，侦者莫能得。先生因江行，稍踪迹之，竟获其渠众以殉。胜兵三万，弗能加也。若乃罢采石、绝旨酒，即辇玉飞觞于侯门者愧矣；造桥梁、济病涉，视溱洧乘舆劳逸固相万也。其在古田，给帑金以资矿役，重土田以抗部使；与表章先哲，发奸摘伏，皆古能吏事。要其作用，又多循循儒雅，非徒尚英风者比。虽厥施未究，而继嗣其皇，可谓绳绳有后者矣。诗曰："宜尔子孙绳绳兮。"又曰："君子有谷诒孙子。"其先生之谓耶！

校记

[1] 宏正,《井丹诗文集》作"弘正"。

[2] 政,《井丹诗文集》作"故",当系形近之误,应以"政"为是。

[3] 《井丹诗文集》此句之后尚有"闻之即能蹒踊流涕"一句。

广西左布政使见湖刘公墓表

先是,壬午之秋,予与客为罗浮之游,取道至郡,公辄枉骑过予。时公有微恙在指,尝裹疮奔友人丧,凭尸而哭,俄创转益甚。比予行,公不能送,使使致辞曰:"公还,必过我,无迳渡也。"后予在罗浮,夜梦见公稍瘳,起谓客曰:"刘公别来得无恙耶?"其冬,归过凤城。会郡公北上,公与李户曹出钱于郊,遇予于韩水之上,与语甚欢。予见其色充然,其气勃然,退谓客曰:"向者刘公之梦,其健征乎?"心独内喜。讵意别归逾月,公讣忽至。予闻而悼楚者累日,因遣往吊,而贻其嗣君景允书[1]。君疏报殊惨戚,予盖读而悲之。

明年,予始获拜其庐,会揭阳郑方伯至自贵筑,为铭其墓,以稿示予。予以语君,君请予焉[2],顾予方旅宿未暇也。又明年,予复至郡,寻入山中,君辄趣予起草。顾予方明农未暇也。至是,君复款予郊扉,速予者再。嗟乎!孝子之志勤矣,义何可以终辞。

按刘盖元城之后,元城谪官梅州,其后有徙居海阳之龙湖里者,公某裔也。公少有奇节,举进士,为临海令。以浙东治行第一,征赴阙,坐年未三十不得登台省。稍迁兵部主事,历车驾郎中。尝以虏逼近郊,摄职方事。虏退,职方例得叙转卿寺,而公竟出为闽省参议。居无何,丁外内艰。补楚藩,主太和山赋,迁四川按察副使,备兵建昌。是时倭奴大掠潮州,所至多发人冢墓,震及公之先茔。公闻,痛绝复苏,即日谢事。又值考绩当行,遂得迳奔海上,安厝先人。寻转广右参政,与予共事苍梧者二年。晋八闽总宪,典监试。觐还,转藩司右丞。时公携家入闽,继室萧氏,以疾卒于官邸,公哭之恸。遂以病乞休,不待报行。镇巡重违其谊,因为具奏,未至,而广右左丞之命亦下,于是有诏许致仕。万历龙飞,进阶一级。自是粤中镇巡诸公,先后疏荐无虚日,公处之漠如也。公卒之后,天官尚书疏名上,请下有司核实起用[3]。文至则公已不及见[4],岂不伤哉!因为表其大者[5]。

公在临海,号称循吏。而祷旱赈饥,安集流离,其大也[6]。虏众深入,京师戒严,而职方居中调度,悉中机宜,非遗大之器耶?不与太和贡钱,而以正服中贵,中贵少所侵渔,功在楚矣。访诸葛渡泸故道,而严吐蕃、南诏会兵入寇之禁,羁縻勿绝,番酋戴德,其西川伟绩乎?西粤弗戒,以致隞我大寮,盗我帑金,祸不细也。公往视事,设险守要,以奠八桂。诸侯王监司而下,屹然恃公为安。其镇定之略如此。他如寻常厘举,与夫居乡倡义诸事,要皆仕宦之恒图,老成之长虑,不足尽公之猷。予是以略而弗书,书其懿行之近于古者如左。其辞曰:

易赞谦亨,君子终吉。诗称齐圣,饮酒温克。公实兼之,其仪不忒。位罔崇卑,心存谦抑。善与人交,贵而不易。衣不重采,妾无衣帛。惟怀永图,慎乃俭德。公卒之日,为勤岁事。远近闻者,靡不流涕。视彼要津,势如鼎沸。一朝弃捐,市子所罟。奚啻天渊,无殊鸾鸷。爰表墓门,用阐幽懿。作镇名山,永绥奕世。

番禺李处士墓表

士大夫有伏德幽崖之中，抱朴衡茅之下，不出阃阈，其心不见有可欲之乱，亦未尝博游广记。而其举趾吐辞，不诡于先民之撰，即史称隐逸奚让焉？然以所托幽遐，幸而传者盖寡。今有生同此方，窃闻斯义，且幸与其后人游，得以遍观岩穴遗矩，夷考其言，亦多灿然可述。乃使之泯泯没没，无所垂于海曲焉。是余之过矣，为作番禺处士墓表。

处士讳科，字宗满，姓李氏，本南雄保昌人；宋建炎中有祖曰宣义者，自保昌徙居番禺之横窖里，传至名广公，是为高祖。高祖生缘富，缘富生秀红。秀红以尝出粟赈饥，不受官，旌其家曰：义士。义士生竹溪公，讳政。公娶同邑唐氏，实生处士。处士生而唐氏殁，事竹溪公甚孝。公殁，与其配黎氏，事继母梁尤谨。梁生子举，处士友之极爱也。方竹溪公在殡，处士相地未得，乃悉委弃世事，究心堪舆之术。上下山坂者逾年，及既葬，因遂旁通五行星历龟卜诸书。时或负书入山，坐观风物，盘桓溪谷水石之胜，久之，若有得者。后生封考功君鹏及其季硕，兄弟两人者，并业儒，为博士弟子，弟子受经博士，例得复其身。处士不可。或问故，处士曰："吾族人贫，而输赋者多矣。乃余幸赖先世余资[1]，足供租税，奈何以儿故免。"岁输官如故。鄙人有以田园鬻处士者，处士为捐金易之，其人纳籍函金去。未几，其人阳置处士治园佣，密与佣约，候处士出，因窃籍以归。佣如约盗去。或言于处士，请属佣吏，且陈诉之。处士曰："籍已失矣，诉之何益。"终不问。一时闻者咸叹其难云。处士为人，气宇宏阔，襟次夷旷。与族里居，无问长少贵贱，一推诚与之，未尝私憾一人。以故族里间，无问长少贵贱，皆知处士长者。有急，未尝不告处士。至处士有大故，亦必祷也。嘉靖癸卯，孙价以弱冠举领南乡试，上春官，众竞提醪贺处士。处士为置上座，遍觞诸客。考功君率价等皆侍。酒酣，处士忽愀然不乐曰："余闻之，蚤华者易落，进锐者退速。而年尚少，学且未足，此行如得志，非所愿也。但不欲禁而行耳。"因命考功君携价北上。明年价下第归，喜曰："而福也。"后三年丁未，价再举，成进士，拜当涂令。时江南无事，当涂号畿辅属邑，往往长吏争尚深严，颇不恤民隐。处士因别价，谕之曰："今人视吏若雷霆，入公廷如赴地狱，叱咤之下，不敢出一语。为人父母如此，亦何怪其含冤饮泣，莫之闻以死也。小子识之。"于是价奉令去，为循吏。迁计部主事，调司勋，历司勋郎中。涂人思焉，盖处士之教也。然是时处士年且八十矣，虽考功君既贵，而硕已先世[2]，价犹留滞京师，念无足奉老亲欢者。会有诏，郡国三老，得赐爵一级。考功君因请言于有司，给冠服如制。处士敕不许，竟以野服逍遥终身。

其卒也，价实为状征铭于济南李生，而以表属予。及李生铭成，予因撮其大且著者，而论次之。

论曰：余闻处士有言："巧而富不若拙而贫，自孙黜非家福。"又云："坦夷之人，厥后多昌。挟诈而矜，锡裔鲜良[3]。"信斯言也。达哉，长者之言也！乃丁钱不避，失券勿追，非拙耶？畏蚕华，而悯民瘝，黜其远矣。是宜子孙绳绳，既昌且贤。矜诈坦夷，征应天渊。爰表墓石，垂千百年。

校记

[1] 资，《井丹诗文集》作"赀"。

[2] 先世，《井丹诗文集》作"先逝"。

[3] 裔，《井丹诗文集》作"胤"。

上谷中丞书

窃照海寇林道乾者，本与曾一本、吴平等，乘倭啸聚。其初不过数十人，寻投入倭中，为别哨，遂称勍贼。及倭灭，平遂统有其众，流劫地方。而道乾、一本，亦各自树党，与平为犄角之势，以抗拒我师。后官兵追平急，平窜海外，莫知所往。而其党渐溃散，夺食海上。于是道乾、一本，复稍稍收之，以益其势。两贼者势复大炽，两不相下。乃各自雄长，为岭东连年巨患。潮海之区，半为贼有，生民涂炭极矣。然而一本起自椎埋，无多知识，性犹易制。惜当事者攻之不得其术，以致屡招屡叛，贻毒至今。而道乾则以少尝习为吏，机诈阴险，越绝诸寇。又性独好杀，所过无不残灭。其所居，海水尽赤，积尸如山，潮汐为之不至。盖其惨如此。

今说者乃以一本名偶上闻，在所必诛。而道乾宜在所后，不如姑且抚之。复割壤地以与之，冀其无为我患。万一幸为我用，或可并力西向，以从事于一本。不知此策一行，道乾之势益张，而一本益不可得。壤地一失，生民益无所归，其势不尽化为盗不止也。

兹蒙台下虚心询访，是庙堂注念所及，即海滨生灵之福矣。第恨地隔一方，未能备悉彼中事状。辄以迩来所得乡士大夫之书，谨掇其语，大略如左。伏乞留神裁察，幸甚！

按乡士大夫书略曰：

近来巨寇林道乾，安插下尾地方（在潮阳招收都），实为潮人附背之痈。方其未招，势既外溃。今名曰招，势复内食。痈溃，其毒犹在外。内食，则腹心将朽矣。今秋敛甫毕，谷入贼仓。人家悬罄[1]，钱入贼帑。莫为改岁[2]，妇子无由而室处；豺狼在道，征夫何自以旋归。景象如此，海滨恶得而不坐毙耶？又靖海（惠来、海丰之界）则有程老，骤起千余，势将迫于道乾，江南已无噍类矣。桃山则有鮀浦、溪东（俱揭阳地名）激变之盗，自号白哨，聚党亦至数千，江北靡有孑身矣。（初，道乾攻鮀浦、溪东二寨，久之不下。贼被杀伤甚众，因并力攻之。会食尽，救兵不至，寨遂陷。得脱去者，仅百余人。城中士夫闻而怜之，为言于郡，请收入助城守。许之。后贼闻此百余人者，欲得而甘心焉。请于郡，郡令出与贼。于是百余人者，奋臂呼曰：吾为若守里社，力不支，以至于破亡，幸士夫怜而收我。我方誓死杀贼，以报不共之仇，奈何临敌弃之，请从此逝矣。遂戢剑而出，散入山中为群盗，号白哨云。）林獐（亦招抚山寇）出没潮阳、惠来、和平、贵山之间（俱地名），西人田园荒芜，道乾雄据招收、砂浦。东人杼柚其空，四面皆敌国，仅存一孤城。譬如人之一身，业已辉耳去眼，刖却手足，此孝惠之所望而惊者也。岂能长生于天地之间乎？

曩一夜，忽有五炷火从天而下，周围丈余，状如燕尾，其色青紫，下地瀑瀑有声。或以为去年某乡某寨未破之先，尝有此火夜见。今某乡某寨村落已为墟矣，而此火复见，是岂不为之寒心也哉！又曾一本近时进迫省城，焚烧战舰不可胜计。旋即顺风直抵吾潮，浮江数百余艘。渔人从海外遥望，见火号从空中起，华华若贯珠[3]，长可数百里，倐忽而至。

而道乾者，复以外寇居内地，藉招抚之名，阴与之为援。城中良家之子，归者日以百数。隐然虎踞一嵎，为四方逋逃薮，吾窃悲夫亡之无日矣。顷者道乾徒党，公行至县，掳劫居民，民不得已，严兵以拒之。彼遂旅至城下，宣言中秋欲来屠城。城中震恐，道路相顾涕泣。县令仓皇，莫知所为。于是吾辈乃往见令，说以尹铎守晋阳之事，因请移书责之背盟，始得以暂弭其来。然而观其报书，辞甚悖嫚，又安能保其不来乎？

且以一本之强，方没军杀将，得志而西，声震远迩。兹又徜徉于牛田（洋名）、马尔（澳名）等处。海揭等县望风响应者，又不知其几村里矣。独缘此贼来自琼崖、高、雷，尽有物产之饶，金帛子女之富。譬如人之饮食，正在餍饫之极，尚未思嗜。使其异日稍有饥色，复尔垂涎此地，不知将何以待之。夫曾贼在邑之北，林寇在邑之南，山寇又出没于林莽萑苇，以荒吾之土田，此不待攻而自破之说也。矧时复相窥乎？要而言之，道乾之招抚，其为害更深于一本。公行劫掠，无有敢言。招亡纳叛，无有敢阻。所求所请，亟欲供之。少不如意，辄欲观兵，以侵城郭，无有敢抗。此其状，与六国事秦相似。老苏所谓今日割五城，明日割十城，然后得一夕安寝。起视四境，而秦兵又至矣。今日吾邑之事，其何以异是哉！

然此二寇酿成今日之祸者，非果彼能自为之也，实由当事者有以养之耳。朝廷设官，奈何俾东省皆妇人。道乾、一本，本屠狗之徒，乌合之众，何有陇上鸿鹄之志。乃连年作虐，枯人万骨，流血千里。曾不闻有设奇画策以荡平之者，只闻有请质求招之说。今日一官到任，百姓翘首而望，曰此必有大可观者。至则待百姓如仇雠，视寇盗如赤子。厚赍以养其锐，温言以强其悦，如斯而已矣。明日一官到任，百姓翘首而望，曰此必有大可观者。至则以百姓为敌国，以寇盗为腹心。奖励以益其骄，卑词以启其玩，如斯而已矣。甚至大吏遣官，小吏为质，纳币称贺，尚不能以结其欢心，反受侵侮，斯不亦辱国之甚也耶？遐荒岭徼，僻在天外，君门万里，此情何由得达，此仆等伏于草茅之下，目击桑梓之忧，所为流涕痛哭，愤恨而不能平者也。昔田单以铁笼傅车辖，得全宗人，后世高其智。仲尼悲宗国之将亡，故令子贡出而存鲁，而名著于春秋。今仆等居者碌碌，愧乏田单之略，惟足下方有事于四方，幸无忘于尼父之志。即生平救拯溺焚之业，宜无逾于此。势急情迫，临楮莫知所云。

校记

[1] 罄，《井丹诗文集》作"磐"。
[2] 莫，《井丹诗文集》作"曰"。
[3] 华华，《井丹诗文集》作"烨烨"，是。

与李见罗书

曩仆伏观往牒，见子贡结驷而访原宪，及汉元礼策蹇过叔度事，尝窃高之。以为古人重交而乐道，不以出处易心如此。念仆德薄原宪，才非叔度，而公乃一旦从车骑东来，枉顾仆于倚庐之中，是四科端木之义也。不拘拘乎策蹇之迹，而其心常脱然于轩冕之外，是龙门李君之致也。且夫南州高士，盖尝为黄琼之吊矣[1]。而礼疏介绍，虽其子孙宾客莫之知，夫彼犹旧耳。今公徒以不肖之故，临奠我先人，垂文通刺，明示通家之意。于礼合矣，而情尤独至。回视南州举动，抑何如者。而世人往往谓古今人不相及，岂不过耶？

奉别之后，仰怀日增，手书见贻，感佩益切。且知公之惓惓望我者，甚大且重。独惟固陋之资，兼之赋性褊直，有戾宽柔之旨。其于修己诲人之法，雅所未备。矧当此之时，人心陷溺久矣。学者稍解文字，工俳比，即便以为学问在是，可藉手以取青紫，致令誉。至于身心性情之间，何暇料理。苟有人焉，倡言以开示之，不以为狂，即以为迂，甚者腹诽而心非之。譬如畏影背驰，不至于泯灭不止，此甚可为痛者也。故自屏居以来，惟以千古为友，以心地为师，以家庭为徒。间或随事应酬，笔之于书，颇鸣己志。庶几异时，积久神孚，或可挽回一二，不然亦恐难以强聒而求售也。

公养已充，又当得位行志之会，正宜及时敷教，以振起斯文为己任。使民俗还淳，士心丕变。而仆因得以奉扬仁风，游泳圣泽，或一助也。何如，何如？县志之作，特因久废，用补遗亡，非敢自谓有关理道，而窥作者之藩篱也。而足下以比之五代史，过矣。海寇西奔，兹复东溃，飞鸮恋巢，曩言若契。乃其尊谕所云，事有可忧者，或不尽在于是。伏惟留意而熟计之，尤斯世斯民之大幸也。

校记

[1] 尝，《井丹诗文集》作"常"。

与萧安所书

年兄今夕杨公之会，切记为言招收、沙浦不可安插之意。若询其故，须陈其害。盖此地为一邑藩篱，切近诸澳，贼常出没。又其民可练为兵，亦易与为乱。往岁地方警急，辄从征调，多得死力。自道乾一招，半为贼有。寻被残破，故土为墟。然使及今休养，犹可生聚。官府以义鼓之，或足以当东南一面门户。若复招安于此，则生聚者无几，见存者又复沦胥于盗。不惟自撤藩篱，抑且引盗入室而并据之，而欲求潮阳一夕之安，不可得矣。此已往之覆辙，近事之明鉴也。又矧普宁今日求割地，明日求分民，既失黄泼洋乌三都沃壤，而又弃此二险以业盗贼。何以成百雉之封，而寄万众之命哉！此其为害不细，关系匪轻，非止区区民瘼已也。

适会匆匆，未及致详，恐后会言之无及，故特具此，幸吾兄一留意焉。亦吾辈共忧桑梓，而救同室之义，非敢求知于人人也。何如，何如？

答何解元书

仆本羁旅之臣也，乃者以省觐，取道南来，偶因近郊之警，奉身严城之内，窃不自意得辱交于大雅之门也。光辉载接，倚玉神清。妙论时聆，饮醇心醉。间登王粲之楼，忽效刘琨之啸。方愧无以慰群情而销外患，徒抱区区咫尺之谊，驰神于郡国声援之间，而不知人之不我信也。而又岂期既别之后，辄拜雄文名书于百里之外[1]，而辱念之至此也。

昔者鲁连游赵，以数言而却秦兵，平原君德之，乃为置酒奉千金为寿。而连则以为所贵乎天下士者，以其为人排难释争，解纷乱而无所取也。如有所取者，是商贾之行，而连不忍为也。仆甚慕之，夫千金犹小者也，却秦其大也。今无却秦之功，而宠逾千金之赠，不知鲁连处之以为何如也？此仆之所以恐惧汗息，不敢显然辞谢于足下，而又不敢不的然求通于腹心，为知己者告也。惟高明留神亮察，幸甚。

校记

[1] 于百里之外，《井丹诗文集》作"千百里之外"。

与胡庐山书（二首）

往岁闻公廉访粤中，私窃自喜，以为仆虽隐矣，而礼乐在东，吾其将往游乎？乃久之，忽辱惠书，果同此怀。方作答，匆匆未发，而客自省来者，辄云：旌节业有北行。寻得之道路，又谓顷已疏归，不待报还矣。乃知贤者固不可测，而鸿冥凤举，自是邈尔难攀，即野鹤孤栖，犹跂望之，况鸡鹜耶？乃今思之而不可得，欲往而不可至，此兼葭诗人之所为兴叹者也！

晚晤见罗，瞿然任道之器，宏毅之才也。乃不久别去，不审曾过庐山与公把袂而谈，连床而梦否耶？又近溪居士，是否尚住麻姑，或者漫传久已西去。果尔，恐不免为北山猿鹤所笑矣！何如，何如？远地杳不闻起居，不知迩来山中景象何似？离群索居，恨不一详示之。若区区故人动履，只有狂态如故而已。闻见台出抚西镇，将过家省封树。缘此，兄前后三书，责仆不报状。因遣一介往而特先之兄所者，明不敢以隐显二心也。惟幸察而终教之。

又

久不奉讯，去岁楚侗自闽中寄到名山藏稿，披玩如聆绪语于促膝间，不觉憬然解悟也[1]。比后有江乡人至，云吾丈近日已入禅关，遗弃世事。窃念吾人学问至此，却是自得处。乃世人不识儒家正当道理，而误以禅学相称，讵足以窥大贤之堂奥耶？近溪自梧镇远来相访，一宿而去。叩其中，则近于禅矣。忆昔尝承手谕，谓此兄之学，与圣门稍异，即吾丈宗指可知矣。念丈老当益壮，纵未能效近溪见访海上，犹幸仆未甚惫，可以策杖而西顾。此心于万事，业已付之禅寂，更不起妄想。即跬步城府，亦不能一过唐君也，徒怅望耳。唐君之贤，得丈而名益彰，亦交游光宠也。所惠家刻，具悉世德，顾夸绣非野人服也。但当受而藏之，以不泯仁人之赐。

校记

[1] 悟，《井丹诗文集》作"窬"。

报陈阁山书

自兄荐历台省，声实懋著于白下。而仆适始以内艰伏敝庐，既起为吏，走河洛，寻幸得报东归，而广右之命复下矣。盖十年之内，家居者半，奔走于道路者半，在官才十余月耳。其于门下，绝未有一言相通者，非忘之也。念值吾潮衰厄之会，人心可畏之日，诚不敢以区区负谤之躯，累高明也。乃不意近于萧麟兄所，获承手教，披诵再四，始识有人我疑。夫十年无一字犹疑之，矧其通问不绝者乎？亦可慨矣！独念吾人所当自信者此心，至于外面是非，似可不深辩，要亦无待于辩者。且孟门之训，行止有天，而横逆之来，又莫非吾人得力处，诚窃愿与吾兄共勉之而已。大抵天下事只是求个真，正吾如正人，安枉诸？夫苟非类，虽欲借誉于有力者以文之，恐终难以欺乎有识之士，仆固知门下必尔不取明矣。倘遇海内同志有欲相闻者，幸出此讯之。何如，何如？

与黄督学书

仆之此行也，实自安庆渡江过饶州也。闻公始发二三日耳，何天意不假人良晤如此。月初入抚州路，抵建昌南邑，邑为广昌。会诸路警急，城中戒严。仆至，守者拒不得入。道路讹言，人心汹汹。因退保于郊寺，以徐俟其定。乃人疑益甚，报踵至，城外已无一人。当是时，不惟人之疑我，乃我亦转自疑，第徒付之一笑耳。俄而有二生者，从城中来谒，言城中见疑状。察其色，若有意于不肖者。仆因进而问之，乃知其为罗生良臣，黄生河清，皆庠士也。闻不肖有急，故来。于是罗生计曰："事急矣，众方疑公，公必以冠冕入不可，请以微服缒城下便。"黄生曰："公第入矣，此外可勿计也。万一有变，当以身负从者以行耳。"仆因如其策，果入城。城中久之始觉，因得见其乡士大夫与师生。吏民咸相与惊叹，乃始信而弗疑也。其日，师生、吏民及乡士大夫皆愿留仆行，仆亦有感而为之留焉。主于罗生之家，不以烦有司也。是时邑无符篆之令，乡乏素练之兵。所幸士夫竭力，诸生献技。仆因力倡勇敢，为士卒先，孤城为之增气。于是贼闻之，为却五十里云。其后，乡械被卤稚子至，仆审而释之。乃城中辄有细人，潜谋为乱者，谓我为岭粤人，疑与贼通。而罗、黄引我入城，将不利，必手刃之。会月明，仆与师儒坐城楼上，方临风长啸诵诗，不知伏甲已在寝门之外矣。时有解元何子涛，乡贡士沉昆弟，国子生曾佐，庠生曾任者，觉而狂奔往谕之，贼乃散去。当是时，微数子者，不肖与二生几危。乃今城幸不失守，仆亦赖无恙，即日当戒行矣。

远惟明公风教之及，士习之厚，令人忽然忘去，义思一报此乡。而其道无由，且力不足为斯人重。伏念公为一方斯文盟主，意他日得诸所闻，其所以激厉而表章之者，当自有不容已。夫二生者，非有久要之素，平生之好也。一旦奋不顾身，以拯我于厄，至身当贼锋，几陷不测，此其义有足高矣。矧当人心危疑之秋，而彼独毅然自任，不为少阻，非见义必为之勇者，能之乎？至如周何数子，以片言而寝已形之谋，抑又其难者。临发留书，不觉觊缕，伏惟慨然存念。幸甚，幸甚！

报周耿西书（二首）

忆自往岁，一得甬东报书久矣。旷绝世务，即宇内交游，寻常出处，亦鲜克闻之。比后偶会令侄，询及起居，始知除目已至，谓已之官白下矣。夫以公之骏才，昂然八荒，瞬息而千里也。列之青琐，乃其所宜，胡为暂借度支哉！但钱谷之司，县官所重，公其毋小视之，而兴摇落之悲也。华翰远将，兼惠三物。三物者，皆奇珍也。若施之于仆，则过也。仆少嗜古书，长游上国，虽恨弗与中秘之观，然或访之左史，求之名山，亦觉浸以充栋。顾今业已尽置久矣，因寄至，又不觉畅然欲一观之也。少事笔砚，雅好端溪。谓其质任自然，不假椎凿。而曹氏孟德，乃以铜雀为台，丸泥为瓦，以欺后世。后人不知，因而宝之。仆曩尝过漳河，入大梁，往往见焉。政惧其乱真也，故未尝一持以去。乃今得之，行将试之矣。至如山中野服，冬一裘、夏一葛足矣。黼绣之章，岂以仆未忘夙昔之念耶？而今则匪我所思矣。然安可不受而藏之，以俟异时宪节展省，为公贺乎？

又

顷者仲弟拜官过家，言岁裹北上，会前驱始至都门，相见甚欢。乃不佞一别三秋，曾未有只辞奉寄，迹至疏矣。老复冉冉至，自分于时，靡所记称。讵期万里芳讯，辄首稽乎当世者之指，是欲令尺蠖复信，枯杨再蕍也。毋亦有感于故里之寥落，而云尔耶？嗟乎！九龄已远菊坡死，流风瑟瑟，莫可振起。如不佞者，其亦已矣。必欲耸翠岭之孤高，扬沧海之芳润。非雅抱胸中之奇，壮游剑外之友，莫之与矣。因忆曩辱手示，若有慨乎江河之趋也，而思得同志以挽之。乃今同志渐稀，不佞又无能为役，徒慕庄生汗漫之游，欲为向子上方之举。如前年尝历阴那矣，去年又陟朱明上飞云矣，兹者又且作西樵浮邱之客矣。安得遂驾黄牛，凌青城，因见文翁化蜀之政于峨眉玉垒间耶！虽然，五马甫西，而荐剡交驰，即蜀中，讵得久留车骑？尚计旦夕召对，幸及鄙人未耄，俾获重望见入洛旌旗，为交游光宠，尤亲知之慰耳。

报刘仁山书

往自梧镇重逢，衡岳高举。缅怀逸驾邈矣，难攀其后。某亦求归不得，强役吴会。毕竟才非其任，遂尔沦废。此殆鸿冥凤览者之所遐笑，若云自蹈改玉，则不敢然矣。东归甫逾岁，不幸先考见捐，徒忍死以奉几筵。盖不独于世事绝念，即故人出处，大致亦忽复忘之。岂期公乃记忆于旧游之侣，及托双鲤以相遗耶！启缄如面，知经略边海之心独苦。及会敝邑大夫，又闻西省处置府江事甚壮。然后知吾儒抱义而藏，待征而起，其作用自别，非深源虚负苍生者比。第念区区边事，谅未罄所怀负。会须大用大鸣，始足为世道增重耳。靓止何期，寤言兴慕，聊此嗣音，以达远意。其山中所存，笔之于书者，尚冀风便时终教之，尤岑寂之感也。伏苦草草，并祈亮察不尽。

与陈别驾论城守

仆自窜伏苫稿，礼不敢出庭户。窃闻足下视师城中，故愿望见前驱。而从乡先生游，乃辄复以书告。

窃见城中防守空虚，可谓太甚。夫百雉之内，数万生灵在焉。今者登城以望，殆若无人，然者，此岂可不为之寒心哉！方今新贼至且入界，旧寇复与连和，带甲数千，所过多以诡胜，此其志不小。伏惟足下垂察，而少加意焉。

其具可略陈于后。夫民兵者，以代卫兵者也，城池帑藏之所司也，间谍游击之所用也。今空城以出，曾无一人留者，是内自空竭，而外滋困急也。且足下以一人临视城上，而亲兵无人，无负鞴执戟之士，亦非所以济缓急而重自卫也，似不可不亟调以人也。新兵之设，所以佐民兵也，乃今者多逃去矣。其在者仅人形耳，手不持尺铁也。问之以守，则无定所，听其游行，则无定踪，是名存而实亡者也。似不可不查补而安顿之也。至若守垛兵，夫虽业已有重编之令，然而至者无几也，又鲜器械，或以童稚充之也，甚者少选散去矣。似不可不明约束，补丁壮，备器械，严赏罚，定番休，以时巡行稽考焉者也。且夫殷实之户，与夫乡之士夫，皆足下之众子子弟也。今足下暴衣露盖，夜宿于城上，为子弟者，居然高卧于寝，于心固不安矣。使为众子者，反蔑视阆阃，不知又将安乎？恐非所以教民知方之义也。则夫号令城中父兄豪杰，使各出身以督率其子弟，无敢即肆偷安者，似又不可以已矣。若夫上请官兵，以扼四郊之险，使四郊之民，坚壁而距守之。而又求助邻邑，以为外援，此又足下之所已试于揭阳者也。意者今亦有可行者欤！夫足下身居于上，而部下吏士往往散处一方。其于前数者之弊，或未尽达。乃徒感足下之谊，奉咫尺之书，登王粲之楼，发刘琨之啸，仆窃以为无益矣。夫士夫不过子民也，民有往役之义[1]，使其出身以督率其子弟，各守雉堞，以无误事。而身自巡视，或结为小帐以守，与殷实同之，此乡士夫之所能也。若令各司一门，亲以军法行足下之兵，则非分也，且势固有所不行也。窃恐各兵闻之而自笑，士夫临之而解体也。一旦有急，不知将以何者任之。凡此者，皆不可不审察也。若其多谍报，谨盘诘，则前固已陈之矣，不敢复赘。率尔冒渎，不知所裁，惟愿为地方留神。幸甚！

校记

[1] 往役，《井丹诗文集》作"使役"。

论海寇必诛状

为今岭海患者，不过曰山寇、海寇、倭寇三者而已。山寇剽急，其为祸速；倭寇惨烈，为祸显；海寇则缠绵固护，浸淫乎郡国之间，其为祸迟而隐也。是三者，不可不审察也。夫是三者，势相倚而祸相因者也。彼倭寇之从海上来也，实海寇为之接引也。其屯聚而野掠也，山寇实向道之。夫山寇非他也，盖多村里恶少，与夫愚蠢编氓，非有奇谋异能，特见间而起，又其所居多负险，易以伏匿，急之则啸聚岩谷间，州郡亡命，闻而争奔走焉。倭寇者，非果尽有日本之众，而雕题椎髻之族也。大抵多漳台等处流贼，挟残倭以为酋首，而彼遂因有其名号，以鼓舞其徒众。所至破乡下寨，尽收其少壮者，而被削之久之，与倭无间矣。至如海寇之祸，其来已久，闽越之间，若与之相终始焉者也。是故山寇以村里计也，其贼以千数。倭寇以岁时计也，其贼以万数。至于海寇，则不可限以乡井也，不可画以日月也，其贼固不可以数计矣。

今之论者，乃不深维其故，而姑为一切苟且之说。欲与倭人和抚，至取其酋而用之。一听荼毒[1]，而莫敢谁何。乡兵有获贼者，辄解其缚而谢之。诘之，则以阴散为解，此尤失计之大者。诚如愚计，莫若只以杀贼为事。其欲去倭贼也，莫若先绝海寇也。或曰："海寇固未易绝也，彼其延蔓既久，枝干日繁，一邑九乡，半为贼数。是沿海之乡，无一而非海寇之人也。党与既众，分布日广。自州郡以至监司，一有举动，必先知之。是州郡监司之左右胥役，无一而非海寇之人也。舟楫往来，皆经给票。商旅货物，尽为抽分。是沿海之舟楫商旅，无一而非海寇之人也。夺人之粮，剽吏之金，辄以赈给贫民，贫民莫不乐而争赴之。是沿海贫民，无一而非海寇之人也。又集四方亡命，征无赖生儒，稍习文义，以治其部伍，修其辞约。而彼乃深居大舶，行王者之事，公然出入城郭，列羽卫以要陪官之宴，此其目中，已无岭南久矣，若何而急图之也。"又曰："所为未绝海寇者，以倭寇未平也。今若缓其速而急其迟，无乃不可乎？"曰："海寇未绝，山倭之寇，终未有已也。夫倭寇非果至自海外也，或由浙至，或自闽入。何者？其道路通也。若果不绝海寇，则沿海之兵，无敢捕贼者。其势必听其往来，恣其剥取，而无所忌。倭船一至，即为东道主矣。是以倭至，登岸必焚舟也，示无去意也，明有主也。其劫掠既饱，所获辎重未及移徙，而海贼先已舣船候之郊矣。此皆乡人所习闻而亲见之者也。非徒如此也，山寇亦将藉之以为声势也。海寇又幸山寇为之驱也。是其意且合而一之，而归山海之利也。是尤有可虑者，所谓急之则反速而祸小，缓之则反迟而祸大者也。故曰不可不审察也。"曰："奈何？"曰："莫若先绝两省海贼往来之路，而重严漳人入潮之禁。专一责成海道衙门，俾与海寇从事。彼海寇者，其势既不敢之外国，又不敢以入故乡，必成擒矣。"曰："何以不敢之外国也。"曰："海寇之首，故杀其酋首而自立。而故酋之子，因奔外国为名王，必欲得此贼而甘心焉。故愚以为，吾既绝之，则彼归无所矣。"曰："欲绝其路也，于何而取兵也。"曰："乌船之兵，海道掌之也。诚得尽发以当其冲，而又益调民间素习水战海船，所谓白槽船者，使之并力杀贼，所得辎重悉以与之。如此则海寇之路绝，海寇之路绝，而山倭可以次第平矣。闻之故老，往时有某指挥者守海，贼人不敢东而渔于河者数岁，此明验也。今诚得如若人者任之，即海滨无事矣。又海贼故乡良家之子，亦有不愿入贼而或为所胁从者。诚得开诚延访，令其密赴军前计事，许以破格之赏，如征山贼故事，亦将有袭执渠魁而来者。"曰："然则山倭二寇，将置之乎？"曰："何可置也。夫今岭南之倭，残虏也。山寇，乌合也。野掠已尽，处处城守，亦既困矣。所为徜徉未散且去者，以有海贼在也。是故道路讹言，不曰新倭又来矣，则曰闽倭至也，此皆海贼之计也。何以验之，倭之攻潮阳也，逾月不下。内外相传皆曰，贼中又有人去接新倭矣。既而果有伪倭数十人从海口上。谍之，盖故窜贼也。此可以见海贼之计也。"曰："或谓客兵不宜于地方，何也？"曰："兵之所聚，荆棘生焉，自古然者。又况彼自远来，其于道里之险夷，贼中之虚实，尚不能知。而欲望其临敌制胜，奋不顾死亦难矣。故不如不调之便也。"曰："然则兵将何取也？"曰："各处乡兵，自足以供各地方之用，患鼓舞无其人耳。且如近者潮阳之围，未曾借兵于异处也。以负海数百之兵，犹足以固守一隅，屡战而屡却之。使当时当事者，有能虚心一意，以保安士类，奖进忠义，则斯贼之破也，无难也。惜乎其不能也，而使贼得汗漫去，遂至四野邱墟[2]，丰、莞邻壑，亦可叹也。今如责令州县正官，听其便宜选募，当道不得沮折之。或令各处地方，各推境内有笃行忠信，无问士民，但义能倡率父兄豪杰者，得自为守战。果有全城破敌之功，许以事闻，不得泯没，所在当有慕义而起者矣。"曰："然则募兵养兵之费，将何如处也？"曰："以其所需于客兵者，而移之以选募乡兵，宜无不足矣。又各道围操及各县民壮新夫打手工食，岁费不下数千金，倘可议革，剂量以为兵费，亦或一助也。是在当事者，加之意而已。"

校记

[1] 一听荼毒，《井丹诗文集》作"一听其荼毒"。

[2] 邱墟，《井丹诗文集》作"丘墟"。

论贪酷之害状

臣闻财之在天地也，自足以周天下之用，自古盖未有借财于异代者。乃今天下之财称诎乏矣，此无他，贪酷之吏害之也。祖宗时征伐颇繁，兴作甚大。而水旱疾疫之灾，亦往往有之。然民不告困，而国用足者，何也？无贪酷之吏也。其所以无贪酷之吏者，何也？贪酷之禁严，而鼓舞之术众也。今天下之贪酷亦多矣，往者中外诸臣，虽尝建议禁斥，然未见有著实举行者。彼盖徒知贪酷之名，而未知贪酷之害也。臣请言之。

今夫十金之家，惟无事也，有事而隶于有司，则十金不保矣。百金之家，惟无事也，有事而隶于有司，则百金不保矣。朝廷每岁论狱，必三宥而后制刑，如此其慎也。今天下之民，无罪而死于敲扑之下者，岁不知其几也。此贪酷之害也，非徒如此也。臣读前史，见古之所谓酷吏者，不过以深刻为能，以锻练为贤[1]，欲以取名当世，结知人主。今则不然，坠其名而不顾也，攘其主而不恤也。而酷乃所以济贪也，此固史之不能备书者也。臣尝见天下抚按等官，文移章疏至部，有以百姓逋负逃亡为言者，臣窃笑之，以为百姓虽至愚无知，宁不知安土之乐，与夫输税之当然？而乃忍于离亲戚，去坟墓，此盖必有以驱之者矣。

夫以天下而奉一人，其岁之所输几何。而贪酷之暴，侵渔万端，朘求无已[2]，出于常赋之外者，恒什百而千万也。此民之所以逋而去也。夫逋负逃亡之不已，退无所归，则将逼而为盗贼，此其势不得不然者。然则贪酷之罪，可胜诛哉！今抚按诸臣，不察其故，徒以逋逃为解。甚者贪酷之吏，日走于前而不之觉，反以为能而荐之。彼其心乐于趋承之便，供奉之富，而不知皆其取之于民者也。此臣愚所谓徒知贪酷之名，而不知贪酷之害者也。伏望陛下奋然独断，特敕部院大臣议行。令天下司府州县正佐等官，自今以往，如有复蹈前辙者，许各该抚按官执以赴阙。赃自百金而上，杀一人无辜者，处重典，籍其家。其次编为边方卒伍。又其次充吏。一如祖宗故事，其有抚按官不举，而发自民间者坐之。如此，则人亦何乐以不赀之躯，而易锱铢之利乎？而况利固不可得也。利不可得，则亦何苦于杀人以求之也。如此而贪酷之风不息，财用之害不去，逋逃不归，赋税不完，国计不充者，未之有也。

　　臣又闻之，祖宗时天下来朝官员，吏部考其政绩优异者，条为最，以名闻，赐宴礼部及金缯有差。仍诏吏部，查京堂卿佐等缺，以次迁补。当是时，有自布政入预机密者，有自知府入为尚书者，有自州县入为卿佐者，其鼓舞激劝之道，可谓至矣。然后知祖宗所以严贪酷之禁者，有以也。伏乞陛下再敕部院，转行天下抚按，博采前项官员，果有治行，不拘资格，许即以状闻。候人觐之期，部院特举旧制，奏请稍拔一二，以风天下。天下闻之，必励于政矣。如是而欲赏之为贪酷，其可得耶？非徒如此也，今夫编氓细户也，施粟末事也，祖宗时民有出粟赈饥者，仅千石，有司上其事，特遣行人赍诏旌之，复其家。彼义民见其如此也，莫不竞相劝勉，轻财而好施。故虽有水旱疾厉之灾，而野无饥民。今使朝廷驰寸尺之纸，以易生灵百万之命，讵不可耶？且古有虚貌隆名，而使天下尽死者，亦此类也。此亦鼓舞之术也，今诚稍举行之，不过三年，天下之仓庾必实矣。

校记

[1]　锻练，《井丹诗文集》作"搏击"。

[2]　腠求，《井丹诗文集》作"浚求"。

卷二十四　唐选部醉经楼集（一）

澄海唐伯元仁卿著

明史儒林传

唐伯元，字仁卿，澄海人。万历二年进士，历知万年、泰和二县。并有惠政，民生祠之。迁南京户部主事，进郎中。伯元受业永丰吕怀，践履笃实，而深疾王守仁新说。及守仁从祀文庙，上疏争之，因请黜陆九渊，而跻有若及周、程、张、朱五子于十哲之列，祀罗钦顺、章懋、吕楠、魏校、吕怀、蔡清、罗洪先、王艮于乡。疏方下部，旋为南京给事中钟宇淳所驳。伯元谪海州判官，屡迁尚宝司丞。吏部尚书杨巍雅不喜守仁学，心善伯元前疏，用为吏部员外郎，历考功文选，郎中佐。尚书孙丕杨澄清吏治，苞苴不及其门。秩满，推太常少卿，未得命。时吏部推补诸疏皆留中，伯元言[1]，贤愚同滞，朝野咨嗟，由臣拟议不当所致，乞赐罢斥。帝不怿，特允其去，而诸疏仍留不下[2]。居二年，甄别吏部诸郎，帝识伯元名，命改南京他部，而伯元已前卒。伯元清苦淡薄，人所不堪，甘之自如，为岭海士大夫仪表。

校记
[1] 言，《醉经楼集》作"曰"。
[2] 留不下，《醉经楼集》作"留中不下"。

《醉经楼集》序

言者心之声也，言因心发，亦犹声随器出也。金石丝竹、匏土草木，为器不同，而声亦异焉。故心为才人之心，则其言必瑰玮奇丽，可以启人之幽缄，辟人之灵府，亦足以传诵于后世而弗衰。若心为道学之心，则其言必醇正诚朴，可以阐道术、熄邪说、正人心。继前圣之心，传树来学之模范。更足以纲维世教，上下古今于不穷也。是以士君子读书明道，立言贵乎有本。言有本，则见诸行者必实。夫然言可也，不言亦可也。不言则吾之道明，吾之道明，夫何必言也。言则吾之道明，人之道亦明。人之道明，而吾之道愈明，又何必不言也。故阿衡有训、姬公有诰。武侯之表，陆宣公之奏议，可以言目之乎？不可也。盖言即道也，言即道，又乌可无言也。

吾读醉经楼一集，知先生慨正学之弗昌，惧新说之日炽。毅然以道自任，直接宋儒之源流。而疏瀹决排之，以广其教于天下。故凡奏疏辩解、书记叙说，以及杂著诗歌，无一不沉酣于六经之津液，而去其糟粕焉。虽片语单词，无不从个中体贴出来。夫岂矜才尚智者，所可同日语哉！亦岂貌为道学，剿袭陈言者，所可同日语哉！

今其派孙熺琼，偕侄孙绍奎，欲梓其集以行世，是非惧祖言之弗彰，亦心怀学术之忧，将溥其道于当世，使吾儒共知所宗也。丐余一言以为序，以余承乏海邑，与绍奎有金兰之契，兼有同族之谊。而其祖叔琼，耄年嗜学，不惜己金，倾囊以资剞劂。故虽不敏，实有不能已于言者矣。虽然，先生之学，大儒之学；先生之文，大儒之文；渊深鸿博，又岂余浅识者，所能道其万一哉！

乾隆十四年岁次己巳孟冬中，浣关中后学若时识。

唐选部醉经楼集题辞

明至嘉隆间，良知之学遍天下。选部争祀典一疏，独昌言排之，至于窜斥荒远而不悔。盖欲伸伊川、紫阳之说，不使后世之士，得以轻议先贤，其为程朱闲卫者，用意可谓勤矣。及赐环入司文选，计典称平。旋告归，不复出。尝学于白沙再传弟子吕巾石怀之门，渊源甚正。立身行己，动合典则。文亦光明正大，先民是程。当时如顾泾阳、耿天台诸公，咸相推重。《明史》防王学流失，列入《儒林传》中。信乎其为程朱功臣，抑不可谓非阳明之诤友也。

后学顺德冯奉初题。

进石经大学疏[1]

南京户部清吏司署郎中事主事臣唐伯元谨奏[2]，为仰稽祖训，敬献遗书，以备圣明采择事。

臣惟古今学术，具载于书。众言淆乱，必折诸圣。盖书也者，天锡之以开万古之群蒙。而圣人者，又天生之以为时人之耳目也。六经语孟尚矣，而《大学》一书，说者谓古人为学次第，独赖此篇之存。盖修齐治平之理，六经语孟之阶梯在是，岂可缓者。顾近代所传，只据郑元之注[3]。其书原系错简，自宋儒程颢、程颐、朱熹尊尚以来，各有定本。而编次互异，颐不能同于颢，熹不能同于颐。则知熹所定乃一时之言，其解格物亦仍颐一端之说，而未尝遽以为至当也。岂意正嘉间，新学顿起，惑世诬民。幸其隙之可乘，极力排诋。至比之为神奸，为洪水猛兽，反杨墨佛老之不若。格物一解，既成聚讼。《大学》一书，若存若亡。呜呼！不有天生圣人，如我太祖高皇帝，垂大训于一代之上，其将何所折衷哉！臣请备言其略，皇上试垂览焉。

程颐格物之训不一，而朱熹章句，则独宗穷理为解。乃新建伯王守仁驳之，曰：格，至也；物，犹事也；格物者，穷至事物之理，是其工夫在穷，实落在理也。若上截穷字，下截理字，而但曰至事，则其说难通。吁！即朱熹复起，必不以人废言矣。乃守仁又自为解，则曰致良知于事事物物，而尚书罗钦顺又驳之，曰：格其心之物，格其意之物，格其知之物，凡其为物也三。正其物之心，诚其物之意，致其物之知，其为物一而已矣。就三物而论，以守仁之解推之，不可通也。以程颐之解推之，犹可通也。就一物而论，虽极安排之巧，终无可通之日。吁！即守仁倔强，亦不复能有辨矣。虽然，朱程之误，非必其体认之疏也，以错简。然此驳一出，遂生闻者厌恶之心，而因以祸乎程朱之道。守仁之视程朱，如碔砆之于玉也，何可同也。

然片言偶中，遂起其徒虚高之念，而因以售其良知之说。是故受错简之误，而程朱坐诎，使天下见小而害大者，此一解也。因一驳之是，而守仁得伸，使天下从新而畔旧者，此一解也。悲夫！不意学术得失之判，人心邪正之分，其机乃决于此。则不如并其书缺之无弊也，乌在其独赖此篇之存也？臣尝合而观之，穷理之解，于文义虽稍碍，于学者为得力。即未敢概于大学之道，要不失为明善之方。循兹以往，固有殊途而同归者。若守仁之说，则纵横莽荡，泛泛乎莫知所之矣。况朱熹之学，穷理以致其知，则于致知在格物之言为顺。守仁谓致良知于事事物物，则是格物在于致知。故为朱程者，有得有失。而为守仁者，两失之者也。此二说之辨也。

然则格物遂为不可解之书乎？臣往为诸生时，尝闻之师太仆少卿吕怀曰："物有本末一节，是格物也。"虽未尽解，私心识之。已而得见尚书湛若水进呈圣学《格物通序》，内述我太祖高皇帝谕侍臣之言，《大学》一书，其要在修身，而《大学》古本，以修身释格致，而曰此谓知本，此谓知之至也。臣乃端然而徐思之[4]，正与向所闻符合，窃私自喜，以为千七百年不传之秘，其尽在高皇一言矣。盖万物皆备于我，我亦一物也。事者物之事[5]，身与国家天下对，而本末系焉。修身与齐治平对，而终始系焉。知所先后，格之谓也，格通也。近道者，大学之道也。是故修身为本，即物有本末之本。本乱末治，即物有本末之本末。故孟子曰："行有不得者，皆反求诸己，其身正而天下归之。"其为义甚明，其为学甚约，似的然无复可疑者矣。但以郑本及程朱定本观之，其未敢自信者有二：一则致知止能得于格物之前，似乎先深而后浅。一则以儒者学问思辨之功，无所容于八条目之内。则《大学》未免为不完之书，似也可以姑置也。

又数年而臣令泰和，而吉安知府张振之者，手一卷授臣，曰："此古石经《大学》也。"询其自，乃从今翰林院庶吉士邹德溥为举人时所寄。其书实臣生平未睹也，随录一册笥之。窃疑好异者为之，不复详其旨趣矣。迩来臣官留曹，读易公暇，曾反覆于象爻之说，窃疑"大象"类《大学》，"小象"类《中庸》也。会有遗豫章李瓒经，疑及尚书郑晓古言二书者，各载古石经《大学》，其次序则即吉安所录之书。又述汉贾逵序曰："孔伋穷居于宋，惧先圣之学不明，而帝王之道坠，故作《大学》以经之、《中庸》以纬之。"则《大学》《中庸》皆子思所作。其经纬之义，又若《易经》大小象然者。夫李瓒，臣不知其何许人，若郑晓者，端人也，其言必有所据。于是乎竟日观之而不释手，因而考其知止能得，为申格物之义。则其序不差，详其《中庸》为《大学》之纬，则学问思辨之功，不必其备。由是而复绎我高皇释格物之说，流洽洞贯，若决江河而注之海也。臣以此而叹千古绝学续自高皇[6]，圣人生知真由天授，惜当时廷臣，无有能推扩而光大之者。遂使疑以传疑，穷而生变，而邪说者流，得以乘间而行其猖狂无忌惮之私。臣每读书至此，未尝不掩卷而三叹也。向使程朱不为郑本所惑，则格物当不至于错会。使高皇此解，旧为《大学》指南，则如日终天^[7]，有明共见。虽邪说亦无所容，即古石经不存可也。乃程朱既仍其说于前，而高皇之说，又不得阐明于后。一经指摘，众口哓哓，使《大学》有开卷之错，而程朱受误人之罪，又何怪乎邪说之易以惑人也哉！

呜呼！朱注之失未远也，如其不为新学所夺也，臣固可以无论也。新学之行未甚也，如其不为朝廷所与也，臣亦可以无忧也。今者守仁祀矣，赤帜立矣，人心事习从此分矣。在朝廷虽曰以祀而报，功在儒生。不无因祀而信。学向之延蔓也，止于江南；今之风动也，及乎天下。且皇上以今天下人心何如哉！举业之士，则诵程朱矣。中常之士，则诵程朱矣。其高才敏识，稍号有志，则无有不驱而之新学者。何者？彼其道可以不学而能，其能可以不行而讲，其术利于媒进，而捷于取誉。彼其为之徒者，又方乐其朝及门，而暮颜曾也，何苦而不从也。闻有卓然不惑之士，知非而难举，虽辩而不详，反以冒乎学究之诮。其谨愿不言学者，漫无可否，又无益于吾道之重轻。日驾其说以祸天下，皆所谓高才敏识，稍号有志者也。是则可忧也，故程颢曰："昔之惑人也，乘其暗昧；今之惑人也，因其高明。"又曰："人才高明，则陷溺愈深。"夫人情之好名也，如水之就下也。邪说之夺正也，自古以为忧也。今天下人心，大率类是矣。执已陈之说，则难以服群心。持无征之善，则难以垂法守。

臣抱有遗经一得之愚，不以此时效芹曝之献，是忍于下负所学，上负明时也。敬将古石经缮写二本，略为小疏其旁，献上御览。伏乞皇上存留一本，以备暇豫之观。其一本乞发下礼部，与儒臣参看^[8]。如果此本可信，则望刊正旧本之误。不然则请遵依高皇格致之解，独改一条，以式多士。其古石经姑付史馆，以存一种之书。又不然，则望敕谕天下士子，一遵朱注，不得背畔以从邪。其有轻毁朱熹者，乞照臣前疏所陈，以违制论。则同文之化广，异学之徒息；道德可一、风俗可同。亿万年之太平，端在是矣。

校记

[1] 进石经大学疏，《醉经楼集》作"石经疏"。
[2] 户部清吏司，《醉经楼集》作"户部云南清吏司"。
[3] 郑元，《醉经楼集》作"郑玄"，是。
[4] 端然，《醉经楼集》作"端默"。
[5] 物之事，《醉经楼集》作"物之事也"。
[6] 而叹，《醉经楼集》作"则叹"。
[7] 如日终天，《醉经楼集》作"如日中天"，是。
[8] 与儒臣，《醉经楼集》作"与各儒臣"。

争从祀疏^[1]

南京户部云南清吏司署郎中事主事臣唐伯元谨奏：为祀典方新，群情未定。恳乞圣明，仍采诸臣原议，通行天下学宫，以遵祖制，以安人心，以崇正学事。

臣惟国家之气运，系乎士风；人心之邪正，关乎学术。洪惟我国家，重道崇儒，右文锡极，诏天下郡县，各祀孔子于学宫。所以垂帝王之道于万世，如揭日月而行天也。颁行六经孔孟之书，一以宋儒朱熹所注为据，所以明孔子之教于来学，如沿江河而会海也。熹之注解诸书，虽不必一一尽合圣人。要其力学任道，与圣人异者绝鲜。宋儒程颐有言曰："学者要不为文字所梏，故文字虽解错，而道理可通，行者无害也。"二百年来，道术有宗，教化有纪，人材辈出，皇风穆畅，非三代以下可及，熹之功为多。间有一二任道君子，解经释传，时或同异则有之，然未闻有以熹之学为非是者。

迨正德、嘉靖间，乃有新建伯王守仁者，始倡为致良知之说，行于江南，而其旨顿异。彼其初意，非欲有异于熹也。但以识太敏、才太高，任道太勇，立言太易。当其谈锋溢出，前无古人，故往往不觉其牴牾于熹。而为之徒者，推波助澜，争高门户，益以疑天下之心，而遂为敌国。往该浙江抚臣，题请祠额，伏蒙皇上锡以勋贤之号。夫守仁以道学自名矣，不与儒者之称，而只曰勋贤。天下之人，有以知我皇上厚恤勋臣之意，而惟恐其学之有戾于道，或以骇见闻也。又近该台省诸臣，后先疏请从祀，经时累月而不遽定。乃者虽蒙俞允，然伏读御批，有曰："操修经济，都是学问。"夫祀典之所重可知已，必以经济与操修并言者。天下之人，又有以知我皇上念守仁有殊功，则当有殊报，不必其学问之有异同也。大哉皇言，一以劝功，一以正学，所以立天下万世臣民之极者至矣。

但祀典既新，人情观望。学术歧路，从此遂分。故祭酒张位，拳拳以今准从祀布衣胡居仁为言。而洗马陈于陛、少詹事沈一贯，又欲并祀祭酒蔡清。无非欲委全朱熹以安守仁，皆委曲以明其不得已之意。观其言曰："恐学者过于信守仁，而轻于诋朱子。则守仁岂能一日安于庙庑之间哉！"又曰："恐学者谓朝廷尊宠王氏，此重彼轻，则今之进王，乃所以斥朱，而道术将从此裂。祖宗表章朱学，以为制考之意，亦从此坏。甚矣！诸臣之忧深而虑远也，不知我皇上以诸臣之见是耶？非耶？夫察之也未详，则其虑之也不周；见之也未审，则其防之也不预。当此祀典初颁之时，正观听移易之始。如其虑之不周、防之不预，使诸臣之忧验于异时，是我皇上崇贤报功之殊典，适以违正学明道之盛心。岂惟诸臣之忧，亦皇上他日之所必悔也。何也？其察之也未详，而见之者未审也。皇上深居九重，万几之暇，所稽者祖宗训典，所对者圣贤诗书，所探讨者古今帝王治乱兴衰之迹。若欲考真儒，上自邹鲁，下迨濂洛关闽止矣。何暇详于守仁之学，而辨其是与非；及天下之疑守仁者，皇上亦何从而闻且见也。臣是以不避烦琐，敬为皇上陈之。

世之訾守仁者有六，而守仁之可疑者不与焉。訾守仁者：

一曰（道不行于闺门也。臣以为守仁少负不羁，长多机诡。一旦去而学道，遽难见信于妻子，亦事之常。人见其妻朱氏抗颜而挹门生，诟守仁也）[2]，遂执以盖其生平，此未足为守仁病也。

一曰乡人不信也。臣以为乡曲之誉，必其人无子弟之过者，而守仁固不能也。夫老而无述，圣人羞称；士能闻道，一日千里。况以守仁之才之识，而可量乎？人见其议论过高，而言动气象，未见有异于常人。其一二之为徒者[3]，又多蒙不洁，以冒天下之大不韪也。益以暴其短也，而臣以为抑末也。

一曰宸濠之功状疑似也。臣以为宸濠之不能有为也，不待守仁而办也。说者谓其未发既无先事之防，既发又有张皇之状。（踪迹诡秘，行止支吾）[4]。使非吉州忠义伍守方略，江藩之变，未可知也。道路讹传，至今不解。其徒又呶呶而为之辨，故令听者愈疑。夫朝廷之劝功也，但考其成；君子之论人也，贵成其美。如守仁之功，报之以伯爵诚当，即进而配享于功臣之庙，亦无不可。故曰宸濠之功状，不必疑也。

一曰守仁之学，禅学也。臣以为，守仁非禅也。夫禅者，泊然一空寂于内，淡然绝慕嗜于其外。彼其道亦有可以治心养性者，使能不屏伦理而自为一家，君子犹有取焉。若守仁者（机多而智巧，神劳而形疾）[5]，倘所谓禅，亦呵佛骂祖之流，窃无修无证之糟粕者耳。而守仁非禅也。

一曰守仁之儒，霸儒也。臣以为圣人之道，得王而信，得霸而尊。夫圣人未尝不与霸也，一匡九合，春秋著之特详。何者？彼固窃圣人形迹之似，而非敢曰我圣人也。若守仁之自处，则已断然自为圣人。其徒亦推崇之，跻之颜曾思孟之上矣。是故守仁非霸也。

一曰守仁良知之旨，弄精神也。夫六经无心学之说，孔门无心学之教。凡言心学者，皆后儒之误也。是故《大学》言诚意、正心矣，而必以修身为本。孟子言存心、尽心矣，而归于修身以俟。君子引而不发，但言工夫，不说本体。故曰："必有事焉而勿正心。"此则臣平日之论也。虽然，弊也久矣，苟不至陆九渊六经皆我注脚之猖狂，皆有可恕者，此不宜以独疵守仁。而守仁之可疑，亦不在于弄精神之失也。夫立于不禅不霸之间，而习为多疑多似之行，功已成而议者不休，（骨已朽而忿者愈炽）[6]。吁！可以观守仁矣。

臣未暇论其良知是否，且就其说之自相矛盾者论之。守仁之言曰："心即性也，心即理也，心即道也，心之良知是谓圣也，心之良知即天理也。学者学此心也，求者求此心也。灵丹一粒，点铁成金。"可谓自奇其言矣。然又曰："致其良知，以精察此心之天理。"又曰："精察此心之天理，以致其本原之良知[7]。"然则良知与天理为一乎？为二乎？曰："佛氏本来面目，即圣门良知。"曰："良知即是道。"曰："至善者心之本体，似夫知性矣。"又曰："无善无恶者心之体。"又曰："无善无不善，性原是如此。"然则人之有性，果善耶？果恶耶？曰："良知生天生地，成鬼成帝矣。"曰："天地无良知，不可以为天地；草木瓦石无良知，不可以为草木瓦石矣。"然又曰："良知本体，原来无有。人心本体，亦复如是。"然则良知之在人，果无耶？果有耶？驳朱注曰："格物者，穷至事物之理也。功夫在穷，实落在理。若上截穷字，下截理字，但曰至事，则其说难通是矣。"彼其自为解，则曰："致吾心之良知于事事物物，则事事物物各得其理。致良知者致知也，事物得其理者格物也。"然则致知与格物孰先乎？孰后乎？守仁之言，后先矛盾而不顾，大率类此。

又有间为奇险之论以反经者，如谓："曾孟非孔颜之传，则是颜曾异学也。谓知即为行，则是目足齐到也。谓明德在于亲民，则是本末先后倒施也。谓冬可以为春，则是阴阳昼夜易位也。"又有故为互混之论，以遁藏者，如曰："无善无恶心之体，有善有恶意之动。不知心体本无，则善恶之名从何生也？"曰："不睹不闻是本体，戒慎恐惧是工夫。"又曰："戒慎恐惧是本体，不睹不闻是工夫。"不知本体工夫，从何别也？曰："有心是实，无心是幻。"又曰："无心是实，有心是幻。"不知实与幻、有与无，从何定也？苏秦、张仪，搢绅之所不道。守仁则曰："秦仪窥得良知妙用，圣人之资也。"孔子之圣，生民之所未有也。守仁则曰："圣人犹金，尧舜万镒，孔子九千镒也。"又曰："求之吾心而非，虽其言之出于孔子，不敢以为是也。"大发千古所无之异论，欲为千古所无之异人。彼谓不忍操戈而入朱熹之室，不知其操戈而入孔氏之室也。彼谓朱熹之学为洪水猛兽，不知其自陷于洪水猛兽也。

当时尚书湛若水，与守仁至契，亦尝答吕怀，曰："迩来横议，汤沸火燎，眼中已无尧舜禹汤文武周孔矣。"尚书张邦奇答唐顺之,曰:"今之讲学者,至于狎侮天地,秤停诸大圣人分两轻重之类,开辟以来,未有(无忌惮)若此者[8]。"太常卿魏校答崔铣曰:"自守仁说行,而杨简逆天侮圣人之书出祸天下,其邪说甚于无父无君。"提学林希元作《四书存疑》曰:"天地间自来有此妖怪,如许行邪说,至为无谓,犹有从之者,无怪良知之说惑人也。"夫此四人者,皆世所谓贤人君子,且素重守仁者也。而力诋之若此,是必有大不得已者,夺其情也。且自国朝以来,真儒如薛瑄,已从祀无议矣。从祀之道,自任者莫如今准从祀检讨陈献章。守仁之徒所推服,亦莫如献章。今献章之书具存也,有(无忌惮)如此者乎[9]?彼为之徒者,往往推守仁于献章,而不知其不类也。何以明其然也。彼驳朱熹穷物理之说,曰:"如求孝之理于亲之身,求恻隐之理于孺子之身。"不知熹无是教也。又曰:"亭前竹子,穷物不通,七日成疾,以为格物误人。"不知熹无是学也。"以一心好酒,一心好色,为主一之功,证居敬之失。不知好酒好色,不可以为敬,亦未闻有敬而好酒好色者也。"如此之类,欲以病朱熹而愚天下,至指之为神奸所伏。考献章之言,有如此者乎?观其诗曰:"吾道有宗主,千秋朱紫阳。"又曰:"一语不遗无极老,千年无倦考亭翁[10]。"吁!何其尊之至也。守仁之奖借其徒,人人闻道,处处颜曾。如哀主事徐爱之亡,曰:"汝与颜子同德。"则是颜子在门也。别山人董澐之序,曰:"进于化也无难。"则是自处已化也。指王畿"心意知物,善恶俱无之见为明道,颜子不敢当。"则是王畿过于明道颜子也。臣之郡人杨氏兄弟仅及门,而一皆称之为闻道。此外又有薛氏兄弟子侄之盛,又有毅然任道数十人之多。则是邹鲁诸贤,不足以当臣之一郡也[11]。奖人以所无之善,诱人以伪成之名。(枉其心之公,贼夫人之子,惑世诬民)[12],莫此为甚。考献章之言,有如此者乎?观其语李承箕曰:"世卿以欧苏人物自期,安能远到。"其论张诩曰:"廷实是禅矣。但其人气高,且不可攻。"吁!何其严之至也。夫朱注之行久,学士遵为矩矱,而求其体验于身心者实少。自献章以静入诚养,见大无欲之旨迪人。而学者始知反求诸内,可谓有启佑之力。然其补偏救弊之言,亦不无时有稍过者。昔程颢有言,学者须先识仁,仁者浑然与物同体。当时皆谓发前圣所未发,而朱熹独谓其太广而难入。献章之言曰:"吾能握其机,何必窥陈编。"又曰:"此道苟能明,何必多读书。"虽出于救末学之弊,而臣亦谓其语意尚须善会。又曰:"谁家绣出鸳鸯谱,不把金针度与人。"则极喜程颢与物同体之说。或者病之,又谓金针之语,不当喻学。而臣则以程颢、献章,各就己所至而言。朱熹之意,则为圣教而发。若乃所引禅语,诗家借用,似无嫌于同辞者。要之,圣人无是也,夫道中而已矣,教中道而立而已矣。卑之不可,高之不可。贤者立言,往往不能如圣人大中而无弊也,此圣贤之分也。

虽然,不意守仁之好异,一至于此也。考胡居仁与献章同时同受业于吴与弼者,然尚以献章之学为禅。使其生于守仁之日,将不知其指守仁为何如人也?守仁之学,实从湛若水而兴。若水、献章之徒。所谓良知,岂能出献章造悟之内。而生平论著满车,曾不挂口献章一语。呜呼!彼固(上薄孔子,下掩曾孟)者[13],固宜其不屑为献章也。或者比而同之,过矣。推守仁之意,生不欲与献章齐名,殁岂欲与献章并祀。倘如守仁者,而欲议祀典,[14]则必巍然独当(南面,而孔子为之左享),如颜曾思孟周程,犹得列之廊庑之间。彼程颐、朱熹而下,当进弃之。不与同中国矣,岂能一日同堂而居也。

呜呼!此皆由守仁自任之太过,虽守仁或亦不自知其至于此也。臣少时读其书,窃喜，盖尝尽弃其学而学焉。臣之里人，亦有以臣将为他日守仁者。赖天之灵，久而悔悟，始知其自奇智解者，乃工于护短之谋也。其藉口一体者，乃巧于盗名之术也。终日招朋聚党，好为人师，而忘其身之（可贱）也[15]。稍知廉耻之士所不肯为，于是颜忸怩而心愧畏者累月。是以宁谢交息游，不敢学媒妁之言，以奖进人物。宁其中一无所有，不敢高阔其谈，以骇人惊世。何者？自顾其才非其才，其道不敢道也。昔马援戒其子侄曰："杜季良忧人之忧，乐人之乐，吾爱之重之，不愿尔曹效之。"学而不成，所谓画虎不成，反类狗也。里妇效颦于西施，其姑见之曰："此吾妇也，胡然化而为鬼也。"是故守仁之学，有守仁之才则可。无其才而效之，不为狗成，则从鬼化。夫人之所以异于禽兽，别于鬼魅者，以其平正明实，守经守礼。虽愚夫愚妇，可望而知也。今若此，则又何贵焉？然以臣昔日之误，则天下之为臣者，宜不少也。以臣之迷而后悔，则天下之迷于其说者，皆可原也。孔子曰："天下国家可均也，爵禄可辞也，白刃可蹈也，中庸不可能也。"夫宁学《中庸》而未至，不欲以一善而成名。君子之所以戒慎恐惧也。（负三者之行，索隐行怪，以为中庸，而欲以凌驾古今，小人之所以无忌惮也。虽然）[16]，中庸之难能久矣，如献章之与居仁，皆学《中庸》者也。苟求其至，即献章之诚笃光辉，臣犹未敢轻许，况居仁乎？而又何责于守仁也。若舍《中庸》而论，则守仁者，亦一世之雄，而人中之豪杰也。乞宥言官一疏，其气节足尚江西广右之功，其勋名足尚《传习录》，虽多谬戾拔本塞原之论，亦不免借一体以行其私。独《训蒙大意》一篇，能道先王之旧。而象祠、文山祠二记，与客座论俗数语，有可以警发人心。其文章足尚，三者有其一，已得祀于其乡，合之以祀于孔庙，似亦不为甚过。乃臣之所为过虑者，亦窃比诸臣之忧耳。诸臣之忧，实天下之人之所同忧，不可不为之防也。书曰："朕圣，谗说殄行，震惊朕师。"又曰："何畏乎！巧言令色，孔壬。"孔子曰："恶！利口之覆邦家者，其论为邦。曰远佞人，佞人殆是。以共工之流，两观之诛。"自后世观之，皆若大远于人情，而不知圣帝明王，皆急急以正人心为第一义也。（今守仁挟秦仪之术，薄孔孟之教，张皇告子佛氏杨简之论，而自谓千古一人。举世皆知其利口巧言，而拟于谗佞，是大舜孔子之所畏恶也）[17]。

我皇上方隆唐虞之治，崇孔氏之学，而又以祀典宠守仁之功。事虽若可以并行，义不可以不明辨。昔王安石以新学从祀孔庙，未几杨时为祭酒，一言而罢。虽于国家大体无损光明，而安石误国之罪愈著，是非所以尊安石，实所以丑安石也。然犹幸罢之甚速，而濂洛诸儒之学，得行于时。且使为国史者，以是表朝廷纳言盛美，为后代英君谊主之劝。否则安知后世无孔子者出而作春秋，诛奸雄于既死，惜国家之举动耶！夫安石之心术制行，臣未敢以守仁比也。而守仁之祀，犹安石也。安石之祀，非特其事之过举，亦由其名之不正。当其时，察之者未详，而见之者未审也。今守仁之可疑，与其可尚，臣已备陈于前，是故无难于察与见者也。

伏乞皇上敕下礼部，颁行祀典之日，布告天下学宫，明示朝廷所以祀守仁之意，原自不妨于朱熹。其天下士子，敢有因而轻毁朱熹，指为异端者，以违制论。凡有学守仁者，须学其功业气节文章之美，而不得学其言语轻易之失。又，要知朝廷崇贤报功之典，非有悖于正学明道之心。其学朱熹者，亦当各遵所闻，而不必复慕守仁为高致。庶几士之学道，各得其天资学力之所近，犹人之适国，不妨于千蹊万径之殊途。则大贤小贤，其旨并章；报功兴学，其事两得。所以成就圣明之举动，非小小也。若曰国家报守仁之功，有美谥矣，有爵封矣，又有敕建专祠矣。今孔庙之祀，有之不足加荣，存之适足为累。旋谕礼官，再加详议。使天下万世，知我圣天子有帝尧舍己之功，成汤不吝之勇。则即此一事，实为百代帝王之师，但疏远微臣，未知于国家事体当否？敬述之以备圣裁。

盖臣之心也，而非臣之所当请也。抑臣又有说焉。方今累圣熙洽，人文宣朗。维皇建极，千载一时。凡兹重典，概宜更定。臣于十哲之内，窃拟进一人焉，有若是已。说者谓宜退冉求于两庑，姑念其陈蔡之谊可也。臣于两庑之内，窃拟出一人焉，陆九渊是已。但守仁既已从祀，无嫌于议论之高可也。若乃周惇（敦）颐、张载、程颢、程颐、朱熹五子者，谓当附于十哲之后，一以明学问之源流，一以立吾道之宗主。其国家除已准从祀外，如尚书罗钦顺、章懋，侍郎吕楠，太常卿魏校，太仆少卿吕怀，皆笃行信古，守正不回，可为后进之师。祭酒蔡清，经明行著，无愧汉儒之选。皆当敕祀于其乡，以有待者也。又如赞善罗洪先，布衣王艮，一则江门稽山之称，不辨真假；一则满街圣人之说，附会良知，皆不免杂于新学者。顾其平生行己，大概一以献章为师法，故其辞受进退，实有可观，所当并祀于其乡者也。臣之论学，不敢不严；至于论人，不敢不恕。伏乞敕下礼部，参酌布告之文，以安人心。并举旷世之典，以慰人望。则天下万世斯文幸甚，臣不胜战栗待罪之至。

校记

[1] 争从祀疏，《醉经楼集》作"从祀疏"。
[2] 此处括号内原缺 53 个字，兹据《醉经楼集》补。
[3] 之为徒者，《醉经楼集》作"为之徒者"，是。
[4] 此处括号内原缺 8 个字，兹据《醉经楼集》补。
[5] 此处括号内原缺 10 个字，兹据《醉经楼集》补。
[6] 此处括号内原缺 8 个字，兹据《醉经楼集》补。
[7] 本原，《醉经楼集》作"本然"。
[8]〔9〕此处括号内原均缺 3 个字，兹据《醉经楼集》补。
[10] 千年，《醉经楼集》作"十年"。
[11] 臣之一郡，《醉经楼集》作"臣一郡"。
[12] 此处括号内原缺 14 个字，兹据《醉经楼集》补。
[13] 此处括号内原缺 8 个字，兹据《醉经楼集》补。
[14] 此处括号内原缺 9 个字，兹据《醉经楼集》补。
[15] 此处括号内原缺 2 个字，兹据《醉经楼集》补。
[16] 此处括号内原缺 31 个字，兹据《醉经楼集》补。
[17] 此处括号内原缺 54 个字，兹据《醉经楼集》补。

论选宫人疏[1]

礼部仪制清吏司主事臣唐伯元，为敬效一得之愚，以端大本事。

臣于正月二十二日遵旨选取宫人，中式者不能十一。盖缘无知小民，讹传宫掖严肃，恐干不测之罪，故皆逃匿。其经选者，又皆污容毁体，以希幸脱。不则神魂丧失，手足无措，其不足观有固然者。及奉旨再选，详加晓谕。而前所讹传涣然顿解，以是知诚能动物，而帝德之易于感人也。稍长者易于教习，幼少者养于方来，皆不可缺也。其式以端庄幽静者为主，而不求全于色。夫女之难全色，犹士之难全才。臣之所选已精，愿皇上之无求备也。而臣又有一得之愚，敢尽其说。

夫今日宫人之选，盖为册立皇长子设也。臣窃谓为皇长子者，不患宫人之不备，而患圣德之不修。伏惟皇长子英龄方茂，豫养宜端，而朝夕涵濡，宫禁尤切。程颐有言，太子方幼，宜选宫人四十以上者侍左右，所以远纷华而养德性。臣愿皇上即将见在宫人四十以上，端悫慈良者，令侍皇长子。其新进女子，姑令教习如周礼法。俟大礼成后，更选入侍，必能维持匡正，养成圣德。臣又闻孝宗皇帝在东宫时，有宦官覃吉，时陈经义及天下利病。说者谓吉之贤，虽儒生不过。而宏治十八年之太平，吉之功为多。今内府各监，岂乏覃吉其人，乞选数人，令如覃吉故事。如有不守明训，冒贡非几，东宫官得以奏闻。如此则左右罔非正人，见闻罔非正事，而圣德不早成者，未之有也。臣又闻之，教有三：身教为上，得人次之，讲说又次之。溯立教之本，当自皇上。始自古帝王，未有不以身教为先者也。昔太祖高皇帝谕太子曰："吾修身制行，汝辈所见。吾平居无优伶近侍之狎，无酣歌夜饮之娱。正宫无自纵之权，妃嫔无宠幸之昵。言无偏听，政无阿私。以此自持，犹恐不及。与尔等言，使知持身之道。"大哉王言，万世帝王身教之准。已至我世宗皇帝，赫然中兴，神圣莫及。然今读其遗诏，犹以贻谋为歉，观其诏曰："一念惓惓，本惟敬天勤民是务。只缘多病，过求长生。郊庙不亲，朝仪久废。既违成宪，亦负初心。每一追思，惟增愧报。盖愆成美，统仗后贤甚矣。"世宗望道未见之心，其为圣子神孙虑至远也。伏愿皇上远念皇祖之格言，近体世宗之遗诏。起居食息，如临师保。情其中节，宠戒不偏。迩虽不泄，而慈蓄之意常存；禁固当严，而使令之时常恕。圣体就康，亲朝临讲。接贤士大夫之论，察古今治忽之机。内莫蒸黎，外威戎狄。上遵祖训，下贻后昆。夫是之谓身教，伏乞圣明垂择。臣不胜惶恐待命之至，为此具本亲赍奏闻。

校记

[1]《醉经楼集》载有《宫人疏》一篇，与本篇大旨相同，而文字较为拖沓冗长，大约倍于本篇，本篇应是该文的压缩或定稿。为避免繁杂，仅在此说明，不一一出校。

请告疏

吏部文选清吏司署郎中事员外郎臣唐伯元，为奉职无状，忧官成疾，乞恩俯容回籍调理，以全微生，以图补报事。

伏念臣受气原薄，摄生又乖。方及于中年[1]，血气大损。庐居三载[2]，疾病缠绵。臣当是时，甘为圣朝废物，不复萌仕进之念矣。讵意服制方满，忽接邸报，伏蒙皇上起臣原官，旋改今署。疏贱遭逢，均属旷典。斯臣至荣之遇，不敢言病者一。旧事铨臣，计资序转。臣科第虽深，资俸实后。伏蒙皇上不次点擢，大破常规，又臣至荣之遇，不敢言病者二。皇上神圣，卓越千古。大小群工莫及，先时五六铨臣，多一时海内名士，为臣畏友，犹不足以佐其下风，往往得罪以去。故此一铨曹也，昔为要津，今为畏府。臣之才不及诸臣远甚，而戆不通方过之。荷蒙皇上一切优容、一切不问。盖从前诸臣，所不能得者。又臣至荣之遇，不敢言病者三。自是感激，竭力驰驱。

受事以来，日与堂官计议，如何一清铨法，如何一洗积蠹。凡利在百代，害在一时者必行。不敢少贬，以徇浮议。凡利在部内，害在部外者必革。不敢姑息，以市恩私。幸有堂官主持于上，臣与二三僚众得以执持于下。若弛若张，若缓若急。其初不免呶呶，久而方定。盖人情难与虑始，积弊难以顿除。其或思有未合，行有未通，昼夜筹维，寝食都废。积有日月，乃粗就绪。方将与堂官计议，尽举天下贤才，以登皇途于上理，少效犬马于万一。不自知其劳且病也，奈之何宠厚而福薄，心长而智短。每遇内外员缺，臣度量注拟，具呈堂官，请自上裁。间有奉旨点陪者，知上意独断也；有奉旨另推者，知上意慎重也。乃至数月以来，则有一概留中不答者矣。台省郎署方面，赴部候补者，动至经岁，多至盈庭，内外官俸，多至逾期不得迁转。各边道事情紧急，无可代庖。贤愚同滞，朝野咨嗟，莫知其解。窃惟皇上励精化理，求贤若渴，岂不自爱国家。臣等幸奉奔走，务竭精白，岂敢有所朦胧。然而拟议不当圣心，封章不蒙批答。以致远迩惊疑，儒绅摧气。臣等逢人则面赤，扪胸则内愧。上负主眷，下负初心。每与堂官言及此，未尝不相对而涕零也。臣又惟铨曹之职，堂官总其成于上，臣实专其责于下。今之堂官孙尚书丕扬者，乃举世所推为正人君子，而皇上所深信者。盖已烂漫于奏牍，而郑重于温纶，断断无复可疑。倘有不公不明之罪，非臣而谁？盖不惟世人责臣，无以自白。即皇上恕臣，亦难自解。以是主恩日深，臣罪日积。旷官之咎愈多，忧官之病愈重。

自前月以来，饮食无味，形神枯槁。每恳堂官代臣奏请[3]，而堂官责臣以大义，谕臣以调摄。又见堂官尚在注籍，不敢言去。不得已扶病进署，勉完选事。至于近日，则暑湿交攻，脾胃愈弱，精神恍惚，足力不支。备询医家，必非旦夕可效，而堂官之留臣未已也。痛念臣精诚不足以孚主，进退不足以关忠。际此千载一时之遭，徒令后代有有君无臣之叹。负恩误国，罪其何赎？方其未病，尚费支持。今在医药，安能自效？不得不自陈于君父之前，伏乞皇上俯从臣请，容臣回籍。得以一意调理，苟延余息。倘遂生全之幸，敢忘衔结之私。况今堂官已出视事，而臣之选例已满，是臣乞身之会，而请命之秋也。伏乞敕下本部，恩赐放臣。别简贤能，早充是选。以赞太宰知人之哲，弼皇上平明之治。臣不胜欢跃瞻仰之至。

校记

[1] 方及于中年，《醉经楼集》作"方在壮岁，情欲过度，及于中年"。
[2] 庐居三载，《醉经楼集》作"盖自万历二十年丁母氏忧，以尚宝司司丞回籍守制，庐居三载"。
[3] 每恳堂官，《醉经楼集》作"每恳官"。

卷二十五　唐选部醉经楼集（二）

澄海唐伯元仁卿著

醉经楼会序

友必贤与仁欤？其志愈高，其合愈寡。借千载而上万国，而遥不可以数数遘。借遘矣不知我，当其人又未也，以彼遘之难，而我当之又难也。将孑孑而已乎？非也。无羡知音，无忧寡与。随吾所处，盖有难遘与当者矣。曾子有言："亲戚不悦，不敢外交。近者不亲，不敢求远。"常诵其言，以为交游之法。

友人南城王惟一氏，与余相期远，相得深也。盖自同举进士时，既十年余而来丞吾郡也。乃会余谪官海外，其明年，幸蒙召还。又明年，始得告省觐。于是复获与惟一旦夕持觞，相过如往时。每及出处沉浮之概，大都惟一犹余也。则又勉勉，以毋忘交警之谊。惟一曰："吾吏于兹，日跂子不至也。吾好与博士李君遑谈，其乡搢绅中，则毛公绍龄，蔡公汝汉，邹君迪，蔡君德璋，郑君育渐诸君子者，吾乐亲焉。惟兹城东凤凰塔称胜最，子记在石。吾将以公暇会诸君子，及其他胜处。诸君子辱许余矣，子其毋后。"余谨诺。自是会或城中，或郭外，或飞阁层楼，或浮屠梵宇，或台榭临流，或洞岩秉烛，或密林间幽径，或平湖上回峰，或下或登，或方舟或倚槛。惟其所适，期或旬逾，或逾月，或经时不举，或五七日再举。值景物之既妍，但公私之有便，未尝辞免。席坐三人，止于四果六肴，汤饭再之或三之。惟时蔬酒茗，必具座中。谈论品藻，止于经史文章、孝子廉夫、贞臣烈妇，及乎英童朴叟，方外羽客之俦。或杂酒令戏谑，不及时事。饮或巨觞，或小酌。或兴剧而颓然，或席罢而矜庄，不必其醉。至于寓意，或要眇寄兴，或元孤名说之不可竟[1]，秘之不能者，则每于会后题咏焉发之。盖虽不敢慕昔贤之风流，亦可谓极其情之所至者也。

夫丞吾郡者众矣，如惟一者，今所称贤大夫也。博士斌斌哉，国人所喜得师也。毛蔡二公，余为诸生时习游也[2]。邹君与余并领乡书。蔡郑二君，有早岁笔砚之雅[3]，既近又戚也。孔子曰："居是邦也，事其大夫之贤者，友其士之仁者。"余诚愧贤与仁，亦何敢过誉今日之同游，以为高后代。若曰近也戚也，吾愿悦且亲焉。诚悦且亲，吾道庶矣，而未易言也。夫所谓悦且亲，非其外之谓也，窃惧吾之不足以当诸君子也。因诸君子见吾不足，孰谓仁贤，不在兹乎？不在兹乎？会起丁亥十有二月，至戊子秋，而惟一有校士省闱之行，博士且上春官，值余醉经楼成，诸君子乃会饯于是，而属记于余。其楼在城西小西湖上，有小景见诗中，故不著。

校记

[1] 元，《醉经楼集》作"玄"，是。
[2] 诸生，《醉经楼集》作"生"。
[3] 笔砚，《醉经楼集》作"笔研"，当以"笔砚"为是。

《寄声集》序

学何为？曰：为道。诗何为？曰：为学。诗与学同方乎？曰：否，学北方而诗南方。今之诗与学犹古与？曰：惜也，古两得而今两失也。然则可得闻与？盖吾夫子年十有五而志于学，其论志曰：志于道，曰：兴于诗。至于赞诗，往往曰：为此诗者，其知道乎？兴言志，道言学也。故学不志道，不如勿学。诗而无关吾学也，不诗可也。斯道也，何道也？尧舜周孔之道也。古初大圣多出北方，禀扶舆之正气，以君师天下，立极万代。陈良楚产也，能悦周孔之道，北学于中国孟子，至以豪杰士归之。盖北方之学，有自来矣。若夫诗，则不然。昔者舜操五弦，奏南风以薰六合。夫子删王国之风，名曰二南。南者，南风之义也。关雎、㷀寐、淑女、鹊巢、于归，百两均之。舍己求贤，则二南之义。其最著者，故有关雎，而后有螽斯，有鹊巢，而后有小星，而麟趾、驺虞应焉。说者谓唐虞太和，在成周宇宙，则二南为之也。斯义也，可以治心。乐善不倦，可以酬物。不忮不求，可以相天下。休休好彦，圣君子得之解愠，小人得之卓财。故子谓伯鱼曰："学诗乎？"又曰："汝为周南、召南矣乎？"学先诗，诗先二南，其益宏远矣。解者不得从，而为之辞曰：南者，自北而南也。其序关雎，则又附会于不淫不伤之旨，其义既湮，其词又下。遂启儒者矫枉之过，至以后妃之德，为文王求后妃。焉知其流不为导淫，为长怨，愈失而愈远也，此夫子所谓面墙也。夫学中而诗和，学礼而诗乐，学乾健而诗坤顺也。学之弊也，刚不胜欲，宜北而南矣。诗之衰也，温不胜厉，宜南而北矣。南北偏胜，而中和道亡矣。故北人宜南声也，而学必北。南人宜北学也，而声必南。吾夫子之惜子路，不云乎先王制音，奏中声以为节。流入于南，不归于北，夫南生而北杀也。及子路惧而悔，静思不食，至于骨立。夫子则又喜之曰："过而能改，其进矣。"夫其惜之也，惜其不南于声也。其喜之也，喜其能北于学也。夫道有相反而相成者[1]，学与诗是也。

郡侯蕲水徐公，楚人也，难不在南声。生同文之代，家周孔而户诗书，难亦不在北学。顾侯以早岁登第，居相里，出相门，初仕令尹，而民争尸祝之。既才且隽，竟不甘受其识拔[2]，沉浮中外二十余年，而后守吾郡也。或者处此，无论声，不能平。即宿昔所持几何不改，乃独能凝乎其气，粹乎其容，不见有几微戚戚于天与人之意。世谓楚人深于怨，而侯无之。今其《寄声集》可考也，斯不亦两难乎哉！夫声生于人心，而妙于感人，归在和乐而已矣。和乐者，无忧无怨之谓也。无忧者，忧在天下国家。无怨者，反求诸己。故无尤无怨者，声也；有忧有怨者，学也。学不改北，而声不易南。夫是之谓中和，中和者道也。吾未敢论侯之学，而能知其政。世人未能知侯之政，则请听其声，其和乐感人一也。孟子曰："仁者爱人。"又曰："仁言不如仁声之入人深也。"爱人者，学道者也。仁声者，南声也。兹侯之所由寄也。

校记

[1] 相成，《醉经楼集》作"实相"，当以"相成"为是。
[2] 识拔，《醉经楼集》作"职拔"。

《龚刺史文集》序

文惟古，剽陈言而矜其似，古乎？文惟新，互艰字以饰其奇，新乎？夫文传而已矣，不古且新则不传。如是而为古且新也，亦不传。盖必有所以传者，顾未易论耳。成宏以来[1]，言文者争治左国史汉，以取荣誉于时，至嘉隆尤甚。余少时，偶读一二家而喜之，间有论著，人称能焉。久之，知其文之所谓古且新者，非然也。必如是而后古且新，宁不古不新也。既悔恨不复为，而亦不复有能文之誉矣。

岁庚辰，移官留曹，得从今嘉兴刺史龚大夫后。未几而大夫擢嘉兴以行，同曹君子谬属赠言。余谢不敏。大夫至嘉兴，及期政成，为江南第一。而同曹之申督犹未已，然余竟未有言。余之意谓大夫雅擅作者，如其好尚出于今人，则余言无当也。同曹之督，盖知余少时之能，而不知今之不能也。以是竟负同曹，而亦无以自白于大夫。

今年夏，余以得请南旋，道出大夫治所，承枉江干，坐语移日，因出其生平文集若干卷示余。余拜受而竟业之，抚今追昔，掩卷唏嘘。于是乎甚愧，而无以自解。盖余居留曹，既余四载，始谪海外。已乃稍迁畿辅司理，寻还阙下，迟回郎署，又且逾年。乃大夫以政绩尤异，天子锡宴特嘉，不欲夺郡人之婴儿慕也。悬殊畀，以待大夫暂归之郡。当是时，大夫之为嘉兴满六载，而余辱游于大夫七载矣。窃念大夫化行东海，声实加于上下，为当今名刺史一人。而余独偃蹇，无益于时，既不能不慨于岁月之迈。及读其集，则又独有契于余所云古且新。而能不为今人，必为今人，而宁不古不新也。何大夫知余，而余不知大夫也！余于是虽欲有爱于言，而不可得已。大夫之文，无意于传，而又以属于非其能如余者，恐愈令今人不好。顾大夫自有所以传者，无待余言。余之不量而承命，则以明今昔之愧云尔。

校记

[1] 宏，《醉经楼集》作"弘"。

学政二篇赠李维卿出抚三楚

学篇曰：夫学以反己为要，以修己为功，以推己为验，归诚其身而已矣。不怨天，不尤人，在邦无怨，在家无怨，反己也。庸言之信，庸行之谨，不动而敬，不言而信，修己也。己欲立而立人，己欲达而达人，己所不欲，勿施于人，推己也。孟子曰："苟能充之，足以保四海。"程子曰："充扩得去，天地变化，草木蕃。"此推之说也。学至于能推，庶矣。其或推有不达，则如何？反己而已矣。反己如何？如舜而已矣。自古圣贤，不达于家，无如舜，瞽瞍是也；不达于邦，无如舜，有苗是也。负罪引慝，在家何怨；班师振旅，在邦何怨。无怨已软？曰：非也。无怨而后自怨，自怨而后愤悱生，学问长，大智出焉。故曰：舜其大智也软？舜好问，而好察迩言。又曰：好学近乎智，大哉学问乎？至哉反己乎？反己无尽，故学问无尽，而修与推亦无尽。必如是然后诚，诚至而不动者，未之有也。舜之若瞽瞍，格有苗是也。故学问之道，反己而已矣。君子之于反己也，终其身而已矣。孟子曰："君子有终身之忧。"又曰："仁者如射。"则反己之谓也。

政篇曰：常言古之治者[1]，纯任道；后之治者，纯任法，非也。未有离道而法独立[2]，亦未有法毁而道独存者。然则道法今古之辨何居？曰：古者，道揆于上，而法守于下；其在后世，上不信道，而下蔑法也。试观今之天下，犹可谓有法乎？今之官尊权重，出而抚治一方，惟都御史。都御史持三尺肃百僚，乃诸司相竞，道路逢迎，时节庆贺，若交际然者，是宾之也。禀饩常供之外，又为私交，是货之也。都御史寄耳目于司道郡守，而司道郡守得以私其所属，宁负都御史，宁负百姓，宁负朝廷，而独不忍一吏，是背也。官以巡抚为名，迹不及于境内，吏弊民隐，暗不闻知，而臧否一听司道，是具位也。巡而驺从供亿，为官民苦，不如勿巡也。公费不行，巡按而下，一切取办州县，是诲之盗也。州县实征册籍，十无一二，赋逋讼多，皆由此起，上下相仇，遽称难治，是诬民也。追征粮差，志在火耗，每具一狱，而连坐者多至五六人，或十余人，是不刃而掠也。今之天下，大率类此，犹可谓有法乎？都御史代天子专制一方。诸司有过，其责在我；一夫不获，其责在我。今若此，犹可谓执法乎？当事君子，似不得不起而更之也。不更不忍，更之而无方[3]，犹不更也[4]。请与诸司约，凡上官所至，以王命临，自禀给外，一毫不得具供。有司蠹政之尤者，不时论劾，必载道府考词，不容私庇。夫节用必自公费始，便民必自实征始。近行条编，非无公费也。上每侵下，而额不定也。司道府州县，冲僻不齐，当有定额。州县岁百金，量增至倍而止；司道府岁二百金，量增至倍而止。州县之独当孔道者，得如道府之数。抚按额一千两，过客有禀给，则下程省矣。尊者馈下程，则卑者罢矣。故行公费者，省费者也。州县之难，在赋与讼，以实征难也。有能刻书颁守者，急赏以风有位，则在在响应。而赋清讼简，如是而犹有污吏，则火耗而已耳，罚赎而已耳。投柜在官，登簿在官，而拆封付之经收匠作；凡羡余悉充解费，凡转解悉照原封，则官无染矣。州县听讼，应自问断者，所逮虽多坐，其尤一人而止，则罚亦轻矣。嗟夫！公费革而尽归驿递[5]，赎金去而尽输仓谷。必如是而后足国富民，此王政也。今未之能，吾救时焉可也。平居以此责成道府，巡行以此考核州县。闾巷细民，令得自诉，而时加询访焉。故耳目不可欺，而幽隐毕达。然而法不行者，未之有也。或曰："若子言，则法也，如道何？"曰："法者，治人者也。道者，自治者也。本末先后可知矣。"

吾友李维卿氏之出抚三楚也，责一言于元。维卿氏学道者也，责己必苟，而待人以恕。其学与元同，至于耻言而果行，则元不能及。知维卿氏之道者，宜莫如元也。故其于赠行也，略于道而详于法。虽然，必法行，乃见学道之功在三楚矣。子曰："君子学道则爱人。"何幸于吾友之行亲见之。

校记

[1] 常言，《醉经楼集》作"儒者有言"。

[2] 《醉经楼集》无"独立"二字。

[3] 无方，《醉经楼集》作"无其方"。

[4] 犹不更也，《醉经楼集》作"不训"。

[5] 递，《醉经楼集》作"遁"，当以"递"为是。

赠杨比部出守真定序

今之直隶郡刺史，内视京兆、外视方岳，称大府。而体尤崇、地尤重，幅员尤广，则莫如真定。异时大府秩满进副臬，或累资至参藩而止；其以高等，破例入为京卿，则始自今日。比部杨君之行，其重矣哉！

夫刺史之难，大都起家郎署，易困以未尝；不则人与地不相习，五方情俗，非其谙也。北（比）部南人[1]，历守三州，其二居比，最后为定。所至卓有声称，定真属也，旧爱在民，弦歌之声，尚盈人耳。今之来也，行在未令，信在未言，入其境则如见里中父老子弟。在比部又何难于真，而余独谓大府之责，与州县异。州县养民而已矣，大府则养贤以致之民。真有三十二属，能尽贤乎？端已以标于上，简其修且良者；而教不能董，不率于下，凡以养之而已矣。吾见世之为府者，好长厚曲护所属，不复问有无泽于闾阎与否？而矫焉者，又慕下短以贾名高[2]，非复朝廷重大府之初意矣。故大府养贤，小府则焉。贤者养，不贤者化焉。夫然后致之民，岂惟致之民，亦以致之君。致之君，是谓以人事君，以人事君，大臣也。是谓大府。

校记

[1] 北，当是"比"字形近之误。

[2] 慕，《醉经楼集》作"暴"，应以"暴"为是。

送胡秀才序

上之二年，余始令万年，邑有胡生以宗者，以童子见。其时已学声句，能道经生语。其明年，余调泰和，生至泰和。又五年而余转官留曹，生又至留都。生之心切切，以就余为幸，而余实无益于生也。生回自留都，始补博士弟子。自是不相闻问者，垂十年矣。

今年正月，忽一日见生于京邸，余大惊愕，以为梦中也。京邸非仕宦贾客不到，万年去京师六千里而遥，生又贫甚无游资。其行也，无侣伴、无童仆。且当严冬冻裂之候，间关匹马，何为乎来？意生必有以，而生曰无也。居之邸舍，逾月而告归。生自问业外，无一他语。始信生之来也，亦泰和留都之意。闻者以生为大异，余亦大异生，然竟不知余有何益于生也。

闻生早失配，鳏居者多年，有同胞兄一人，让其产五分之四，岁以教读佐菽水，以养其父。生家居，事多异，类此。间尝诘生，不娶或为贫也。以非礼之让让兄，毋乃非所以爱兄乎？设治之以官，兄坐显戾，其可庇乎？是陷之也。甚矣！生之好异也，而余又何敢以异处生。盖尝读韩昌黎答窦秀才书，近于绝物。及观近代王新建送董山人序，则又诬民已甚。余于生义不可绝，而又不敢诬也。序以送之，愿生勿以异人者异人，而以同人者异人。如有问我者，亦幸勿谓我有异于人也。

送欧阳生序

余令泰和时，识欧阳生，曰笃。于诸生中，笃而文，以为难得。比移官留曹，生以廪生援国子例，居南雍，且夕从余问业。生困乡闱久，亦竟不得志于南雍，遂弃去。复补例得拜郎官，级七品。丙申二月谒选，授关中参军。参军即贵，不足以当生才。关中又去生乡极远，非所宜之。值余司铨，而令生之之也。余虽爱生，力不足以成生名。而又处之以不宜之地，盖两误生，意生戚戚于其行也。然生已弃科名如脱屣矣，何有一官而若不薄一官也者。其行也，飘然无难色，不为禄仕、不为名高。余且不知生所解，况望世人能知生也。生且度关，试问关吏，或有昔时望紫气者乎？为我问，曰："知我者希，则我贵道耶德耶？倘生之意，亦其然耶？"

潜龙鲨记

南海有巨鱼焉，曰潜龙鲨，一曰金龙鲨，鱼种而龙者也。戊子春三月，海山渔人网得之，长五尺许，重百斤。其小鱼从者数千，至不可网。渔入载潜龙归，识者过而求贸焉。价一金，弗与也。剖其肉而食之甘，诸骨皆柔（脆）[1]，尽食之。惟鳞坚不可食，暵而藏焉。其鳞大者如掌，可为带或酒器之饰。小者中杂佩，脊一行，片一十三；腹二行，片如之；两翅两行，各片三十。渔人囊其鳞游闽粤间，莫售者。属余里人见予，予解其囊谛观焉，礼款而遣之去。已而思之，盖有起予者乎？脊一行，腹与翅行各两者，五行也，天地之数各五也。脊单腹倍，阳奇阴偶，天一地二也。十者天地之成数，天十而余三，三三则为九，乾元所以用九也。地二十而余六，阳进而阴不能也，坤元所以用六也。翅三十者，一月之数也，两翅合而甲子一周也。总之九十九片，群龙所以无首，河图所以虚中，大衍之用所以不满五十也。嗟夫！易教也。

校记

[1]"脆"字原书漫漶而缺，兹据《醉经楼集》补。

平湖记

夫名，其生于不得已乎？意而附，不如勿名。夫事，其成于不得已乎？

意而因，不如勿事。生焉成焉者之谓圣，附焉因焉者之谓贤。圣吾师也，贤吾友也。百工于大匠，射于羿，御于王良造父，七十子之于仲尼，禹稷契皋伊朱周召之于尧舜汤文武，亦各事烈而名高矣。而吾以为不必然者，何哉？则得已与不得已之说也。彼果不得已，则吾亦不得已，如肌肤性命然。其信且从，彼与己皆不得而知也。其不然者，犹意之也。子使漆雕开仕，开曰："吾斯之未能信，夫信之风已下，况未信耶？"虽然，兹其所以为信也，未有不自信而能信人者。彼急于因附者，将以求信天下，而不觉其欺己。己可欺，天下其可欺乎？

吾潮为郡，左江右湖，而凤凰山峙其北。当宋盛时，实应凤啸湖平之谶，湖与凤之为灵昭昭也。及于国朝，人文虽朗，犹稍不逮。湖在城西，仅容杯水，若无足为郡之重轻者。自泰和王公，持宪节开府在郡。既政行人和岁登，每于公暇游憩焉。谋诸郡守徐侯，核籍清界、捐赀募工，拓之疏之、桥之堰之。汇其弥漫而泄其洋溢，出古石刻"平湖"二大字于湖山之下。自是郡人始知郡西有名湖，然犹疑公寄兴云尔。未几，复市城南污泽二顷，辟为南湖。复浚西南之濠，深广倍旧，而东接于大江。夏秋水涨，江与湖平，如虹如带。冬春之际，江流稍下，独此西南湖常满，其余流足可灌田数十万。而烟波之浩渺，城郭之雄丽，风气之含藏，回首凤山，人间天上。盖非郡人心思所及，亦非所敢望于公者。殆若或启之，而若或相之，即公亦不自知欤？公尝开双美堂于城北金山绝顶，以收江湖之胜。而方舟日袅袅湖上，郡搢绅士常获从公登临，题咏盈卷。余虽不得从[1]，然有以知公俯仰之间，无往而不乐民之乐也。郡人亦能知公之乐在民，而不知非公得已也。余是以观公矣[2]。

方上冲年，权相用事，其自署门生，朝齿录，暮要津，有未经识面者。公独以棘闱拔士，甘处疏逖。其时为令，竟以高第，六载仅入为西曹郎。而公无不意得也，余颇窃异公而犹其细也。

新学之行，吉州为盛，以罗文庄之辨且修，而不能回狂澜于万一。及余更令吉州，见州之衮然领袖诸君子，未有不极口新学者，顾独与公入，计及其里中，往还数岁，不闻公出一语也。但论吉州人物，必推文庄为第一人。余虽不欲以失其所因附为公惜，而亦未敢以卓然者为公贺，竟未有以定公。由今而观，殆漆雕开之旨欤？余于是乎渐负公矣[3]。余尝谓吉州为天下望郡，此风不止，如吾道何？今观于公，犹幸而吾言不中也。

公谬过信余，常命筹郡政之宜兴罢者，至于或行或否？必出其中自信，断断不苟徇余。嗟夫！此乃公所以信余也。于是，公晋参知两浙，行矣。搢绅士谓余知公，首宜有赠，并记盛美。会余抱病者经岁，且礼在不言，山居之戒尚新，而媚人之嫌犹避也。盖余之不能言者四，乌得赠公？然犹曰：无己，则记可乎？记亦言也，不规不颂，而郡事征焉。余与士民之情，各有所寄焉。似欲已之不得也，公不苟徇余，余其敢媚公乎？嗟乎！孰能信吾言果不得已乎？公名一乾，徐侯名一唯，俱辛未进士。郡人唐伯元记。

校记

[1] 从，《醉经楼集》作"后"，当是形近之误，应以"从"为是。

[2] 余是以观公，《醉经楼集》作"余以是观公"。

[3] 渐，《醉经楼集》作"惭"，当以"惭"为是。

南岩记

名山胜水之间，果足以当儒者之乐乎哉？陋巷可居，墙东可隐。必名山胜水而乐，是乐非我也，外也。未有待于外，而能乐者也。且吾闻之，儒者身都宇宙，瞬息千古。居则忧道，出则忧时。惟恐丝毫堕落，有负此生。其于一切外至穷通奇丑，若浮云之往来，若寒暑晦明之代谢。尚不自知有忧，况知有乐乎？彼名山胜水之间，谅非其所汲汲也。然今之天下，称胜迹，耀简编者，孰非自名公硕夫，幽人羽客之所棲处得意，寄啸傲而振风骚。传曰："贤者而后乐此。"由兹而观，谓儒者所乐不存焉，不可也。

吾郡西湖山之有石屋，旧矣。盖上而砥下，可筵席坐数十人。大江东来，适与湖会。城中烟树万家，郊原之外，麇芜千里。其环而山者，则狮子、凤凰诸峰，错落天外，一一可枕而窥也。屋在山南，又面南也，故曰南岩。倭夷之乱，屋为邱莽。古篆苔藓，多不可辨。余与友人章曰慎，与淑氏尝携觞其处[1]，徘徊叹息，至不能禁。约曰："孰先投闲者主之。"其后应举需次，各服一官在四方。余又沉浮中外，不及兹岩者三十余载，独时时于怀也。比汝淑乞归自滇南，会余新解母丧在里[2]，语及兹岩，汝淑曰："敬如约。"即日核趾翦芜，鸠材诹吉，重瓦屋于前，略如石屋制。阑其前而门之，杂植松竹花卉与山花，掩映左右。一时闻而喜助者，自谢太学绍讷以下，各捐赀有差。不逾月讫工，颜其额曰："襟江带湖。"郡侯徐公一唯，大书"南岩"其上，时与僚佐燕憩焉。乃汝淑又穿一径通绝顶，为读易山房，有天门，天池，最高亭四望台诸处。语具汝淑自为记与诗中。发岩谷之幽光，赓考槃之余响。自是远迩闻之望之，不啻神仙窟宅矣。余窃禄日久，谬怀儒者之忧，既无寸补于时，乃依违不欲舍去，甘让汝淑以贤者之乐是。汝淑先得之，而余将至于两失也。于其成也，不可无记。

校记

[1] 与淑氏，《醉经楼集》作"汝淑氏"，当是同音之误，应以"汝淑氏"为是。
[2] 新解母丧，《醉经楼集》作"新解母衰"。

义阡记

帝王之世，贤而贵且富者，合为一人，故常位乎上；不贤而贱且贫者，合为一人，故常处乎下。上者为天地、为父母；下者为赤子、为群生。两相习，而两相忘也。后世贤者不必贵，贵者不必富，富与贵者又不必贤。于是乎贱贫不贤者，不得沾有余之赐，而天下始不足，圣人忧之。而逆知帝王之世不可复也，则设为教曰：凡贵贵人，凡富富人，凡贤圣淑人。夫天非独厚我而已也，厚我者厚人者也。我何以能厚人，推人也。故自一命以上，皆可以贵人；自一金以上，皆可以富人；自一德一艺以上，皆可以淑人。量力而施之，笃近而举之，随分而足之，如是而已矣。

吾独怪夫今之世不然也，贵者不闻下士，但闻訑訑之声。富者日高蓄赀，或至骨肉为路人，惟是机慧辨给之夫，剽窃幻空，往往自居于贤圣，以号天下。其说既无益于愚不肖之徒，而其术归于私利其身，而益以与夫徒然富贵者。夫使圣人之教不明不行也，则世所称贤者有责焉。今天下至愚不肖者莫如余，独窃有忧世之志，而谬为维世之说。愿贤者一意为己，自然淑人。愿贵与富者一意及人，自益贵富。经曰："贫而乐，富而好礼。"乐者足乎己，至贵而至富之谓也。好礼者推于人，贤贤而亲亲之谓也。斯二者，两相成者也。

夫贱贫固士之常，贵富亦时有之，特不能推耳。推出则贤矣，推广则大矣，推尽则圣矣。孟子曰："人皆有不忍，人之心苟能充之，足以保四海。"夫人之所以异于禽兽，与圣贤之分量大小，其不在兹乎？

义阡固及人之一也，不出于时制，而有力者得自为之，此可推者也。古无义阡，人生则上长，养而上终之。后世自长自养故多，不长不养夭折于非命，殁而无所归藏者，处处有焉。则义阡不可无于今日也。都人梁鸿胪材、许太医珊能为之，买其地在京城之西关十里许，广四亩有奇，界之树之，表曰"香山社义阡"。以宅归人，而诏远迩。盖可谓有士君子之美行，而得吾维世之说之意者。彼其所尚如此，其无所闻而兴起如此，不贤而能之乎？况于闻圣人之教者乎？嗟夫！二君之为吾所谓量力者也，二君之力固未可量也。世之力有余，而有愧于二君者多矣！于其请也，不可以无记。

答顾叔时季时昆仲书[1]

诸仪部至，得拜二足下手书，惓惓于心性之旨，而疑元心学误人之说。夫学非说可明，而足下所求于元者，犹说也。元能为其说，而不能身有焉。故虽以足下之高明，且谬承凤契，而犹不能无疑。况多望于今世乎？然今世学者，则诚希矣。不有足下，更望之谁？聊申其说可乎？

元旧有身心性命解，大约谓性一，天也，无不善；心则有善不善；至于身，则去禽兽无几矣。故自性而心而身，所以贤圣。自身而心而性，所以凡愚。是故上智顺性，其次反身。故曰：尧舜性之也，汤武身之也。身之者反之也，故又曰：汤武反之也。反身而诚，所以复性。夫学为中人而设，非为上智而设也。学，修身而已矣。然则心居性与身之间，顾不可学欤？曰：性可顺，心不可顺，以其附乎身也。身可反，心不可反，以其通乎性也。性乾而身坤，性阳而身阴，性形上而身形下，独心居其间。好则乾阳，怒则坤阴。忽然而见形上，忽然而堕形下。顺之不可，反之不可，如之何可学也？危哉心乎！判吉凶、别人鬼，虽大圣犹必防乎？其防而敢言心学乎？心学者，以心为学也。以心为学，是以心为性也。心能具性，而不能使心即性也。是故求放心则是，求心则非；求心则非，求于心则是。我之所病乎心学者，为其求心也。知求心与求于心，与求放心之辨，则知心学矣。夫心学者，以心为学也。彼其言曰学也者，所以学此心也。求也者，所以求此心也。心果待求，必非与我同类。心果可学，则以礼制心，以仁存心之言，毋乃为心障欤？彼其源，始于陆氏误解"仁，人心也"一语。而陆氏之误，则从释氏本心之误也。足下谓新学误在知行合一诸解，非也。诸解之误，皆缘心学之误也。会其全书，则自见耳。然则大学言正心，孟子言存心，何也？曰：此向所谓求放心也，正心在诚意，存心在养性，此向所谓求于心也。心之正不正、存不存，从何用力？修之身、行之事，然后为实践处，而可以竭吾才者也。呜呼！此子思格物必以修身为本，孟子立命归于修身以俟，程子谓鸢飞鱼跃，与必有事焉，而勿正心意同。寥寥千载，得圣人之传者三子也。

潮州耆旧集

校记

[1] 答顾叔时季时昆仲书，《醉经楼集》题作"答叔时季时昆仲"。

又

季时有《心学质疑》一卷，承寄未到。而叔时来教曰："墨氏谈仁而害仁，仁无罪也；杨氏谈义而害义，义无罪也；新学谈心而害心，心无罪也。"此说似明，不知误正在此也。仁义与阴阳合德，离之则两伤，然非仁义之罪也。至于心，焉得无罪。人心惟危，莫知其乡。此是舜孔名心断案，足下殆未之思耳。

答蔡台甫同年书[1]

楚中之有子诚，犹关中之有足下也。同集清署，旦暮相欢，何啻奏埙篪而鸣鸾凤。况于留都雅致，风气宜人，尤达人所凤赏者哉！顷者大疏留中，正恐足下怏怏于不行其言。及读来教，以南曹为得所，以子诚同署切磋为有益。忧世乐天，可谓两造。甚矣，足下似子诚也，吾党所尚如此。而当路有力者，若为之悲穷而悼屈，汲汲然欲并振而之云霄之上[2]，不知吾党已云霄之上久矣。

今世谈学者，大都以佛为宗，其初犹援以附儒，既则推而高之，反驱而佐之，诚有如足下所痛惜者。足下将作论以正之乎？何止孟子，所谓能言距杨墨者，唐有昌黎、宋有明道，千载吾师焉。自非真见世道人心，痌瘝切己，不能同此愤，不能为此言，愿足下勉之。所谕马君，嫉恶太峻，圭角太露，亦其中有所不足，不独非处世之道名言也。警发多矣，独马君哉！便晤当为致倦倦，马君必有所以报足下。子诚纂有《国朝大政记》，其意甚好，幸足下共为删润，以成此书。他日藏之名山，二妙之名，当与钟阜石城并永，同袍之光何如？

校记

[1] 答蔡台甫同年书，《醉经楼集》作"答蔡台甫同年"。
[2] 汲汲然，《醉经楼集》作"然汲汲"。

启太宰杨公

去冬有贵州赍表回，附上启候，不审尝彻台焰与否？近侍台长李公，亹亹诵述阁下。因知此月为阁下初度之辰，遥瞻东海，可胜祝愿？中朝大老，自阁下行后，追慕德业者不少，若李公与今太宰陆公，其尤至者也。若曰汪洋澄蓄，犹可勉而能也。至于甘恬淡而不令人知，任嫌疑而独当摇荡。人己都忘，恩怨尽灭。宏济时艰[1]，色声不动。虽古之大臣，何以加焉？自非二公司事之久，见知之深，或未能窥测至是，即元犹愧二公矣。盖元常言阁下之道宜相，六年太宰，犹枉其才。由二公而论，则犹浅之乎为睹也。归到林邱，形神逾王，天其有意于斯世斯民也乎？客邸无以为寿，敬赋短章，聊申私悃。倘赐宠鉴，亦足以知其意之所存。

校记

[1] 宏，《醉经楼集》作"弘"。

答周济甫大中丞（二首）

方弟之得告抵家也，满拟庭闱长叨乐事，不惟老母安之，虽老父亦惟其子之听。及今春限满且逾也，不惟老父意思顿别，即老母亦惑于六亲谀言之入耳，不免促装就道矣。二亲爱子之至一也，爱之至则重违其心，不令时欢膝下，岂所欲哉！子意不坚而反诸身，不诚也。途来过蓝屋驿，有追次白沙先生台书《春晚》之句，云："古驿江头近钓矶，伤心春事故山违。杨朱正恐当年误，伯玉宁知四九非？反命敢云恭父命，征衣忍见负莱衣。庭槐旧绿称觞处，留得清阴待我归。"弟之情况可想已。弟一向因循，习染为祟，曾无奋发，度此半生，今年向老矣。童情如旧，厉风不调，微茫知识，何有于我。盖上愧赋予，下忝所生；内负初心，外误知友，自是始有发愤之意焉。持之不倦，尚未敢自谓能尔。辱在至谊，何以策之。四十见恶，五十无闻。频复不已，将至迷复。倘能竟此，以往虽远游，犹可借口于养志，惟兄念之。督抚淮扬，所辖当天下之半，事权得威且专。方今丈夫用世，即政府六卿，非元辅与天曹，皆弗能当此，台端其思所以酬际遇哉！来书云云，不敢闻也。诗曰："上帝临汝，无贰汝心。"敬为门下诵之。

又

顷从王少宰处得门下求归状，与庙廊借重殷勤意，颇悉。欲附一书往，无从也。督府位尊，太夫人养备，虽潘舆之奉不便，于此自公多暇，习静功深。虽道院之业，不专于此。扃扉坚清之云，何其汲汲也。白沙先生劝人，往往以归隐为第一义，固亦有说。然观圣门有为季氏宰者，得与箪瓢，大贤同科，明道一生。为小官而道接孟氏，乌在其高隐也？夫出处亦何常，惟其具在我而已。当行而莫可行，则当藏亦莫可藏，此夫子独许颜渊之有是也。丈之自许有是耶？未耶？丈在今日，已非小行，过此又将大行。行耶？未耶？抑所行与其所藏合耶？有不然者，乃世人所谓行非有是之行也。既无所行，又何所藏，勿汲汲可也。然非丈之谓也，弟道非禄土，情类绝裾。昔年苦不善学，遂虚半世。近虽悔恨，气力向衰，聪明日减。拟之于丈，何啻两失。然犹靦颜在兹者，此情虽故人不能道也。仇心之训，直是订顽。非我仇心，似心仇我。习气童情，时作硬祟。每用体验，愈觉道心微而人心危也。美厥灵根，何等气象，真丈所谓深入实际之难者乎？近拟借差过里，缘前此循职掌，有小疏留中，未便题请。早晚计当得之，便道过淮，奉教在迩，附谢不备。

答叶中丞年兄

边境当急，天子抚髀，廷臣推才望，独以丈为海内第一人。或曰："今日南海再见翁襄敏、庞中丞之风，而过之也。"此实宗社之福，岂特同袍之光。乃丈方从西南役，报主上，岂意遽更而西北也。议处土夷事宜，贵人龇之。而蜀中狃于目前之便，遂有互异，然识者皆能谅丈之远虑也。弟曾请教一二大老，或曰："趣命既临，当不俟驾。前议既已不果，姑置之，忘已亦忘人也。"或曰："闻言待罪，臣子之分。即日北来，或未受事而疏，或一面行事而疏，似不可少，然断断当速趋上命。"当此之日，国家为重，身为轻，必无纤毫碍挂胸中，方得大臣之体。惟吾丈裁之。

启赵宗伯（二首）

近有舍亲补官之南，上肃启奉候，且题封矣。适辱枉教至，及谂阁下求归至情，必欲得请状，于是乎惘然者久之。盖往山居时，累闻阁下乞归矣。私念此日势难自由，而道未宜速。世人之信阁下，固不係乎归不归。而阁下以一身系天下之重，亦不系乎所处之近与远也。留都清议所自，出辇毂之下。相与顾惮而不敢尽干法纪者恒在焉，然亦有大不然之时。元居留曹四载，间曾两经矣。自海忠介公后，留都无恙至今。非有大君子与一二同志共维之，欲此风长存，其可得乎？主上明圣度越，其于阁下，礼貌不衰，盖以忠介公事待阁下也。忠介公其起也不辞，其去也迟迟，世无有疑之者，阁下其肯有所避忌，而为洁身计也。元为老亲，未能行其初愿。然不敢以己之不肖愿人，独于阁下处献忠若此，惟阁下察之。谕及瞿参军，久拟定交未遑，自当有报。曾王姜三君子者，皆熟游也。元近曾颇戒，为友人王用晦比部赠言，不知此君尝从游阁下否？

又

春间，元奉旨选取宫人一节，猥有小疏，内引及世庙遗诏一段，当事诸老皆有忌讳之虑。会铨曹谬有推补至政府，举以为言。不意数日间，内阁传出御札，有庙享屡遣代行，朝讲久废之说。引咎责躬，直符商王罪己，不特不讳而已。有君如此，其忍负之。阁下精忠，宜在特简，仪图世道，似当转移。以主上至德，真当帝眷，卜之阁下，不宜安安而居、迟迟而来也。疏稿附上请正。

答王少宰麟泉

夜来有客相过，具知太宰公与选君向来谬念之惓惓，及政府此日之休休，闻之悉矣。鲁侯不遇，天实为之。吾辈所愧者，是惟道德不及先贤。若论遭际，叨幸已多，愿勿更饶舌也。南中之贤，宜未有出谭子诚之右，不审当事者能相信否？附启悚息。

与诸延之

近闻足下随学使巡历，中原文献，尽属品题。英隽入彀，吾道之善。但不必令桃李在门，乃为大公[1]。在足下今日，不患门墙无人，只患滥收；不患当路无知己，须防薰膏之诮。彼以同声同气相求，则善矣。次而就我为名下，而窃我为利，皆当辨别而有道以处之。故爱敬我者，未必尽贤。平平落落，若自疏外者，未必非君子。又有处乎我上，而以势位相陵；居门徒之列，而故肆讪侮者。物情世态，无所不有，一切安焉，反我仁且礼焉。能自得师，然后可为人师。至嘱，至嘱！儒官多暇，正便读书。近理会何处，幸示之。季时近闻读礼，厘其真伪，有弟兄师友之益在家庭也[2]。季裁以信于乡者行于乡，诚之所动自别，俱能时时相闻否？吾党今日，未为不遇，只患盛名之下难副耳。幸相与念之。

校记

[1] 大公，《醉经楼集》作"太公"，当系形近之误，应以"大公"为是。

[2] 益，《醉经楼集》作"意"，当系同音之误，应以"益"为是。

答王用晦

学以修身为本，近日尽有同声者，至于好学、力行、知耻。非兼三者，则身未易修。恐知本者，亦或未之详也。适奉来教，谓学问本末，虽有次第，决非片言可了。古大圣所以详言博学致重躬行，而罕闻心性者，于是可通其故。斯言也，得之矣。其云：稍处以默，益务反己。则正数年来妄意发愤第一义，敬服敬谢！讲学有戒，酬应文字有戒，守之旧矣。况文字而至于寿章，则又前代先贤所未有者。虽然，何可以施之足下，逢司马君实，正自不得不多也。仅脱草，惟以子诚同览正之。足下于学好矣，且真矣，反己一言尽矣。更不必复顾世人与我同异。佛家印证之说，程子笑之。愿足下充此以往，不宣。

与蔡台甫

古今有志之士，得居言路，而能直己志。又其气雄足以将之，词藻足以发之。伸主威而维国是，寒群小而慑王公。令学者凛然如见其人，而无遗恨也。即史册中亦难其人，若足下当日为御史，所称是矣。虽经流落，旋复清班。古来盛名之下，率多坎壈。如斯际遇，亦未多得，固知足下之能泰然于今日也。况有谭子诚、郭哲卿诸君子，旦夕与游曹中，多暇相与讲求。养其已至充所未有，以需大行而酬宇内人士之望[1]，正在今日。足下勉之。

校记

[1] 宇内，《醉经楼集》作"宇中"。

答耿学宪

都门一别，几二十年矣。窃名学道，半世无成。石火电光，余生有几。奉读来书，及迪士课士诸训，不觉恍然如有失，惘然而不自持也。就中为己一问，尤深对证。其曰可珍者此己，可畏者亦此己，非极玩索实体验者未易道。彼中人士，亦有解者乎？夫可畏者，外之交吾内也；可珍者，内之定吾外也。见可珍则克其畏，见可畏则守其珍，两相成者也。由责己而舍己，由舍己而推己，则知己矣。微茫之见，不审于明问当否？幸指教焉。莆田有宋肇斯先生，学者也。顷曾以告敝同年汪蔚翔，不审能物色之否[1]？辄此奉闻。

校记

[1] 否，《醉经楼集》作"不"。

答范原易

往豫章，人传太守开会讲学，弟不欲闻也。近读新刻教言，则皆视学时课诸生语。视学课诸生，提调责也。此自本分矣，岂惟太守有本分，诸司皆有之。吾辈在家在乡在国，无往无分，分之难尽久矣。不求尽吾分内，而反求多于分外，此会讲之风所以盛于今日也。夫分内之与外分，诚伪判然矣。举世去此就彼者，何不知本也。未有不知本而能诚者，未有不诚而能动者。然则会讲何益于人，徒贼诚损己耳。教言中致曲解与经纶大经，乃从前所未发。其他互有得失处，亦谬评以复。来督之意，讲解不可谓无益，不可谓非学。反已说约，令为我用，说之贯通，行之无碍，则其进不可已矣。李维卿兄从弟求观，欲存笔迹，易以抄本，可见此兄好善之诚。今寄复，仍乞便中更惠刻本为幸。弟近来始觉发愤，颇见昔贤行年五十之意。恨不得与兄质之，有答孟吏部书，粗有发明，录上请正。倘张宗伯先生问及，并请教焉可也。

与维卿（二首）

署中有二三友者[1]，志士也。久愿一见维卿，屡与弟计，候枉顾之日，约为良晤。顾彼此参商，即吾两人者，已每每不相值，值时又或有不得已事，不能久坐。昨拟从谒先师庙之便，招弟先期偕往，而弟适奉公委，坐负友诺。今定何日能枉驾，使弟先约诸友也，一示之。范原易自江西，孟叔龙自洛阳，各寄有著述来相印证，辄忘愚谬，僭有批评，不甚当否？二兄意皆未欲示人，然不可不共兄一览酌之。宇内寥寥，如二兄者，弟的谅其为吾道人。虽言论时杂新学，其中必有所未安者，宜兄之当深念也。叔龙书来，说无副本，而原易似亦候得报后，是刻始出，幸善护以俟毕览日发回，伏惟留意。弟见兄近时耳目稍杂，一艺之长必收，应制之文尚恋。此虽盛德事，得无妨吾本业乎？弟从前悠悠，近始敢当发愤二字，又幸得吾兄朝夕期相与以登彼岸。不敢谓年已向衰，徒痛已往[2]。惟兄振之辅之，不胜切切。

校记

[1] 二三友，《醉经楼集》作"三三友"，当系形近之误，应以"二三友"为是。
[2] 已往，《醉经楼集》作"既往"。

又

比来兄因节省之过，遂有误传；弟因责善之过，遂有误听。夫斯二者诚过也，然无节省之过，不足为兄；无责善之过，不足为兄之友。此可多望于世人哉！可以自反，亦可以自庆矣。夫为国者，奢则示之以俭，俭则示之以礼。兄初至楚时，诚当崇俭；在今日，则当崇礼。礼有以多为贵者，祀圣、尊贤、敬老、恤孤之类是也；礼有以少为贵者，津要、逢迎、酒席、滥觞、货赂、公行之类是也。礼有以举之莫敢废者，或因土俗所宜，如古人入乡问俗是也。礼有不近人情，而实有礼之至者，如举国之人皆若狂，而夫子以为一日之泽是也。凡此处皆有天则[1]，不容以意而轻上下之。故凡为上官者[2]，御其所属，有必跪，有必拜，有必揖，有必留茶，有必留饭，皆礼所生也。在贤者固当破格优之，即庸众者亦不宜有意裁之。天下贤者少，庸众者多，若待贤者出于例之外，待庸众者乃不及于例之内。不惟庸众者恚怒愧阻，而贤者亦且惧不敢当。恐养育人才之方，不如此矣。故为国者必以礼，学道者必爱人。未有不爱人而能化人者，未有不以礼而能爱人者。书曰："尔无忿疾于顽，无求备于一夫。"少有忿疾求备之心，则爱人之心充拓不去矣。夫忿世之与忧世，忿不能之与矜不能，其用心广狭，规模大小何如也。愿兄之念之也。天道先春，人道先仁。一切包涵，处之有道。言不尽意，伏惟省裁。

校记

[1]［2］凡，《醉经楼集》均作"兄"。

答沈叔顺

往时范原易为南昌，满五载循例迁去，其名实既加上下矣。在江以南数郡守，则必称良矣，然犹未见其为原易也。顷因事忤当路，举朝哄然，共惜原易，而后原易之为原易始见。盖人心秉彝，千古一日，不屈而常伸，愈屈而愈伸，即不伸，君子犹不以此易彼，况万万理之所无哉！足下自信已久，更又何疑，凡有赫赫之名者，必无冥冥之行。诗赞文王不显，史称西伯阴行善。何暇与时人较短长，愿足下一意以往，为两浙二千石立准标，且以愧世之为巧宦以图速化者。上以报明时，下以光吾党，毋令后悔可乎？就中礼行逊出，一端意义，亦须理会。盖待己贵峻，而与人贵厚。有诸己求诸人未也，躬自厚而薄责于人未也，正己而不求于人则庶几矣。自反而仁而礼而忠，然而不爱且敬者，未之有也。元早年为令，愧缺此意，望吾同志相与勉之。夫因严以用恩，则恩流；以道而用情，则情溥；以仁人长者之风待天下，则天下亦相率而归于仁人长者之道。何幸于潮州今日见之[1]。

校记

[1]潮州，《醉经楼集》作"湖州"，潮州当系形近之误，应以"湖州"为是。

答郭梦菊大参

先是拜湖北名贤传之赐，时知门下独契蒋先生道林也。蒋先生与先师吕巾石先生，并为湛门高弟，又曾于罗文恭集中，得见所解格物说而喜之。及读门下所为传，又其行谊纯明如此，则蒋先生在楚中学者，当为国朝一人。又以见湛门诸君子，虽其风动不及姚江，而笃行过之。是亦可以观二先生，然元之置不复论者久矣。夫学诚而已矣，其分数不同，而明亦因之。孟氏而后，明道诚且明矣。伊川、横渠次之，朱子又次之。江门别传，盖出濂溪、尧夫之派，然无愧于诚者也。与其明不足也，宁诚。则薛文清、胡敬斋、罗文庄，其修朱子之业，而有功近代者乎？自新学兴，而学始难言，此元之所以有戒者。反己无功，空言何补？惟是厚意，不敢虚辱。辄又冒昧一言，总乞门下指教。之所不敢尽者，见旧刻二编中，附上请正。

启太仓相公

顷幸叨侍，未既所请，偶有末议，窃比刍荛，伏惟相公垂察焉。恭惟相公，负华夷具瞻之望，际千载一时之遭。而元也疏顽晚进，自谓无可比数，乃过辱殊知，私自庆幸。谬图为报，不知所出。

窃惟方今事势，内而有掖庭之隐忧，外而有边疆之大患。天变于上，人危于下。主上诚明且断，乃其倾心付委在相公；而天下人士，亦仅仅恃相公以无恐。窃计相公，密勿论思，塞违昭德。精诚所至，必有销患微渺，巩固皇图，而外人不及闻知者。盖近读筹边一疏，可想已。即愿效一得之愚，又何能居相公之意外，而仰赞其万一。惟是李中丞为苏侍御论逮一节，久未得白。虽有台省交章累牍，与夫抚臣之重，布衣之微，夷使之无知，皆能同声为中丞陈乞，而终无以回主上之听。此亦明时一阙事，闻相公维护亦尽心至矣。主上亦岂忍一中丞，而顾迟回若尔者。其说有二：一则未知中丞处滇南事，正可行于今日；一则匿名帖子一节难于自明，以致上疑未解，非有他也。

试借边事言之，我兵乏久矣，彼众我寡，难以虑敌。今土番怨虏入骨，三娘子与虏王失欢。虏王因听火酋勾引生事，失赏华人，为虏王谋，妄意天朝，而其计不售。凡此皆可疏间，窃为我用。诚得中丞以夷攻夷之策行之，必有如孟养、蛮莫者出，而系火酋之颈，制虏王之命，此其经略可法也。虏骑长驱入我内地数千里，杀戮大将而下不可胜计。而当事者犹传接报上首功，则无怪课功罪者纷纷之论也。夫莽捏二川，延袤一带，皆吾故地，今虏虽出境，尚盘据为己物，首功何论哉！诚能下明诏以肃清二川，驱虏尽归巢穴，然后当事诸臣，得以报命，果能如中丞在滇南克复我边地，则其后先罪过，有无首功，俱在所略。庶当事者知上意向，必思得当以报，而不敢怀苟且一时之安，此其律令宜定也。以夷攻夷，故不血刃，而扬威万里之外，一清边境。故不课首功，而边臣之绩著。然则中丞滇南之事，可谓奇勋。而赦一中丞，为边臣之劝甚大，主上或能释然于中丞也。

至于匿名帖一节[1]，但得相公一言可辨。盖前此诸疏，上皆疑其有因而至。前虽以抚臣之言最为可据，未免置之一例。自非相公平生，一介凛凛，素结主知，其谁能无纤毫之疑。故回天之力，似相公又不得不专任其责也。方侍御论中丞时，讵意至此一陷不测。而救章日至，虽侍御心亦不安。为今日计，姑请照例发遣，以待论定。则侍御之言既行，而中丞亦可免狱中意外之虞，以累圣世，似为两得之。元于侍御往同官，诚厚于中丞，虽无旧识，而偶承道义之雅[2]。然其所以区区若是，非敢为私于侍御与中丞。在圣明当及此时以劝边臣，在相公当身任所难以对天下。冒黩尊严，惶恐无已。

校记

［1］匿，《醉经楼集》作"慝"。

［2］承，《醉经楼集》作"诚"，当系同音之误，应以"承"为是。

答台长李公（二首）

　　昔汉人料七国之变，发速则祸小，发迟则祸大。倘今秋西陲侥幸无事，论者得藉口以终持和议，而尽屈群策。将来之患，可胜言哉！则老先生之言，当为左券矣。夫互市即奇[1]，要非长策。况天下事，亦未有势穷而不变者。狃近利以误远图，可惜一。当彼酋叛盟之秋，不为兴师问罪之举，时过则无名，可惜二。岁致虏金缯百万，且枵军士之腹以益之，中国财宝，有去无归，非如向者在官在民在军相流转，而存吾内地也，可惜三。国以民为命，民以财为命，财竭则民困，民困则国随之，宋之末路是已，可惜四。主上英武，豪杰奋庸，有是君，有是臣，两不相值，以伸堂堂天朝之气，可惜五。此五可惜者，方今大小九列，与台省郎署中，抱此虑者十七，为此言者十三，而终无以回庙廊之见，亦且奈何哉！缓之则河套之事成，而甘肃不可支矣。急之则维州之议起，而去河北贼反易矣。不知古之大臣，斡旋宇宙、宏济时艰[2]，竟臻厥成，而身安名显，如张留侯、狄梁公、裴晋公诸君子，可复见于今日乎？书曰："同寅协恭，和衷哉！"即虞廷济济，能尽寅恭，则自五臣始。即五臣意见，岂无异同，而终屈服至论。则自吾之至诚始，未有诚至而不动者。盖古大臣之谋国者类如是，何独于今不然？台光渐远，回首依依。尘黩清尊，伏增悚息。

校记

［1］即，《醉经楼集》作"则"，当系误。

［2］宏，《醉经楼集》作"弘"。

又

　　伏枕多时，向缺候教。闻有大疏留中，莫可稍回圣意否？每忆近事，自是诸老求治太急。又其责望主上过殷，而自责意少。独不思三代以还，有主上圣明如今日者乎？前此半年间，君相之际，自六部九卿，以及边疆大臣，腹裹尊官，尽举其职。此何等气象，而可多得可易言乎？书曰："天休滋至，惟时二人弗戡。"以政府王公，未知此日此时之难也。且以王公素无左右之容，而主上能委以国，其知结虽未必如太仓公，亦自是古今仅睹。今以太仓公所不能得之主上者，而遽望于一旦。近乎易之所谓后恒贞矣。近得读其三疏，往往有全晚节之说。王公何人也，肯以全节为高。此何时也，而暇以臣节为言哉！甚欲献一书王公，以病未能，且嫌于轻渎，不审阁下可转达此意与否？事虽已往，而圣意天启，方在踌躇，或者有万分一之助也。近闻敝省与楚中按君，同时疏乞养病，此二君皆台中当时称贤也，幸勿轻听其请况。近日人材，又当重加爱惜。伏惟主张力疾，占授不庄悚息。

答陈兰台

往事舆论，各自明白。亦知大疏必不可已，然一之足矣。文中子曰："辨不得已也，其犹兵乎？"况此三君者，皆今之所谓贤人也。惟处丈一事，共言其过。丈之直气琅琅，不待读大疏而后知。夫既知之矣，而又急急乎白，以重彼之过，则我亦岂尽无过乎？观部中覆疏，与夫奉旨严切，不可谓不知我。然当此之时，正不必令天下人尽谓得在我，失在人也。此诗赞文王所谓不显惟德，史称西伯阴行善，正吾辈求天知时也。为今日计，当即遵旨赴任，料当事者必有以优丈。即不然，而丈之品已定，益以增其高，再疏万万可已[1]。此非元之言，而凡相知者之言也。伏惟裁择。贱恙新起，未能多及。

校记

[1]《醉经楼集》此句之前多"而诏今后乎"一句。

与徐客部懋和

李先生所遭不幸，谬附同志，不能为解，真可自愧。虽然，自公卿而下至于韦布，为李先生上书者，累牍未已。古今患难中君子，有际遇若此，其盛者乎？李先生得此，即死有余荣矣。况主上仁明，千古一见，原不以死待李先生。而李先生未免尚有怨尤之意，此其于知止有定，修身以俟，意得力与否？师生道义，不得辞其责也？有一启附上，幸为致之。足下志远而兴高，识端而守介，默默守此，充其未至，何患不及前贤。而犹皇皇于会讲一节，何异走日中而避暑也。子曰："为仁由己。"孟子曰："仁者如射。"李先生常忧学不传，元但忧无可传者耳。能为珠，不患不泽媚；能为玉，不患不山辉。必如是而后知止，定静安虑，皆从此出。足下以为何如？

答汪吉州

荣履月余，颂声未作，在他人则可虑，在足下正是规模宏远处。此中取誉颇不难，何必足下所望。足下以纯王实意，深入士民，不弃时尚，不落时尚，自作主张，则世道有大幸，不特在一郡与一时耳。往元初至吉州时，曾见庐陵乡先生张公讳子宏者[1]，论吉州人物，谓闻之故老儿童公论[2]，似求于贫中，若三罗是已。三罗者，皆及第也，而能贫，此言庶几近之。后因登匡山，有诗云："王匡既仙去，遗迹山之阿。岂无一代雄，千秋名如何？贫人贫不死，富者空金多。吉州今代盛，人物在三罗。"鄙意谓礼失而求诸野，张先生之言或有据也。乃彼时诸公见此诗多不满，姑以俟百世可也。足下谓必于讲学中寻人，殆未可草草。吾道自有正气，世间自有真人。足下平心而徐察之自见，不当以区区一篇之言为左券也。足下喜释，释不妨儒，各自成家，正不必混而两相借耳。白沙有言："儒与释不同，其无累一也。"足下盖有志于是矣，而必寻人于讲学，不但无益于儒，恐并其释意而失之。况此邦九邑，讲学大半，就其讲者士风，如足下所云亦概睹，复可使之转令盛乎？必以讲学寻人，与必以不讲学寻人，均之有意。虽然，世必有不讲而学，不言而信者。虽未之见，不敢诬天下尽无人也，非高人不敢及此。惟裁察。

校记

[1] 子宏，《醉经楼集》作"子弘"。
[2] 故老，《醉经楼集》作"故老叟"。

答刘方伯

途来每见张黄门玉车，论当今人物，未尝不盛推门下。及晤李中丞先生，其言犹玉车也。颜仪在对，深惬私衷，独不得从容扣所欲请耳。行时忆承李卓吾道人寄声相候之谕[1]，既渡江，因与玉车晤卓吾于大别山上，坐语移时，即其榻所见，几上有卷一轴，乃卓吾与顾尚书公约游焦山往来书札也。卓吾札云："何必焦山，必焦山，则焦山重。我既不欲死于妇人、女子之手，又不欲死于假道学之手，则何往而不可死也。"读其词而壮之。玉车喜，先题数言卷上，以次见属。惟元之念卓吾，亦犹卓吾相念也。遂发如兰之说，以应玉车，若曰："吾辈与卓吾趣舍不同，自当有同者在耳。"乃卓吾怫然，以其言无当也。玉车解不胜，元乃言曰："世人出处，名与利而已。出者间或近名，而不胜其利；处者间或为利，而不胜其名。若名不在山林，利不在廊庙，谓之如兰，岂不可也。"卓吾颜始稍霁。今其题卷具在，门下一索可观之。倘所题过当，幸直以一言，敢不勇于受责，以嘉长者之赐。

校记

[1] 行时，《醉经楼集》作"往时"。

家训四条

道理所贵者，贤圣可学而能也。世俗所贵者，科名可动而取也。上无志贤圣，下无志科名。徒骋心目之娱，以危父母，曾守钱虏之不如。

衣帛食肉以优老也，锦衣肉食以旌贵也。若分为子弟，自当布衣蔬食。即生长富贵之家，其御有时，其施有礼。不惟明志，亦以惜福。

吾之身至贵也，以供物之至贱。吾之生有涯也，以从物之无涯。小欲而大惑，已有能求吾所大欲者。浑万物为一体，超万物而长存，此之谓大智。

凡事先求己过，圣功也。不求己过而求人过，大恶也。日月薄蚀，何损大虚，可畏者恶耳。凡过无心，而恶有心。人鬼之分，上帝临汝。

为令四说

信当路易，信同官难。信巨室易，信小民难。民乎民乎，果能视如伤，保如子。然而巨室不慕者，未之有也。是谓信友获上之道。

　　仕宦者，当以权要为冰山，以士民为泰山。然不可媚下，不可亢上，各有以处之。君子正己以先人，亲贤而容众。行有不得，惟在反己。

　　自上官，而乡贵，而过客，而细民，一一责望于我，岂能使之无怨，我无怨焉可也。我洁己爱人，尽分而已矣，其实分未易尽。

　　钱粮词讼，最是难清；火耗罚赎，最是易染。难清者勿厌细心，自就条理；易染者必令分明，人人共见。

卷二十六　周大理明农堂集（一）

潮阳周光镐国雍著

邑志列传

　　周光镐，字国雍，号耿西，潮阳人[1]。隆庆辛未进士，授宁波推官，有声，从铨部郎守顺庆。万历丙戌，西南不靖，邛筰陆梁，中丞徐固知其能，疏请监军。光镐轻骑飞渡，传呼所至，贼众惊匿。抵越巂，部署诸军，三路并进，所向无前，直捣贼巢，擒获贼酋安守。大小三十余战，斩首四千有奇。壬辰，宁夏哱拜告变，全陕震动。朝廷以临巩为彝夏咽喉，擢臬司，移驻贺兰。值岁饥，帅属赈济，活者万计。诸首亦贴然[2]，无敢乘衅构祸。洎宁夏平，城郭残破，奸人反侧。非声望大僚，不足以资弹压，晋镐金都，驻节宁夏。先抚绥，修城堡，简卒乘，备刍粮，规模一新。寻晋阶大理寺卿，以老乞休，著《明农山堂集》，年八十一卒[3]。

校记
　　[1] 周光镐，字国雍，号耿西，潮阳人，乾隆《潮州府志》作"周光镐，潮阳人，字国雍，号耿西"。
　　[2] 首，《明农山堂集》作"酋"。
　　[3] 乾隆《潮州府志》《明农山堂集》后面均有"以子笃棐贵，赠通议大夫"一句。

题《明农山堂草》

　　明万历间，巡抚宁夏廷尉周公光镐《明农山堂汇草》三十四卷。廷尉白沙弟子，而发之于经济。其贺兰诸疏，指陈边政，可补史事。《集》中实际当以此。顾《集》自有体，未知兹《集》编辑何年，刻者何人，《黄河赋》何以入诗内。而寿叙贺启，亦太多否？凡刻一书，期传其人之精粹而已。奏疏式亦不应尔，且传志皆阙焉。若欲重刻，其非真读书之通人弗能办。爰语学官，还诸其家，而俟其后人能知此意者。

　　大清乾隆三十六年五月，督学使者翰林侍读学士，北平翁方纲拜题。

周大理明农堂集题辞

世尝言处士纯盗虚声，时无小范胸中兵甲，谁为雪此言哉！

公少承家学，师事永丰吕巾石，为白沙、甘泉私淑弟子，恂恂儒者也。一旦手握兵符，南征越巂，出奇制胜，竟能使孟获就擒，侨如授首。当夫扣弦邛海，横槊相山，其《渡泸》《出峡》诸草，渊渊作金石声，庶几儒将风流哉！迨开府宁夏，当哱乱初平，疮痍未复，边尘四起，套虏纵横，其难百倍于越巂矣。公意在养元气，而不在建奇功，任事三年，内治严明，慎固封守，不得已而后以兵应之，而不以小胜为能，深得《大雅》"薄伐猃狁，至于太原"之意，其见之章奏者，忧深虑远，未雨绸缪，哓哓然如闻飘摇风雨之音焉。告归后为德于乡者垂二十年。著作甚富，汪伯玉拟其文于信阳北地之间。呜呼！公岂独以文著也哉！

后学顺德冯奉初题。

谢恩疏[1]

臣岭海孱儒，疏遢末品。学素暗于军旅，材尤短于折冲。自任蜀徼，叨护兵戎，间关泸瘴者七年。既徙洮河，正值荐荒，劳瘁恫瘝者九月。内之未能歼狡虏于塞漠[2]。方切旷素之惧，敢希逾蹟之荣。荷蒙主上采及虚微，拔臣于庸众之中，臣敢不勉自策励，以求无负疆场之寄。惟朔方古称重镇，于此时大憝初平，关隘倾圮者未修，黎庶疮痍者未起。丑虏恣睢，议未定于款战；兵食虚耗，计方绌于充强[3]。事势若此，岂臣能胜。但臣所尽者，惟有此心。上以此心矢之君父，下以此心矢之文武将吏。先集众思，以求敉宁之策；次宽法网，以安反侧之心。誓不敢轻启衅以邀功，不敢匿事机以诒责。不敢混监司将领之名实以行胸臆，不敢纵偏裨部曲之虚腠以隳军实。置此身于是非利害之间，坚一念于凋残震撼之地。此时惟务加意辑绥，专精简练。使边陲之元气日充，国家之神威丕振。庶几少竭狗马之微衷，仰答洪恩于万一矣。此臣之先质成信者如此。至于严操驭以一机权，秉刚断以定剿绥，勿疑贰以策功效，则有庙算在焉。臣无任激切感戴屏营之至。

校记

[1] 本篇《明农山堂集》题作"奏为恭谢天恩事"，实为该奏疏之首句；又，校之原文集，本篇系只节录中间主要部分。

[2] 此句《明农山堂集》作"内之未能登疲瘵于衽席，外之未能歼狡虏于塞漠"，当以原文集为是。

[3] 充强，《明农山堂集》作"充疆"。

为冲边乱后恳俯赐定议以安危疆疏（节录）[1]

为冲边乱后敝极，急难支持，摘陈议处虏情，会计军饷马甲戎器，恳圣明俯赐定议[2]，以安危镇事。

臣议照宁夏遭变之后，凋敝已极，人尽知之。但今年余矣，孰不谓内帑有发赈之恩，地方官有整顿之策。钱粮出自剿逆者有余，军马日在召募者已多。此时元气必复，神气必充。狄虏有不顺者，可伸挞伐之威；余孽有未归者，可加问罪之举。不则在事溺厥职矣。以臣观之，殆犹未焉。

臣虽受事未几，亦颇咨询策画，见自残破以来，关隘虽议修矣，此时尚未兴作；军丁虽召募矣，此时方在训练；器甲虽议造矣，此时尚未完足。马匹则缺乏尤甚，帑藏则罄匮已亟。彼一时也，大憝甫平，反侧未定。营伍之士马虚羸，剿逆之钱粮余羡。故务人心欢虞，不必百度维贞。即添兵增饷，加料加赏，与凡置造移挪[3]，未暇考往稽来，接手可用。即岁入岁出，盈缩充绌之数，亦未问也。今既竭矣，新旧军丁，数多于未乱之前，而今宁遽汰之？粮饷料草，培增于旧时之例，而今宁遽减之？汰则虑及营伍之虚，减则夺其已甘之食。纵不为惩噎之愚，奈之何复为一切之计。此一时也，则尤难乎其难矣。故及今不图，与夫不慎图之，是犹餤乱未已也。

臣待罪行间，宜专边塞之思虑。故拯疮痍，安反侧，修边关，训士马，剔弊蠹，加搏节。凡前有绪，与今当行，但臣所得为者，臣不敢遗余力，亦不敢袭虚文。惟虏情、兵饷、马甲、戎器，所关边计之大，与所需钱粮，有难措处者，伏乞皇上敕下该部，覆加酌议上请，俯赐施行，边疆生灵幸甚！

一、校索虏情，以定鞬绥。本镇三面与虏为邻，近者数十里之内，远者不逾数百里之间。臣看得已款未款皆虏也，鸟翼兽猯，朝好暮仇，其情何常之有。然在我威之怀之，亦不可执一论也。惟在审机定变，用权制敌。如力足以制其死命，则一于不款可也。如时有未可，则款者且怀柔之[4]，未款严堤御之[5]。夷性贵货贱土，自古言之，彼未尝不利我之货物，而希我市赏也。我则分别其最向顺者，首与开之，使未款见而歆动[6]，可就我之牢笼。若不分顺逆，而一于不款，则桀骜者势必欲逞，向顺者亦且生心，是合彼之势，而益我之敌，非计之之得也。况宁夏凋敝之区，士马戎器，于时未备。即本边之虏，部落仅止数万；而延绥套虏，动必勾连。兵家所云，知彼知己者，其言殊可念焉。

故度今日，当于最向顺，如宾兔妻与之市赏。又如著力兔者，若肯献出叛丁逆贼马世杰等，则亦徐议而与。若果与不献，[7]则定当声罪剿除，不可示之以弱。或云："去岁哱氏作乱，各虏尽听勾入，蹂躏内镜。此国仇也，奈何言款？"臣亦思除凶洗耻，孰无怀敌忾之忠者？然其间顺逆不同，亦当分别审处。在彼既知悔罪求款，在我便可因时驾驭。且不过以此施携二之计，便我加绸缪之功耳。况夷情难保终始，使果受我约束，则一于抚赏，以嘉向化，未为不可。倘有凭陵中变，与有要挟索求者，则必毅然节制之，使之有所畏惧。如复肆然无忌，敢于侵轶，则虽已款者，亦当明白具请，加之以兵，以伸杀伐之威。庶几操纵之机莫测，而予夺之权在我，则边境之事可庶几矣。

校记

[1] 本篇标题与《明农山堂集》不同，原文集基本上均无标题，是以正文第一段作为标题。本篇标题"俯赐"原作"赐俯"，兹从目录作"俯赐"。

[2] 恳圣明，《明农山堂集》作"恳乞圣明"。

[3] 移挪，《明农山堂集》作"移那"，当系误，应以"移挪"为是。

[4] 则款者，《明农山堂集》作"则于款者"。

[5] [6] 未款，《明农山堂集》均作"未款者"。

[7] "故度今日，当于最向顺，如宾兔妻与之市赏。又如著力兔者，若肯献出叛丁逆贼马世杰等，

则亦徐议而与。若果与不献"这一段，《明农山堂集》作"故度今日，当于最向顺，如黄台吉妻切尽姚吉一枝，与宾兔妻一枝，照旧与之市赏。又如著力兔者，若肯献麻氏叛丁，宰僧亦献逆贼马世杰等，则亦徐议而与之。若果于不献"。

后三条附录

一、移副将以守玉泉。臣等覆看得宁镇孤悬河外，玉泉一营，离镇城九十余里，乃虏犯必由之地。阅臣建议，欲将副总兵移镇于此，无非弹压之意。但镇城居中，西北二路均属应援，平虏城又远在东北一隅，势益冲危。副将驻扎适中，凡遇各路有警，即提兵奔援，初设不为无见。今若以游击互相更调，非惟召兵买马，饷费不赀；抑且驿骚掣肘，事势不便。况其所统之丁，久驻镇城，一旦将移兵徙，人情汹汹靡宁。又每岁秋防，多调东援。而四时有警，亦常间出式遇，即居中而有首尾之势。不移而有常移之力，何必改驻更张，徒滋烦费为也。

一、创土边以防山口。查得广武大佛寺南墩起，至石空寺镇戎墩止，原有旧边一道，中多铲山为边。年久坍损，不堪拒守。今蒙阅院议从旧边以里取直，改筑土边一道，长八千余丈，做工军夫一万二千五百名，大约一百三十一日可完。共计工食银三万余两，为一劳永逸之计，委应亟时修理。但今正当防秋，各路军丁，见派防御，日无暇时。且本镇经变之后，仓库空虚，按月给饷，苦无所支。合无呈乞于内帑，请发前来。趁今秋收之际，委官豫行籴买米粮。俟来春天气融和，警报稍缓，上紧修筑。仍务要依限通完，庶可拒守。

一、浚旧渠以增重险。查得旧渠自胜金关起，由石空、枣园、广武、大坝等堡延长二百余里，土名相兼，不可凿破。若用火煨（煅）醋沃[1]，所费钱粮人工，不知其几万万矣。委难开浚该二道，会看得前项旧址，系元昊废迹，名曰李王渠，在大坝唐渠口之西北黄河，约高丈余。渠岸上面虽浮赤土，底俱连山大石，元昊据夏，虽用工开浚，迄无成绩。至元郭守敬，以河渠使疏导唐来、汉延等渠，灌溉田禾，民到于今受其赐。不必更开一渠，而沾足也。若藉以遏虏骑，恐智者必不为之矣。

校记

[1] 煨，当是"煅"字形近之误。

为官兵防秋以伐虏谋疏（节录）[1]

为官兵防秋，出边斩获贼级，以伐虏谋事。

议照套虏宰僧等酋，渝盟修怨，蓄谋已深。东突西犯，日无虚刻，凶狡凭陵，神人共愤。兹者仰仗天威，官军奋勇出塞，深入三百余里，前后斩获，虽止一十五级，而伐彼之谋，振我之威。使彼知我有备，不敢乘虚奔轶。相应遵照近例，具题核勘，升赏有功将领等官，通俟年终类叙。

再照时当秋深，虏入东犯，本镇总兵游击二营兵马，俱防在河东。而河西玉泉、大坝、平房、中卫一带，千有余里，势甚冲危，惟副总兵马孔英一枝协守，今又远调鄜延等处截杀。而山后诸房，见在住牧逼近，垂涎七十余屯堡稻粮栖亩。既乏御敌之兵，宁无蹂躏之虞。故因著力兔[1]，屡次乞款，姑示羁縻，因而备知各酋动静，少便军民刈获，以终岁计。可并全力于东，以遂应援。盖权宜制御之机，非得已也。

校记

[1] 本篇《明农山堂集》题作"题为官兵防秋出边斩获贼级以伐虏谋事"。

[2] 著力兔，《明农山堂集》作"著力兔一枝"。

陈边务疏（节录）[1]

题为摘陈边务民瘼，恳乞圣明采择，以振积衰，以苏凋瘵，以固边圉事。

臣自受事以来，日兢兢惕厉。自惟智度短浅，无能摅布一二。亦以宁夏新定之区，事势难以骤举。故臣习闻医家标本之说矣，边圉之政，亦犹是也。

顷者以虏情顺逆，粮饷空匮，兵马铠仗敝缺，具列以请。荷圣上轸念残边，敕下部议，业已见之施行矣。顾攘御之策是图，而内地之谋未逮。此正急则治标之说也，故臣复广询而绎思之。于斯时也，法度所当厘正，兵旅所当振饬，储饷所当节省，残暴所当蠲恤。与夫一二规画措置，间有臣可得径行，不必琐琐敷陈者。但人心惕于危乱，事势便于因循，上下习于欺蔽，其来久矣。臣虽日与将吏谆谆相约束，而犹然泄泄相视者，无亦未奉上命，不足以一众人之耳目心志[2]，使之有所警惕持循，而不敢终于违越也。故臣敢罄一得之愚，谨列条款，恭为皇上陈之。如蒙俯念凋瘵，曲采刍荛，敕下该部，俾臣奉以从事。边圉幸甚，臣愚幸甚。

一、修边政。臣尝观内地之政严以密，边徼之政疏以阔。而其所以疏且阔者，为其地既要荒，人多武悍，难以必治治之。然亦少宽文网，加意抚摩，非谓尽宜贬损其法纪，而听之欺诡悖逆为也。若宁夏者，何等地亦何等时哉！论者但知哱刘之乱，起于朘削；而不知不掉之患，生于陵替。故平居无事，群武弁惟见侵牟之得利而已，惟见夸毗以得幸而已。而不知有法纪可畏也，不知约束部伍为何事也。为士卒者，惟见偷惰以成习，鼓噪以成风而已。不知何者为纪律[3]，不知亲上死长为何义也。故畏心胜者，日纵而日怯；玩心胜者，日狎而日骄。无威之恩，但呴呴于平时；难继之惠，遂嚣嚣于一逞。则其弊岂尽在下哉！今当人心乱后思治[4]，正宜昭然以法示之。然非一于严以行法也，于众庶则抚字之，于士卒则拊循之。粮饷当给者，给之无后时；征输可缓者，缓之无束湿。毋驱之以不急之役，无绳之以毛挚之令。于吏之恣睢者，法必加之；卒之骄悍者，法必加之。干纪偾事者必问，作奸犯科者必问。使彼昭然知所趋避向往，则庶几心志服习，罔有变渝。而反邪归正之机在此也。

一、重边选。宁夏一镇所属卫所，皆纨袴世胄之夫。延袤千五百里之地，仅设一理刑四监收之府佐。凡钱粮之出入责之，盈缩之会计责之，屯盐之征输责之，边徼之刑名责之。军兴或寄之赞画，查盘或委之核勘。使皆强干有力者，尚在逡巡办治。乃大有不然者，盖边荒之地，人所不乐就；米盐细碎，又非儒生所素晓。故每选此官者，多出贡途，或以迁调。非拥肿之与居，则巽懦之与处。又多有悬缺不补，补而不到者。间系新选者，则事未练习，系迁调者，则志已凾隤。拮据不胜其难，丛脞不胜其积。臣半载于斯，凡有查阅稽核修造等务，每恨其不能如期，叹其无所帮手者此也。乞敕部议[5]，以后遇边镇监收理刑有缺，即以附近举人，县令或腹裹府佐，曾经荐剡，素有才名者，升调以补，不必取之远方。庶几勛勦有人，其为冲边之赖匪浅矣。

一、慎边储。臣惟积贮者，天下之大命。况边疆之储峙，尤为吃紧之需。奈之何不调剂而加慎之乎？宁夏遭叛，所费帑藏不赀，公私积蓄且罄。克平之后[6]，所宜撙节爱养者，又当何如也？臣自受事以来，无日不讨军实而剂量之。乃知胠箧之盗，与侵牟之费[7]，大约相当。其中乘机乾没，与夫挪借影射者，又无能爬梳而剔发之矣。大概钱粮之项数多端，出入之头绪纷沓。其所以坐致岁虚日耗者，其故有三：一则责成不专而关支之无法也；一则正额不征而挪移之任意也；一则岁派逋负而隔属之难追也。夫所出既不为之撙节，且蠹贼生焉；所入既不充其所困，且逋负积焉。沧海漏卮之喻，良可痛也。合无自今以后，专责成布政司严督各属，依限征解，分别参题。庶几责成严切，民粮可望多完，而边饷庶几乎日充矣。

一、恤边氓。看得宁夏地薄河堧，势极广衍。向故以沃土称矣，其赋役视他镇独重且繁。乃岁久河流变迁，田半冲压。加之兵荒频仍，人多死徙。臣自抵镇以来，日见军民老稚，咸以粮差追逼，闾里逃亡。节据五卫旗甲石朝臣等连名哀告，臣心恻之，而未敢有以许也。三月间，臣偕总兵官巡阅边关，遵河以南，由贺兰山以北，直抵中卫。每遇村屯，多集父老指点顾视。但见黄沙接天，白卤满地，旧时畎亩，今半污莱。即布种有几，亦卤莽灭裂，无如中土深耕易耨云者。山椒河畔，又不见有牛羊牲畜。咸曰：前年被虏抢掠，牝牸无存也。叹此边之氓，一何至于此极也！即使今岁无恙，人亦无恙，尚不能了一年之事，欲其完前年之逋得乎？故思蠲之不完，不蠲亦不完，反以旧税而累新租，转使人心忧戚。乃勘功按臣建议尽蠲，深为有见。臣守在边疆，惟恐糗峙不给，宁敢市恩？顾臣职在拊循，尤思皮毛安傅，曷忍坐视？以故不得不哀鸣于君父之前也。

一、练边兵。秦四镇之兵，延宁称劲，今则宁不逮于延矣。延人敢于死敌，宁人敢于生变。今变后强者死[8]，而壮者衰，所有营伍多系新集，不逮于前远甚。及今不明以纪律，操以技艺。使内有以一其心志，外有以习其耳目手足。则愈因循愈骄惰，欲其称技击之士不可[9]，况望云节制之兵乎？故器不精利，及今制之；马不任乘，及今鬻之。若兵不服习，则在将官加意简练而已。但其姑息日久，拘挛难破，不可不立法，以整齐之也[10]。营伍中年未二十与五十以往者汰，不习骑射者汰，骄悍者汰。每月各营将领逐队校阅，春秋二季臣与总兵官逐营校阅。因而稽验马匹，量行赏罚，以鼓舞振励之。御虏莫利于火器，此中家丁，羞于执铳，而乐其弓矢之便易也。不知家丁既另为队，则百十队之中，岂尽穿杨落雕之手，可无火器枪铳相兼乎？[11]臣近题请制造三眼枪铳、灭虏炮、佛朗机等火器。今完且半矣，未完者日夜并工造作。臣与总兵官约，每队选十五人为三眼铳手，四人为大炮手。火炮故虏人所忌，然今习闻而巧避，每见放了，却才装药，虏便突来冲蹦，须十五人为三叠更递入药[12]，可以接放。又多用纸爆，先后混之，此引申前人之法，亦多方误敌之意也。至于车战，有双轮者，有只轮者。宁镇地多平衍，势可长驱，于车战最利。且考汉卫青用武刚车击破匈奴，正此地也。旧皆双轮重滞，今变通其制，务在轻便精坚，先制只轮战车六百辆，辆用二铁枪、五火炮，一牌四步兵。居则环为老营，行则用以布阵。选二千四百步兵习之，一应兵火器具，的见其必可用，而不可少者方备之。既备而后练之，欲其不致妄费[13]，又不徒为虚具已也。

一、罢边戍。查得先该核功巡按御史刘，因见朔方乱后，患无土著。建议凡西南中原省分，有永远充发，俱定宁夏卫所，以填实为期。查自奉行之后，陆续解到新军，河东河西总计三百有余，每名月食粮八斗，岁该支粮三千余石。继今解到者，迄无虚日。则坐增粮食，又未可以数计也。查得镇内外军兵[14]，杀戮虽多。然开城之后，军户食粮之数如故，家丁亦随时招补，俱已丛集，至今已逾往额。而屯种军余，因借给牛种，逃亡者亦渐次复业。则今所患者贫，不患其人之寡也。矧此等充发之军，非垂老待毙之人，则亡命凶猾之夫。不闲武艺，不习水土，徒充数耳。夫老者既不任征战，而壮者尤作奸犯科。其机械至熟，亦非朔方多变之地所宜有也。粮饷虚糜，竟鲜实用。所伍卖放，又增弊端。顷行该道查议，皆以为停之便。盖彼一时也，按臣条列，适疮痍未起之秋，不得不急于填实。此一时也，行伍充溢，又粮饷告乏之秋，不得不急于节省。事若相背，而意实相成也[15]。乞敕部[16]，将前议发填实宁夏新军，文到俱行停止。庶几军有定额，而钱粮得以少节矣。

一、消边孽。臣惟内夏外夷，昔人防之深矣。非我族类，其心必异。其豺性豕心，贪黠无常，绝与华人不同。盖非信之所能结，非恩之所能怀。先臣邱文庄浚，尝引晋时诸胡为喻，良有深远之思也。他无论矣，宁夏哱氏之变，麻氏之祸，不昭然在目乎？方哱氏以一胡孽为副总兵，握强兵在镇，世袭指挥，其受朝廷之恩，亦既渥矣。乃一旦称乱僭窃，震惊中外。岂其猝然举事，盖由包藏祸心，其所蓄积者素矣。麻氏所蓄虏丁，衣锦绮而饫粱肉，出入中菁，恩爱莫有加焉。乃稍失其意，便一刀刲之。亦岂一时突然感愤，良由平日睥睨，其将领之命[17]，久在其掌股中，又何有感恩盼恋之思哉！故古人不以番将为正将，至处诸部落，亦番汉别为一法，尚终不免有云扰之祸。我祖宗朝，有归正建功者，即厚之以爵赏，未尝使之握重兵，虑及此也。哱氏之御，盖已失其策矣。乃今之降虏部落，查宁夏一镇，收为家丁，月食二石粮者，三百有余，各将官养为亲丁者半之。且叩关而投者，时时不绝。夫一镇城，劲兵几何？而能容此数百真虏。且彼来降我，安得保其个个真心？我之待彼，亦安能一一如意？又安知百十之中，无一二细作，窥我虚实，泄我事机？又安知临阵之际，能无嘶北风怀故土，或有挟愤候隙，乘便倒戈者乎？此郭钦之所深忧，江统之欲必徙也。臣愚谓用虏为将，自偏裨以上，不宜任之；一旅之众，不宜与之。即有显功，升之俸级可也。用之为兵，则当散之各队。队不过五人，别其居处，时不得群聚。其队伍长又时察其起处，稽其出入，无使生心。已前所收者，难以徙去。自今来投者，不宜概收。庶几于纳降之中，寓区处之法；于部伍之间，施制御之术。是亦渐消隐祸之一端也。

校记

[1] 本篇标题与《明农山堂集》不同，原文集基本上是以正文第一段作为标题。

[2] 不足，《明农山堂集》作"未足"。

[3] 不知，《明农山堂集》作"而不知"。

[4] 当今，《明农山堂集》作"乘今之时"。

[5] 乞敕部议，《明农山堂集》作"乞敕吏部议拟"。

[6] 克平，《明农山堂集》作"一克平"。

[7] 之费，《明农山堂集》作"之费者"。

[8] 今变后，《明农山堂集》作"即今变后"。

[9] 不可，《明农山堂集》作"不可能也"。

[10] 以整齐之也，《明农山堂集》作"以渐渐整齐约束也"。

[11] 《明农山堂集》此处后多"舛莫甚焉"一句。

[12] 须，《明农山堂集》作"故必"；更，《明农山堂集》作"便"，当系误。

[13] 不致，《明农山堂集》作"不至"。

[14] 镇内外，《明农山堂集》作"镇之内外"。

[15] 相成也，《明农山堂集》作"相成者也"。

[16] 乞敕部，《明农山堂集》作"如蒙乞敕兵部，通行原行各省总督衙门"。

[17] 其，《明农山堂集》作"一"。

为虏众入犯内地事疏[1]

为虏众入犯内地事。

据河东报称[2]，榆林套虏卜失兔，为讲事不遂，纠合阖套头目，聚众报仇，要从上年旧路入抢。该臣会行总兵官萧如薰[3]，统兵于八月初八日亲渡河东，督同参将邓凤[4]，于河东安定、沙湃一带，分布设伏严防。仍申饬两河严明烽火[5]，收敛人畜，加谨堤备。

照虏酋聚众数万，从榆林定边边口深入，直至下马关固原地方。在宁镇河东一带，虽节次预行收敛堤备，然贼众经由，虽云并未四散抢掠，能无惊扰[6]？况贼势众大，业已震邻[7]。而山后虏酋，又多阳顺阴逆。河西之兵，既调东援，则掣襟露肘，势尤可虞。度此饱归之虏，不由旧路，必经沙湃、安定。此时定当预行分布截过。

臣即会同督臣叶督令各官，奖率三军，设奇或张疑设伏[8]，以分其力；或缠绕冲击，以断其势。在榆林则当捣巢以牵其反顾，在河东则当邀诱以击其惰归。务使大遭锉衄，以伸国威。为此具本题知。

校记

[1] 本篇标题与《明农山堂集》不同，原文集基本上是以正文第一句作为标题。

[2] 河东报称，《明农山堂集》作"河东道将报称"。

[3] 会行总兵官，《明农山堂集》作"会行镇守宁夏总兵官"。

[4] 参将，《明农山堂集》作"东路参将"。

[5] 两河严明烽火，《明农山堂集》作"两河大小将领严明烽火"。

[6] 惊扰，《明农山堂集》作"惊扰受害"。

[7] 业已震邻，《明农山堂集》作"业已飞瓦震邻"。

[8] 设奇，《明农山堂集》作"设谋出奇"。

为虏酋畏威效顺绑献叛丁首恶事[1]

为虏酋畏威效顺，绑献叛丁首恶，乞请正法，以彰国宪事。

臣自抵任之初，即思本镇逆乱初平，百凡残缺。句虏叛丁，如首恶马世杰等，久潜虏营，最能窥我虚实。又，其家住镇城，时常漏我机事。款则唆虏横索，犯则为之乡导，深切隐忧，宜当亟图。

节准军门咨催前事，臣会同镇道等官萧如薰等，极力牢笼，多方用计。因游击邓凤先年互市，向为本酋听信，令之差人往来诘责，本酋方有悔心，许自绑献。随差熊彦吉、麻敖塓、石宽等，领赍谕帖前去，谕以杀伐，歆以市赏。又阴行间谍，务令生疑。今果绑献前来，亦见畏威向顺。

仰仗皇上威灵烨赫，遂使狡虏慑心献仇。况首恶既已就擒，祸本自此消绝。即有不尽余党，亦终难逃剿灭。从此款战随时，操纵在我。臣等殚心竭力，必不至贻陛下西顾之忧也。

伏乞敕部加议[2]，将马世杰等五名，速为处决。传示三边，以彰宪典。

校记

[1] 本篇标题与《明农山堂集》不同，原文集基本上是以正文第一段作为标题。

[2] 伏乞敕部加议，《明农山堂集》作"伏乞敕下兵部，再加议拟，合无"。

卷二十七　周大理明农堂集（二）

潮阳周光镐国雍著

谢恩疏[1]

为恭谢天恩事。

万历二十四年正月，类报捷音事，题奉圣旨："周光镐升俸一级，仍与解一清各赏银二十两，钦此。"臣即日恭设香案，导迎公署，望阙叩谢天恩。只领讫[2]。

伏念臣待罪西夏二载，毫无善状。叨荷圣恩三赏矣，兹复加臣俸级。臣益惶惕震躬，愧汗浃踵。臣思逆乱凋残之后，贵在安辑；当胡虏罢款之初，功先慎守。故幸而境土安澜，实仗圣上焯赫之威。即有式遏微功，亦惟武弁在原之力。臣愧未能绝幕犁庭，方惧无所逃罪。复蒙锡金增秩，自省将何克堪。窃闻获一兔饲一鼠，臣既以叨赏为荣，而重以逾冒为愧。又思得一狼走千羊，臣虽以未灭腥臊为歉，而窃以保全生灵为幸。兹臣又蒙恩升任，覆餗之惧弥深。业已释负遄征，衽金之愿曷酬？惟从此益励狗马之微衷，誓不惜捐縻于末路。臣无任激切感戴屏营之至。

校记

[1]《明农山堂集》基本上以第一句为题；又，校之《明农山堂集》，本篇应为节录。

[2] 祇（只），《明农山堂集》作"祗"。

为狡虏顺逆靡常备陈制御机宜疏（节录）[1]

臣伏思虏情狡诈，繁言旁起。臣欲言则似于竞辩，欲默则暗于事机[2]。且当纷扰之际，各酋之助逆与否，尚未分别。臣仰服我皇上，先后俞允部议，所谓熟察虏情，观其向背；与夫所谓审时度势，多方区处者。炳哉庙谟，真洞烛遐荒，即有安攘硕画，畴能加此。故知近来议论繁兴，非故轻于责人也。大都未察宁夏之时势，不念宁夏之凋残。谬谓羁縻为媚虏，谓许款为真和。岂不思自古御夷，和非策也。然而，款非和也。前代之和，和以婚姻、和以岁币，辱斯甚矣。若彼来纳款称臣，我但羁縻抚赏，一则为国家保全生灵，一则为边疆搏节财赋，款亦恶可尽非哉？但如今日，则万万非所宜言矣。

于今所当亟图者，非守与战二者乎？然守不可一日少懈，战固不可一日不图。若审宁夏之时，度宁夏之势，则款亦未可显言遽罢者。往无论矣，近如卜酋修怨内讧，业已经年。一旦砍垣长驱，直抵西固。三镇将兵，尾尾逐之，竟使洋翔饱归。虽有杀戮，不遭大创。此其所守所战，在他镇者尚如此，宁夏复何言哉！

臣自受事以来，见其边关倾圮，士马疲羸，铠仗残缺，饥馑荐至。真如婆人之谋朝夕，步步艰难，件件费处。即腐心熟计，镇静安辑，尚虑不足以暂调停、周料理。若复好事喜功，一有妄著，其不致迷局溃乱者几希？故因宰酋之献逆、黄妇之叩关，就中牢笼羁縻，冀罢战息争，俾得因时蓄艾。固非有厚赏以结^[3]，亦非教之以掠邻也。若以朝廷之臣子，守朝廷之边疆，至视比邻为秦越，狃强寇为媚己。少有生人之气者，决不如是。即有之，果能逃三尺之诛乎？若不量彼己、不审强弱，一旦峻拒叩关之虏，遽张挞伐之声，则未能制人而先制于人。不惟舍我之士马器甲，掩覆自欺；抑恐凋残稍生之地，将来不知所终矣。臣即至庸愚，必不敢希逃怯弱之名，以求杜言者之口^[4]，以误陛下之边计也。

今臣别无所筹，惟在亟于简兵买马、招屯积饷。日夜并力，整造盔甲战车火炮。以备步骑兼用，战守互施，冀或有用于他日。稍及春融，亟于催筑未完边关，与缮修近议墩堡。使之界线严明、烽火接续、敛备有资。寇小至则相机以图之，寇大至则坚壁以待之。欲其我备常先，虏狂莫逞。倘彼遣使复来求款，不妨以通丁传之以谕帖，责之以大义，往来诱讲，暂示羁縻。在宾妻则仍旧与之，在他酋则谩言许之，不便峻绝。彼固以款而愚我，我亦以款而笼彼。如此日修日慎，待我元气充壮、神气振扬，然后乘时以奋，观变而动。或御或捣，期（保）万全^[5]，以伸朝廷挞伐之威，以泄边邻积岁之愤。此臣肤浅之见，与各道臣所筹之策，大意如是。即庙谟所谓多方区处者，当亦不出于此。

然而犬羊叵测，讹言易摇，局面倏变，机宜靡定。臣不敢逆亿于将来^[6]，万一责臣不以大义兴兵，问臣不番闭关绝虏，臣将何以任之。臣叹今时无李牧者^[7]，为朝廷守边圉。即使有之，人不以为怯敌，则以为媚寇矣。

如蒙皇上敕下兵部，如果臣言不大纰谬，再加拟议上请，行臣遵奉，并乞严谕将帅。臣振励士气，毋习虚骄治赋。臣经画储峙，毋狃故常。勿徒繁于议论，惟务臻于事实。庶几精神专一，战守有据，而冲边少有攸赖矣。

为此具本，专差亲赍，谨题请旨。

校记

[1] 为狨虏顺逆靡常备陈制御机宜疏，《明农山堂集》作"题为狨虏顺逆靡常，镇兵强弱不一，备陈制御机宜，以议罢款，以图战守事"。

[2] 默，《明农山堂集》作"嘿"。

[3] 固非有，《明农山堂集》作"非固有"。

[4] "口"原作"日"，当系形近之误，兹据《明农山堂集》改。

[5] "保"字原缺，兹据《明农山堂集》补。

[6] 亿，《明农山堂集》作"忆"，当以"亿"为是。

[7] 无李牧者，《明农山堂集》作"无如李牧者"。

谢恩疏^[1]

为恭谢天恩事。

臣叨抚朔方，几及两载。猥蒙主上擢臣理卿，因岁报边储文册差错，奉旨回籍听勘。已经陕西巡按御史勘明外，臣伏在畎亩，日与山林父老歌颂圣德^[2]，涵泳至治。适当海宇安澜之候，几乎含哺鼓腹之天矣。忽于本年九月内传到邸报，兵部覆：该臣于万历二十四年二月^[3]，题为狡虏窥伺犯边，官兵奋堵，获级夺获夷器事，奉旨：各赏银十五两。臣光镐且惊且跃。

伏思臣离任已经四秋，去镇且逾万里，声息不闻，意念已灰。即题报在臣之手，未尝敢以此为功也。按臣勘叙不及于臣，亦谓此不足为臣功也。乃兵部猥不遗臣，是将以录臣当日之微力，因为边臣在事之激劝，意切至矣。乃荷主上昭然懋赏，不以功微而必录，不以身去而见遗。此真圣明励世之大权，而为臣子者，虽去就不同，终衔恩感激，思奋于无已也。臣此台笠残生，何由捐糜报塞？惟是渔樵喘息，负君恩如天地覆载。但知祷祝穹苍，愿圣寿同天地悠久。臣光镐无任激切感戴屏营之至。

校记

[1]《明农山堂集》以首句为题作"奏为恭谢天恩事"。
[2]颂，《明农山堂集》作"诵"，当以"颂"为是。
[3]二月，《明农山堂集》作"二月内"。

征南军前议（节录）

一、分别夷酋情罪轻重，以便剿处^[1]。

照得越嶲邛部叛夷黑骨阿弓、书卜等，建昌叛夷五咀咱、王大咱、安守、安四儿等，罪状具在各牍者，历历可数矣。乃其轻重之等，先当为之分别，庶加兵之际，方可因而剿处。

如黑骨夷罪在往年，与抢劫为害，姑无论矣。于万历十三年内，杀千户丁应时。十四年六月，攻围前所军堡，烧毁杀掳人口数百，致大孤山一带为墟。今年自春徂秋，纠结王大咱，并集西番，阻绝相岭，将道差舍人髡发公文夺去，道路为之不行者五六月。即此数者，是尚知有王法乎？是尚可以言抚乎？

建夷五咀咱，纠同土舍安守，用贼党李得梅、阿巧马、阿乃菊郁等为腹心，倚西番、摩些为羽翼，其劫害村屯，且无论矣。如万历十年内，攻围卫城，烧杀东街，劫建盐中左、中前二所仓粮，毁打冲河索桥，阻塞饷道，是尚知有王法乎？是尚可以言抚乎？且王（五）咀咱家世杀主^[2]，身为叛逆，则其罪尤不可解者。

至如安四儿，虽挟瞿绍良，尚知有主之名也。虽曰谋杀五咀咱，是尚知为主报仇也。虽时纵大老虎出城，盗劫地方者，是困于衣食之不得已也。虽曾伤杀军民数名，亦在敌斗之时，官尚得按治而责之偿，故未尝有杀官攻城之事^[3]，亦曷曾有杀主叛逆之罪。但其在城聚党，日滋月盛，将来延蔓，祸在腹心，是在所当必处者。

是以三者较之，则黑骨夷、王大咱、五咀咱、安守为首，而安四儿等次之。法当大加剿杀，决不可抚。在安四儿，当候克平之后，明正其罪，另行计处。

如同知唐允恭议云："建贼当抚而不当剿。"则将并五咀咱而抚之。建昌之祸，将何可已？又欲驱五咀咱杀安四儿，以劫瞿绍良，则助逆攻顺，纵奴噬主，是不足服夷心者一也；舍斩关之盗而问穿窬，不足以快人心者二也；纵外贼以攻内夷，贻萧墙之祸，而委城廓仓库人民于不恤，不足以杜人后议三也。夫奉天威以讨远夷，当秉天理以顺人心。少有一毫私意，皆不当陈渎于军门之前。在此官或别有见，非本职所及知者。伏候裁夺。

一、审诸夷强弱缓急，以图济事。

近据同知唐允恭议云：建越之夷，当先立主，而后剿处。欲追岭凤起印，以立应升幼子；夺瞿绍良之职，以立安守。此其论近是，其计亦深。顾以本道所经由之路，与本道所咨访舆论，则尤大不然者。

岭凤起住近镇西所，（数）十里之地[4]，自大渡河以至越嶲一路，生熟二番、黑白二夷，计自凤起者数十村[5]，尽在道傍；其不从凤起，而附应升者，只维沙一枝番落，约七八百人。今所议剿者黑骨耳，如越嶲迤北，泸河以南，尚按然不动者，以不问凤起故也。故本道经过，护送迎接，虽青冈关、寮叶堡等村番猓，前亦抢劫有罪，今各怀危惧，尚可抚而调之，使之护送粮运，以无为旅人忧。若先追凤起之印，则数十村寨，蜂然而起，是绝南来之饷道，而不饱我师也。

安四儿，瞿绍良之胞人尔。绍良虽为屠主，四儿尚顾之未离。若安守，则五咀咱同谋济恶之人。且守之兄安镇，为暖歹谋杀。守疑绍良有谋，纠合五咀咱攻围建昌，烧劫东街、姜坡等处，事在万历十年。则绍良为安守之仇，五咀咱为安守之党。一立安守，则乘不肖人以势，而傅五咀咱虎翼，瞿绍良将甘之乎？安四儿能帖然不动？凉山、麻歹西等处四十八火头，拖郎、虚郎等处番兵，属绍良管辖者，能保其相率以归新主，不四散蜂起而为乱乎？在外者且无论也，绍良家丁在城者，计男妇有六百余人。一旦驱之归于仇家，能令之不愤起而肆螫乎？所谓与其馁死城中，孰若归之以获生饱，未必然者。且为五咀咱、安守计则是，所为一卫生灵计大疏。倘一行之，坐视建昌之齑粉，而不恤我众也。又何暇正五咀咱之罪，以张我军哉！

本道初览是议，咋舌骇之，熟思而疑之，复从而质之。各官所陈利害者，与本道意同，本道不敢不披沥以对[6]。伏候裁夺。

一、集议剿抚后先，立主缓急，以俟后图。

切惟建越诸夷，肆毒境土。非尽诸夷不可制也，良由汉宫威令颇褒，室内虚空无主，故魖魖丛之。兹者幸天厌祸，恭遇军门，赫然震怒，请朝廷一旅之师，授庶职三申之令。是天发杀机，地转昌运，盖诸酋授首之日矣。若于此时不大加惩创，而又为苟且抚字之图，则为万历七年故事耳。故所抚者，必歼厥渠魁之后，使余党亡命乞生，然后方从而抚之，是剿抚先后之用也。

番夷之种类实繁，所指名而疏列者，乃罪恶贯盈，法所必剿。所胁从而景附者，势当不问，如邛部之熟番白猓，建昌之棘火夷，凉山火头，则当抚处者，是抚剿并用之分也。如是则威德并施，王师有律，蠢兹夷蛮，靡敢不服。

若谓建贼尽宜抚，越贼尽宜剿，本道则不敢谓然[7]。至如瞿氏为宣淫之妇，本不足以令众。凤起为恶酋之子，本不当以袭职。然在今日，不得不暂寄空权，以安部落。一旦从而变置之，则已叛动者未尽扑杀，而未叛动者且猬起矣。倡是说于今日者，是务所以激，而不务所以靖也。向者乱成于养，至酿痈而溃毒，非本道所敢与知。今若祸出于激，则偾犊而破犁，本道安能任其咎？

然如本道之说，则夷酋之主，岂终不可立哉？岭应升之儿，本道取而视之，襁褓之物，未必能养，谁可扶助以待其长。诚如军门所谕者，本道集众思，采舆论，咸谓稍俟克平之后，追取邛部印信，尽唤夷酋耆宿质之，依其夷俗所推而立之。瞿绍良虽有败德，原系畜物，众心未叛，何必改为？盖犬羊之首，苟可以部犬羊之类，又何必责其狐貉之行哉！是在底定之后，未能遽论于今也。此非本道私臆之见，询之地方官并耆老人等，靡不云然。伏候裁夺。

一、越巂黑骨夷，芟刈良多，残党俱听招抚安插，足以振威而示惩矣。

所有桐槽安民部落，与王咱余孽，尚听都司边之垣督守备滕光国在彼，未见处妥。参将朱文达，备尝艰险，劳苦功高。即统摄悍兵，抗御强敌，未有出其右者。惜积劳成病，须费调理。此中留兵尚后，似不可少。而将领统率，当以边之垣任（之）[8]。此官虽自入建以来，未见其实心任事。然素负僄勇之名，且有骑射长技。刬操捕都司，镇守越巂，旧有成议。冕山、相岭一带地方。乃其专责，似非此官无可使者。守备王之翰，以十二日之暖歹追图邛部印信，尚有广洪一种夷猓，乃当时杀岭应升，罪不可宥者。未遽加兵，恐惊暖歹，若得印之后，便可迅速剿除。则须王之翰坐守镇西，以防暖歹骚动，以御猓猡铁口乘虚。此地尤为要紧，即今发兵策应马湖。总镇议欲以坐营官，统四营兵代其自行，极为得策。其余各兵，俟得印信，剿广洪贼之后，除详请允留外，余俱当陆续撤出。仰候裁夺。

校记

[1] 本篇原未标明节录，校之《明农山堂集》，本篇实为节录，故补；此处"一"字原缺，兹据《明农山堂集》补。

[2] 王咀咱，当系"五咀咱"形近之误。

[3] 未尝，《明农山堂集》作"未曾"。

[4] "数"字原缺，兹据《明农山堂集》补。

[5] 自，《明农山堂集》作"从"，当以"从"为是；又，村，《明农山堂集》作"村寨"。

[6] 披沥，《明农山堂集》作"披历"，当系误，应以"披沥"为是。

[7] 谓然，《明农山堂集》作"为然"，当系误，应以"谓然"为是。

[8] "之"字原缺，兹据《明农山堂集》补。

征南平建越记（司马中丞宣城徐公属纪事）

皇帝抚大历服之十有四年，蜀松州吐蕃寇边，上命少司马御史大夫宣城徐公讨平之。一日，藩臬诸大夫俨然进曰："西南均藩服也，均一生灵赤子也，三城之役，既底定矣，乃南蛮虐莫甚焉。彼喁喁者，云何后彼也？惟使者留意。"公曰："微诸大夫言，且念之矣，奈劳民何？惟诸大夫图之。"公一日会直指豫章陈公，筹所以征南夷者。而陈公意与公合。乃疏上曰：

臣秉节钺，镇诸西土[1]。越西土人不靖，非独三城有吐蕃也。泸河之南，邛海之东，地险远，诸夷猓番部杂居。建有土官瞿绍良，叛孽曰安守，曰五咱、大咱者，各据险称乱，日谋喋血牝主，因而煽虐狂逞。越有邛都部落黑骨夷者，始以酋长构争，寻而流毒境土，甚且刃王官，据篆符。诸叛逆状具彼军民奏牍中，其不奉天子法度，非一日积矣，臣窃惧焉。顾臣与按臣议，则按臣云："松茂甫按兵，倘复兴制，是滋一时重困。乃责在地方者，所不忍出也。"臣敢不以按臣之言为然。顾臣念建越倒悬急矣，倘讳言兵，是弃千里生灵，亦在地方者所不敢出也。按臣亦安得不以臣之见为是。惟时泸水瘴深，少俟霜高气肃，愿借陛下宠灵，遣一威名将，择备兵宪臣一人，经略而剿绥之。惟陛下思所以为一方安危久远计，幸甚。

疏下大司马议，可。乃檄参将朱文达、游击边之垣为副将，以坐营田中科、守备王之翰、滕光国为裨将，属都督将军李君应祥统之。征天全招讨剌马长官土兵，益募材官骑士，佯牁巴蜀少年尚斗者，得众一万八千有奇。檄蜀西南诸子邑，发粟治饷，募丁夫，由雅黎逾河，转给越嶲军食。建昌地故多谷粟，前兵使孟君学易，议诸司帑金分给诸卫屯伍长，籴粮二万石以上，以行都司宰，调元通判邱一奇督之。乃移某于郡，备兵建昌，监征南军事。以参政周君嘉谟督饷，以参议李君士达纪验功次，诸文武小大百执事，罔不慎简任使。

某奉檄趣改郡符，兼程入谒幕府，领指授约束。遂驱邛郲阪，问汉司马奉使故道，霜降醉泸河而渡之。则四路兵未有一至者。是时黑骨桐槽夷，聚贼数千，垒石插碉房，据相岭九盘堡，烧三峡桥，眈眈百余日矣。建贼日啸聚，寇礼州、德昌二所城，焚索橦以绝兵路，势愈炽。城中夷安四儿部落，日恣睢钞劫，斩卫戍于门，群而溲之为戏。道上每每遮杀过使，或髡而放之，以示眇少无所畏惧意。

惟时笮箐之南，川原厌人之肉，蛇豕盘山谷间，人无能救死于须臾，亦岌岌乎殆哉！故事备兵，使渡泸，则多拥兵自卫，否则惴惴不敢行[2]。乃先檄裨将，戒无护行者，约以二十戍卒，具威仪道上，贼稍骇。既抵越嶲，则相岭贼先遁去矣[3]。相岭者，故孔明南征道，称绝险[4]，在沈黎者，为大相公岭，此为小相公岭，皆因蜀相以名。至是则为虎豹深关云。

次日[5]，布司马台文告，宣谕圣天子[6]，戢绥此一方威德，俾知不专于杀戮，庶几环面内向者，待以不死，否者夷之[7]。因而察诸难端，与罪状轻重，剿抚后先事宜，条列上幕府，报所当行者。首廉一指挥徐孝忠置之理，以绝内援。盖尝阴晌我事，以卖于夷者。时冬十一月也。

游击将军之垣至，诸路兵继至，运饷逾河来者，靡靡相属。而建之峙粮，诸军兴，亦大备具。李将军以十二月辛酉至，出而郊劳之。见其桓桓，目无全虏也。次日斩牲祀祃，誓告多士[8]，申幕府三令，授军正，载之以行。壹禀承其先后部署者，大略谓河西、桐槽咸属建，建重地也，当分兵并击之[9]。且置黑骨夷勿问。乃以文达领兵七千[10]，以光国、中科翼之，属之攻河西五咱。以之垣领兵六千[11]，之翰翼之，属之攻桐槽王大咱。以都司段文炳，戒干掫于越嶲，且护粮饷。将军自统握机兵二千居中，约六日丙寅，两军抵贼巢，毋后期。

以甲子夜半发越寯，直走三百里，文达兵夜抵礼州所。所之百户张勋者，阴结五咱，业为侦我兵动静。乃一夕猝至，勋且不之知也。昧爽，陈军于河，贼轹我师。朱将军中，光国右，田中科左，大将军在朱将军后，材官周以德兵冲，矢炮尽发，贼马奔溃。我兵鼓噪渡河，斩数马贼河水上，直捣诸巢，栅破之，踞其险而壁焉。是日斩卤二百五十有奇，其走水死者无算。之垣兵攻桐槽寨，之翰冲贼迎敌，我兵大胜，斩卤一百二十有奇。

越翼日丁卯，文达兵攻樟木菁。戊辰，攻磨旗山，连破之。之垣、之翰兵攻甘县，破之。大咱亡匿山谷中。壬申，五咱马贼千，尽胡缦缨，三属甲，彀弓摇帜，布满于磨旗山挑战。我兵出，张左右翼，以德兵冲贼骑，驰兵分纵之，驰半乃合击之，斩三马贼，余尽披靡，诸伤死无算，贼退保旄牛山。旄牛山者，故汉延宁间张乔破越寯夷地也。山延袤数百里，连大小西番界。十六日丙子，文达兵大破之。夕时大风起，有小星自东南贲，见者知为欃枪之后也[12]。夜半贼西遁。

先是，檄诸屯田吏卒，于河西截遏，贼骑数百从下流遁去。自是与安守合矣。守故绍良族子，最黠悍，部落不满一千[13]，尝为巡捕长，遂用此以部勒诸夷，诱汉罪人亡命者为逋逃主，巴中猾陈光华者，为之主画，刻篆符自佩。建人所奏自擅僭制者，良有之。乃与五咱保聚西沙户马，深堑断栈。于是调之垣、之翰兵来会。丁亥，将军移于河西。是日所调盐井刺马兵三千至，以守备杨师旦领指挥，张垣统之。兵狞狰跳跋，类非人形，故建南夷所深忌者。夜壁河西，与将军营相望。乃部署文达领中科兵，由钟楼坡进。之垣领之翰、光国兵，由木托进。师旦领张垣兵，由西溪进。戒约赍深入，既布翅矣。是为丁亥正月。

会有诇贼谋劫营者，三日壬辰，暮大风，将军拔营而徙，贼未之知也。二鼓，贼千骑载火具来袭，正当刺兵冲杀，蓬勃张天，贼死伤狼藉，械二生口，言咱用守谋，将以火攻总帅营，不虞当刺兵，败走矣。自是退保沙户马，诸路兵进攻急，贼不能守，众鸟兽散，追于鱼水安介（地名），斩级百有奇。是时我军壁邛海上，日出谍者侦二酋遁所，遣二指挥各领幕府一白帜，招诸林菁中胁从，以为我间谍用者。丁酉迄戊申，文达于呵啰哩、凹郎山；之垣于啰哆菁，转之白水沟；调元之三道沟、拖郎斜，转之黄草坪；之翰于拖卜，转之白水沟，与之垣合。中科之麻柳菁，转之雪山沟，与光国合。诸营或日一徙，或三日二日徙，或纵或翼，或合或分。如虞罗四面，如常蛇首尾，左顾右击。大索十余日，诸斩首虏三百有奇，俘获倍。惟五咱走抵父奴鲁骂，鲁骂故咱父逆止者。厮役逆止先杀绍良、姑凤氏。五咱盖世叛酋云。

乙巳，之翰领所部兵出越寯，以掩黑骨夷。是时司马台移镇临邛，檄下，责问诸将吏：兵五旬矣，何诸大憝无一授首者？诸将吏惴惴惧。戒军中筹，贵审奔，宁拙速毋巧迟，诸将吏惴惴惧。又戒勿淫杀，勿击奔，毋狎敌。势先建后越，机由外之内。毋失着，毋漏吞舟，诸将吏又惴惴惧。已而采议者征兵三千，以一裨将领之马湖，为建越式遏。戒之建而不筛，檄副使武君尚耕于沈黎，以防猓玀铁、洗马姑诸番部之不逞者，其为建南军虑至周悉矣。无何，遣一材官发松州兵七百至。

先是，建南人咸谓春深瘴起，汉兵不能久持，务窜匿以老我师。至是闻益兵，又谬令峙万石粮，以故诸酋计穷。间有报五咱在摩娑七枝番所者，摩娑故汉时大筰县，曰刚徼，曰摩娑，为大西番，文达兵三千营薄之。之垣兵攻高山四堡，与文达兵相首尾。盖七枝四堡，皆摩蛩种也。

三月庚寅，会纪功道议，南夷业以安守为望。非先致守，不可得五咀。然守迫不可就擒[14]，当思所以缓之。乃偕李将军出，循河西诸营，问劳诸兵士疾病者，归而壁理经堡，以示专图五咀咱于西，而舍安守于东也。是夕诇者报，守贼集大斧火炬数百。戒诸营垒待之，以中科领兵六百，札于木托，在建城东，去守故寨三十里许。于是守率众潜归，间伺木托虚实。庚子，选材官高逢胜精兵三百，半多敢死士，以夜入木托营伏。又檄诸屯田吏士，伏营左右援。壬寅，守贼来袭，既抵营，诸伏兵齐发，格杀贼五十余级。奇兵刘怀者，手斩安守，逢胜生缚光华。诸散走者，伏兵尽追射杀之。中科解守甲，所值不赀，虎鞬金帯，饰以双龙雕刻五星文[15]。乃知建人所奏，状不诬云。是日报至，众咸骇愕。初计我兵无如守何？且睨中科非守敌。不知军志以羸张之，正所以致人也。然当夜坐毳幕中，风雨杂鞞鼓声，独与将军屏左右，呼逢胜入饮，以三厄而行，即三百兵者，衔枚间道，雨夜走七十里，无有知者，亦属有天幸哉！

守殪，则西南诸族裒酋长，无不震怖者。于是高山四堡之西番，乞降于之垣；大小七枝之西番，乞降于文达。各埋二枭奴于道，谲号各掌顶佛经，誓永永不敢悖逆，如日者西羌故事，系诸酋帅来辕门听约束。甲辰开壁讯之，见鬋发者，雕题者，紫眼绣脚者，累累伏戏下。之翰于越嶲伏兵大孤山，掩黑夷酋长，生得阿弓、凹谿咱等七大酋，则一手刃千户丁应时[16]，而剖肠以死者，越人争得而甘心焉。越三日戊申，则五咀自昌州擒矣[17]。初，军四围急，咱苦伏匿，故解一角，以纵之逸，属指挥王言吉致之，戒之垣伏兵以援。是夜之垣持兵往，遂械五咀七凶憝。报至，漏下二鼓矣。

安四儿自知罪不在五咀下，先聚党数百，勒马控弦，踞虚郎菁以待。乃召绍良侪责之曰："彼羯奴者，若自治之。"遂征各路兵来集，以四月庚申大劳之。次日撤行，以有事于邛夷。而建之父老子弟皇皇然，谓峒虎虽殪，城妖未翦，若张炜、安四儿者，奈何纵之？诸来谒言者，谢不与见。癸亥，将军建鼓旗北行，诸裨将先一日发。是夕，四儿顾其部落曰："总兵循河北去矣，其不问我乎？且解甲寝。"夜半，李将军自松林返，参将自泸沽返，光国同将军至。甲子昧爽，兵抵贼寨，光国先登破之，斩卤三十余级。四酋弃鞿鋬走，文杰兵蹑之西番擒之。是日建城发兵捕其妻妾，并其弟破波，把事张炜，尽杀之。张炜故阴贼，挟四酋以乱，土官中菁，每以睚眦杀人，莫敢问者。至是搢绅父老子弟咸手额云："于今庶几知有我生哉！"是日尽驱城中夷以出，示诸汉人，平昔与三贼交者不问，汹汹始定。庚午之冕山，则李将军分布桐槽兵定矣。是日，逮一千夫长赵应宣，故与大咱贼通者。

丙子，文达、之翰军于普雄，之垣军于桐槽，为犄角势。盖王咱与普雄酋长姑咱有连，故多从姑咱匿[18]，而我兵营于二地者，示姑咱必擒意。彼见终不能扞蔽王咱也，乃甘以王咱献，然尚致索橦之东，度我兵暑雨当退，或可遂万分一尔。而我兵持益坚，之翰引兵就所藏峒穴擒之。是日檄文达兵攻南菁黑骨巢，之垣兵攻桐槽铁桥村，尽破之，共擒斩三百有奇。至是则二种夷始一大创，而黑骨几无孑遗者。黑骨故邛都所部，乃唐两林蛮，史所称邛都最大者，以有君长也。今邛都领印与百夫长等，故土官岭柏妾沙氏，淫于族人阿祭，负印归之，孽子应升争不获，越嶲之祸始此。

先是，总兵刘显，提兵入越取邛印，乃与沙氏通，更不追。久之祭死，其子凤起，部落势益强。岁辛巳，故中丞韩城张公，檄阃司诸官处分，仅以应升与凤起割地，约三年所部无事者官之。卒之凤起部稍戢，应升所部黑夷鸱张日甚。而应升日酗酒，为广洪番剽于道。至是，议者欲征凤起，以及腻乃，然道远，终不得要领。且欲夺印骎，而图之不便。议未决，言者颇哆，遂令之韩谕凤起出而縶之，示其不顺，必加诛也。故凤起恐，纳印，乃释去。而广洪番故杀应升，罪所必问者，以兵二千属之翰破之，斩卤百。是时六月既望。

癸未，师渡于河，凉雨拂旌旐，千骑次发。闻道路言，往岁薄秋瘴起，今兹万兵陆绎，行旬日无恙，是仗圣天子威灵，厥惟休哉！

是役也，长驱而南，席卷以北，延袤千余里，诛叛夷四种，夺邛都印一，上幕府功次二千有奇，生缚大酋长十，馘大酋长七，馘诸部长五十有奇，夺镳铤弓刀甲楯千，夺牦牛筰马、焚寨栅碉房无算。降者三千七百有奇，迄今京观嵬然雪山邛岭上，与汉穿碑并峙，可不称天威哉！

论曰：历观南夷为内境患，不下西羌。自唐蒙奉使，相如传檄，司马迁南略笮筰，则称版籍地。虽叛服靡常，不可以一切法绳治，奈何如唐人画玉斧弃之。观唐之世，羌蛮并起，梁益骚然，至咸通李师望激祸尤烈。故古今制南夷者，汉元鼎后，仅称蜀伐，马参军犹言攻心为上。假令不先以兵，何令心服？

今建南十年来，酝酿狂逞，日屠戮，嗥呼已甚。会吐番为三城寇，两虐并焰，使复戒无动，则西南相效起，宁无如唐室忧者？故公一平氐羌，即问罪南蛮，功之相因以成，有以也。公诸经略疏，一一自上制可。而公坐幕府中，无虑数十檄，决战料情，决胜料势，远在千里，近如眉睫。诸将吏矢心毕力，无少阂鬲。已而增陴置戍，不狃振一时，使百年藉以枕席。巴蜀父老谓公定二陲，西视李文饶，南视蜀武乡。然公方逊硕肤，自视歉若，曷尝自以为己功哉！盖古之大臣，用心类如此。

校记

[1] 镇诸西土，《明农山堂集》作"填兹西土"。

[2] 否，《明农山堂集》作"不"。

[3] 贼先遁去矣，《明农山堂集》作"贼遁去二日矣"。

[4] 绝险，《明农山堂集》作"绝险塞"。

[5] 次日，《明农山堂集》作"次之日"。

[6] 圣天子，《明农山堂集》作"圣天子在宥"。

[7] 否者，《明农山堂集》作"不者"。

[8] 告多士，《明农山堂集》作"告兹多士"。

[9] 当分兵，《明农山堂集》作"二者当分兵"。

[10] 七千，《明农山堂集》作"七千有奇"。

[11] 六千，《明农山堂集》作"六千有奇"。

[12] 后，《明农山堂集》作"落"。

[13] 一千，《明农山堂集》作"千人"。

[14] 擒，《明农山堂集》均作"禽"，当系误。

[15] 雕刻，《明农山堂集》作"刀刻"。

[16] 则一，《明农山堂集》作"一则"。

[17] 擒，《明农山堂集》均作"禽"，当系误。

[18] 多，《明农山堂集》作"久"。

西征记

余在南郎曹六易岁，而其由计部转铨曹也，阅三年所。辛巳夏，奉命出守川北安汉郡，报至促装。

逾五日，出上西门，诸僚宴祖于灵应观。观在清凉山左，维时燠暑蒸人，故尽谢诸饯送。惟少司成刘君具杯酌，恋恋马首；里人姚翰林、苏博士，邀于近舍饮别。已而蔡祠部、沈武库、齐王孙，递携具至，盖皆情不能已者，征诸君厚道矣。张侍御伯大则治具舟中，微雨拂征樯，歌吹递起，不尽离情，务以酒权浇之，故不辞醉。

次之日，唐计部仁卿来，属其舆人治馔，同榻舟次，语彻宵，大概征论今昔守令秕纯语，用相劝戒。诘旦分袂，有泪在眶。遂解缆，次于上新河者。又二日，仁卿复出，会于逆旅。是日风起，遂酌而别[1]。登舟扬帆，信宿过采石，酹李供奉。怀仁卿诗成，浩歌，已而哽塞，是夕七夕也。

越二日，至皖城，计日走三百里。皖守惠阳叶君，出饮于大观亭。叶故以直声闻台中，先世与家赠公交好，心相契许久矣。是夕所谭，与唐计部舟次，不论浅深，大都知人难，而见知于人尤难。以余款启，何足以当二君，即平生定交如二君者，可再数哉！

次日，走三百里，渡彭蠡，望小孤山在中流，震荡冲撼，屹立如柱，畴谓非天地之巨灵哉！东望则五老峰在篷窗间，苍兀如列仙指顾，令人欲参乘。蜚泉泻瀑，白沫如银钩，悬绝壁下也。是日挂席如飞，舟子嬉呼，鼓吹棹歌并发。

次之日，至豫章，拟谒张司成洪阳，并期王孙贞吉、孔阳，孝廉徐仁甫、胡文甫一晤，乃风迅，遂不泊。谁谓中原一臂之交，可易合也。直走樟树镇，买小舟行五日，抵白下驿。夕泊，赋招魂，以吊伯氏之旅逝者，益感仁卿当年恤旅之诚，呜咽者久之。会刘司校，谈十年事如瞬息。二日，过百家村，午后黑云西北起，风雷骤至，摇撼山岳[2]，舟子戒色。沙起蔽天，则江干汀岸，何少燕市黄尘哉！稍已，复酹酒临江，扬帆走数十里，见波浮月霁，江上山大者如月，小者如星，映水一碧，令人壮怀磊磊。已而复悲，念生平浅于涉艰也。今风波零落，剑巴万里，能保无颠踬乎？

逾十日，郁郁小舰中，日渡危滩急峡者十数。石砌自赣城以上，如棋布星列。犬牙狷革，礌砢碙磕，水与石斗，白波汹汹，起立者如怒，群趋者如赴，声啐耳怵心。峡高则丛石崒嵂，下临无际，仰首回蜚翔而倒義驭也。故是奇崛，丈夫好游不涉此，乃雍容华省，所赏者，亦五侯七贵，槛楯间物尔。峡下水漤回停滀，縠纹深酽。儿辈笑谓故尝渡浙江，逾娥川，泛西湖，过彭蠡，未见绿波若是可染也。余笑其愚，不知山色倒浸乃尔。

既以中秋抵凤城，友人张心南、林时献，携具于鳄溪桥头。月在波心，韩山凤渚，秋色可掇，声可悲也[3]。相与嗟慨！何时无月，何处无山水，若吾三人，此夕可多遇哉！顾征人初归，惭有尘色矣。

越明日，抵田园舍，谢诸迎劳者，直走先赠君邱垅。父老携鸡黍，儿稚杂至，若怜若怨、若喜若讶，问余"宦游乐哉，何久不返也"？余低首惭谢，为诵"十年归梦怨松楸"之句，相顾泣数行下，则对诸父老誓不复出，将依父母魂魄，筑菟裘以老。

乃业已领一郡，远且剧，即不行，恐有诧者。人臣委质于君，维所使耳。何远何近、何内何外。咸谓行藏不可不瞷瞷也。复强余行，于是居旬日，遂促装西。

校记
[1] 酌，《明农山堂集》作"满酌"。
[2] 岳，《明农山堂集》作"壑"。
[3] 声可悲也，《明农山堂集》作"声复可悲也"。

游大峨山记

尝闻天地发育万物，擘成于西，故名山川多在西。所称昆仑、阆风、悬圃，在流沙弱水外，中州指为西。惟蜀在宇内之西，峨山又在蜀之西，游者每艰其遇。盖岁自秋，则冰雪载涂，春尽稍开，又恒苦雨，至者多不惬，猥谓无奇也。余惑之。

岁壬辰春，陪直指新城王公，按部嘉阳。既竣事，则谒之。行以四月望日，同参知光州陈则济，先后出瞻峨门，望大峨中峰入汉，隐见未定。至苏稽渡，故子瞻读书处也。过圣积寺，登真境楼，魏鹤山先生大书"峨峰真境"在焉。自发峨眉县，逶迤行数十里，所过普安桥、解脱城诸处，坦迤无甚奇旷。惟青翠浸车帷，涧流走地，声如晚春。抵华严寺宿，约参知晨发，嘱舆吏遇有胜辄白，毋遗佳者。停车搜讨，次亦凭轼而寓目焉。

行不数里，望一树丛蔚，亭亭如偃盖者，木凉伞也，盖千年物云。又十里许，峰峦稍辟，构宇轩如者，纯阳殿也。故有之，今则好事者新焉。稍折而西，山渐斗峻，登桂阳楼，望一物横于山溪，如艨如筏，如凌荡中流，云普贤船也，岂所谓宝筏慈航者乎？不则藏舟于壑，有力者且负而趋矣。已而至大峨岩[1]，则下舆摩挲，石如菡萏，苍然奇崛。上有陈图南"福寿"二大字，石下泉渊澄可鉴，僧祖松云："故有神僧，挹泉脉，与楚玉泉寺通。"岂郭景纯赋言："峨眉为泉阳之揭"，殆是乎？祖松知书，能言贝经梗概。其所结庵，则临邛王观察为檀樾主，善缘哉。

已而登歌凤台，故楚狂栖隐处。余慷慨歌曰："泣麟人已远，歌凤意何哀？"则济为之低徊不能去。

西折数百武，为中峰寺。寺古径仄，逾三望坡。行六七里，渐闻淙淙声。至则硐水双飞，石梁横跨。僧人出孙思邈药鼎玩之，遂投白水寺。寺为回禄墟矣，诸僧舍多倚崖结楼。余自择一楼，居第七层上。窗揭，远峰几横翠岫，大自怡悦。是夕山月有光，钟磬声清亮[2]。僧云："旦日当大晴。"夜五鼓，坐笋舆悬纤而上，歆雾逢渤。至观心亭，稍辨色矣。登大小深坑，过息心坡，舁人促膝于颡[3]，回顾东方，苍苍凉凉，日涌扶桑间。良久，虹见西南。仆夫告曰："蚤虹主晴。"余心益喜，四望峰崿荡漾，晓云初流，如汩没银涛中。其树多杉松楠桧，竦干槿条，苍藤倒垂，偃仰挈攫，不可名状。风自四山下，则窭者、突者、窈者、窊者，摇撼成声，韵动崖谷。杂花缀岩壁，如昭嵫霞绮，杪椤最盛。山鸟啼猿，俄而呦呦、俄而嘐嘐[4]，若啸若呼、若惊若酬。自是而初殿，而九岭冈、莲花石。山益森错，如猬如戟，洞壑黝深，显晦殊状。

游之乐，所玩无故。善游者，观其所变。味哉！子列子之言乎？自初欢喜，过白云殿，一晌，至雷洞坪，俯瞰不可测，隐隐有訇磕声，令人怖悸。登八十四盘岭，引睇观音岩，则木梯石磴，百折蜿蜒，俨见一大士，顶层霄而竦孤鬐。奇花翠蔓，蒙茸摇缀，又宛如衣璎珞而覆空霞也。奇诡绝矣，大都趾愈艰，则目愈奇；陟愈险，则心愈壮。既至天门，巨石中辟。过七天桥，豁然朗观。见上方台殿，俨非人世境界。亟之光相寺，沐浴更衣，礼普贤大士毕，偕参知登现佛台，俯视峭壁万仞，须臾云漠漠，如滇渤千顷，晃洋水光。

已而日驭西飞，光射半壁，水鸟如鸐[5]，飞就掌取食；苍鼠腾趠，略不避人群。岂二虫有佛性非乎？无何，夕梵初动，归掩云房，阴风瑟瑟，雪霰四集。起拥重裘，呼沙弥炽炭。顾壁间，南充陈学士玉垒所题诗在焉。盖自壬午秋游归，出以相示，今十年往矣。

诘旦，谒诸天，祝君父厘。礼毕，初景莹莹，望瓦屋在前，晒经在左，俯若可凭也。青城玉垒，隐见天外。东望铜河黎水，渺如衣带。约则济之圆觉庵，访通天僧。僧绝粒食者十余年矣，扣其秘，则语不烦。且曰："道本圆成，人故扯而破之。"余曰："语小莫能破，道故混然在也。"机峰稍露，即罢不谈。尝阅唐人记云："峨为胜峰，黄帝遇天真皇人问道处。"故有霄宫三百洞，今无矣。初，峰顶有铜锡铁瓦三殿，今仅铁瓦一。惟圆觉庵飞甍叠构，瑶殿珠宫，称极宏丽，而三乘居焉。盖慈圣宫所敕建也。

既归，渡七天桥，见老僧树，云曩树枯腹窍，一僧入定其中，已而生合，今扶疏荫盖如此。出天门，望云气四合，梯磴沮洳，险甚，则倒悬舆而下，笑谓参知云："登如搏羊角，返如退飞鹢。"为之抚掌。过大峨庵，祖松出所藏放光石径寸者，向日为虹霓状。盖中峨多有之。

既至苏溪，登舫，大雨滂沱，逼暮不可止。明日别，直指于乌龙寺，挽流排浪，叹曰：此行登陟匪艰，雨旭良异，岂天幸邪？抑山灵乎？余闻昆仑之山，或上倍之，是谓凉风；登之而不死，或上倍之，是谓悬圃。登之而灵，能使风雨。大峨高出五岳，故西竺千岁僧所称震旦第一。王逸少言昆仑伯仲，灵岂爽哉！顾十年窹寐，仅以信宿。无言冥搜，尚乏周览。诸如龙门最奇奥处，尚未获一顿足，恶睹所谓昆仑悬圃者乎？是行往返，得庶体诗十九首。

校记

[1] 大峨岩，《明农山堂集》作"大峨石"。

[2] 钟磬声清亮，《明农山堂集》作"钟磬清亮"。

[3] 促膝于颡，《明农山堂集》作"膝促于颡"。

[4] 嘹嘹，《明农山堂集》作"翏翏"。

[5] 水鸟，《明农山堂集》作"小鸟"。

《游大峨山诗》叙

闽行省陈玉叔公，寓书不佞曰，吴孝甫有武夷、峨眉之兴。今来武夷，不必见不佞，倘入蜀见明公，不必见峨眉也。是将以大峨山弱孝甫哉！乃孝甫竟游大峨以归，归而憩于锦城之金沙寺，会不佞自试闱出而劳焉。睹梯椤杖头，皑皑带天峰雪色。已而解担，出所吟咏者，缅缅读之。则七天二水，紫芝白云，山灵莽莽，奔走应接不暇，若圣灯佛现光[1]，荧荧在楮墨间。已复挥写"七圣阁"一图，题所作歌数十韵于上。起而浮三大白，诮不佞曰："八十四盘岭上，那有五马使君辙迹哉！"不佞口噤不能张。

嗟夫！蜀险远，三峨矗于西土，故未尝与宇内名岳争雄长。然而今古抱奇诡好游者，孰不缅然怀之。卒不能一蹑足寓目者[2]，犹之谈理道性命之士，罔不嗜释氏教，游心贝典，卒鲜悟解。若悟解矣，即不必身际竺国，参庄严色相，故了然一慧光圆净境也。读而诗、披而图，则三峨山灵，余且五步遇之，若能与我神游乎哉！于是孝甫瞿然起，退而汇所得诗若干篇，与所为壮孝甫游者诗若干篇锓之，归以证之玉叔，庶知孝甫不为山阴棹也。

校记

[1] 光，《明农山堂集》作"尤"，当系误。
[2] 寓目者，《明农山堂集》作"寓目者何胜"。

贺总制叶龙塘公勘（戡）定朔方叙（代吕中丞作）[1]

今上在宥廿年，海宇中外谧如也。岁壬辰春，宁夏胡孛哱承恩，帅所部刘东阳、许朝称乱，戕抚臣兵使，夺诸符命，掠官私帑藏万亿饷卤。卤至，出城中子女、金帛事之，约长驱西寇，事已，割地分封。卤悉盟，故宁夏无劲兵，哱氏以胡投行伍，累功迁副总兵官，父拜习知边鄙事。阴养死士，蓄异志，非一日积矣。承恩最黠，虑有成败，乃先拥东阳，僭伪号。宰黑牛白马[2]，祭天地，指斥乘舆，囚庆世子，发兵寇灵州，所至广武、玉泉诸卫堡守者，率望风走。占据四十余城，状闻，天子震怒，中外惴惴恐。总督泾阳魏公，移镇于灵，征调诸路兵毕集，逾十旬，攻益坚，虏入益众。时复啖我以抚，魏公业且许之。

公时巡抚甘肃，乃疏请自击贼。上嘉壮之，促就道。公即兼程抵朔方[3]，以所载火车、神器五百辆从，至之明日，布四面攻，俘斩计数百有奇。虏始一大创，顾城坚，顿师久，众议首鼠。公誓不灭此贼者，有如日复。驱军士决唐渠水浸城，卤万众渡河分道入，公命诸将简精骑轹之，大破卤，卤始北遁去。城中贼自是如釜鱼矣，遂用间谍夺南关。越三日，哱氏斩刘、许以献，冀不死。议者将惠而免之，公独咈然曰：予所奉玺书，首诛哱氏，刘人、许人我何问焉？脱如佚哱，则齿此尚方剑。于是承恩衷甲遁矣，所部将立擒之，进兵攻哱氏牙城，歼无遗。时漏下二鼓，公秉烛草露布，诘朝驰上。天子出御明堂，受百官朝贺。首进公殿中丞，视上卿秩，节制四镇如故。荫缇骑世官一，锡朱提锦绮百，盖殊赉也。诸文武将吏有差。

初，予镇在楚，每读秦中兵事疏，知公必平大憝。至是叹曰："天眷于我国家，威命灵爽，其轶古昔盛世哉！"祸乱世尝有之，惟未乱而生勘（戡）乱之人[4]，则天也。初，公在张掖、酒泉，去朔方远甚，如狃佐斗者言，则将袖手观，人何求焉。乃慷慨临戎，然使迟三日至，和议成矣，如国体何？又立排詆嚪，一主于战。已而城拔，脱佚祸本，则遗君父贼者非邪！卒械哱酋，以戮于京，具载丹书，昭示蛮夷华夏。此诚一独断之指，天实开之也。

宁夏，宋拓跋地[5]，当宋盛时[6]，韩范握重兵在西，然今日寇泾[7]，明日寇渭，称王僭制，终有宋不能复大夏尺寸地。哱氏父子跋扈，岂出德明元昊下。而据坚援卤，公卒能左縈右拂，薆三孽而靖九土，此非宋敢望可知也。唐元和讨淮西，四年不克，举朝议罢兵便，裴度独请督战，誓不与贼俱生，卒擒吴平蔡，受晋国爵。至今读平淮碑，惟断乃成之语，益信昌黎知言。公之自请击贼，与必灭哱氏，绝与晋公类。即靳一爵赏，倘如唐天子，命文史臣勒石，纪中兴威伐，以昭天眷之隆可乎！

夫武，国之经也，四方之则也。汉营平云国之大事，当为后法。今之勘乱翦逆，保大定，功孰有逾于此者。奈之何可蔑视之。固镇观察杨君某，镇守张君某，问言于予，因附之为朔方经略志。

校记

[1] 勘，原著目录作"戡"，是；"勘"，当系形近之误。
[2] 黑牛，《明农山堂集》作"乌牛"。
[3] 公即兼程，《明农山堂集》作"公兼程"。
[4] 勘，当系"戡"字形近之误。
[5] 拓跋地，《明农山堂集》作"拓跋地乎"。
[6] 当宋盛时，《明农山堂集》作"当仁宗盛时"。
[7] 然，《明农山堂集》作"然而"。

《大竹县志》叙

余初入蜀，道白帝夔门，迤而西，则顺庆治境也，为大竹界。崇山峻峪[1]、绝壑黝林，绵亘数百里，多虎狼暴噬患，行者戒于涂。越二日抵邑，则百雉在山隈，民之迎道左者[2]，执干铤，群以哗。余伏轼思曰："岩邑也，牧斯土者，非精干有力，不溺厥职乎？"惟时中丞台方峻令，行保甲均田之法[3]。民强半负戈弩，昼夜伺道左，稍黠而为里正胥吏，则日履亩握算，此有智尽能索耳[4]。既入郡，下要束罢诸负戈弩伺道左者，谕之警察如初。乃均田赋不可急，急则乱籍；不可缓，缓则丛奸。张而弛之，剂而平之，是在有司，惟大竹首报竣事。俗故多谲诈豪右，横举责役，使平民负险阻居者，率多窟穴，为宵人嚆矢。椎埋作奸，稍穷诘则鸟举轻徙，为西北子邑最。于是令临安张君，秉智殚虑，操三尺凛凛，廉数渠魁，置之法。庶几穷檐漏室，帖帖然卧。爰筑两虎哨，扑杀诸猛噬者，无为旅人忧。已而集父老子弟，议筑七师滩河堤，灌溉田岁可万钟，事辄报可。咸有底绩，逾年则邑志成。盖属笔于邑之文献江君且械，江君书征不佞叙。不佞复窃叹曰：令其有余力乎？曩余进群司牧，用相诰语，语更仆未及此者慎之也，如之何其可阙之。语云：远而不可不任者，事也；卑而不可不因者，民也；粗而不可不陈者，法也。守令之职，务大有造于境土。岂俾之一时欢虞，实唯世世利赖之[5]。假令匪志，其何以征？故志者，志也，是用可以风焉。

竹之土刚，刚则民悍；竹之风剽，剽则民猾。有司毕陈之以法，奈之何务一切胜之。亦惟柔服驯扰，齐以礼教，俾明不触禁，而境无夜燧，吏治烝烝[6]，不至于奸，斯亦庶乎毋溺所职矣。诗曰："君子有徽猷，小人与属。"则斯志也，岂徒饬具云乎哉！它如所肩任冯藉，诸陈功绪之大者，语具江君记中。若舆地人物，书传词翰，类充然有概也。旧编故多不雅驯，则所谓不可不因者，是物欤？是为叙。

校记

［1］峻峪，《明农山堂集》作"浚峪"，当系误，应以"峻峪"为是。

［2］迎道左者，《明农山堂集》作"伏道左迎者"。

［3］惟时，《明农山堂集》作"惟是"。

［4］智，《明农山堂集》作"知"。

［5］利，《明农山堂集》作"隶"，当系误。

［6］烝烝，《明农山堂集》作"蒸蒸"。

《正俗会约》叙

余归自塞上，忆行役廿年所矣。初抵里门，见诸相慰劳者，情殷殷至，窃谓向浇而今厚也。已而见闾阎廛肆间，俗尚奢华，宴会侈靡，巾服怪异。士庶习于夸毗，里闬专于谀惑。可骇可谔可痛之事非一，视嘉隆间，波愈下矣。

矧兹何时哉，频岁荐饥，疮痍满目。四境之内，土地拓于流民，豪强恣于兼并。物力尽诎，供费日浮。彼喁喁者，尚不思其所终。

惟搢绅先生会，间每每扼揽叹之。盖思所以挽此颓风者，戚戚然若不获已。予肃而告之，曰：是诚在我党耳，道必先身，教必先家。施于有政，是亦为政。幸共勉而行之，庶几为闾里率。

于是曰阶萧文[1]，遂以草就《会约》，出而与诸君商之。报曰：俭而得中，简而有礼，是可风矣。《礼》不云乎："小人贫斯约，富斯骄；约斯盗，骄斯乱。"礼者因人之情，而为之节文，以为民防者也。大为之防，民犹逾之。奈之何听其淫纵，而坐视其沦胥以溺也？无论齐民，今之君子莫为礼也久矣。

然则是约也，不但要约于我党，与约束于我家子弟后辈；务以推信于我之朋友亲戚，以达之闾阎田野，远廛黎庶。即未能亟中于礼，庶几弭乱之端，所谓宁俭宁固者，非此物此志乎？然尚有言未尽，与言所不能尽者，因采诸群议，稍增列数款于后。

校记

［1］文，《明农山堂集》作"丈"，是。

《出峡草》自叙

余领蜀安汉郡之明年入朝，其明年还郡。还郡之三年，又入朝。维时辱在郡五年所矣，例得一徙。于是俶装出峡，故以《出峡》名篇。乃明年又还郡，久之方握兵符，入灵关邛笮道，讨西南夷之不奉汉法者。横槊多暇，爰汇是《草》，属友人华阳杨孝廉氏证之。

杨曰："《草》中自巴峡下湘江洞庭以东，可言出矣。乃溯高唐、夔子而来嘉陵，西也，业且半之。概以《出峡》名者，何居？"余怍然曰："初志也，若亦有见于峡中之胜，而知余志之所之乎？予向经怪蜀人谈瞿塘滟滪之险，色变股栗，终其身不敢问巴东舸者。左太冲赋蜀都，自谓'扬搉诡谲，既丽且都'矣。乃《三峡图经》略未之及，闻当时访岷邛事于著作郎，遂从而载笔，此与以耳食者何异？是峡余故三入而再出矣。当其出也，秋爽雾消、凉风凄厉。崖门丹壑，濯濯然弥望干霄，亘千百里。云根石色，昏旦殊观，有不能引睇以穷者。入则每当春夏之交，峡波新涨，溪谷歊淳。挽舟以上，荡碛凌涛。日不能引寻丈，以故行稍缓。则岽嵫窊窅，愈益探历。然亦惕息于是者数矣。故兹出也，非拟速化，实戒畏途。庸《出峡》以自名，惟长往之是念，乃不免于复入也。蒙庄不云乎：'天下之大戒二：义也，命也。'余方祗役，以毕我分，义敢必于往而不返，出而不入，为回车泛舸者流哉！顾是《草》也，无足以当是奇，请以俟乎再出。"

杨子曰："噫嘻！夫恶乎知之？今者因问而奇矣。且见而志，请为而授诸梓。"

《〈武经〉考注》叙

盖闻语云："三辰不宁，取士为相；四夷不轨，拔卒为将。"其事见于商宗之求版筑，汉祖之登亡虏于坛坫也。

嗟夫！与其求之于仓卒，孰若树之于平日。兔罝椴朴，周室材不乏于文武。而寿考作人，周王之所以树材者，亦未尝文武殊也。故出而扞艰御侮，入而弼亮宣猷，所谓熊罴之士，不二心之臣，皆其人尔。何挽近世之不然哉！

国家涵育二百年来，广厉蒐剔[1]，卒多右文而缓武。然世优诸武臣，禄秩不绝。高皇帝令军官子孙讲读武书，通晓者试用，则所以教之养之，亦既深矣。乃偻指一代将材，可与古侔匹者有几？

余自伏草莽时，身婴日本之祸，每痛愤当时之建旗鼓在事者，卒多偾军尝贼。顷有事于西南夷，则身护戎阵，而时揽搅思之。夫冠鹖冠，佩鱼服短后之衣，插鞬拾决，矜斗乐战，一卒之任也。所贵夫将者，以运古筹今，统驭制胜用耳。若而佻儇蹶张者流，遽以干城许之，则古所云"仡仡勇夫，射御不违"与"截截善谝言，我皇多有之"者，抑何以焉？至而稽其所为，又不过虚尺伍籍，利重稽，恣睢忿忮，以侥幸涂人耳目已尔。其于《司马法》，何所持循一二？

顷者南夷之平，壹是禀司马中丞徐公猷略。惟时董将命师，自部领偏裨以上，咸自泸外推择。睥睨邛南数十卫所，无一婴塞旗枹鼓之任者。夫家人子起田间，非素养者，间有轩奇抱壮心，尚欲鸣剑伊吾，一当要害，为天子请缨系名王。乃介胄世禄之子，不思绍乃祖父，庶几自树尺寸，卒多狃于豢养，举冠裳而弁髦之。其无所督习之效，不亦可睹见乎？

或云："其责不专在下也，无亦未有以倡而作之者。"于是兵羽少间，谋之行阃监抚郡佐，取《武经》校而锓之，俾兹一方之官校子弟习焉。夫兵之谈，匪易易也。上将用之以道，中将用之以法，其次用之以幸。《孙子》言："道者令民。"与上同意，《阴符》"天生天杀，道之理也。法则本之道，以即言：施于用。"使后世有所持循，能奉此以行，亦可以知胜负矣。苟卿非醇乎道也[2]，所论五权、三至、六术，而处之以恭敬无旷。以之为天下之将[3]，其亦庶乎兵之道矣。然则法者迹也，道者所以用法者也。概之七书，纯驳相半，道法寓焉。此之歆阙[4]，所愿为边围树将材，与愿尔将家子之自树者。意盖在此。

校记

[1] 蒐剔，《明农山堂集》作"蒐扬"。

[2] 苟卿，当是"荀卿"之误。

[3] 以之为，《明农山堂集》作"是之为"。

[4] 歆阙，《明农山堂集》作"阙歆"。

《兵政集训》小叙

今之谈兵者，必曰《司马法》。《司马法》云，无论不喻其义，且至于书无所睹记，猥云霍骠骑言，方略何如耳。何至读孙、吴兵法，其无所习见于步伍行阵者，谬以李广简易，程不识烦扰为言，是将尽古人之法而刍狗之。故每见介胄之士，桓桓握槊，平居矜斗乐战，一旦俾之勒兵统卒，冥然且不知攻守之大致也。嗟夫！天地间事必有法，无文武巨细精粗一也。学者循其迹，悟者超于神，故未有不习而能悟者。

国家诸制大备，凡刑狱钱谷典章，靡不时广厉而饬新之。惟兵法则寥寥，二百载未见有施之训肄者。岂真以千万年承平，无所庸于武事也？亦不然矣，夫南北边鄙晏然[1]，可不语兵。脱一旦有事，则蓄之不豫，求之仓卒，将安施之？

余猥有事于西南夷，见诸所建旗鼓者，楚楚多颇牧材。以故克成南服，然亦属有天幸尔[2]。既暇，率所辖戍卫武弁子弟，属有司群而教之。问古之兵政书，云边鄙地无有，且不知田穰苴与孙、吴诸家为何物。即其书在矣，太史公谓"其文少阔廓深闳"[3]，故且未暇用也。如汉文成、曲逆二氏，次兵法百八十二家。孝武帝时，任宏论次书为四种。今皆不少概见，惜哉！李唐以后，类多伪书，难以尽用。间阅经传子史诸家，凡有切于兵戎之事者，摘其要，汇为三卷，名曰《兵政集训》，出而梓之。匪徒以广荒陲之耳目，亦因以自考所事，庶几不悖于古人成训与否。

夫兵非易谈也，上将用之以道，中将用之以法，下者用之以幸。《阴符》言："天生天杀，道之理也。法则本之道，以施于用。"奉此以行，亦可以知胜负矣。若不知有法，行且悖道，乃遽使之婴旗鼓，登坛坫，推毂以出，何异委爱子于庸医，以封疆为博进，必无幸矣。古今士大夫，于司马、孙、吴兵法为谈者非不多，然其善用者，不少概见。故赵之长城[4]，马之街亭，房之陈涛，非不知法，不知道也。古今得失鉴观，或者其在斯乎？

校记

[1] 晏然，《明农山堂集》作"宴然"，当系误。

[2] 属有，《明农山堂集》作"属于"。

[3] 少阔廓深闳，《明农山堂集》作"少褒阔廓深闳"。

[4] 长城，《明农山堂集》作"长平"，是。

《吴鲁庵先生逸稿》叙

我粤先辈，成宏间倡明正学，则有江门白沙先生为盟主[1]。一时群贤如湛文简、张东所诸公彬彬，几如家茂叔崛起春陵，河洛关闽景应。我潮鲁庵吴先生，遂弃制科业而从事焉。

先生吾先子之所畏也，先子上公车，道金陵，事文简于南雍，遂不赴南宫试，卒业新泉。一时高陵吕泾野宗伯，永丰吕巾石太史相印证，归筑桃溪精舍，距月庭烟水相映，时与东溪二郑孝廉，从先生鼓棹垂纶于溪云山月间，超然悟而逌然适也。已而先生创祖祠，先大夫为之记。久之先大夫捐馆舍，则先生为之状。此其渊源缔好之自，有自来矣。

予不肖，幼孤，时闻遗绪。既起家行役，越廿载乞归，则筑菟裘于旧隐地。东望月庭，盈盈一水，时扼揽溯古悼今也。一日，茂才吴生鸣夏，修通家刺，手一帙谒曰："此吾先祖遗绪也，倘以三世契阔，辱一言弁不朽可乎？"予诧而起曰："咄嗟，危哉！奈何当吾世而失先生，失先生且失先子，则将何所逃罪于后死者。"爰是肃襟展对，时读庄语教诏语，则俨然辟咡受之；读超然自适语，则洒然神爽，若有悟合。于其自然宗旨几哉！大都先生之学，内探理本，外绝世氛，不离日用事物之常，究竟于伦常孝弟之极。观《自警》篇"亹亹勉勉惟在我，熙熙穆穆仰前人"，旨趣可观已。其诗如"刚除骄吝心，自觉犹有迹""古人别后言，去矜得其力"，不觉俯首服膺。所与白沙、甘泉、东所诸先生往来辨复，阐明性道，缕缕皆体认至到语。而其不立门户，不落闻见，不著人我，相印于朱陆图说论辨[2]，直是参勘透彻。见其"非同非异，非非同非非异"，足为二氏门徒息喙。于吾儒合一宗旨，大有力哉！维时督学东吴魏公，下檄郡邑，征聘先生主会，而先生力辞。然则绝畔援之累，全自得之天，岂彼空谈澶漫，剿袭依附者比？

小子某学惭绍述，功非见解，乌敢以纤言弁斯编首[3]？乃证是编者，为惠邑陈孝廉尚志。盖希古作圣，不躐流俗，不佞所面觌心喻者。嗟嗟！流波日靡，同志几何？乌能起先生于九原[4]，而植斯道赤帜？即不能如皇祐、元丰诸贤，亦庶几涑水、安定、上蔡辈出，何至孑孑如今日。

嗟夫！余畜与先生季子同游于泮，鸣夏，季子子也。褆躬嗣服，克绳祖武。不肖虽耋[5]，未倦于学，庶几于二友，不遐有佐云。

校记

[1] 盟主，《明农山堂集》作"主盟"。
[2] 相印，《明农山堂集》作"相即"，当系误，应以"相印"为是。
[3] 纤言，《明农山堂集》作"瀫言"。
[4] 九原，《明农山堂集》作"九京"，当以"九原"为是。
[5] 耋，《明农山堂集》作"耄"。

《朱明洞全集》叙

猗欤！此南海光禄卿陈明佐公所论著，若文章，若词赋，若谏草；为编八，为卷百十，为言几万，汇之曰"朱明洞集"者，志胜也。

明佐家世西廓，枕浮邱之麓，为罗浮门户，擅东南最胜地。自蜀藩归，益拓而园之沼之。楼台亭树，益佳以邃。日读书著述其中，若所称四园八景者，天匠地毓，即艳说宇内名胜，无以加此[1]。以故明佐屡推毂起[2]，而屡引疾去者[3]，诚不能须臾忘此林邱也[4]。至是将以洛诵副墨，藏之四百峰绝巅，乃曰："是不可无国雍氏一言。"国雍不佞某也，缄而邮之潮。

则余不佞，卧海上山，斁断不律久矣。于是强起卒业，已而怃然叹曰："幸哉！余今乃悉明佐矣。"初，余承乏留铨，明佐为南台御史，日侃侃上封事，大都议拟国是，评骘权奸，条画疏河御卤大计，一时直声震两都。时以梓里臭味，相过从甚欢，不见其谈文艺事也。久之，明佐出参蜀藩，逾数年，余亦一麾入蜀，闻巴渝人士，道述当年句宣伟绩，迄有芳憩余思，亦不闻其谈文艺事也。既余守土备兵，倥偬于蜀十余年，则明佐为忤柄臣故，挤而罢归者，亦逾十年所。韩子所言，相慕之殷[5]，而相遇之疏者，是之谓矣。

无何，明佐被召命，起观察右广，寻入拜光禄卿[6]，出使藩封。载驰载驱，有怀靡及。于是《湘南》、《皇华》诸稿，稍稍出人间。余始寓目，则叹明佐其作者非邪？何秣陵、西川之胜，不足辱当年笔札。而必浮邱漓洞[7]，六辔周原，方足以纡眺咏，翩翩发藻思于遨游间邪？

噫嘻！余固知之矣，官先事、士先志。李格非序洛阳名园，谓当时公卿进于朝，放乎一己之私意，忘天下之治忽，语若深于刺者。明佐立朝节业，卓烈如是，其文格力沉雄，造事宏达，不作西京以后语。有韵之篇，则才足以命景，声足以邕情。业有诸家评品在，余无庸赘。惟余所心折者，窃谓古今文人，未有不足于中，而能不受变于外者。明佐志于用世，而不以桎梏其心，其天素定。当其伏青蒲操白简，佐天子定是非决疑难时，气不加扬；既而中萋菲，罢岳牧，则卷而怀之，以烟云鱼鸟自适，了无商僭拂阨气。盖进则以天下国家为政，忠之属也，其于《焚余谏草》足征矣。退则以彝伦名教为政，孝之属也，其于《追远录》《宗祠》《义田》诸记足征矣[8]。故其自叙则曰：或忧国是，或恋主恩，或念松楸，或怀乡土。以故斐亹篇章，皆抒发性灵。声融景化，实惟江山形胜之助。不朽大业，与名园相映流传，则洛阳诸家，惟富赵事业，宾客司马文章，庶足媲俪。他所最羡者，文潞公年九十余，尚杖屦与诸游从者，往来东园药圃间，我浮邱公[9]，定不让焉！

校记

[1] 无以加此，《明农山堂集》作"宜无加此"。

[2][3] 屡，《明农山堂集》均作"娄"，当系误，应以"屡"为是。

[4] 邱，《明农山堂集》均作"丘"。

[5] 相慕之殷，《明农山堂集》作"相慕效之殷"。

[6] 入拜光禄卿，《明农山堂集》作"入拜禄勋卿"。

[7] 邱，《明农山堂集》均作"丘"。

[8] 矣，《明农山堂集》作"已"。

[9] 邱，《明农山堂集》均作"丘"。

卷二十八　周大理明农堂集（三）

潮阳周光镐国雍著

《香山寿图诗》叙

朱明洞主人兼浮邱社祭酒，南海陈明佐公者，前留台侍御，今以勋禄卿悬车。居寿逾七袟，甚盛。都人士祗欢于公，乃取公龙津三泾，并诸所同游者旧，拟之香山九老，绘图而赋之，以佐公寿觞。

一日，张生某，区生某，马生某，邝生某，驰缄币越千数百里而遥嘱不佞，曰："先生非吾明佐公莫逆者友乎[1]？愿辱一言以为斯图弁。"且曰："布境虽像龙津，取意实在履道。"履道云者，盖唐白宾客居易所与胡杲、吉旼等九人者结社地。不佞喜而思之，偻指与公别且三十年所。今既喜其畚遂初，而健饭无恙也；喜其得名胜，而觞咏自适也；又喜我领海多旧硕，眉寿无有害也。乃诸所同游者，不必问氏履之详，亦不必问香山同否。惟其拟明佐于乐天，则文物节概，迹有不必尽同者。昔苏子瞻为韩忠献记醉白堂，见其交重而衡论之，其意不无轩轾其间。

以予观乐天，初拜拾遗，忤执政，出江州司马，寻入典制诰；无何，又调刺杭。难进易退之节，与明佐出处，亦略相当。然乐天以宏敏材称，不知当时所建白者何状？当明佐持白简伏青蒲时，章疏数十百上，咸侃侃披丹吐赤；抨射贵倨大臣，力阻边虏互市不便。他如条画漕河疏徙机宜，乞停采办珠石，亹亹皆宗社生灵远大计。不识白公能比其烈否？

初，明佐由侍御外补，既自蜀藩解归，为忤权相意也。已而起宪臬，擢勋卿，则骎骎柄用时矣。乃三投檄，再恳疏，急流勇退，超然愉悦。每见当路推毂起者，偃若罔闻，岂彼叹白首湿青衫者能之？载观白公归洛，擅园林池馆之胜，极酣歌燕饮之适，至今诵池上篇如睹。然其自云，三任所有，率为池上物饷，不睹其所推本及众者。何如明佐公归，解橐中装，创祖祠，购义田，其所禋祀燕翼者，既隆且永。且施及疏属，闾左右德焉。今之沙村合族，无虑千百指，俨然举而俎豆之。以此血食百世，又何啻手植三槐。

嗟嗟！论古今者，不必校得失于异同。惟声施流传，则高风余韵在焉。情神衍逸，则年寿不朽均焉。向嘉醉吟，先生不让五柳。今尽读明佐朱明洞稿，则忠赤寓于感慨，经济敛于烟霞。即篇什中神气矫健敷泽，且轶会昌而上之，知公与社中客乐，寿未渠央也。

予不佞，自塞上猥以三疏乞归，桃溪玉峡，先人旧隐地，湛文简留题在焉。亦足鸀鶒一枝，惟朱明浮邱缘未了，愿他日操瓠荷锸以从，诸耆旧宁无许我，敢先以此证之。

校记

[1] 莫逆者友，《明农山堂集》作"莫逆友者"，是。

送赵少河户部转北叙

盖于赵少河君之由南户曹郎召而北也，则知主爵者，为国家任人以理财，计尽慎云。夫县宇之内，南北中外，势不相及，非为轻重异也。闻之民物登耗赢诎[1]，与夫机势缓急疏滞，非其耳目睹记，亲于其身操理之，即有明达之才，欲其揣摩无遗虑焉，亦难也已。

我国家肇起东南，而诞造于西北，并建两京。财赋自东南人者，恒十之七八，岁运漕粟以数百巨万计，上供乘舆百官六军之用。边圉时不给食，所当食者，亦往往请发充饷。诸藩封禄食赐予，费亦不下十百巨万，皆取办于大司农，北诚重矣。其在南数十羽卫官校，以护陵寝；六曹百司之长二庶属，以正百事，亦皆仰给于司农。而天下户口尺籍，茶盐钱钞之政令，罔不隶焉。以故诸子部无间署，人恒摄数事，则亦未始不北重也[2]。

今兹何时哉，圣天子冲睿励精，诸大夫寅恭夙夜，所以讲求积贮之理备至。加之两朝崇节俭，四海熙洽，无土木征伐征调之费，近且逾十年矣。宜朽贯腐粟，中外充满。然而京边之储，闻不支二三；岁留之羡，亦仅备三五，水衡钱又不甚溢。齐鲁卫郑宋薛之墟，赵君所习知也。顷以凿渠兴役，山东之民摇焉。江淮间水溢堤决，又萧然烦费矣。大江之南，非昔所称沃腴上赋者乎？乃肃宗皇帝末年，夷寇蹂躏，户口籍数具在元武湖者，视累十朝耗缩几何？饥寒转徙，岭之东西弥甚。此又非赵君南来所睹闻哉！夫时方无事矣，而百度告。征敛日繁矣，而逋负益众。虽两奉蠲免之诏，恩尚格而不下。此其故未可以易论也。语曰："沧海莫大，漏卮泄之。林木莫繁，野烧竭之。"毋亦节缩之方有未至乎？

夫财犹泉也，泉有源有流，其潴之也恶泄，故藏于不竭之府，取于不争之官，尚矣。次则窒其孔而厚封之，孔出于一则足，出于二则诎，出于三诎则甚矣。今上下公私之孔，可以指数言乎？则今日之计，莫有先于得人以理财者。即一司农，属主爵者，盖慎之矣。

赵君西人也，初领咸阳邑，咸阳故西地，则赵君习于西尔。以故征入，复俾之而南，欲其习于南也。其明年又召而北矣，皇皇伏轼，不暖于席，孰不为赵君劳？顾为国计择人，务明习南北事，将以大任使之，奚恤于劳？赵君非心计之臣也，治邑以循良著，语具诸使者疏中。既南来则治京卫，九仓粟出入称平，居常廪廪自持，同舍郎靡不争下。赵君者今行矣，以将事于南者，而靖共于北。举所习知者，调剂称量，以轻重布之，以备他日缓急。赵君得无意乎？余不佞，以治粟役从赵君后，窃有慨于中，故于赵君之行也，辱同省诸大夫之命，谨次之以代祖。

校记

[1] 闻之，《明农山堂集》作"间之"；赢诎，《明农山堂集》作"赢诎"，当系形近之误，应以"赢诎"为是。

[2] 北重，《明农山堂集》作"比重"，当系形近之误，应以"北重"为是。

《〈韩子〉选钞》叙

班固谓："法家者流，盖出于理官，乃刻者为之，至于残害少恩，伤亲薄厚。则申韩法术之书，宜其摈而不使之行于世也。"窃谓不然。今夫养生以粱肉，俄而疾病，则粱肉不可瘳以为常也，必徙而用药石，病已则所以御粱肉者如故。越人有母病者，其子不以医视，而奉母以呼西方摩诃之号[1]，谓慈悲可以济苦度生也，此大谬不然矣。故法者整齐画一之具，攻邪救弊之需。术则察虚实、审缓急，明标本之妙用。法其方书，术乃医者之意也。圣人相鲁[2]，亟行两观之诛；相周，不废三叔之辟，非其操法一而用术明乎？至于惨刻少恩，舍仁爱而一任刑辟，卒使元气凋残，身为大戮者，则岂尽法术之故哉，良由所用意非也。于此而欲尽舍其法术，一以仁柔呵煦为之，则亦佞佛而望母瘳，日进粱肉于沉疴者之前，必无愈矣。

韩公子愤时疾弊，务在阐明刻核，攻察击辩。其言不一而足，其意则戒浮淫，务本实，明赏罚，督耕战。君操其权，臣矢其虑，尽破当时诈欺怠谩之习，不深刺切中不止，盖隔一垣而洞见人五脏腑者。其文则森腾横佚，奇诡峻洁，波荡飚生，谓非先秦之国手不信。余夙岁喜之，既为理官，辄舍去。丙戌岁再以守吏入计，恒自悼其碌碌往返也[3]。又窃有慨于时弊，则深愧汉人"上计簿具文"之语焉。

舟行多暇，偶取阅之。惟时溯流巴江楚峡间，峭壁干霄，下临无际。江流自岷峨来，数千里汹涌澎湃，所过触穿石，轧盘涡，涛激湍喧，洞壑悲响，未尝不愕眙而褫魄也。则仰而叹曰：非是奇也，何足以当之，然其险亦犹是也。君子其慎所由哉！因选录一帙，盖亦孟坚所言"舍短取长，可以通万方之略"之意云。又二年戊子，南服之役[4]，因叙而授之梓。

校记

[1] 奉，《明农山堂集》作"奏"。
[2] 圣人，《明农山堂集》作"古人"。
[3] 碌碌，《明农山堂集》作"录录"，当以"碌碌"为是。
[4] 南服之役，《明农山堂集》作"南服之后"。

吕太史巾石先生传[1]

吕巾石先生，讳怀，字汝德，生信州永丰邑吴塘乡。父鹅峰公，隐居不仕，深于理学，所著有《皇极正义》《律吕新书》各数万言。配祝氏，梦五色云而生先生，是为宏治五年也。

先生生而端重，髫龀则志于圣贤，潜心大业。既补博士弟子，厌时师训诂，一根极性命，发为制科文字，泽如也。嘉靖元年，举于乡，未第归。已而鹅峰公卒，先生哀毁。既免丧，入南雍，师增城湛公文简。时镐之考君，以岭南荐上公车，道金陵，会先生于邸舍，语辄契合，且夕相与讲察性命，发明师门之旨。文简公恒叹，以为得二先生晚。一时关中吕宗伯柟，庐陵邹先生守益，时过从。如是者凡三年，则考君归岭南，隐不出矣。先生亦以母安人老，不赴公车。安人故强之，乃行。明年成进士，复与兄瑚同登。例进士改庶吉士为美格，而年逾四十者不与，以故往往隐庚。就试时，有劝先生应者。先生曰："我年四十往矣，登对之初，即罔主上而博一美选，吾谁欺？"俄而选者牍上，不称上意，诏尽罢去。而通一榜选之，毋问年，先生遂改庶吉士第一人。

无何，张永嘉以议礼骤贵，人争诣之。方召入阁时，诸郎曹无不列署衔名以迎，即诸馆众稍稍欲易初。先生乃率众独投一刺，盖故事非亢也。张由是衔之。会罢诸吉士，则先生给事于兵科矣。太宰汪鋐者，大不蠲于职，言官稍披之。汪诋言官，务争胜，以阁臣有主之者。先生正色言于众曰："功令，言官有所弹劾，无敢争者，即贵倨大臣，亦当自陈无状，以俟上去留。今争胜务反噬，以箝言者口，于国事大不便。"拟率众伏阙。有中挠者，先生乃独疏具。而何御史者，夺其牍而焚之。海阳人薛给事宗铠，亦以言汪事，死于杖下。先生曰："君怒矣，余即与薛俱死，无益也，徐图之。"

无何，以册封入楚，楚王宴之以娼优，先生变色谢，凡诸金币赍予，悉却之。既毕事，道闻母祝夫人讣，遂奔丧，哀割尤甚。服阕，未起，会有诏选廷臣之贤者充宫僚，肃皇帝面谕相夏言曰："前吉士吕怀者还，着用之。"遂行取先生，补东宫司直，兼翰林院检讨。盖为上所眷注如此。

是岁有薛文清瑄从祀之议未决，先生乃上崇祀真儒疏，谓薛有笃信力行之学，不失为一代贤者，宜祀之以示人机的。疏入，天子方下吏议，未行。先生以病请，不报。再疏，许之。且力疾草预养储宫疏，上引三代教世子之法，下酌今时宜宜可行者。疏入，留中不下者七日。先是庐陵罗洪先，毗陵唐顺之，平凉赵时春，疏请东宫受朝贺，忤旨罢去。先生之疏入，上置之左右玩。不逾月，则札下议东宫庙见礼，人争喜，咸谓先生纳海之力云。

既请告家居，则讲业于叠山书院，屦满户外。居三年，疾已，众咸强先生起。于是先生起以原任，侍经筵，兼直史馆。诏修大明会典，兼校历代史书。书成，升俸一级。是年夏，相国主复河套议，先生阻之，为所嗛。升南京国子司业，顾念成均为作人重地，奚殊南北？乃恳恳示学者以变化气质，为着里工夫，约之章程，播之歌咏，有古典乐教胄子遗意。

又一年，以宫允掌翰林院事。当是时，袁州相君秉政。袁州素重先生名，愿得一言为寿，先生不应。久之，则迁南通政司参议。又未几，则迁南太仆寺少卿。袁州父子横甚，斥不附己者，惟日不足非，惧有口者，则先生事且不测矣。

先生之在南也，一著《心统图说》，一著《律吕古义》，副在成均。至是，疏恳乞休，遂行。其明年，筑室于石塘，四方士多从之者。方王文成讲良知之学，而增城则以体认天理为教。两家群子弟不能相通，致有同异之辩。先生则曰："天理良知，本同宗旨；千蹊万径，皆可通国；乃徇意见争喙鸣，何以哉？"论者谓先生之教，不标立门户，可使人循循而企之如此。

隆庆改元，诏进中议大夫。明年，门人唐伯元偕光镐，来自岭外问学，居逾月。乃先生以考君故，视镐犹子也。语及考君事，恒相对泣下。会三书本义成，受之以归，伯元遂序而刻之。门人周守愚，刻先生汇稿若干卷传于世。又明年辛未，先生八十矣，而伯元来自京师，侍杖屡乐甚。归数月，则证定《历纪古义》七章。先生所论著，上彻元运，中妙性情，下通民物。《心统图》《律吕》《历纪》二古义、《说卦》《补传》《三礼》《纪愚》各一卷，最后则《洪范补传》《大衍》《易范统宗》各一卷，而先生于是乎绝笔矣，是为万历元年五月。明年，新安人黄君金色，始合《洪范》《大衍》二书刻之水部。故未及先生门而欣慕焉，可谓好学也已。

校记

[1] 校之《明农山堂集》，本文应系节录，且行文也有较多删节，为避免繁杂，只在这里说明，不一一出校记。

祭陈白沙、王阳明、胡敬斋三先生从祀文

皇运重启，圣道昭明。贞元萃合，儒哲辈生。南海东越，大江之右。直溯渊源，紫阳之后。猗维聘君，主静立极。功用自然，全体《周易》。继讲良知，大张厥帜。主敬行仁，尤敦实际。惟三先生，迹若异同，造道则一，风教并崇。顷奉廷议，光昭化理。表率真儒，肇称殷礼。四科之下，两楹之西。河东接迹，濂洛其跻[1]。以兹吉辰，肃恭迎主。俎豆升歌，昭告夫子。惟神凭依，永世血食。爰启后人，是训是式。

校记

[1] 其，《明农山堂集》作"共"。

祭庄定山先生文

嗟夫！论士于三代之下，求其志符于迹，行贞于义，无间于出处隐显，常使澹而不滓者；光霁之怀，引而不屈者；浩然之气，若先生者，几何人哉！

镐生也晚[1]，幸天不弃遗孤，幼从过庭，窃闻江门夫子之余绪；则知宪庙时有先生者，天挺人豪，特禀灵异。平居自谓圣贤之生，天为斯道之传。于君臣大分，确然必尽委身之义。即其培养一疏，侃侃乎救正之方；南服之贬，慷慨于仳离之际。当时史馆重四谏之名，四海切苍生之系。讵使自此以后，几如削先生之迹。而有道之朝，不能一日安于其位。此其故何以也？服阕不起，人谁信之？退居三十年所矣，朝被召而夕遄征，人孰不疑之？既属南天官，而弥留于萧寺。即恳以疾告，人孰听之？欲归不归，一何迟迟，知先生之疾之意者，江门夫子也。则其刚迈不屈，虽屡挤于柄臣，而洞彻不欺，已能昭信于同志。

嗟夫！先生之心迹出处，故足以愧脂韦之徒，庶几廉顽立懦之风者。若夫持身以道，应物以诚，斩然有伊川之法度，蔼然如明道之和易。磊落襟怀，躬行实地。又知学归于正，足以挽斯世之颓，而立吾党之帜。恨不及亲聆謦咳，以躬承其策箬也。

嗟夫！日月云徂，江河驶逝。士之所患者，急功利耳，少气节耳。剿窃良知之影响，以贾名媒利自为。附依公卿之门墙，而掩饰闲居之隐昧。又不深求体认之旨，而闻声争吠，是何异于耳食盲趋。焉得起先生于九泉，一唤醒其聋瞆（聩）邪[2]！

某生而颛侗，长窃有志。恒怅怅而莫之，惟皇皇其若隳。谬以储戎之役，尸素贤人之里。夙夜有怀，耿耿不寐。惟先生默相而阴启之，俾所学不陂，所行不踬。庶几无忝于斯人之类！

呜呼！长江浩浩，钟山岂岂，愿启元扃，歆此微意。

校记

［1］镐，《明农山堂集》作"走"，当以"镐"为是。

［2］瞆，当是"聩"字形近之误。

祭唐仁卿吏部文

于戏！嗟我仁卿，胡为而止此也！天生贤哲，代不数见。而其出处进退，则气运亨屯，世道升降系焉。故其生也，或为斯世用，或为斯道寄。用于世者，尚不乏人。而抱济世之具，为载道之器，则数百年一见，犹骈首而比肩也。乃遽生之而遽敚之，使之材不尽用，道未大行。若我仁卿者，果天无意于斯道斯人邪！

嗟我仁卿，天实挺生。扶舆间气，岭海钟灵。充其学，足以理披纷之坠绪；究其用，足以襄治运于休明。识度炯炯，冠群伦而作领袖；襟怀磊磊，御八表而吞四溟。阐发性命之微，则诸家之糟粕尽弃；克举纲常之大，则天下之名教独婴。平居称善病，而不病于病；状貌若忧生，而不有其生。即名位之通塞，不足以汩其内；而所遇之顺逆，亦罔以撄其宁。故由令宰而转南署，因抗疏而理郡刑。人皆谓其沦屈，而君则坦然若平。既而论定，而陟春官，予告而擢符丞。骎骎柄用，特起铨衡。人皆谓其际遇，而君不以为荣。

维时予方拮据于荒塞，君亟邀予以上京。既予膺召命，以生入萧关；无何，君亦解选务，而辞冏卿。后先恳疏，咸荷圣明。于是相怜同病，共证幽盟。秋期罗浮之胜，春约甘露之乘。惜纡徐以日往，讵奄忽而露零。果天心之靡定，乃萎哲于茂龄。

嗟夫！论交三十载，俨如一日；契阔千万里，迹如晨星[1]。晚谐秦晋，蚤实弟兄。惜襋期之未尽，负良友于重冥；幸不朽之有在，嗣箕裘以简青。

于戏！死生寿夭，义命之大者，与君讲谈，有素矣。乃此之恸，盖为斯道斯文，非以寻常交谊而萦萦也。有诔不足尽哀，醊絮不足将忱。爰效九章之楚些[2]，羌览涕以招魂。哀哉！

校记

［1］晨星，《明农山堂集》作"星晨"。

［2］些，《明农山堂集》作"茤"，是。

贺陈玉垒入相书

伏以景运重熙，紫阁重经纶之选；帝心简在，黄麻隆鼎铉之司。荃宰交符，垓埏胥庆。恭惟相公阁下，德萃中和，学光述作。衍人文之正觉，握斯道之元枢[1]。史局宏开，敷贲直昭于麟笔；国章总揽，诠裁曷数乎马班。自经幄以遇主知，一朝爰立；由春宫而陟政府，三让弥高。帝赉维良，信天子必求修正士；天佑则实，维宰相须用读书人。盖自古为旷观，实于今而始觏者也。

某夙供埽除，谬承陶铸。兹闻简命，倍切忭欢。乃局守于龙荒，徒驰神于燕贺。敬勒下忱，祗奉中涓。伏愿启沃以心，纳诲惟德。积精诚以燮和元造[2]，培善类以奉若天心。庶使救时无专美于姚崇，而见道不独羡于陆贽。曷胜大愿，不尽祝詹。

校记

[1][2]元，《明农山堂集》均作"玄"。

上吕巾石老师书[1]

某初离襁褓，即闻父兄诵吾夫子，心窃识之。既家祚屯蹇，孤子荒遁，幸戊辰获闻绪论，恍若发蒙。去冬以简书期逼，冒夜登山堂，领亲切要约之训，俄顷间受益无量。

既入官来，吃紧鞭策，愿自策树，以无负明时，以酬生我成我者厚德。乃学不足以润躬，才不足以饬政。哀矜有念，听断无能，古人谓"灭裂耕耘者，亦灭裂收之"，窃惧类此。矧时尚操切，俗习刁嚚。以朴樕之材，任寡谐之性，则既不能骛赫赫名，以邀无当之誉；又不能妍丑随人，以逃浮世之嗤。夙夜救过不逮，惟是所信者，尽此心以推之，能使民心不至相戾，余皆所不计也。

别后起居清胜。石塘风景，诸贤攸萃，何时再获一奉几杖，挹春风，以涓此尘垢也。瞻恋遥增，谨驰一力，修寸楮，少布候私。维夫子万自调摄，为斯道斯文珍重。临楮不胜驰慕之至。

校记

[1]上吕巾石老师书，《明农山堂集》作"上吕巾石老师"。

谢王太守惠剑

顷者斋宿治状，奉候起居，想彻记室。乃辱鼎使瑶函，重增悚愧，兼拜纯钩之惠，未启匣即光烛海甸，景集星躔。盖前此数夕，洪涛翻击，蛟螭斗争，关戍褫魄，舰樯摧倾，实其故乎？窃念明公所惠者物也，明公所大惠者教也。某顽锱未锻，涂泥不澡。既短于挥霍，又疏于防检。古人谓需为事之贼，虽切戒之，而于游刃有余地，或未之逮焉。兹将握此宝锷，藉公威爽，夙夜淬砺[1]，以从所事，诚区区至幸也。

然器有所适，物有所运。将以之格潜狐而解栖鸡乎？抑以之断鲸鲵而刳犀兕乎？将以之韬精芒而含斗星乎？抑使之空弩流光而闪人耳目乎？小用之则辱所惠，大用之则非其人，受而虚之，生之惧也。世故扼腕，按盼属多。生平肝胆，解佩难逢。辱公以知己，畜焉一腔之血，百骸之躯，将仗此以为门下报。使旋，附布微言，愿终教益。商飚肃肃，临楮依依。

校记

[1] 淬，《明农山堂集》作"碎"，当以"淬"为是。

报颜冲宇少卿

某待罪名疆，寒暑易序矣。乃不能一遂展觐，夙夜瞻慕，何能已已。然于明公之高风邃养，则既已心醉而神怡之矣。

顷者署奉化，稽邑乘所记载拾遗，当年死事甚烈。询其祠则仆碑周道，问其墓则翁仲草莽，心殷殷然恻之，乃谋学博士卜地于关山之阳，辟构一祠。会有讼争寺田者，因以数十亩为土木烝尝之供。详之抚按，可之。又欲请碑立石，以纪其事。佥谓表忠烈之遗，必取之有道高风者。则惟先生之巨章，实足重焉。谨此治状，以博士载币而行，仰惟先生赐之磨崖勒石，将藉此以发潜光于不朽也。躬候无由，临楮驰注。

与熊陆海太史

世路崄巇，风尘白首。自念丈出金马门，弟则一麾巴子国。浮沉偃蹇如是，而阻阔者十年所。无论良晤未几，即雅音亦寥寥希遘。向辱赐诸篇，庶几发我聋瞽，沨沨乎正始遗音，令人想见壮心。如曰"自恃红颜别有春，红颜容易落风尘"，又如"向来总为荆山璞，此日难论楚泽弓"。每唏嘘击节歌之，唾壶缺矣。

弟近以遘疾乞归，当事苦未相许。十年险道，万里荒陲[1]。嗟嗟！诚何心哉！所有近况，稍见俚言。知丈爱我，敢奉览教。

校记

[1] 陲，《明农山堂集》作"垂"，当以"陲"为是。

报李磐石太守

窃观冠盖如云，赤心有几。颓波日逝，砥柱者谁？公盖某所愿慕而未能学者也，惟日夜藏厥心焉。辱明训敦复，所药石砭剂者，意独切至。证顽启迷，公其某之师保乎！尝叹世之学者，患志不立、趋不端。知言养气，在孟氏为希圣之功，在吾人则入圣之准也。盖知言，则是非无所惑；向往端，气善养，则志必持而义可集，循此其庶也。教云："诚于亲君子，疏于处小人。"噫！君子小人之分，知之明而辨之审者，必知言乎！诚以亲之，疏以处之，则吾之气所养者定，庶无眩惑摇夺之蔽。然其所以难者，亲之必求其切劘之益，处之必有含蓄防御之术，是皆非声音笑貌所能为也。庶乎此，则有益而无损，不则能免乎衰世薄俗者希矣。

某迩有意外之讪，其坐此乎？闻教恍然，一番警省，数以弦韦佩之。旋自三衢，正在束装，使者逼迫，聊此报命。《桃冈日录》一册奉完，《外颜》《冲宇》二作录览。有道者之言，多奖勉以劝人之进云。

报唐仁卿

顷有家人自岭外道螺川白下来者云："彼中人士，颂足下政泽，前百年未有也。"不佞知足下宅心纯粹，政事自与时吏迥别，又何待人言而后知之。此方苍赤，一何幸哉！若簿至，辱长者垂念雅贶。且备知动定，慰喜慰喜。尊翁高堂，迎养邸舍否？令郎长公，业文何如？计受室未？近来凤毛麟角，当种种出人间矣。便中乞详示。

弟近有江北之役，月可三四日了公事。余则杜门，阒其无人，理卷编药物。山光树色，鸟语江声相映，发吏隐未足喻也。却又于寥寂中，增一番警省。盖惧以逸豫坠之耳，足下时惠教之。年光建瓴，此物堪惜。即簿领烦剧中，须无失自家意思，乃为有得。足下固深造者，不佞何能一言。惟近来见讲学一事，于吏治中更宜斟酌。弟于浙时见有部使者讲良知，一时翕然向往之。毕竟为一二搢绅，匪类假以媒利，稍损威严。此人时向江右，丈当自有鉴识。

丹士秘方，宜自服食，遇非至人，未宜轻授。饶舌至此，鄙人之过计也。如何？并致候意。

报方思善

四韵诗小技也，有志之士，较工拙于声响景象之间，必以一字一句炫奇。譬之千里骥，奏步于蚁垤耳。即令极工，传否未可知也。传竟何益哉！

然为之犹贤乎？已则必以之摅性情、发悲郁，寄忠爱无穷之意耳。

仆迩来于骚选二物，辄精神尽之，不自知其疲薾，时发一二短篇，窃沾沾自快，然小技耳[1]。惟是道德，有之身，发之文章，寄意广远，备极微妙。上之王绩国制，下之民情物思。浩荡长篇，警策数语，务以勒成一家之言，则有兄在，愿兄勉之。

校记
[1] 然小技耳，《明农山堂集》作"然少技矣"，当系误，以"然小技耳"为是。

候欧桢伯[1]

曩岁睹邸报，知明公恳疏归矣。莹然白璧，屹然砥柱。明公其一代之伟人乎？

某切知向往，业无能为役。倘得遂解韍之愿，将驾扁舟下黄龙问朱明，随长者杖屦，庶几有所鞭策，少窥作者意乎？今则尘土面目，霜花短髯，惧将卒卒以死也，言念怅然。备役在蜀，曾从陈玉叔、朱秉器二公，每见必致问吾丈动定。二公操作者之盟拳拳，于不佞受益深矣。顷朱先生欲有所寄问于左右，故属不佞代致。而不佞方愧数载之间阔，亦念欲修一介行李于下执事者，遂卜日以竖子东也。统祈鉴炤。

校记
[1] 桢，《明农山堂集》作"祯"。

报梅禹金孝廉

尝观世之需材，与材之需世，均之不能相舍。而恒见其不相值者，此其故将谁诿哉？乃材有不同，如通达国体，明练世故，抱经济之猷，富润藻之业，文与质衷，若足下者，其材又岂世多有哉！辱所赐书，云别不佞恰十年，四入金陵，每徘徊于故署兰若过游之地，令人怅然。

嗟嗟！人生几回别，能有几许十年哉！乃十年中，不佞望足下扶摇飞搏，将九万里一日也。讵今犹然故吾，则岂世果不需材，而材之大者，果与世不相值哉！驽骀上驷，国色下陈，自古叹之。如始进之阶梯，士人之羔雁，则或者其故在我。年来足下肆意辞章，困畅浩丽，诸凡白雪之篇，绿水之节，布满天地间。盖将倾一代而左祖矣。然则意有所适，则功有所亏，宁无所重者此，所轻者在彼哉[1]！然足下兼材也，睢涣之溃藻，与邹鲁之精纯，皆素所精诣，则随施而应，何有偏滞。屠客部所言，以雄俊爽鹘之气，发而为缠绵婉丽之音，则亦弢光自适云尔。彼独以才情节侠云者，非尽然也。然则造物以才笼足下，足下以才玩斯世，此其故似有之。古人之学，几变而后至道，尚为知己望之。

手教大篇，恳切纵臾，未尝不感所规，而愧所奖。小草乃边徼外呓语尔，不意一时不能自藏，而反辱足下之暴露其拙也。以犬羊之质，酱龙虎之文。冒非其宜，愧死无地。惟心乎爱矣，敢忘所期？附言私衷，兼以布谢。偶出临邛，道上匆遽报缄，惘然神驰。

校记

[1] 所轻者，《明农山堂集》作"所轻"。

报耿子健

此月望间，府吏南来，拜教札，感丈念我者，不遐遗也。既读《亭州私记》，则又窃叹丈性天学问，自是浑成，胸中但见人好处。弟则又因以自省平生褊浅，每不能忘人之过。年既艾矣，虽时自克治，终为有种之恶，何足以言知学哉！故知随事取法。何往非吾之师也。

是日保宁一检校，江右人，寄到唐仁卿一札并近刻，又益喜。且见仁卿学日进，义理已凑泊，心地已廓然。书中致意吾兄。不意兵戎造次间，忽得二妙教旨，同日而到，恍如濯清泉而被惠风也。快哉！率成二俚，并近怀一二，并录来箧，以塞遵命。

长君新文，自是颖慧，见者咸称为载道之器，匪徒文焉已也。家竖子偶携二土缣来，敬奉为郎君青衿之需，不敢云答报也。外《渡泸小草》，未尝示人，并仁卿寄来刻，附上尘览。幸教之。

上徐司马纪事

建越荒徼，自汉唐以来，疆域虽不可辨，然事迹尚可考焉。我朝《蜀志》于此独疏，诸经略无可概见。大都自月鲁帖木儿之后，未有特命征讨者。间虽时而雕剿、时而诱谕，未尝遭一大创，以故蓄乱，十余年以来，至于今极矣。乃本部院斯举也，天心厌乱一方，拯溺亨屯，故蒐薙廓清，前二百载所未有也。

其猥备戎行[1]，虑他日无所睹记者，谬以耳目身心之所及，敢奉台命而略纪之。顾其事不爽实，而其文不能瓌括，其伐虽极光大，而其词不能阐扬，是则某无所逃罪矣。

向以马边未竣，未敢尘渎以上。兹西南事大定矣，谨录芜稿，呈望台览，乞赐裁削指示。无任皇悚。

校记

[1] 其，《明农山堂集》作“某”，是。

候汪司马伯玉

不佞某海澨孤踪，荒遁末学，自通籍来，窃闻海内先辈，即以神驱北面，廿稔于兹矣。仰惟门下为吾道之先觉，启斯文之元篇[1]，辉煌百代，敷贲明时。无论艺苑主盟，词坛秉帜已也。心契邹鲁之精纯，名高熙朝之鼎石[2]。即寰宇内外，无不诵司马相公者。某何人，斯敢咏江汉之余波，望泰岱之椒麓哉！

乃微尚菀结，夙有斐然之思；私淑由来，窃抱皈依之念。顾天限狂简，地回云泥[3]。方落魄于吴越也，惭抱空质；既顿于巴渝也，猥事戎行。徒怀古人未见圣之心，自分此生无登龙之望。讵知门下谬采虚微，垂悯接引，将舍宝筏以渡迷津，直示圣谛，以令开悟。某果何修，而得此哉！祗奉云缄，东向九顿。念某游且倦矣，鸟羽戍兽猰之地，蜎蠋跕鸢之怀，旦暮将疏乞归也。则渡泸出峡，将鼓箧于黄山白岳之间，是某毕念于门墙之日乎！兹以方景真东旋，敬因绍介，用布畴昔深心如此。

校记

[1] 元，《明农山堂集》作“玄”。
[2] 鼎石，《明农山堂集》作“鼎吕”。
[3] 地回云泥，《明农山堂集》作“地迥云泥”。

与泾阳乡宦刘[1]

顷者修候不庄，未摅积忱，讵辱教言，恳款蔼然。不意十载契阔，犹有此也。至知德昌之神，有负重托，则俯首疚心。即贱行遣发之秋，不能周旋所事，而文武所托之人，一无共体相济。则不佞之罪，何能自释。彼中土司一弃妇与一旧夫土舍争，何大难之有，而当事者不能出一偏师，以制其死命，则信乎任事者之无人。而所以不能任者，以所见之不真也。

嗟嗟！蜀事何难，惟此中视蜀事愦愦，不啻倍蓰耳。火酋入犯，泊今三年。士马关垣，一切废弛，则所谓惩往事以戒覆隍者安在？皋兰兵甲差强人意，枹罕疲羸太甚。岁费水衡数万金，以养佣奴孱弱之夫，以赋阘冗偏裨之橐。视若故事，无论出塞长驱，即使登陴鹤列，无一可者。不佞庸懦书生，业无长短，十载兵戎，安见有此？睹事寒心，尤不免为婺妇致叹耳。勉在秋防，便乞残生。制府虽辱梓里，来此落落未投。前奉长公先生廉贞奇秘，即为转闻。兹承别谕，当俟再启。大约方外之交，虽王公何可贵倨，而堪舆鉴别，在辕门又最属心者，不俟绍介，自可知遇，谨如命图之。适中丞秋防临洮，匆剧未尽觊缕，闻长公北上在迩，容尚肃候不宣[2]。

校记

[1] 与泾阳乡宦刘，《明农山堂集》作"泾阳乡宦刘"。

[2] 容尚肃候不宣，《明农山堂集》作"容尚肃候，不宣万一"。

与四川宪长武靖川[1]

弟久抱去志，乃复逡巡入关者，非得已也。登涂之后，便自懊悔。既抵长安，则问皋兰尚在二千里外。时属荐饥，虏复跳梁。悔当时不自决，岂若有鬼物使之非可得而自由者？且复四顾寥寥，无一知己，视在蜀时，同籍昆弟，左提右挈，复何有哉！以此益思恋无已时。春间荒缄，未展积忱，嗣乏便鸿，阔焉闻问。讵辱云章宠贶，恍若天坠，趯然之喜可知也，感何云喻？

近见邸书，知丈亚除目矣，何不径授节钺，而必欲转藩伯者，岂事必然邪？时正秋防戒严，久役于外，乃稽蜀使逾月，幸虏酋稍遁，方暇肃缄布谢。万里寸心，殊方轸结。惟加餐珍重，以膺新命。竚企竚企！

校记

[1] 与四川宪长武靖川，《明农山堂集》作"四川宪长武靖川"。

与刘驾部天虞[1]

念明公抵都门，或有以洮河虏情询者，计左右必知其详矣。但此中事，大约春间，不佞初到，正值灾荒流离、饥殍满目，故先以赈济为事。惟时仓无余粟，军士缺饷者，多至七八月以上。既伤死徙，又虑脱巾，蒿目焦思，千方百计，稍转运粮石，借贷赈给。即不能活千万命[2]，亦免展转沟壑者多矣。四五月之间，火酋时近归德，勾番掠番，投状求款，势颇猖獗。然未尝敢逼内地也。

不佞愚见，自度河州兵马羸弱太甚，势不能为力。故调兰州兵协防，日惟以抚番为事。盖内外番族中，虽有向虏二心，亦多出于不得已。故时调而抚赏之，使之自相联络、并力御虏。在我一面，整搠兵马，为之应援。彼既恃我之威声，我则以彼为藩篱。自六月以来，哈族番敢与火酋男揣库儿对敌，二次杀虏级数颗，又夺回被勾去板日番一族二百七十余帐房。此皆鼓番所致，故自七月初旬以来，虏帐远遁，不敢近边，亦无复有劫番者。据侦探番目并我夜不收传言，火酋商议云："往年掠番送我添巴，今年番敢与我敌，定系汉人兵马多到，必欲杀咱们也。"时伏精骑哨马百十于近地，以防我兵之出，盖知有畏心矣。今尚购番族，悬之重赏，欲掺捕其哨探之虏而创之，或可寒其胆而翦其翼也。大抵此虏盘据两川，我兵长驱为难，惟当以计图之，以先声惧之。收番自固，练兵以待。即一时不能剿灭，计彼亦当渡河而西。

惟是不佞才绵力薄、年衰病剧，力万万不能堪耳。况领海之人，与西北地方，万不相宜。去家万里，防秋毕则急于求归，不知荣旋之日，尚得一面否？附此披沥不尽。

校记

[1] 与刘驾部天虞，《明农山堂集》作"刘驾部天虞"。

[2] 千万命，《明农山堂集》作"万千命"。

与大理卿周友山[1]

某材朽识疏，品力最下，台丈所深知也。皋兰之役，岁值赈荒，饥殍满目，废寝食者三阅月。则防秋戒严、倥偬羽檄，更不能遗丑虏一镞，惟念念惴悔而已。讵意猥承嘘植，叨有此移。慨今之边事，莫剧于西秦，西秦莫重于朔方。以一孱懦书生，委之封疆重寄。矧甫定之区，奈之何廊庙不以器使人也？以此重增悚惕。

逡巡赴代间，忽拜教札之辱，捧对感愧。窃叹生平最拙，廿年来，无一尺疏通于都门贵显者。即自台丈北上后，缺一修候，余可知已。乃何所见录于主爵者，而遽叨此，则推挽所自，敢不知之？国士之遇，此生未知所以报称也[2]，惟勉尽此心而已。

台驾过里门，以何时入金陵，风靡习窳[3]，大廷尉事简望尊。谂台丈虽倦游，当为世道一表率焉。区区病况，此未备所云。敬附便鸿，肃此布谢。

校记

[1] 与大理卿周友山，《明农山堂集》作"大理卿周友山"。

[2] 报称也，《明农山堂集》作"报称所也"。

[3] 风靡习窳，《明农山堂集》作"金陵风靡习窳"。

上大司马石东泉[1]

顷奉台教，并示前抚院事。某即土木，敢忘大义？念某自去岁以来，为此腐心。盖以先后在事，恐冒不韪之名，故极力调停，亦义所当尽，而责所不可辞者。惟前院当时拨乱，任怨敌国颇多，致在事者之搜求，坐三月而不肯释手。恨生不与卷籍，为有所蔽护，而不知实无所染累也。今与该道筹虑甚悉，公道自明。

虏势东犯，情形已逼。今岁防御，比前加谨。沙湃等处冲险，俱扒移布设整备。各将领候军门督束，各凛凛戒严。即不能保其不来，如来有以制之[2]。河西仍因乞款，示之羁縻，庶大兵可全力于东也。恐黩台虑，先此奉闻。

校记
［1］上大司马石东泉，《明农山堂集》作"大司马石东泉"。
［2］如来，《明农山堂集》作"知来"，当系误，以"如来"为是。

上内阁王荆石[1]

职某顷者以房情边计，琐琐上请庙谟。伏蒙台座赐俞允，详题覆，职惶感不胜。凋敝穷荒，黎蠕苏息，皆师相再造之宏恩也。第闻各帑多诎，恐难曲遂所请。职反覆踌躇，不得已再减请马一千匹，诸铠仗亦就中撙节，以俟徐图之。若军马月粮，则急似燃眉。伏望台座曲赐主裁，边圉幸甚。

又奉台命，代河西兵粮道者，令职指名拟推。职愚不能知，但询访，如延宁粮储郎中某者，勤练精忠，资亦相应，不知可备采择否？冒罪觇缕，万乞台慈垂鉴，职某不胜詹悚之至。

校记
［1］上内阁王荆石，《明农山堂集》作"内阁王荆石"。

上本兵石东泉[1]

顷者宁镇东援，兵将不能多取房级，总兵萧如薰致为军门论列，彼将何所逃罪？即犄角无能，某亦安辞其责？但宁夏全镇之兵，不及延绥三分之一，有马者仅三千有余，责之以驰千里之道[2]，抗数万之房，势亦难矣。故某方以保全为幸[3]，不愿其夸诩以邀功也。即今宰、炒诸酋，各自生心，山后结聚之报，日无虚刻。大将既已俯首待罪[4]，诸兵将又皆喘息未定，事势良为岌岌。

某伏思择大将最难，择宁夏之大将尤难，盖当叛逆之后，反侧之多。萧如薰虽非骁猛，惟能得士卒心。今之代者，必以镇静柎循为先。若彼夸毗以趋事，掩饰以挠功者，非所利赖也。一时卒难得人，不知可许如薰戴罪立功，暂免逮问？亟望台下垂念残边，就近推择，得一名将以易之。庶免部曲摇动，外房乘虚。不知于事体可否？若兵备荆副使，一筹之赞，其罪尤在可原者。统望台察。

校记
［1］上本兵石东泉，《明农山堂集》作"本兵石东泉"。
［2］责之以驰，《明农山堂集》作"责之驰"。
［3］以保全，《明农山堂集》作"以得保全"。
［4］俯首待罪，《明农山堂集》作"伏首待罪"。

与选部唐仁卿[1]

嘉平之望，睹邸报知兄入朝，甚喜。正人秉衡，君子道长，其《易》之泰占乎？拔茅汇征，吉在初九。而九二治泰，有包、荒、朋、河四者，乃得尚于中行，以光大也。兄之举措，无非学问中来，其于《易》尤深者。今之大计，定非他年比可知矣，此敢为世道贺。

弟伏荒塞，即复隍之后也。时险行危，所赖以艰贞无咎，不能不于心知者望。边务机宜，虏情顺逆，顷于固镇乱后，曾有小疏，兄曾寓目否？若尽如当事者，不审机宜，不知彼己，则贞吝之凶，不在上六，而在师之三四矣，兄将何以教我？计事倘尚瓦全，乞归当在夏首。奉贺不宜及此，然非兄不敢及此也。惟尊炤之。

校记

[1] 与选部唐仁卿，《明农山堂集》作"选部唐仁卿"。

上军门叶龙塘（二首）[1]

虏献四叛，先以挺布、李敖埧二名送至，已与之赏去。首恶马世杰约十八日到，想今已得。盖彼疑我吝赏，故留在后手，狡酋之态如此。尚有一名把赤者，最跋扈，业已用间入之矣，计必得者。山后虏闻有变动情形，各布兵应之。马孔英今日之玉泉营，并附以闻。余容报至，即具疏以请题。未备。

校记

[1] 上军门叶龙塘，《明农山堂集》作"军门叶龙塘"。

又

捧读大疏，祗服讦谟。四镇丑类，业已敓其魄而寒其胆矣，又何有不二之口哉！

大都今日之事，各酋情形不同，而各镇强弱有异。然作三军之气，扬九塞之威[1]，当以一战为主[2]。而其所当羁縻以自缓者，时使然也。故在宁镇，则当自治以备战；在他镇，则当审敌以必战。火酋以款图之，黄酋、宾妻以款与之，此臆见故如是也，不识有当与否？

夏州之阅，支节弥多，诸将人人自危。乃河西道，闻台翁有意督过之也，则或未知其用心之苦矣，言之可泣。冒昧具复，外塘报附览。不宣。

校记

[1] 扬，《明农山堂集》作"畅"，当系形近之误，应以"扬"为是。
[2] 当以一战，《明农山堂集》作"当一以战"。

与梁宇霖大参[1]

念弟与兄别，十年所矣。驰驱边陲，倥偬金革。弟固叨与兄同，而兄之壮猷硕画，九塞烨赫，则弟所三舍避者。熙河之役，正值兵荒，朔方之移，转属险阨。命也不犹，到处孔艰。以故揣分乞归，三疏未许。人且以老病谪之，尚尤未得解绖也，苦可胜言哉！

台谕云云，岂弟敢当。叶龙老直以犁庭扫穴为任，人言尚尔啧啧。何况么麽如弟，时固未有晋公，谁者可许李愬？谈此中兵将，徒令人扼揽尔。

套房正在结聚，虽云修怨甘凉，然未知其鸣镝所也。弟秋后决于必去，不知夏州人能檄天惠，以借镇临否[2]愿之望之。无由促膝，曷罄深衷。疲苶重肩，惟望指教。幸甚！

校记

[1] 与梁宇霖大参，《明农山堂集》作"梁霖宇大参"。
[2] 镇，《明农山堂集》作"填"，当系形近之误。

候大司寇耿天台先生

某领海孤踪，荒遁末学，幸徼惠于子健年兄，获私淑门墙道教。十年来，虽末由一分弟子末席。然持念皈依，即牛马风尘、兵甲倥偬，而持循警省，羹墙寤寐，一息不敢少懈。

兹者归自绝塞，志坚长往。乃过文献邑里，欣慕有道休风，益炯炯惺惺，亟欲趋承函丈。伏聆绪教，缘恩疏先发，纡途不便，怅怏徘徊，若无以处心也者。谨肃素缄，恳子健兄为某绍介，一展起居之忱。伏祈台慈垂照[1]，且为愚蒙一发药。俾从林泉暮景，毋隳迷昧，是某所至望也。临楮不胜悚恋。

校记

[1] 照，《明农山堂集》作"炤"。

与邹尔瞻吏部[1]

夏间，贱行道境上，幸一奉颜色，大慰十载愿望之私。昔人披云雾见青天，未足喻也。乃謦咳之被，昭若发矇。俄顷之际，洒然醒心。别后溯思，寤寐心目。犹龙之遇，其可再乎？既抵田间，沉疴日剧。时惟奉大篇讽咏之，则鄙吝脉脉消也。区区暑病交攻，方驰再疏以乞，遽被言者及之，今幸遂长往计矣。海澨渔樵，足了此生，悠悠世故，何敢复与？惟是进修之念，静中愈觉惓惓。而钝根鄙质，作辍相乘，门下何以教之。么麽俚语，课自途次，短于作书，蹉跎数月。兹得便羽，敢肃寄以候，亦见向慕之诚如此。

校记

[1] 与邹尔瞻吏部，《明农山堂集》作"邹尔瞻吏部"。

与翁鸵峰参军[1]

春和景融，尊祉骈臻。区区冗病，无能展拨。眼间世故，争竞骛趋。不顾亲疏骨肉，一任懁悁戈矛，总之佥险为强，忍弱坐毙，不知彼冥冥者，宁无默司予夺，非达者不足与言也。

近如高门令侄辈，受人倾挤，通郡人咸切齿，盖伤司马先生之后，不宜受此毒螫。无论高门，吾潮几司马哉！潮之搢绅后死，不顾大义，甘于撤藩外媚，窃为豪杰羞之。彼外至者，不夺不餍，谚所云："食人之食，殴人之儿。"古云"夺巢破卵"者是也。不佞自初力劝令侄，勿与之争。为其揭讼四出，彼故不量力应之，已非计矣。近见令弟瞻涯，亦同弟意，切责诸郎，不知彼非得已也。瞻涯卧病近郊，进退维谷，日欲乞休披发，以谢此辈，又以孙夫人在，顾虑反思，可以道恳恻于夫人之前者，至亲无如吾亲家，不佞亦蚤念之。意亲家必敦懿亲之情，善解斗之策。乃至今未闻出一言了此事，其意为何？夫责赘甥以大义，全弟侄之一线[1]，持此心以报司马，俾亲者诵德，闻者诵义。此高门一段美事，门下得无意乎？夫高门子侄今日之享，孰非司马先生之贻。饮泉知源，决不可坐视成败，亦不忍同堂为人鱼肉。

仆远人也，不知详悉，唐曙台独仗大义，善处分者。门下出而与图之，幸甚。辱在葭莩，不觉规缕。

校记

[1] 与翁鮀峰参军，《明农山堂集》作"翁鮀峰参军"。

[2] 一线，《明农山堂集》作"线线"，当以"一线"为是。

与郭青螺中丞

弟逃岩穴五载矣，目不睹邸报，手不作当路贵人书。惟以播酋关边陲大事，老丈秉专征大役，故每每向人问之。自去秋得荡平音，大为击节。乃知元老壮猷，当不在吉甫后。而茅胙之锡，熙朝又一文成矣。毋论同籍宠光，其为史牒辉映甚盛。

嘅自闽省，一通闻问，嗣遂阔焉。生平荷提携雅谊，即显晦涂殊，而此衷宁无惓惓也。兹有友人林大策者，以蜀西循良制归，起补滇云荒徼[1]，道出黔中。向公祖在郡时，曾荷青瞩。兹拟伏谒辕门，倘推念旧编氓，又不肖弟与故选部唐仁卿同志友也[2]，与其进而指示之。万里荒陬，何言二天。幸甚，幸甚。

校记

[1] 滇，原作"湞"，当是形近之误，兹从《明农山堂集》作"滇"。

[2] 卿，原作"乡"，当是形近之误，兹从《明农山堂集》作"卿"。

与林仰晋都谏

不佞某伏在岩阿，病竖缠绵，故于一切闻问，靡言疏逖不通，即在梓里姻暱，与生平向往如明公者，亦旷焉。不奏起居，是果甘为长者绝乎？简慢之罪，不知何以自释。唯是景慕之殷，念所藉以暮年进修，与世故通回，愿所藉以苏孔棘者，日夕未尝不惟左右是望，明公宁终弃我乎？

岑寂无娱，灯烛余影，近以修谱牒、课子姓为政。乃思先王父叨被恩纶，久未铭墓。不佞愿丐大笔[1]，辱贶一铭，以补数十年之缺，以为谱乘之光。曩尝绍介于内侄郑孝廉、友人周雪篷，未谂肯惠否？兹谨录先大夫当年所为王父状，冒渎台瞩。惟立言君子，毋重拒焉。则岂惟华宠一时，将寡宗世被烜耀于无疆矣。敬尘奏记，无任詹切。

校记

[1] 不佞，《明农山堂集》作"不揣"，当以"不佞"为是。

又与林仰晋都谏[1]

昔仲宣为《贤豪记》，欲以其时重于古；襄阳为《耆旧传》，欲以其地重于时。均盛心也。

不佞居恒念之，惜采辑未周，有志未逮。慨归田来，十易寒暑。自愧表正无能，风日波靡[2]，而莫之抵止也。则于月旦中，饫慕封公为邦人领袖，为伦物楷模，前辈耆旧，若鲁灵光然。某即未奉颜色，隰桑之感，何日忘之。顷奉监司谬委，正惬向往夙心，故不揣而任，极知固陋，无能为大介称觞。而吃吃枯毫，匪敢阿我所好已也。门下乃过挹损而奖借之，不靳翩翩玉趾，遵海而南，千仞鹓雏，惊我空庭罗雀[3]。岂徒瑶章鼎贶，焜耀岩扉已哉。揣某曷承逡巡[4]，却顾虑虚台命。冒拜履袜二事，常奉圯桥足下侈矣。诸重币敢附完敬，统俟届辰以贺，未敢宣备。

校记

[1] 又与林仰晋都谏，《明农山堂集》作"又"。
[2] 风日波靡，《明农山堂集》作"风日波"，当以"风日波靡"为是。
[3] 罗雀，《明农山堂集》作"雀罗"。
[4] 某，《明农山堂集》作"其"。

与窦别驾

不肖抵山居旬日矣，目击穷檐编户[1]，食草根榆叶，支骨而偻仆者，十且八九。寒家所有，担石之储，计口外未满百数。日应族里远近之求，立而罄矣。然不过濡斗水于涸辙，所活几何？而满目凋瘵，令人食不下咽。尝见朱晦翁先生居崇安时，因岁歉，请于郡，得六百斛以贷，因而立为社仓。此前贤之事，未易仿效。然窃聚乡邻父老计，自兹至禾熟，尚有二月之饥，其为沟中殍者何限！

于今计无所出，须立券于台下，借发仓谷二百石，以散之黄陇、陕山二都，限秋敛抵斗还仓。此出陈易新之法，似可亟行。第往年放赈放粜，多市井坊厢得计，毫不及于贫民，又毫不及于村落山谷之民。及有谷还仓之时，非加倍不足输纳。故今小民畏避不敢请，宁坐受其毙，深可悯也。

仰惟老公祖大阐慈悲，发棠普赈，远近无不手额。而疲癃村氓，深虑庾廥刁难，必移粟救荒，庶几枵腹有济。愚意欲以户名代之立领，至冬愿自敛齐，代之完纳。再捐己资三十金^[2]，籴仓粟百石，且以施之眼前至急者。似此二端，幸门下裁而俞之。如蒙惠发，则生令买舟以俟。乃乞委堪用老人一名，来乡兼督分散，以防侵冒争竞之弊。地方生灵幸甚！

校记

[1] 楣（檐），《明农山堂集》作"木臽"。

[2] 资，《明农山堂集》作"赀"。

与姚节推

念自宪节西巡也，几浃辰序。邦人引领，闵闵若望岁焉。靡监彭彭，从事独贤，《北山》之咏劳苦哉！郡斋肃闳，不敢以闻。惟是遥询阃衙康泰，尊人介祉为慰。

知老公祖之念深矣，郡中讹传横珰触犯属车清尘^[1]，诚然乎不？念门下以覆翼群黎，故久为阉竖积愠。然以威灵风采，俨然临之，彼妖魔自是消敛。既无损于威重，当不至于撄宁。唯是潮人摩牙奋臂，亟欲奔啖其肉为快。而当路授钺持斧，宁无声罪致讨者？

江湖衰老，无由叩阍。九重圣明，何日下轮台尺一，以昭苏孑遗，惟踽踽哀吁而已。岁晏霜寒，万惟珍毖，千里赫蹄，不尽仁思。

校记

[1] 讹传，《明农山堂集》作"俄传"，当系同音之误，以"讹传"为是。

与南海湛封君

不佞缅思先考君之从游文简先生门下也，时有巾石吕师同业。则闻高陵泾野先生云："永丰潮阳，盖湛门杨谢也。"某幼孤颛曚，弗克绍先人遗绪。既溺科举业，则迷途索植，幸以戊午展谒师祖肖祀，读《日精月华带铭》，迄今昭在心目。戊辰，问学于永丰，则道脉渊源，窃与闻之。顾以疏暗之资，愧箕裘之袭，奔走风尘者三十载。则故吾转失，仅存惺惺一念耳。

归田寂寞，葺茨先茔，老焉。幸于二秋，比见诸郎君三掇巍科，大为前辈振起世第。即不佞奄奄林壑，可胜欣企？乃衰残待尽人也，未遑展贺，讵辱芳讯先颁，惊我雀罗。百年世谊，三叶交情，恍如一新，实为东南文献大有赖焉，岂特科名之幸已也。

向乏便羽，力难尚役，兹肃尺缄，追叙今昔。春宫捷音，旦夕至矣。容图尚旌，兹未缕缕。

又与湛封君^[1]

缅思曩岁，以尺牍修贺。切虑浮沉，已奉赐答，言款意殷，循省增愧。

既思三郎君未第，则知天之玉成大材，良有待耳。又得旋自公车者，备道孝廉君，咸敦朴循谨，具征有道庭训，羡服羡服！

不肖某年来衰迈，薄德天谴，连丧晚得二幼叾。今觉读书种子，无可望矣。回思归田逾纪，林壑抱疴，岁不入邑，屋罕接见人群。且敝地年来无政，岁复荐饥，闾阎憔悴，避地无所，良可忧哉！偶思昔年行役，曾受教于耿天台先生云："贵省志书，当时秉笔者，故将白沙、文简、文敏三先生传中著雌语。"业归来，即举以闻之陈如冈制府，嘱之留意窜易。久之得如冈报云："不但三先生，并三阁老俱有诋訾。"遂取郭梦菊公大记更定。今其报言尚在，若是则耿司寇之公道，陈司马之任笔，均足为前史忠臣，此诚不可不使吾世兄知也。

又当年寒舍所藏师祖笔迹颇多，后经兵燹，今仅存"揽胜亭"一扁，某宝之为荒山一景，高门倘存墨迹[2]，或江门遗笔，见惠片纸，可当百朋，是所愿也。外左刻一部，奉孝廉君求正。

校记

[1] 又与湛封君，《明农山堂集》作"又"。
[2] 存，《明农山堂集》作"藏"。

黄河赋

余壮时偕计吏北入燕、浮淮、涉泗，历黄河之委。既守西蜀，再上计，每由豫州渡以行。久之，备兵临巩，按部枹罕，登积石关，睹禹道河所自始。（按地志，枹罕，今之临夏，古西羌地，秦属陇西郡，积石山在其西。《禹贡》曰："道河自积石。"）乃今镇抚朔方，则挟河为塞。有界限戎夷之险，澍溉舄卤之功。且蔑有泛决之患，食利甚巨。于是乎重有感焉。

夫九有莫长于河，故列之四渎，特号为宗。（《穆天子传》曰："河与江、淮、济为四渎，河曰河宗，四渎之所宗也。"）然江有郭宏农赋，亦既彬彬侈言之。（郭璞赠弘农太守，晋室中兴，宅江外，乃著《江赋》，以述川渎之美。）由汉以来，未有沿源讨委，总揽万殊，收历代之遗文，毕体物之能事，以及于河者。有之自应、成，（后汉应场有《灵河赋》，晋成公绥有《大河赋》。）亦寂寥未备也。

然河在中国，古今所称利害，彼此复殊。盖治之臧否，而利害之小大参之。朔方有利亡害，越在上游，其势使然也。若今泗沛间，漂啮渐滋，为害特盛。则亦治者或未兼善，岂尽河之罪哉！兹余闻命召还，且渡河东矣。军旅小间，不量寡率，揭其源委，遂含毫赋之。盖以诵河之德，且折衷近议治者之异同云。其辞曰：

维河流之灵称，肇亿祀而不忒。经流别之为宗，（四渎谓之经流，以其迳达于海也。庄子曰："经流之大。"）万水崇之为伯。（《孝经》援神契曰："河者水之伯。"）逮禹功之所加，既经瞩而可悉。粤重源之载导，复冒流于积石。（《山海经》曰："积石之山，其下有石门河，水冒以西南流。"予尝逍遥登之，禹庙在焉。）开陇西之上游，迳金城而东出。翼贺兰以包朔方，（《水经》曰："北流过朔方郡。"）并阴山而望关。（《地理志》曰："阴山在高关西。"《水经》曰："河水过高关南。"）左拂云中雷首，（《水经》曰："又东流过

404

云中西河郡。"雷首，山名，即今首阳山也。）右薄太华二崤。（太华在华阴，二崤在陕州。）循平阴而北转乎鲔渚，（平阴，今河阴县；鲔渚，在巩县，穴中有鲔。）遵洛汭而东抵乎成皋。（《禹贡》曰："东过洛汭。"成皋，春秋时为郑岩邑，今汜水县是也。）由是捐故渎而不赴，（故渎，《水经》所谓"屯氏渎也"。）指宛邱以捷驰。（宛邱，今淮阳。）擅淮济之所道，并委输于朝夕之池。（《初学记》曰："海，一日朝夕池。"）昔之播九以同于碣石，（《禹贡》曰："又北播为九河。"又曰："夹右碣石入于河。"）为逆而泻于东齐者，（《史记》曰："同为逆河，入于渤海。"瓒曰："武帝元光二年，河徙东郡，更注渤海。"）已中枯而成陆，或分歧而背趋矣。其来同者，则洮兼大夏，湼引阃门。高平芒于奢延，浦、汾、渭、泾、洛、伊、汝、颍、汴、濉又附之。而俱达者，概不可以殚稽。

盖四渎之流总其三，（河、淮、济同由枝淮入海。）九州之水领其七。（河之所历，及来同诸水，兼冀、兖、徐、荆、豫、梁、雍七州。）咸千里而一折，（杨泉《物理》曰："河百里一小曲，千里一大曲。"）乃九折于中国。（《淮南子》曰："河水九折注海。"）其水则浑浑溷溷，（浑浑，水渍涌声；溷溷，浊水也。）溾湮溑减。（溾湮，浊貌；溑减，波起也。）灂湢沠以漩滞，（灂，水声。湢沠，水惊涌。漩滞，水回也。）汩黄浊而湁潗。（湁潗，水转也。）不藉飚而腾波，讵湼纂而成色。（《物理论》曰："河水黄，众川之流，盖浊之也。"）及其下桃花之新涨，溢竹箭之疾流。浩浤濙而高出，（浤濙，大波貌。）瀄轧泊而横浮。（瀄，水声。轧泊，不可分也。）堤啮之而善崩，（《史记》曰："岸善崩。"）山怀之而欲瘦。奚两淮之可测，尚复致辨乎马牛。（《庄子》曰："秋水时至，百川灌河。涘涯之间，不辨牛马。"）至若越吕梁，溃龙门；触砥柱，下集津；（《吕氏春秋》曰："吕梁未凿，河出孟门。"《禹贡》曰："道河至于龙门，东至于砥柱。"《地志》："禹凿三门以通河，谓之集津。"）阨嵁巇，束嶙峋。莫不淘渚滂湃，濶渠瀹漮。（淘渚，大水声。滂湃，水势。濶渠，大水至声。瀹漮，水暴至声。）奔溜下垂，若瀑布之高曳；骇波上跃，若雪岩之雄峙。飞沫类澍雨之四垂，振声又疾雷之荐至。摇撼山岳，动荡天地。闻之者改听，睹之者魄悸。佽飞犯之丧其勇，樗里遭之失其智。（佽飞，楚勇士，得太阿宝剑，斩蛟江中。《史记》曰："樗里疾，秦人号曰智囊。"）其漆园所称善游之丈夫，亦寓言而若是。（《庄子》曰："孔子观于吕梁县，水三十仞，见一丈夫游之，百步而出，被发行歌。"）

其鳞族则有鲋鳙鳟鲲，（鲋鳙，鱼名；鳟，赤目鱼；鲲，大鲐。）鲐鳒鳠鮏，（鳠，鲐母也；鮏，大鳠也。）元铜白鲦，（铜，鳢也；鲦，白鱼也。）青鲦文鲕。（鲦，大青鱼；文鲕，鸟首鱼，尾音如磬，见《山海经》。）豪鱼朋游，（豪鱼，状如鲔，赤喙，尾羽，《海经》。）王鲔穴栖。（巩县有鲔穴。）或苍文而赤喙，或鸟首而龙题，或曝颡而未化，或具翼而善飞。喜挟涛而出舞，每溯流而升危。

其介族则有素蛟丹虮，黄脩黑蛟。（黄脩，黄蛇鱼翼；蛟，神蛇。）朱鳖元鼍，赤螭黄贝。（朱鳖黄贝，见《山海经》。）蜃蚍蛎蠯，（蜃，蛇化为之，似蛟，无足；蚍，珠母，《禹贡》曰："淮夷蚍珠。"蛎，蚌属；蠯，蛤也。）浮蛇赍龟。（蛇形，如覆笠，常浮随水；赍龟，三足。）八足之蛫，三足之能。（蛫，蟹也；能，三足鳖。）潜者逗泥而泛沫，出者缘厓而曝晖。故随地而孳育，亦随波以迁移。

其羽族也，鹥鸳鹙鸢，（鹥，凫属，一名鸥；鸳，泽虞也；鹙，鸲鹅也；鸢，乌似凫也。）

鸬鹚鹲𫛛。（鸬鹚，似鸭；鹲𫛛，水鸟，一名鸬𫛛，似兔。）王雎白鷢（王雎，水兔；鷢，似雁，尾白。）鸂鶒鵁鵱。（鸂鶒，水鸟，一作鸂鶒；鵁鵱，即今之野鹅。）朱目之鳽，赤尾之𫛭。（鳽，鱼鸡也。）舂钼影缨，涧泽垂胡。（舂钼，鹭也，首有缨；涧泽，鹈鹕也，腹下胡，大如数升囊。）当扈以髯而奋体，白鶂以视而孕雏。（《山海经》曰："其鸟当扈，其以髯飞；"鶂，或作鶃。《庄子》曰："白鶂之相视，眸子不运而风化，类自为雌雄。"）阳鸟往还而旅处，鹏𪃙沉浮而托居。（阳鸟，雁也；鹏𪃙，鸟兔而小，膏中莹刀。）鹬䳶互举，喧聒相乎。（鹬䳶，飞起貌。）要群而集，引子而哺。巧历不能以乘计，司虞不能以目书。（巧历，善算人；司虞，掌山泽者。）

其下又有青玑白珠，藻璗吉玉。（《山海经》曰："其下有青珠白珠，泰冒之藻玉；璗，美玉也。"又注曰："吉玉，大龟也。"又玉加采色者曰吉玉。）曾青芘石，垆丹碧绿。（《山海经》曰："其下有曾青、芘石、麋石、垆丹、碧绿。）浮磬羽硙，文硍元啸。（《禹贡》曰："泗滨浮磬；"羽硙，一曰石硙，硍石之有文者；啸，黑砥石也。）或流自他山，或产于深澳。睹水折之圆方，（《尸子》曰："凡水，其方折者有玉，圆折者有珠。"）察精气之隐煴，知宝藏之所兴，验珍错之所伏。其天子之秘宝，咸载之于《河图》。金膏烛银，玉果璿珠。是河宗氏之司卫，非庸人所得而窥窬。（《穆天子传》曰："天子至河伯之都，是惟河宗氏。河伯乃与天子披图视典，以观天子之宝器，玉果璿珠，烛银金膏，皆《河图》所载。"）其神则河精巨灵，（禹治洪水，观于河，见白面长人鱼身出曰："我河精也。"授禹图而还于渊。华山当河，河水曲行，河神巨灵，手荡脚踏，开而为两掌，迹犹存华山上。）阳侯冯夷。（阳侯，大波神也。子羽渡河，阳侯波起，两蛟夹舟。冯夷，河伯名，所居恒乘云，车驾两龙。）黑公之从赵见，五老来告尧期。（《河图考·灵曜》曰：赵王政以白璧沉河，有黑公从河出，谓王曰："祖龙来，天宝开，有尺二玉牒。"又曰："尧修坛，河路导，河者有五范，将来告帝以期。"化为流星入昴。）或兴两蛟而挟舟，（阳侯事见上。）或驾两龙而负辕。（冯夷事见上。）或化星而入昴，（五老事见上。）或授图而还渊。（河精事见上。）或玉牒遗于漘次，（黑公事见上。）或掌迹寄于山颠。（巨灵事见上。）稽历代之礼祀，其备物之或殊。或刑正牲而沉白马，（卫宏《汉旧仪》曰："祭四渎者三正牲、圭。"《史记》曰："帝自临决河，沉白马玉璧。"）或射元貊而猎白狐。（《穆天子传》曰："西征，猎于渗泽，获白狐元貊，以祭河宗。"）多荣玉之圭璧，（荣玉，玉之有荣采者。《穆天子传》曰："天子西征，至冯夷之都，乃沉圭璧礼焉。"）及绀盖之与车。（卫宏《汉旧仪》曰："祭四渎，沉有车马绀盖。"）

若夫王泽寝销，君人失德，征废则徙移，表亡则竭绝。（班固曰："商竭周移。"周谱曰："定王五年，河徙。"谷永云："中国之经渎，圣王兴则出图书，王道废则竭绝。"）泽枯则山石崩雍，（《谷梁传》曰："梁山崩，雍河。"又魏文时，虢山崩，雍河。）阴盛则陵阜漂没。（《汉书》曰："阴气盛则水为之长，水不润下，日月变，见于朔望。"谷永曰："溃溢横流，漂没陵阜，异之大者。"）封原割而流分，（战国之世，封疆既分，雍防百川，各以自利。）下民恨而波赤。（京房《易》妖占曰："河水赤，下民恨。"）

至于帝王聿兴，圣人将出，则荣光以之错起，休气以之四塞。（《尚书·中候》曰："舜沉璧（壁）于河[1]，荣光休至。"又曰："尧修坛河洛。"仲月辛曰："昧明礼备，荣光出河，休气四塞。"）润至于九里，清变而五色。（《庄子》曰："河润九里。"乾凿度曰：

"天降嘉应，河水先清，三日，清变为白，白变为赤，赤变为黄，各三日。"）川后为之贡珍，水祇为之效职。有若包牺之卦画，轩后之绿图。（伏羲受龙马图于河，八卦是也。《河图》曰："黄帝乃斋河洛之间，鱼泛白图，跪而受之，名曰绿图。"）放勋受图而作记，重华剖检而得符。（《命历序》曰："尧坛于河，受龙图，作握河记。"《河图》曰："黄龙五采，负图出，置舜前，以黄玉为柙，白玉为检，章曰天黄符玺。"）负之以神马，挺之以龙鱼。（《礼记》曰："河出马图。"）折溜而至，薑水而去。（《河图》"大卢鱼折溜而至。春秋运斗枢曰："黄龙负图出舜前，薑水而去。"）宁靳乎灵府之闳觌，孰不及期而来输。又若白鱼之入舟，赤乌之流火；（《史记》曰："武王渡河，中流白鱼跃入舟中。"《尚书·中候》曰："周子发渡孟津，有火自天止于王屋，为赤乌。"）玉龟之呈谶，神鱼之出舞。（《瑞应图》曰："玉龟者，师旷时出河东之崖，负录谶书。"《汉书》曰："汉章帝幸汾阴，东济大河，神鱼舞水。"）金人捧剑于秦昭，黄龙彰异于世祖。（秦昭王置酒河曲，有金人捧水心剑曰："令君制有西夏。"《东汉纪》曰："黄龙见于河，冯异劝上即位。"）皆能告世运之休征，著瑞应之盛事。盖藏往以察来，亦知微而知彰。通神明之懿美，目德水其克当。独昉称乎嬴氏，虽允臧而拂扬。（《易》曰："以通神明之德。"《史记》曰："秦灭六国，以自获水德之瑞。"更河曰水德。）

喟时代之废兴，嘅昔人之遗迹。誓功者表其如带，（汉高祖誓诸侯曰："黄河如带。"）阶图者载其分域。（《命历序》："河图之阶图，载江河小川州界之分野。"）晋君赴哭而遂流，（《谷梁传》："梁山崩，壅河，三日不流。晋君缟素，帅群臣哭之，乃流。"）武帝兴歌而遂窒。（《史记》："元光中，河决瓠子，帝悼功不成，乃作歌于是，卒塞。"）宏农被化之虎渡，（刘桓公为宏农，虎相随渡河。）晋代亘渚之鱼出。（晋文王之世，大鱼见于孟津，长数百步，头在南岸，尾在中渚。）尚父之号仓兕，（《论衡》："尚父为司马伐纣，到孟津，号其众仓兕，水兽善覆人船，因神以化，令汝急渡。"）太尉之斩青牛。（汉宣帝出游河上，遇一青牛，从河中出，走踢帝，太尉公逆牛斩之。青牛者，万年木精。）葛元使鱼而吐书，（葛元使大鱼于河伯吐黑书。）秦伯济师而焚舟。（《左传》："秦伯伐晋，济河焚舟。"）赵决之为却魏之策，嬴引之为灭魏之谋。（《汉书》："秦攻魏，河灌其都。"）申徒负石以自沉，（《韩诗外传》："申徒狄非其世，遂负石而沉于河。"）方叔抱乐而赴溺，（《论语》："鼓方叔入于河。"）古冶救骖而毙鼋，（齐景公渡河，鼋衔左骖，古冶子拔剑从之。）子羽斩蛟而弃璧。（子羽赍千金之璧渡河，两蛟挟舟，子羽斩蛟，投璧于河。）济嘉君子之名，（见《水经注》。）渡赐窦门之鼍。（汉武帝事，见《水经注》。）宋中咏一苇之杭，（《毛诗》："谁谓河广，一苇杭之。"）孟津嗟捧土之塞。（朱浮《与彭宠》曰："此犹河滨之人，捧土而塞孟津。"）伯鲧（鲧）堙之而窃息壤[2]，（《水经注》："鲧窃帝之息壤，以湮洪水。"）女娲止之而画芦灰。（《淮南子》："往古之时，女娲积芦灰以止淫水。"）延世使堤东郡而丰赀，（《汉书》："东郡河决，使校尉王延世堤国，三旬立塞，赐爵关内侯，黄金百斤。"）延年奏决胡中而太奇。（《汉书》："齐人延年言河出昆仑，其地西北高，可案地形，开大河上领，因出胡中。书奏，上壮之。"）王尊祝水神而患息，（《汉书》："王尊迁东郡，河水溢，尊执圭璧祝水神，使巫策祝，请以身填金防，水盛堤坏，吏民皆奔走，尊立不动，水波稍却。"）江使遇余且而祸罹。（《庄子》："宋元名夜梦有人曰：'予为清江使河伯，渔者余且得予。'占者曰：'此神龟也。'乃杀以卜。"）纬萧子探珠于骊颔，（《庄子》："河上有治纬萧而食者，其子没于渊，得千金之珠。其父曰：'必在九重之渊，骊龙颔下。'"）商邱开得珠于淫隈。（《列子》："范氏之党，指河曲之淫隈曰：'彼中有黄珠。'商邱开泳之，果得珠焉。"）复有金狄之所沉，（金狄即翁仲，沉在南虢河中，见《水经注》。）木罂之所渡。（韩信袭魏王豹，以木罂渡河。）宣尼临之而不济，（赵简子欲分晋国，故先杀鸣犊，聘孔子，孔子闻其死，临河而还。）魏侯浮之而称固。（《史记》："魏文侯与吴起浮西河而下，叹曰：美哉！河西之固。"）亡人投偃璧而结誓，（晋文公还国，将渡河，狐偃授璧请辞，文公投璧誓之。）篡夫沉周宝而邀祜。（子朝篡位，与敬王战，乃取周之宝玉，沉河之祈福。）诸虽美刺之有间，咸传牒牍而昭著。

其堧有瓯脱之地，斥卤之墟。分以万洫，激以千渠。溉粪兼资，黍稷载敷。变垚埒之瘠壤，为晦钟之上腴。云雨以之荡（出）[3]，垢浊藉之涤除。（《说苑·四渎》："河，以视诸侯，能荡涤垢浊焉，能荡出云雨焉。"）泛千舻以远达，通万国之贡输。限戎翟于荒郊，若夷夏之分区。兴众利而不匮，设重险而有孚。（《易》："习坎有孚。"《象》："习坎，重险也。"）宜先王之典礼，后比秩于诸侯。于是集周穆之征纪，夏后之荒经，（《山海经》。）汉儒之载乘，（《地理》《河渠》《沟洫》等书。）郦氏之所称。（郦道元《水经注》。）法显之所历，（法显，梁僧，至西域，有《法显传》。）骞英之所寻。（张骞、甘英，奉使西域寻河源。）具考滥觞之所在，咸云自昆仑之灵邱。本神泉之颗质，发东北之一隅。（《尔雅》："河出昆仑，色白。"）下夫中极之渊，逮于河泊之都。（中极渊在昆仑山顶，河伯之所都，俱见《水经注》。）划陵门，穿阳纡。（《山海经》："阳纡之山，凌门之山，河出其中。"）绝罽宾之国，略皮山之居。（《西域传》："罽宾国，东至乌秅。皮山国，西南当罽宾道。"）招葱岭之所出，噏于阗之所储。（《西域传》："其河有两源，一出葱岭，一出于阗，北流而合。"）包且末、牢兰之所聚，（《西域传》："且末国在楼兰西。"牢兰，《西域传》作楼兰。）挈龟兹、疏勒之所趋。（《西域传》："龟兹国，东南与且末接。"又云："疏勒国，东至都护治，以上河水所经。"俱详《水经注》。）盘回于荒服者，三十由旬，乃会三源而来潴。（三源见《水经注》。）至于渤泽，海曰菖蒲，又潜行千有余里，始及乎中国之西隅。（《山海经》注云："河合东流注渤泽，一名蒲泽。一名菖蒲海，其水亭居，冬夏不增灭，潜行地下，南出于积石，为中国河。"）后使者薛氏之往访，云得之闷磨崎岖。（唐使薛元鼎使吐蕃，访河源，得之闷磨山。）而胜国之佩金虎符者，复云自星宿之区。（元命都实为招讨使，佩金虎符，往求河源，云出自星宿海。）谓越遐而遗迩，讥前记之尽诬。（《元史》谓张骞所访，乃在其西域万里外，为吐蕃遮隔，舍近求远。）窃意夫河源之遥集，所来非一流；而后先之所执，抑同归而殊途。彼见夫显行者之即是，而于伏流之为虚。不然者，其经见万里，而汇于眇焉之渤泽者，岂自有沃焦而为归墟？（沃焦，一作恶憔。《元中记》曰："恶憔者，山名也，在东海南，方三万里，海水灌之即消。"《列子》曰："渤海之东有大壑，名曰归墟。"《庄子》云："尾闾也。"）况称有电转隐沦之迹，（《水经注》云："渤泽之水转回，电转隐沦其下。"）兹非其冒出于积石者乎？夫天一之润下，惟四渎之为。经历桐柏而淮出，及王屋而济兴。（《禹贡》曰："导淮自桐柏。"《传物志》曰："济出王屋山。"）江溯之以为永，亦仅止乎蜀岷。（《禹贡》曰："岷山导江。"）探兹源以及委，贯方舆之两端。首西极而尾乎东极，上应云汉之竟天。（《援神契》："河者，水之伯，上应天汉。"）周祭虽并列乎渎，秦郡亦参称乎川。（《礼记·王制》

曰："天子祭天下名山大川，四渎视诸侯。四渎者，江淮河济也。"《汉书》曰："河南，故秦三川郡。"韦昭注曰："河洛伊，故曰三川。"）爰揭众流以洁校，夫孰与之而克配焉。

历睹往昔利害之所由，深惜夫今时之所治。不察夫常变之宜，以极会通之致。夫彼一石之浊流，兼六斗之泥滓。（《汉书·大司马张戎》曰："河水重浊，号为一石水而六斗泥。"）缓之则为之分带，急疾乃为之并驱。放乎海滢而成壤，又梗夫尾闾之所委。其控清以引浊，（淮水清，今障淮口与黄河并行。）亦非曩昔之失谋。独兼三渎于枝淮，（今黄河与淮、济，同由枝淮入海。）曾弗灾异之为忧。岂容使一衣带之广，克任七州之浲流。不经本而障末，难乎图远之鸿猷。独不见夫乘四载者之疏导，凿上流而行乎高地。度迅悍之怒湍，非弱土之能载。恐一川之不胜，浚九道以分杀。（《禹贡》曰："播为九河。"）虞暴溢之为菑，委旷土以储偫。（《汉书》曰："平原东郡左右，禹治河时本空地，以为水猨，盛则放溢。"又曰："设储偫。"师古注谓："豫备也。"）自元圭之告成，阅千春而罔害。后乃淤故道而不修，并屯氏而偕废。（《汉书》曰："禹穿九河，今既灭难明。"又曰："自宣房塞后，河复决于馆陶，为屯氏河。"冯逡曰："东郡所以无大害者，以屯氏河通两川分流也。"）即炎祚置重使，而堤防捐亿万之岁费。（《汉书》曰："宣帝地节中，光禄大夫郭昌，使行河北曲。"贾让曰："今濒河十郡治堤，岁费且万万。"）竭薪石而徒劳，亦屡塞而屡败。（《汉书》："孝文时河决，酸枣大兴，卒塞之。元光中河决，瓠子通于淮泗，兴人徒塞之，辄复坏。"）此已然之效，曷不缵神圣之上计。并贾让之首策，犹可备采于近世。（《汉书》："待诏贾让言治河，有上中下三策。"）顾泥古者拘拘旧迹，守经者安于小利。司农惜少府之藏，司土重膏沃之弃。其孰肯建非常之宏业，而以天下为吾事。遂终无不技之讦谟，是岂河焉之为害耶！

乱曰：出自夷服，利中邦兮。任坎之劳，（《易》曰："劳乎坎。"）泽无方兮。与能菑祥，（《易》曰："鬼神与能。"）德神明兮。（《易》曰："以通神明之德。"）祭先江海，王礼臧兮。（《礼记》曰："王者之祭，先河而后海。"）人谋之谷，世罔殃兮。君德之修，祜无央兮。

校记

[1] 壁，当系"璧"字形近之误。

[2] 鱺，当系"鲦"字形近之误。

[3] 此句原文疑脱一"出"字。

卷二十九 林尚书城南书庄集（一）

海阳林熙春志和著

郡志列传

林熙春，字志和，海阳人。万历癸未进士，初授巴陵令，清浮粮，豁差役，以内艰归。起补将乐县，修学官，建杨龟山祠。行取擢户科给事，历礼、兵二科，至工科都给事，多所建白，如止东封、减织造、停采回青，皆于国体有关。

万历乙未，军政事起，上怒不测，一时斥言三十四人，阁臣疏救不允。台中具疏不敢上，熙春毅然率同官上之，其疏曰："陛下怒言官缄默，斥逐三十余人，臣等不胜悚惧。今御史马经纶慷慨陈言，窃意必温旨褒嘉，顾亦从贬斥。是以建言罪耶？抑以不言罪耶？臣等不能解也。前所罪者，既以不言之故；今所罪者，又以敢言之故，臣等安所适从哉？陛下诚以不言为溺职，则臣等不难进忧危之苦词，诚以直言为忤旨，则臣等不难效喑默之成习。但恐庙堂之上，率诏佞取容，非君上之福也。臣等富贵荣辱之念，岂与人殊？然宁为此不为彼者，毋亦沐二百余年养士之恩，不负君父且不负此生耳！陛下奈何深怒痛疾，而折辱至是哉！"上益怒，降调家居一十六年，未尝只字入长安。

丙午，从茶陵州判官，量移贺县。庚申泰昌元年，恩诏起废，以南仪曹转光禄少卿，历升太仆少卿、右通政、太仆寺卿、太常寺卿、大理寺卿。值玉田兵变，叱驭而入，布告朝廷威德，众皆投戈。其在同正，奉敕总理京边马政，一月之内，简乘三万余骑。合武弁而殿最之，无不克当。大理案牍山积，熙春力为厘剔，弊绝风清，如苏牵累者。繁文有约民约官十六款，皆永久可行。

时珰祸已萌，天启四年甲子，六疏乞休。晋户部左侍郎，予告归一月，而珰祸作矣。

居乡，为桑梓陈利病甚切，如争监税，减里役，倡建凤凰台、三元塔，修玉简塔，筑炮台于海口，浚三利溪，修龙头东集等桥、文庙、贤良祠，捐田为诸生科费，善事不可备纪。

年八十，以寿终，赠尚书，谥忠宣，著《赐闲草》《赐还草》《赐传草》《城南书庄草》《披垣出山疏草》。子益，封任太常簿，升上林苑监正。性端严，约身如寒素。官上林，论资格应得部郎，不屈礼东厂，卒为所抑。年六十一，卒于京邸。

林司徒先生疏草叙

余承乏于潮，谒林司徒先生，授以披垣及再起列卿诸疏，盥读卒业，喟然叹曰："此先生所以格心而致主也哉！"人臣事君，寒谔敷奏固难，而质之隐微天日如对尤难。虞廷凛几康于弼直，宣尼诚犯颜于勿欺。谓堂廉远隔，真窾孚洽耳。夫撄鳞逞诤，白简披衷，岂不足以增凤鸣之风采？而正言则拂，深言则忌。补牍则显过，溅颈则触威。主忤臣激，堂陛谓何？至于迹暌心谅，谴薄恩孚，即俄顷不无瑕衅，以相协于易世数十载之后，诚窾之泌澈自莫量也。

先生为令而披垣，政泽洽于楚闽久矣。已而列工垣、户垣诸卿，直亮屹峙，峨峨辇毂间。朝绅莫不奉为著蔡，倚为砥柱。而忠诚感格，能于朝廷起二十余年遗老于田间，而不能留神庙俄顷之外谪。能伸二十四臣朋俦之枉，而不能消避事者之心，渐观局者之揭陷。能苏漕河役夫、工卒数十万之民命，而不能逃阴阳之为沴。盖先生所能者，天下咸孚其诚款。而所不能者，亦不以其进退去就为荣悴。则先生之感格主心何如哉？昔韩昌黎文章道德，百世所师，一疏斥于阳山，再疏斥于潮阳，卒以名卿，一代山斗。公潮人，以谏显，为当代山斗。上且大用，岂凤山席暖地哉！余推夫始终道之。若奏疏，昌言伟论，凿凿经济。观者自得，余无容赘也。温陵后学李栻撰。

林忠宣城南书庄集题辞

《虞书》以直而温，宽而栗，列为九德之首。盖春温秋肃，相济不偏者，往往难之。

公以循吏，擢居台谏。当是时，朋党角立，言路风生。公风采端严，独持大体。今读其参总裁，伸救言官，论织造、回青诸疏，皆关宗社大计。卓然古名臣，执简廷争之范。而忠厚和平，初不为攻讦阴私，指摘细微之事。其文纡余为妍，质文合度，饶有欧曾风矩。鸣凤在朝阳，四谏之流风未远也。出则朝廷嘉其谠论，处则乡里被其仁风。油油然太和元气，常在人间已。

后学顺德冯奉初题。

参正史总裁疏

题为总裁滥及，舆议大骇，恳乞圣明，亟赐改易，以重大典事。

臣切为帝王之兴，必有纪载，以示劝惩。非圣人不能作，亦非名臣不能助圣人之作也。今国家已二百余年于兹矣，其间圣祖神宗之大经大法，贤卿硕辅之嘉谋嘉猷，非不有历朝实录昭垂琬琰。顾杂记野记、新闻野闻等书，纷出民间，何以示信？顷者皇上特允儒臣之请，将为正史之修。夫讵非大圣人之作为也欤哉！

第修史难，而奉诏为修史总裁则尤难。盖总裁者，树之旗鼓，诸史臣所恃为盟主者也。在诸史臣，不过挥铅而奋墨，属辞而比事。至明立科条，审定区域；剖究于治乱安危之原，昭析于是非可否之介，辨别于邪正贤不肖之间；一言关世道，片词系主德，则非总裁莫之与也。故总裁得其人，则史尊而史传；非其人，则史轻而史不传。自古及今，未之有改也。

孰意近日所推正史总裁，亦有原任詹事府詹事刘虞夔者，列于其间哉。刘虞夔者，去岁京察，拾遗两台交章论劾。有谓其受林商人三百金之器者；有谓其占徐性善七千两之房者；有谓其代张嗣修撰试卷，结邢尚志为通家，而甘为鹰犬者；有谓折乾鞭笞驿丞，修怨揭陷县官，而肆为蛇蝎者；有谓其父成二十年，而瞒旨请封者；有谓其母病十八载，而不归忍诀者；有谓其逼父妾，至堕胎极惨者；有谓其忍妻死不制服注籍者；有谓其扣藩司葬银一百五十两，至勒民夫折工银每月八九钱者。似兹名节扫地，罪恶滔天，即苟留衣冠，觍颜党里，尚无以自解于士君子之口。倘旦起田间，滥总史局，臣恐以贪财附势之夫而督史，将必重权利而进奸雄；以瞒君忘亲之夫而督史，将必抑忠臣而扶骄子；以不仁不义之夫而督史，将必后循良而左节烈。国家果何赖于若人，而必欲起若人以拂舆议辱汗青耶？

说者谓执事多役，一时乏人。即讲读编检出差，请告者犹然催促。刘虞夔位正詹官宜起，服已满时宜起，不于此借纂述而惠弓旌，谓体面何？且论其才，无问其品足矣。殊不知正史非皇上之史也，皇上所以承祖宗传子孙千千万万世之史也。昔许敬宗褊鄙，曾奉命撰编年，人便以毁誉失真弃之。今日宁为传，无宁为弃。敢望皇上亟斥虞夔，别选有德望大臣以充此选。庶史以人不朽，皇上亦以史不朽，而令名与天壤俱流可也。不然虞夔不已，□□□等之徒[1]，且借口接踵，而诸史臣亦窃笑而疾走矣。事干重典，不识忌讳，伏惟裁察。臣不胜战栗待罪之至。

校记

[1] 此处原文为三个虚缺号"□"。

元旦风霾摘陈时政疏

题为元旦正始，风霾特甚，敬摅愚衷，摘陈时政，以答天戒，以图治安事。

臣闻帝王举动与天流通，政事修则休征应，政事失则咎征应。甚哉！天人相与之际，最可畏也。皇上临御以来，兢兢业业，惟时惟几，盖三十二年于兹矣。

顷臣待罪该科，见礼部岁报灾伤，所为天鸣地震、火光水潦等异，随处辄见，臣心业已惊骇。比正月初一日，维日庚辰也，三元伊始，万象更新，宜其风和物畅，庶终岁而后即安耳。不意狂风蔽天，黄沙布地，更昼夜不息，纵寻尺不辨人形。稽诸我朝典故，或日食元旦，而未睹风霾；或风霾别时，而未逢元旦。即求之载籍，在周，秋雷电以风，成王感泣，犹非履端也；在宋，无为州烈风，崔立上书，犹非畿甸也。乃今则有之，正古所谓变见三朝，灾非常有，应为独重者。

臣数日以来，惊骇益甚。偶检阅占候诸书，有曰正月朔日大风，折木扬沙，其岁大恶者；有曰庚日风声叫怒，宜备边者；有曰辰日大风，大将出行者；有曰正朔之风，立春同较风大寒，北虏侵掠者；有曰风来其势纷错交横，其声聒耳，为小人昧惑之风者。臣反复再四，窃谓变不虚生，事有感召，敢历为皇上陈之。

自古盗贼之生发，每由水旱之频仍，未有民穷而盗不起者。往者荒犹一岁而止，今则无岁不荒。往者荒犹一处而止，今则无处不荒。甚至汝南淮徐之间，骨肉无亲，人畜相食，疾疫枕籍，恶少揭竿，势已岌岌矣。近日果如督臣李戴留漕二十万石之请，如抚臣张一元发帑四五万两之请，虽云杯水难救车薪，然犹所收者民心，所尽者人事。近考题覆，在江北止予四之三，在河南止予五之一。臣恐有司拮据无策，苍赤展转无生。枵腹之民，宁肯甘心就死，不为啸聚弄兵，以贻忧中原者乎？似占书大恶之说宜信，是不可不亟破格蠲赈，以遏乱萌者也。

自古中国之治安，每由四夷之慑服，未有外警而内不忧者。东倭之变，兴师一年，费金已二百万。而釜山之聚，犹恬然未解，至贻宋应昌书甚倨。倘志不在小，必侵我辽左，撤我藩篱。即不然东犯登莱，南犯浙直闽广，皆可寒心。近日蓟辽以虏贼报，陕西又以火酋报，皆窃窥狂逞，诚宜彻土戒冰。数年以来，畴不言整兵，畴不言理饷。第玩愒日久，备御尚疏。李如松大将卸回，刘绖孤军尝敌。大同宣府之马匹，以东征而倒死甚多。山东江北之班军，即奏讨而刓忍不发边储。更如悬磬戍士，终虞脱巾。似占书备边之说宜信，是不可不亟振刷边防，以固内治者也。

自古众正之盈朝，每由群邪之屏迹，未有邪胜而正不害者。近有一二小人，无端生事，骂詈大臣，排击堂官。而南北伸救诸疏，又言词激烈，致勤圣天子切责贬斥。其小人之祸，亦甚炽矣。第欲遏憸邪，宜登正直。年来得罪诸臣，或以建白抵触，或以援解株连，或以铨推被斥。惩创已久，酬报方殷。海内莫不延颈跂足，有拔茅连茹之想。即皇上量包天地，度廓沧溟，决不忍祖宗二百余年养士，废弃牖下也。方今四方多事之秋，岂贤良高蹈之日？若不及今收骏骨而来燕廷，臣恐豪杰志沮。而倾危之徒，宁无滋蔓，而不胜扑灭者乎？似占书昧惑之说宜信，是不可不亟录用君子，以抑小人者也。

夫春风和煦，方称泰和；朝野熙明，方称至治。乃今变与事会，自当惧随变生。臣恭诵圣训矣，太祖因天旱，曾谕群臣曰："亢旱为灾，实朕不德所致，纵食能甘味乎？"乃下令免民田租。成祖因地震，曾谕侍臣曰："比年兵旅饥馑，朕夙夜恒怛于心。当敕边将，严为修戒不虞。"宣宗因日食，曾谕群臣曰："古人君所谨，莫重乎天戒。惟修德行政，用贤去奸，庶几可以回之。"在祖宗，每因事而畏天命；在陛下，则益当知天命之当畏。在祖宗，每因变而修人事；在陛下，则益当知人事之当修。

臣愿陛下崇高而时剔，若宥密而愈严恭，一下箸必思有啼饥之赤子，而减膳常殷。一授衣，必思有冲寒之将帅，而赐貂宜切。一驭仆从，必思有野伏之贤人，而弓旌宜勤。庶治安可图，而郅隆在我，明宇宙间矣。《诗》曰："敬天之怒，无敢戏豫。敬天之渝，无敢驰驱。"《书》曰："食哉惟时，柔远能迩。惇德允元，而难壬人，蛮夷率服。"臣敢以为今日献，惟圣明垂察。臣不胜战栗俟命之至。

参东封疏

题为东事失策，万分可虞，恳乞圣明抑邪谋，定大计，以图万世治安事。

臣待罪该科，见蓟辽总督顾养谦一本，为恭报倭情以慰圣怀事。奉圣旨："兵部看了来说。钦此。"又朝鲜国王李昖一本，为贼情事。奉圣旨："这所奏，着兵部看了，查与顾养谦近报倭情是否相合，明白具奏。钦此。"臣披览未终，肝肠欲裂。至得陪臣金晬等上总督书读之，又愤懑如狂。恨当事者之不以忠事陛下也。盖国家养士，非徒宠禄为荣，令

413

苟延旦夕，正欲其备缓急，为社稷计耳。

东征之役，当宁所以推毂宋应昌者，最称隆遇。宋应昌果能除氛海上，献俘阙庭，犹未足偿士卒数千命，马骑数千匹，膏脂二百万两也。乃俄而许封，俄而许贡。转换支吾，罪当莫赎。顾养谦夙负重望，奉命料理天下，咸以吞夷期之。倘能改弦易辙，庶慰拊髀虚怀。夫何踵袭旧词，竟亦蒙蔽圣主，今且洋洋然欲以倭将赍表入国门矣。夫此表也，果出倾诚耶？何为乎经年以来，必曰守取，必曰催促耶？果出畏威耶？何为乎乞款之后，又有全罗之犯，川兵之杀耶？倾诚矣，畏威矣，其机械变诈，亦有不可尽信者。

臣不敢远引，请以祖宗事，借箸为皇上筹焉。在洪武二年，非不奉表称臣也，乃使未至而掠温州；至五年，复同使人而寇海盐；十五年，复进蜡炬而暗藏火药矣。在永乐二年，非不首先纳款也，乃九年而寇盘石，十五年而寇金汤平阳矣。在宣德六年，非不遣使贡纳也，乃戎器满载，遇官兵即为矫杀矣。在正统四年，非不来献方物也，乃大嵩渚之惨，至掘发冢墓，汤沃婴儿，刳剔孕妇，以为笑乐矣。在宏治八年，非不差使寿冀也，乃沿途生事，至济宁杀伤，罪及照磨指挥提举矣。嘉靖元年，非不以僧宗设宋素卿至也，乃以争坐之故，杀都司，掳指挥，且以日本国号封我仓库，至末年而荼毒浙直，蹂践闽广矣。盖至观于刘荣望海埚之捷，而倭不敢窥辽东者二百余年；观于胡宗宪舟山之捷，而倭不敢窥两浙者三十余年。则信乎创之则中国安，款之则中国不安，无可疑者。

乃经略总督二疏，一则谓关白欲得天朝封号，庶可服得人心。一则谓关白欲假中国名号，以詟服诸夷。夫中国之治夷狄，必欲携其党与，庶可翦其羽翼。今既不能挞伐之，解散之，至以威命灵爽，资其狼吻鸱张，非惟助虐，更虑反噬矣。且封贡之说，和议之别名也。非我之有求于彼，即彼之有求于我。彼之有求于我，则王崇古、俺答之故智是也。穆庙时，赵全等居云州，集亡命至数万人，汾石之祸，实板升为崇。朝廷募得全者，拜都指挥，银千两。那吉擒全以献，则封贡之说，似属有名。然犹不数年而杀将偾军，曾修备几何哉！我之有求于彼，则仇鸾、俺答之故智是也。世庙时，拥众入犯，执内臣杨淮胁开马市，仇鸾出塞无功，潜以金币媚许，未几而叛盟肆掠，即置仇鸾重辟，则亦何益哉！今日之事，果彼之求我乎？抑我之求彼乎？利害昭然，舆人共晓。祸福已著，岂不寒心。乃在经略曰："反覆难定。"又曰："恭顺向化。"在总督曰："拥兵虎据。"又曰："身任无事。"在朝鲜王曰："筑城盖房，运粮练兵。"在陪臣曰："夷情无厌，和事非计。"是二臣明知故犯，反不如朝鲜君臣之有胜算矣。

昔宋仁宗时，元旦日食，富弼请罢宴撤乐。时相不从，弼争曰："万一契丹行之，为中国羞。"已而契丹果罢宴，仁宗大悔。今朝鲜之说如彼，二臣之说如此，宁不为中国羞也欤哉？虽然，本兵石星，亦与有责焉。本兵蒙皇上起之田间，宠以宫保，即鞠躬尽瘁，犹难报称。乃不制御是谋，而惟沈淮敬，斧柯之术是听，意谓饷缺兵寡人乏，有何足恃？

臣以为挟此策以说，本兵可斩也。一旅十年，尚足吞吴。以堂堂天朝，岂曰无财？患在不节。岂曰无兵？患在不练。岂曰无人？患在一意目前。苟图了事，即有人不知，知之不能用也。少卿万自约疏称十害，给事中田大益疏称五忧，臣愚敢以五罪足之。绝不与通，国有明戒，诸臣雷同附和，擅议封贡，为悖祖训，罪一。封贡既称不便，则当明与倭绝，纶音具在；乃说愈更而愈袭，甚至有不忍言者，为悖明旨，罪二。名器至重，毫不可假；果如其议，则始以贼来，今以王往，为损国威，罪三。关白之陷朝鲜，原以贸易斧山得之；今覆辙不鉴，令其窥我虚实，弛我边备，为贻隐祸，罪四。建白盈庭，岂尽无当，乃敢力持中议，诸疏一切报罢，令海内豪杰之气，沮而不宣，为拂人心，罪五。以此五罪，参以十害五忧，乞敕廷臣会议，宁为远计，毋为近谋。

如其表文果至辽阳，臣愚以为，从之则无名，拒之则速变。姑以去岁明旨，原谓倭众尽归，然后议款。今屯聚釜山，未可封贡为辞。仍焕发德音，数其不恭之罪，待以不杀之仁。差来小酋，量赐遣回。倘能甘为死，间擒杀关白，不吝高爵厚赏予之。至一切边防，尤望丁宁整饬，养威蓄锐。倭若来侵，则相机而剿杀。倭若远遁，不贪利以穷追。庶德威常伸，即四夷亦可服矣，何忧倭奴哉！

伸救言官疏

题为圣主霆威叵测，言官语默两难，恳乞明示上意所向，以便钦承事。

臣等待罪琐闼，愧无表见。日者皇上斥去两京科道，至三十有四人。臣等过蒙优容，存留供职，即捐顶踵，岂足以报陛下。惟是官以言设，职以言尽。而诸臣既以不言斥矣，臣等顾影增惭，冰兢蚊负。日求所以拾遗补阙，责难陈善，以不负圣明广厉言官至意。而诚意未孚，天威正赫，扣阍尚有待也。

顷者，河南道御史马经纶，慷慨陈言，忠诚报国。臣等私窃自慰，谓皇上诚罪诸臣以不言矣，幸有敢言如经纶者，计转圜止辇，或旦夕可望乎？乃吏部接出圣谕，经纶竟从降调。圣意深远，未易窥测。其果以言罪，抑乃以不言罪？臣等未之解也。臣等象上之指，若水之在盂，方圆易向，其当以言为戒，抑仍以不言为戒？臣等未之解也。且同一言官也，前所处者，既不以言被遣。今马经纶也，又以敢言获罪。旬日之内，诏旨数更。一人之身，进退维谷。受谏则如转石，发号则如反汗，此又臣等所未解也。夫经纶之敢言，与前勾去诸臣之不言，无两非之理也。陛下斥不言者，又茹纳所为敢言者，则诸臣将饮炭吞刃，讼缄默之愆。陛下逐敢言者，又弃置所为不言者，则诸臣且借口扬眉，收戆直之誉。第净臣得以收誉，则人主不能辞愆，臣窃谓陛下之计左也。

昔唐太宗谓侍臣曰："朕每闲居静坐，则内自省。所以每有谏者，纵不合朕心，亦不以为忤。"又曾问魏征曰："比来朝臣都不论事，何也？"征曰："陛下虚心采纳，诚宜有言者。"今陛下英明神圣，固薄唐太宗而不为者也。倘果以不言者为溺职，则臣等不难为净臣杰士，进危明忧盛之苦辞。果以敢言者为忤旨，则臣等不难为谐臣媚子，效希旨望风之故智。顾谀佞取宠，则祸归于人主，而利归人臣；批鳞折槛，则祸归于人臣，而利归人主。两者相去天壤悬隔。臣等功名富贵之念，非与人殊；死生荣辱之念，非与人殊。然宁为此不为彼者，二祖列宗昭鉴之灵在上，二百余年养士之恩在下，清议在前，信史在后，不忍负陛下，且不忍负此生耳。有如人诸人趋，旅进旅退。倏而京堂，倏而开府，又倏而八座长安道，扬扬意得。臣等非有胸无心，岂不羡慕，而顾为此九死一生之拙计哉！忠于谋国，则拙于谋身，在圣明一加察耳。臣等不胜战栗待罪之至。

万历二十四年正月二十六日。

河工宽限加敕疏

题为按臣谋国过急，巡河请遣非宜，恳乞圣裁宽限，勘议加敕新差，并饬当事同心，以固万年根本事。

臣等于本月二十三日，接得江北巡按崔邦亮一本，为特请治河台臣，期臻实效等事。奉圣旨："该部知道。钦此！"臣等伏读疏意，大都因河道诸臣，会集武家墩数日，而后决策。遂谓今日之事，不在勘议，而在果断。今日之功，不在谋始，而在考成。诸如措处钱粮，调度夫役，明核功罪，凿凿可行。要之，皆心切恫瘝，为陵寝释昏垫；谋急经济，为主上解焦劳。非寻常所能言，亦非寻常所肯言也。

臣等窃惟事起于断，亦废之于略，故按臣意在勇决，诸臣意在周详，非所以相拂也。功成于终，亦辨之于早，故按臣意在善后，诸臣意在谨初，正所以相济也。

惟是请差巡河台臣一节，据崔邦亮之意，谓抚按各有专司，漕蓫亦有分责，必如是而后可以断，亦必如是而后可以成耳。殊不知平成未奏，消落有期。而导淮分黄，业已次第讲求矣，为不必差。总臣职要，诸司职详，而献谋定计，不可谓下无其人矣，为不待差。况省直两院，犹分循纠。乃总河治河，御史亦治河，将相为颉颃，抑代为奔走乎？一不便于事体。相事相使，犹难相下，乃诸差御史，巡河亦御史，将众握一权，抑人持一见乎？二不便于职业。官属旧设，犹免重费，乃建衙置役，备廪授餐，将年逾千金，抑加派百姓乎？三不便于供应。夫巡河之不便若是，如必欲若崔邦亮所云：助其勘之所未及行，济其总之所未及详，则果何修而可？臣等询之舆论，酌以私衷，其要莫若为科臣张企程宽限。盖期逼则阅历难详，时缓则周游可遍。谓宜乘此消落，再加采勘，俾其溯流穷源，由高及下。履浅临深，庶咨诹万全，亦难以苟且塞责。其次莫若为按臣蒋春芳加敕，盖江北事省而神有余闲，举劾自操而吏多畏志。谓宜授以简书，责其稽核。倘钱粮虚射，夫役影占，督率怠玩，即部臣而下，亦得以白简从事。庶把柄归一，而其权不分。体统相联，而其事可举矣。如以为必台臣而后可，则巡按非台臣而为谁也？如以为台臣必牛应元、高举而后可，则牛应元、高举诸疏具在，实可采而行也。然要之亦在乎诸臣之同心与否耳！使诸臣而同心也，则群策可屈，见谓忘私；众谋可衷，见谓广益。即不然而片言弗合，辄肆戈矛；一议未投，便生荆棘。于圣明委任谓何？即国家亦何赖于若人哉！

伏乞敕下该部，再加覆议，如果臣等所言不谬，乞将科臣量加期限，按臣特赐敕书，并乞天语丁宁河道诸臣，各以宗社为重，毋以祖陵民生运道而稍分歧；同以公事为心，毋以河渠漕司蓫政而争职掌；阻挠宜禁，毋幸浮言而堕成功；艰巨共肩，毋借他词而巧规避。将见臣工太和，即天地可格，而何患于河伯不效顺也。臣等无任悚息待命之至。

河工参道府疏

题为河工奉有明旨，道府玩忽非宜，恳乞圣裁，亟为责成，以图万全事。

臣等查得八月初四日工部一本，为祖陵受患有自，诸臣会勘已悉等事。奉圣旨："黄淮阻塞为患，这开导事，宜既经科臣勘奏，便行与各该河道官，将周家桥等处，作速疏浚，以安陵寝，毋得推诿观望。如有造言阻挠的，参来重治。其余工程，上紧酌议具奏。

钦此。"又九月二十三日工部一本，为祖陵水患日深，国脉关系非细等事。奉圣旨："导淮分黄，既勘有定议，可行与河道各官，着他及时兴工开浚，早泄祖陵之水，并无妨于明年运道、钱粮俱依拟取用。钦此。"臣等祗诵纶绖，不胜惊惶。即任事诸臣，宜其上宣皇恩，下解民惑；疚心蒿目，为主上释焦劳；胼手胝足，为宗社祈宁谧。

不谓于本月十九日，接得总督漕运户部尚书褚铁一本，为河工事体重大，道府意见未同等事。奉圣旨："工部知道。钦此。"臣等相与看详，见其一据淮安知府马化龙申文，谓分黄又有五难。一据颍州兵备李宏道疏稿，谓导淮宜开高堰，并乞为酌议等因。

臣等窃以积水为患，淹及祖陵者，淮也。流行不驶，致有退缩者，非淮也。障淮不东，令无旁泄者，堰也。泥沙日淀，致淮滞涉者，非堰也。以故先后建明，莫不究极标本。而导淮分黄之议，盖不自今日而已然矣。然则今日大工之兴，将以为可永赖乎？则沧海桑田，天行之数，臣等所不敢知。将以为不可永赖乎？则人定胜天，旋转之力，臣等亦不敢知。第计此时乾坤，何等时也。圣心震怒，至斥重臣，而无恻容。圣心畴咨，至遣侍臣，而为勘议。圣心祗畏，至命勋臣，而为祭告。圣心笃念，至捐金钱五十余万，漕粮二十四万，而无难色。乃马化龙守土之臣耳，竟不闻为朝廷借一箸、献一筹，但曰某也难某也难，至为日贴一钱之说，以摇动齐民。则所为思艰图易者，谓何而可以如此也。此在总漕始曰字字的确，既曰过当过虑，可置勿问。惟是李宏道力主开高堰一节，其关系又岂眇小哉！盖国家陵寝，以天下为命脉；与缙绅坟墓，以一家为命脉者不同。昔成周定鼎，郏鄏卜世卜年而为八百。有道之长者，德也。曰：使吾子孙有德，则葛以兴，奚尝拘拘堪舆家言。即使堪舆家言未可尽弃，则四百万运道，千亿万生灵，宁可置弗讲乎？是故周桥之开也，犹曰高宝尚远，而婴沟、金湾可通也。武墩之开也，犹曰建闸有节，而永济、泾河可泄也。周桥、武墩之并开也，犹曰支流两分，势自稍稍可缓也。议者过计，犹有私忧。若以长淮之水尽决，高堰而下之，滔滔东注，势如建瓴，就李宏道亦自谓散散漫漫矣。焉有散散漫漫而不溃漕渠者乎？焉有散散漫漫而不坏田庐者乎？倘漕渠既溃，田庐既坏，即如李宏道所云，增运河之堤，豁无田之粮，迁失业之民以救之，恐大变将作，亦无及矣。且周桥、高堰、武墩，同条共贯。在昔神禹，陂九泽，疏九河，未闻结地痈、破地肉也。乃谓开高堰则合襟，开周桥、武墩则不合襟。谓开周桥、武墩则夺黄，开高堰则不夺黄。又谓留高堰则结地痈，开黄家坝则破地肉。一则曰人子须知，二则曰人子须知。支离荒唐，亵嬻君父，宏道雅负时名，何其尊青囊如蓍蔡，视成命如弁髦至此也。

或者曰：国家自来未尝无祖陵，未尝无运道，未尝无民生，何高堰未修而无事，高堰既修而多事耶？殊不知，淮犹昔日之淮，河非昔日之河也。先是河身未淤，而淮尚安流；今则河身日高，而淮受倒灌。此导淮固所以为淮，分黄亦所以为淮。即工部新尚书李戴，久历淮扬，所见甚真，亦谓其宜如此也。若果如李宏道所云：一开高堰，足以了事。则一县官固饶为之，又何必劳皇上之过为宵旰哉！

伏乞敕下工部，亟为议覆。如其事有缓急，不妨酌量次第举行。若谓明旨已定，难以迟违，亦乞天语丁宁漕臣与河臣，平心易气，无生彼此，共分猷念。所有河道诸臣，亦当恪遵明旨，多方召募夫役，曲意轸恤灾民，听其调度，及此冬初，成此盛举。如措置无法，疏浚乖方，乃推诿观望，造言阻挠，必有各任其咎者，岂能令臣等不以白简随其后哉！仰惟圣明裁夺。臣等不胜战栗待命之至。

417

请省织造疏

题为敬循职掌，恳乞圣慈，俯念民穷国匮，节省织造潞绸事。

臣等近闻内承运库传，奉圣旨封发花样，下工部行山西布政司，织造潞绸一万三千余匹。臣等仰窥圣意，或以上供万乘，或以内备六宫。费不及奢，华岂为靡。既奉纶綍，敢不将承。惟是撙节爱养者，先民之彝训也；审时度势者，驭世之微权也。礼天子之器，必有金玉之饰；饮食之肴，必有八珍之味。至于凶荒，则彻膳降服。盖岁敛则示之以丰，岁歉则示之以约，道固如是而已。以今观天下何如哉！江北荆南灾，则汤沐之地病矣；苏松常镇灾，则财赋之地病矣；汝洛梁豫灾，则腹心之地病矣。夫天下有几幅员，而重地受病若此。在抚按诸臣，方蒿目疚心，而力为请命。在台省诸臣，亦疾首蹙额，而代为徼恩。计皇上必穆然改容，恻然动念者。顾潞绸至一万三千余匹，工费当不下二十余万金，而竟责备于禾谷半登之山西焉。臣等度疮痍未起，加派难堪，山西决有所不办矣。若以是而取给之节慎库，则节慎之所入，臣等得知其入今岁新收项下，仅七十八万三千七百有奇也。节慎之所出，臣等得知其出今岁开除项下，至八十一万九千六百有奇也。日者羊绒缎匹并传，导淮分黄并举。内帑不足，继搜外庾。外庾未敷，更留关税。关税未敷，更借户曹。此非陛下所曾闻者乎？倘不于是时刻意节惜，纵财源如河，亦终匮竭。万一更有紧急工程、重大兴作，朝廷又何以应之？

昔宋臣司马光曰："国用不足，必重敛于民。民已困穷，何以供命？饥寒所驱，必为盗贼。"此乃安危之本，毋以为细事而忽，诸臣等愿陛下有味于斯言也。且臣等又曾历稽往牒，伏睹嘉靖八年，圣祖曾因灾荒，尽止织造，待丰年举行。乃皇上临御以来，无论苏杭告歉，或准减半，或准暂停，洪恩浩荡，遍及东南。即就潞绸一节，在万历三年之数，则二千八百四十匹而止也；在十年之数，则四千七百余匹而止也；在十五年之数，则四千八百匹而止也；在十七年之数，则五千匹而止也。岂意于今四千七百之带造者，尚未输于国门，而一万三千之特造者，复行于工部耶？臣等由前而观，数年而仅止数千，不见其不足；由今而观，一年而动几逾万，岂无至有余？

伏望皇上垂慈，念一丝一缕，尽属闾阎膏脉；一铢一两，足活灾疲数命。特焕德者音，敕下工部，将四月所传，亟为催完，以济目前急用。俟将近日所传，赐暂停止，候一二年另造。如其必不可已，亦望皇上择其少缓者，酌量减省。将见上光圣德，中纾国计，下宽民力，一举而三善备矣。至于以后传奉，更乞从内阁票拟，令调燮者得阐其忠，由该科发抄，使封驳者无溺其职。庶成宪无致，亦足以昭大公于天下永永也。伏惟圣明裁察。臣等无任战栗祈恳之至。

请免入回采买回青疏

题为回青告诎，入回采买未便，恳乞圣明特行抚按，申饬贡物，以尊中国，以服远人事。

臣者窃惟中外之分，犹天地然。以外国而奉中国，则中国重；以中国而下需外国，则中国不重。亘古以来，曾闻其重译来朝，八蛮通道，而未闻以中国而下市方物者。

臣等自万历十年，见皇上传造瓷器九万六千有奇。嗣后难完者减半、新样者停免。今且十有余载，尚未完解。天下莫不仰德节俭，而诵宽大之仁不衰矣。

近于本月十七日，接得内承运库管库事太监孙顺等一本，为缺少回回青事，奉圣旨："这回青，着工部行文该地方，作速采买，解彼应用。已后番人进贡，都要真正的方许验收。钦此。"臣等揭查疏内，一则曰节经关领，搜括已尽。一则曰虽有土鲁番进到，俱系铅矿，盖不得已而有是请也。第伏读明旨，所云行该地方采买者。臣等看详数日，不知果行甘肃乎？抑行之土鲁番、回回国乎？甘肃远界西陲，另是一天。其民不陶，青决不聚。即问其土产，则非土鲁番、回回国不可耳。回回，故伊吾地，与哈密连，东距甘肃，西距土鲁番。而土鲁番则古所称车师也，控弦可五万骑，其去神京亦不下万三千里而遥。粤昔汉唐，屡拜大将军窦宪，及大总管侯君集等，相继犁之。而乍臣乍叛，其强弱盖可镜哉。时入我朝，一慑于成祖之神武，而遣使来王；一慕于宣宗之怀柔，而赋马执玉，嗣后则稍稍多事矣。语湛恩滂泽，莫如孝宗；语顺治威严，亦莫如孝宗。乃终孝宗之世，以马文昇之秉枢，而不能使阿木郎之不殉。以张海之经略，而不能保罕东诸卫之不掠。以许进之袭破，而不能令牙兰之不遁逃。以王越之帅诸路，而仅以四十余使易城池。比及正嘉，则满速儿以万骑寇肃州，而彭泽且夺官矣。速檀儿以二万骑入甘州，而陈九畴且论戍矣。

夫代经列圣，而迄不倾心；谋经诸臣，而率无善计。则土鲁番等之桀傲，不辨可知。乃今犹称臣献琛，岁修无致者，岂非以皇上之礼乐教化，默启其即叙之心；皇上之福泽声灵，潜消其悖叛之气耶？自是而修其政不易其宜，听其来无扰其地。臣等思患预防，尚宜彻土戒冰。一旦言瓷器之有无，而索回青于内帑。辨回青之真伪，而遣皇华于荒徼。臣等私以为青六百斤，直当数万。以厚资而探豺狼之境，焉知其不我梗乎？民生风气，彼此殊科。以华语而入侏僬之乡，焉知其不我欺乎？居中制外，古今常经。以天朝而徼绝域之物，焉知其不我悔乎？奉使不辱，代有几人？以四牡而载简书之重，焉知其无刚惊寇路，懦屈寇庭乎？通番者禁，为意良深。以严令而开熙朝之时，焉知其无奸乘出外勾犯边疆乎？由前三说，则孽由彼作；由后二说，则患自我生。内之损朝廷之德威，外之起毡裘之厌薄；近之破已往之成法，远之贻将来之隐忧。亡论朝贡难继，即如先朝多事，亦未可知，臣等万万知其不可也。

为今之计，诚宜将现在所藏称为假青者，一面淘洗应用，庶不误明年岁运。仍乞敕下工部，转行甘肃抚按。宣布承慈，申令文告。谓尔土鲁番、回回等，世受国恩，视以外藩。诸所来庭，一切假馆受餐，乘传授节，所以待尔等良厚。而瓷青微物，亦敢以诈伪献，谓归顺何自。今与尔约，所有不易心改虑，以真诚上供者，其闭关弗纳。庶几名义正，而中国之体统常尊。中国尊，而远人之输将不替。即古所称明王慎德，四夷咸宾者，何以加焉。臣等无任悚息待命之至。

请鬻畿辅加派并练乡兵疏

太仆寺添注少卿臣林熙春，奏为固内地安民心，并陈保甲乡兵之所未及，以壮根本，以保万年封疆事。

臣窃惟天下犹人身，然京师腹心也，畿辅营卫也，山海关咽喉也，辽左肩臂也。而民为邦本，则一身之元气在耳。元气充，然后营卫实，咽喉可固。即肩臂麻木，犹可支数十年无事，而腹心犹无恙也。试观今日之元气何如耶？三辅郡邑，频被灾伤。加派已来，朝不保夕者，已十室而九。又重以马匹之征调无已，器甲之缮修无已，车辆之缔造无已，豆粟之买运无已。而援兵绎骚，鸡犬靡宁。父母妻孥，又鱼惊鸟窜焉。民无乐生，业已思乱。自是而益加保甲乡兵之役，恐甲未必申、兵未必集，终亦不得之数也。

然则此法终不可行乎？臣曰：何为不可行也。臣忆嘉靖末，寇入潮阳，赖乡兵巷战出堵。臣外祖黄良，曾以乡兵而抗倭。臣族人林尾，曾以乡兵而抗吴平。臣邻乡溪东、岐山二堡，曾以乡兵而抗林道乾。臣令将乐时，以保甲稽民善恶，以民兵杂军操练。数年之内，盗不生发，皆小试之验也。今近畿州县，不下百十有余。即古称带甲百万之国，有悲歌慷慨之风。倘州县各练得一千上下，亦可得数万兵，而羡亦何不可行之有？第臣又思河西一块土耳，主之以经略，协之以巡抚。猛将如云，谋臣如雨。十万之师，闻风奔溃。即黔首青衿，且欲组化贞之颈奉敌，此何以，故失民心耳。昔宋儒有言曰："莫柔于民心，而不可以威劫；莫强于民心，而可以德感。"兹欲安民心，以固神京。愿皇上念畿辅百姓仅存皮骨，将加派钱粮，尽数蠲除。又欲如诸臣议，团练乡兵。愿皇上慨发帑金数万，照依各州县加派之额，尽数分与，以为团练乡兵之费可也。

盖乡兵有父母妻孥攸系，又有比闾族党相维。骨肉关心，身家重念。与援兵乌合而来者，万万不同。兵部诚能宣上德意，印给守备札付，每州县各一张，许以冠带从事。州县正官留心咨访，如有好义任侠，舆论攸归，可为一方表率者，即挈札付与之。以一募十，以十募百，如结万人缘。然一乡之中，或膂力相当，或技艺相等，或意气相投，听其自为队伍，旗帜用布费省。而坚器械，或刀或棍或铳，各随所长。衣甲或棉或纸，只求结实。有力者听其自备，无力而人可用者，官为给。与东西南北，分为四总。得就近赴操，一月以三操为率。一日训练，九日耕锄，庶不妨本业。守备量赍廪给，给以官马骑坐。以次遍及，惟实心整旅，无同儿戏。每月既望，毕赴州县教场，比阅较艺，奖赏有差。仍每人给银数分，以为饭食需。其有殷实具牛酒劳劳者，官为籍记，年终扁门或冠带，以风厉鼓舞。诸凡花费，俱动帑银，每季倒销，不许借称科敛。自守备以及总哨，免其杂差。佐领仓巡，不许营委点闸。及责以勾摄挨查，迎送等役，致人疑畏。团练而外，有司务加意安辑，保如婴儿。将见间阎折冲，有寓兵于农之意；行伍充满，得有备无患之思。百姓含哺鼓腹，当击壤而歌曰："我皇上蠲征省赋，以恤我之苦；复减膳解衣，以卫我之生。有君如此，何忍负之？"或备野战，或收城守，所不执干戈以捍社稷，臣不信也。

臣本书生，不闲兵事，自少诵法孔子，而饥馑师旅之际，犹能令其有勇知方。则信乎雪耻除凶，果在乎民心间也？伏乞皇上穆然深思，毅然发念。知民心断不可失，财帛俱属倘来。敕下该部议覆，将加派蠲免。仍发帑金，以练乡兵。果练得实效，较各州县，称最者名色，守备抚按，不妨叙荐，予以实授职官总哨。以次升赏，有司以边材纪录超升。如懒于任事，独称难练者，以不职论。庶官官奋发、处处皆兵。而封疆自有磐石之安矣。

参援辽将官疏

太仆寺添注少卿臣林熙春，谨题为援将启衅，酿祸异常，谨据目击，亟请正法，以靖封疆事。

臣奉钦命，署理东路马政。于十一月二十六日陛辞，出巡点马，沿县印烙。十二月初一日抵玉田县，离县五里许，有巡捕典史吴世爵仓皇口禀，称城内兵变，似未可进。臣询始末，答应不甚清楚。乃询有县官在郊否？可令一见，以知情形，庶便与兵诘问。随有遵化县知县顾天宠、丰润知县单明翔同来，具言袁参将押带浙兵援辽，途中逃走逾千，始就天津招募凑数，许以安家银两，前路给与。今至玉田，又无以给，始有此变，在兵情亦可哀也。臣遂驱车进城，将入门间，新兵满街，拥戟露刃，环列舆前，喊呐请救。臣诘以"余奉命点马，尔等作此模样，意欲何为？"兵云："袁参将兵逃，哄招我每凑数，许以安家，分毫无给。某等穷寒，敢望一救。"臣问："尔等何处人？"具言某系武昌、某系南昌，总之皆东西南北之人也。臣又问："袁参将何名？"共称不识。臣私叹兵不知将，将不知兵，一团乌合，将何纪律。臣又云："尔每要安家，只要尔每心实与不实耳！尔每果勇于援辽，此中院道自有处分。朝廷不吝千万金钱，以救残疆，又何难怜恤乎尔？勿再鼓噪，甘为乱民，法不尔宥也。"兵遂寂然。

臣入门至署，尚在午未间，未许各官谒见。遂朱书一示，大率宣布朝廷威德，与面诘语意相同。臣又思此时三县马匹。毕集不散，恐为兵资。遂将遵化、丰润之马，忙忙点烙，并令各县官率夫马先回，虑外县人众招摇街巷，忤触或有他变耳。薄暮，玉田县丁忧知县李春英来见，始言新旧兵格斗，杀伤拆墙之事甚悉。臣又问曾申抚台否？答云已申。李知县又云："此时虽已解散，犹团聚一阁，恐夜有不测。"臣又云："已申抚台，当有牌到，且余已许听院道处分，是夜决然无哗。"臣达旦出署点马，而抚臣大牌果至，中间理论法禁，欲其东行也。臣点马毕，即往宝坻，见其街巷，兵列左右，释戈徒手，纯无一言。臣私喜，谓此岂一纸之力，实抚台传檄而定者。

此后日远一日，不闻消息，至十三日，途接邸报，见抚臣李瑾疏，且言初三之事，其参将袁应兆之残虐尤甚也。夫当抚臣传檄再到，应兆果能乘令旗宣谕，关门不远，钱粮旦夕可入囊中。即不然，日给日粮资，其朝夕好语相劝，未必不俯首相从。又不然，即歼厥一二首恶，令反侧者自安，亦未为不可。何至如抚臣疏云：应兆乞哀，旧兵借其声势，枭首二名，打死二名，捆打一百余名，割耳三四十名；又有死于街道，死乎各家，死乎四门外城濠内者七名，打伤待毙者数十名。顿令途鲜完人，路有流血。又大索编户，殃及池鱼。斗大畿邑，何不幸而有此惨毒耶？臣以为援兵骚扰，到处为然，而援兵鼓噪，到处叠见，未有如应兆之酿祸至此极也。

今应兆抚臣已参，臣似可无言，臣以为抚臣耳闻不如臣目击之为真，敢悉数其当诛之罪，以为将来者儆。兵法千言万语，无过"智仁信勇义"五字。盖智以运谋，亦以察奸；援兵召募，家属有保领，里递有保领，然后发行，而途中且有逃逸；奈何引聚一班无籍以为儿戏，可谓智乎？其当诛者一。信为号令，定如金石，乃可服人；万金安家，谭何容易；奈何哄出前途，便谓了事，可谓信乎？其当诛者二。义不苟取，乃可称廉，乃可主威；惟将一介分明，始可责兵，不伤一草一木；奈何人言啧啧，科敛扣克，结怨已深，可谓义乎？其当诛者三。勇不顾身，行不逾时，始言主将；奈何逗留两旬，希免出关，不思国家费尽财力，购此血肉之驱何为？可谓勇乎？其当诛者四。仁者之将，兵食始食，兵卧始卧，问疾吊丧，分甘释苦；抚之如婴儿，始可与赴深溪；奈何屠戮卒伍，喋血郊原，为数十年未见之事，可谓仁乎？其当诛者五。夫应兆负此当诛五罪，倘犹谓卒难得人，众无可取，稍从宽假，戴罪立功。则逗留无法，残杀无刑，恐援兵将领，尤而效之，将有甚乎应兆者。

伏乞皇土（上）大奋乾刚[1]，敕下兵部，转行督抚，查核浙中来文兵数若干，逃走若干；更查玉田折损若干，需索若干，就应兆家勘产赔还。仍行经臣将应兆立殉赐剑，将原兵另将统领，或分拨各营，附队操练。庶纪法严肃，而各处援将，一意援辽，无他外慕，封疆未必无少补矣。

校记

[1] 土，显系"上"字形近之误。

循职掌以明法守疏

大理寺卿臣林熙春谨题，为谨循职掌，摘遵会典紧要事宜，议苏牵累，议省繁文，议酌参驳，以宽民命，以明法守事。

臣按《会典》开载，凡在京衙门，大小词讼，非由通政使司准行，各衙门参送不许准理；非由本寺评允，不许发落。盖其慎也。功令具在，谁复敢干？此例殊未有改。

今照人情世态，朝化夕迁，即人命盗情，亦何时蔑有。第近年以来，假印伪官，纵横乎积蠹。逃兵遁卒，劫掠乎郊原，未有甚乎此时者也。以故一案而连十余人，一招而动数千语者，每每而是。倘一出一入，生死攸关；一重一轻，军徒立判。臣，天下平也。苟不奉法持平，谓溺职何坐？是不揣敢忘固陋，摘三事为皇上陈之。

其所谓苏牵累者何？盖《会典》载："一应因人犯，该死罪徒流者，具写奏本发审。笞杖罪名者，行移公文发审。"诚谓罪有重轻，必经评允，乃无枉纵耳。臣视事未久，见有罪仅笞杖，而证佐若而人，随审若而人，累累胥靡，不堪菜色。缘人众难拘，不无迟滞。衙门多历，使费不少，即因而累毙者，未必无也。臣见在外有司，笞杖之罪，且不申道府。今刑部有司，审有堂审，两经庭鞫，玉石自分。合无以后，量其无干免提，并量其无干免解乎？

其所谓省繁文者何？盖《会典》载："问刑衙门，供招之外，不许妄加参语，违者听科道纠举。"诚谓口供既明，何用画蛇添足，意念深矣。近供招多不出囚口，参语似不可无。第雕琢为工，连篇累牍，非惟构思逾时，抑且犯人难解。因之招词冗长，主文不无罗织，顿令书者手倦，观者目眩，殊非刑名之体。臣癸未本寺观政，见招末多只用参送到司，覆审相同二语。今纵不能复旧，独不可人众事幻，间或用多人少，事真不妨用寡乎？

其所谓酌参驳者何？盖《会典》载："罪有出入者，依律照驳；事有冤枉者，推情辩问。"又一款："凡经寺驳回者，多要限内结绝；问官耽阁者，听本寺参究。本寺徇情参驳者，听科道官纠举。"诚以吐词者，人各藏私；谳狱者，人各起见。或初终异词，或证佐改口，或伤痕不对，或脏仗未明，或法逾乎情，或情溢乎法。或律例不同，比附难一。惟推求至当，庶犯人无展辩之阶，亦不负圣明好生之德耳。第驳者总属无心，承驳者亦何有意。臣观政时，见一驳而招如故，再驳而招益坚。累月经年，官移吏改。身在事中者，嗟结局之无从；身在事外者，叹释系之无计。诚不如不驳之为愈也。今不意践其地矣，尝读书，见成王之命君陈予曰："辟，尔惟勿辟。"予曰："宥，尔惟勿宥，惟厥中。"夫成王君也，不难降志，令臣勿就君，以就中。况部寺相关，比肩事主。法律，朝廷之法律；民命，朝廷之民命。务集虚平，方广忠益。臣左右寺审录，及到堂圆审，其寻常无碍，当与相安。不得已有驳，果徇私吹求，听科道官纠举；而该部问官，亦愿不分畛域，蚤为结绝，无致耽阁，有累同行，庶足以称同心乎？

以上三款，在前一款，则就成宪中而稍为通融；在后二款，则就成宪中而互相恪守。总之，徇法司之职掌，不敢以一死一生而拂刑章。体圣明之宽仁，不忍以匹夫匹妇而干和气耳。

如蒙皇上采纳，乞赐天语，丁宁该部问官，如有人犯送审，得慎省一人，则一人受博大之恩；得蚤结一时，则一时受浩荡之泽。臣寺亦可借手以受成矣。臣不胜惶悚祈恳待命之至。

申饬法纪疏

大理寺卿臣林熙春，谨题为三阳伊始，万物维新，仰体圣明好生之德，申饬纪法，以重民命，以保太和事。

臣谨按《月令》，孟春之月，天地和同，草木萌动，天子命相布德和令，命太史守典奉法，以下及兆民，盖顺时而宣湛泽如此。兹圣主龙飞，震男应索，巽命疏华。恩诏缕列，歼悉具备。诚不忍以一草一木，伤天地之和，真千载一时矣。

臣备员廷尉，实称天下之平，即至愚极陋，敢不摅一得而处乎此？臣家食有年，见今之世界，吏道杂而多端，而讼狱亦大可异。人命本假，反移尸而抢财；盗情本真，尚听嘱而攀善。本有男子可告，而必羁縻乎妇人；本有乡贯可凭，而必欲诡匿乎异籍。事本一事，而装点变幻为奸；人本一人，而呼朋引类助虐。细故本自易结，乃躲闪而拖累不休；旧案本宜相安，因拨置而牵缠不已。凡此皆民情之薄恶，尚望乎有司之循良。无奈贤者固多，而不肖者亦自不少。检验委之丞簿，丞簿宁无贪乎，生死焉得分明？拷讯责之捕衙，捕衙亦有欲也，玉石乌能辨晰？牌票宜请堂印，不尔皆吓诈之媒；词状必奉堂批，匪是终滥觞之局。供罪之外，复有科罚陋规，有折纸折谷之名；囹圄之外，复有铺仓佐领，置自收自放之簿。一赎而淹禁数月，传染渐入瘴乡；一案而沉滞逾年，磨累竟成鬼域。诸如此类，实可涕零。在抚按非不申饬，而奉行亦只因循。自是闾阎萧条，妻帑离散，嚣然丧其乐生之心。致物怪人妖，到处而是。岂尽民穷盗起使然，所繇刑罚不中，上干天和者，什常八九也。臣为此惧，敢括略景象以闻。

恭拟约民者八条：

一、人命自有正法，不许移尸抢财；

一、盗情未入监即审，不许攀及良善；

一、有男子可告，不许告及妇人；

一、告词须真正乡贯，不许冒籍匿名；

一、一人止告一词，不许更名，图准多插党与为证；

一、原告不出，即便立案，不许躲闪拖累；

一、事已经结，不许听唆，希图翻案[1]。

以上数款，民有犯者，依律重究。

恭拟约官者八条：

一、检验三日内，正官亲行，不许委及佐领；

一、鞫盗须正官隔别自鞫，不许听捕衙拷讯；

一、牌票须用堂印，不许擅出私刻条记；

一、词讼须奉堂批，不许擅受民词，并私置监簿；

一、罪有正条，不许律外罚纸罚谷折银入己；

一、监为囚设，不得已方收，不许轻寄仓铺，致有滥枉；

一、纸赎只纳粟备赈，原差带比，不许收监；

一、结审沉滞，即直亦累，不许经年累月。

以上数款，官有犯者，轻则提吏，重则听参。

校记

[1] 上文说八条，这里实际只有七条，原文如此，仅在此说明。

再乞休疏

大理寺卿臣林熙春，谨题为为蒙恩宽贷，疯疾陡发，再恳休致，以便调理事。

臣于二月具疏，为报国心长，奉职力短，恳乞天恩俯容休致事。奉圣旨："林熙春以忠谏起用，且年力未衰，何得因言乞休，着照旧供职。钦此。"臣承命惊惶，魂爽飞越。俯仰天地，莫知所容。业于三十日具疏再请，忽闻圣躬违和，不敢轻渎。

今照臣之事君，犹子之事父母也。上臣讽谏，与子之几谏等。当神祖之勾处言官也，六垣几空矣。时刑科迄巡，臣以工科疏救，稍存言路。力既不能回天，诚又不能格主。犯颜逢怒，罪莫大焉。而皇上奖臣以忠谏，臣愧不敢任受。臣科第四十二年，废弃二十六年，家居岭表，即韩昌黎所谓州南数十里有海、无天地处也。瘴岚时染，气魄亦销。而皇上复奖臣以年力未衰，臣又愧不敢任受。惟是臣之应诏而来也，辽阳猝陷，主忧臣辱，古有童子尚能执干戈以卫社稷。臣即老马，亦颇识路。入京供职，三岁递迁，添注者二，实授者四。苦心焦思，因事建白，多蒙采纳施行。有君如此，何忍负之。感恩图报，矢竭涓埃，以答高厚，亦微臣区区一念葵藿。况皇上责臣以供职，而吏部亦照会到臣。欲其遵明旨供职，臣又安敢不供职？无奈福过灾生，疯疾陡发。盖缘两任太仆，辛酉代庖，东路有马伍千有奇；壬戌督理京营，有马三万而羡。隆冬验烙，时日无几。各以未明而兴，戴星而息。目不停阅，手不停批。舌敝唇干，始得告竣。然亦只忍寒视事，依火为命也。初犹不觉，久之则寒侵而肩背受疼，火炽而鼻血为衄也。赖臣善摄，始可支持，不意至今而陡发更甚耳。夫棘寺非卧理之官，环寺皆待鞫之人。臣之疾痛若此，其何以解民冤，而溥尧舜好生之德？

伏望皇上垂慈，容臣休致回籍，以便安心调理。则自此以往之年，皆皇上之赐也。臣将率子若孙，祝圣寿于无疆，咏太平于有永矣。臣不胜感戴，恳祈激切待命之至。

卷三十　林尚书城南书庄集（二）

海阳林熙春志和著

贡葛议（万历丁酉）

敝潮滨海，历稽古志，原不作贡，不意万历九年始派葛布。维时有司不能抗议，两台不能执奏，遗有里甲入买雷州之惨。三年以来，苟非本县改议解价，则蹈林希仙等奇祸者，又不知其几也。但此事便于官民，而不便于包棍奸胥，王直指洞见膏肓矣。

日适有雷人至衡门相候，不佞以葛事一询，谓贡缎贡罗，亦直仅数金。云何葛至三两二钱，而海康机户，犹呶呶称累耶？渠谓贡葛细纱，每两价八分而止，即织成布，亦每匹价一两七钱而止，顾其弊则不止一端也。彼中官府，见机户射潮重利，每每令其带造，或受要津及邻封者托，十直七酬，甚至三四酬者有之。每年届期，藩司檄一首领督验，坐守旬月，吏书门皂，焉能裹粮而至。曾有一照磨目，不辨苍素，其所指低若昂者左右也。以故机户非称买自某乡官，买自某举人不得验。即验矣，非有每匹一金之入不得中。即中矣，就自验官将去，有何不可，乃令机户又尾其后，长途千里，稍费一番供给。比至藩司，则上有领解，下有承行衙积诸色，如蝇逐臭，机户焉得不坐困也。然此犹机户耳，该县掌印官不细咨访，惟凭积棍混报。间有不闲机杼者，百计求脱，始以请托，继以行求，而犹不可得，又安能不挈家以逃。有此数弊，则卖男鬻女，诚或有之。而非为潮累也，亦法之未善，有以累于雷也。夫雷之累也，犹曰雷物雷产、雷官雷民，而其弊且至此。况自潮至雷，水陆驰驱，非动轻数月不至，一不便于往来。眇小村氓，一旦委以重赀，岂无摽掠可虑？二不便于防御。粤雪蜀日，群犬争吠，为未见也。潮不织葛，焉知贡葛？三不便于辨别。刁难揞勒，市井常态，然又王事惧之，王程逼之，安能不重价以售？四不便于市买。雷潮分土，实无分民，先是陈主事令海康时，每每为潮人方便，今且秦越矣，五不便于倚靠。雷人验退，就雷可买，潮人验退，则控原主，而价值已耗，望富户而借贷无门，客舍孤栖，惟坐以待毙而已，六不便于羁旅。霆威不测，即一鱼一鲊，至褫楚藩，而无难色，万一潮人跋涉，后至愆期，将何以堪？七不便于当事。至其额外花费，意外变故，种种不可料度者，又实难以笔舌既也。

虽然，此犹自入雷言之也。先年签差里长领买，一经点注，阖门凄啼。内浼吏书，外浼关说，业已破家。迨知事不可免，又且扳排年，扳甲首，然后承认。迨其承认也，又且告旧租，告宿债，然后戒行。盖至于是，在通县也，无一家不骚动，无一人不帮贴。在领役也，如驱之探汤，如逐之赴火，其势使之然也。

为今之计，诚得所司者力持中议，转申两台，怜悯主张，以灾疲恤民，以忠诚悟主，题准改折解京召买，则一葛之直可得二葛。如稍可已，亦可资大工一椽一桷之用，是为上策。次之，则量为增益解价。藩司召匠，开机团局织造，厚其饩廪，多其价直，就近责成，验便解便，可免无名之费数倍，似亦经久可行，是为中策。不然诸弊不除，恐雷与潮之累无已时也。伏惟裁察，海滨幸甚。

救荒议

歙潮谷米，原不甚贵，贵之则有丙寅、丁卯二年。维时饥民啸聚，动至数千，则有若曾一本、林道乾等，敢行称乱，至勤四省之兵，而后敉定。即今言之，犹令人疾首痛心也。今米价较往时犹逾矣。往者饥仅一方，今则饥遍数邑；往者米贵数日，今则贵已数月；往者或唼鱼虾，今则已茹草木；往者只奄奄待毙，今则已饿殍无算；往者旧谷没，犹望新谷，今则淫雨水溢，水田大半被淹。然犹未揭竿代鼓，啸聚山海如前年者。得无曰，水陆兵联，有所惮而不敢动；抑新招海兵中，多鸡鸣狗盗，业隶尺籍，而不得动乎？第自今抵敛，尚有一月。所为河清可待，得以计时起色者，此一月也；所为涸辙无波，将以忍死如年者，亦此一月也。

日见台祖蒿目焦心，持筹握算，以三石平粜，以一石赈发。上不损国，下可活民。夫讵非数十年来盛举哉？惟是民间已竭，十有九饥。群林林总总而待粜于仓，又群林林总总而待赈于仓。不知仓中所积，中有几何，而足以满林林总总之欲也。况所粜所赈者，尤未必真饥民乎？

私以为欲塞米户冒粜之窦，莫若令其三斗而买谷，一斗五升而卖米，彼无重利即冒粜何为？

欲塞衙积之窦，莫若法行自近，令各衙门所司严为约束。其次，莫若开告密扭首之门，悬示于仓，如有前项冒粜，告首得实，尽以充赏。其次，又莫若便易。盖细民愚朴，难以进前，守候多时，始得升斗，其利不得不归之衙市。倘以廉明教官数员，分厂坐镇，不论钱分，银到便发，毋得稽迟。则细民入仓如取诸寄，或可沾一分也。

欲塞冒赈之窦，莫若行严刻之令。十七年，江北饥甚，饥者不得报名，夤缘得报者，又一二日始领，民多冻死于途。惟一郡行剃眉之法，饥民随至随剃，随剃随给，民亦戴之，而不怨之。盖苟有利于性命，又何爱于发肤也。

然此犹自开仓言之耳，至于疏通之策，则稗议有四：大都下邑之食，西仰给于长乐、兴宁、程乡，东仰给于揭阳，急则仰给于高州。今高州之米，闻有数十艘浮海而来矣。倘海兵留难或发粜于外境，皆非利也。合无令海兵押送入境，至鲶浦渡头庵平粜，无得以资远人，此今日至急计也。外则再差廉官数员，借公帑数千于出谷去处，多方收买。盖粜以济民，粜以还官。即不请详可也，或先发后闻亦可也。此转运之说一。

甲午年金省吾分守长宝，籍民间之仓，官临民家，而平其值，如扰民家一鸡一黍者罪。今民间如揭阳城内，及各都大户，强者不肯粜，懦者畏民挟制，又不敢粜，未必无之。倘下令各县，严以三斗为准。除民家食粮外，官为尽数发散。即闻者亦不敢高抬其价。此籍民之说二。

广济桥闭，而上流之谷不至，此泉之不流也。近闻桥上谷商，百计求放，费亦不赀。独不可令其输谷十石备赈，即为疏桥，尤为上下之两利乎？至于今年大户，本无多积。即积有余羡，或令其输至城中，不无搬运且济者，又难得人。合无多刻告示，各县各乡，人自为济。济务得实，多者数百人，次则数十人，少则一二十人亦可。总之，皆赤子，亦皆恩泽。事完核实，分别冠带牌扁以奖，亦敦仁风之一道也。此劝借之说三。

救荒之政，太上赈贷，其次蠲免。敝潮地远天高，难邀浩荡。第宽之目前，犹可责之日后。则钱粮税契是也。今正征带征，旧契新契，杂然并比，民且救死扶伤不暇。而又焉肯捐旦夕之命，急惟正之供乎？只为衙役作生涯耳，窃谓此项粮税，似宜速行各县，暂为停止。俟蠲敛之后，照限补足，未为晚也。语云："所损者财用，所收者人心。"即财犹未必损也者。此缓征之说四。

凡此皆草莽肤见，书生迂谭。自知无当于经济，第目击间阎疾苦，不觉相顾惊骇，辄敢冒昧而肆其狂瞽如此。惟台祖裁择，幸甚。

《大司马襄敏公纪略》序

在昔高皇帝，北逐胡，南定交广，为万世功，而成祖益振扬光大之。承熙日久，民不知兵。嘉靖之初，莫氏篡交者余二十年所。世宗赫怒，命两司马元侯，将十万师，从天而下，而襄敏翁公，实参知谋议。公计援党龙、凭祥、断藤峡，歼之股掌上。盖至于登庸胆裂，组颈称万死，而后壮可知已。用是天子念公积劳，累迁综理宣大军事。

宣大黠夷在外，悍卒在内，前此重臣主将，相继遇害。至是征兵之令，动及云朔晋代、燕赵齐梁。所在绎骚，帑藏不继。议者至欲借吏禄，括富民，而公私困矣。公承大坏极敝之后，谓宜如何张大，以多事为事。第抡将材，并民堡，诘边情，犒乘塞，一切与封疆更始。已重纳降功，而轻首功，招徕至数千百人。已修外城险，而及内险边垣，至千五百丈。已裁远调兵以给主兵，省费至六十万缗。自是逆宗充灼、业范、金勾虏为宁藩。计公不血刃，致之阙下。而铁里门、鹁鸽峪、曹家庄诸捷，又皆躬擐甲胄，以一当百中来。以故终公之任六年，虏惧称太师乞款者三，又何有戎兵蹂郊关，以震撼我畿辅？盖详哉，诸纪其言之矣。

乃公冢孙粤初，搜公逸事，必曰纪略者，何谓？公著作甚富，所至有劳。即邹襄惠以闽粤结秦晋，为千古知己，亦深慨乎公卒仓卒，不能尽摅公之卓行奇勋。而公嗣民部，君时甫七龄，又焉能衷撷而信诸后。则粤初再四授简，恶敢以不文辞？

熙春私惟，自古文臣，从典军，秉枢要，每每推毂西北；明兴，闽粤以南惟襄敏公一人，岂非以南人多脆，足不涉行间，耳不闻金革耶？公起家南服，其料理交广时，去诸生未远也。若应，若寰，若楷，若公丁擘画，不爽尺寸。而平交三策：太上揖让成功，其次慑降之，最下则芟夷绝灭。后竟从中策，公真得胜算哉！但云中上谷，密迩神京，烽火甘泉，忧劳君父。即欲轻裘缓带朝夕朝，军吏不可得已。况世宗神武，天听日高，阃外之事，一委督臣。稍不称，朝登坛而夕夺符，则得君难。自古未有权臣在内，得立功外域者。分宜为政，非贿不行。夏文愍以复套故，亦稍有龃龉，则结相难。仇咸宁自大同入握兵，舞手作气势，贵戚大臣，无所不狎侮。王相国立传，虽谓其无一语敢侵公。然杖缚健卒，咸宁岂能忘梧州事，则共事难。然公竟直节常伸，褒书屡下，忧则夺情，斥则召复，没则赠官。终不忍以二三勋辅之投间抵隙，隳我长城。固帝之知人善任，苟非公之恺款精诚，安有此哉？世儒又谓断藤之役，非数万人不可，而宣大之役，则日罢客兵，日罢战锋。是何其敢于用寡，与前用众异。公社稷臣也，曰："兵不精则众不若寡，食不继则远不若近。"此语当与孙子并传。

刿所恃者，根本固耳。不然财匮于兵冗，力疲于食诎，虽多亦奚以为？奈何今之谭边者，一列戎行，便云兵寡。其视公何如？若笃于忠孝，体国若家，则国史载之。无所事熙春言矣。

《谭艺录》序

余客冬得告入里，而温陵李公来守吾潮。私心谓公名家胄，当眼界空天下。即不然维扬资深，亦优游待迁，于子衿或不得当。乃未数月，亲建旗鼓，集十一庠品题之。手自丹铅，得神得骨，若九方皋之相马然。已复将副墨付诸剞劂，而丐余一言，以弁诸首。余谢占毕。余四十年所，辞不膺三，而公复召季子佳转督。余恍然者久，始忆壬午、癸未之间，先师郭司马守潮，尝镌《韩山较士录》。余实录中爨下桐也。寥寥三朝，守即多贤，而此意已晦。幸而得公续司马之响，为诸生模楷。敢以椎鲁，而不附姓名声施？

余惟今之谭文者，每谓窍之山川。而潮之山川如昨也，玉简峰辉，珠溪泽媚；凤栖霞舞，鳄徙波恬。岂曾与前代异？而前代之文章性学，勋业科名亦烂焉。史册远不具论，正嘉而来，林太史以万言受世庙亲知，翁襄敏以将略捍九边骄夷。则屈指古今，未可多得。奈何即岁啬运，制科偶逊。令一二怀瑜抱瑾之士，不能无牢骚不平之感。间至有索然自废，每咎乎山川不灵，余甚不谓然。盖人生遇合，政自可知与不可知。士之所不可知者天，而其所可自知者人也。公以身为鹄，诸士益自矜奋。俄顷之化，日异而月不同。以故喙喙争奇，什什入彀。神而明之，峻特若玉简，闳肆若珠溪，飞扬若凤栖，深沉若鳄徙。余幸而卒业，与壬癸面目迥异。始信文以人转，运以人扶。公之造吾潮者，于司马有光。自是习而久，久而变。即驰驱天下可也，宁论潮？

然余因是而有感焉。昔昌黎刺潮，乡校一牒，以崇正辟邪为指，学者咸北斗太山归之。究且士笃文行，至今蒙海滨邹鲁之称。今公标以谭艺，意不在艺也。首试躬行，开卷亦以躬行，其亦远绍昌黎文行之思乎？诸生愿学有在，无专以文自鸣。曰韩木繁花，科第可卜，恐非公期望意矣！

赠郡丞箧盘潘公入觐序

高皇帝疆理宇内，列郡置守若贰。中州内地，守专制一方，贰参庶务，服官报政，贰似轻于守矣。其在濒海诸郡，承熙日久，武卫益偷。岛彝犯海上，不无蹂躏我境内。嘉隆之际，浙直闽粤，绎骚为甚。议者始申饬海防，爰重其寄于贰。贰得人则郡安，贰不得人则郡不安，是贰之系与守等也。顾日阅御史大夫御史所论荐封事，大都论守贤者什五，论贰贤者什三；论中州贰贤者什三，论濒海贰贤者什不一二。此亡论海防难，即文学谭兵尤难。彼舍干执篿，越樽俎而治庖人。则褊狭之为，乌所语通才士哉！

辛丑秋，苍梧潘公，以内馆出贰潮。潮正所谓濒海郡也，其民愿朴，笃于行，而易为治，则自古记之。第被兵之后，民风窳矣。窳则难驯，稍弁三尺，当事者往往夷鄙其民，既不能乐与更始；不则怡情簠簋上，示墨而希民不悖，或鸷击武健，以敢行之吏自豪。此与扝弓召鸟，畀棁狋犬何异？公以名家子下车，卧顾之衾，行察之影。朝而布之堂皇，夕而宣之闾阎。盖斤斤乎以纯白自矢，诸所为搜卒治舰，平课恤商治状。不期月为御史李公露章，业有论著不具论。即潮故饶谷瓯骆，实外府焉。年来洊饥，则为之啬，其赢以食民，又为之实，其既以食兵也。往郡有所程督或逮捕，遣一胥则挟数胥往，甚且奴隶左右史，与长吏抗。公第以檄为胥，邑之庭无胥之迹矣。讼多根株，而侍者又壅蔽为奸，公锐意昭雪，大事斧断，小事理解。而凤台东堤，不难捐禄搜锾助之。若挢蒱，若告密，若树党，又不难以柱后惠文法弹治之。最所难者，朝征近税，贵人之私，人爪布津梁。公谓此桃虫耳，不可不制，而亦不难于制，置楗于五土之室，示与神知。凡一折一阅，董自所司私人，惟取具成数而已。六月之师，岛彝来自海上，迟之则亡命为导，必哄内疆，戊午之殷鉴不远也。公单骑抵汛，立饬戈船下濑，席卷而虏刘焉。盖盱衡滇渤之区，决胜大荒之表。壮哉！是公在郡治，则郡治重；在海上，则海上重。其不可一日无公也如此。

维岁甲辰上日，为诸司肆觐之期，故事肆觐，则守抱牍，以随监司，弗及贰。又贰属备兵，责在疆圉，又弗及海防之贰。顾潮之守匮，已三年矣。公请当事，受职则居长，入境则居先，愿以身行。诸父老不能尼公，又不能不睠睠于公。乃毛君某、傅君某，实为乡祭酒，总之二百岁而近，携手而丐言于余。盖言出黄耇，信足征已，敢无一辞侑公前矛？

昔有虞辑瑞以朝，诸侯厥有敷奏，汉列郡上，计亦每每庭诘之。今圣天子恭修元默，宸居转深，万一召公左介，问贰治潮。潮故多盗，今何以外宁而内无扰？余度公顿首谢，谓潮先臣韩愈在元和间，亦眈眈文士。至其以行军司马入汴，淮西之捷，实多筹画。臣么麽，臣不敢远引，第臣以占毕儒臣，猥从军旅，幸歼小丑，不令耳视者咤书生无用，则明威远邛，海波不扬，非臣所敢知。惟兹新榷，属在疮痍，民命不堪，国本之谓何？愿圣明悯天涯重负，旦夕改之。斯言也，不审有当于先资否？公曰："唯唯。敢内之行李，以备顾问。"

贺来虞汪公得民获上序

在粤以东，五岭以揭岭著，自汉拜史定为安道侯，而揭所从来远矣。嗣后广南夫子，举元祐第一人。而叔云郭先生，又载紫阳之学以归。礼教大行，襃然为海滨邹鲁。明兴，领解额登甲第者，代翩翩起。而正嘉时为特盛焉。

数年以来，士嚣嚣。道古十常八九，而或以豪举为高，或以结纳为能者，亦未必无也。齐民尤而效之，人自为令，家自为政。其财不用之于输将，祇用之于挢蒱；其力不用之于耕凿，祇用之于树党；其胥吏不用之于供事，祇用之于吮膏；其牙侩不用之于公赋，祇用之于自润。甚至轻生之谓何，又因以为利。俾驯懦重足，道路以目，瘝然丧其乐生之心，则父老未见且未闻耳。父老私以为，弦敝不改，焉期可鼓？化敝不更，焉期善治？

　　傥继此而吏者，或疏阔科条，循俗小办，恒举精神于逢迎，间其自卑过人臣礼，则何以易耳目而整齐我。又私以为，徼天宠灵，惠我制科，复恐少年文人，高旷少实，好怪奇而不更事，天下所必无而不可信者，彼以为必有，彼其所自得，以为断然必可行者，至不可施之于举步。即不然，聪明自贾，又铢计而寸衡之，则又何以置心腹，而淳庞我。

　　乃来虞汪公不然也。公年最少，以文章高天下。下车自矢，谓移风易俗，岂俗吏能为？我世受《尚书》，而《尚书》一书，大至于山川贡赋，博至于礼乐教化，粗至于水火土谷，细至于草木鸟兽。而其间二语曰："惇大成裕，明作有功。"固世人尊为蓍蔡，资为菽帛。措之可以君，可以相，可以守，可以令者也。令于民最亲，亦最易玩惕。南若北，襟带两河，沃野百里，户口可数十余万，令以一人寄皇堂耳。堂以上其蠹数人，堂以下其蠹数十人，堂以外其蠹数百人。诸如挢蒲、树党、吮膏、自润、轻生辈，吾亟除之。吾不敢以病吾民，惟是青萍跃冶，虽匪一朝。顾表正景直，惟上所操耳。

　　则先之以倡导，间阎之羡，虽间食外藩，而年来无年，又岂忍忍饥以饱邻人也。

　　则次之以节缩，十年负版，实百年根宗。即不可伪增，为博生聚，又焉可置伏匿不问，以累畸穷为？

　　则次之以搜剔，置榷内供，非不雷厉风行，第榕城有几，竭泽数千。名为额者，不以损贵人，名为非额者，不以媚贵人。

　　则又次之以调停，自是君子有恃无恐，爱若春风；小人手摇股栗，畏若严霜。邻邑大狱之千人成疑，数年不决者，咸愿造质，成依依然归之如流水矣。是岂可以易易言哉！

　　公未尝觚稜是削，曰庶几以德柔之，日夜求所以中民之欲。亦岂尝尽鼓英锐，高峻城府，以赫赫炫威，觊当路为知己。然直指李君报命时，甫数月所以褒予之者特至。盖诚心直道，有以得民获上也如此。夫诚则勿欺，直则能犯，惇大明作，皆是物也。今帝居转深，而海内之高贤大良，未曾不癏瘝思求，一旦下弓旌，召入台郎给舍，以翼我熙明，即书所称盐梅舟楫。余固知公饶为之矣。

贺观察存敬朱公粤西平寇加恩序

　　今圣天子以文治治天下，犹仡仡然修武功。即顺义称臣，哱刘伏诛，氐羌就麋，世称极治。而关酋播酋，先是未殄，犹彝也。惟粤以西，自王文成经理之后，志称八寨古田者，亦莫不悔祸慑心，逡巡要束。

　　乃岁入戊戌，蕞尔府江北陀，有黄朝田兄弟，敢鸠两岸亡命，伏莽啸峒，肆行称乱。时则有若李贵三、义三等，以站南据；又有若韦扶仲、盘花婆等，以香炉大小桐亮据。唇齿既固，剥肤自烈。所为挠我师徒，侵我土田，御我道路，系累我士女，虔刘我人民者，罪贯已盈。

　　会所司告急，两御史中丞、御史，相与集议以闻，上始命将出师，亟欲灭此以安境内。第将在军，君命有所不受。高皇帝法，每以监司监之，当事度无可与大事，佥推瓯西存敬朱公，以苍梧摄府江。行公受事，蒿目而忧，裂肝而筹，始于九月十八日誓师，宣上威德。三五申令，诸酋为魁，诸徒党罪无赦，诸胁从者从末减，诸卤掠者生还，与其馘也，宁俘毋妄杀。诸军唯唯。遂蓐食列陈，一鼓而平北陀，再鼓而平站南，三鼓而平香炉大小桐亮。生致田氏一家，禽斩以千计，招抚者倍是。盖至于正月班师，饷不满半载，而两江粹宁，公之劳苦功高矣。

辛丑秋，圣天子是御史核旄，赉督府而下有差。公即移镇岭东，犹然予金予禄及之。此虽未足以酬公功，亦足以章公功也。乃参戎麻君幸，以职事佐公下风，必欲余熙春一言，备稗史采择。

余惟疆场之事，盖难言矣。乡余左兵垣，不敢谓谙兵。惟是见四方奏报，或盗仅窃发，每大言之，为有关社稷之重；或盗且无将，每小言之，为无烦君父之忧。即如关酋、播酋，始者谭何容易。比至兵连祸结，损饷至数百万，损军至数十万，而后底定。视粤西虽其数不侔，抑何劳逸之甚相悬绝也。盖豪杰涉世，非才不能集事，非诚而才，又不肯担当而任事。公北陀之役，其当日机宜，疾若迅雷，重若泰山。余虽不及躬逢，顾目所睹记者。

公自给谏分部事，业半在粤东。而其烂然彰明较著，则又有守潮之政在。潮观察及二千石偶匮，所有一二小吏，不无稍逸官常，是名曰衣冠之盗。古法行自近，而潮则法疏自近，即庶人在官，亦起家与素封等，是名曰胥吏之盗。滨海人柔，自古记之，而强有力者，又擅为名号，结为死党，以鱼肉民，是名曰豪侠之盗。潮税重，近骤至三万有奇；为尤重，乃榷者，又虎视而狼籍焉，是名曰津梁之盗。家有捂蒱，未有不败，潮人即败，而其俗亦牢不可破，是名曰流荡之盗。潮人轻生，而戕己生以戕人之生，至撄千金而无惮色，是名曰鸥张之盗。潮有此数盗，虽其名无揭竿扬旗之势，而其实当不在洪水猛兽下。公力持中议，风直指李公，一一锄之，功倍粤西什伯矣。方今御史中丞、御史交露章，仍借公参知。公又檄所司练兵理饷，缮甲治舰，为绸缪计。即岛彝闻我事事，海且无波，又何忧内寇为？度圣天子明见万里，自当假我重臣，为东南半壁天，则余又当有论著耳。麻君曰："先生东人，熟公东事；某西人，熟公西事。"总之战伐弹压，文武之道也。敢裂帛书之，以当丰碑。

参戎张将军少毓平海序

在高皇帝约法，文武并用，南北相衡。故自开国以来，天地生才，何分彼此。而将相二路，亦略相当。比后封疆多事，匈奴数数犯边，其来无常。即来亦不下十余万，控弦卷甲，疾若飘风。岛彝来去有时，非时则不能涉海飞度。自是北人负耒执笔之暇，辄习弓马骑射，为全躯保妻子计。南人无甚抢攘跳梁、封豕长蛇之祸，犹得壹意诗书礼乐。而授廪系籍之裔亦脆弱，无备缓急，足当一臂。年来文臣逊南、武臣逊北。即司马门用才，亦稍稍轩轻。而其才之自用，一舍北而南，意不无少动。此何以故，无亦武臣雄心四据，惟是锐志，稜威奋伐，为国爪牙，庶几胜任愉快。置之宽闲寥旷之地，则其纷纭横鹜之气，束不得展。乃遂有牢骚而不平，技痒而欲赴。南北之际，辄隐然有觭轻觭重之形。此岂国家统一六合，珍重材勇至意？夫人亦各以其地用职，自分称干城，卫社稷否耳？

世庙之季，岛彝自越泛闽，自闽泛潮。山海二寇，复依附延蔓。全粤骚动，成封矢长蛇之祸。当时民不知兵，无能以一矢相遗。至借才于戚少保，俞、郭二大将军而后歼除。

431

戚，北人；郭，吴人；俞，又闽人。所为纡紫张黄，披金横玉，录其子孙，世世勿绝，夫孰非自南始耶？今使南而无事则可，使南而有事，焉可一日无鹰扬虎视，负万里之望者以处乎？

粤则张将军之参循戎政，庙堂之指可概睹已。将军为福宁万户侯世胄，从武科起家，乃试之铜山，而铜山效；试之凤阳，而凤阳效；试之京营，而京营效；试之保定，而保定效；试之昭平，而昭平效。推毂者不啻十余人，露章者不啻十余刻。奏功见能，屈指可数。何迟回濡滞，始参戎政，而又参南戎政。人固为将军置憾，余则为吾粤置喜也。循为粤中枢，左控潮州，右扼省会。循海梗则血脉不贯，常山之势谓何？首击尾应，盖唇齿休戚系耳。奈粤逢不辰，榷税烦重，水旱洊臻，民穷思乱，即乌合豕突，何时无之。瞬息扬帆，千里张皇，此岂得称宽闲彝旷地。倘画地以守，视若秦越，日惟朝吏士鸣金耀武，辇膏脂。司马门以幸无事，得美迁去，异日涓涓成河，曾林二酋之殷鉴不远也。

夫养士意欲何为？至以封疆优游哉！干莫之姿，日顿刃而寻劙割，固非所以自宝。然匣而不试，则清霜掩色，与铅刀何异？将军自以世受国恩，誓心报主，缮械治兵，不遗余力。更募壮士有机智者，或因饵为侦，或权合为诱。熟知某也黠，某也脅。然后戈船下濑，出入波涛，矢石火炬，迅雷交发。贼不及掩耳，惊从天降，投戈授首，循之海上安矣。循安则商舶自潮而省，自省而潮，往来如织，恬若盘盂，孰非将军大创力也。商人享其利为有德，相率叩衡门、勒丰碑，而昭勋伐。

余以将军见在行间，于功令不便，然又不可当余世而失将军。则为裂帛书之，以当口碣。私以为商人熙熙，或为利来，既得友人万户侯于体周君，为言将军风流儒雅，即晋之将郄（郤）縠[1]，日敦诗书，说礼乐，何以多让。至其忠诚质直，恤生吊死，有古良将风。辕下景集，无不人人愿一当者。语云："保之如婴儿，可以赴深溪。"则今日海氛不生，非特庙社之灵，实式凭之，盖所从来远矣。将军勉旃，勿谓南非彻侯地，令乡先达俞大将军得专美于前也。虽然，此犹为南言也。一旦圣天子有拊髀之求，召将军而北，则对扬高皇帝神武，以光阐休命。是又在将军，是又在将军！

校记

[1] 郤縠为春秋晋国将领，"郄"当为"郤"字形近之误。

贺司理沈际寰奏绩序

国家在内设刑曹，在外设臬司，而每郡又特设司理理之。凡二千石所不能平，赖司理以平。御史行县勿论，司理一言轩轾，民命之死生顿殊。即钱谷登耗，有司百职事之修职与否，御史恃司理为左右手。说者谓为御史私人，权与内外台宪等。比三载考绩，则天官氏以其最，征为台郎给舍，视县令十之七八。独其权既重，而又能以意喜怒人。每御史举一人，曰此某司理誉也；刺一人，曰此某司理毁也。即境内诸大吏，不任受德，而任受怨，视县令又十之二三。司理盖其难哉！

潮刑狱独倍它郡，其冤固难以尽雪，而其地独远他郡，其情又难以上闻。倘非才与情两合，恶能胜其任而愉快也？以余目所睹记，祇有浙姚司理，为数十年白眉，今复有际寰沈公并。浙人云：公自姚水校，以异等擢理潮人，咸以经术饰吏治期之。每自谓今之刑官，岂不借口《周礼·司寇》一编，以示威严。独不思文武忠厚立国，周公平易近民。司寇掌邦三典，用重一，用中用轻二也。以八辟丽邦法，又八议，议其或可生；三讯，讯其不可教也。司刺掌三刺、三宥、三赦，刺者三，宥与赦则六也，意可知已。某幸以三尺临民，而忍为一日之纲，千仞之渊。此又与乎郑铸刑书，晋铸刑鼎之甚耳。于是日坐皇堂，壹志与民休息。大事斧断，小事刃解。老胥宿吏，惴惴然如慑神明。三年之内，御史行县者二，恤部虑囚者一。而又以太守上计，得缮郡章者十月。正所谓二千石所不能平，赖司理以平者也。

公屡当大役，柄自我操。既得以行其所得为，民且我望；又欲以行其欲为，如以意喜怒，祗称为御史私人，则平生所学谓何？而肯以民命为戏也。潮虽轻生，而易与为乱乎？第俗嚣而善于株连，性懦而勉于诬伏。岁时寒暑，又不得蒙恩湔濯。以故累累狴狱，冤毙逾半，较海内另是一乾坤界矣。公刻意辩晰，视为己推。而入井赤子，纳沟匹夫，或廿余年得雪者若而人，或十余年得雪者若而人，或数年得雪者若而人，总之不下一二十人。而羡者非公生之而谁生之，不审钱若水之活同州数人，薛奎之活湿州四人，并得显擢，流芳史册，曾有是平反否？他如却馈遗、省供亿、清衙积、厘宿案，一循吏饶为之。而榷税次及，辞若将浼。人多以此艳公，而不知此皆公之余也。

今公奏三年绩矣，两台特疏，留为封疆。计天官氏署上考，且得以纶章劳劳。邑大夫沈君等荣其事，而授简于余。余世受《尚书》，曾窃闻乎钦恤之说，晚年学《易》，所为致意乎狱者，不一而足。《丰》曰："折狱致刑，而继之以有孚，发若。"《旅》曰："折狱不留，而继之以誉，命上逮。"《中孚》曰："议狱缓死，而先之以利。贞，应天。"今公之理潮也，一之岁使人谕，二之岁使人安，三之岁使人忘，是之谓有孚也。为得民。圣天子每岁停刑，而公以不留称上意，且暮将褒嘉焉，是之谓有誉也。为得君。昔于公以一狱吏，料报于子孙，若持券而取责，然公大父征仕公，既垂休于公，公复以赦过缓死，诒之于五彩之凤毛。正所谓天道好生，惟与善人也。为得天。夫潮州，公筮仕地耳，而君民天地，且相为感焉。则以是而推之天下，即谓潮州为天下平可也。余不文，不能为异说赠公，惟因邑大夫之请，合《周礼》与《易》，以为公赠。

贺凤池金老公祖观察惠潮序

汉称政平讼理，与天子共治天下者，其惟良二千石。然有急则躬帅士卒，给糇粮御之，亦兼治兵；而召子弟受业教礼，逊而勉孝悌，又推与颍川、南阳诸君子等。以故汉数有边功多醇儒，其二千石力。国家置守，名兼六官，自有监司临制。守祗职拊循，惟民事急耳。所为教化兵戎，一一取受。成是，岂县官重二千石。

意潮越在万里，而庚子以来，阙守七载，署理更代，不满数月。其间簿领期会，刑名钱谷，水旱盗贼，无不镣镣。而岁额数万，至竭髓腐心以应，又多与巨珰忤，尚安望其一意学校，与章缝更始也。

岁丙午，天官氏从人望，起金公守潮。未几，又推督学。潮人仰天叹：谓公守汤沐有声，意其祍席我，今若此，或即家迁矣。即不然则抵潮，集列城约束，轻裘缓带，且夕朝军吏以去，如天涯赤子何？比公至，民始幸公为潮有，下车之初，一切屏竿牍，除烦文苛法。秋偶叹即斋居祷，发平粜活民。已布功令，愿百属持大体，不愿身为操切毛鸷；愿民从六谕自新，不愿身有听讼钓奇名；愿兵帅而下至埤堄长持廉养士，不愿以身为沟壑。而其军兴器械，旌旄衣甲，舟楫饷馈，亦一一治办。民又幸公为潮德。

会丁未兵臬匮，粤守臣三露章。言岭以东重地，疆场之计，无不于观察禀度。海上多事，兵政不可一日不讲。属二使者，后先得告，三年之间，虽代庖有人，多自千里外遥策。万一岛酋扬帆，突然内犯，何以制之。倘今转自京秩，勿论岁月淹迟，郡国事或有未习，外者习矣，而封域民俗异宜，厄塞要害异地，又未必晓凹，而中于窍会。度无如迁自潮守便。时主爵已请委公滇南，上竟留公于潮，盖知公于万里之外矣。纶音抵潮，潮搢绅父老咸相庆。官不易地，棠荫不移，为有潮来异数。而郡邑诸生，复以公大有劳于名教，新庙貌，缮黉舍，较艺兴文。若其子弟，则群请于十一庠博士先生，丐熙春言，以当口碑。

余释褐有年，以耳目睹记吏治，盖非一途已。刻核多发摘之名，深计擅财赋之誉。溺声诗者迂礼乐，谈名理者薄折冲，总之于大用无当也。在昔昌黎，自许酷好学问文章。乃刺潮徙鳄，信及豚鱼。而乡校一牒，至欲督生徒，兴恺悌之风。当其时亦祇知为文臣拊循而止，比淮西之役，一则曰内外相应，其功乃成；一则曰断而后行，鬼神避之。唐用其言，卒夜半灭蔡，为不世奇勋，又何其深谋远计也。

嘉隆之际，潮患苦矣。倭夷内寇，结为一家。至竭天下之力，数岁而后敉定，谈何容易。乃客秋，波斯楼船，其来如山，徘徊数日，闻备遁去。岂非军兴器械，旌旄衣甲，舟楫馈饷，一一治办之明效大验乎？曰海上萑苻，不无戒心，公密授方略，次第就擒。庶几潮安则循安，潮循安则全粤安。即蛟宫蜃窟，亦且震慑。圣天子将修汉故事，召拜三事九列，潮人即德公，亦安能长有公哉！

余以是复诸博士。诸博士曰："先生潮人，知潮有昌黎而已。某等诵诗，诗称献臧、献囚、献功，并系以泮。如先生言，则允文允武，公之谓也。请相与歌'泮水三章'，以为公赠。"

送堪舆王剑云归游叙

甚矣！堪舆之中人也，顾有以术中人者，又有以心中人者，其机盖难言矣。丰城王剑云之游我潮也，以大司成刘士和绍介于余。余与士和同出于李中丞之门，其切劘常密，其意气常倾千古。丙丁之交，相继罢归。一旦数千里授言，余谓士和寡许可，所奉刺而来，或老成人，亦足迹遍天下者，倒屣与王君晤，则年甚少，而入潮则初步耳。

余褊心人，心且疑其易。与坐定与谭说青乌家言，则疑晰二三。数日纵之，覆射古先名墓，则疑晰五六。逮其核翁襄敏、陈封公、唐铨部、李民部家，诸新若旧，往往奇中，则疑晰八九矣。顾君又不任奇中也，桃山邮侧有宅基，悬三百金为市。时有图人翁参军诸郎者，众度非参军郎不能得，而其宅主亦阴愿三十金为寿。君一往视，即不顾去。又有诸生谢某者，赀甚饶，再四欲得一新者，以易其旧者。君既得新，则改旧，实谢生意，即从臾而袖重酬，于义未甚悖。君第曰："旧不百凶，新不百吉，祇颉颃耳。"终不敢以此易彼，心可知已。

君日念椿堂八袠，欲归以称觞，且欲泛彭蠡，蹑二孤，过古皖城，纵观金陵龙蟠虎踞之胜；然后吸第一泉，探郭璞元踪，以及淮泗王气。夫讵非壮游也与哉！第余向卜先慈赠孺人，继卜亡室封孺人，未曾不设涉猎诸家，然恨不虿晤君之多起予也。今君归矣，初以士和来，得无过吉州而吊士和乎？老亲稚子，士和当待君以安，愿君以心谢士和，无徒以术谢士和也。何如，何如？

海日篇为大廷尉耿西周老先生寿

方余小子之初学步也，则大廷尉周先生已成进士理四明矣。比先生登金陵，践玉垒，渡泸入关，而小子始以言事主。先生随用积劳，建节西夏，声实隆甚。

维时先生甫耆耳，言者误谓齿长及之。乃皇帝不直言者，因以亮先生朴忠。不数月，俾典棘寺，将任以统均，示大用也。先生未入都，上疏言臣世受国恩，岂惜捐糜。顾先臣邱墓芜秽未治，又犬马病剧，不任驱使，惟陛下哀怜，赐臣骸骨。上雅向用廷尉，而重违其请，为给传传廷尉归。归之明年，上念西夏劳，即家赐上方金帛，令有司谨察病可以闻，盖特知也。

先生为筑海日楼于桃溪赠公墓次，朝夕兴思，超然于是非得丧之外。每部使者推毂先生，而不得觌先生面。即郡若邑君侯造庐，欲问民所疾苦。先生一切谢绝，以颐神养精为兢兢。会正月初三日为先生览揆之辰，诸令公潮阳王君等，欲以一觞为寿，而以酬辞属之小子。以小子而操瓠于作者之庭，祇毂音耳，却步者久之。而下邑令公王君日督责无已，又乌敢以椎鲁辞？

窃惟天地之精英，发之为文章，收之为道德，而其绪余及于事功。在昔圣门，分为数科，亦各得其性之所近而止。至孔子谢辞命而歉躬行，任俎豆而让军旅，似若逡巡退缩。然它日又曰："有德有言，我战则克。"又何一贯而时出也。明兴，礼乐征伐，并起风云。宏正以来，鸿昌茂庞之气，于斯为盛。其间明道修词，四方响应，树勋建伐，千古让烈者岂乏而人。要以文质功实，始终无瑕，竟亦渺鲜也。此何以故，辞胜则忠信难孚，功高则文彩寡著，有由然耳。

先生之才，本足以凌厉宇内，而孝廉以后，更田百氏而猎之。积书若兰台石室，然无所不窥；殿最若持衡，然无所不核；纵横若扶摇九万，然无所不下。即不得从白虎青藜之后，以毕奏其技。然有韵之文，必极其变以尽风；无韵之文，必穷其法以诣古。而弇州新都，亦自以为鼎狎齐盟，何壮也。

第先生犹以为即当于我，而无当于世。日夜友名士，以平章世务。诸凡国典庙彝，吏治民莫，兵屯刑名，钱谷之策，无不竭五官而罄百虑。以故理而理，郎而郎，二千石而二千石，监司而监司，开府而开府。歼房控房，令宵旰无西顾忧，诚为社稷臣矣。

然先生犹愈以为即当于世，而无当于真我。自念先赠公谢孝廉，以从湛文简，衍一脉以启我后人者谓何？继从吕巾石先生，以讨探天人性命之学者又谓何？倘阳慕之后阴弃之，始师之后终背之，已歉乎为人子为人弟，尚安望其表人伦而师百世？遂壹意杜门谢客，讲业著书。时而行不愧影，时而寝不愧衾，时而杖履逍遥，时而渊默雷声。即素以道学禅理称者，殊未能窥其藩篱也。先生之蓄积，岂有量哉！

昔汉武帝人主也，读长卿子虚，抚然叹曰："朕恨不得与此人同时！"今小子幸与先生同时矣！一鸣辄斥，五十无闻，尚无足以知先生，其何足以寿先生。顾在儒言儒，则凡物可朽，惟立德、立言、立功为不朽。直将以万世为春秋，视冀灵大椿犹旦暮尔。此其说或在长生家上也。诸令公曰："儒道不朽，诚足以寿先生矣！"第主上神圣，向所为即家赐以金帛，诏有司谨察病可以闻者，宁能一日忘廷尉哉！

盛治休明，将用声乐，以被金石。而懿德令仪，天子且改容焉！则自此之年，皆宜猷之秋也。海日之楼，又宁足以私先生哉！如日之升，如川之方。至以莫不增请，更以是为先生寿。

锡类篇为大将军麻南桂寿

国家之倚办文武吏等重耳。文吏职赋，武吏职兵。职赋者收天地之利，经国家之费，锱积寸累，为县官。养士以备征讨，至栉风沐雨、赭海披山，执干戈以卫社稷，则非职兵者莫之与也。

余自束发，忆戊午之倭，乌合而豕突者，不满百人。当日果亟为歼灭，又何至内寇响应，蹂践十余年，而后粖定。不觉怒发上指，慨然有封狼居胥之想。倘异日万分一，起应圣天子拊髀之求，当不令班仲升咄咄笑人。故虽以壬癸起家，屈首而谭委蛇之业，非其好也。比被召入直兵垣，东有岛彝，西有播酋。东起而议封，西起而议谕。满朝不决，名为聚讼。而文墨论列，右搢绅而左介胄，更求多于封疆之臣。苟非吾党有人，陈吴二将军出万死以靖东西，时事未可知也。

余迟回久之，又不觉有老骥伏枥之思。未几而得南桂麻将军者，来参吾潮阃。将军自粤而楚，而滇而蜀，建牙逾十载，车辙半天下。其所为搴旗斩将，课功程能者，具在诸御史中丞。御史推毂，疏中不具论，余姑就潮论潮。潮属天涯，风气多柔。而材官毂士，又徒取空名，无裨实效。即有简拔，非以竿牍取容，则以馈饷借资，往往而是。夫养士欲以何为，至以封疆为戏，不亦可扼腕叹哉！将军衡石于庭，登坛而自为政。日有练，月有核，岁有考，成非徒春秋耀武于国门已也。以故癸卯之役，倭骤登岸，声势迅雷，民心张皇，复恐如戊午。时将军单骑疾驰，帅部卒野战，生致名酋，尚首功有差。内地之不受虏刘，皆其赐也。乃当事者意别有所，纵舍不坐彼，而几欲坐此，冤矣。人亦有言，廉士无名，其将军之谓欤？

将军以是月十有七日，为览揆之辰。万户侯王君昭德，柳君守先等，征余言为寿。余惟宋臣论天下太平，而归之文臣不爱钱，武臣不惜死。将军致身报主，恶乎言寿？又宋臣拜将，必求方面大耳，有福泽之人。将军身满八尺，双眸如炬，声音在堂盈堂，在室盈室，又恶乎不言寿？

然余之所以为将军寿者，有在也。晋之将郤縠也，未曾授一陴、分一队，第曰："说礼乐，敦诗书已耳。"楚子反，攻秦乏粮，其母问使，而知子反之犹刍豢也。即功在破秦，亦闭门拒之，意念深矣。将军风流儒雅，不减晋人。而条议储谷，为三军请命。备缓急糗粮，所繇殆与子反远哉！将军有母太夫人，春秋高，亦以是月寿。将军每奉卮养，事不告不敢行。倘以是而奉卮酒归报太夫人，喜可知已。《诗》云："孝子不匮，永锡尔类。"不匮寿，永锡亦寿。请以是为将军酌辞，愿将军善持焉。圣天子以孝治天下，即以孝召将军，则潮阃实将军嚆矢矣。

《龟山先生全集》序

夫有宋来，理学称东南矣，而要之，东南理学，至千万年推为鼻祖者，夫谁与归哉！龟山杨先生产闽岩邑，去洛盖六千余里，风气阻绝。与环齐鲁而居，如七十者，如三千者，远迩真天壤。然先生乃度樵川，涉盱江，泛彭蠡，沂江而汉而汝，以逾于洛。数年师事伯子，即严寒深雪，跬步不离。比归，而伯子且目送之，曰："吾道南矣。"自是而豫章氏、延平氏、元晦氏，为东南正宗者，孰非始自先生耶？先生之晚出也，后生年少，猥有臆议，此未度于时耳。有宋式微，满朝和策，谁为砥柱？先生力持恢复，书至六七上，而无少变其说。倘所谓善学孔子，而庶几不磷不缁非耶？君子曰："使当时尽用其言，亦须救得一半。"真知言矣。

先生之学之所自来，有名公叙在，不敢赘。第其集仅存什一，即笃生地犹尔，谓续先范何？余自官司理，家得缮本，为卷四十有二，为篇七百有九，为字二十一万八千有奇。乃告表章事所部，督学使耿公报可。而乡之搢绅，若杨、若揭、若张、若徐等，各助资至若干金，遂召剞劂而付诸楮木。盖始工于庚寅八月，脱板于辛卯二月。书成，上之大中丞赵公。赵公经文纬武，余复仇校亥豕焉，以布诸八闽。百世之下，考东南流派，得以遡宗及祖者，则此书实左券也。虽然，先生特理学，为世真儒耶！自试令而直阁，所至有用，匪属空谭。

今余发骎骎长无闻，犹幸吏先生阙里也。倘吏先生阙里，辄夷鄙阙里之生生息息者，即尽取逸词只语哀之，恐亦无当于先生矣。是为叙。

《南游草》叙

乡余令镛，镛为闽名邦，多鲁君子，时龙池官先生以文雅胜，两峰李先生以介直胜。公余过从问俗，裨益不少。别廿年所，而镛之绅衿，每念余无害，频递往递来，而李子北化以今年入潮，持《南游草》谒余。余叩之，则李先生季孙，尝从官先生学诗者也。余思二先生不置，喜二先生之孙若弟子犹二先生也者。比回而丐余言，以弁诗草。

余惟今之谭诗者，多尊唐抑宋。而浅衷之夫，剿陈言而希速肖，固卑卑无甚高致。间有师心独创，则自以为凌厉千古，而摩之似合，按之实离。即与宋絜长，且不知本来性情何物，而于唐谓何镛之先，宋有道南大儒，其全集诗仅什一，固不拘拘于唐。而至今望龟山仰止者，亦何尝拘拘于诗也。北化少年学诗，不袭宋亦不袭唐，兴到成声，词到成韵，信手信口，自成一家。过此以往，其进焉可量哉！昔王辋川诗中有画，实以诗显耳。北化工于诗，复工于画。且斤斤绳墨，无诗人放达态。则余之所以与北化者，宁独以其诗已也！

大鉴洲文昌阁募缘叙

夫大鉴洲者何？则海阳龙溪之水口洲也。龙溪以网络群流得名，越此为澄海鳄浦界，去海以咫，即韩昌黎所云州南数十里，有海无天地处。顾其地隶龙溪，而其系重不啻龙溪已也。海阳西北多山，从铁岭锡山迤逦渡河，逾桃山桑浦，突起玉简峰，为郡城案；又逾鸡笼山、将军帽、狮头岭，下鳄浦之水吼桥而止。东南多水，祗以长堤为障，延袤六十里，而遥历登云、登隆、隆津、南桂数都，尽龙溪之大鉴洲，与水吼桥对峙，形家谓为倒地捍门。其中沃野百里，阡陌错绣，比屋连甍，千廛万室。而群流俱从此泄，即谓之郡城之水口亦可。奈方属巽位，下关无山。以故历朝以来，文士怀奇，鲜登要津，素封拥资，难积累叶，或亦职此之由乎？

近凤皇台有建，可溪吉水塔有建，崒嵂上耸，插天鲸虹，下浮鞿地，总之为培东南不足。计说者犹云，修葺左户，未及扃钥申门，谓全潮之风气何？于是父老子弟，合词乞予，大鉴洲作浮图于上。又虑费巨难措，始易塔议阁，高近塔之半，赀省塔之九。为级三，以象三才；为棱八，以象八卦；为负乙抱辛，以象天乙、太乙。盖仰简峰而绚霞标，环四水而崇砥柱。山川扼塞，居然大观。仍奉文昌帝君祀之，非直谓司中司禄，为文章掌握。而诗称孝在百世，且兴起焉。由兹对越，或可翼世教于永永也。

惟是大厦之营，非一木之支；千年之举，岂一人之力。所赖偓佺云起，岩嶙星悬；清风萃而成响，朝日耀而增辉者。不无赖乎当事，及搢绅之多助耳。在人心向往，固无烦怂恿。第恐近者固习乎所见，而远者或忽乎所闻，故不敢为骈俪语。晦幅员原委，蔽卜筑舆情。乃搦管绘图，勒其大都如此。倘欣跃欢输，共成盛举。异日者地灵人杰，而民物安阜。则山川不朽，而君子之明德亦不朽矣。

卷三十一　林尚书城南书庄集（三）

海阳林熙春志和著

《粤东政略》序

　　兵使者古皖任公镇岭以东之四年，政既成，恐民之弗率于政，乃梓其略以申令境内。公已自为之叙，复以之属余，岂以余家海上，列编氓既久，知公莫余若耶？余惟圣天子以英明整齐监司，即有词赋，自命雍然而中六律，戛然而振九皋；亦不敢厌薄民莫，谓吏事卑卑，无足述也。

　　第一涉戎行，其难知若鬼神；其不测若风雨；其疾徐若处女，若脱兔；其变化若海市之蜃，若常山之蛇。苟非机乘一瞬，计出万全，则月异而岁不同，将小可大，寡可众，势末如之何矣。嘉靖之季，岛彝入潮者踵相接，当事泄泄，亡命乌合，蹂践十年所而不可解。迨今谭之，祗色变心痛耳。

　　万历以来，厥有宁宇。然人情世态，骎不如昨。甚则骁桀雄行之辈，僭为名号，与有司衡。公敕郡若邑曰："内治未饬，安事防海？"乃就僭名号者，亟置之法。次则问疾苦，申约保，禁奢淫，锄挦蒱，修水利，戒轻生，警官邪，汰兵食。缕缕百数十条，皆所谓先事而备也者。公犹愀然造余而质曰："某之为政，得无严乎？鸾凤之谓何？"余曰："唯唯，否否。夫政各有体，夏葛冬裘，惟其所适。故拊摩而煦咻者，守令也；振纲而肃邪者，监司也。矧公德礼之教，蔼然溢于刑政之表。年来萑苻敛戢，闾阎宁敉，伊谁之赐哉！而何以挹损为居。"无何，戊巳之岁，果有岛彝犯我汛洋。维时关酉正炽，一水可航，其声势盖什百嘉靖季也。公焦劳拮据，分水布陆，筹之帷幄，策之封疆。业已不遗余力，故一鼓而歼之碣石，再鼓而歼之南澳。滨海童叟，咸以为不世之伐，例应首叙。而当事者悉寝格不行，此其故有难言者。余与二三子民，持以诘公。公避席谢曰："当事威灵，将士智勇，幸不至决裂，为地方戮，有余荣矣，他尚何言。"余退而闻之道路月旦，则谓碣石之役，嗔公之执，而并泯其真。南澳之役，缘人之言，而遂重其惑。然俾闽之五十余商生还乡里，宁置斩馘之功于不言；而六十余倭歼之釜中，且能脱千夫长于虎口；海上两寨安若覆盂，此其仁心鸿伐，可不谓两全哉！而奈何其泯泯无闻也。

　　盖余昔尝左兵垣，见边陲之臣，凡有首功，虽微必报，甚且粉饰以哆大其事。粤东有伐若此，辄一切报罢。而公则投戈载笔，敷政优优，无几微见之颜面，养可知已。昔太史公欲藏书名山大川，将俟知于千百世之后。今父老子弟，耳濡目染，不谓不知。且公方报最，而铨曹署其考曰："胸富甲兵，气吞鲸鲵。"则受知主上，政在今日，兹刻又何俟寄之名山大川为哉？若余名知公，则又焉能真知公，所知其大者耳。其它纲举目张，无暇论已。

《宁俭约》叙

往先辈父老恒言，吾乡曩时好耕稼而乐樵采，有古先民遗风。迨市廛逐末，四方辐辏，日以雕琢。然正嘉之间，弦诵相闻，绂冕冠盖，为英俊渊薮，时去质未远。即士君子，犹不失田野隐居之意，盖十里之内，真海滨邹鲁哉！驯至于今，则耕樵化而纷华毕露矣。水陆争奇，第宅错绣。鲜衣丽裳，相望于道。虽誉髦勃发，实繁往昔。而竞文灭质，识者忧焉。于是士君子相与讲求，厘为《俭约》，走山中而问叙于余。

余惟俭岂圣人之得已哉，礼始诸饮食，而宫室衣服，亦岂能逃而去之？第对奢而言，则止为固，就奢而流，则不止不逊而已。何也？天行之数，起乎俭，常卒乎奢；人心之趋，乐乎奢，常厌乎俭。况俭之途隘，而奢之途广。或服用侈靡，或土木烦兴，或结纳遍乎海内，或婚嫁而并弃田庐，或矜门第而系累乎子母，或以一人而荡诸父昆弟之业，或以一时而倾数百年之积。造化物力，只有此数，所当俭者，既如此乎？横肆决裂，而不可收拾。则所不当俭者，又焉能周旋绳墨，肃肃雍雍，日轨于礼度，而不屑越。甚至大坏极敝，即薄丧缓葬，废养失祀，自甘于悖仁孝而去伦纪，夫孰非知奢而不知俭贻之也。夫仁孝伦纪，生民秉彝。岂其旦暮沦亡，以至乎此。祇缘习俗移人，纷华易入，浸渍酝酿，而不自觉。而淡泊宁一，非雅志明礼者，莫之与也。

礼无贵贱，亦无今古。古之失礼者，求之于野。吾乡野也，野人先进，夫子道之，吾乡果能穆然深思。俭者简也，奢者邪也。纳乎简，弗纳乎邪。宁朴茂以宁神，无淫冶以伐性。宁留余乎身后，无取快乎目前。宁撙节以惜福，无暴殄以逆天。则简而易从，易亦可久。即天地之道，何以加焉。自是而推之天下，人人而亲亲长长，人人而乐乐利利，天下不足平矣。余故曰："吾观乎乡，而知王道之易易也。"约凡若干条，皆诸友之所厘正，间附以先贤格言，盖示从先进之意耳。余在礼言礼，不无僭逾。而非徒言之，则诸友有厚望云。

书《崇俭小约》后

此守台吴先生燕会约也。此约行之都中，诸搢绅大夫且赏心相信矣；何论下邑，若诸生，若众庶乎？将乐向号淳俭，近来侈靡，素封尤甚。至一果盒，动用数两；一馔盒，动用数钱。自谓非此无以示华，且彰敬也。独不知人生福分，只有此数，丰溢于前，必减损于后。近在衰迈，远在儿孙。百年以来，镜甚昭昭。且珍物耗财，尤目前便见者。何以一下箸之故，而竟为无益重费耶？不佞敢坚守此约，宁冒吝啬，以身先之。至其倡诸生以率众庶，则尤在搢绅诸公。

读中离薛先生《研几录》

余少从家大人受书，则有中离先生《研几录》，曰先生为阳明首座，读此有裨圣学。时有事帖括，解者十七，所未解者十三。比仗斥家食，搜此书无有，始就先生裔孙诸生某得抄本读之。见其精密恢扩，直发前人未发，圣人复起，不能易矣。近来姚江标柄，人间疑其支离。先生之学，有入门，有归宿。而一生气魄，百折不回，真为姚江功臣。第此书残阙，祗存千百什一。姑缀数语简端，俟获全书，当叙付剞劂，为先生传神云。

刘别驾《盐议》题辞

刻《盐议》者何？刻之自诸生意，诸生又自百商意也。天下之利莫大乎盐，而其弊亦莫大乎盐。顾其弊每由小浸大，与利常相为负胜也。《盐铁论》云："川原不能实漏卮，似为下之无节发；山海不能赡侈欲，似为上之无制发。"总之，皆由小浸大之说也。

潮之盐，所产不过数场，而商人转运之劳，则有风霜瘴疠之所侵冒，则有冲波急湀黠贼之所震惊，则有岁月持久之所守候，则有衙门胥吏逐臭聚羶之所朘削。而其行盐之地，又仅汀洲数邑而止。而其办课之额，又骤至二万二千有奇而羡，则商焉得不罢。日转而桎梏载道，日转而妻帑就犴狴也。岁丁未，别驾刘公，实司盐权。公穆然咨嗟，诚不忍见商之病至此。遂引为己辜，视若恫瘝。先之以定班，次勤擎放，次之以谨权量，疏连坐，厘积役，严盘诘，而其原则自蠲搭配。始行之一年，凋瘵以瘳，课不速而足。百商赴当事保留至再，公峻辞得代。百商乃请镌其条议，以垂永久。公又闷之，无为名高，始就牍中私录，托诸生夏日炎、张凤翩、沈观隆、程章、黄世辉、吴名扬等示余。

余惟世儒谭仁义，每每歧功利为异途，居常修心缮性，圣贤自命。一当官而卑卑，利役无足入吾神。以故经世大计，谁为仔肩？即不然，又洗垢索瘢，束湿吏，讯毫芒，一无所遗失。自谓弊除，而其利亦不溥，何也？鼓瑟者，纾其大弦、调其小弦，瑟乃可鼓。若大小弦俱急，非戾则绝耳。人亦有言，利者义之和，和与纾，其旨一也。

公条议数事，明若烛照，持若岳立，何曾事姑息。纵弦而令其无声，第其一腔恳恳，宁为宽博深厚，无宁为排决峭厉；宁为杜请托而清左右，无宁为科罚爬梳；宁捐千金之例，持三尺之法，无宁为自缁而自贬。要之，求为商利，不求为自利而已。由斯以谭盐，策法也。无自利，法法也。夫孰非王道哉！王道之行，天下为公，即推之四海而准也。是为刻《盐议》意。

《四六剩言》叙

余友张元辉，称能文章，而文章多不喜传。其素所擅名家者，则无如骈骊（俪）语[1]。又自以为雕虫之技，壮夫不为。每应酬辄弃去，不以示人。一日，诸孝廉文学持一帙示余，曰："此元辉先生四六剩言也。"余乡虽窥一斑，而于全未入目，今而后知元辉技至是哉！大都不抗不谀，而宫商迭奏，珠玑错落，其余也。第诸君以为剩言，谓何？诸君谓："张先生四六甚富，而此四十首者，仅存什一于千百。某等窃付之刻，非先生意也。"

余以为此未足以尽元辉也。天地精英之气，发之为文章，而粗之为事功，细之为性命。三者常相为不朽，如以其辞而已，自古称工骈俪[1]者，六朝首骆丞，说者犹谓其丰文艺而俭器识。宋文章之士，不止数十家，而骈俪至今传者，则有苏文忠、文文山二公。二公勋业虽不甚显著，而精忠大节，昭揭天地，千百年而来，片语只字，宝如拱璧。盖有本有末，诚足述也。元辉孝友，有张仲家风，而一腔心事，衾影无怍，即儿童走卒，无不知有先生。故于燕树人，于淮阳、粤西树德，于滇南树表正。宦辙所至，人有遐思，则所谓宫商迭奏，珠玑错落者，就此衡之，始谓之剩。而区区谓存什一千百，非其所以剩也，以是知元辉之文章，虽不喜传，而余料其必传者。以此诸君曰："小子识其小，先生识其大。请书之为《四六剩言》叙。"

校记

[1] 骊，当是"俪"字同音形近之误。

姚进士《北游稿》题辞

瀛耳署姚先生，自辛丑对大廷，业已解奚囊，加惠海内。第潮越万里，弟子弗得读，即读弗得尽读也。壬寅理潮，潮两庠率弟子以请，先生谢弗得，始发《北游稿》刻之。大都《书》义十六，《易》义十四，盖偕计吏时语耳。刻成，而博士甘君、李君等，浼余言以弁诸首。

余惟孔子论文必及质，孟子论辞必及政。《易》之贲言，文曰明政，折狱而终之。以白贲无咎，皆合内外之道也。世之操觚者，勿论显背紫阳，私附二氏，为引戈入室者流；即言成一家，大可经，小可传，而理不抒心，行无实济，谓有体有用何？先生制义具在，海内自有只眼，不具论。且论其所以学，并论其所以施于学。

先生年最少，悟道甚早。常时衾影无怍，听睹皆真。知世之不可上也，常下之；知世之不可先也，常后之。惟是潮有大利大蠹，又毅然亟兴亟除，至宁忤贵人，无宁少负亿万人。则先生之深于《易》，而学求不愧孔孟耳。昔昌黎刺潮，乡校一牒，掩映千古。第当时传昌黎者，谓其潮未知学，始命进士赵德为之师。夫昌黎未刺，天水已成进士，潮似非未学者。且天水而外，又不闻多所顾化。今先生躬为师，帅潮弟子北面事之如神明，当自有不为昌黎者。敢搦管书之，为异日左券。

重浚中离溪募缘叙

中离溪原无溪也，倡浚之者，自中离薛先生始。嘉靖己丑，薛先生自为识曰："此溪一通，农者利灌，商者利贩，居者利运，行者利舟楫，盖乡愿也。"予相其可就，以告南湖王公。曰："然。"命经卫涂竹泉董其事，夙夜劳瘁，而乡荐士林孚中，亦协相以成。噫！是举也，天应异晴，地应异物，动七都之众，尽数月之勤，良亦难矣。后之人其嗣浚之，庶此溪之利永也。此薛先生于宗山书院勒石辞也。夫天应异晴，固谓之得天时。而地应异物者，盖当日浚河，得残碑于土，曰"水绕牛屎塔，碑出状元来"。不数年，东莆林先生登壬辰第一人，而蔡刘二侍御，亦相继兴起。则此举有关人文，薛先生作记时犹未及之。

今此溪已九十年所矣，岸高善圯，沙多善塞，时久又愈圯愈塞。勿论此都人文，少逊前修。而薛先生之所谓利灌、利贩、利运、利舟楫者，又不啻难焉。近年以来，数县转输，每迂回海上，然后上始达乎揭普，下始达乎海阳澄饶。或舟有重赀，则绿林生心。或风有作恶，则白浪为祟。屡欲此溪嗣浚，只为道旁之筑而已。

兹幸公祖父母特采群议，转详院道主盟，不可谓非千载一时。第洊灾之后，物力凋敝，决难以动七都而勤数月，除赈龙溪上莆南桂银三十六两，及本县捐俸银五十两外，即欲尽请公帑，则权重饷诎，业已无余。再四筹策，秖有募十方而成普济耳。今计此溪，上浅者宜浚三四尺；中浅者宜浚一二尺。总之度地当二千丈而遥，度费当数百金而羡。时穷思通，否极思泰。民心望此举，有如望岁矣。顾租税隶此都，舟楫经此都，商贾虽在别埠，而往来此都，皆于此溪有资也。与其泛海而幸不测，孰若捐赀而就坦途？凡我桑梓，愿仰德意，共破悭贪，亟成盛举。则内地舳舻，风波盗贼可免；秀气宣泄，贤才辈出可期。不将明德与川泽并流哉！余不文，不敢以骈俪语晦修浚意，爰弁俚辞，用告于尚义而乐施者。

澄海县修溪东寨记

澄海新造，潮州视为左翼。而溪东一寨，控沧溟而捍封疆，微论澄要地，即谓潮之咽喉亦可。先是戊午，倭夷就此登岸，辄破蓬州守御，因而蹂践我土者数年。当事始下令城各村，以自为守。溪东凿土得石，累石为城，环城皆水，形胜与各村异。丁卯，林酉聚万众海上，独惮溪东为梗，于内侵不便。自腊月攻围，炮声震天，城中男为守，而女为饷，当事者无一卒相援。至三月三日，食尽力穷，矢石如雨，而城陷矣。流血丹邱，内地破竹。曾酉继之，其祸尤烈。盖咽喉既溃，腹心受伤，始至此耳。

天祚海滨，生聚有年，溪东始成溪东。第城坚者瑕、隆者挠、卑者洼、圯者崩，与无城等。岁有萑苻，出入无惮。三老戒心，每每以修城请，当事者犹逊力诎弗果。

壬子，邑令钱使君以问俗至，三老请如初。会整饬兵备，副使曾公行县，使君集舆情，上议大略，追惟往事，言之痛心。倘城而不固，犹云以城予敌。况旧址五百有奇，倾颓逾半，而罅隙不与焉。相地度费，非数百金不可。欲请公帑，则积贮无遗。欲括寨民，则困惫特甚。职愿以身为帜，俸薪不足，以罚赎继之。罚赎不足，以劝募继之。寨分六社，特借社长，籍工籍物料而止，无它与也。职私忧过计，似足当海上一箸。议上，曾公报可。遂檄巡简胡正敦事，主簿郑鲸阅视。则以某月某日肇役，迨某月某日讫工。雉堞桓桓，楼门矫矫。过者凝眸，有如金汤。总之费二百金而近，而城举矣。往使君建议时，使君犹以非常之役，难与虑始。不佞僭摅末议，亦愿以一勺劳劳，使君志益决。迨竣，则移书衡茅，属不佞碑之。

余惟今之为吏者，大都以簿书期会为兢兢。至谭及保障，犹谓幸无及于其身，又何所利而仕之。即为人上者，亦曰此大迂远，而阔于事情，又何事力诎而举赢为？脱有不测，安所登陴，殷监不远，此岂特有司过哉！戊辰之春，当事者果有一矢一镞以及溪东，又何至城中九百余人，骈首就戮，如田横死义。然其最可恨者，林酉据城挟抚郡倅，犹持刺以唁父丧，千古以来，曾有此事否？今山川如昨，城郭已非。使君当民穷财尽之秋，能力决疑谋，重兴旷典。事不再计而定，功不浃岁而成。回视逡巡避事者，固大径庭。即贤而喜事暴施，劳百功半，又岂可同日语哉！

昔《春秋》书城二十有八，间卫王室保子男者十七，而一旅之众，蕞尔之地，不邑而城者十三。圣人犹斤斤必书，示将来之程，为土地、人民，政事首务也。溪东控沧溟而捍封疆，絷小谷若毗，不啻倍之。用是弭寇折萌，内可安枕。即风气完聚，骤列贤书，开海滨人文景运，夫讵非百世之利而何？语曰：哲夫成城。使君是已。

使君名梦松，浙之龙游人，由建昌补任。莅澄二载，擘画多善政。就城论城，姑书其大者如此。后之人其嗣修之，庶潮之赖此城永永也。

海阳县重修东津沙衙堤记

《周礼》：大司徒辨十二壤，教稼穑树艺；小司徒经土地，井牧田野；而闾师复任农，以耕事责五谷。一民事而多官兼治，总以佐王安抚邦国。至冬官修沟洫之政，论防必先地势，广防崇方，大防外猰，则专为堤防设焉。维时当灾不灾，其备豫也。后世史起之于邺，郑国之于秦，白公之于赵，谢安之于新城，类能相民物而补天地。而泰州捍海之防，范文正以一盐官成之，即程明道之于上元犹摄也。曰盛夏堤决，倘俟闻府闻漕始塞，民其鱼乎？救民获罪所不辞也。一则官卑而力大，一则时急而志决，宁非千古之遗烈哉！

潮本泽国，盖合赣、循、梅、汀、漳五郡之水，注之韩江，千里建瓴，万派归壑。而龟湖凤溪以下，势转而东，东津正其要害处也。沿江两岸，赖堤以固。春夏之交，雨淫江涨，云昏天回，几撼地轴。白浪跃雉堞出，居民望之摇摇然。夜则迅雷震惊，甫就枕辄彷徨起，若此者十余日，或五六日，每岁三四至以为常。仓卒有警，则扶白负黄，号泣闻数里。它不具论，即东津沙衙堤，庚子以来，已三溃矣。庚子之溃，赖直指李公用薛孝廉采议，发帑金八百予司理姚公，拮据修治。仍自虎豹陂培土增矶，以逮于此。不可谓不计久远，奈旁多流沙，水且易啮。壬子圯甫塞，癸丑复圯东厢。秋溪、隆眼城、苏湾诸都，禾没殆尽。时直指周公正代狩入潮，士民许绍等合词以疾苦请。周公穆然咨嗟，遂捐百金为帜，因饥未举。越岁而观察陈公，首重民瘼，捐亦称是，太守陆公复捐溢其半，盖所谓同心出治者。而令尹沈公，甫下车辄毅然补救，谓此地善圯，非中砌地龙，无以杜渗泄；非外培荒石，无以御冲激；非上流加石矶，无以障狂澜。议上，诸大吏悉报可。遂命主簿黄君大德，集耆义廖一潜等，戴星敦督。而沈公亦不妨邑务，出郊稽勤惰而核工程。以故子来荷锸，不戒云集。始事于乙卯正月，抵三月而工竣，计堤亘若干丈，崇二丈有奇，址六丈，面猰址之二。诸所经画，具如令公议。一劳永逸，捐金犹然有羡。夫讵非不朽之伐也与哉！工竣之日，而水适至，如冈如阜，屹然长虹。秋冬二敛，万宝告成。四都之睹，安流而食。明德者相率托知友廖生某某、梁生某、萧生某、薛生某造余衡门，丐辞勒石，以垂永永。

余惟潮地滨江，赖堤以固。利害眉睫，存亡呼吸，非若民隐之难知也。前此不戒，视为故常。每每待其破败，而后图之。姑舍其远且细者，第论其近且巨者，宏治之役，太守周公鹏筑北堤，发丁夫数千，阅六月而始就。成化之役，御史曾公昂复檄筑北堤，发蠹民二千金而始就。正德之役，余乡人御史杨公琠，疏修南堤，请盐利三千金而始就。万历许陇堤之役，余先文林白观察任公可容，敛民间千余金而始就。凡此皆救之于事后，孰与乎豫之事前之为愈也？沙衙之役，幸已底绩。所为存禾稼而苏覆溺，全风气而妥庐墓者，其功与史起而下埒。顾其始事之难，视宏正间又倍蓰焉。何也？救荒之政，一曰散利，利无以散，尚安责财？其赋民难。四曰弛力，灾沴洊臻，民力自馁，其役民难。况随塞随圮，谭虎色变；道旁舍筑，谁为贾勇？其一民难。兹监司持议，郡邑分猷。其精神智力，窍于山川，业以难图之，已而以易，遗之人矣。在易之蛊，先甲三日，后甲三日。盖圣人示先事速为虑，后事速为防也。嗣事者守易训无致，即万世其永赖矣。

是役也，费逾百金，工仅三月，似为易易。第《春秋》书水书饥，不一而足。而时当民穷，四都系命，一劳永逸，饥溺可免，是又安可以无书？周公讳应期，楚人；陈公讳一教，吴人；陆公讳典，沈公讳凤超，俱浙人，并以进士起家。

潮州司理姚公疏通盐法碑记

今天下财赋，岁入四百万，共大司农以制国用。而取给盐策者，什之二三。然皆设有专司转运，及有惠文使者弹压之。故其责一，而其法亦严。行盐之地，又皆联络数省，或数大郡。故其途广，而其流亦溥。自榷使以来，当事者又动称掣肘。而岁之所入，亦日异而月不同已。

潮蕞尔，盐之所产，宁有几何？天顺以前，饷祇四百缗而止，宏正间则骤至四千缗，嘉隆间又骤至一万八千缗。顾彼一时也，地虽通塞不一，犹逾汀抵赣，顺关而下，与南盐合。近赣之数邑已靳，即叩阍，又不可回其饷，又骤至二万二千有奇。夫地则愈变而愈损，饷则愈变而愈增。百商坐困，已计无复之，故其弊又有不可言者。人心不古，谁为夷齐？即郡幕县尉，亦得操利权，是法以滥委弊。居己于廉，犹恐其贪官因而为利。而商之巧滋张，是法以搭配弊。涓涓不息，终成江河。径窦盛行，则官盐自滞，是法以私贩弊。旧饷积薪，没齿无及。闭之则旧甕，疏之则新亦甕，是法以存留弊。奸不可容矣，而击一鹗以掩群雉，不已甚乎？是法以连坐弊。名为捆载，实用资斧。乃侦夫逐臭，积胥聚蠹，甚且低昂其衡，必欲致之罚，而赎之缓，是法以要索弊。桥以下七邑，名曰菜盐。先是高牙大檣，漫无片檄从事。一逾揭岭，便涵溷循梅。是法以诈冒弊。数弊已兴，则利无羡入，课有重征。倘一逗遛，操切之如讯吏，按治之如刑人。妻帑桎梏，岂直病商；输将逋负，抑且病国。

盖至于壬癸之间，百商之愁叹极矣。时署府事者，则司理会稽姚公也。公少年，甫下车，人或以为盐监琐屑，细似秋毫。即桑孔持筹，亦谭何容易。况新例雷厉势极，重不可反。而官之为商者弊什三，乃更张难；商之自为弊者什七，则洞晰难。

乃公视商患苦，引若痌瘝。锐意讲求，始得窍会。谓商以利来，吾所以利，务在通商。未有先自利，而可利人者。法行自近，自古记之。今日之政，宜无如重正官，厘积役，宽文阁。然后徐而议盘诘，给号票，慎秤掣，疾庶有瘳。独计盐路一线，饷至二万二千有奇，犹令其今年输课，明年转盐。谓民力何咎？在运艘之取数寡，则班次不速，盐斥之取数多，则贸迁益迟。请挈为令，每月六十艘，改为八十艘。内以二十艘，舒既往之积。每艘四万斤，改为三万斤。外以一万斤，预将来之积。艘虽溢而盐不溢，更代既捷，循环易周。或亦苏商足国之一策也。

书既上，而观察朱公，大中丞戴公，直指李公皆报可。循行至今，卒如公料。不惟带征已讫，即正征亦舳舻以进，无越岁之苦。回视昔时，逋负桎梏景象，何啻天渊哉！百商加额，愧无以报公。属公应召行，相率托诸生夏日炎、魏奎光、张凤翮、程章等，丐余言碑之。

余惟管仲佐霸、吴濞窃雄，盐之为利，所从来远矣。公以司理摄郡事，盖所谓奇骥追风。非服盐车者，乃能握算若巧历，中命若中黄。议是非若辨寰宇，导利若决江河。起百商之癏，饱三军之腹，诒百世之益，遗一方之安，功孰有大于此。盖以人而行法者，其功有限；法立而人守者，其功不朽也。今榷使四出，竭天下力以奉一人，而大司农每每告匮，犹不足以供九边。公入直承明，执笔在帝左右，即经国大计，当次第举矣。语曰："飨其利者为有德。"又曰："前事之不忘，亦后事之师也。"七尺之石，足当钟铭。不揣搦管，用志大都。公讳会嘉，字仲礼，辛丑进士。理潮三署，郡擘画殆尽。民畏垒思之。

林节妇小传

节妇林氏，揭阳渔湖都人，年十四，归左给舍赠光禄卿宗铠薛公二室。公上封事，触权奸遇害。时年甫十八，终鲜男女，即绝粒从公。以嫡丁哀毁病貌，诸孤又尽在襁褓，始缓须臾，无死。间关万里，扶衬（榇）南归[1]，归抵家而嫡殁矣。家徒四壁立，而姑庄垂白，岁每病，病辄以身请，随祷随愈，人以为孝感云。

一门之内，丧车频驾，夫以君死，嫡以夫死，姑未几又以天死。只一未亡人，环呱呱泣。人世间之至苦，真无酷于此者。氏以芳龄小星，忍饥茹茶，俯仰拮据。四饬修奁，三襄大事，视柏舟犹难焉。子洪成立，犹未知非氏出。一女以十九守，一女以廿一守，倘所称一门忠节非耶？终年五十九，并不归宁，盖其天植然矣。万历四十一年，巡按御史王，首题旌表。

校记

[1] 衬（襯），当系"榇"（櫬）字形近之误。

武定贰守梁南薛公小传

薛洪，字梁南，海阳人，给舍宗铠之子。甫四岁，铠死于谏。母丁氏痛哭偕亡，慈母林氏携洪扶衬（榇）南归[1]。八岁能属文，督学吴鹏器之，补郡庠。穆皇登极，诏恤忠臣后，偕杨忠愍子应尾赴召。比至，上曰："先臣芳躅，自尔等绍继。"命预赞大典，执经胄，监勤考，居优课程，姜司成雅重之。寻念高堂日暮，倚闾情切，陈情归养。每侍，必正衣冠，亲寒燠。及卒，泣血三年，枕块苦。次以宠命，促选武定同知。有能声，三事不改父政，囊箧如洗，坚请乞休。

庐墓五载，手植墓木数株，瑞集巢鸟，梦改父茔，而得吉征，人以为孝感所致。逊产从弟，字孤，海育周恤。一姊一妹，苦节以安其志。先时翁襄敏指腹乘龙，付衾千租。翁女殇，遂归其券，乡居十有八载，澹泊明志，屏迹公门，著有诗集成帙。郭青螺刺潮，高其行，辑卷以赠。观察王如水扁其堂曰"清节晚荷"。朝议以预赞论劳，奉恩赐阶奉训大夫。今武定尸祝名宦。

校记

［1］衬（襯），当系"榇"（櫬）字形近之误。

清吏林公小传

清吏林兴，海阳县龙溪都人。少学弗就，嘉靖间试海丰，抱关功曹，以谨守闻。时方伯莆田魏公别驾潮州，曾过其地，廉兴贤，檄为书史。盖魏公以比部论权贵谪，自命为三不要，谓不要官、不要钱、不要命也。

魏公不携家入潮，止一老仆在署，即侍人无可当意者。兴与井臼灌园，喂鸡豚以给朝夕，每呼为五官而不名。比兴盥沐回舍，适魏公榷盐竣役，有羡盐金三百缗，榷掾以例入公费请。即询之僚友，亦以公费相应和。顾魏公犹以弗得兴一言以证可否？遂令急足召兴至，具以事语兴。兴踧请曰："故榷常常耳，君侯名节在前，勋业在后，奈何亦以此长物为？"魏公下拜曰："微五官言，余一生扫地矣。"即日闻当路，著为令。每夸座客曰："余署有林兴，盖益友益友云。"省祭谒选，得端州腰古驿。会金溪方伯王公令新兴，有岭南清苦第一之考。三年转黔卧龙番长，官司吏目，坚欲投檄归。王公助之行，始行。比至黔，倘肯与土司猫鼠，则亦可厚橐如前人得善徙去。兴每自矢曰："兴不肖，不能从文墨起家，今老矣，复冒然为自润计，将令人让刀笔吏，鲜耻谓生平，何不逾年得告归。"而邹山方伯郑公正督黔学，稔兴贫，亦助之行如王公。日每对监司称，敝乡异途，有此清苦奇矣。归数年，王公观察潮，数召，劳劳为常。又数年卒，卒至无以自敛，时年八十有三也。

夫今天下犹趋江河哉，搢绅家每谈掾人，辄谓掾人多智，难与立也。以今观于羡金，即贤者心动，而林幕名节数语，斤斤乎俨若师保。至入端入黔，没世不磨，又何可咮以利也。有是下吏，不难于规郡倅，有是郡倅，不难于下下吏，以转圜今也。或是之亡矣。

烈妇陈氏小传

烈妇陈氏，澄海县渔洲陈渊泉女。隆庆丁卯，年十六，适海阳诸生杨桂标。氏赋性贞静，言笑不苟，衣服饮食，虽细必谨，兢兢若将浼焉。事舅姑，处妯娌，未尝闻一间言。越半载归宁，巨寇林道乾倡乱，随母暂避舅家吉贝寨。寨为贼陷，氏同母若嫂，逃遁郊原，业已离贼。所因母仆地，出死力扶母，母子并遇盗。盗舍其母，挟氏逼行。氏义不受辱，厉声抗贼。贼刽其颈死，尸浮江浒，颜面如生。乡人族戚，共哀怜之，时戊辰年正月十一日也。陈氏年仅二八，辄娴妇道，称淑媛矣。况当扰攘时，既脱虎口，何生之不得，

447

乃不忍母之仆,而扶翼以行,此其心祇知有母,不知有身。比贼至,竟抗贼以死,又何其知有身,不知有贼,孝节何卓卓也。彼卢妇冒刃而姑全,窦娃投崖而身洁。陈氏盖兼之,可以风矣。

诸生节吾张公传

公讳明先,号广江,后更节吾,为吾都官路张氏,张其著姓也。先是,隆庆壬申,余从碧川蔡先生受业是乡。公时相过从,谈艺道古,余甚重之。已得晤尊人慎斋翁,翁为先奉常友,于学无所不窥。余始知公之学,有自来矣。

然犹困于始进,意不甚自得。一旦谓余:"吾党生岭表,学士局于见,鲜所发明。余将为金陵游。"余谓其戏也,未几,果挟赀逾岭,下彭蠡,汗漫长江,抵金陵。与潮贾客狎,潮贾客拉眺诸名胜。公亦不惮剧饮狂歌,兴陶陶然。间间以货殖折阅,公默而不答。但事有不平,则侃侃然为解。以故潮贾客每奉公祭酒,人但知其为贾,而不知其以儒隐也。

比金陵归,公自谓太史公闳中肆外,实自历览名山大川中来,今眼界觉稍宽矣。时值邑试,试辄高等。然其厄犹故,始俯首讨故业,数年始为诸生。同社咸谓先难后易,自是乘除之数,乃历试俱北。始就斋旁植橘、柚数十株,抱瓮自灌。或借繁阴偃卧,或借浓芬吟哦。熟则遍惠知交社友,余亦鬻诸市,买酒结客。人虽知其为儒,而不知其以圃适也。

每督学使者至,余每从臾公。即故业犹存,亦当为诸生计。公笑谓余:"即老矣,天靳吾进贤冠,亦夺吾章甫乎?如是数比而数无恙,则生平之蓄积厚耳。"会吾都水利壅塞,余集父老讲求。公持议宜移木筏以疏下滞,宜浚水涵以疏上滞。二役皆公首署,时便者什七,挠者什三。卒之排异议,而竟以伸乎当事,则贻吾都亿姓之利者一。壬戌,李令公来知吾邑,在都问民所疾苦。余以吾都赋俭役繁,积之便。令公下车,公集诸生条上议,积十为六。令公意得当,卒能行余说,赋不加,少役,得顿苏。则贻吾都百世之利者又一。人皆知其为侠,而不知其以儒侠也。隐于贾不失为儒,遁于圃而卒成为侠,公真不可测也乎!

公生平大端,每难人之所易,而尤能易人之所难。时而屈首处潜,杂之畯夫而不惊,置之市肆而不炫。至乎语及君臣之际,经纶满腹。乡里利害,奋袂抵掌,丹衷炯炯。于草莽劳怨,不惮以身任。故前后为乡里诸所条陈,究皆能伸其说。一生尚义喜友,不问家人产。与余交四十年,未尝肯干以私。此岂可望于后辈之低眉曳裾,由人噸笑者哉!

公丰姿俊伟,沉毅能断,好善嫉恶,到老愈厉。排难解纷,庶几乎鲁仲连、王彦方之风焉。使逢时得用,必能伉伉表坚,有所效见。惜乎!而竟以诸生老也。公卒在天启□□[1],得寿七十有□[2],丈夫。子某亦能读父书云。

校记

[1] 此处原缺二字。
[2] 此处原缺一字。

忠仆陈添桂小传

忠仆陈添桂，为郡诸生庄蒇之家奴。庄生家饶于财，世居海阳龙溪之东沟寨。隆庆二年，巨寇林道乾聚万众海上，摧城堡如破竹然。正月十三日计攻寨，寨陷，庄生家俱伏重垣内。贼于外获添桂一人，诘知为庄生家奴也，穷其主所在，屡以先避郡城为解。贼怒，惧以危言，其对如初。已断左手，不吐。已复断右手，亦不吐。贼怒甚，更断其首领而去。当时庄生家之在重垣者，并得闻回护语，及受苦声甚悉。然不知为支解也，比出，见遇害状异常，相与恸哭，殡如家人子礼。今墓在畸沟田，每伏腊报祭为常。

夫人臣读书明理，道儋人爵，犹然有怀二心。此一家奴耳，幼食食庄门，甫十八，犹未受室。不知胸中何所有，亦何所恋也。无所有无所恋，至捐一生生一家以死。百折不回，千古为烈，即颜常山不加于此矣。考之史传，多所未见，不揣搦管，用风有位。

卷三十二　谢御史文集

惠来谢正蒙中吉著

郡志列传

谢正蒙，字中吉，惠来人。万历戊子举人，初任安乡令，邑滨洞庭，田多被水，正蒙谨堤防，湖水不为患。膺卓荐擢监察御史，巡按直隶，弹劾不避权贵。寻视两淮醓政，革商规，修范公堤。以卫场灶，丁内艰归。服除，升河南参议，不赴，卒。著疏草四卷。祀乡贤。

谢御史文集题辞

隆万之世，朝廷大势，趋重言官。其昌言谠论，为国为民者，固有之。至于植党行私，假公报怨，朝端水火，动起戈矛，则比比皆是，识者有世道之忧焉。侍御由安乡令擢台谏，巡按直隶，监榷淮扬。乃能正色立朝，劾税使，参银台，请罢采珠，请免滥征，批鳞逆耳。凡人所嗫嚅不敢吐者，独侃侃言之。而未尝凭私攻讦，大有埋轮补牍之风，吾粤海忠介，为南都总宪，城孤远辟，社鼠潜踪，天下仰之若神明。若侍御者，其殆闻忠介之风而起者耶！

后学顺德冯奉初题。

给假疏

原任湖广岳州府澧州安乡县知县，今考升选授云南道试御史臣谢正蒙谨奏，为母老身病，比例恳乞天恩给假调理事。

臣一介草茅，由举人除授湖广岳州府澧州安乡县知县，幸与征召考选台员，本当静候供职。乃臣一段苦情，迫切不容已者。念臣茕然孤身，别无所倚，母子相依为命，不能暂离。昔年赴选，即同母出门，随而之任。于时臣母发尚斑白，恃粥无恙。今臣母年七十有三矣，形神日见衰惫，较前大觉不同。自去冬抱病，奄奄床第，残喘仅存。状枕呻吟，时洒望乡之涕；梦中谵语，惟切生还之思。嗟嗟！天性至亲，啮指犹自心动。况臣朝夕膝下，日见臣母萎羸阽危之状，即铁石为心，亦当摧裂。以致忧思如焚，寝食俱废。气郁结而痰上壅，每一晕眩，则移时方苏，神理几绝。终日母子相怜，疾痛相呼。臣家人见此凄楚景象，亦皆怆惶无措，歔欷而继之以泣也。痛臣父母，晚年生臣，劬劳教育，幸而成立。乃臣父先年见背，臣为守选远离，属纩未亲，悼悔莫及。今臣母以思归而病，臣以忧母而病。崦嵫暮景，既怀日落之虞；蒲柳易凋，将有性命之虑。此臣所以肠一日而九回，不得不哀鸣于皇上之前者也。及查同咨考选南京广东道试御史李嵩，以母病陈情，荷叨准旨。臣之苦情，正与相同。伏乞皇上俯怜乌鸟之私，敕下吏部查照近例，或准给假，或准养病。俾臣得将母入里门，同受生全之赐。而臣之报国日长，矢志捐糜尚有期也。臣不胜激切吁恳待命之至。

粤东增遣税使疏

云南道监察御史臣谢正蒙谨题，为粤民不可重困，税珰增遣非宜，恳圣明信诏旨、收成命，以安遐方事。

臣惟自有矿税以来，海内之绎骚，惨于兵燹；民间之毒螫，甚于虎狼；国家元气之削弱，危于累卵。备在大小诸臣历来章疏，不啻详尽，陛下亦已悉之矣。即税使之被焚被辱，譬之剖腹藏珠，富不可保，而卒以身殉，陛下亦已悉之矣。臣不必再为胪列，以渎聪听。

惟是粤东土人八万之税，独甲寰中。粤东内使之虐，倍于他省。臣粤产也，粤之赤子，几为二珰所尽，臣不忍言。幸陛下轸念，撤回珠使，而税使犹然无休，苏生未有期也。属天厌珰恶，李凤以病笃告。正陛下天心仁爱之日，停止明诏，谓宜以粤为天下先，大小臣工方引领望之。乃无何忽闻有阮昇之命也，陛下以粤民尚堪一珰为鼎俎乎？夫李凤之在粤久矣，李凤名下之鹰犬，日增月益，吮膏吸髓，靡有孑遗矣。阮昇方借此一行，以明得意。且思奋翻磨牙，择人而食，岂非傅之翼乎？科臣郭尚宾，台臣崔尔进，相继抗疏，为粤民请命。所为开陈时势不可之状，与夫地方不堪再困之景，娓娓数百言，真可痛哭流涕。皇上迩来新政，最快人心，不应有此一举。意者为李凤旦夕不保，一切钱粮可虞乎？自有陈增故事，地方官自能为皇上稽查起解，何不敕抚按二臣，不过一二日可办，奚必阮昇乃能胜其任而愉快乎？借令李凤不死，昇有回京之日，然道路多此一番骚扰，地方多此一番剥削，已非圣朝美政。有如阮昇未必即回，李凤恋不遽舍。一税两持，十羊九牧。合二珰之狐鼠，朝夕吞噬，粤人其尚有噍类乎？又或李凤先已物故，昇将遵回京应役之旨乎？抑将即真税使为李凤之续乎？是天方夺一饱虎，而陛下又放一饿虎。以暴继暴，益深益热。何粤东之大不幸至此，岂天未欲平治，而故重困此一方民也。

臣为此惧，敢斋沐拜疏，仰恳圣明，即允李凤之乞还，罢阮昇之再遣。慨然下明诏，罢粤东之税。俾薄海内外，谓粤民昔被（缺）[1]。

校记

[1] 此处文意未完，原文注有一"缺"字，当是原文有缺。

东粤苦税疏

云南道监察御史臣谢正蒙谨题，为僻省苦税独多，困累尤甚，恳乞皇上推广慈仁，加意蠲恤事。

臣从邸报得读圣谕，首宽禁、宗幽禁。至各省额进税课，准三分量减一分。士民传宣，道路喁喁，喜色相告。谓皇上默体圣母亲亲仁民之心，为继志述事之孝，亦既慰幽元，而答万方矣。顾圣恩浩荡无涯，人情愿望无既。

念东粤重累之后，尤宜倍加矜恤者。臣生长于粤，见其地之萧条、民之穷困，自省会外，诸郡曾不及中土一岩邑。地无自出，人无资生，饥寒所迫，盗贼多有，几不成其为省矣。□昔年榷税之役[1]，议派广东二十万。当时佐天子出政者，既无公平之心，安望为退陬之计？而托重一方，称拊循保障者，惟宵人颐指气使，谁肯蹙额伤心，为民请命。故粤之地僻民穷，不得与诸藩齿，则天造之。粤之税重民苦，比诸藩尤甚，则当事者实作俑之。不然蕞尔东偏，何以派税至加数倍。无论粤人剥肤莫控，天下亦为扼腕不平。即向者阮昇之行，诸臣交章请罢，牍满公车。岂其为德于粤，亦以均为王民，不忍使一方独苦也。

兹遇皇上成圣母之志，宏需慈恩，减各税三分之一。在议税原少者，宽其一则二易于供。在原税独重者，存其二犹苦难于继。盖东南雄藩，课多不过五六万。今现在粤，税十六万。傥依数而减，尚存十万有奇，较各省原额，不啻倍之。

嗟嗟！粤民惧生覆载，独罹重伤，奈之何不益穷且盗也？皇上加意，穷民虽深居静摄，而心日周行天下。试观今日之粤，穷耶否耶？与域中相提而论，竟何如耶？又况黎事方殷，偾军杀将，方议调外兵以图深入，供亿既烦，万骨俱枯，民生其间者，难矣哉！

臣伏见皇上近来首减粤税二万，仰窥皇上轸粤之念未尝后于他省。辄不胜望恩无既之心，斋沐以请。伏乞皇上，矜此遐方，念从前岁入独多，慨然悉与蠲免。粤民之遂有生全也，幸甚！或同仁之视无有远迩，以省之大小而递减之。粤民之并沾化雨也，亦幸甚！若按作俑为旧额，照旧而议减，将向隅犹未甦，涸瘵犹未瘳？抑慈恩犹有渗漏之处？在皇上洞瞩民隐，曲体亲心，必有所以福粤民，为圣母造无量功德，无庸愚臣过计为矣。臣无任激切待命之至。

校记
[1] 此处原文为一个虚缺号"□"。

参奏讨芦洲疏

云南道监察御史臣谢正蒙谨题，为芦田环绕留都，畿地不宜藩业，恳乞圣明慎重锡予，以遵祖制，以固根本事。

窃惟天子宅中，图大而建之，都城为天下枢。故《元鸟》之颂曰："邦畿千里，惟民所止。"肇域彼，四海明。王畿之地，九天日月之会，万国车书之宗。其关系甚巨，在成周时，大封同姓，诸姬棋列，竟未闻以伊洛为食邑、丰镐为采地。岂其有所靳之势，固不可也。

臣从邸报见福王奏讨南京芦洲，皇上慨然许之。臣仰窥皇上爱子之心，凡诸福之物，可致之祥，无不欲罗而聚之朱邸。宁以一块土，稍拂爱子之意。惟是子情当体，而祖制未可轶也。一时私意易徇，而重地不可不念也。高皇帝肇造区夏，定都建业，环长江以为带，控东海以为池。屹然形胜，与金台并峙。国家二百余年来，众建天潢之亲，代有分茅之典。独此地不设藩封，不轻锡予。若田属在辇毂下，天威咫尺，岂容诸王分民而治，分地而征，以与民人争此土也。祖宗立法，良有深意。皇上守祖宗成法，藩王奉而行之。谨尔侯度，世修其职，以无陨越于下，谈何容易也。

查先年清丈芦洲，得价三万余两，给与居民管业。每年租课，输之内府，天官受其价则为民业，民输其租则为国赋。攘民业为己有，非所以为义也。嗷嗷怨声，侯诅侯祝，讵可当开国之始见此景象？损正赋而益藩封，非所以为名也，实资屏翰而求索。是闻天性骨肉之间，已邻于市心矣。

臣以为，此非福王意也，福王养赡田则辞，崇文门税则辞，至沿途蓬殿，亦念民艰而并辞。令德芳誉，直伯仲河间东平。岂其数月之间，俄而辞，俄而求，捐赀于此，取偿于彼也。臣知王必不其然，或者听荧于左右，有未尝深思耳。左右睹其利，未睹其害。王亦未思其害，惟见其利。夫所谓利者，总数千之租，不在朝廷，则在藩国止耳。若其害，则有不可胜言者，沿江芦田，自江都通泰，实临大海。豪奸巨滑，以私盐为利薮，抗官兵而蓄乱形，已深可虑。若王府人往来其地，主谋合党，势必借令旨之牌，满载私盐，扬帆海上。由此而套引东倭，由此而作梗畿辅。江上一呼，佃民响应，正恐此时忧方大耳。古称萑苻之盗，谓绿林弥望，奸人多借为窟穴。以故剽掠时闻，寇攘多有，官司时时以三尺爬搜，曾未有艾。倘受廛王府之芦洲，系籍王府之佃民，倚其声势，公然攫金，白昼明火通津。有司不敢问，三尺无所施。近时沐府庄民之祸，至今未弭，奈何复蹈之也。夫参之以利害，则芦课几何？而隐忧遗患，实系东南之安危。稽之以祖制，则王畿之内，一柄两操，大失祖宗之初意矣。

福王尝辞崇文门税，岂不以既就藩国，则畿内事非所与闻，今奈何眈眈南畿江上物也？臣窃意皇上即与之，王当固辞之。即皇上坚欲予之，辅臣当力争之。叶向高蒙眷既渥，方从哲相业方新，岂其鱼水相投，回天无路。此何等重大事，尚可泄泄漫不关心，则将焉用彼相矣。昔武宗时，秦府请关中屯田为牧地，厚贿钱宁、江彬辈，请许之。大学士梁储承命，上制草曰："昔太祖高皇帝著令藩封，不当益以土地。土地既广，将多蓄士马，奸人诱为不轨，不利宗社。今王请求恳笃，朕念亲亲，畀地于王。王得地宜益谨侯度，毋收聚奸人，毋多养士马，毋听狂人诱为不轨，危我社稷。是时虽欲念保亲亲，不可得已，王其慎之。毋忽。"武宗览制，骇曰："若是可虞，其勿与。"事遂寝。史称梁储一草制，有回天之力。今畿内芦地，其利害关系，尤百倍关中屯田。辅臣勉之，才名山斗，富贵浮云。惟为祖宗守一旧章，为朝廷干一好事，以勿负股肱心膂之托，是辅臣忠于皇上之职分也。伏望皇上深惟万年之计，永树不拔之基。宁抑私情，勿违祖制。将帝居壮于山河，而王国亦巩于磐石矣。臣无任屏营待命之至。

循职清弊疏

巡视工部节慎库监察御史臣谢正蒙谨题，为循职掌，摅愚忠，以清积弊，以裕国用事。

臣窃惟古今论理财，无过开源节流两端。故大学傅以生众为疾，食寡用舒，尽生财之大道。以今括财之途，几无遗策，而犹鳃鳃焉匮乏是虞。此非不开之患，则不节之患也。宁惟不节，且有盘据为奸，因而旁出者。如工部节慎库，近以外解之额，不足充经费，浸假事例以益之。其开载至纤屑猥琐，更不论多寡，不问所从来，兼收并纳。所以开之者，非其道矣。然使铢镏必存，漏卮无泄。要亦时当举绌，稍为委曲变通之微权，未必无关国计。乃弊窦相沿，侵牟百出。上巧于取之，下亦巧于窃之。上多方以营之，下亦多方以耗之。积年商匠，以库藏为薮，而胥役以商匠为市。朝得领状，暮挟万金。如取如携，若固有然者。彼以为得之易也，浸淫于花费，视之亦不甚惜。又习见上纳之无期也，延挨于岁月，久之竟为乌有。臣尝按籍而稽之，或一商而坐欠数万，或一名而包当数商，或领于数年前而分文未上，或逃之数千里外而拘摄无从。是公帑空有是入，而不得其用。供用实有是入，而无望其入。今虽日事追比，徒烦鞭朴之施，何益完欠之数。

臣愚以为，与其追比于花费之后，计画无从，孰若谨于发领之始。其难其慎，防之又防。商必审其贫富，务与臣参酌而后定。事必度其缓急，毋以一纸入而遽行。每行共为一结，则奸无所容。旧欠勿给，新领则数易于清。一项而次第支，则数少而便于完。既支而严为限，则法立而急于办。至领状亦先移会臣衙门，往复商榷，共求妥当。然后给与，使不得混。仍书承行、书办姓名于后，使责有所归。如是即有通天之奸，亦安所行其觊觎之计？

然自商匠冒领，而库受其敝。自群奸朘削，而商匠亦受其敝。比领银之始，非能束手而得也。先与各衙书办布置得定，经几番需索，几许瓜分，然后到手。间有奉公畏法，及期输纳，又苦为内官所抑勒。铺垫之外有铺垫，茶果之外有茶果。克削已甚，溪壑难盈。即如管理陵工郎中张孝稍加裁省，而内官匿名诬揭，便欲制其命，他尚何言哉！是商匠受冒领之名，而此辈实享府库之利也。今城社之孽纵未可问，至供役者亦何难清查，而尽祛从前之积蠹乎？然此犹库以外事也，乃库中亦多有未清楚者，如三十七年管库主事王□□[1]，三十八年管库员外主事谢□□[2]，共经收实在数内，或总少四百余两，或总少九百余两。查当日交盘簿，各亲注某匣少若干，又某匣少若干。夫此皆奏缴实在之数，交盘乌得短少？何当日接代者，无一言及之，且安然受之？不知异日支放此短少者，谁任补也。臣见先今主事黄于郊、吴瑞征收放甚平，亦无不足之患。岂其先年放出，犹有每秤搭铜二两之例。而遗下之银，顾反缩于额内，斯其故难解矣。

若乃台臣巡视之差，每三月一换，殊为太速。夫利孔所在，弊不胜诘。苟更换不常，方得其梗概，略知首尾，而期已满，代且新。如此，则官安得不向吏询典故？吏安得不以官为赘疣？弊之滋未有已也。谓宜照巡仓例，定差一年，准作中差。盖仓库一体，然仓犹止于粮米，且收支自有主者，其振刷惟在仓攒之勒索，若巡视厂库，数万金钱，只在举笔挂号间。差之毫厘，谬以无算，其关系与巡仓孰重？年来部司加意撙节，少有所积。近议借至三十万，以佐军饷。虽共济之谊，然此端一开，借将接踵。将遂与之乎？抑拒之乎？

不与则束于例，与之是立尽也。设一日大工经始，诸王相继婚封，不知该部何以待之，此亦不可不蚤计也。臣巡视已竣，敬摅愚见，庶几有裨理财万一。

伏愿皇上念国用之重，周旁溢之防，亟加振饬。如此，则风清弊绝，开者不至于滥觞，节者常足以待用。将丰亨永抚，而长享安富于无疆矣。臣不胜激切待命之至。

校记

[1]　[2]　此两处原文均为两个虚缺号"□"。

边饷清弊疏

云南道监察御史臣谢正蒙谨题，为边饷处处告急，积弊及时当清事。

臣见近来各边缺饷，鼓噪群起。计臣仰屋而叹，百司促膝而筹，不胜仓惶之状，至议借各库金九十余万啖之。如使一借可以了事，数十万可以完局。则一转移之间，士有宿饱，成销乱形，要亦筹边一策。顾总计京民，运欠六百余万，兹犹未足十分之二，借将何已，后将何给。夫不清耗竭之源，不为永久之计。急而后图，噪而后发，噪常先则发愈亟，发且穷则噪愈继，是教之乱也。故自蓟、永一倡，而昌、易、辽左诸军，无不蠢蠢思动。求者若有所挟，请者若有所迫。倘相率为常，任其嚣陵而莫之防。将来边境之忧，不在寇氛，而在我之士卒矣。

昔孔子论政，宁不得已而去兵去食。民无信不立，亦以信者，固结之善物，尊卑之大防。有如月粮，稍不如期，便衡决不可禁。国家养军数百年，未得其御侮之用，反见倡乱之形。军士锐气雄心，不以扫荡边尘，而以挟持主帅。古称有制之兵，有能之将，时当匮急。至于唱筹，量沙掘鼠，罗雀以食，军无叛志，果何人也。犹幸虏封已结，疆场少缓，有如烽火惊传，戎马充斥，俄而有此，飞矢列阵，离心瓦解景象，岂不益长寇氛，而助其凭陵桀骜之气乎？且饷以养军，当事者为军索饷是矣。亦尝按籍而稽之，照名而核之乎？尺籍空存，徒为冒饷之资，祗饱债帅之腹。无论边塞，即如京营团操，亦半为豪强包占，班役买当。应操皆雇募之人，守夜皆觅食之丐。于今都城内，盗贼公行，提督已无从伺之。京城何地，武备若此，谈之真可寒心，此外又可知已。大抵兵贵精，饷贵核。核则有一饷即有一兵，精则有一兵即有一用。有如简阅不闻，虽尽驱天下之民以为兵，而兵犹弱也。虚冒不清，虽尽括天下之财以为饷，而饷犹缺也。

然欲清虚冒，莫如重边道之选。彼武弁以浮饷为利薮不足论，即抚按官操阅有时，遽难穷诘。惟兵道习与之处，必知何者为真，何者为冒。昔因某事而增兵，何事平而兵未撤。昔因某兵而曾饷，何无兵而饷犹存。殚心振刷，就里涵除。而又正己清源，法行犹易。使诚有兵无饷，犹可支吾凑处。若有饷无兵，竭公帑以供贪残，外示削弱之形，内受空虚之祸，岂不大可惜哉！及此时而移文抚按，责成该道，每年备造实在册送部，以查核冒支之多寡为功次，亦清饷第一策也。至有司拖欠数多，犹当申明岁报之法，而责成于郡守。盖京边钱粮，凡给由非全完不可，考成何尝不严。乃有官谤稍腾，前途知促，以为即解完，恐不得给由也。即给由，进取无复之也。利支放之扣除，则起解夺于私领而不得完。或批回之莫查，则解银入于猾胥，而不得完。曾见有县官四五年不给由者，则欠四五年可知。亦有八九年不给由者，则欠八九年可知。谓宜于岁终备开完欠数目报部，转咨吏部，而旌别之。则不肖者不得久留误事，又总计一府之数未完，府官不得推升。如是纵各县迁徙不常，然该府既勤催督，则署摄者亦知完公，又何拖欠之足虑。

夫清浮冒，则出者不滥，查外解，则入者如额。由是而祖制可寻，积贮常裕。不惟兵皆有饷，抑且饷皆有兵。将超距知奋，脱巾坐消，从此疆场可长无事矣。至饷给之后，徐议鼓噪之诛，因而问主者以平日因循姑息之过，养成骄乱之形。非纪律不严，则恩信未孚，将亦何说之辞也。臣款款之愚，谬陈一得。倘刍荛可采，伏乞皇上下该部酌议施行。臣不胜激切待命之至。

恩释举人疏

云南道监察御史臣谢正蒙谨题，为恩释举人，非罪见原，终锢可惜。恳乞圣明，准复会试，以广皇仁事。

臣窃惟天地无弃物，即蚑蟜喙息之伦，皆得遂其生；圣人无弃人，即草茅一介之贱，皆得效其用。以今观于先年，释放举人。劳养魁、钟声朝、梁斗辉者，生圣明之世，抱可用之才。冤滞五年，一朝放归，此皇上旷世之恩，在养魁等为再造之幸。伏邱园以沐浴圣泽，歌咏太平，分固甘之。

惟是国家需贤才之用，则终弃可惜也。圣主有使过之条，则诖误当原也。夫养魁等，非皇上所尝动弓旌而收之者乎？收之将以用之。其锢之也，然设使其诚有罪也，则孽自己作，亦复何辞？乃其闭户穷经，扫迹公庭，于税使之事，风马牛不相及也。徒以差官借之立威，县令为之嫁祸，雉罹于罗，实非其罪，万口冤之。皇上明见万里之外，推下车解网之心，使得出之缧绁，与以生还也，亦既明知其无罪矣。夫太阳未照，则覆盆容有抱冤；天心既回，则有才岂宜长摈。三士自里居以来，当困衡之后，操履益纯，经济日裕。若得开向用之路，效之宽大之朝，则感深然灰，报切顶踵，未必无尺寸之可观者。

伏读恩诏，所谓众所共推，确裨实用，不可以一告终弃者也[1]。况逢皇上寿考作人，特增会额，以旁搜英俊。一时待试之士，无不踊跃于薪樆之辟。汇征之广，日且济济对大廷而服官政。独养魁等同生覆载之中，踽踽若无所容。均在作养之中，郁郁赍志以老。是向隅之情未尽伸，皇上浩荡之恩未尽溥也。臣与养魁等同乡，其于事之非罪，知之最真，义不忍见草野有抱屈之士，清时有终锢之才。辄敢披沥叩阍，为之请命。伏乞皇上，宏大造生成之心，推恩诏起用之例。敕下礼部查议，准与计偕，以需后效。则幽遐再见天日，枯槁复得逢春。岂惟养魁等顶戴高厚，衔结无涯。将宇内士庶，咸诵皇仁之如天，巩太平于永永矣。臣不胜祈恳待命之至。

校记

[1] 青，《潮州耆旧集》光绪本作"青"，但此字未见字书记载，台湾的异体字字典网称此字为"告"的异体字，当是。

参采珠池疏

云南道监察御史臣谢正蒙谨题，为奸弁阴谋妄奏，蔑旨行私，欺君殃民。恳乞圣明，亟行正法，以苏遗黎，以光圣德事。

臣惟今日之民，困亦极矣。自榷采之使四出，在在皮毛已尽，人人愁叹无聊。蒿目时艰，谁为乐土？然遍观域中，则粤民之可悯更甚，我皇上之当加惠粤民更亟。何也？国初时，何真据有南海，闻征南将军廖永忠师至，即挈国归附。兵不血刃，而南服肃清。诚明于顺逆之分，故望风纳款，为诸路先。太祖高皇帝赐廖永忠敕谕，亦谓两广之地，远在南方，彼此割据，民困久矣。定乱安民，正在今日。则高皇帝嘉粤之向义，与粤之困苦德意，津津沦浃于民之肌髓。用是生养保聚，一方晏如。

皇上先年曾以大工之故，遣一税使，复有采珠之役。幸而天启圣衷，旋撤回珠使李敬，又有旨谓税之停止有日。粤民延颈举踵，喜宿疾之顿除，冀新恩之随沛。忍死须臾，以待苏生，若大旱之望雨也。乃近日风闻金吾右卫指挥倪英，有开珠池之奏。倘其诚然，则倪英欺君殃民之罪，百死有余辜矣。

臣闻投珠抵璧，万古称圣帝。而白珩非宝，区区霸国之臣犹知之。皇上俭德闻于天下，一切绮靡之好，泊然无所起。而忠臣爱君，犹鳃鳃然杜渐防萌。何物么麽武弁，乃敢交通内侍，以珠宝之说进。是不思彰皇上节俭之令德，而欲以黩货闻也。

伏读万历三十三年恩诏云："珠江采取多年，屡据抚按官奏报，蜃蚌日虚，不宜竭泽。诏到之日，即宜封闭。钦此。"今据倪英所奏，岂以昔之虚者，不数年且盈川乎？昔之防竭泽者，今且取之不竭乎？昔之奉诏封闭者，今且无妨自我开之乎？为臣子而敢于弁髦明旨，结党营私，亦何所不至焉！抑倪英知开采之利，而未知开采之害也？又未知开采之利小而害大也？

尝闻每岁开采，用船四百余只，夫役万余人，协济铺垫共万余两，此外篷厂螺筐廪饩诸费不与焉，称至浩繁矣。获珠多则二三千两，小则仅数百两。是采之直，比于买之直且倍。广琼则苦派船也，海北则苦派夫也，惠高肇诸郡，则苦派银以资协济也。其间科索侵匿，弊端百出，不可究诘。至珠之不堪上进者，发各府变卖，不过责派甲户，势多抑勒。重以积棍参随，奇货居民，今日诬某家尝盗珠，明日指某家有大珠。一言之入，搜掠敲扑，家赀立尽，问其珠全无影响也。且珠池迫近交南，先年采监李敬，以内池珠少，有采及防城之议，几与交阯壤地相接。夫自黎莫构作，四峒离心，时肆剽劫。驱数百之艘，蚁集之众于异境，卒有阴与为奸，构谋启衅，往日钦州之变，正可寒心，奈何又开门以延之也？

倪英眈眈剖腹之藏、惯惯剥肤之灾，宁虑及利害关系？方将与营差内监，日夜聚谋，广散钱神，多方布置，庶几可遂其计而快心焉。不知皇上明见万里，早已烛其奸，若燃犀以照之也。惟是奸党合谋，内外呼吸相应，实繁有徒。珠可采，则矿亦可复。矿可复，则昔日撤回之处，无不可复。近又风闻锦衣卫百户刘光先，以开陕西花马池盐奏矣。嗟嗟！国家太平全盛之天下，南北屹然倚重之边陲，祖宗数百年休养之元元，此辈必欲破坏之，激变之，诚不知其何心也？通天之罪，尚忍言哉！

昔洪武时，广平人言磁州临水镇产铁，岁可收铁百余万。太祖曰："朕闻治世天下无遗贤，不闻无遗利。且利不在官则在民，民得其利，则利源通，而有益于官。官专其利，则利源塞，而必损于民。若复设此，必重扰之。"因杖其人流海外。永乐时，山西民言介休县出五色石，可为器用者。成祖曰："此幸觊小人，不可听。数年兵革灾荒，百姓困苦，未得宁息，今又可以此重困之乎？官府求一物，则百姓受一害，况此石饥不可食，寒不可衣，累民何为？"令捽出之。今皇上寝倪英之奏，真同符二祖。而倪英等罪状，应为二祖所必殛。皇上雷霆之威，宁复为此辈宽假乎？倪英等本贪缘得进，而计谋诡秘，举朝臣工，不知本内云何？独怪通政吴达可，既不准进封，何当时无一言参驳也。则其老耄昏聩，动辄舛错，已多不满人意，尚可觊佐司农，而握军国重计哉！

伏乞圣明，思边地关系之重，奠靖之难，念粤民归顺之诚，今日困苦之甚，加意体恤，亟敕法司，行提倪英、刘光先与营差内监辈，从重正法，以为臣下欺君殃民之戒，以光圣天子令德于来兹。宗社苞桑，生民乐利，恒必由之，万代瞻仰，在此举也。臣不胜激切待命之至。

参通政阻格奏本疏

云南道监察御史臣谢正蒙谨题，为蜀弁肆恶有因，纳言阻滞贻害。恳请圣明，申饬疏通，以悉下情，以防壅蔽事。

臣窃惟国家之设通政司，犹人之有喉舌也。王命由之出纳，暗曶借以光明。故四方之利弊，咸得上闻。九重之耳目，无间幽遐胥此焉。寄之其任，亦綦重矣。臣从邸报见科臣张键，为恶弁恣行等事一疏，备悉四川操捕金书庄安世横虐之罪，及贡生何鲁受祸之惨。嗟嗟！何物武弁，敢于白日大都之中，劫其资财，烧其庐舍，辱其妇女，尚知有国法哉！乃究其祸源，则通政使吴达可实贻之也。

先是，何鲁以地方事告变建南天永，跋涉万里而来也。无亦抱恤纬之思，为桑梓之计，其势诚急，其言未可废。乃达可故意阻格，不为封进。及安世闻之，愤其言地方事，与己相涉也。又见为通政所格，不果奏也。操怨毒之心，为报复之计。身握重兵，与一介儒生为难。苟可以泄其忿，而快其心，安世又何爱焉。以故群兵既入，惟财是视、惟色是求，而何鲁之家涂地矣。假使当时之奏得上，则安世方凛凛待罪不暇，而何鲁宁有此惨祸哉！祸之生不生，于生之日，谁为厉阶，而狼狈至此也。达可清夜扪心，当亦恻然不安，而无以自解矣。

伏读高皇帝圣谕，兢兢于避忌阿随，隐蔽留难之戒。达可胡不闻之？以罢抚王国，信口横噬，诬蔑正人也而进。独不容贡生奏地方事耶？由前则阿随，由后则隐蔽，达可宜何居焉？且达可之应奏不奏者，亦多矣。始以其无因也，而驳之；既贴出张掛矣，复以有援而收之。进止两无所据，封驳由人转移。是朝廷以达可为通政，达可又以搢绅为通政也。即此自欺之心，已不可以告君父矣！且郑侠绘《流民图》不得达，乃发马递于银台上之。今何鲁所言疆场事，与流民何异？幸矣！郑侠之不遇达可也。出纳惟允之谓何？而草率若是，岂其既耄而昏，智有所不及辨耶？

恳乞皇上，亟为申饬典制，仍谕达可，益鼓舞精神，以称职掌。毋以老耄倦勤，毋以国事为尝，敷奏必明，言路无壅。至庄安世已经按臣纠参，罪在不赦，尤宜亟敕兵部行四川抚按，提问重处。庶恶弁知警，边民获安，而丝纶之地，亦有光矣。臣无任激切待命之至。

闽珰恣横疏

云南道监察御史臣谢正蒙谨题，为税珰凶恶异常，东南大变可虑。恳乞亟赐乾断，以消乱萌事。

臣窃惟皇上自御极以来，朝纲整饬，宫闱肃清，威权不下贷，颦笑不轻假。即有凭城炀灶之奸，犹凛凛不测之为惧。惟是近来稍示宽容，而一二徼恩旨，间从中出。彼宵小无知，妄谓圣意有所私庇也。遂张胆煽恶，漫无顾忌。不意狼狈决裂，至高宷而极也。

夫高宷榷闽多年，吸吮无余，皮毛几尽。家为怨而户为仇，闽人饮恨吞声久矣。幸天心仁爱，一旦下明诏，减原额，为宷者正宜奉扬德意，忏悔宿孽，与闽人结一好缘。乃猖狂益甚，敢犯无将之诛，杀人放火，违禁通倭，挟抚臣于别署，羁道将于私室。元元委命，谁非休养赤子；累累过市，宁复汉官威仪。此一时也，人心为之鼎沸，天地为之晦暝，累朝代守之法纪，渐灭尽矣。犹幸诸臣文明柔顺，不至膏寺人之锋。倘或刚肠所激，血溅珰衣，搢绅有骈首就戮之惨。众心发愤，踽踽思乱，费皇上一番收拾之劳，宷之肉其足食乎？巡抚之署曰辕门，三军司命，节钺森严。在汉帝劳军细柳，犹按辔必肃。宷何人，斯突而入其帐，夺其帅。若以军法从事，其能免于颠颃之殉者幸也。又况抚臣闻诏居丧，圣母在天之灵，实式临之。乃敢跃马带刀，正中而驰，尚知有人臣礼乎？闽人言高宷蓄谋异志久矣，阴造巨舰海上，招集亲兵，多积火器，将扬帆于闽粤之间，与倭合谋。思得两地官民之抗己者，而甘心焉。由今观其凶恶之状，为不反顾之行，则路人已窥其奸。不然以内官而造海船，将安之也？宷近遗书两广督臣张鸣冈，备极诬捏丑诋，信口污蔑，已是奇事。至是抚臣身且被执，则纸上之恶声，犹未足为异也。

自古宦官莫盛于唐之肃代，然当时李郭为将，竟未闻鱼朝恩以观军容使而诟辱之，挟制之。犹以寺人视师，贻羞千古。相提而论，则宷之权，已在朝恩之上。而专恣不轨之诛，岂容待异日哉！独怪相臣叶向高主长其间，坐视其荼毒，若秦人之视越人也。绎皇上敕照特批，减税额三分之一。恩从念起，亟进颠连。于阶下亲见其酷烈之苦，而噢咻之。以相臣得君专行政久，使当时从而议停止，拟撤回，就中转移，积诚感动。以圣母之灵，与皇上之仁孝，庶几回天罢税，在此一时。奈何见不及此，致遗孽犹在。海内未被恩光，桑梓先受惨祸。相臣非惟无以对天下，且无词于乡之人矣。相臣用情乡曲，绸缪各行，不难降体往来，投刺粘之柜头，为贾客光宠，人称厚德。岂乌石三山之间，为鱼为肉，为刀为俎者，独非其乡之人耶？就令各税，未能尽撤，请自闽始，以及天下，人亦安得而议其私。事已至此，庐舍化为劫灰，无辜而就死地。相臣念之，必恻然不安于心，而歉然不满于志矣。大抵天下之祸，皆起于微，而成于著。而小人之恶，皆始于创见，而习为固然毙之。

《诗》曰："莫予荓蜂，自求辛螫。肇允彼桃虫，拼飞维鸟。"明轻信轻使之为害，而防之不可不早也。有如邢洪毙杀多命，杜茂殴死职官，皆犯必抵之刑，概用勿论之典。转相效尤，恶是用长。见于诸臣之参疏者，日新月盛，彼高宷其特甚者耳！皇上魁柄独持，一朝弃之，如孤雏腐鼠，亦何足深虑。独计蔓而后图，图之已晚。以清明之世，而敢于越志横行。书之史册，其为圣德之累不小。

伏乞皇上大奋乾纲，亟行撤回，尽法究处。毋事姑息，以渐养乱萌。毋溺货利，以屑越法纪。庶大憝知惩，民生有恃，东南半壁之天下，已危而复安，在此一举也。臣不胜祈恳待命之至。

藩封吉期疏

云南道监察御史臣谢正蒙谨题，为春令且新，春封期近，恳乞皇上，亟允福王之请，以昭令德，以光大典事。

臣窃惟福藩就国，奉旨著于明春举行。丝纶一下，中外传宣，皇天后土，实式临之。惟是吉日未定，道路悠悠之口，揣度百出。妄谓福王恋京华，未有之国之意；贪田土，必欲取数之盈。臆以传臆，讹言孔将。臣愚窃以为，此皆浅之乎知福王也。洛阳中土南面王，乐当百倍京邸。岂其天子之子，而犹患贫，与嗷嗷争此土也。福王夙以贤称，当不其然。惟是吉期尚稽，道路之口未解。乃今见王自请明春之国，自求减田土之数，然后知福王之果贤也。向之揣度百出，旋涣然冰释，翕然随以定矣。夫骨肉之间，人所难言，公车之盈牍，孰与天性之片语。盖呼吸喘息，犹自相通。而况陈情披衷，必见体谅。计卜吉之命定，且夕之间，以顺孝子之心，彰福王之贤。诚熙朝巨典，天伦乐事。

猗欤盛哉！然非独福王贤也，抑所以成皇上之圣者大焉。传叙文王立天下国家之极，其大者无过君臣、父子，与国人交，各止其所，各尽其分。用能酝酿太和，在成周宇宙。我皇上因福王之请，遵祖宗之制，其不以分茅之故，括天下之土田，带砺永存，民生无恙，即文王之止仁也。割煦煦之爱，树万世之屏翰，贻谋正初，令名不失，即文王之止慈也。乘春和而就封，坚诏令于金石，载义而行，人有凭依，即文王之止信也。乃若默体亲心，蚤开国统，悦皇上，因以慰圣母，则为子之孝，福王有焉。出居藩服，永消疑忌之心，益著谦敕之誉，则为臣之敬，福王有焉。夫藩封一日未定，则宫闱戚畹皆为疑府，圣心亦必愀然不安。吉期一旦蚤颁，则诸祥毕集、众美悉备。乃今上览王自请之疏，然后喜可知也。

伏乞皇上允王之请，将钦天监所择日期，亟行示下，以明王之心，扬王之善。至若崇文门外福府税课，既王戒行在即，此三月之间所取几何，并乞便于岁首停革，以惠畿民，为福藩市义，将夹道踊跃，行色有光。此一举也，士庆于朝，农欢于野，商贾相与歌于市。人心效顺，天眷益笃。以衍磐石之宗，巩维城之固，于今日始基之矣。臣不胜恳祈待命之至。

惜库贮免粤解疏

云南道监察御史臣谢正蒙谨题，为物料非土所产，库贮委弃可惜，谨直陈肤见，以少裨国用民生事。

臣闻宋臣之理财也，以为自厘毫以上，莫不有益，惟无轻其毫厘而积之。其体悉民隐，至谓宽一分，则民受一分之赐。三复斯言，诚有合于节用爱人之训。而治平要务，恒必由之。

臣奉札委，巡视库藏，值科臣题差未下，不揣以绵力从事。一切剔蠹厘奸，急公便民。凡职掌所得为者，夙夜兢兢，期于无负任使。惟是库中之有用而可惜者，莫如远年之硝黄。解纳之最苦，而当蠲者，莫如东粤之白蜡。二事甚微细，然既关国用民生矣，臣何敢以微细而不为皇上陈之。

据库册开报，不堪用硝三百五十五万七千九百余斤，不堪用黄二百一十二万六百余斤，与先报不堪用三十六万三千九百余斤，前御史乔允升曾题参矣。臣尝到库，见狼籍满地，土灰相杂，若便以此支放，谁肯领之？此不堪之议所由起也。顾淘沙见金，去其所以杂硝黄者，而硝黄固在。诚令工人一澄炼，以十斤为率，消汰几何，实在几何。即以实在之数折支，是化无用为有用，所当价值不赏。失今不为，坐令日销月铄，黄犹质燥未害，硝则见湿而化。地愈化愈湿，硝愈湿愈化，再数年并为乌有矣。且此物在库纳时疑于转搬，领者疑其插和，忖度滋多，致内臣心迹不白。亦惟是之故，臣请库贮弃置可惜，而当变通济用者此也。

若乃粤东白蜡之解，其烦苦可得而言矣。粤岁办白蜡一万二千九百余斤，原价银五千八百余两。此谁非上供之需？何敢轻议？独念白蜡蜀产也，产于蜀而解于粤，数千里收买，道途险阻，跋涉艰辛。即万历三十四年恩诏内，亦谓本色钱粮，非本地土产，或可解折色者，酌议奏请。于时将本年白蜡折色解部，亦已念其远而体恤之矣。夫因土之出，制国之赋。上便于取给，下易于输将。有如苦以所本无，即不惮征缮待命。而力有不堪，情倍可悯。矧粤当税烦民困之秋，沾沾一勺，涸辙西江。民之悦之，犹解倒悬也。念解纳之难，图改折之便。与其狙成则而贻困累，无宁信明诏以惠遐方。

臣所谓料物非土所产，而当变通宜民者也。若此者，言甚浅而切于事，言非迂而行之易。苟有裨国用，不必讳言毫厘之积；苟有利民生，又何爱夫一分之宽。倘迩言可察，刍荛可采，伏乞皇上敕下该部，亟为酌议，将原贮开报，不堪硝黄，通融支用。至广东岁办白蜡，准改折色解部，召商买纳。则天物不至屑越，劳民汔可小康。其于国计邦本，所关非浅鲜矣。臣不胜激切待命之至。

十库积弊疏

巡视十库监察御史臣谢正蒙谨题，为库藏关系非轻，积弊振刷宜亟，敬陈末议，以备圣明采择事。

臣窃惟天地生财，止有此数，不在民则在官。在官者以四海为富，养天下而享天下。在民者以天下为家，百姓足而君亦无不足。若乃不在官不在民，以额设之正供，任宵人之渔猎，蠹国病民，恒必由之，乌可泄泄而不图为振刷计也？

臣奉札差，巡视库藏监局，目击财用之虚糜、输纳之苦楚。不揣庸愚，谬献芹曝，庶几分毫裨国、涓滴利民，惟圣明留意裁察焉。

一曰包揽之奸宜惩。凡包揽者，非市井无赖，则各衙门积猾也。串谋合党，表里为奸。但闻解官至，则多方招致，以为非我莫能交也。解官受其笼络，几幸事之早完，不难挈以付之。迨钱粮入手，或放积取息，或纳官加衔，或衣食花费，致累解官羁留监比，有数年不得回，束手待毙者。则包揽阶之厉也。

二曰保识之弊宜革。臣衙门与户工验试厅之有保识也。相治日久，臣以为解官有前程，解户亦有身家。间关跋涉，岂不期于毕事旋归？彼保识，岂必有禄之人。素封之家，不过只身棍徒。非惟无待于保，亦非此辈所能保也。且未到京之先，谁为识之？谁为保之？既保矣，而原解之不完者，私逃者，比比而是，亦何益之有也？

三曰照入之数当清。凡解到钱粮，必经户工二厅验明矣。然特验本色之高低，取其如式而止。至多寡轻重，未之或稽也。能必批中之数，皆为实在乎？合应于钱粮解到之日，验厅仍于西安门内逐一稽查，果否与批相符。则入者实有是入，收者实有是收。纵欲那移侵牟，亦无所容其奸矣。

四曰守门之科克宜禁。旧例钱粮进西安门，臣等给有进票。岂非以皇居森严之地，出入宜慎？解者执票为据，守者验票而行。法未尝不善，后浸假而济其私也。任意留难，横肆需索，其何以堪之？合应严饬守门员役，但遇解到钱粮，即便放入，毋得仍前科克，则省一节之费，亦受一分之宽也。

五曰库官之旌别宜严。库官者，原以登记钱粮，非以供内竖之奴隶也。今不但为之奴隶，且倚以遂其吓诈。彼谓一年既满，则赴部改选，宁复知有官箴，遂尔无所忌惮。谓宜比照巡视五城例，容臣等于季月备造考语，报部以凭去留，自然有所顾忌，便于约束。吏役库夫，当亦稍知戢矣。

六曰库珰之额宜定。各库局之掌以内官也，职在典守，事本不繁，即一库而数人亦足办矣。乃今日增日益，多至百四五十名者，无论十羊九牧，事鲜责成。顾多一人，则多一人之费。若不索之解官，将焉取之？今纵未可遽裁，以复旧制。亦当严止其幸入，而后渐不至滥觞也。

凡此皆帑藏积弊，而蠹国病民之大者。以今天下民穷财尽，公私交诎。幸而解纳如期，正宜念经用之匮乏，吁民生之不易。岂容此辈步步敲剥，节节吸吮。皮毛几何？奈之不立尽也？抑财不在公则在私，亦止有此数？私之揹勒，不胜其烦。国之岁额，阴受其敝。查自万历三十七年至四十年，尚有未销批一十二起，钱粮以数万计。此皆解到之物，而群党蚕食花费，坐令乌有。今虽日取原解，而监追之徒，为不了之局，宁得锱铢之用？臣昔为县令，见金领钱粮，起解日彷徨涕泣，如入陷阱，道前项苦楚，情状甚悉。臣始未信其然，以今日之目击，合昔日之听闻，实殆有甚者。

盖宿弊一日未革，则国计民生受一日之害。从前一番厘剔，则足国裕民，贻万年之安。臣区区之心，敬循职掌，辄效愚计如此。倘臣言可采，伏愿皇上留神省览，敕下该部，少赐施行。臣不胜屏营待命之至。

察吏惩贪疏

云南道监察御史臣谢正蒙谨题，为安民在于察吏，祛蠹莫先惩贪。恳乞圣明严加申饬，以正官邪，以挽颓风事。

臣从邸报见吏部尚书赵焕一本，为贪墨公行，吏治日窳等事。盖为各处州县有司，掊克太甚，取羡太多。慨然欲为振刷，与之更始。诚救时之急务，吏治之药石也。

臣闻舜治从欲，必期阜民之财。而周官六察弊群吏，总以廉一字冠之。官之不廉，所自邪也。朘民以生，财曷阜焉？故廉者，以节约可褆躬也，以俭素可昭德也，以清风可励俗也，以薄取可厚民也。昔人论士之不廉，比于女子不洁，谓其人身一也。夫既不恤其身，则亦何有于民？苟便私图，宁念皮毛已尽？苟盈溪壑，宁怜心肉无余？于是有猛鸷立威，草菅民命，而酷以济其贪者。于是有依阿淟涊，狗媚蝇营，而柔以济其贪者。于是有视民如仇，吏胥为政，借爪牙以济其贪者。贪之心一，而贪之途百。贪之念侈，而贪之祸烈。至于烈，而民若焦矣。夫朝廷张官置吏，无亦惟刍牧是求，拊循是赖。岂其借累累之印，为渔猎之资。盖智昏于当前，则俯仰动作，皆贿赂之门。心乱于多欲，则削骨括皮，皆撄攘之计。如部疏所云："催征羡余，特其小小者耳。"即此催征一节论之，其可骇听闻，不止所云加二加三已也。闻穷乡畸零之户，有二钱而仅得完官一钱者，视正额且倍矣。又有就正额算羡余，便将羡余先征，而正额任其逋负，竟属之乌有矣。又甚有抬收柜于私衙，间抽原封阴取十余两，拆时仍令收头纳户重赔，而正额且半入私囊矣。愈索愈多，愈多愈酷，国尚有全民乎？

嗟嗟！世无伯夷，孰起顽懦？浊流所渐，谁能不波？即列清华之署，在辇毂之下者，亦且同流合污。如工部厂主事陈□□[1]，其秽迹种种，几乎罄竹难尽；赃私藉藉，比于御人国门。则嗜利中人已深，习俗移人不免，又不独各处州县为然矣。此之不问，乃仅摘二三不肖有司，谓足以惩贪。且恐大贪未必惩，而民困之苏未有日也。尤恐惩者未必贪，如臣乡潮州府原任同知杨可成，亦可悯也。所望当事者，察之至虚至明，持之至公至断。务使贪风尽洗，宿蠹顿清。则国家二百数十年来休养之元元，有所恃以为命。而皇上轸念之德意，亦有所托而不孤矣。

昔宋臣范仲淹，患诸路监司失人，取班簿视不才者一笔勾之，曰一家哭何如一路哭。古今叹服，以为名言。愿皇上亟敕该部，任劳任怨，法在必行，毋以条议为故事，并申饬为虚文也。庶官邪有警，民生幸甚，宗社幸甚。臣不胜激切待命之至。

校记

[1] 此处原文为两个虚缺号"□"。

蠲税释逮疏

云南道监察御史臣谢正蒙谨题，为税使权利已至，仁贤株累可惜。恳乞大霈洪恩，以惠困穷，以光圣德事。

臣窃惟皇上御极以来，九服晏如、民生乐业。虽灾祲频仍，而勤施赈恤，足令民忘其灾。虽征讨驿骚，而威灵远播，不旋踵底于荡平，亦称清和世界矣。惟是大工之故，不得不取之民。奉行者不能仰承德意，大张烈焰，竞为荼毒。使太平之风，转为憔悴之象，盛治不无少累焉矣。

幸天启圣衷，封殖之念少绌，荧惑之计莫行。即一竖之遣，不难收成命而促之回。又俞辅臣之请，概减粤税二万。圣心仁爱，即此已见端倪。中外喁喁望停止之恩，何啻如倒悬望解，农夫望岁也。臣谓劳民易于见德，宽之一分，何如宽之十分？自二万而上，谁非民之脂膏，其忍剥之也，则粤税当全蠲。宽之一隅，何如遍宽天下？自粤东而外，谁非皇上之赤子，其忍朘之也，则各税当概罢。

昔宋臣革弊不勇，论者比之月攘，明非义之当速改。今天下自有税事以来，人无完肤，地无净土。嗷嗷小民，尽丧其乐生之心。此等苦楚，皇上亦安得见之？而又谁为怜之？守土之吏，多方以结税使之欢，而逢其恶。惟功名富贵是保，惟生死祸福是惧。坐视吾民之为鱼肉，此辈之为刀俎，付之无可奈何。间有不爱发肤，为民请命，至投虎吻而不顾，如满朝荐、王邦才、卞孔时者，宁有几人？官与为市，民无其主，故画地张罗，平白而推之陷阱中，如举人劳养魁、钟声朝、梁斗辉者相踵也，岂不冤哉！臣闻满朝荐之在秦也，爱民如子，行之日，拥道哀恸，抢地呼天，至于今万户尸祝。而卞孔时在楚，王邦才在辽，惠政之所，固结两地，人心思慕，犹秦民也。宇宙广矣，佩专城之符，倨吏民之上，号称父母者，亦何可胜数。独三臣烈烈刚肠，毅然为民，御灾捍患。虽其身之不免，而豺狼远徙，一方赖其保障。假使劳养魁等而遇此，必不至有今日。养魁等甫登贤书，闭户占毕，逢县令之仇视其民，遽捏为首以赞于税使，而嫁其祸，鱼网鸿丽。遂使刺心无自明之日，扼腕抱不白之冤，亦可痛矣。夫小人贪饕嗜利、磨牙食人，自其天性。借有正人，力遏其焰，而弭其恶。使利归于国，害亦不重贻于民，庶几未至大弊。不然小人何厌之有，壑已盈而尚存不足之忧，路难借而犹怀他顾之想，如福建税监高寀，枭然日久，闽人积怨深怒，思食其肉而甘心焉。近得带摄之命，遂欲移镇广东。眈眈焉以左右望，营营焉向人乞灵。倘或果遂其谋，则粤人千诅百咒，方得李凤之死，而又有李凤也。是举朝交章请命，方幸阮昇之回，而又有阮昇也。是皇上重轸粤困，方岁减二万之额，而这番攘窃，又不知几万也。圣主知四方艰难，大臣以四方为虑。以今之时势，虑今之事。一撤之外，更无长策。《诗》云："民亦劳止，汔可小休。式遏寇虐，无俾民忧。"今亦可小休时也。即未能遏绝，奈何复纵之乎？

伏乞皇上，善推圣母恤民用贤之心，翻然更新大政。上慰冥冥，下对天下。先撤高寀，以苏闽粤。次而及于各税，一撤尽撤。如满朝荐等，亟从而显擢之，为循良劝。至劳养魁等，相应怜其非罪，准予应试。则厉政顿革，人情宣畅。正士有弹冠之庆，四野有鼓腹之歌。皇上垂拱，以抚此太平世界。即无数十万之入，臣犹以为尊且富也。臣不胜恳祈待命之至。

盐法不堪再坏疏

巡抚直隶监察御史臣谢正蒙谨题，为盐法不堪再坏，藩王货鬻非体。恳乞圣明收回前旨，以重军需，以严谕教事。

臣阅邸报，见福王一本，欲将钦赐食盐，差官前来两淮支取。除食用外，其余开张盐店，于河南府所属地方贩卖。臣一读之，不胜惊愕。清明之世，象贤之支，顾安得猥鄙龌龊之言哉！已而且得旨矣！夫亲之欲其富，爱而忘其丑，家庭天性之间，苟可为之地，何所不用情。独惜王之为此请也，亵居尊之体，忘军国之计，万万乎不可者。

臣奉命巡监，夫既已受事矣，能无说而处于此？国家百万边储，大半倚办于两淮。盐有定额，地有定规。商不得而越行，民不得而攫食。间有私盐窃发，地方官擒拿，重则拟斩充军，轻则徒配杖决。若有王府夹带，则惩治押运官校，甚则题请处置。凡所以慎旁窦而塞漏卮，保此每年六十万之课也。即今盐法壅滞，余课衍期。商灶惶惶，莫必其命。重以盐出日少，盐价日贵，商人坐守数年，尚不得支，以销正引。从何得有余，以充福王之贩卖也。然非独盐难得也，以臣之愚，为王借前筹，即变桑田为斥卤，煮东海若邱陵。王亦不宜萌此念，而出此言。宁有端冕凝旒，升法座而朝百官，一旦握算持筹，与田夫婆妇，较奇赢而竞锥刀。岂不轻朝廷而羞吾君之子也？王如不亲操之，势必委之承奉诸人。此辈盈缩在手，止图侵牟自润，遑恤公家利害。是诸人享贩盐之实，而王空冒贩盐之名，又何利焉？官校前来两淮支取，各先收拾私装，包揽他人资本，任意夹带。罄场盐而扫去，守支之商，宁复有行盐之地，阻正经之课？启私贩之门，谁为之厉阶也？

嗟嗟！天地生盐，止有此数。地方食盐，亦止有此数。若王之计必行，则令旨遍悬，舳舻蔽江。奸人借以行私，何处蔑有。溯徐邳而上，直抵汝豫。三四千里之间，盐皆王卖，地皆王有。无论淮北一路，额课必不能供。即长芦、河东，故地既失，课于何出？是皇上不明明捐此数十万军需，以入朱邸乎？不几挈疆场之大计，以供儿戏乎？福王昔请通泰芦田，已欲阴据出盐之处。兹请开店贸迁，又且明争行盐之地。集不逞之盐徒，借佃民为犄角。窟穴既成，乱形已具。及至事发，变生福王，虽欲制之，亦无如之何矣！方今两淮奸民，闻福藩开店之说，皆投袂而起，引领而望，愿执壶浆以迎。承奉者心心有主，在在皆然。此辈聚之易，而散之难。历观古来巨盗，多起于盐徒，王奈何甘为戎首也。

昔汉吴王铸山煮海，拥赀自雄，遂失藩臣礼，而国亦随之。由斯以谈，骄奢淫佚，皆起于宠禄之过。而专利无厌，捐名敛怨，王亦当有以自裁矣。福王能辞二万顷养赡之田，以苏三省小民之困。岂其不明于盐法之利害，而为此市井之行？良由左右宵小，朝夕播弄。请芦田未已也，而请盐店。请废府未已也，而请没官。今且至于马店，竹木炭厂。极微极贱之事，亦无所不请矣。身为天子之子，如穷人之无所归。视向之辞养赡、辞蓬殿者，迥然两截。令名不终，众口交讟，亦足羞矣。皇上亲爱福王，锡予之多，眷顾之厚，国家从来分封之所未有。安富尊荣，何求不得？何欲不遂？惟愿保世滋大，之屏之翰，与天无极，此外皆长物也。若扰扰营营，何时是足？语曰："贪食者噎，贪驰者蹶。"亦未可为王幸也。且两淮与洛阳一带黄河，相去几二千里，匪惟捧挽甚苦，抑亦风涛可虞。即安稳无恙，计程亦当半年，始可得全。王居止河东，仅三四百里耳，道途坦平，搬运易达。舍其近者而求之远，舍其易者而求之难。顾诚不知东海之波，滋味比河东何如？而王乃偏嗜之也。

伏乞皇上，深念盐法敝坏已极，军国关系匪轻，收回成命。其钦赐福府食盐，照例于河东取办，仍敕辅导官，日以诗书礼乐，启王聪明，勿以谋利之说进。若有引诱小人，即时奏请处置。庶国体以崇，盐法以通。而我皇上之所以爱福王，与福王之所以仰承我皇上之爱者，慈孝相承，为万世立人伦之极可也。臣不胜仰祈待命之至。

藩使支盐疏

巡按直隶监察御史臣谢正蒙谨题，为藩使蔑旨行私，恣睢无忌。恳乞圣明，亟行申饬，以肃盐政，以重军储事。

臣窃惟福王食盐一事，舍至近河东，远涉两淮。盖知盐之利，而不知其害。图盐店之成，而不虞盐政之坏。举朝臣工，言之不啻详悉。意福王明而熟于计，当必惕然中止，请改河东。省诸臣之渎聒，以无烦君父心，岂非贤王之举动宜尔哉！奈何宵小荧听，眈眈热中。而典宝高朝，遂蓦从中都而来抵扬也。

高朝之初至也，送臣长史司来文，支王盐一千三百引，催南京兵部拨船装载。查王府食盐例，每引二百斤，总该盐二十六万斤。例于淮南支取。臣遂檄运司动官银料理以待，谓旦夕兵部船至，即可起行。讵高朝之意不在支官盐，而在抽商盐也。以官盐数目有定，而商人易于克剥也。突而移一手本，要每引重六百六十斤，又每引加包索三十斤，走卤消折五十斤。本职坐支盐一百三十引，随封官校军盐一百三十引矣。又移手本要改抽淮北，不用淮南官盐矣。又欲将兵部船折价七百余两，拿河下民船以载矣。

噫！王府之旧例固在，福王之请疏固在，矧明旨昭如日星，何物藩使，辄敢弁髦弃之。该监借口奉旨支盐，则当遵旨惟谨。乃明旨兵部拨船，安得私折价而取之民间？潞例正支淮南，安得抽淮北而夺之商贷？无论一引倍三引之数，于王得之为非义。就该监坐支之数，与随封官校之数，各欲支一百三十引。比各王府三百引，每引二百斤之例，各得三百九十引。此辈何亲于皇上，独创食盐之制，视各王府而过之。是祖宗众建之天潢，不如福藩之奴隶也，几于无等矣。且既支盐，淮北淮南，一望浩渺，盐徒啸聚，凭借为奸。势必以一引而带数十引，一船而带数十船。聚亡命而肆猖獗，抗法激变，何所不有？更欲由淮抵洛，经中都至朱仙镇陆行焉。千艘云屯，扬帆汤沐之地者，王盐也。万夫荷担，驿骚道路之苦者，王盐也。盐多则店成，店成则河东之盐，不得入河南境。王遂可独市高抬，居奇货而明得意。第不知于额课如何，边计如何耳。

夫多取无厌，鬼神所忌。肥于而家，害于而国，义之所不敢出也。福王自就封以来，行事多不满人意。而丈量开店二事，尤关四省休戚、九边安危。皇上念之，义以行恩，教以成慈，是今日爱福王之大者。不然宠极而侈，小人乘间中之。厂税之使方收，而藩使复四出为虐。违例而索盐，非礼而祭告。丈地而家为怨，户为仇者，踵相接也。商民膏血，国家典章，能堪此辈几吸吮，几破坏耶？

伏乞皇上，俯从诸臣之言，概将福藩食盐改支河东。则沐猴无所施其诈，翼虎无所假其威，王亦永有令名。如必欲就此支取，则引有定额，盐有定数。淮南有潞例，拨运有部船。臣惟知恪遵皇上明旨，照依给发。万不敢以盐法重务，徇宵小之私，自取溺职之咎。是臣之所以副简命，而效忠爱于福王者也。臣不胜悚息待命之至。

违禁夹带疏

巡按直隶监察御史臣谢正蒙谨题，为珰棍假旨乘传，违禁夹带，猖獗异常。恳乞圣明，敕行重处，以肃盐法事。

臣于万历四十三年四月二十八日，据仪真县知县王优呈称，据民人胡□、商人冯国尚等[1]，首为假旨殃民事。逃军徐好学、石之望等，专在京都惯串宦官，谋差蠹课。去年八月内，用银八十两，买通兵部陈书办，私盗勘合壹张，贪构膳房发批，假称采买方物，乘坐楼船八只，用夫三百名，捧扯久泊淮安，收买私盐满载。乞发封条，押身前去，协同该捕官封获人盐正法等情，急叩差官，随牌行盐法道佥事吴执谦，严行缉拿去后。续据扬州府知府郭之琮，扬州游击岳性忠报称，本月初二日，有大船七只、小船一只，到扬州河下，装载盐硝，不计其数。头号船坐内官一名欧阳春，一名郑贵，黄伞蟒衣，左右四十余人，各执红扛，腰刀弓箭摆列。二号船坐官一员，官带服色，青伞，称系锦衣卫官。每船各数十人，见巡快向前盘诘，船上放箭乱射，民人廖仁，中面伤重，势甚凶恶。当有希陵见其拒捕凶狠，首先率兵上船，获犯冯春时、厉天济等十四名。各凶见势不谐，尽将私盐抛水。有快周龙等捞获，见盐四千一十五斤，焰硝八百一十斤，铁夹棍一付，三眼铳二门，弓刀等件。又于舱内获有重伤肘锁被害人三名，面审二名，费大宠、费大有系卖绸缎人，货入恶手，反加拶打，锁匿舱内。一名徐万系替出银买勘合，亦被拶锁在舱，恐其泄露事情，意欲出大江抛弃水中灭迹等因到臣。该臣看得盐政关系边储，系我国家最重最巨之事。年来盐政之坏，由官引之不通，而私贩盛行也。私贩之盛，如官座粮船之夹带，地方大伙之盐徒，臣得执法绳之，庶几一番振饬，稍见清楚。何物奄竖，乃敢不畏三尺，假旨横行。驿递被其递毒，盐法任其阻坏。且擅用铁夹棍，大属非刑。阴带火药器，自干重辟。良由年来法度废弛，貂珰肆志，奸人凭而借之。何但飞而食人，抑且雄而矫命。以故欧阳春等，方鸱张于淮扬，而沈内监，又以传奉给发膳馐银两，兴贩私盐，且见盘获于歙县矣。太阳当中，而魑魅到处昼见，正堪为盐政发一悼也。且两淮当积敝之日，盐徒易发难制。即如去岁五月内，淮安大伙马二豪等，戮伤官兵十余人，地方官不敢过而问焉。法日纵而奸日长，已自可忧。重以外来之棍，与中使之威，其阻挠败坏，有不可胜言者。除将犯人冯春时等，容臣依律拟议正罪外，伏乞敕下法司，将欧阳春、郑贵锁肘到京，细加拷问，是何监局内官？奉何旨意差遣？其勘合是何衙门给与？重加处治，以为罔上行私大肆兴贩阻挠边计者之戒。庶国法以彰，宵小夺魄，而于盐法亦少有裨益矣。臣不胜激切待命之至。

校记

[1] 此处原文为一个虚缺号"□"。

恳辞新命疏

原任云南道监察御史，今升河南布政使司参议，兼按察司佥事臣谢正蒙谨题，为衰病日甚，新命难承。恳乞天恩俯容休致事。

臣才质疏庸，碌碌无用于世。荷圣恩隆重，由县令拔置言路，简命两淮，局促无所建明，澄清靡奏实效。回籍守制以来，自揣斥逐是甘，乃于四十七年九月内接邸报，复升臣河南布政司参议，兼按察司佥事。臣一介草茅，叨冒至此，即捐糜图报，固职分所当为，亦臣心素所自盟者。缘臣禀气羸弱，更忧苦煎心，先年奉命而出，得请而归。因臣原籍辽远，恐稽程限不归，已于中途辞母赴任。臣母语之曰："勉营职业，事毕早归，无忘日暮倚闾人也。"嗣而及瓜未代，留滞三年，而臣母遂不得待臣矣。肝胆为裂，泣尽血枯。于今茕茕骨立，支离床第，起色未期。盖臣之福缘止此，孤负君亲，惭愧天地。命固有制之者，是不得已哀鸣于我皇上之前。伏祈圣恩，敕下吏部，查照有疾，例准臣以原职休致。倘残喘少延，日偕海上田夫，同声歌太平有象，万寿无疆矣。臣不胜祈恳待命之至。

卷三十三　郭忠节宛在堂集（一）

揭阳郭之奇正夫著

明季视师大学士谥忠节郭之奇传

　　郭之奇，字仲赏，号正夫，揭阳县人。幼聪颖，年十一充邑庠生，二十二成崇祯戊辰进士。选庶常，以清才骏发，越其侪辈。明年，请假归，县令请修邑志。假满还都，授礼部主客司主事，提督四译馆。奉使册封荆藩，转员外郎。丙子，典试河南，事竣，转郎中。以内艰归。服除，起补原职。升福建提学参议，杜苞苴，严请托。郑成功时为泉州诸生，其父芝龙封南安伯，势焰赫奕，请置成功高等。抚按亦欲以此縻之。之奇谓鹰鹯之性，非一廪生所能笼络，竟不许。周两考，以副宪摄臬司兵备事，多所平反。

　　尤溪贼陷闽清，督兵日夜驰三百里剿平之。流寇犯江西袁、吉诸郡，益藩去国走闽。贼势长驱而进，全闽震动。之奇随抚军抵邵武，谒益藩，请王归国。王意不决。退与抚军提兵扼杉关，建南赖以安堵。两台交荐，升太仆寺少卿，命甫下而北都告陷，抚军援恒例，俟哀诏至发丧。之奇缟素率闽士痛哭力争，遂行哭临礼。福王即位南都，特擢詹事府詹事。便道归省，南都继陷。

　　唐王监国天兴，前抚军张肯堂为太宰，劾之。郑芝龙时方用事，亦与不协，遂落职。以诸臣连章昭雪，得赐环起用。之奇以潮盗四起，桑梓可虞，依恋老父，未即行。丙戌，九军贼啸聚围揭阳。之奇与官绅协守，遣弟之章率兵巡绰。城陷，之章战死。之奇与父为贼拘留，城中被杀甚惨。之奇日惟吟咏，以寄忧愤。时有普宁在籍御史林铭球，脱骖以助，贼两义之，先出其父，逾月之奇亦得出。被拘八旬，作九九诗以自纪其厄。遂奔普宁，奉父依于铭球家。与铭球谋起义兵，同赴国难。俄而丁父艰，未几铭球亦卒。之奇为诗哭之，伤其志之无成也。及九军贼败散，始得回揭阳故居。

　　丁亥，汀州之变，唐王告殂。十月，粤人拥立明桂王于梧州。戊子，移跸肇庆。己丑八月，奉敕召，敦趣。既至，召对。涕泣陈奏，言攘外安内，措刍粮，选守令诸事。授礼部侍郎，寻转尚书。庚寅正月，明师败于赣州，扈跸至梧州。时封疆危急，百僚扰丧，多弃官而去。之奇回书示家人，以死自励。□□大兵度岭[1]，桂王走南宁。沿江溃兵肆掠，舟不得前，遂与大学士王化澄等，暂寓北流。

　　孙可望者，张献忠义子。献忠败殁，可望收集溃兵十余万入贵州。据之上书南宁，邀封秦王。廷臣谏阻，之奇亦力言其非法。可望引兵至，索阻秦封者十九人杀之。大肆威虐，遂迁王于安龙。之奇方赴召在道，桂王恐其为可望所害，密诏止之。遂还防城（雷州地名）。时已无地可居，乃泛舟之啼鸡（岛名），复至钦州之龙门（岛名）。辛卯，拜督师大学士之命，至雷州乐民所（岛名），巡察诸营。遂攻雷之木内闸，胜之。壬辰五月，泊舟马鞍山，遇飓风，急登绝岛，前舟已覆，家人三妾二女尽没。甲午，练水军，督诸营出应李定国之师，合攻阳江。遂至新会，围之数月，城遂破。援师大至，定国兵败奔南宁。之奇退至石井，督虎贲将军王兴营。乙未，复会诸营之雷廉，拔高明。是岁，定国发兵，迎桂王入云南。之奇游奕海上，往来观变。己亥三月，南宁告陷，传闻云南失守。桂王入缅甸，行畿路绝，乃避地至南交边境。结庐于荒山，漂泊迁徙，靡有定居。自枚卜拜命，十有一载。矛戟风波，毒烟瘴雾，皆备历之。然犹著书不倦，行吟自若。

辛丑八月，交人执献于广西使臣。时门人彭而述等为监司，劝以巽顺求全。毅然不顾，对问无回辞。被羁越岁，赋诗二百七十余首。壬寅八月十九日，临刑西向再拜，口称高皇，神色不变。年五十五。子天褆，与莆田门人薛英舒扶柩归。所著《稽古篇》及《宛在堂诗文》十九集，存于其家。乾隆四十一年，赐谥忠节。

后学顺德冯奉初编次。

校记

[1] 此处原缺二字。

序

汉人敦尚文章，慎教令。每一纸书，未颁播，必使诸文学奇丽者讨草，然后乃出。朱博，武吏也。其所传教，虽数行，皆跌踔可观，黄霸以循良入拜，声名少损，亦疑其文采不逮前人。郭正夫读书东观，以秀颖越其行辈。及在议曹，综理碎务。与馆伴语，咸博奥条达，为外国之所传诵。又方韶年，励志圣贤之业，俯视华侨相如辈，为灶下隶人。于时天子方贵吏事，不以文采责公卿。正夫亦慨然，以为华容青神，修能所届，远出长沙而上。譬之骅骝，不作圈畜。虽其性然，亦有所不为也。

正夫既以学宪治建中，士益好古，绣补龙骨，烂然比屋之下。会渔梁盗起，正夫手握两印，朝驰浦城，暮歼其渠首而归。江右诸郡，又方怵于风鹤，藩府仓皇，利用迁国。正夫身佐抚军，提一旅西扼杉关。七建之土，用有底定。向令正夫身坐石渠，口嚼藕汁，手弄柔翰。即日赋百韵诗，批敕十数道。其所成就，岂可令华容青神见之哉！即使朱博在此，劝令持归，俟圣明出，亦嗒然未有以对也。故如正夫者，所谓备体用，适于通变者也。今世摧颓，人才愈下，文吏不武，坐为宵旰所轻，诚得如正夫三五辈，张维振纮，天下廓然，何必诵蒹葭而愁苍霜乎？

年家治弟漳浦黄道周石斋题。

郭忠节宛在堂集题辞

尝考公家乘及碑记，公大节凛然，而明史不为立传，仅散见朱天麟传中。郡邑志亦不载甲申后事，盖潮介处东偏。公再出，值永历播迁之时，颠沛流离，漂泊海外，其事湮没不传。自交人执献以后，拘囚两载，赋诗二百余首，长歌就义，视死如归，为有明一代殉节诸臣殿其局。予尝读文信国先生衣带铭，谓其忠义之气，足令后世烈士忠臣闻风兴起。今公晚节，成仁取义，慷慨从容，固非徒以文重也。而其文，自可以动鬼神而贯金石。罗吏部万杰称其同符信国。呜呼！亶其然哉！

后学顺德冯奉初题。

为宠命殊常事疏

奏为宠命殊常，审躬内省，乞矜单志所陈，稍宽后至之愆事。

臣视学闽海，报竣有日，先皇帝不以臣为不肖，俞铨臣所请，许遇京堂推用。臣硁迁自守，日慎一日。忽闻神京之变，奋袂自掷，誓不与贼俱生。欣逢皇上正位南离，中兴首出。臣方署篆建南，从按臣陆清原后，秣马枕戈，效铅刀之一割。忽于九月廿日，传来邸抄，为特申优擢司成之请事，奉圣旨："郭之奇端品，复有政绩，原系词林，着升詹事府正詹事，吏部知道。钦此。"臣闻命自天，谨望阙叩头，恭谢天恩。念臣领海疏纵，人孤地邈，生乏媚骨，既绝缱绻之途；仕迷宠门，自从硁拙之性。由中秘而蹇落，几廿载以遭迍。自待罪闽学，虽苦心造士，刻意还淳。不过游元玩采，依经义之陈诠；岂能变教兴能，观人文以成化。不谓天明广瞩，乃及幽遐。许臣端品，嘉臣政绩。俾还旧署，时晋宫端。以龙飞首出之盛事，为金马相传之旷举。丝纶所悬，明如日月；从就之感，动及风雨。此岂卑末如臣，所能引飙青蘋；要景阳燧，总由皇上恢网。施林旁求，必兼诸义。捐金市骏，用人始自一隗。

闻命之日，即拟单车星驰，亟瞻宸阙。自顶及踵，同报答以捐糜；惊魂警胆，尽披陈而倾沥。祇缘臣乡接壤漳汀。邻寇流突，庐墓为墟。自臣发建州，即闻汀寇数千，刘杀兵将，靡有孑遗。间道归里，与臣父抱首痛哭，洒扫慈丘。环顾闾井，灰烬之余，凄然欲绝。自孟冬望日，抵漳界之云霄镇。甫一日，而此镇报陷。屠城集众，复至数千，今臣郡且岌岌震邻矣。兼以群情叵测，号召有徒。臣与郡邑有司，登陴防牖，惴惴乎不啻集木而饮荼也。枳棘充道，驱车靡骋。此段万不获已之苦绪，岂敢一字饰说于圣明之前，以自外特达之知，以自干后至之谴哉！

至臣辞无可援之条，受有贻羞之恐。敢丐圣恩，特收成命。抑或稍展臣期，俟臣乡寇盗稍定，臣即单车就道，稽首近光，顶踵发肤，非微臣之所有。东西南北，惟上命之是从。臣无任感激悚惶之至。

为感激天恩再效涓滴事疏

奏为感激天恩，再效涓滴，以志终事之诚事。

臣于元年十二月初七日，为罄产效涘，以尽臣悃，以倡义风事。奉圣旨："郭之奇毁家输助，数以千计，可谓急公之最。即着下游抚臣刘柱国察收，着的当员役，解赴建宁备用。郭之奇准先复冠带御营，该部知道。钦此钦遵。"谨望阙叩头，恭谢天恩。随将捐银一千两，如数倾足，于正月初四日解交抚臣刘柱国。抚臣以解役未便。臣踉蹡靡宁，谨冒险差臣义男自解外。念臣束发事主，十九年于兹矣。六年中秘，八载春曹，以及分桐汉水，抡士中州。罔不精白一心，恪共乃职。独以峭劲苦洁，失权奸温体仁、周延儒之欢，摈落闽学，洊及四载。抚按四经特荐，中外合举廉卓。至于署臬署兵助铳，有题城功，有题底定闽省。奉先帝察明优叙之纶，按臣核报，奉圣安帝兵部议覆之旨，尺寸累效一叙，未沾臣之苦心任事。不求愿外，亦大概可略见矣。甲申之变，群情蜩螗。三山子衿，义愤过激，移咎臣身。臣自反无他，惟痛念国仇，矢捐私怨，蜗角之争，鼠穴之斗，非惟不敢，亦不暇也。所幸圣神首出，师济布列。但使谋国之贤佐，功烈迥逾仲父。臣自绝伯氏之怨言，开诚一如武侯，臣肯为廖立之怏怏？独念臣以疏远负谤之身，一行斥逐，与草木同朽腐耳。乃天语谆谆，有加无已。一则曰是非虽在一人，举措关乎天下。再则曰宜会公衡，以全器使。兹且谬邀温纶，褒以急公，锡之鞶带。臣有顶踵，皇上造之。臣有肝脑，不为皇上捐之，是自绝于在三之谊也。赍奏役回，方知御驾亲征既已发夕。臣受执末由，葵倾曷已，谨于前解千两之外，悉索微赀，再捐五百两。而臣父累封中宪大夫，督学副使臣郭应试，忠爱激发，愿捐赀五百两。臣胞弟现增候廪生员郭之章，闻义踊跃，亦愿捐赀五百两。合臣前捐再捐，凑足二千五百两。臣与臣父、臣弟先完二千两，赍解现在。伏乞敕下御营、户部察收。更五百两，再俟措办另解。稍展微臣一门恋主无已之寸荩。臣僻处海隅，久困兵燹。语云："穷愁只有骨，群盗尚如毛。"臣之遭逢，殆有甚焉。所愿须臾无死者，惟仰皇上光复一统，速瞻太平之盛。长林丰草，皆如天之赐也。臣无任感激待命之至。

为恢复先审定略事疏

奏为恢复先审定略，用兵当策万全，谬陈一得，以效刍荛事。

臣于前月输助涓涘，少竭阊门捐报之万一。时即罄沥愚诚，附陈末议。自度无以裨佐高深，拜疏复止。既念圣主下采佣僮竖牧之言，犹尘加嵩岱，雾集淮海。虽未有益，亦不为损。辄不忍默默，上渎天聪。仰惟皇上至仁，至明至武。凡诗书所陈，史册所载，创守之规模，进取之机势。博稽遂览，择而执之，知而行之。疏远如臣，无甚高论，何容侈口。且兵难遥度，而欲于二千里之外。遥上方略，又不智之甚者也。顾微臣区区，以管窥天，以蠡测海。观陛下所处，亦当其极难者耳。

光武中兴，昭烈鼎足，虽由宗藩挺出，而亡边境骚动之虞。唐肃灵武，宋高临安，虽受敌国凭陵，而皆世及相传之绪。今陛下以太祖开天之允，备尝殷忧，重绍宝历，奋迹闽南，中外交讧。故臣谓陛下处古今之极难，亦天心之以极难者试陛下也。遗艰大于降割之余，先动忍于降任之日。人之苦劳，以增益也。天方阃毖，以图成耳。则陛下今日，亦惟肃将天威，执天下之枢，以乘天下之势；敬奉天命，聚天下之心，以集天下之统而已。天下之枢，历代不同，惟逆审批捣，独踞要冲，首尾互应，前后犄角，则胜算在我矣。西汉以关中为枢，故萧何曰："收用巴蜀，还定三秦，天下可图。"而韩信亦曰："大王举而东，三秦可传檄而定。"自是收荥阳，据敖仓，未有格西汉之势者。东汉以河内为枢，故独委寇恂，以给足军粮，率厉士马，自是分禹入关，遣异拒雒，自徇燕赵，悉平齐地，未有格东汉之势者。其在唐肃之世，以咸阳为枢，故李泌欲以两军縶其四将，且曰："不过二年，天下无寇。"惜肃宗不从北伐之谋，卒令唐势替于藩镇。其在宋高之日，以两河为枢，故张所谓为天下根本，李纲谓为国之屏蔽。至议巡幸，决策南阳。惜高宗苟图东下之便，遂使宋势局于一隅。

今国家肇基闽南，当以江右两浙为枢，我太祖先平友谅，后定士诚，毋亦上流之据，所宜首争乎？今六飞如霆，铺敦富沙，臣既迂愚，迹又疏远，未审师出何道？窃计徽饶未靖，建抚伤残，则两关广信，皆非砥道。陛下非暂住富沙，绸缪牖户，必当移跸章贡，号召楚江。臣愚以富沙之后户，章贡之咽喉，莫要于汀州。盖建昌间道抵汀，四日而遥。广昌接连宁化，两日而近。今建广虽浅，而宁汀安堵者，敌畏闽兵之议其后也。假令闽兵失援，寇突汀境，徽饶烽火，缀我三关。则前后周章，闽地为在箕舌，章贡断为外府。臣之愚计，谓下游巡抚宜镇汀州，漳南兵道宜驻宁化。东连虔吉，北策建昌，指臂相连，呼应如响。陛下如暂驻富沙乎？其利有四，由此而长驾远驭。移跸章贡乎？其便有五。何谓四利：勋臣在关而藩篱固，抚道在汀而寝奥安，一也；转输供亿，江闽如恕，二也；指顾千里，从枕席上过师，三也；有犬牙交错之势，无添兵措饷之扰，四也。何谓五便：背枕两粤，咫尺湖广，粤饷源源，不忧匮乏，一也；六龙临江，士气百倍，鞭棰江右，运掌而定，二也；江督万元吉，才略逾群，西江人士，忠义奋发，闻风响应，所向无前，三也；粤督楚督，东西来会，舟师顺流，直抵金陵，四也；渐通襄邓，襟带湖浙，联络川贵，控引江淮，五也。计之万全，诚无逾此。而天下之大势，亦燎如目前矣。

若夫天下之心，近远不一，总惟延揽英雄，务悦民心。此邓禹杖策之言，非微臣之迂论也。然而禄饵可钓中才，而不可啖尝天下之豪杰；名航可载猥士，而不可陆沉天下之英雄。臣所谓延揽者，牢石之累，若无取灶下之郎尉，无取人等六十四人，宁使张敞为首辟掾，一百六属，岂无陶侃居中。既息续狗之讥，自来闻鸡之舞；已进扪虱之谈，必勉图麟之绘。推而下之，其履正奉公，敦任延之节者何人？其处膏不润，修孔奋之行者何人？其麦穗两歧，治张堪之政者何人？皇上咸克知而深信之，既养民以致贤，即用贤以养民。以此言悦，悦可知也。天下之民悦，天下之士归。丕应徯志，以俟天休。天下之大统，舍上天之申命，而谁属哉？

臣株守故闻，言多迂滞。只以向者代庖兵戎，荡寇防关，延建汀邵之地，颇悉全形。当年皇华于役，咨诹原隰，风帆星车之余，微闻大略。然此国家大事也，岂书生所敢臆议？伏惟皇上独运睿智，筹于寸胸，交资断谋，决于帷幄。臣无任惶悚待命之至。

为光华复旦等事疏

奏为光华复旦，四海来同，谨申薇采之思，兼沥葵依之悃事。

窃闻观光扬烈，因继序而弥皇；缵绪绍基，值多难而克保。长发有自，访予堪求。

洪惟太祖高皇帝，手革前元，诞垂宝历。巍巍之功在天地，绵绵之绪宜万年。苟属含生，宁忘永念？成祖显承，列圣累植。爰及神宗，厚泽深仁，丕冒海隅者四十八载。洎夫先帝敕几畏岩，不遑日中者一十七年。岂期闵予，乃遭阳九。时维闽逆，实首安史之戎，遂使□□□□□□□[1]，畿辅再沦，近遥波靡。凡有血气，谁不腐心发裋引领一匡悼。

臣生不辰，甫还侍从之班，遂遭揭邑之陷。身出烬余，家门荡尽。臣父封詹事臣郭应试，甫脱虎口，辄正首邱。臣凄其苦块，糊食旅邸。自戊冬以及今夏，泥首塞窦，跂足瞻云。忽闻皇上奋迹粤西，日月之光先到；从风万国，山河之气尽收。卜世云初，欣归尔历；履端月令，复睹朱明。省檄遥传，黎民于变，人心思汉，若此国运，不卜可知。臣因人券天，考今验古。夏歌五子，及少康以成旅奋兴；周号共和，至宣王而犹夷聿定。其在今日，既异代以同符；相彼中原，如置邮而传命。礼乐征伐，仍出有道之天；关石和钧，同思万邦之祖。岂必鄜南符至，见白水之真人；即此磁州民留，明敷天之左祖。臣草木余生，执殳有待。所愿用忠贤，修政事，屈群策，收众心，先自立其本务；训兵戎，择将帅，审枢机，谋进取，为一统之规模。肃将天威，乘域中之势，以执天下之枢；敬奉天时，聚四海之英，以维罔缺之祚。惩前毖后，为明恭先；于皇继序，时在中叶。不图今日有威仪之见，岂无天生为社稷之人。从兹布德，兆谋配天。不失除残，雪耻计日。而需陈常及时夏，岂容尔界此疆。赫濯胥四方，复见小球大共。臣无任踊跃瞻依待命之至。

校记

［1］此处原缺八字。

为积悃未舒等事疏

臣通籍二十一年矣，梯荣希进之思，不能苟同时俗；报国捐躯之志，窃尝久矢生平。自戊辰馆选，观中秘者六周；以触忤权奸，摈春曹者八载。屡奉优擢之纶，谨视八闽之学。两考孜孜，三年报政；署兵署臬，荡寇防关。八闽之事，臣以一身任之。威宗皇帝鉴臣清执，特拔臣于京堂；圣安皇帝褒臣端品，特还臣于词局。祇缘神京之变，闯氛薰灼。抚臣张肯堂心怀疑贰，濡滞哭临。臣率八闽士子，痛哭力争。深中忌讳，遂起戈矛。

及思文皇帝奋迹闽南，肯堂邀天为己，冒厕家席。罔念国仇，惟寻私隙。再疏诬讦，谗谤频兴，不至杀臣不已。赖三山舆论昭明，辅臣蒋德璟、黄景昉，总宪臣何楷、陆清源，总督臣万元吉，冏臣童天阁，翰科臣张家玉等，力洗臣冤，连章推毂。思文皇帝知臣孤立，屡锡温谕，还臣旧官。悼臣生坎壈，甫闻赐环，顿遭揭邑之陷，三月系累，几从信国之游。及北兵抵郡，臣脱身之普。不幸而丧臣父，泥首苦次，幸而不辱臣身。日与台臣林铭球，联络义勇，潜图恢复。天祚明圣，勖臣成栋，手植乾坤，俾臣获全。顶踵再睹光华，从此有天可戴，靡怀不伸。

忽闻六驭近跸端州，臣虽身在草土，敢不踊跃企瞻。况臣郡频受寇蹢，复值兵哄。漳泉密迩，腥秽勾连。袖手坐观，势将及溺。用是不遑启处，匍匐觐光。既至惠阳，偶犯霜露，呻吟床褥。屈指腊月，已为臣父大祥。稍俟新春择吉，即当茧足脂车，依云就日。执羁以从，不啻深愧攀附之侣；及时而起，敢复远忘袍泽之歌？别敷芹曝，仰希天鉴。臣无任瞻依慕恋之至。

为潮事可忧有四等事疏

奏为潮事可忧有四，庙谟远驭宜周事。

臣郡非他，百粤之东钥，八闽之西户也。丙戌之变，封豕荐食，宵浮鳄水，旦抵羊城。是岂星流电激，敌骑疾于雨风；只缘鱼烂兽奔，舆情比于土瓦。永念覆辙，岂忘衣袽。顾敌之所以长驱入潮，不烦一矢者，潮之寇贼为之导也。潮之士民，所以望风而溃，甘心□□者[1]，迫于□□□□[2]，冀缓须臾之死也。今反正八阅月矣，贼盗日增，民生日蹙，全潮十一邑，有一块干净土乎？漳泉咫尺，密迩烽烟，幸其不来，嬉而堂处。妄恃乌合，谓可虚声。臣窃思今日之事，非惟攘外匪易，且安内实难也。

臣窃忧今日之潮，非惟丸泥未封，且曲突未徙也。臣之所谓可忧者有四，而其中之隐衅微萌，有非臣言所能尽者。

臣窃忧夫潮有盗而无民矣，潮岂无民，民将尽化而为盗也。屠城破邑之魁，皆腰犀盖黄之贵。子女玉帛，惟其意也；睚眦生杀，惟其命也。富贵于是乎出，功名于是乎出。肆志快欲，亦于是乎出。民不为盗，而谁为乎？今纵不能引绳枇根，尽绝滋蔓。独不可潜销刀剑，俾归牛犊。策其渠以立功，散其众以服亩乎？

臣窃忧夫潮有官而无民矣。文不出于铨衡，武不出于枢督。始犹冒监纪监军也，今或称枢抚矣，卿贰矣，词林台首矣。始犹冒副将参游也。今尽称元戎矣，督府矣，挂印某处矣。狗尾羊头，招摇闾里，印绶累若，皆出何人？今纵不能遽汰虚衔、尽划札授。独不可详核本末，严治诡诈，摘其尤以儆百，悬其准以立衡乎？

臣窃忧夫保障于潮者，有催科之名，而鲜惟正之实也。潮固沃土，乐岁狼戾，凶年不至大窘。频岁以来，石米笏金，虽丰犹歉。彼黍离离，非窖于山，即运于海。素封之家，胥为沟渠之莩，皮肉既尽，鞭扑安施？今纵不能正彼疆界，各归恒产。独不可饷兵于亩，积粟于公，禁无名之征，绝非分之攘乎？

臣窃忧夫假道于潮者，多纸上之兵，而少师中之卒也。今之借潮恢闽，请缨授钺者，不一而足矣。或云某义旅若干，或云某自行裹粮，或云某才兼文武，可备干城之寄，或云某已恢某处，可免南顾之忧。听其言，非不娓娓。课其实，归于鸳札、招盗二者而已。臣窃廉其所札之官，非牧贾庸流，即纨绔竖子。取百取千，如蛮如髦。所集之兵，非望门而食，即择地而噬。攘夺公行，矫虔不禁。未复之壤，则缩朒而赻趄；既恢之土，则群分而并割。俾吾民之畏兵甚于敌，且使边方强敌，哂我中国无人，岂非此种种者实阶之厉？今纵不能令勋督，分身四出，立睹一匡。独不可速遴重臣，建昭威信，专用宿将，假以事权，水陆并进，弗逭克奔，俾近者心折，远者角崩乎？

如臣所忧，虽杞人过计，获尘采择，实瘵疾之眩药，攻玉之他山也。狃而不戒，是为乐灾。慎其有备，或至无患。臣之所忧，有可以四端尽，而不可以四端尽。臣所陈之四忧，有可以笔墨陈，而不可以笔墨陈者。通臣之说，则采薇治外，天保治内，道可互行，时当并举。毕臣之言，则有德有人，有人有土。一方如此，四海可知。区区血忱，不胜管窥愿效之至。

校记

[1] 此处原缺二字。

[2] 此处原缺四字。

为恭承召问等事疏

臣顶戴高深，捐糜莫报。安敢有怀不尽，存瞻顾之私于照临之下？皇上锐意恢复，不遑宵衣。但中兴一统，必定规模；张皇六师，先求次第。可守而后可战，攘闽必先安潮。倘盗贼不散，则兵多内顾，难以全力办敌。且师行粮食，飞鸿满目，征饷何从？故求安民散盗之术，莫如慎选守令，久任责成。其提纲挈领，激浊扬清，则巡抚监司之责也。

至于恢闽次第，当如廷议，近旨速简重臣督师，合力分路。一从黄冈入诏安取漳，则伯镇臣郝尚久能办其事。一从大埔入永安取汀，则新命金宪臣罗万杰，宜速与敕印，俾统□□□赖其肖等[1]，同心规闽。而科臣谢元汴，现在平远监军，使之犄角于武平、上杭之间，先以文告，耀以德威，有不角稽争前，云霓恐后者乎？其不愿从戎者，应尽追前札，驱之南亩，以安内地。此当专责抚道守令，令其一心办此。盖力田为积粟之本，积贮系天下之命。内而休养，外而输将，胥从此也。以息民者用民，即以安潮者恢闽。虽一统全局，在指顾中矣。

臣更区区有进者，方卧尝宵旰之时，视朝接下，不宜仅循故事。务与大小臣工，日商安攘全局，遍询远近情形。满朝之精神毕举，上下之心德既孚，自能化异为同，涣小成大。皇上既能不迩不殖，以礼制心；尤宜独断独行，以义制事。但使二祖十三宗有赫之灵，日在左右；三帝未伸之痛，时系心胸。默消水火之渐，共发同仇之心。倘蒙荐采，获见施行，未必非刍荛之一得。臣不胜肫恳矢效之至。

校记

[1] 此处原缺三字。

为补牍再陈事疏

奏为补牍再陈事。

臣面奏所云：科场宜急开者，皇上跸粤二载，乡会未行，内地之英，流寓之俊，抱奇不展，将失本业。且现闻闽浙，方以开科取士。此中或有泛驾不羁者，转首思售，可为寒心。臣非谓科目遂可尽人，但皇上首创鸿基之日，不妨破格收用，以求拔萃之群。今头绪稍定，膻慕实多。必如近日，纳贡纳秀，即称网罗。究至富商豪贾，尽居缨冕之途；鬻伎佣书，半觊清华之地。诗书高阁，贿赂成风，深可痛也。舍祖宗之旧制，终绝孤寒之路，而长奔竞之风。上以是招，下以是应。数年之后，攀援附丽，传衣护法，各私其私，圣明左右，终虚无人，大可虑者也。

夫目前馆员台省，寥寥晨星；急须考选，不待臣言。臣之面奏，又谓馆员特宜慎重者，诚以为今日顾问之班，即他日论思之选。且成就君德，责在经筵，岂可稍怀情貌，苟求备员。诚能远遵祖法，则首甲庶常之选，通行二百八十年，得人为盛。宜敕礼部速行颁布，以四年二月为乡试期，即以三月为会试期。新旧公车，一时可集。廷试之后，即选庶常可也。必欲近循威宗末年之例，则宜以俸满中，行知推发访考授，第其甲乙，分为词林科道部属可也。如或另荐另考，不谋之九列，不咨之言路，不采之乡评，不问其资俸，不询其来历，是词林一席，反为授受私途，遂成仕宦捷径。且馆员为储材之地，其用之也，在十余年之后。岂不能稍迟数月，以俟乡会之开旧章，率由遵法而过，未之有也。纵有奇文异武，兵农礼乐，何官不可自见，而区区于此。如以讲读急需，则见在班行制科，颇不乏人。宜敕辅臣，会同九列大臣，金举数员，取其才志确然，可备开讲者，置之史局。俾玉堂金马，传为盛事，岂不美欤？倘所举不公，言官得执白简以从其后。比匪之伤，不能为举主宽也。臣性不谐时，言多拙滞，心欲罄而口期期。惟皇上加意作人，断然法祖。臣不胜悚息输沥之至。

为经权当求至当名器未可轻徇事疏

行在礼部尚书，兼翰林院学士掌詹事府事，署理部事，充经筵讲官郭之奇谨奏：为经权当求至当，名器未可轻徇事。

臣寡昧阘冗，不足与朝廷大议。顾职司邦礼，礼定上下，一民志者也。上下之定，先于正名。名不正则言不顺，究至礼乐陵夷，刑罚舛谬，无所措手足。矧求民志之一，以纲纪四方，奠安社稷乎？

今天下车书未一，三百年方策犹存，陛下以一成一旅，祀明配天，不失旧物。所求三重寡过，断当旧章，率由诚。不宜过听倾危之词，致王纲之稍落。苟循目前之计，俾极重以难返，如迩日滇封之议也。滇封之议，创为平辽，已非典则，失名义，矫而为秦，变而为雍，遵何制而定何名，臣俱不得其解。或曰：去岁因廷议阻格，致可望称兵蹂黔，覆车在前，毋复蹈也。臣曰：去岁之失，失于依违不决，濡滞使命，以至借题启衅，矫命称雄。今苟廷议得当，圣断立行，裁以礼，制以法，分以带，砺誓以终始。可望而不为明也，臣何必请非分之封，以眩惑听闻，焜耀戎伍。可望而为明也，臣断不受非分之封，以贻讥薄海，获罪高皇。或曰：可望已称秦王监国矣，朝命不行，能令其中止乎？臣曰：可望不图长远，而图眉睫，夜郎自大，六诏横行，亦无不可。可望而为嚣述也，益州天水，且当置二子于度外。可望而为窦融也，河西玺至，已惊天子明见万里矣。或曰：可望既出兵蹂黔，今复靳空名而酿实祸。彼兵既深，我何以待？臣曰：不求待之之术，而但萎腰从众，随所意往附之。若复有求不已，当安从得进一等王给是哉！或曰：汉非同姓不王，至赵佗制七郡，则文帝致书南越。宋惟节度诸使，至德明请内附，则真宗诏封西平。今日权宜，犹汉宋也。臣曰：汉于南越则蛮之，宋于西夏则戎之。戎与蛮，非内臣也。岂惟汉宋，我朝于通道诸夷，何尝不锡以国王之号？及其享王至止，仅与公侯比列。区区之愚，所虑中外臣子，悮认一字之封，妄比亲藩，遂移典制。可望而以蛮戎自处，国家何惮慌服之绥？可望而以内臣自期，从此当凛一尊之制。或曰：可望带甲十万，提封千里，宠以殊封，得其效死，扫荡寰区，诚我一臂。臣曰：尊周攘外，必以葵邱定盟；帝制自为，徒使天下兵动。可望不凛奉至尊，能禁诸部之不受节制，土司之各启戎心？济济勋贤，不声罪致讨，扼吭拊背，犄而蹙之，虽悔何及乎？苟能乃心王室，克底一匡，中山开平，应俟异日。纯臣举动，必不背德邀功；慈母得归，岂惟铁铮佣狡。

故臣以为，今日之议，必期期以正名请。如谬蒙采择，当立下尺一之诏，明诏可望，愿为内臣，必当确遵祖制，封以某国公，锡之茅土，永誓山河。如可望自甘外臣，姑令保境息民，封以某国王，比于要荒，从我文物，贡赋应归。惟正命官，必本朝廷礼数，品式一视上公。倘以臣言迂阔，因循涂饰，陵迟背叛，势有由然。开之自我，又何诛焉？臣所忧在天下，不在一隅；所忧在异日，不在今兹。诚使英雄觉悟，如陵婴之义，早知名分；信布之心，终绝觊觎。其中识者必是臣言，庶几举动得宜，俾黄屋左纛，遂称南藩；举足轻重，终决东向。万代瞻仰，在此一举。毋令天下后世，执笔而书者，曰举朝皆妇人也。

臣迂滞，诚不足以通权变，适时宜，昧死贡其血忱。惟陛下下臣五问五答之章，以与谋断之臣参决，亦使中外之人，知臣驳议非立异，亦何敢阿同。伏候谕旨。

为闽事急须策应疏

题为闽事急须策应，敢邀尺一之灵，以萃众心之涣事。

臣奉命视师，首重闽广。知皇上加意南服，不以臣驽怯，谬当任使。臣回首枌榆，眷言旧部，宁不神飞瓯越之区，无诸之壤。所幸□□□□□年盛志靡[1]，忠勇靡二，器具胥足，水陆兼长，是以□□□□群丑趋风[2]，东南半壁，赖此长城。其中倡义绅士，则有枢臣卢若腾、枢贰臣王忠孝、郭贞一，副宪臣沈佺期、林兰友等，俱能毁家为国，鼓忠教义。系千钧于一线，砥狂澜于既东。而臣乡潮郡，衣带漳泉，趾相错也。近臣役自虎贲营回（王兴为虎贲将军），据阳江知县臣饶章禀报，则镇守惠潮原伯臣郝尚久反正有日；辅臣黄仕俊，刑贰臣黄公辅起义于广；铨贰臣李士淳，金宪臣罗万杰、赖其肖，兵科都臣谢元汴起义于潮；但得蜡诏相通，修矛敌忾之众，其一呼万应也必矣。臣方蒿目而思，思得冒险矢贞之士，趋间道，通声势。而兵部职方清吏司主事臣包嘉允，出自行畿，抵臣行营，抵掌而谈，义形于色。臣观其英资挺特，谠议秀出。倘以此臣充宣谕之使，衔漳国臣成功及八闽诸绅士之敕，必能丕畅皇灵，令海隅率俾，士气百倍。又如兵部武选清吏司主事臣邢祈长，萧条困处，蓬居塌户，不蔽风雨，泊如也。臣进而扣之，励以艰贞之节，遂能不辞跋涉，远之浔横，晤同官臣晏清，共商机宜，联络近远。倘获给以粤中绅士仕俊、公辅、士淳、万杰、其肖、元汴及伯臣尚久等各敕，臣即令之直趋虎贲营，联络花山，由肇广溯惠潮。其从兹百粤风动，皆帝光之及也。

臣知两臣识见通明，超然绝俗，专对不辱，窃有望焉。是以急因机势，竭其拳拳。伏候谕旨。

校记
[1] 此处原缺五字。
[2] 此处原缺四字。

为全潮恢正疏

题为恭报全潮恢正，恳照赏格叙酬，以励首忠事。

本月十八日，据恢剿总兵臣蔡□赍奏[1]，参将管万到臣行营内，称臣郡潮州于本年二月二十二日□与新泰侯郝尚久[2]，会集潮郡绅衿军民，襄网束带，□□□□□□□□[3]，复督同副将臣蔡俊、蔡杰等，咸斩敌兵无算等因。谨将镇臣原赍绢疏二道，恭呈御览。

臣伏思臣郡衣带汀赣，趾错惠漳。臣郡复则粤寇褫魄，西江八闽可从枕席上过师。此皆皇上一人之庆，以及兆民。故能拯臣郡十一邑之生灵，出诸涂炭，归诸襁抱。不第睹汉仪者破涕为欢，复令歌秦风者同仇偕作。臣久知勋臣尚久朴忠贯日，镇臣□义愤凌霜[4]。故于梧江水殿，请晋勋臣侯封，请给镇臣敕谕。蒙皇上一一采纳臣言，加尚久以侯爵，敕□□以恢剿[5]。今二臣果能首倡忠义，于全粤胥沦之日，挈全潮之版图，归中天之日月。又能力御惠氛，合除漳害。其在侯臣尚久，晋爵酬庸，赏格昭然。其在镇臣□[6]，请加太子少保，实授后军都督同知，挂巩潮将军，给以敕印。臣未敢擅便，为此专差原赍绢疏参将管万据实题闻。其赍疏参将臣管万，由惠广溯肇梧，出入虎穴，万死一生，并乞恩赐召对，必能备述全粤情形，上达天听。伏候圣旨。

校记

[1] [2] [4] [6] 此四处原均缺一字。

[3] 此处原缺九字。

[5] 此处原缺二字。

为续进历代正闰篇疏

为续进《历代正闰》篇、《皇明一统》篇，附陈《稽古》百什、《纪事》百章，以备中兴捷录，以竭瞽史微忱事。

臣于八年八月内，恭进《丹扆四箴》，附录《俚言三百》。九年二月二十日，奉圣旨："卿望著端揆，功隆师保。借劳疆圉，历著忠猷。兹于戎马之余，嘉谟入告，奏进四箴，于朕有裨。书之御屏，朝夕省览。《诗》三百篇，备极风雅，美不忘规，可当《天保》《采薇》诸什，着付史馆，以供采择。该衙门知道。钦此钦遵。"愚臣浅薄，比材于《天保》《采薇》，犹夏虫之语冰，井蛙之观海也。虽然，臣心晓然，俾尔单厚，俾尔戬谷，知万寿无疆之必为尔德也。臣心惕然，不遑启居，不遑启处，思一月三捷之尚可预期也。

陛下盛日月之光，垂圣思于葑菲。臣窃自愧以鄙俚之语，雷鸣瓦釜。惟陛下建中和之极，曲施润色，金声而玉振之，将使六合同风，九州贡雅。天下能言之士，莫不精白以承休德。海内之气清和，咸理名誉之美垂于无穷。臣不胜大愿，用敢质诸天地，验之往古，考元会运世之初，原历数尔躬之始。以为三古之隆，诗书备挖。成周以上，风雅具存。孔硕肆好，以见《崧高》之章；作诵究讻，何如《南山》之什。臣生也晚，毋庸赘陈。是以《稽古》之诗，托始盘古，备详秦汉以下，溯历代存亡成败之因，备千秋治乱得失之故。以陛下之明达，择善而行，得师于自，用休用威，歌劝勿坏，虽府修事治，和神人而来，近远其致，此非难也。臣闻汉臣班彪，著《王命论》，以距逐鹿之瞽说，审神器之有授；唐臣张九龄，上《金鉴录》，以述前世之兴废，炤当身之吉凶。故首进《正闰》《一统》两篇，附陈《稽古》百什。至于《纪事》百章，窃自念待罪行间，宜专膺惩之思，虑暴骸中野无以报。乃敢歌《出车》以志多难，继《徂东》而悲零雨者。诚见陛下忧劳，将士思狋犹之于夷，冀征夫之归止，辄不胜犬马心哀。我人斯敦彼独，宿自天子，所畏此简书。

伏惟陛下承天心，昭圣质，绍百世之令闻于周雅，追一堂之喜起于虞歌。臣谨合前俚言，缮写成帙。敢希两字锡题，永示中天斗极。臣犹冀须臾无死，得空腹颂中兴。臣蒙恩优渥，所言或有益于高深万一，虽为时人所嗤点无恨。故复忘其固陋，触冒以闻。臣无任惭悚待命之至。伏候谕旨。

为潮郡已恢复陷疏

题为潮郡已恢复陷，徇难之苦忠，优恤宜厚；拯救之方略，料理宜先事。

臣于七年十二月二十日，据镇臣□□赍奏[1]，管万塘报恢复情形，随经两疏题奏。不虞臣郡运当百六，于去岁闰八月复为强敌所破，俟臣郝尚久血战三日夜，迫于内变，投井而死。城陷之后，□□□□□□□□□□□□□□□□[2]，不屈而死之乡绅，则有原户部主事林佳，抱其父先臣忠宣之柩，詈骂而死。其余士庶，难以更仆。今其存者，仅鸠形鹄面，茕独无告之残喘耳。此谁非三百年噢咻生聚之余，义不负国恩，而一旦至于此极也。

伏惟圣明恻念，念以死勤事之勋臣，功最高，节最著，于俟臣尚久全畀五典，并死忠死孝之林佳，从优赠祭。诸被难最惨之家，俟恢复后，敕地方官核实议恤。臣前所请奉旨之敕，宜速行补发。太常少卿臣辜朝荐，毁家避敌，现依勋臣成功，左右拮据。资望著于中外，忠愤盈于怀抱，宜敕部会推枢贰或即实推。闽抚金都臣罗万杰，兵科都臣谢元汴，苦节抗敌，百折不磨，宜敕部会推枢贰金都。又太仆少卿臣邹鎏、臣梁应龙，吏科右给臣洪梦栋，监军兵科臣陆漾波，各宜分别升擢。兵部试主事臣袁龙、夏光天、杨宫、林绍铉、郭之廉、林隽胄，宜实授职方，以册立恩给之诰命。臣虽屡奉便宜委任之敕，然小心翼翼，臣子之谊，诚慎之重之，不敢不一一题请也。伏候谕旨。

校记

[1] 此处原缺二字。
[2] 此处原缺十六字。

为恭进《丹宬四箴》疏

为恭进《丹宬四箴》，附录《俚言三百》，冒输荩菲，稍志稽扬事。

臣窃惟一堂赓和，元首明股肱，良肇百代诗歌之祖；四始传经，天道浃人事，备衍千秋正变之流。是以天子时巡，必采风谣以大行黜陟；圣人立教，每因邪正而密寓劝惩。察之情性隐微之间，审诸咨嗟咏叹之际。匪第朝廷郊庙，嘿关盛衰；即至里巷编间，实基治乱。自黍离之行迈，悲变雅于厉胡；及杨园之猗邱，伤作诗于巷伯。然而宾嘉奏赋，犹闻列国大夫；若乃云汉为章，间睹汉唐英辟。维时能言之士，冠冕词林；斯文领袖之雄，驱驰韵圃。放淫追正，宁夸十乘之珍；济溺起衰，讵艳三珠之宝。臣复慨夫陈隋脂粉，举世何多。妇人中晚雕虫，于时孰称巨擘。宋儒高谈理窟，本非此道当家；元人偶袭声余，安得曲终奏雅？诗亡迹熄，具昭兴废之源；玉振金声，谁总中和之极？繄我皇上，纲纪四方，时勉勉于追琢；陈尝时夏，日孜孜于愍惩。思弥深，调弥苦，每当时晦时熙之初；大哉言，一哉心，实惟观政德之始。臣海隅末学，际兹日月光明，有意兴观，标事父事君之大旨；庶几夙夜，沥止忠止孝之深衷。溯当年中秘读书，芸阁花砖之上，漫许从容；思此日天涯恋主，榛山苓隰之中，曷胜永叹？用敢淘沙近作，粗陈六载追随多难之由；汇编芜词，聊备一时采择诸谣之概。烹鱼去乙，诚恐伤鳞；食马留肝，徒云染指。远师《金鉴》，志千百年得失之林；上祖《列风》，明十五国污隆之本。多识夫鸟兽草木，但获一斑；各有其橘柚栌梨，难求并美。若夫风云积案，虽多必裁；月露连篇，其余曷取？所冀策勋天府，载吟东壁图书；尚期染翰涂山，重纪万方玉帛。他日石渠聚讲，平奏独推望之丽正。重开折衷，仍使张说。从兹五经集众，或自一言起予。庶同瞽史之规，谨效刍荛之献。臣无任惭悚战栗之至，伏候谕旨。

卷三十四　郭忠节宛在堂集（二）

揭阳郭之奇正夫著

策问（崇祯戊辰会试）

善兵之道，深其谋而后动，定其律而后行，一其心而后克。圣人治此三者，故必胜也。谋泄者危，律失者凶，心二者败。敌之者众，则伤之者至矣。惧其伤，而思所以全之。故不可不深，不可不定，不可不一也。夫谋者，事之所几也；律者，令之所载也；心者，力之所合也。

古圣人之治兵，有决胜之事，无害成之事；有众正之令，无中挠之令；有果毅之力，无虚骄之力。此治气之攻，取意之战，兵之上也。夫气者，我之慑人，而人咸为我慑者也。意者，我之周人，而人莫知所以周者也。我朝而敌暮，则暮者屈；我静而敌哗，则哗者溃，此气与意之所为也。操意气之胜，以行三治之术，虽以历代所患之强胡，今日所忧之黠敌，安足为中国梗乎？而或者曰：今日之敌实知兵，则今日之治敌实难。彼忽来忽往，侵掠如火，难知如阴。我事事莫备，彼事事先发，则难在谋。彼击虚避实，无瑕不乘，靡隙不俟。我令数而烦，彼令一而简，则难在律。彼勾东挟西，携我属国，招我通逃。我力分而疲，彼力合而锐，则难在心。且冢突之余，方以其骄气慑我；鸷伏之后，复以其狡意诈我。

然则策治敌于今日，不独言战，而当兼言守矣。守以为战，有道存焉。道在，故先时而豫，需时而发，随时而变，善时而藏。何谓先时而豫？其道曰：重门击柝，以待暴客。试以敌寇为暴客，以东西各关为重门，以游协塘哨为击柝。犄角相连，烽燧相应，何苞桑之不系也。何谓需时而发？其道曰：射隼于高墉之上，获之无不利。试以外敌为隼，以中国之长技为弓矢之器，以智勇之将为射者之人。藏器于身，待时而动，何小丑之不灭也。何谓随时而变？其道曰：人谋鬼谋，百姓与能。故群策毕举，群智毕收，则人谋合矣。行吾间谍，纳彼亡叛，则鬼谋得矣。坚属夷之心，给比耦之牒，则百姓与矣。何谓善时而藏？其道曰：柔能制刚，弱能制强。舍近谋远者，劳而无功。舍远谋近者，逸而有终。故款敌以当寇，抚寇以御敌。表饵在前，鞭笞在后，柔之策也。弛备以诱之，骄师以骄之，坚清于内，批捣于外，弱之算也。使敌饥我饱，使敌劳我逸。折冲樽俎，禽将户内，谋近之术也。故曰：圣人有必胜之兵者，为其周于时也。周于时而用我之长，攻敌之短；复乘敌之短，以行我之长。敌进则秣厉振掫，遏凭陵于风雨。退则椎牛酾酒，养休暇于岁时。分则纵横断之，使其首尾左右不相顾。合则番休击之，使其聚散奔走而坐困。从此而慎固张皇，守在我矣。从此而简练专任，战在我矣。从此而田禽利执，以守为战之在我矣。从此而霆雷来威，以战为守在我矣。夫战守在我，则今日治强敌，以执获可也；他日治弱敌，以犁扫可也。

救荒弭盗议

救荒无奇策也，积粟以备之而已；弭盗无别方也，安民以息之而已。有如荒既甚而言备，则疏；盗既众而言息，则窳。然则流离踽寠之众，将沦胥以铺，而莫之救乎？《硕鼠》《黄鸟》之章，亦可念矣。抑此暴戾恣睢之群，终矫虔无忌，而憝不畏也？《采薇》《出车》之篇，曷未闻焉？议者曰：四方之所以蠢蠢者，由夫水旱为虐，衣食无门，而责其安分守己，坐以待毙，此万万不得之数。则今日之所患荒也，非盗也。《周礼》荒政十有二：始乎散利，卒乎除盗贼。然则救荒弭盗一事耳。

夫救荒不越乎蠲与赈，而弭盗则无过乎明保甲而练兵，盖不待深计之士而详之。而吾以为今天下之所患者，非荒与盗也。患夫救之弭之之不得其道，尤患夫所救所弭之不得其人。且今天下之盗，不尽出于荒。第救荒与弭盗，则其术固可互为用。今天下之以荒甚告者，不过云中、关内等处。而倭寇妖氛，则秦、晋、蜀、齐、荆、吴、闽、粤之区，无地非兵革汤火之（之）中[1]。则此耽耽数十万之众，未必尽以荒致也。贾谊有言："贪夫徇财，夸者死权。"故总此日之大势，而约略夫聚盗之因。总之无知赤子，惑于财而陷其身以徇之。而首之者，皆鸥张跋扈之徒，以其权为招矣。乃参总武弁，或利其厚贿；督抚重臣，仍狃于因循。而下以通同为便图，上以饰诈为功策矣[2]。虽百万生灵，疾首剥肤，漠乎其充耳也。

嗟嗟！今日之事，真可谓处堂呴呴，苟安目前。万一窃发无忌，决裂四起，杞人之忧，可不为寒心哉！必且求远规而撄当务，则窃为以为事先大功，政自本始。是故四禁不行，别无以救为弭之方。三本不固，别无弭之之术。夫荒之始也，始于阴阳不和，风雨不时；而其究也，国贫法乱，逆气四萌。明王知其然，故兢兢乎未荒而戒，既荒而备。是以春夏之政有禁，惧夫百昌之不生[3]，五谷之不成也；秋冬之政有禁，惧夫奸邪之不胜，地气之不藏也。而于是明五政以通四时之纪纲[4]，则瞿瞿乎于昊天之疾威；行九惠以振四民之茕独，则惕惕乎于无禄之夭枒。而于是使民以时，则凡土木甲兵，台榭车马，概与天下休息者[5]，所以救天下之力也；用一缓二，则凡羽剑珠饰，文采纂组，概与天下约搏者[6]，所以救天下之财也；春省秋补，则凡积丰益歉，厚收善藏，概与天下预贮者[7]，所以救天下之岁也。而天下于是耕三年而足九岁，而天下于是饱乐岁而免凶年。吾知衣食既足，虽驱天下而之盗焉，谁独无心，其为此蚩蚩也[8]。

即不幸而山海已集也，鸥义之群，终弗用灵也。则三本在民：曰质，曰产，曰心，皆不可不亟讲也。夫妻子，质也；田宅，产也；故国父母坟墓之所在，心也。质之所在，民罔能离；产之所在，民莫肯舍；心之所在，民不忍去。故民富且骄，则道之德礼，教之礼乐，以相其淫；民贫且病，则发其仓廪，宽其服役，以振其罢；民伪且悍，则一其政刑，审其法令，以正其奸。夫惟明王亦知其然也，故兢兢乎未盗而防，既盗而息。若是乎多方于弭之之术，故必终求其以救为弭之方也。吾故谓患不得其道，尤患不得其人，直就其大者本者而究且图之。

若乃事急而治标，时危而择策。则议弭盗，总莫如责成抚按，使之严督察以杜奸乱之萌。而复多方鼓舞，以收跁跒之用[9]。夫凡民蓄缩不敢首乱，必有人焉起而召之，此必有过人者。故秦观谓弭盗莫先于笼取天下之豪杰，或有见而言也。议弭盗乎救荒，莫如责成监司守令，使之勤节省，以存缓急之资。而复广招流移，以开荒旷之利。夫流民亦民也，水火所驱，惟食是仰。当是时，使奸人用之，则倡乱之阶；国家拊之，则富强之本。昔张全义设屯将，集流落，教以种艺。三年之内，户口归复，桑麻蔚然，河东赖为长城，此立效之功耳。诸如抚摩爬搔，严保甲，习卒军，惟良有司实意行之，庶克有济耳。何必托之空言。

校记

[1] 此句中后一"之"字当系衍，崇祯刻本《宛在堂文集》作"汤火之中"；光绪版此句则作"无地不陷兵革汤火之中"。

[2] 策，《宛在堂文集》作"录"。

[3] 百昌，《宛在堂文集》作"百长"。

[4] 纪纲，《宛在堂文集》作"纪"。

[5][6][7] 概，《宛在堂文集》均作"暨"。

[8] 蚩蚩，《宛在堂文集》作"嗤嗤"。

[9] 跒，多种大型字书均未见此字记载，辞书有"跁弛"一词，意为放任不自检束，疑"跁跒"即"跁弛"之误刻或异写。

举边才足兵饷议

任人则期于有用，行法则要于无弊。以天下之大，天子之圣明，而皇皇焉忧边无才，兵无饷，则是足食足兵终无其道也。今者九重宵衣，二三执政，日夕焦思，深求细议，章疏不可谓不多也，采纳不可谓不勤也。而象龙不可以雨，石田不可以耕。其人不足于任，法不足于行欤？抑任之而终不收其用，行之而终莫去其弊欤？

古之人非加勇，今之人非加弱；古之地非加富，今之地非加贫也。然而古者天子治兵，一司马事之，而天子若不与闻。一方有事，则糇粮之需取之郊，遂而有余。今者兵部之外，又有五军都督；府公侯伯袭封之外，又以三年之中，取天下武士，而一举之，其于才宜无不备也。赋税钱粮之外，又有盐铁茶酒之利，而又关有抽，闸有税，合天下山海之大，户口之众，以供一方之用，其于饷宜无不足也。而人不生才，天不雨粟，地不产金。则今日欲任有用之人，行无弊之法。意者任人同，而所任之人不同；行法同，而所行之法不同欤？

夫任人则先于举，行法则期于足矣。举而无以倡之，吾未咎乎人也；足而无以理之，吾未咎乎法也。议者曰：今所任之人，尽羊质而虎皮也；今所行之法，衣未成而转为裳也。则其人与法非也。吾以为：颇牧不世生，未尝无筹边之佐；萧管不代作，未尝无裕用之方[1]。夫才之不可用[2]，其故正在于将无勇敢之心，士无翻勃之气。而吾总以为倡之者，正其人多悠悠忽忽之志也。法之不能无弊，其故正在于为天所灾，为地所败，为寇仇盗贼所困[3]。而吾总以为理之者，无能生能为之术也。我朝以骑射决策举武士，岂谓此二者即可以尽有用之才，亦谓非二者终无以收有用之才[4]。而今者武闱既撤，彼皇皇焉奔走投刺何为者耶？且也选一官，则百计营求而始得，又择其人地相近者，求以腰金盖黄，惊惑闾里小儿。吾不知所谓举边才者，亦安取夫此才而用之。

夫文才之贤否低昂，犹或一日难见。其最显易而可知者，莫武才若矣。曷言乎显易而可知？则太公八征之法具在也。如愚所议，则莫若就三年所遴之武士，立科道官二人，兵部一人为之督，定以三阅月中，朝夕分京营兵试之。分队列伍，则孰可以将十万，将十千，将十百，已无不了了也。昔子玉治兵于蔿，终日而毕，蔿贾观之，以为刚而无礼，策其必败。孙武始见试以妇人，犹能取信于阖闾，用此道也。且又就九边形势，令其深求战守之方，各录札子详呈，以观胸中之具。果其韬略双备，智勇兼长，不妨破格特用，间有才堪一使，亦随才授之，而碌碌者置弗收。如是则能者有所劝，不能者亦有所激，此可随试而随收边才之用者也。

又如荫袭一途，冒滥尤甚。虽或谓勋庸之后，爵位应酬。而必以一长莫展之夫，坐握军兵之柄。一旦缓急，将焉需之？则莫如就未袭荫之前，亦立兵臣督之，令其日习骑射，时亲操演。视其确有可用，然后以军权与之。否则虽与冠带，不与位柄。如是而有不日勤日勉，以求共为干城腹心之寄者也（乎）[5]。吾故曰：当求所以倡之也。有所以倡之，然后疆场之任，不以俾纨绔之子；并使虚糜之费，不以饱庸劣之夫。则非独以疆边，抑亦所以足饷也。

然而足之方，则又不可不策矣。《大学》曰："生财有大道。"生之者众，食之者寡；为之者疾，用之者舒。今天下尽食者用者耳，谁实生之为之？万金之家，数年不治，则贩竖皆得执券以征其不足。一旦发愤，倾储以偿。较一年出入之孔，总一室废耗之数，不百日而划然复振矣。今天下所患不足，出浮于人耳。然而国家度支，自有定额，何至日竭日空，以贻至尊蒿目。而且加派征矣，事例广矣。抑亦桑孔之术，此日犹未行欤？议者曰：十年之师不解，则民有菜色。今日财之不足，则东西为蠹实多。然而合天下以供一方，亦曷至乎仰屋贻忧？且寇仇之患[6]，何朝无有？

愚以为今日耗财之道有三，而九边不与焉。其一在吏，其一在官，其一在无用之员役。凡舞文作奸，包揽侵渔，总系积年胥干。内而部寺仓库，外而司府州县，一吏书之顶头，或以万以千以百矣。且也吏则积岁，官则传舍，是吏主而官客也。吾不知虽有明察之客，果能入主家而胥核多寡否？至于官，则抚按司道，各有通省，无碍公银。府州县则有花红火耗，供其挪移私用。又若抽分巡视之属，又尽以朝廷公课肥一人之私囊。是国家未得其三，而私室已得其七也。以及无用员役，如锦衣中书之冒冗，人人所共知共言也，然卒未闻一日顿为清汰也。外而府州县之佐贰首领[7]，又独不可因地而裁乎？如谓非备员不足以理，则升觐往回之际，且以一人而署数曹者有之矣，吾未见此日诸事皆纷颓莫任，而彼日乃整刷就绪也[8]，此亦最显白而易见者也。且也省一官，则书吏班役，又不知去其凡几矣。内而黄衣之群，取其足以供洒扫传呼而已。而此数万人者纷纷焉，夸竞侈丽，征逐狗马，何为者耶？吾未知此数万人者，果自织而衣，自耕而食？抑亦取给于大内，需索于民间？则此纷纷，又果何为者耶？

夫天下之民四，既以一农供士工商之食，而又有所为官者、吏者、无用员役者，上以窃国家之盖藏，下以败小民之耕织。吾故曰：天下尽食之用之之人也。天下尽食之用之之人，吾故曰：理之者非也。夫食不足，则众有遗苞者，战不必胜。道有捐瘠者，守不必固，古人言之详矣。边才不得，则东西日讧，征输何已？语曰：粟行于三百里，国毋一年之积；四百里，国毋二年之积；五百里，则民有饥色。又况乎以数十万之众，数十年不解，而粟且行于万里之外哉！事有相需，道非偏图，愿当事者以耀蝉之术试之，毋谓此议徒琐屑焉。

校记

[1]"颇牧不世生，未尝无筹边之佐；萧管不代作，未尝无裕用之方"，此句《宛在堂文集》作"颇牧不生，世未尝无筹边之佐；萧管不作，代未尝无裕用之方"。似应以《宛在堂文集》为是。

[2] 不可用，《宛在堂文集》作"不可有用"。

[3][6] 寇仇，《宛在堂文集》均作"奴插"。

[4] 收，《宛在堂文集》作"救"。

[5] 也，《宛在堂文集》作"乎"，当以"乎"为是。

[7] 外而，《宛在堂文集》作"然而"。

[8] 乃，《宛在堂文集》作"有"。

拟昭雪忤珰被螫诸臣诏（馆课）

皇帝诏曰：祖宗二百余年来，取士作人，建官立政，惟是怀道抱德，及贤良方正之群，布列有位。凡以去谗远奸，内君子外小人。使前后左右，在廷诸臣，相与容民蓄众。首万邦，亲四夷，祇承皇天所付中国越厥疆土之重。盖视尔在朝班联，不啻腹心于手足也。

乃者奸珰窃丛，阴柔反居内焉。遂令一鹗萃止[1]，百狼当道。敢于漂摇我室，空虚我人，罪大恶极。夫也不良，朕与国人弃之。因念尔诸臣，忠谠被螫。在列者叹四簋之不饱，去位者甘十亩之与还。甚者削夺遣夷，逮系掠杀。使挥泪国门者，血泣为涟；痛魂冤狱者，灾剥自肤。夫手足残，则腹心伤。朕每兴言及斯，恻然如隐。是用虚怀侧席，拔自田间，畀尔股肱耳目之寄，用以旌直表邪，使夫不仁者远。其二三以忠碎首，为国忘身者。用加赠尔衔，恩荫尔子，予尔应得诰命，付之史馆。使夫直臣之节，历千秋而气犹生；忠臣有心[2]，由身后而名益显[3]。庶几气之所亘，名之所留，虽抑隐于直枉倒移，忠佞易置之日；终表伸于是非昭晰，邪正鉴分之朝。

呜呼！上九之爻，不动乃剥。尽而能生，下泉之风。已终故变，极而可正。今者复之初，而泰之始也。朕方嘉与大小中外，同上下之志，以见天地之心。尚赖尔在位诸臣，骨力益劲，志气益新，其克勤时懋，以无负祖宗二百余年取士作人至意。

校记

[1] 鸮，《宛在堂文集》作"鹗"。

[2] 心，《宛在堂文集》作"纪"。

[3] 由，《宛在堂文集》作"出"。

拟陈急切时宜疏（阁试）[1]

谨疏：为条陈急切时宜事。

臣闻：朝廷之治天下者，事也；所与共治天下者，人也；所与共维天下者，法也。而竞绿张弛之几，宽严疾徐之故，则总归之于时。故治事不若治人，治人不若治法，治法不若治时。时者古今所共乘，今日之先务也。顾所谓先务者，不可令百司庶尹，有及时盘乐之思；亦不可令宫中府中，有日亦不足之象。此二者，皆足以败时，而废天下之事者也。时之败于忽悠者，今日或改辙而更弦。时之败于迫促者，今日知其故而不能治其端也。

今日所共指为急切先务者，强兵理财择吏而已。兵不强，故外而四边[2]，内而寇盗，无以称足恃也[3]。财不理，故枵腹荷戈，敲骨输塞，无人不堪伤也。吏不择，故猛狼守厨，饿虎在厩，近远胥然。此尤上泽所下究无方，而四民所叩阍无路者也。五六年来，上之所以课督忧勤，下之所以图维补救，精神不可谓不全注于此矣。顾内靡振刷之功，而外起纷更之渐。朝行省成之意，而夕抱丛脞之虞。此其故何欤？臣以为治事者，必先定其规模。故寮采无滥用之精神，而朝廷无倒施之纲纪。始立其条，而卒见其效。故其应也有候，而其成也有形。众人以为是汗漫不可知，而明君察相以为理之必然。如炊之必熟，种之必生也。今之举事，虽其甚小，而欲成之者，不过数人，欲坏之者，不可胜数。可成之功常难形，若不可成之状常先见。上之人不得已而行督责之端，而下之人各持其私意以挠之。故局中者眩于是非，而不知所自从；任人者阻于议论，而不知所自主。未有不坐此两大弊者也。所谓两大弊者，在朝端未免于用法太密，而不使臣工有宽然自见之思；在群臣未免于观望太深[4]，而不使圣朝有确然相信之意。不相信者，疑之端也，疑则不得不以法绳其下。不自见者，遁之端也，遁则不得不以意饰其上。上以法，下以意。虽朝夕相求，曰强兵，曰理财，曰择吏，皆万万不可得之数耳。

臣愚谓实图此三事，则任人贵专也。人之精神，不专不精，唐虞之世，夷夔稷契，皆不过名一艺，办一职。外而州牧侯伯，皆视此焉。今之在廷者，为人择官，非为官择人也；在外者为人择地，非为地择人也。是使中外之精神有旁趋，而弃本事也，故莫如以专之法行之也。且专之则浮议莫摇也，一眚可原也，尺短毋弃也。臣固愿以专之者推之也。实任人以图此三事，则审时贵先也。先贤有言：尧舜之智而不遍物，当务为急。而子产亦曰：政如农功，日夜以思；思始及终，朝夕而行；行无越思，如农有畔。今六卿百执，皆皇皇焉怀多方顾虑，一切弥缝之思。而外焉有兵民之寄者，又安得不饰廉为名，不掩败为功？即抚按监司，亦若幸其有此也。盖叩之者急，则应之者不得不嚣；责之者详，则报之者不得不饰。是使中外之精神，日工巧而滋诟陵也，故莫如以先之法行之也。且先之则琐屑不必烦批答也，一事不必数勾连也[5]，渊鱼不必劳神察也。臣复愿以先之之者一之也[6]。宋臣苏轼有言：人胜法则法为虚器，法胜人则人为备位。人与法并行而不相胜，则天下安。故臣亦谓今日在朝端未免用法太密，在臣子未免瞻望太深，而独以治法不若治时之言为告。时者一日二日之几，而百千年无疆之本也。臣言似迂，于事实切；臣言似缓，于时实先。惟皇上留神采择，臣愚幸甚！

校记

[1] 拟陈，《宛在堂文集》作"条陈"。

[2] 四边，《宛在堂文集》作"奴插"。

[3] 以，《宛在堂文集》作"地"。

[4] 深，《宛在堂文集》作"清"。

[5] 不必，《宛在堂文集》作"不得"。

[6] 之之，《宛在堂文集》作"之"，是。

孔子称伯夷叔齐不及伊尹太公，孟子尝称之，至论百世之师，独推夷惠而不及尹，其旨何如?[1]

大人之作用不可无，至人之景行不可及。不可无者大人之所以用天下，不可及者至人之所以行一己。人徒知一代之安危，舍用天下之大人，无以辟再造之乾坤；而不知百世之治乱，非行一己之至人，无以系常明之日月。凡皆行而不著，习而不察之民耳。吾以为用天下者大人之权，其权惟大人操之。苟无其德，苟无其位，苟无其时，不敢轻言权焉。行一己者至人之风，百年千世后，熏焉沐焉，犹或仿佛见焉。所为亲而炙之，闻而兴之，孰非此风之移人而不自知也哉！

粤稽今古，商之革夏，非元圣其谁戮力；周之代殷，非尚父其谁鹰扬。彼二人者，亦不知几出其绝世之智武，以尽其掀天揭地之功能。而商周之际，有孤竹二子，三黜士师，亦不过介介耿耿，落落潇潇，自率其孤行之意绪于当日。乃由今尚论之，则夫商之必不可无者，伊尹也；周之必不可无者，太公也；一时千古之不可及而尤不可无者，夷、齐、柳下也。故孔子时称夷、齐，而孟子又断断乎曰："圣人百世之师也，伯夷、柳下惠是也。"惟伊尹、太公，乃能为伊尹、太公；惟夷、齐、柳下，乃能为夷、齐、柳下。然而天下后世所师，在此而不在彼者，此无他，权之所用在当年，风之所留在百世也。且也尹不遇汤，终于莘矣；尚不遇文，老于渭矣。乃西山之踪，因去国而益高，因避殷叩周而益清益烈；柳下之踪[2]，处三黜而不枉，处污君小官而不恶不羞。此无他，用天下者，用乎位，用乎时。而行一己者，行此身，行此志也。夫时位之于人也，飞见潜跃，岂可预期。而人之于身志也，智愚圣庸，各体此身，则必无堪饰之面目；各衷此志，则必无可掩之肺肝。然则夷、惠未尝一日为人师也，人自不能一日不师夷、惠也。迄于今，商祚周命，已等邱墟[3]。而孤竹一逃，采薇一歌，凛凛乎揭彝伦于霄汉，昭气节于日星。故孔子一则曰："求仁得仁。"再则曰："不降不辱。"

嗟嗟！民到于今，岂无由哉。数百年后有柳下，而遗佚不怨，厄穷不悯，子子乎行其道于父母之邦，绥绥乎浑斯世于尔我之迹，非圣人而能之乎？故孟子即配之以夷曰："伯夷圣之清者也，柳下惠圣之和者也，圣人百世之师也。"然则伊尹、太公，将不同于夷、惠乎？曰：尹之一介不取，尚之八十不仕，夷之耻周不食，惠之三公不易，是则同。而作用之在当年，与景行之在百世，何以异？曰：尹言之矣，先知觉后知，先觉觉后觉；太公言之矣，大义发而万物皆利，大兵发而万物皆服。夫既以一身系知觉之统，关利服之机，自不得不出其先觉，以任天下之重；昭其大明，以启会朝之清。其时然也，其位然也。不然而有莘之野，东海之滨，安在不可？高天民之志，树大老之型[4]，以俟百年千世之怀且景哉！

乃孔子所以不称伊尹、太公，孟子论百世之师而不及尹者，则圣贤之防天下后世也，其意抑又微矣。夫五就之行，三年之举，尹盖德而龙者也。未至于尹而师尹，亢悔之故，其能免于咎乎？若夫操刀必割，执斧必伐之言，惟太公乃能命之，惟文王乃可诏之。不善师其意者，于以毒天下而有余矣。故孟子又曰："有伊伊之志则可，无伊尹之志则篡也。"嘻！圣贤之防天下后世也，其意抑又微矣。

若夫西山、柳下之景行，可以起百年之忠义，可以忘千载之怨尤，可以壮杀身成仁舍生取义之烈肠，可以破枉尺直寻患得患失之锢志。嗟嗟！顽廉懦立，鄙敦薄宽，圣人百世之师也，岂溢语哉！风之下也，气骨已消，首尾凡几，禄位既重，君父谁知？当道者施施于龙断之间，下位者戚戚于大人之门。而试令当衾影独对，夜气初萌时一还思，夫所谓不降不辱不怨不悯若而人，有不置躬无地，抚心欲泚者乎？嗟嗟！风之下也。至于今日，则西山、柳下之景行，吾师乎？岂非不可及，而尤不可无者哉[5]！

校记

[1] 不及伊尹，《宛在堂文集》作"而不及伊尹"；其旨何如，目录原作"其旨如何"。
[2] 踪，《宛在堂文集》作"趾"。
[3] 邱，《宛在堂文集》作"丘"。
[4] 树，《宛在堂文集》作"硕"。
[5] 者哉，《宛在堂文集》作"也哉"。

《怒流草》自叙（戊辰年作）

《怒流草》，何以名也？曰：天物怒流，人事错错，则文章一道，盖本怒气以生，而后天精既下，五色并见，孔曰不惧，孟曰浩然。此气出之篇章，拂扬其华，犹令毛孔生动。吾人甫学搦管，便已腹孔胎孟。而成败两念，纵之窃吾气以行焉，亦重所不忍也。壮士冲锋，冒矢突刃，稍计成败，顾影狂奔，不在他人后矣。斩将搴旗，不属之冒矢突刃，而属之顾影狂奔者哉！人生坠地，我法自尊，奈何总角方弁，而奴颜婢膝。先见方城尺幅之下，备办天下事者，伊而人未之闻焉。究竟收功此，又反不偿彼，亦重为鬼揶揄也。

余志疏志顽，终岁少成一文，而顾呶呶口天下事，冥行蜇词，何敢逃讥？虽然，语有之：萍树根于水，木树根于土，各有其性焉。两木相摩而然，金火相守而流，各有其势焉。因其性之所赋[1]，行其势之所旺，而以摘其气之所生，则《怒流草》之名，盖取诸此。若夫凿坎泄溪[2]，取铁作剑，登城而麾，军破卒惑，自有文中真欧治（冶）在[3]，余吃吃何能多言。

校记

[1] 赋，《宛在堂文集》作"怣"。

[2] 坎，《宛在堂文集》作"茨"，当以"坎"为是。

[3] 欧治，《宛在堂文集》作"欧冶"，当以"欧冶"为是。

《初瞻集》自叙（己巳年作）

余初入仕，每念《归去来》。好我诸友，时或相讶？余曰：固也。华名清秩，情所甚好。无如懒且疏，性实与情违焉，奈何？犹幸官守言责，两不相司。披衣过从，恃此知己，奇文共赏，疑义相析。间或杯酒浩浩，言笑宴宴，犹时认却本来真吾。素心有朋，犹能谅余疏而纵之，适遣余愁而导之欢。不可不谓乌纱局面中大坦荡荡也。然而友之恕我者深，疏狂之长我亦益深。官之闲我者甚，情怀之逗我亦益甚。低徊万里，浮沉三年。虽萧散可方长卿，而滞留终愧靖节。加之冀土惟坎，风尘倦客，奔走刺谒之余，祇有一枕黑甜，三杯软饱，聊悠岁时。吟咏歌言，间或一二，半以酬人，半以自遣。草草而止，镂性雕情，吾知其无能也。矢诗不多，强半家思，实凄且远。言志遂歌，终不畔于《归去来》之旨云尔。

《马上集》自叙（己巳年作）

思远则心劳，抚时则意杳，吊古则神壮，感物则气连，四者积而道乃情。情之所钟，莫能伪也。旷之以见闻，展之以梦寐，致之以山水，配之以友朋，悠之以岁月，五者备而言乃志。志之所之，莫或杂也。天地殊观，古今快事[1]，不有韵人朗之声歌，煜之编简，后死者安得与于斯哉！追尚往者，孰情深而言永，孰志坦而词昌；孰违情而易性，孰惑志而干时，为真为伪，为正为杂，末由庾识者之眸矣。

余守燕三载，尘风游倦，白云思深。蒙恩归省，途历八千里，水陆虽兼，然马上强半也。驱车方夏仲，抵家而秋既老。积情备志，盖匪朝夕之故。痟言啸歌，若或速之。念不及转，私不及谋。虽意浅文轻，为伪为杂，亦庶几其免夫。

校记

[1] 快事，《宛在堂文集》作"快笔"，当以"快事"为是。

谢儒美《御冷斋诗》序（辛未年作）

儒美求诗序于余，余与儒美披沥交也，义不可辞，然不欲佞也。儒美以英敏绝世之姿，从其令先君宦游，历览风谣，错缪韵籍，博闻强志，有由来矣。其古文词及制义每一出，辉映四座，千人叹绝。乃抱质无匹，三献犹劳，余窃懑焉。而儒美绝不见有戚然幸然之色，定心广气，以咏以和。故余见儒美，又自哂其固且陋也。噫嘻儒美！其淡荡洒落[1]，不屑屑于时者乎？

然而读儒美之诗，抚情效志，又皇皇乎有朝搴木兰、夕揽宿莽之思。噫嘻儒美！其真不屑屑于时者乎？余怀而不能舍也，急与儒美商之，每念冉冉将至，年岁不与，一兴言于摽梅迨吉之叶，未尝不怆然内热也。夫怀春之女，与席珍之士，凡其人皆与日月交相愁者，世间惟此等为深情人。惟此等深情人，独悁悁乎能兴感于居诸。而其切怛悢悢，窈纠夭绍之志，遂每每足生忧于天地。故由此而春舒断肠之花，秋落惊鬃之木，此日月之愁于人也。由此而朱颜凋于晨风，丝发催于暮雨，此人之愁于日月也。交相愁而不能已，而后摘兴会而逞意，抒中情而属诗。由古暨今，淋漓靡极。是以风雅而思矣，骚而怨矣，赋而怀矣。乐府铙歌，长短声律，各以思怨之怀，沿波而抽绪，节奏而受心矣。蔽之曰：情也。情之所钟，正在我辈。伦诸冯生，独吊深而逸浅。若此者，岂天地郁伊之气，或宽冯生而劳我辈哉[2]！间尝镜贤衷圣，自写忡忡，乃若可忧，则未免乡人为终身矣。乃若可畏，则四十五十忽无闻矣。由然而转续变嬗中，有一事最可吊如此者乎？若夫菌蛄，朝忘厥生，暮忘厥死；若夫草木，春不谢荣，秋不悲落。此则品庶，冯生所为逸耳。然而其逸也，则真戚也。或戚戚于利达富贵，或戚戚于得失予夺。而奄奄老洫，茫不回首也。若此者，反不如绿酒洒丹，青蛾凋素者之较适其适矣。噫嘻儒美！其同此忧乎？

今读儒美之诗，七歌佛佛，何思孝而纡轸也；怀古瞿瞿，何式高而彷徉也；赋物揭揭，何蕴结而纫神也；纪怀悠悠，何容遂而绳志也。噫嘻儒美！真不屑屑于时者乎[3]？余怀而不能舍也，终愿与儒美商之。儒美勉之矣，将为子歌四马之素丝，岂徒叹七实之摽梅哉！若必求今日儒美之诗之品，则刘勰所称"远游惠巧，大招深华"，儒美有焉。

校记

[1] 洒落，《宛在堂文集》作"落潇"。
[2] 或，《宛在堂文集》作"成"。
[3] 真，《宛在堂文集》作"其真"。

宋尔孚《学言余草》序（壬申年作）

诗有自然之声，有必然之节奏。其自然者，本乎天而遂人；其必然者，出乎人而应天。乃世之言诗者，类以才归天，而以学归人。故诸家有畸胜之标目。余以为歧视才学，则必分用天人，而不知分量所受。分用之则短长互见，合发之则多寡在御。

今观尔孚诸诗，一往腾凌，不任羁束，则似以才胜者[1]；撷华佩实，浚折多方，则似以学胜者；或为先驱，或为奔属，纷总离合，班陆不纠，又似才学兼者。尔孚之于天人果何如？而自然之声，必然之节奏，固已见其合发，而不见其分用矣。既已见其合而不分，则尔孚之诗，自此远矣。

余与尔孚，背膺莫牉，时得纵游其场。工候浅深，庶几不相纬缅。故尔孚惓惓以一言为属，值戒装趋迫，未遑充类[2]。姑为之指其分量所及以告人，而持其所造以相勖也如此。

经雅堂小序（丙子年作）

观诗今日,观九青于诸体,无不如古人。近益专致五言律,约才思而入之,聚理道而发之。观其气象渊宏,格调遒上。是非淬以初盛之工候,历以汉魏之精华,而归以三百之性情者不能。能乎此,可谓其至,得五言之至,风雅亦可未忘。今款启寡闻之儒,见有所离,才有所束,惊而至于惑者众矣。九青勉余曰:以劝志,且相读书。余曰:毋畏毋足,安在今不古哉?

题苏子瞻《睡乡记》后（庚午年作）

庚午秋日,云岛既成,置小榻于北窗,三杯软饱,鼾睡其中,自谓羲皇上人,陶靖节不我欺也。因简苏子瞻所作《睡乡记》,书之帐眉。噫嘻!何地非睡乡?谁人非睡乡中人?然求其梦魂不扰,衾影无惭,今世真未可数数得也。如子瞻之涉世多难,侍从方面所得几何?而四十五年间南北风尘,曾不得一榻幽清为安适地,所由心慕之而作记欤?然子瞻正惟南北风尘,殷忧备尝,而终能梦魂不扰,衾影无惭,此其所以独踞睡乡之胜,而世人莫之知也。否则野人道士,与夫穷措大之痴顽怕书者,皆得以善睡骄人矣。

《九九篇》自叙

自邑陷至脱身,为日九九,颠沛无聊中,得诗八十一律,以九九名篇,志遇也。

吁嗟!予之濒死于九者,不知其几。与夫痛定思痛,不暇自痛。而深有痛于九者,亦不知其凡几矣。子夜闻变,登陴巡御,内奸蜂起,长矛及胸,几出于不意死。子身赴濠,踉跄获济,几颠踣死。窜伏寺后,为强人所获,露刃相逼,余正颜叱之,几不测死。既而以余归予室,且以甘言相诱,将有所索也。诘朝而诸营豨突,跆藉相残,几从乱兵之中死。余既舍予室而狂奔,适有邹姓者匿之小舍,次儿从而后,遂中失焉。越十七,偕长儿之山寨,骨肉星散,卧病旬余,几以忧患死。既而长儿获归普阳,喜后事之有托也。呻吟歌啸,聊以永日。旋为诸强所迫,以仲冬三日复自寨归邑。鱼釜再游,雉罗重入,自审无日而不邻于死。首难之长,颇念斯文。爰以六日之夜,获省先君子。余见先君子之疲病颠连也,抱首长号,几以不得为子而愤懑以死。幸而普阳侍御,脱骖为赎,先君子获于至日归普养疴。有弟有男,晨昏省侍,以诳余不尝药之诛。而余窃念,自此无日不可慷慨以就死。

北兵临郡,诸营厥角,万众纷拿,忽于是日戈予环集。或曰:此为硕果,将食无灾。或曰:筐厥元黄,惟兹是问。余窥其来意之猝暴也,毅然折之。自谓握拳透爪,嚼齿吞刀,男儿分内事。向之屡死而不死者,将俟此日而万众聚观,侃侃舒予言而死也。不谓诸强动色而退，中有黄姓者，馆余别室，礼待有加。诸军筮于明神，谓出余最吉。遂以腊之一日，引余出西门至钓桥，得就扁舟，溯流往普。维时风帆助顺，瞬息出鲸波就安澜。铁山一枝，亲友互集。幼女稚男，参差继至。先君子虽枯瘠之甚，而神气清宁，言谈娓娓。喜而悲，悲而痛，痛定思痛，痛何如哉！

吁嗟！曩之滨于九死也，几不暇自痛。今之痛定思痛，而深有痛于九者。数百年生聚之邦，有朝血殷，有野磷熠；有君子而猿鹤，有小人而虫沙；有弟沟壑，魂销骨化；有父奄奄，逢此百罹；有琴既爨，有鹤既烹；有书万卷，祖龙一炬。余之痛可以九尽，而不可以九尽也。先哲之言曰：世事不堪逢九九，休言今日是重阳。

余生不辰，甫丁阳九，戏马台中，俄长铜驼之棘；龙山帽落，羞同短发之吹。吁嗟兮！风景不殊，黄花无色，山河草木，胡不幸而与余同此九九乎？昔之人，履盛平而歌九以劝，涉末流而辨九以悲。有同有不同，亦各言其遇矣。余之以九九名篇，志遇也。世之悲予遇者，有同有不同，亦将有感于斯作。云岛逸人，书于居此之处。

《陋吟》自序

君子居夷，非得已也。素夷行夷，以不得已之心入而自得，愈非得已也。予以春末抵文渊，一枝暂休，腥氛四逼，栗栗乎若高崖之欲倾，深谷之将陨。恐惧之余，犹不废我啸歌。或曰：入山恐不深，入林恐不密，山深林密，思幽调远，歌声所自出也。或曰：长歌以当泣，远望以当归。歌而望，望而歌，即见兴怀有触于心，若钟鼓之考，不知声之发也。是二说者，皆然。然予之居夷，非得已。居夷而作诗数百，又岂得已乎？侏偶雕黑，语言不通。鸟兽无礼，使我心苦。苦极而甘之以诗，不啻丝竹之在耳。宁独愁思之声要妙，穷苦之言易工乎？于是开幽之什，继以抽思；韵古之章，继以惜来。尽取四韵，和以心声。其余诸作，缤纷迭奏。方且以溯溪谷，剔岩洞，追逐飞霞，裁剪宿雾，不足晨昏为矻矻。俄而响动林木，天籁群披；忽若飘浮上腾，以临云气。倏焉鹄举鸿冥，苍茫靡际，飞舞奔走，若与游者偕忘。既而神凄骨寒，喟然有叹曰：鸟兽不可同群，片石安得偕语。荆奥疏芜，终招绝壤之忌；夸奇竞秀，不过眼前之观。与其感怀触事，委诸峙流；何如聚精会神，衷之先哲。所恨子影星逋，经史莫随。偶见次儿手抄古文两卷，取其惬于心者韵而为诗。于是斗室长吟，声振金石；一堂相视，耳出笙簧。故有朗如星光，幽如贝气；烁如掣电，黯如屯云。如拭龙泉之华，如下鲛人之泣，则有如谷律初回，如春阳始煦。如日方升，如川方至，忽忽慌慌，则有如海运，如山移，骇目惊魂，不能自止。及其情往意收，冥思独见，则有如渊澄，如秋肃，如深宵月静，桂影参差，蟾辉浮动，婵娟低袖，婉转泥人。屈子《九歌》所云："满堂兮美人，独与余兮目成。"信哉！古思我获，陋室堪铭。韵于古者，必不陋于今。予以《陋吟》名诗，志学古而未逮也。或曰：居夷何陋，君子之余思也。诗止于冬腊，四时之气已备，七日之心可来，陋吟止而颂声作矣。予因是而窃叹夫菁华未竭，轩舞在人。予之居夷，山若增而高，水若辟而广。予之居夷诸作，虽无比兴微婉之词，足以鼓吹风雅。亦自谓即事学诗，可兴，可观，可怨。远之事君，即诸篇可见矣。

赠户部尚书林忠宣公传[1]

林熙春，字志和[2]，别号仰晋，海阳龙溪人[3]。登万历壬午举人，联捷癸未进士。授巴陵令，清浮粮，豁差役，为治井然有序。丙戌觐回，闻讣归。服阕赴部，补将乐，视巴陵之政而更广之。崇学宫，建龟山祠，前后二邑，不手民间一钱。两邑之民，去后祀之不忘。行取擢户科给事，历礼科右、兵科左、工科都，因事建白，具《掖垣疏草》中，而最著者，参东封，灭织造。又如请免入彝采回青[4]，尊朝体而塞彝祸[5]，于今为制，可谓言关国计者矣。

军政拾遗之事起，一时勾斥言官三十四人[6]，圣怒不测。阁臣疏救，而各官降杂职；冢臣疏救，而各官为民。震叠之下，掖垣逡巡。申救公疏，输次属刑科。都侯廷佩，乃气沮色变，废然避也。公毅然首列，率同官抗疏入，宁不知严谴在前，窜逐在后？固不忍青琐吞声，朝堂黯色，以默为容已耳。

既而降调家食，二十六载未曾只字长安。即政府李公廷机，叶公向高，同年最目匿[7]，并绝竿牍，则他人可知矣。丙午从茶陵州判，量移贺县。至庚申，恩诏起废，始以南仪部赐环。随转光禄少，历升添注太仆少，右通政太仆寺卿，管少卿事。添注太常寺卿，简大理寺卿。所任各能其官，其在阃贰，恤马户，革常例，马政赖之以修。值玉田兵变，叱驭而入，而谕解散，布告朝廷威德，众皆投戈。谓非素望精诚，何以猝然得此于乱卒也。其在阃正，奉敕总理京边马政，年终命迫，一月之内，简乘三万余骑，合武弁而殿最之，无不克当。非识力警练[8]，而能之乎？其在廷尉，旧详堆积如山，约属分理，弊绝风清。不忍图圄多一日之冤囚[9]，使案牍洗数年之滞。诸所条陈[10]，如苏牵累，省繁文，酌参驳，与夫约民约官十六款，俱已奉旨举行。使公而久于其位，明刑平法，盖庶几矣。

时虽珰祸未起，然票拟中留，揽权授指，其端已露。公六疏乞休，所谓见机而作[11]，不俟终日者与？又以忠谏老成，眷孚者素，遂晋户部左侍郎。予告仍俞尚书、李宗延等之请，敕将当日抗疏事情，宣付史馆，特赐驰驿。有司优礼，真异数也。南旋不一月，而魏崔炎腾，搢绅祸及，知交贻书，明哲相庆，而公若惄然有大不安者。丁卯以前，闻朝端有一举动，未尝不当食废箸。及龙飞乾奋，而后喜可知也。盖其忠爱性成，喜愠不见[12]。古称知有其国，而不知有其身者，于公信之。前后立朝，未尝依一门户。今天下南北东西，惟粤东仕路最清，于公可概见矣。

居乡，凡桑梓利病，始终不遗余力。诸所兴革，如争监税，释疲役，倡建凤凰台、三元塔，修玉简塔，筑铳城于海口，浚三利溪，修龙头、东集等桥。使形势增，门户固，舟楫便利，不为小补。复倡修文庙、贤祠，捐资赎浮屠田百亩，为诸生科试卷资，此利之在一郡者。又如筑许陇堤桥，建文昌阁，创龙溪会馆，减龙溪里役十分之四。其作兴人文，便益居户，此利之在一乡者。至于下士恤民，隐恶扬善，虽至年爵已隆，村氓贱隶，未曾不和颜相待[13]。人之为所接者，如坐春风中，详蔼披拂。潮之众，自贵及贱，老及幼，未有不乐道林司农者，此人人所同然也[14]。间有匪类自弃，亦终为公所容，而其人不及知。又或济危扶倾，趋人之事，而人又不及知。

然则公之见知于人者，犹其大概矣。若夫孝友天笃，逾六丁艰，孺慕不衰，抚弟昆老幼如一日。和气所钟，膝下振振至四十余人。享寿八十，考终而逝。以当道题请，蒙恩祭葬。而郡邑绅庶，奔哭几前者，至庭不容拜，亦可以见三代之直道犹存，而上天之报施仁人，不为无意矣。余历览邑中诸先达，惟中离薛子，在朝在野，气节风度，于公今昔一揆。然每以中离坎于仕，不获竟厥施为恨。今而得尽睹之于司农，何快如之！又惟古所称社稷臣，以安社稷为悦。及夫乡先生，生有功德于民[15]，没可祀于社者，非此不足以拟公，非公又谁足以当此耶？公勤于著述，又喜吟咏，所著有《赐闲草》《赐还草》[16]《赐传草》《城南书庄草》《掖垣（出山）疏草》行世[17]，学者多宗之。嗣后朝廷追念殷切，特赠三代尚书，谥忠宣。公论殆久而弥彰云。

校记

[1] 赠户部尚书林忠宣公传，《宛在堂文集》作"户部左侍郎林公熙春传"。

[2] 林熙春，字志和，《宛在堂文集》作"公字志和"。

[3] 海阳龙溪人，《宛在堂文集》无此句。

[4][5] 彝，《宛在堂文集》均作"夷"。

[6] 言官三十四人，《宛在堂文集》作"言官至三十四人"，是。

[7] 同年，《宛在堂文集》作"同年谊"，是。

[8] 警练，《宛在堂文集》作"警练者"。

[9] 囚，《宛在堂文集》作"因"，当是形近之误，应以"囚"为是。

[10] 诸所条陈，《宛在堂文集》作"诸条陈"。

[11] 所谓，《宛在堂文集》作"傥所谓"。

[12] 愠，《宛在堂文集》作"温"，当是形近之误，应以"愠"为是。

[13] 相待，《宛在堂文集》作"降待"。

[14] 《宛在堂文集》无"此"字。

[15] 《宛在堂文集》无"生"字。

[16] 赐还草，《宛在堂文集》作"赐环草"，当系误。

[17] "出山"二字原缺，兹据《宛在堂文集》补。另外，自《掖垣出山疏草》句止，以下文字，《宛在堂文集》与本书完全不同，作"本龙溪人，生十有三岁，始割都隶海阳。长而从晋斋公馆于邑孝廉林维藩家，余撮略前后，将登之乘未决，谋诸邑令君，令君亟曰：'人也犹然吾邑也，是乌可置也。'余因为之传。"

为苦情不能终己等事

为苦情不能终己，重务复难久肩，再沥中忱，恳垂曲照事。

职以惊闻母病具呈，蒙台台谅其至情，敦以大义，奖以风弊一清，励以贡夷在馆，亟赖提防厘剔。捧读感泣，黾勉浃旬，欲言不敢，不言不能。思自贡夷进馆，两月于兹矣。职朝夕拮据，未敢一日自便；手口卒瘏，未敢一事诿人。每值朝鲜朝见，及习仪庆贺，必二鼓赴馆，坐守点出，然后奔趋逐队。竣礼之后，又复赴馆点入。往还数四，风寒浸侵，委顿支持，自审必至于病。然而不敢遽以病陈者，以为身非己有，心犹可图。今则方寸乱矣，故始而痛，今而惧痛。职以不得视母病之故，日抑郁而病其身，正惧以身病废职之故蒙诛谴，而重母之病，与其自误误公，非徒无益，究至一失两失，虽悔可追？

是以迫切惶惑，不得不预鸣急告。及此未就斧钺，一尽所言。盖三复提防厘剔之谕，又不能无说于此焉。在两馆积弛以来，人情不知功令，而执陋规；不顾远心易失，而谓夷货可诓；不谅循职为救过，而訾立异为沽名。职痴拙过笃，遇事认真，一革犯法馆夫买缺顶首；一断两馆副使顶房陋规；一发工部各役冒破朝鲜钦赏；一复十三馆官生季考，并查夤缘违旷诸弊；一清占冒余银，并征数十年之积通归补度支。触怨招忌，月积岁深。幸特达之知，不至投抒；居久危之地，保无含沙。若使反负恩私，亦有志所刻骨也。况有迫切隐念，惟仁人能推心焉。

若谓职规避馆务，则职前后在馆，发过西番八起，乌思藏二起，朝鲜二起。溯历来司官在馆视事，惟职最久。督发贡夷，惟职最多。不敢言劳思录，或可按例求代。台台服牛乘马，各有其方。在职禽息鸟视，已无再计。为此冒昧申请，恳祈曲体施行。

平尤溪贼

尤溪贼魁吴绍兄弟，集伙剽掠闽清、永福。本道自受事，屡饬各邑协同捕官，侦探狡贼出入，约会官、乡兵披寻窟穴，尽绝根株。吴绍既擒，随获贼总吴应开，贼伙林一、林烟、陈十等；又获真窝黄帝四、黄五聚、黄光华等；又擒首恶林定宇等；解详两院外。时值闽清知县罗鸿阳，计处教官许国楠看印。绍弟吴结、吴五等，同闽清贼首徐三、徐五、徐六、李四、郭矮二、许我周、林一匠、凌韩冲、伪军师罗明华等，倡率贼众数百余人，蓄谋内地，将欲勾通远寇，虔刘七闽。乘署县不戒，遂于九月初十夜攻劫县治，纵火焚杀。本道闻报，随请宪令发标后亲兵二营，照原选精兵共四百六十名，亲随兵一百名，遂于九月十四日辰时，飞骑亲督官兵，一日一夜驰三百里，至十五日午时到闽清县，同署县吴瑞昇，备总盛国政、周之藩等，遍察地方情形，分兵搜剿。本道介马，随贼所往，追逐前行，至四都笔架山上，悬岩复岭，本道舍骑徒步，分督各兵，围山搜捕，前后擒斩贼首、贼伙、伪军师共一百二十八人，俱经详解两院在案。因亲临各都分里，按籍稽察保甲搜剔奸徒，去其蟊贼，抚其疮痍。俾梅溪井里，无邑而为有邑，无民而为有民。近远反侧之谋，因潜消而默夺焉。闽清再造，惟仰如霆如雷之威；七闽安危，敢忘有严有翼之服。

防剿杉关

流氛孔炽，袁吉诸郡，民皆大去其土，益藩率尔入闽界。樵川用急，七闽震动。向之处堂之燕，今为瞻屋之乌。抚台亲防杉关，而以督兵属本道。本道奋袂而起，帅五营之众，以先启行，长至日介马西驰。招摇在上，急绳其怒。随行千兵，不吴不扬。旬日至昭（邵）武[1]，居民之风鹤者辑宁之，士卒之驿骚者戒治之。内奸不得发，而流氛以远。既同抚台晋谒藩王，力请归国。遂至杉关，进司险者，掌疆者，察诸隘，巡诸岭，以周知其山林藩塞之阻。复介马出关，从峭道乍步乍骑，至飞鸢岭杀人坑，入江西界三十里而返。沟涂之厄，堵防之要，咸历历指诸掌。藩王既动维城之心，言归尔士；诸司咸廑多垒之辱，同彻我桑。于是振旅而旋，既安既饬。虽饥渴从人，不遑自恤；而严翼共武，幸辑匪茹。舞干舞羽，尚格三旬之逆；如轩如轾，敢同六月之篇。

校记

[1] 昭武，当系"邵武"之误。

督兵日录

龙蛇起，陆地乃发机；风鹤预，传人犹堂处。季秋之役，余梳栉诸孽于梅黎七里，累累诸俘，前后口供俱云："吴、徐诸奸宄，纠党包藏，将勾引流氛，虔刘七闽。闽中父老子弟，疑信者半。"或曰："东山西山，各自言安；蠢尔何为，不足忧也。"或曰："鸣鼓逐狐，不知迹处；我闻有命，不敢告人也。"越月余，而袁吉之陷闻。赣川既困，疾声而呼。建昌去流氛颇远，民乃大去其郡。当事者遂奉藩封疾趋杉关，关之人弗敢止。关人告逼，三山乃岌岌乎有然眉之恐。

传烽之辰，盖仲冬八日也。抚台集三司会议，或曰："省会堂奥也，追猎东走，兔脱我后，奈何？"或曰："樵川门户也，桑土骤摇，或敢侮予，奈何？"余曰："守者行者，胥有责焉。狐不得南，豹无以北。余绾兵符，当疾趋关上。保障之任，惟巡守与郡邑矣。"既定议，抚台遂以督兵之役属。越十日庚子，誓师南郊。十二日壬寅，为长至日，治衣冠，拜舞毕，即介马，督标前右游亲兵三营劲卒西驰。是午至芋原登舟，风帆助顺，如飞如翰。十三午抵水口，十四日泊舟需，抚台先发，十五日登陆至黄田，十六日至茶阳，十七日至延平。抚台驻军，料理入告之章，命余先发。十八日至王台，十九日抵顺昌，念日抵富屯，念一日抵挈口。诸绅衿晋谒，有云："前行兵索人饭食，强宿人房不予钱者。"余大诫总哨，特申笠诛之禁。随行千兵皆肃然，不吴不扬。虽连日干口，不予钱不擅啜民间一杯水也。念二日抵邵郡，建昌之藩王驻辇于行署，有奉新郡王者先间行至温陵，士民汹汹，佥谓益藩将治驾至三山。

守令晋谒，余询以状。守令曰："藩王下督责之令，将疏职等拒藩愆。守土之臣，不知所云。"余曰："需之。为皇上固封守，所以深奉藩王也。桐封在豫章，樵川蕞土，敢辱朱缨之临？将为保障全闽安危，视此一丸泥耳。"是时护龙旂至止者，为张长史、黄司理，六辔耳耳，烝徒增增。既闻寇远，司理言旋亦悔多此行焉。长史相谒，余曰："建昌无恙，宗子维城，奈何先去以为民望，令闽人之望风也？如江人跂踦相随，王将何之？抑王恃南溟以为天池欤？南溟僻处，非风雨之所和也。阴晴旱溢，未可时也。浸假而海老水干，鱼鳖萧索，则奈何？浸假而山没邱浮，燕雀无庐，则奈何？危持颠扶，非执事职欤？"长史唯唯，曰："余将以是言启国主。"念四日抚台至郡，余备述其故，抚台曰："封疆之臣，不知其他，回銮之说，如斯言也。"奋义以请。念五早，从抚台后谒藩王，至前署，望空位行四拜。礼毕，既趋入。王便衣相接，王曰："途中失去冠服，不能成礼。"命坐，予茶。王曰："皇上笃念亲藩，今日不得已至此，先生辈当体念。"抚台对曰："闻殿下玉趾枉临，职等彷徨踧踖，趋侍恐后。第流氛尚远，江右有司，何以失于护卫，俾殿下造次入闽。"王意不怿，命内员捧出符验金牌，令职等详察。徐曰："先生们既云流氛尚远，亲提大兵至此何为？莫不骚动地方否？"抚台曰："殿下去国复返，职等提兵不用，皆宗社之福也。"揖王而出，出命余再晤长史。长史曰："国主之意，谓公辈以兵挟归耳。"余曰："不然，玉帛干戈，有分有合。今日之来，以玉帛相见也，何言干戈？干戈相随，以护王也，何言挟？且干戈以助玉帛之不逮也，宜合不宜分。假流氛骤至，职等能徒手护王乎？封疆之臣，惟防守为首务。抚台即至杉关防守，王自以己意传令旨归国，两得之矣。"长史如余言以启王。

念八日，同抚台遂往光泽。念九日至杉关。三十日早，介马遍阅杉关形势，晤道朱清叟，指点防厄之所。守关守备元体中，率军士数百人，分别要害，倚立相望。阴云蔽日，微霭沾襦。近远戍卒，端端如坐朽杌。或为白石，或如烟树。侧视诸峰，云趁霓逐，隐隐垒高，现古筑城堞处，可得而循。羊肠逶迤，西十里，为羊头隘，又西为孔坑，为铁牛关，为云际，为马岭。东十里，为仙人隘，又东为岩岭，为极高，俱冲险可凭，各布兵分守。以意望之，松石郁郁苍苍，若在天半。既乃介马出杉关，道峻峭，乍步乍骑十里许，至飞鸢。又十里许，至杀人坑。两峰踞峙，怒壑奔流，诚一夫当关处也。此已豫章地，出闽界三十里矣。日稍侧，挽马首归杉关。薄暮，俟抚台布置防守毕，余乃星行七十里至光泽。初一日抵邵武，而藩王亦已如曩约，传令旨于十二日归国矣。是时侦寇息者云："逆献仍归长沙。"乃以土兵守关，撤标兵还省。建宁归化之间，奸宄窃发，自是慑于兵威，邑长令鞭棰指之，俱星散。余以初二日至挐口，晨昏犯霜露，抱疾舆中。初三抵顺昌，初四抵王台，初五抵延平，初六抵水口，初七抵芋原，初八抵三山，解甲投戈，放马于厩，休士卒于营伍。

我征聿至，为日三旬，为途千里。虽饥渴从人，而空林落叶，横交马蹄。幽谷梅花，半杂乌旆。青莎急濑之间，依然竹光团野色，含影漾溪流也。视前此之赤狐黑乌，皇皇靡骋。与西江民人之洋洋东走，不知所处者，未可同日。絜而合笔纪矣。

浪翁之言曰："世之化也，天地为斧锧，日月为豺虎。"我不敢知，曰：然耶否耶？若乃山川为州里，草木为宗族，无地而不然也。风雨为邸舍，雪霜为衣裳，无时而不然也。呻吟为常声，乌犬为君子，无所闻所见而不比比也。无诸尺壤，虽惊不危，域以封疆耶？固以兵革耶？抑晋多君子，心竞者有人，力争者有人耶？此日之不危可恃耶？不可终恃耶？余维音哓哓曰：可恃者人毋堂处，不可终恃者地毋机发。凡百君子，欲反诸化，明听余言，我徂杉关，伊可怀也，亦可畏也。

告关圣誓词

之奇领海孤踪，踽凉寡合。自读书中秘，失奸辅之欢。乃含鸡舌，待罪典客。守挈瓶之智，再捋虎须。浮沉塞落，承乏今职。日怀简书，尽绝竽牍。受事匝岁，夙夜战战。于厘奸剔弊，知无不为，为无不尽；于比士衡文，形神并瘁，心手交瘏。业经科较全闽，岁较四府一州，寒畯多录，英奇鲜遗。赖神之灵，庶几寡罪。并岁较省会，奸宄丛集，其严在人，有终在我。

我心匪石，神目如电。奇敢与神约：如奇曾接家人阴信，或受族戚私函，短垣自逾，四知有愧；惟神有赫，其令奇禄命尽夺，书种永无。如奇于生童试文，高下去取，不经独定，手有遗卷，卷有遗目；惟神有赫，其令奇两眸俱盲，四肢分堕。如奇果睹戒孜孜，操诚以求，恐智识昏愚，衡鉴浅陋，维神启之。如提调心德弗同，胁势传邮，隐奸扶弊；如权要请托不遂，訾公雠私，流言巧中；奇孤立寡援，权轻力微，维神助之。如钻竞生童，甘受走空之撞骗；左右胥吏，巧通暗地之机关。奇法所得施，力所能制者，维神发之。

维神聪明，必令肝肺小人，镜悬鼎见；维神正直，罔俾情面世界，波挽云回。奇以人事君，神以人事天。惠迪从吉罔逢殃，明明天日，并照尔神。谨誓！

较温陵禁提调通揭荐示

照得本道赋性痴拙，遇事认真。虽以冷落衡文之监司，而官有常职，守不假器。一念负心，便如天地鬼神，交相谴督。是以抚按上台，贞度相率，同事诸大君子，寅协靡他，即上巡岁较。及福州福宁科考，诸提调俱能鉴其硁硁，一乃心德。

今取士温陵，五色眩目，四罗靡尽，自当赤心白意，相求灭没。使分神瞻顾，屈抑真才。亡论愧负初心，自贻非责；即揆势审事，亦万万不能矣。而共事地方者，方动色相戒，或以正言告者，曰："簪阅之子，偏有异才。"或以危言惧者，曰："呼吸京华，予夺在手。"本道感相成之言，然赋性在中人以下，似不可以语上也。本道岂故右孤寒，偏左贵介；然今日之通显，半昔日之孤寒耳。咨嗟塞落，致叹于衡文之不公者，岂无其人。曾几何时，而名满天下，其忘厥初服也。本道亦岂不谓乌衣流风，凤毛有种。然与其陵上吹嘘，凭父兄之世及，何知暗中摸索，结一日之知交？至于予夺之说，晋多君子，公论自明。

本道力小任重，滥衡兹役，自春徂冬，并日夜，亡寒暑，耗神竭虑，齿发衰落。区区之意，不过使八闽士子，绝意奔竞，敦崇本务，何利何贪，其久恋此席也。碍眼之钉当去，久重之负亦思释。意虽相左，事实相成。况本道自失恃以来，矫首粤云，尝痛于心。使得早遂初盟，依严膝而扫慈丘。岂特相成，感且不朽。顾代谋者之长虑却顾，则此意亦不敢忘。敷心以告，其审悉之。

禁诸生保官颂德示

照得卧碑一款，天下利病，诸人皆许直言，惟生员不许。敕谕一款，生员务遵明禁，事不干己，辄便出入衙门，陈说事情，议论官员贤否者，以行止有亏革退。煌煌令甲，日星为悬。本道之讲解示谕，谨而申之，不啻再三。祇以敷言是行，抑亦士品宜贵？使纷纷引类，扰扰曳裾，保留称颂，陈说献纳，连篇累牍。诸士且自许曰："乡校不废善恶，月旦亦有臧否也。"而见之者曰："是舍己从人，非乞哀尝鼎，即仰息嘘枯耳。"屈指某事曰："青青子衿，某呈当至，某人当来矣。"噫嘻！甲颜蒙面以向人，人厌且憎，甚则怒汝詈汝，况本道一日之长乎？汝视诸生为人，厌憎怒詈，而能嘿嘿视汝诸生哉？又况为所颂说者，若阘冗罢羸，则亦已矣。苟或正人君子，不陵不援，不愿不求，肯以皎皎察察之身，分诸生之厌憎怒詈哉？故今日本道惟直截痛切，告汝诸生曰：称颂陈说，保留献纳，非惟无益也。诸生从此，弗若于教，本道将扑作教刑。诸生弗怀乃刑，本道且分别降革废以驭其罪。各学教官训束不严，徇匿不举者，约法加诸生一等。诸生及司教之贤者，且从此勉之哉。尊今日之我法，养他日之厚栋。闲中日月，自有静中今古。虽皮里春秋，本道弗贵也。矧公门甲乙，身自佣乎？奴颜婢膝，亡论悫教者：羊质而虎皮，即英能者，亦凤鸣而鹜翰也。又况乎颂说不已，继而结纳，狐鼠自命，狼狈相依。俾本道不得已，而施刑政之典于师儒。然则本道非治师儒也，亦驱虎束鹜，断狐鼠，掔狼狈也。

岁较清漳禁用古字难字示

照得辞尚体要，书本同文。沉博绝丽之章，在奥于理，匪诡于词。况词复肤浅，而饰之点画之间，斯为下之下矣。尔清漳奥区也，士好古，亦才气怒生，为张八网以罗之。一二英绝之士，古色照人。而学步者，遂蹒跚不可止。疏仡元摘，今敲剥殆尽矣。山经水注，复倾储而溢之。辨三豕之渡河者，其人嘿嘿；侈一车之载鬼者，白日荒荒。甚者半豹未窥，苍颉由我。虫鸟蝌蚪，岂真纸上可呼；沙漆篆籀，不过意中妄揣。长此不已，为弊曷穷？夫学如子云，犹来难字艰深之诮；文非石鼓，曷贵避车残缺之形。愿诸生毋远慕诅楚篇也，而先读客嘲解。为此示谕生童人等知悉，以后作文学古，毋惑古而僻；作字依时，毋背时而趋。如有不遵，惟尔作孽。人亦有言，陷文不活。戒之哉，莫谓遒人不频徇也。

岁较温陵正文体示

照得作文一道，端其志虑，详其视听。学问思辨，缺一不可以语于此。要而言之，文于何生？生于质，故理贵白贲；文于何变？变于时，故化极天人。君子甚耻无本之声，恶沟浍也；古人独知众说之小，宏郢郭也。今不学古者无论矣，乃学古之弊，甚于不学古。则无论漓质迷变，集沟亡廓。其于推陈出新，择精语详，得神奇，捐糟柏（粕）之说[1]，犹昧昧也。

数年以来，功利富贵，中于人心。故金玉锦绣，戴继垂绅之谈，连篇累牍，尽为优孟衣冠。繄我七闽诸子，怀灵秉异，弃彼余粮，综兹洞涉，始于一二朗售之士，抓剔元奥，崛曲怡人。而徇声逐影者，一唱百和。循蜚疏仡，既启荒唐之心；扬元焦易，概供诪幻之口。昔之立言者，何罪何辜，受此生吞活剥；今之握管者，如箕如载，甘于学步捧心。展卷而读，小子渊、大人船、老夫车、少女壶、君子斗、群鬼门，未有不哑然失笑也。岂真龙翰于天，贞栗其鳞？抑亦如光、如鬼、如鳖，咳嗸复睒，天不视其畛者哉！

嗟夫！善学古者，太上变化之，其次驾驭之，其次审择焉。未闻丧符灭柱，蝥蠽眯蒙，于蹊窦崖穴之中，而能以人察变，以文被质也。嗟夫！不学古者已矣，学古之徒，毋徒白日荒荒，反见笑于功利富贵之群，则几矣。士之怀质观变者，有以得之，知此言之非谬。为此示抑生童人等，共塞徇逐之径，各依大雅之途。昔谟孔彰，元襟有寄，谨后约戒不徒然。其有不捐宿累，更受要道者，虽才质可造，终自摈落。其毋悔。

校记

[1] 柏，当系"粕"字形近之误。

禁子衿风议有位示

照得闯逆无知，敢蹈安史之辙。畿辅沦胥，弓剑殂落。凡有血气，莫不腐心欲绝，克臂长号。所幸日月重光，乾坤再造。龙蟠虎踞之都，忽睹辰居星拱之象。从兹除凶雪耻，真可计日而需。本道闻变以来，奋身自掷，誓不与贼俱生。朝夕涟如，洒包胥之哭于当事之庭，七日于兹矣。忠薄诚微，两台不以长缨相与；力绵任重，议者必以丸泥相资。不有行者，谁戮力于中原；不有居者，谁慎固于封守。即拟介马长驱，身当要险矣。

乃目击数日抢攘之象，军哗于所，卒嚣于营。而烦言啧啧，遏此庠序之众，出入风议，称有位之短长。当事交责，谓此青青诸子，忠愤慷慨，时惟本道之教。苟其雌黄汹涌，时惟本道之愆。念本道与诸生，相习四载矣。时当国恤，反使诸生同仇之志弗伸，而谓本道监谤之术未善，良可痛也。诸生试思之，道失民散，今之从政，能尽如古人乎？即古人为政，能每人而悦乎？乡校之议，善者吾师，不善者吾改。能以国子之心，尽望之今人乎？诸生者，本道之诸生也。不公不法，鸣鼓而攻，当自本道始。亦如军哗其伯，卒哗其主可耳。何必旁操他署之贤否，以干卧碑之禁，以来横议之讥？

今与诸生约，如诸生有歼逆雄图，固圉要略，可助当事前筹者，速赴当事面陈。若吏治之清浊，为政之短长，明明两台，激扬自在。如复纠众杂揉，烦言不已，本道确访生事之徒，不分首从，尽行黜革。即日解组长往，以谢当事，以谢诸生，以明卫巫之不善防人之口也。

卷三十五　罗吏部瞻六堂集

丰顺罗万杰贞卿著

吏部员外郎罗万杰传

　　公讳万杰，字贞卿，号庸庵，乡人私谥曰文节先生。其先世谱出豫章，宋末有讳安者自闽莆田之官来粤，爱揭之佳山水，因卜居焉。十余传而生公，揭邑诸生乡贤衍六公第三子也。年十八登崇祯庚午举人，甲戌成进士。甫释褐，丁外艰。服阙，改行人司行人，两奉册使封吉、荆二藩。庚辰召对，便殿给笔札，问修练储备四事。敷奏无讳，深中时艰，随擢吏部清吏司，寻转员外郎。时冢宰郑三俊力澄铨政，以公正直不阿，破格畀以选事。公一矢公慎，请托不行。任事一年，复以内艰归里。值揭邑祲，倡境内殷户出粜，全活甚众。

　　甲申三月，北变耗至，辄蹶然起，愤不欲生。会南都举号，尽废其家产，约同志勒兵勤王。已闻朝政日稗，将骄兵悍，上下嬉逐无度，乃声咽气塞。征拜都察院右副都御史，不就。散诸勇健，痛哭入山，结茅于埔阳之双髻峰，林栖谷汲，日习枯禅。时有同里被难诸生，祝发称语山者，相与酬唱诗歌于烟岚竹树中。三十年绝口谈世事，足不履城市，虽家人父子，邈如隔世。

　　兴朝定鼎，海宇廓清，简求遗逸。当道为具荐牍，敦劝出山。公有却聘诗云：“竹马迎来冬日温，条风远拂陇头村。首阳亦属周疆里，敢道食薇不是恩？”又云：“一扫浮氛今已清，几家鸡犬月中行。道人只合孤峰顶，卧听康衢击壤声。”著作殊多，卒逸其稿。疾革，遗命题碣曰：“明龙山樵夫之墓。”以自志其躬丁厄运，忠孝未纯云。

　　嗟乎！考公以弱冠取科第，天才趫敏，操履高洁，辄见颖露。乃膺国家颠挤，而孤忠慷慨，无儒生气，有宿将风。视诸偷盗，岂不霄壤哉！即我朝底定之日，公年方三十许，或少抑损以梯荣，希宠何求不获。乃复栖心尘外，坚卧松云，自比于陶元亮、田游岩之徒，非其天性有高人数等者哉！

　　揭处南海之僻，向未得表章青简。潏于公为孙行，且世居埔阳。曾拜公山寺，辱公教诲。今敬述公大略以备考，非敢传公也。

　　康熙癸酉仲春，茶阳族孙潏拜述。

序

明揭阳罗公贞卿，以名进士起家，历官吏部员外郎。思陵召对便殿，问修练储备四事，敷陈恺切，深中时艰。冢宰郑三俊澄清铨政，倚公以理。内艰归里，甲申闻变，将散家财报国不果。南渡后征拜都察院右副都御史，马阮用事，辞不就职。雅好为诗，凡出处之际，身世之感，无不寓之篇什。其诗真率自矢，不假藻绘，和平温雅，冲淡希夷，格合三唐，体兼刘白。散体之外，真挚朴实，不事矜奇炫异，固风雅之正宗也。万历中公安、竟陵矫历下、娄东之弊，倡浅率之调以为浮响，造不根之句以为奇突，用助语之辞以为流转。杳渺幽晦，堕入鼠穴鬼国。《诗归》一出，词坛无不降心相从，闻声遥应。而公独以风雅为宗，不染余习。即其诗文，亦可谓独立不阿者矣。又闻公沧桑之后，披发怲哭，入山日学枯禅，绝口不谈世事，三十年足迹不入城市。国朝收用遗逸，邑令入山劝驾，公答诗有"道人只合孤峰顶，卧听康衢击壤声"句。昔国变后，熊给事鱼山止于华山寺，方简讨密之止于高坐寺，□临清□□止于丹霞山寺[1]，皆遁入缁流。以公较之，岂非合志同轨者与？公殁，乡人谥曰"文节先生"。洵无愧焉。

乾隆甲申中秋，后学沈德潜题并书，时年九十有二。

校记

[1] 此处原缺三字。

罗吏部瞻六堂集题辞

余尝读郭忠节《宛在堂集》，其表疏多连及吏部语。盖吏部当甲申国变后，不忘明室，尝欲与郭忠节募兵同赴国难。既而弃家行遁，祝发空门，与澄海谢兵科元汴同时同志兵科。当唐、桂二藩监国，犹一再出山，崎岖戎马。而吏部沉机自废，前不受南都副宪之召，后复却兴朝当道之礼。决然一往，鹿豕同群，与密之、鱼山诸遗老遥相应和。余尝过茶阳，至盘湖寺访吏部当年遗事，犹有能道其仿佛者。空山寂历时，若有黍离麦秀之遗响，飒飒乎出于其间。不禁击节沉吟，太息不能自已。

存稿二卷，风神秀朗，不露抗忿焦杀之音。盖身世沧桑之感，已消融于三十年贝叶经声中矣。小雅怨诽而不怒，读是集者，当于笔墨外求之。

后学顺德冯奉初题。

贞社序

今天下綦重朋友矣，顾友之为道，以人合者也，君父兄以天合者也。以天合者易以昵，以人合者易以暌。故从来声气之场，可掖而成，亦可靡而败。非深心笃行之士，风雨鸡鸣，肝鬲相诏，乌能致攻错之益，而召和平之听哉！传曰："不信乎友，弗获乎上。"精神者，拜献之羔雁也。积精敛神，以答筐旨之求者，比肩事主之所愿也。援枹以鼓，不若万窍之怒号也；桔槔以溉，不若众澍之沾濡也。精神动于下，则泰交见于上，天人参半焉。古之人称善交者不一，有以异为同者，如范文正之于尹师鲁是也；有以严为宽者，如诸葛武侯之于法孝直是也；有以疏为密者，如刘元城之于司马温公是也；有以纠为荐者，如欧阳文忠之于包孝肃是也。总之先国家而后身名，急公义而缓私交，其趋一也。其或立意见，矜气魄，争门户，护局面，始焉龃龉于同人，究且贻忧于君父，不亦羞朝廷而见诮于冥行独往之夫耶？

邑中孝廉某，诸君订会，以贞为名，问序于予。惟贞之义，居乾德之终，于四时为冬，于五行为土，于五常为信。信也者，论交善物也。诸君异日或籍金闺，或膺民社。阶地既殊，事势亦别。要以始终不渝，显晦靡贰，切磋观型，期收获上信友之效，庶无负于命名之意云尔。

敬社序

《传》曰："敬，德之聚也。"能敬必有德，夫子以善交许晏平仲，而称久而敬之。则敬也者，乃交友中第一义也。君子无不敬也，敬身为大。则友也者，吾人之第二身也。能敬则为真身，为大身，为天地倚赖之身，为万劫不坏之身。不能敬则为渺身，为幻身，为垢秽丛集之身，为露电速化之身。可不慎与？当知敬之一字，上接危微精一之传，下逮濂洛关闽，莫不凛为师保，奉若蓍龟。吾党为学，静而操存，动而省察，内不放逸，外绝狎侮。与夫持躬淑世，忠君爱亲，无非此物此志。而敬业乐群，亲师益友，又其余也。晚近风偷，性命之朋绝闻，世利之交迭兴。翻云覆雨，靡不鲜终。所谓披肝沥胆，仗义执言者，祗以便其私也。而一二愤世嫉俗者流，褰裳高举，如獐独跳。生峻龙门，死吊青蝇。则复往往少出门之功，失他山之助。究且与比匪逐臭之伦，同类其义。袁石公云："古今只四伦，大抵缺朋友。"信斯言也。则《易》演丽泽、《诗》咏嘤鸣，皆为迂谈。而管鲍雷陈之鬼，不几揶揄人于地下耶？故今日而有士焉，敦笃行谊，砥砺名誉，讲世好于坛坫，联异姓为埙篪，亦犹行古之道也。太上道德，其次文艺，总之不离乎敬。邑诸友订文会之盟，以敬名社，予长子基升与焉，因为弁其端以诏之若此。

《苦竹山房草》序

赵子幼文，裒其所著诗文若干卷，题曰"苦竹山房草"，托予犹孙转示予，且以序言见属。予砚北旧业，久已遁荒。乌敢谬相然赞，以重予过。第闻幼文为人，事亲孝，处友恭，高义薄云，锦心映日。其至性绰有过人处，发而为诗歌，古文辞真笃古淡，淹贯典雅。时而烟云澄霁，时而雨雪霏微；时而绅笏雍容，时而箫鼓凄洌。要以抒写其胸中之诚然，而发挥乎性情之所不容已。非乞灵风华，借妆月露者，所能窥测其涯涘也。幼文之诗文，幼文之至性为之也。

予壮岁罹难，落发空山，铲迹销声，谢绝尘世者，三十余年于兹矣。不知幼文何所闻见，而迹我于山舍间，执礼甚卑。时值予他出，竟不获面，兴尽而归。归时闻犹喃喃，道中不置也。岂以予虽髦，犹足以语斐然之业乎？抑别有所取乎？予以为文章一道，可以镂金石而泣鬼神，针芥水乳，往往不谋而合。其声光气谊，固已卓立于六通四辟之途，而孤

503

行于寻常行墨之外，非苟焉而已也。以幼文之积学伟才，历览奇胜，当必有洒然于怀抱间，不尽泄不止也。异日者出其吉光片羽，于以黼黻廊庙，鼓吹休明，庶几觌面遇之。又何孜孜然索予枯槁寂寞之言，以弁首简耶？

夫序三都者，不足以重三都。而三都之赋，自足为人世所取重。则予虽无言可也。

重建揭阳县官署记

国家设官分职，绥义兆人。畿郡州邑，星罗棋布，莫不有崇墉邃宇，宅中向明，以敷政治，所以示有尊也。而传舍其官者，辄视其地为蘧庐，高者托言静镇，循茅土之旧，安坐待迁。卑卑者流，且借宫缮名目，充彼私囊，政日庬而俗日敝。故观治署之修废，而政事之得失可知已。

我揭邑僻处海滨，昔称乐国，际鼎革后，屡罹寇变。乙未秋，贼艘压城，大肆焚劫，延及县署，悉为煨烬。嗣是邑长皆僦屋以栖，库陋湫溢，无以表壮丽而肃瞻听。十余年间，令数更，甚者获谴以去。青乌家咸追咎于中宫邱墟，致蹈斯患。或倡改图，辄复苦于物力萧索，以为时拙举赢，独奈何以此而厉我黔首为？则又缺然中止。迨我晋水张侯，以仁心敏才来莅兹土。提屏植仆，百废俱举。念治所之荒榛，慨然以兴复为己任。进诸搢绅父老，相与策画其事。众闻欢应，如同一口，爰请当道而报可焉。乃于某年月鸠工庀材，诹日经始。不动公帑，不责赎锾。而庶民子来，争输恐后，木石土甓，不胫而驰，麇集于阶下。阅数月，而前堂后寝，以洎廊庑门谯庖湢之属，次第落成。予于是益信王道之可为，而至诚者之动物速也。

方事之始基也，不以为道傍之筑，则以为无米之炊。议不必行，行不必成，成不必亟。乃竟从劫灰秦火之余，顿睹鸟革翚飞之盛。都人士啧啧叹异，以为天造地设，神输鬼运而成。岂非张侯恩德入人之深，故无烦智笼术驭，而上作下应，捷若枹鼓者乎？矧由此而轮奂鼎新，气运休明，士习振兴，民风丕变。张侯之功，尤有大于是者耶？余铲迹岩谷，世事俱废，乐闻张侯之能以王道牖我民也，遂不辞固陋，而为之记。

光禄大夫行在武英殿大学士兼吏兵二部尚书
正夫郭公暨元配夫人林氏墓志铭

呜呼！此吾姻友相国正夫郭公之墓也。公讳之奇，字仲尝，号菽子，一号正夫。弱冠登崇祯戊辰进士，选翰林院庶吉士。秀颖骏发，越其行辈。是岁罩恩给封典，明年请假归觐。揭令敦修邑志，直笔不阿，人称信史。六年假满，坐失权贵意，散馆，改礼部主客司主事，提督会同馆。与馆伴语，咸典要条远，处置柔徕，远人悦服。甲戌，使册荆封，报命再接馆务，转本司员外郎。丙子，典试河南，事竣转郎中。旋丁内艰归。服除入补，升右参议，督福建学政。力振古学，奋兴士气。杜苞苴，郤请属，弊窦一清，所拔多知名士。癸未，捷南宫者十有八人，八闽传为仅事。周两考，以宪副摄臬司兵备事。多所平反，豪猾敛迹。尤溪贼陷闽清，督官兵，日夜驰三百里，分剿，悉平之。

江右怵于风鹤，藩府仓皇利迁，公佐抚军，提兵扼杉关，力请归国，建南赖以底定。

甲申，以两台交荐，升太仆寺少卿，命甫下而神京盗覆，公闻变痛哭昏绝。时中丞犹援恒例，待哀诏至方哭临。公率人士号哭力争，深中忌讳。宏光初，诬讦百端，会直指陆公以廉卓荐，特擢宫詹。便道归省，而留都继陷，思文纂（篡）位天兴[1]。太宰张、勋贵郑，俱有拥立功，挟宿憾力挤落职。寻以诸正人连章推毂，得赐环起用。公既遭谗家食，未有出山意。丙戌，洞妖啸聚，揭围不戒，陷贼中日久，有铮铮者流，相戒以出。公父子播居普阳，复丁外艰。己丑服除，端州特使敦趋，既至，涕泣陈言，授职礼左侍。未几转尚书，充经筵日讲官，抗疏争奏封之谬。虽事不可回，而朝论韪之。密旨留公于外。

壬辰春，枚卜爰立，秋七月有督师之命。维时东西驰驱，并海而南，至牙山遇飓。公过巨舟，从奔涛鼓浪中获登绝岛以免，而家人尽没。甲午春，改督为视。丙申，仲叔二子，由间道趋，省公于乐民。己亥，滇南失守，六飞既远，公挈其二子，避地山中。所至夷汉杂居，殆非人境。结茅以处，犹著书不辍。自拜命十有一载，矛戟风波，毒烟瘴雾，皆备历之，而公宴如也。辛丑，交夷执献，对问无回辞。羁馆阅岁，以壬寅八月尽节粤西。

呜呼！士君子读书怀古，谆谆讲义命，方其际风云，逢特达，功见而能出，盖有其人矣。至若运当流极，颎洞天昏，则忠良殊轨，难易贸趋。其或黯默引身，以托明哲，下者抱马足求活，至改面事人，真所谓惭负天地，空蝗粱黍者已。求之百折不回，以励其始；致命遂志，以完其终。寰区五百载，庐陵信国而后，成仁取义，吾闻其语，吾见其人，孰有如吾正夫者哉！

公卒之日，距其生万历丁未，享年五十有六。元配林，为户左侍赠尚书忠宣林公熙春曾孙女，齐徽孝德，先公卒二十有五年，封安人，累赠一品夫人，今以从祔者也。继配周，为宪副周公宗礼侄女。继配张，为北直少詹张公凤翼长女，累封一品夫人。公子四人，长天祯，次天禔，俱岁贡生；次天社，殇于文渊州；次天禂，早卒。孙日绚等九人。曾孙道铉等十三人，犹方兴未艾也。其三代考妣名德，貤封及子孙婚配氏族，详于家乘。

公所著书，总若干卷，名为《宛在堂文集》，诗前后十九集。居夷著《稽古篇》百卷。诸子以清白，遗力未能剞劂，今藏于家。方伯仲君之奉公忠魄而归也，孜孜卜其宅，兆既得于蓝田藤吊岭之石涧坑。一日谒余而请曰："先生盖棺论定，生平行谊文章，惟先生知最稔，幽宫片石，敢丐鸿文，以预襄事。"余谊不可辞，谨按状次其大者，志而系之铭。

校记

[1] 纂，显系"篡"字形近之误。

揭庠生谢名选暨妻陈氏、妹纯玉孝烈合传

揭邑庠生谢名选，字钦甫，潮阳之玉路乡人也。少能文，负气节，余尝器之。其父士英，为郡学生，学渊源而教有义方。患滨海寇侵，因侨居于揭。母李氏，素谙经史。丙子季秋，山寇告警，母虑将及难，遂抱石沉河。名选号恸拯救。既苏，母历举往昔名媛处变不辱，芳规耿耿，惟期一死。且曰："此际之死，死贤于生。"及寇至邑破，母命名选逃，

名选不忍去。既而阖室被拘，母谓名选妻陈氏及女纯玉曰："宜速自尽，毋缓须臾，致贻后恨。"陈氏亟弃儿于地，猛偕投缳。贼觉奔至，以刃割其绳，母及陈氏俱绝。惟纯玉尚余喘息，齿啮舌，舌断亦死。

呜呼！微特母贤，女媳俱迥出寻常万万矣。贼迫名选负三尸自城下，名选痛哭吁天，愿死作厉鬼，以襫贼魄。贼初入营，愤名选之阻其兆也，露刃喝之曰："尔家有烈妇，汝亦将为侠男子乎？"名选骂益厉。贼怒，剚腹及颈而死。一门之内，四难同时，闻者无不眦裂。父士英，与犹子上选、重眉，为贼分系别营，闻其家以孝烈死，亦遂义而释之。呜呼！取义成仁，虽甚非类，犹有感焉。

既而贼果为他寇并戮，真有若名选之手诛者。尤奇母以残索之余，置尸城下，绝而复苏。会数老妪见而问之，伪为乞者，挟与俱归。月余始至其乡，备诸艰辛，克全身名。每隐隐似有阴扶，谓非名选而何？名选死后，犹闻能来人间，尝见于铁阳逆旅，言貌慷慨如生。选信人杰，没亦雄耳。邑僧海德，将聚贼所杀人尸以葬，钦陈氏与纯玉之守义而死也，为殓其尸而特掩之。乱稍定，引其父收之。时冰辉已三圆矣，启殡则贞容如生，玉质无损。呜呼！此诚所谓浩然长存，不依形而立，不随死而亡者与？

余虽铲迹茶山，已不与人间得失，惟于忠孝大节，不能默然，况名选尤余之向所心识而器重者耶？惧乱而或失其姓氏也，亟传次之，以俟后之观风者焉。

论曰：呜呼！甲申之变，先帝身殉社稷。尔时忠臣义士，或在廷慷慨骂贼，或疆场齿剑如归，或逃人绝世，入山蹈海，莫不忠义奋发，志节较然。以故极标于上，而化逮于下。胶庠之彦，巾帼之英，为子死孝，为妇死节者，不一而足。使天下万世，知纲常名教之重，有不容以一息泯没者，得非祖宗尊贤敬士之报与？噫！观名选之就义，纯玉之自戕，虽古人之握拳透爪，啮齿穿龈者，又何加焉！

祭孙戒菴文

士不幸而生衰俗，值乱世，乃能知几识微，洁身高蹈。茹芝拾橡，鹿豕为群，蝉蜕污泥之中。矕然不滓，迹虽近放，而心则逾苦。噫！亦綦难矣。

惟我戒菴，沉姿厚质，慧性渊衷。童子时岸然自异，弱冠与予同游泮，才名籍甚。予每逊弗如，顾棘战屡蹶，回翔胶庠中十有余年。迨壬午始捷乡闱，公车北上，中途闻京师戒严，会场改期，遂回轸南迈。嗣是而国运沧桑，家园荡析。固已绝意进取，邱壑自怡。筑一亩之宫，长齐佛前，日与山僧野叟，焚修功课，树艺种植耳。绝轮蹄之音，目鲜纷华之色，若将终身焉。予尝有诗寿翁云："静里生涯资竹树，闲中经济课云烟。"盖实录也。翁每过余山中，辄留数晨夕，剧谈阔论，皆世外事，未尝置荣枯得丧于齿颊间也。今春，小女于归于翁之长郎，予闻翁动定躩踔，殊甚为之色喜。不意云轷遄迅，蚤迎翁归道山矣！

呜呼痛哉！自丧乱来，士大夫慑于惊飙震霆之交加，站脚不定，从风而靡，比比然也。孰能誓墓铲名，韬光藏采，作泉石膏肓乎？予皇皇求友，得翁一人，志同道合，以为末后一段，有所依仗，获脱尘缰凡锁，而今已矣。嗟乎！世之人徒见翁隐居独善，淡泊盟心，仅目之为高人，为清士。而不知翁忠君爱国之诚，悲天悯人之感，蕴结于中，而偶发纾于长林丰草之间，嵚崎历落之际也。故以逃禅佞佛，当苍梧鼎湖之悲；以钟鱼梵呗，当黍离麦秀之谣；以衲子田夫，当新亭对泣之侣。其一段隐衷苦志，翁自知之，而不欲人知之。予亦心喻之，而不欲对翁明言之，而今始向翁一述之。

若夫世运之平坡，家赀之盈啬，子孙之贤愚，功名之显晦，寿世之延促，如浮云春梦，转盼成空。翁已能了死生，忘人我矣。予亦何必以种种俗谛，哓哓然更相慰藉，而混化者之听哉！

祭启孟侄文

呜呼！君已矣，吾族之所厚期于君者亦已矣。忆乙酉秋，里氛肆毒，吾族几陨。君以英伟奇杰之姿，夙负澄清之志。乃委身幕府，投笔从戎，间关阻险，卧革枕戈。积劳八载，卒能剪灭强仇，光复故土，是君之大有造于族也。嗣是之后，君筑堡下坝，予避地茶阳，相去数百里。间或聚首深谈，即以残孽未靖，患切剥肤。欲使一方蒙衽席之安，须令门庭绝丛棘之碍。壮怀锐气，诩诩然见于眉宇词色间。虽予老耄龙钟之人，挹其神采，亦为之振耸焉。今春山寇告警，势且蔓延。君奉军符，奋不顾身，深入贼垒，误中奸计，遂及于难。予初闻变而疑，既而惊，终而号痛积冤，泪尽而继之以血也。

噫！君已矣，君之德泽在宗族，声誉在乡间，勋伐在朝廷，固不容以汶汶。又有三丈夫子，皆歧嶷頛（颖）秀[1]，头角峥嵘，各具食牛之气，异时必能续父未竟之业。且人谁无死，懦夫稚子，忧劳疾病，呻吟床褥，沾沾作儿女态。无常催促，如落汤螃蟹，手忙脚乱。孰与夫扶首陷膺，轰轰烈烈，为国殇厉鬼，纵死犹闻侠骨香也。大丈夫宁为玉碎，勿为瓦全，君亦可含笑泉壤。所恨者欃枪未扫，井里邱墟，兵寇交讧，乡族骚然。出师未捷身先死，长使英雄泪满襟。是予之既为君恨者，而又以为我族人恨也。人耶天耶？数耶偶耶？夫孰为之，而使至于此也。予且奈之何哉！

呜呼！魂兮归来！其尚能驾云车以戾止，而鉴予兹一觞者乎？

校记
[1] 頛，字书未见此字记载，疑是"颖"（潁）字形近之误。

507

卷三十六　谢给谏霜崖集

澄海谢元汴梁也著

明兵科给事中谢元汴传

冯奉初

　　谢元汴，字梁也，澄海蓬州人。祖应诏，由举人官陕西陇州知州。元汴幼随父宗鑛侍养陇州，六岁父挈归就傅。性聪敏，九岁能属文。父卒，母守节，抚之。十岁，祖应诏卒于官。家中落，元汴以孤子奉母，性至孝，能承母意。下帷，读祖父书。经、史之外，兼及庄、骚、百氏。其所为诗文，奥博权奇，有不可一世之概，雅与其为人相称。

　　崇祯壬午，举于乡。癸未，公车至白下，闻河北道梗，遂由镇江转苏杭，游虎邱、西湖而归。是科以中原寇乱，各省举子到者寥寥，改于八月会试。元汴欲成名以博母欢，趱程再赴礼闱，成进士。以念母，请假遄归。明年五月，闻闯贼陷京师，北向恸哭。方往来观变，会土贼黄海如陷澄海，蓬州适当贼冲，不能归，遂由揭阳至郡城。城门昼闭，缒而入。有旧仆至，始知妻刘骂贼死，家人分窜，有邻侠护其母至南澳，得脱。时土寇充斥，路绝行人。八月，间道走漳州，迎母僦屋居焉。元汴不意数月之间，国破家亡，忧时念乱，形诸咤叱。母知其意，勖以大义。乙酉六月，南都覆没，唐王监国福州。元汴投袂而起，辞母趋赴。天兴九月，以朋党策称旨，授兵科给事中。元汴起自单寒，性戆直，不能随时俯仰。所进六太息疏，侃侃数千言，指斥时弊，与时局大相凿枘。十一月，奉差宣慰两粤，充册封二藩副使，便道奉母回潮。丙戌二月，至端州、苍梧，行册封礼。三月至桂林，时有逆绅附贼者，希郑芝龙意织款劾元汴，革职还潮听勘。九月，唐王殉国汀州。十月，桂王立于肇庆。丁亥□□□□□□□□□□□□□□□□□□[1]，大兵定广州，王走桂林。戊子二月，总兵李成栋叛附桂王，迎王还，驻跸肇庆。七月，潮镇车任重之变，潮州大乱，元汴几不免，脱身至广州。十二月，至肇庆谒王，复授兵科给事中。连上十事四议诸疏，皆直言时务，凿凿可见诸施行。而时事孔亟，诸道援兵皆溃。剩水残山，势难终日，元汴郁郁不得志。己丑五月，奉差平远募兵，为广州声援。□□□□□□□□□□□□□□□□□[2]，大兵再定广州，桂王由梧州奔南宁。遂入安龙，两粤以次悉定。元汴奉母，避地转徙于兴宁、长乐。间至丰顺，侨居大田。授徒养母，不复与世事相闻。乱定，奉母还居郡城。母卒，弃家披缁。流寓澎湖、台湾，后不知所终。集中有吊黄道周、陈子龙、揭重熙、张家玉诸公殉节诗，苍凉悲壮，精悍之色，犹存眉睫。他著作多散失，惟制艺及奏疏，与放言诗集存。学者称为霜崖先生。

校记

[1] 此处原缺十九字。
[2] 此处原缺十六字。

序

南海　梁佩兰

燥发时诵先生之文，便想先生之人。以为先生生于潮，海水泊没，山势萃崒，鳄鱼怪兽之所出入。其奇莫当，特出先生以应之。其人其文，其文其人，故为中原所推服。忆自前时想先生，而故为揣摩先生者，今十有六年矣。而果承先生枉顾，得见先生，又得见先生近所为文，为古文，为歌诗，而并读之。而与先生相过，仍自落落也。得无前时所云想先生者，值当面而又失之也。善乎苏子瞻王夫人之言，其与人锐者，其退人必速。兰感于世故，故宁为落落也。

先生之文，大率如先生之人。先生自言其文三变，其人亦三变。是已。先生近文，比前时愈瘦愈劲，愈削愈刻，愈奇愈放，愈幽愈老，而总之愈严。古文离合奔纵，得之司马子长，而间得之汲冢古竹书。《九危》《岣嵝》《石鼓》诸碑文，助其错落幽奥。故于古文，别开蚕丛，为从前人所不能为。其在近代，则黄幼元、倪鸿宝亦其同调也。诗原于《离骚》《九章》《天问》等篇，而卢仝之怪，长吉之鬼，孟郊之瘦，贾岛之寒，元次山之朴，炉锤而出之，故又独成其为先生之诗。执先生所为近文古文歌诗以寿世，真是与白日同不落也。

拙稿奉览，求为删定。或可教，则乞弁言增重。兰之文，素不喜因人热，素不肯易入俗口，世亦目之为怪为诞；而为人不羁，世亦目之为狂为妄。非遇先生，决不如此吐露，如此出丑。则亦弥大王驴，其耳化为竹，而复不敢鸣也。诗稿待写成帙呈削，欲言未尽，临楮神切。

谢给谏霜崖集题辞

予向读给谏制艺而奇之，欲考其为人，而府县志不详备，且按之时事不合。曾使人至给谏故里求之，则子孙他徙，坟墓碑碣无存，耿耿于心者数年。后有不知谁何之老者，欣然携书卷授于书坊主人。主人知其名家藏稿也，转以授城南林孝廉恒亨。孝廉阅其书，即给谏集也。予闻之惊喜，索观，则诗古文皆全，书笔瘦劲，涂乙纷错，宛然作者手迹。考其行，皆烈士高人之行；读其文，皆忠臣孝子之文，为之肃然起敬。

嗟乎！求之数年，遇之一旦，岂文章显晦，固自有时欤？抑老者何人，顾欣勤若此？

殆忠贞之气，瑰玮之文，不容磨灭，有为之呵护者。故二百年声销影熄之后，其光气腾达，终不可遏抑欤？是诚足宝也已。

后学顺德冯奉初题。

朋党策

臣谨对：慨自两都沦陷以来，士大夫靦颜贼庭，稽首口口。谁非祖宗三百年来休养之士子，而一旦颓丧若此。始终皆为朋党二字所误，宜皇上推原丧乱之由，追恨祸变之故，而明问及此也。

臣尝读史，上下古今，治乱兴亡之际，有以宦官亡国者，有以女主亡国者，有以藩镇亡国者，有以权奸亡国者。而无如朋党误人国家之深，其害大而为祸烈也。其实宦官、女主、藩镇、权奸，种种诸毒，皆因朋党而生。而其所以致宦官、女主、藩镇、权奸之亡国者，皆朋党之人，角门立户，结成局面，牢不可破，而有以积渐使然也。以杨雄之宏才硕学，而不免以剧秦美新，遗讥千古。若夫杜钦、谷永，以机数小学文饰经术；宏恭、石显，以内竖寺人参预朝政。与夫四十八万功德之颂，上书谀祷，而顿忘汉世之旧德。盖由西京之季，外戚椒亲，权倾人主，骄奢已极，僭上亡等，遂移汉祚于不觉也。

永建而后，士皆矜尚气节。然未免有纯盗虚声之诮。未至望若神明，既用随事俯仰。至钩党之令下，父勉其死，母欢其义。门生故旧，争为纳命而不恤，徒自扬名声于天下后世。究何益于汉业之兴衰，汉祚之存亡哉？不过使千百代下，景其芳烈遗躅，为之感慨，兴悲不胜，废卷而三叹耳！

三代以下，惟恐不好名，亦未为定论也。夫士生于三代之下，上事明圣之主，下有同心之朋。皇路清夷，则忧盛危明，夙夜匪懈。运世崩剥，则支柱砥轴。保残守缺，斯足尚耳。若区区矜一身之节义，虽振衣千仞之冈，濯足万里之流，昔惭箕颍，今愧孤竹。国家一旦有缓急，亦安得若人而用之哉？

唐自安史毒螫，灵武旋轸之后，人主之权，渐在藩镇。维州一议，德裕与僧孺将相不和，遂使山西八国，化为尘沙榛莽之乡。则夫乱唐国者，不在河北代朔诸雄，而在唐之诸臣内外龃龉，以致唐之天下分裂，而为五代也明矣。后世读唐史者，未尝不叹息痛恨于牛李也。及宋末王安石、司马光、苏轼、程颐辈，渐起元黄之战，遂生水火之争，始有洛党、蜀党、朔党之号。其始岂不以各持意见，成一国是。而一念之偏，遂有倾邪之小人，思为附和其说，以趋承其意旨。今虽有正人君子在上，未必不喜人之同己，而恶人之不同己也。善乎欧阳修之言曰："惟君子以同道为朋，而小人以同利为朋。"

而今则大有不然也，自奸珰乱政，一时东林数君子，其忠烈者既已矢恨亡泉台，而一二严气正性者，亦膏盉烟霞。先帝在御，将媚珰诸人，悉置诸法。而东林之废锢者渐起柄用，此逆案所由定也。然媚珰诸臣，谓其贪利禄，恋爵位则可；而谓其睥睨神器，攘窃天物则未必，或出于此也。究之东林之人，亦何尝为国家做一事，杀一敌，灭一贼哉。此亦一君子，彼亦一君子。一堂之上哄然如聚讼，如市上之醉人相搏。文臣爱钱，而偾帅札弁，入登岳韩之坛；武臣惜死，而骄兵蹇卒，坐糜大官之食。以至三百年金瓯无缺之天下，沦于烽火十七载。忧勤惕励之英主，断送贼手。谁生厉阶，皆始于一二大臣，招权纳贿，背公植私。殊无忠君爱国之诚，而阴为报忿酬怨之计。同己者进，异己者斥。一旦强敌猝临，张皇失措，左支右吾。求所为向时同舟之人，而杳如胡越，已不可问。斯时而欲浣心涤虑，伐毛洗髓，尽破异同之见，不立町畦之域，以挽国运于未颓，维人心于既去。啜其泣矣，何嗟及矣！虽寸此当事诸人之肉，不足以偿亡国之罪也。至若马士英负乘致寇，所与同事者，不惟不顾国事之偾辕，而且不知身家之可惜。迹其所行，一秦桧、贾似道、韩侂胄之流，《春秋》之乱臣贼子而已矣，不可言党也。

及今而图之，一则严苞苴，一则禁私交，一则饬廉耻。苞苴不严，则士大夫呈身气焰之门，招摇华要之市，以白镪之多寡定人材之能否。则铨选之路宜清也。私交不禁，则公门之桃李太盛，药囊之溲渤不择；宵小金壬，窜错其中；驽骀与骐骥齐科，玞珉与琅玕同价。则勋阁之荐剡宜慎也。廉耻不饬，则虽惭北山之移，而无如其门前之车马萧萧，迫人太甚；亦鄙终南之捷，而不胜其破甑之死灰寂寂，笑人难堪。忘一己之甚拙，羡他人之徒工。则仕绅之进止宜端也。凡此者，皆朋党之所由生，而国事之所以坏也。

今陛下欲划除积习，主臣同量，宫府一体，以佐成中兴之业，勿谓一隅之势蹙也。昔少康灭寒浞，而续夏明堂之祀，兴师不过一旅；光武破寻邑，百万再造卯金之室，羸卒不满三千。岂必水犀十万，控弦千骑，而后足以组仇敌之颈，成巩固之势哉！惟是君臣之间，孤厉志气；大小师尹，同一心德。不为穴中之斗，而为殿上之争。职业修明，则万事理。将见战则胜而守则固，攻则取而谋则克。业不定功不成，而中兴太平之治，不远迈汉唐宋而上者，臣所未闻也。臣谨对。

时事可为太息疏

行在兵科给事中臣谢元汴谨奏，为时事可为太息者六，臣不胜瘝忧，诉天无路。罄竭愚忠，披陈于圣明之前。而一一竟其说，死且不朽，伏惟鉴采。

一曰祖宗之名器宜惜。十年树木，百年树人。四海九州之大，不患无才。才人之少，正以不胜不才人之多。非常之才，宁为山泽之癯老，死于岩穴之中，非明主不见，非明主三征五就不见。诸葛武侯之抱膝隆中，刘基之把杯睨乔云是也。陛下朝进一人，拔其尤；暮进一人，拔其尤。奇才英杰，虑无不毕入网罗，臣窃以为不然也。诸贤所收，尽皆社师伧父之流；召对所用，半是驵侩贾竖之辈。屠沽市儿，金紫比肩；破烂头巾，寇（冠）盖接踵[1]。语曰："见鸟六双，于王何取。"辅臣黄道周有曰："绝饵而去，必非鳟鱼；恋栈而来，决非良马。"乾坤何等时乎？而滥觞至此。不肖登庸，及今不持八柄之驭，以杜侥幸之门，则高贤裹足。异时谁作招隐之章，以振潜鳞之翮。此时事之大可忧者一，臣不胜太息。

一曰有用之精神宜节。天下鼎沸，中原丧乱。臣非欲陛下宝精啬神，栖心幽元。如外道之流，清净无为之说也。远来之奏章，累牍连篇，所以爎乱聪明者诚多；伏阙之儒生，簧口莠舌，所以荧惑心志者亦不少。今六龙之专闑无人，三军之脱巾可虑。其为杖策从王者，则宜召其人，而咨其方略，试其胆识。何道用正，何道用奇，以作前茅后劲之本谋。其为居中策应者，则宜按其图，而相其扼塞，布其要害。何处用壮，何处用老，以商未雨彻桑之至计。更合战守之大势而论之，用兵若干，需饷若干。饷足供兵之食，而兵无縻饷之费。乾坤何等时乎？岂谓条陈批答，可以了恢复之局乎？臣窃以为不然也。语曰："东南其户，风雨不处。"贾生曰："不猎猛兽，而猎田彘；不搏反寇，而搏畜兔。"此时事之大可忧者二，臣不胜太息。

一曰除授之参核宜严。陛下今日简一枢部，明日升一督抚，又明日赐一玉蟒，又明日选一翰林，又明月（日）擢一台省[2]。岂谓待人以不次之爵赏，用人以不测之机权，遂足以颠倒天下之英雄豪杰乎？臣窃以为不然也。曩日之门户分途者，今则扃钥愈固；曩日之情面圆熟者，今则营竞弥工；曩日之暮夜投金者，今则倚市门而招摇。悬秤卖官，借刀报怨。苟可以只手遮天，而衾影奚恤独惭；苟可以设阱驱人，而清夜无妨不问。语曰："削株掘根，无与祸邻，祸乃不存。"《易》曰："履霜坚冰。"至夫两京之覆辙，已见于前事矣。乾坤何等时乎？而莫之深省。此时事之大可忧者三，臣不胜太息。

一曰四方之义旅宜援。天下一往不可御者气也，气易作亦易衰；一去不可收者人心也，人心易合亦易散。夫以效死勿去之徽州，一旦委土地以予人，丧已成之我军。敌人未尝日夜忘徽，竟取徽而有之，岂遂日夜忘八闽三山哉？吉安旋失旋得，旴江旋得旋失，岂果我力足制其命哉？臣窃以为不然也。得其地不足守，得其人不足用。空城而去，捆载而归。为"将欲取之，必固予之"之术耳。乃恢复斩获之书日上，未闻长驱而直捣。徽郡失守，始群而言某岭当设兵，某隘当遣将，我之无成算可知也。今诸路义兵，望王师之至，若大旱之望云霓。当圣安正位之始，山东河南之豪杰，□□□□日日报闻[3]，何以四镇之兵，逍遥河上，听其飞渡而下建康，曾无折一镞之费也？语曰："需者，事之贼也。"同官臣姜应甲曰："冬深则敌气老，而恐其劲；时深则义兵老，而恐其衰；思深则人心老，而恐其涣。"乾坤何等时乎？唐臣李翱曰："祖宗以一成一旅，取中原如反掌。及其子孙，不能以天下取河北。"以三道大兵，不能全一徽郡，迂言恢剿哉！臣窃为痛之惜之。此时事之大可忧者四，臣不胜太息。

一曰臣工之奉行宜速。军兴旁午，羽檄飞驰，疾若发机，迅若惊飙，非粉饰太平之日也。手敕千言，几见下令于流水；细书十行，徒叹后来之积薪。会议祗视为具文，部覆竟束之高阁。岂条例之未晰？抑案牍之充陈？臣窃以为不然也。火已燃肤，尚言好官之得钱；势已剥床，惟营狡兔之三窟。举从前之金貂宝玩，悉以充死贼之琼林大盈，而恬不知怪；并此日之齐姜宋女，尽以供敌人之氍帐厨幕，而漠不知耻。士夫之崎岖险阻，攀鳞附翼，冀邀一命之荣，苟无姻娅之旧，书十上而十不得意；皇上之招弓取士，设饵待贤，冀弋从龙之彦，苟非奥援之广，旨三下而三若罔闻。乾坤何等时乎？语曰："觥饭不及壶餐。"又曰："日中不彗，是谓失时。操刀不割，失利之期。"此时事之大可忧者五，臣不胜太息。

一曰文武之志气宜厉。高祖血战，二十余载，驱逐胡元，平一区宇。列祖相仍，深仁厚泽，俱留人心。今二京虽化为异域，而海内一二熊罴之士，与夫不二心之臣，尚在纠合劲旅，收拾残疆，以图光复。英人伟流，埋光草泽，蕴义怀忠，响应云兴。每谈及国家之事，拔剑斫案，投袂而起，火吐于鼻，眼迸于顶，尚有其人。即山林隐逸之贤，举目萧条，凄怆风景，楚囚对泣，亦慨然有中流击楫，揽辔澄清之志。而寮采之间，惟高围棋睹墅之风，曾无枕戈待旦之意。嗟乎！请看今日之域中，竟是谁家之天下？《诗》曰："无然泄泄，无然宪宪。"语曰："涓涓不滴，将成江河。两叶不去，将寻斧柯。"论者咸谓皇上偏安闽粤，而坐视江左之士女□□□□[4]，臣窃以为不然也。勾践困于会稽，一箪帝一槃匜，身请臣妻请妾，罢惫已极。大夫种范蠡辈，送于江上，临水祖道，不胜悲哀而感伤也。致祝之辞：一则曰皇天祐助，前沉后扬；一则曰君臣生离，感动上皇。上下之间，卑飞戢翼，目悯心动，卒以沼吴。乾坤何等时乎？敌不忘我，我反忘敌。人事不修，而单靠天意二字，臣期期知其不可也。此时事之大可忧者六，臣不胜太息。

凡此六事，皆臣呕丹倾葵，不敢一字欺隐。至战守急着，以战而言之，莫如遣一吴臣，联合茅山泖湖之舟师，密约阴布。以舳舻三百艘，从海上破浪，竟趋金陵，以断其后。盖敌之长技，利于马而不利于舟；闽之长技，善于水而不善于陆。当今而求，上掐人胸，下砍马足。一夫大呼，万人辟易。晨星落落，若鼓冯夷。洪涛而直上，视鲸鲵若休螺蜓。以我之坚，攻彼之瑕，非水兵不可。臣曾疏及之，不惮稍伸前说，再为皇上入告他。伏乞敕下部覆。以守而言之，杉关大兵，屯札关门，以壮虎豹在山之势。至旁蹊仄径，万一彼赂土人，从菁林蒙茸，衔枚疾走。拒貐于前，进狼其后。杉关之险，孰如阴平？诸将英果，孰如姜维？则斩木堙谷，以防冲突，亦要策也。伏乞敕下部覆。臣无任激切待命之至。

校记

[1] 寇，显系"冠"字形近之误。
[2] 月，显系"日"字形近之误。
[3][4] 此两处原均缺四字。

王业不堪再失，中兴不越十事疏

行在兵科给事中臣谢元汴谨奏，为王业不堪再失，中兴不越十事，分理不过数臣。恳乞皇上，独秉睿断，立赐施行事。

窃惟取天下与守天下不同，皇上承十六王未坠之绪，有守之责；栖东西粤凉瘠之区，值取之艰。便安不可娱，小功不可狙，天时不可违，人心不可去。臣揣形镜几，凡有十事。十事之中，以十数才臣星布域中，大都毕举全局。自收取天下之道在是，守天下之道在是矣。十事维何？

一曰下亲征之诏。思文帝之败，以画守剑江失，非以出天兴失也。当三山定鼎时，一因江东之斗困，一乘杭敌之骄盈，出二偏师，东缀衢严，西携袁吉。六飞飙击，率徽之劲旅出太平宁国，下采石，临石头，以瞰建业，则王业成，而江左可复。失此不图，关门弛御，九庙乏祀，以诞起我。陛下今车驾即未能远出，独不可沛发明诏，会诸侯师誓于江上，告天下以□□□□之故乎[1]？

一曰特颁贷逆专诏。如唐兴元宥河中淮西故事，奉天诏赦。虽叛士悍卒，无不感泣。今江以东、淮以北，逆我颜行者，皆我旧部曲也。惟涣德音，开诚布公，动以名义，悬以爵赏。有能悔罪束身，以城邑来归者，不惟官之，且裂地封之。翻彼飞鸮，孰不回面革心，而怀好音哉！

一曰一省各遣一本地忠沉廉介重臣，选练义旅，急图进取。诸路义师，有树兵以自固

513

者，有策功以自效者。我不用则为敌人用，去一兵生一敌也。惟简精锐，汰疲羸，就近调发，以蹈隙抵巇，不至师老财匮，则胜算在我矣。膺斯任者，不忠沉则知人之术疏，不廉则挠于货贿，不介则诎于情面。非其人，则宁为官择人，勿为人择官。

一曰鲁藩通问之使宜亟行。皇上神庙之血裔，文皇之云礽。以亲以序，尊无二上。仕藩诸臣，或未见龙兴诏书，或阻于山海辽阔。简一才辩骨干者以往，讲明世系，规切同仇。消阋墙之衅，而奏御侮之烈。并沿途采访人材，使江之南北，浙之东西，名彦伟流，奇人剑客，景风来归。夫贤才，国之风雨也。众贤豫附，英豪响应，则诸王之称兵自雄者，莫不稽首归藩，不独一鲁国矣。

一曰遣数精敏能臣，清各省之屯卫。国初，设卫所、置屯田，深得农战遗意。承平武备寖弛，或有伍无田，或有田无伍。臣数年前见一操期，尚有募市人挟败殳刓革以应者。自敌骑蹂躏，伍不可问，田不可问矣。得其人核军实，复屯额，一省可得数万之兵、数万之饷。然非不爱钱，不徇私，军实不得而核，屯额不得而复也。

一曰急遴醇厚清勤之臣数员，巡行诸省，为劝农使。人不衣食，君臣道息。河水崩，其壤在山，言上下相及之势也。兵兴以来，庐无人庐，居无人居，良田十二，荒田十八，周道无茂草之叹矣。使之所至，给牛种，贷农器，课绩于各州邑。有能辟草莱、招流亡者，最上。考乡三老之力田者，除散官以奖厥能，庶乎千耦成云，百坡成雨，而国有十年之蓄，仓卒变起，而足为恃。

一曰敕各勋镇，慎选监司守令。皇上急于求治，一切大小吏，勋臣得自除补，宁无有稂莠败禾，与燕石乱玉者乎？著为令曰：监司二千石，非甲乙两科不能除。府佐贰县令，非岁选二贡不除，无其人，则借才于部寺科道，小九卿。夫一人贤否，即一方治乱；一官邪正，系黔首安危，可不慎哉！勋臣功在王室，凡大治乱、大安危，休戚共之，其难其慎，主臣同量矣。

一曰饬将卒，惜民命。闯献发难，天下之户口杀伤过半，生齿凋耗过半。神武以不杀为本，观帝王之兴，不曰悯生灵之涂炭，则曰救斯民于水火。若寡人之妻，孤人之子，割斫人类，伤残衣冠，虽得之必失之。下一城，克一邑，束坠（队）按部[2]，市肆不惊。而倒悬之士女，使有室家完聚之庆焉，此万世不拔之基也。惟皇上泣谕将士，疆忍而力行之。

一曰愿大小师尹，克己思过。仇耻未雪，陵寝未展，罪则有矣，功于何居？一日而九迁其官，奚为耶？高皇之兴也勃，官无幸位也；烈皇之亡也忽，人有猎心也。凡百臣工，靖共尔位，受禄不诬，受罪益寡。《礼》言之矣：桑有骤拱不祥，实有未赞不韧。惟名实相副，则无本末衡决之患。

一曰辇毂之下，宜宿重兵，毋使四方窥朝廷轻重。高皇提三尺剑，躬杯甲胄，亲冒矢石，百战有天下，而禁旅犹四十余万。汉征六郡，良家子更番宿卫，所以居重驭轻也。五大不在边，五细不在庭。今皇上跸临端水，示天下以薪胆自励，无忘中原。而羽林孤儿，仅备卤簿，得无生奸雄睥睨之心，草泽僭窃之志乎？臣谓江虔之敌鸱张，瓯闽之仇虎踞。文武之间，皆当朝夕厉秣，鸣剑投袂。不宜怡堂厝火，为海内豪杰观笑也。

此十事者，皇上行之，则国蒙其休，民食其福。不行，则立见危殆。皇上更于万几之暇，左右图史，勿耽逸乐而忽细娱，勿徇小喜而忘远图，勿玩岁月而失天时，勿溺床第而散人心。以守之中策，为取之上策。国本既厚，国势自壮。进可空漠北之庭，退不失四海之富。若复怠废因循，日削月弱。祖宗之成宪，渐见紊乱；国家之民力，渐见靡竭；天下之忠义，渐见消阻。根伤其内，而蠹穿其外。不能取并不能守，臣未见其可。惟陛下详览深思，无忽。臣无任激切待命之至。

校记

[1] 此处原缺四字。

[2] 坠，显系"队"字形近之误。

勤政之实在典学疏

行在兵科给事中臣谢元汴谨奏，奏为勤政之实在典学，明作之实在惇大，祈天之实在诚民。粗陈刍论，仰佐高深事。

帝王崛起，虽在干戈，犹不废学。今八垓虎斗，兵气未销；日月之光，夷昧未融。诸策士即文弱弩嬉，无不折箠裂组，顾盼自雄。迂语诗书，诚拘于墟。顾马上得之，诗书治之，高皇之所以兴也。皇上春秋鼎盛，君德未就。虽乘銮播越，无暇投戈。而经筵日讲，断不可废。

夫春为王事之始，草木怒生，勾萌节解。皇上为天之子，执天之行，锐发朝气，延见公卿，详问得失。而法宫之中，鉴古治乱，知废知兴。则气志日疆，义理日深。晓然知祖法之不可不守，秕政之不可不更，君子之不可不用，小人之不可不去。而中兴之气象，庶寝（寖）昌寖炽乎[1]？故曰：勤政之实在典学。

纲解纽弛，言庞事淆。而臣以惇大之说进，将无暗？柄不下移，威无旁贷，谓之惇。崇国体，挈维领，执枢要，谓之大。主权不可以不收，不收则一瓢而十舆，瓢恐裂；君侧不可以不清，不清则一神而十丛，神恐轧。指不可大臂，臂不可大身，国体宜崇，一也。尊不尸小事，卑不专大名，维领宜絜，二也。先臣刘侗曰："中宅天下，不若虎眠。天子虎眠，天下不若。"挈天下为瓶，而身抵其口，控其游以制胜，规诸路以进取，枢要宜执，三也。皇上右操圣钺，左执王铁。量在百世，谋在子孙。捐苛细，释猜防。勿以小忠信人，勿以小节疑人。洗数十年君臣之蒙局，以希踪三五。而中兴之规模，不明肃而宏远乎？故曰明作之实在惇大。

此日之天，裁漏南海，小水耳。天不私一姓，惟能为生民主者，天必与之，天与则人归之。王者谨承天志，喜以答阳，怒以答阴，惟在勤恤民隐而已。六马之离御，必于四面之衢；兆民之离道，由于主上之佚政。书曰："用顾畏于民岩。"言民至顺也，至险也。顺则可亲，险则可畏。今战争不息，民气破伤。军之所兴，十年之田而不偿也。民之豫气，兆为祥云；民之沴气，兆为苦雨。王正雷殷，滞霖不日，为阴盛阳衰之象，恐有夷狄之犯中国，小人之犯君子。此皆民贼也。寇在外，务胜之；蠡在内，务薙之。且雷为天怒，天之告陛下以一怒安民也。民气静则天心悦，天心悦则吉康迪。而中兴之根本，不日滋而日茂乎？故曰：祈天之实在诚民。

凡此三事，无甚高论。然广德心而富大业，贞百度而承权舆，击（系）天命而厚人情[2]。统不越此，伏候圣裁。臣不胜激切待命之至。

校记

[1] 从文意看，"寝"，当系"寝"字形近之误。

[2] "击"（擊）字不可解，似不通，当为"系"（繫）字形近之误。

官方冗滥已极，考选须核真才疏

行在兵科给事中臣谢元汴谨奏，为官方冗滥已极，考选须核真才。谨陈四议，伏乞皇上饬力，以光新猷，以抑颓波事。

今日称最急且重者，无如考选一事。因所急而市其所重，虽有曾史，不能不集菀茂以呈身矣；因所重而邀以所急，虽有宪宓，不能不托疾足于邪径矣。皇上侧席求贤，臣不敢私窥。士大夫大抵伪行多而真品少，饰迹以干进者什九，而抱蜀以自修者十一。夫知人则哲，惟帝其难。能哲而惠，何忧乎驩兜，何迁乎有苗，何畏乎巧言令色孔壬？皇上远法祖宗，以上符乎尧舜。无尝人以急而攫爵于仓卒，无委人以重而漫掷于庸流。成宪不可尽拘，亦何至尽弃，而置若弁髦哉！臣请以议为皇上陈之。

一曰汰流品之杂。祖宗朝，右甲科而左举贡。国初以监生办事，六科秀才，为十五道御史。考洪武六年，科举已行而旋罢。至十七年，始定为三场取士之制。元季之乱，人材散逸于山林。值草昧初开，制度未定，科举停阁。度其所为监生秀才者，皆言为文章，行为裘缀。其才行品望，与甲科埒。嗣是而降，当稍循资格矣。变乱以来，贤人凋落，进士晨星。部郎中尚有三四人，皆卓荦不群，可备清华之选。如谓郎官不在考选之列，而威宗朝何楷非以员外所授给事乎？至孝廉之散在曹秩者，宜令六卿之长，就其所属确核才品，各遴数人。而中行之授职者，一体与考。非二科也，不在此典。庶品流一清，而济济多士，皆王国之桢矣。

一曰行久任之法。得一贤令，如得胜兵三千人。兵荒连年，民生凋敝，兼以南北流寓，多有不肖窜处其中。希得一官，如虎如狼。敲脂剩髓，无所不至。臣之耳目所及，循良卓异，未见其人。彼其出身，既非科目，苟且旦夕，岌岌焉有恐不终日之意。甚有目不识丁，一切薄书细碎，倩人捉刀，依倚胥吏，狼狈作奸。而鱼宏之四尽，周处之三恶，比比皆然。我皇明全盛之天下，一败于贼，再败于敌。驱民以为贼，迫民以从敌者，皆朘民以逞之虐吏耳。旧制惟知四年四月，方准考选。今虽不能尽拘往例，而三年奏绩，独不可待乎？若夫不给由，不考满，何从知其贤否？而截俸行取，更可不必。夫当此哀鸿嗷嗷之际，得一慈惠之师，正当留之地方，以为借寇之用。而皆跻之清班，则将俾贪墨不肖者，蕴崇以为民害乎？

一曰重临轩之典。旧制试四书义一篇，兼论策一道，天子临轩赐题。至思文帝，始独用答策。臣同考十四人，皆荷亲赐策问，至漏下方进宫。一时惊传，以为异数。今当略仿先朝故事，单试书义。庶黎邱之子，不得以掇拾见长。皇上仍临轩，以重其事。谕令阁臣，专取文字，而参以官评。盖自寡识者进利口捷给之徒，而薄沉断静重之姿。不知士无实学，则吏治不端。吏治不端，则立朝必无直亮之节。鲍宣云："朝臣无有骨鲠大儒魁垒之士。"论议通古今，忧国如饥渴者，臣未见也。故当其无事，则语中机宜，言犹河汉。及朝廷有大安危、大得失，则引经据古，独排群议，触天子网，突佞臣牙，遂无一人。夫利口之覆邦家，圣贤所患。自古刚方正直之士，多风骨凝远，器识深坚，刊华归实，岳立山峙。而倾险佥邪之夫，岂不谈惊四座，论折千夫。误以才辨用之，势必树党沽名，耽荣媒利，枝牵蔓引，沮抑善类，以成苞藘之固，而社稷危亡之祸随之。夫学有源本者，其文必无枝叶，惟在贤宰执之知言知人而已。

一曰复访单之旧。吏部将应考者开列一单，自四品京堂以上，及台省诸臣，概行分送，广采闻见，以折衷众论，旧制也。自营竞之途开，而奥援之窦深。其为载宝入朝，定价贸官。今干戈满地，妖氛未靖，即金穴何藏？兔窟安营？至愚者谅不昧昧，岂无依草附木之妖，占风望气之俦，向火扫门，炙手即热，流于淫朋比德，而不觉者乎？夫严气正性，踽踽凉凉，不见可亲，不见可疏者，必君子之人也。色厉内荏，患得患失，炫才露己，呪訾喔咿者，必小人之人也。为君子者，必孤立而寡援；为小人者，必膻柔而善附和。知人者以目正耳，不知人者以耳败目。使人人皆从君国起见，不以私意爱憎。则高贤无戚戚之叹，下品鲜赫赫之光矣。

凡臣所论，深中时忌，自知为邪曲所不容。魏元忠云："臣犹鹿也，猎者苟须臣肉为之羹耳。"然苟可以利国家，广忠益，虽死不避。惟陛下敕部一一议行，开众正之路，而塞群枉之门。幸甚！臣无任惶悚待命之至。

目击时艰直摅忧愤疏

行在右给事中臣谢元汴谨奏，为目击时艰，直摅忧愤事。

今天下未平，烽烟未靖。臣之癙泣纬恤，固不一端也。礼崩乐坏，法挠制削。中原鹿轶，而野有亢血；黔首鸟骇，而城有凭狐。中流失船，一壶千金；流澜既倒，谁砥厥柱？屋漏在上，知之在下；风雨既摇，谁绸厥户？臣之感愤流连，又不一事也。难调者，蜩螗沸羹之口舌；莫静者，波涛云雨之人心。水火之极，渐生和同；和同之极，益成水火。庙堂之上，尚四分五裂，何有名封之割疈；臣邻之间，已万剑千茅，奚怪蛇豕之纵横。纸上甲兵，徒手而攘；节钺之权，空中描画。抵掌而撄，肘后之印。杖策从王者，抱因鬼见帝之嗟；怀璧入幕者，有沐猴而冠之诮。格例不拘奇才，而集菀恒在猥庸；禄饵难啖名流，而偏枯独见君子。逾垣堁户，犹有威凤祥麟，何以不谒明王而出仕；高山大海，每多白虎长蛟，何以未闻折节而就索。王羲之云："以区区吴越，经纬天下十分之九，不亡何待？"每诵斯语，可为寒心。而诸臣不蚤挺脊骨，振蒙落；睨冰而戏，厝火而卧，臣之所未解也。人之立身，各有本末。骨体不同，气味自别。大约清畏人知之，正士断不邀人牙后；笑比河清之，劲夫岂肯随人脚跟。百炼刚肠，宁至化为挠指？独醒孤忠，何须托径谋为？水落石出，烟消峦露。十指其严，无论不定也。乃有飞霜铁面，而贩伪鼎以售身；郎官清署，而凭胫翼为气焰。因缔纥之私交，独树旗帜；以山川之风域，划分畦圳。金缄其舌，守口一如守阃；木刻其面，护官等于护丸。蝇营狗逐，通国若狂；鸟声兽影，举朝如醉。而痛愤园陵之芜菲，麦黍兴歌；伤心猿鹤之数化，神州戮力。滋兰九畹，不以无人而不芳；龙鳞百尺，不以寒岁而陨节。究竟何人，臣无以自解，而并不敢为廷臣解也。马周有言："未事可为，惟有忠义。"今使诸臣洗肠涤虑，回头猛省。为君父之念，一如其为身家爱；名节之心，一如其为梯荣进。厚塞幸滥之门，严杜奔竞之路。众正盈庭，群阴屏伏。则仇敌自不敢笑中国无人，而天下之英雄豪杰，占王气而来归，望真龙而响应。则臣今日之言，庶弦韦之一助乎？不然，人事愦愦，天心炳炳，泛泛君子，不足以承当好运，恐为陈亮之所窃笑也。

伏惟陛下，亟饬大小群工，共相惕息，冒鼎镬，婴斧锧，虽死犹生。臣不胜激切待命之至。

为母节妻烈沥陈痛苦冀邀君恩疏

行在兵科给事中臣谢元汴谨奏，为臣命孤虚，母节妻烈，沥陈苦痛，冀邀君恩事。

臣读史策，见古今贤媛，以奇节至孝称者，莫不名镂彤管，徽媲柏舟。至于百感酸心，千行柔肠之处，未尝不凄断欲绝也。

臣生九岁而孤，臣母陈氏，年二十有八耳。所不相从地下，而称未亡人者，上有皤发之翁媪，下有黄口之孱弱耳。甫一年而臣祖应诏，以建昌府判卒于官。臣虽无父，恃有祖，袖清风，以俟其成立。乃臣父既死，而祖继之。以一单羸之裙襦，撑萧然四壁之门户。而二姑之朝馇夕粥，于是焉给。臣之母耽辛茹苦，不忍死而不敢委其生者，于不知如何之人。乃其肘露累耻之状，行路为之伤心，里闬为之下泣。不得不死而终不敢死者，九京之父祖，不能不饮痛于泉台矣。无何而庶姑卒，嫡姑再卒。茕茕藐诸，形影相吊。天下之薄劣妇人，薄劣孤儿，有如臣之母子者乎？

自是一母一子，相依为命。昼则出就外傅，夕则诵杼之声，交作不倦者十裘葛。而臣始得成进士，假归以承膝下欢。讵意方还子舍，而崩坼频见。土寇蜂涌，臣窜揭岭，母飘海岛。臣妻刘氏，骂贼以死。孤臣失路之悲，尽古今之奇苦异痛，至臣而已极。洎臣至漳城奉母归，而剑津失守，复偕母遁迹于深山。是臣之一身，九死而一生；臣之母，九危而一存者，二十年如一日于兹矣。

今臣策杖出门，谒圣主于春陵。而臣乡群盗如毛，臣母寄栖义寨。陟冈望峙，中宵泪零。盖臣浮沉一官，既事主之未能，而优游弥月，乃劬劳之罔报。圣明在上，以仁孝治天下。而鸰序之间，有未得扬其亲之人，引罪负愆，愁吟困瘁，是则有道仁人之所隐恸也。矧臣母可风者三：当敌骑之出，则命臣褷被北上，而不作牵衣之泣，教臣以勇。臣效贾生立谈，痛哭于天兴，则戒其有陨无二，以事明主，教臣以忠。国破家亡，洊遭俭岁，室如悬磬，半菽不饱，则勉以耐贫守约，无陨家声，教臣以廉。臣自今以往，磨盾草檄，而作死绥之气；撄鳞折槛，而褫阴幽之魄；冰玉自将，而励素丝之节，皆臣母式谷之训也。

伏乞皇上，将臣母陈氏、臣妻刘氏，建坊旌表，以树风声。则天下孝子之诚动，而忠贞之志奋，谁谓《孝经》之不足以灭贼也哉！臣不胜激切待命之至。

文武论

古无兵，民即兵也。古无将帅，卿士即将帅也。邱甸井牧之为伍两卒旅，素丝纰绒之为兔罝干城。牧野之师，左黄钺，右白旄，以王者而为将帅也。穆王之君子为猿鹤，小人为虫沙，不闻曰某将某帅也。越勾践之君子六千人，一军皆称君子也。自秦置丞相绾，将军骜、齮，文武分而将相立焉。请略举一二，以答明问。

兵以卫社稷，定民人也。黄帝之杀蚩尤，周公之平四国，高宗之克鬼方，孰谓五材之用而可废哉？汉之天下，有韩信、樊哙、魏豹、灌婴、彭越、黥布，以为之将；则有萧何、曹参、陈平、周勃，以为之相。唐之天下，有尉迟恭、李靖、李勣、薛仁贵、薛万彻，以为之将；则有王珪、魏征、房元龄、杜如晦，以为之相。当夫龙战于野，中原鹿逸，非英雄之才，不足以剪荆棘而辟草昧。及纷纭已定，车书已一，制礼作乐，树田牧畜，谨庠序，申孝弟，使公孤之上，无论道经邦之选，亦何以善建于不拔乎？故不为将，不为相，而亦将亦相者，张子房也。能为将，能为相，而任将任相者，诸葛武侯也。既为相，又为将，而忽将忽相者，李长源也。即以一隅之将相言之，王猛为苻坚之管仲，慕容恪为慕容㬙之霍光，刘裕为司马德宗之曹操。虽未跻于大臣之列，亦以见将相者，非龌龊庸材所能庶几也。而或曰北海、隆中，其力不足以存汉，而有龙逢、比干之心。士行、太真，其力仅足以存晋，而无伊尹之志。周勃、王导、魏元忠、吕夷简、王旦，其力皆足以事君，而无皋、益之德。此数君子者，或为将相，或非将相，度其材当在将相之科也。夫文武分，而后文士不敢言韬钤，武士不敢言诗书。将相立，而后庙堂之上无战胜，甲胄之间无忠信。不知硕肤几几者周公，破釜缺锜者周公。天保治内者，此方叔、召虎、山甫、吉甫；采薇治外者，此方叔、召虎、山甫、吉甫也。有国家者，不可一于文，而以军旅为不足学；亦不可一于武，而以马上治天下也与。

至诚与天地同久论

今夫天下之物，自一而至于千万，未有知其穷且尽也。人于其中，仅处一焉，其数至不敌也。虽然，人之为辞，名一而变无算者也。饥而思食，寒而思衣，灏然苞然，人曰人也，吾亦曰人也，此亦天地之人耳。

天地之人，则自元黄未萌之始，与夫元黄既冥以后。圣帝明王之所治，中国礼义之所服，异敏技能之所习，群而始焉，群而终焉。恤然归于尽而已矣，虽天地无如之何也。故人而不为天地之人则已，人而为天地之人，则人而天地之，与天地而人之。人而天地之，是人能自为天地也。天地而人之，虽天地犹待治于人者也。

夫人为天地之所生，然天地一生人而后，则不能辞其数之或多而或寡，理之或赢而或绌，则天地亦有不足之处矣。而天地何以谢过于人，然天地不惧也。以为必有一人焉，出而救其所未足，穷无穷而极无极。苟非至诚，其能与之同久若斯乎？虽然，天地之所以不宁其所者，则以其有兵刑之气乱之也。使颛顼无涿鹿之战，历山无羽渊之殛，则自毛血之世，以至于今日，亦呿呿而卧，吁吁而游也已耳。而藻火必不明，绨绣必不行，匏樽必不悬，箫管必不举。天地至此时，必元冥如大荒之世，而不知是兵刑者，厉天地之具，而不足以乱天地之物。其于瘵疾，喻以瞑眩耳。后世之致疑于天地者，钦明之德被于四表矣。而平阳太岳之治，犹有九年之水。此九年之中，按籍而稽司徒之版，生齿户口果皆无恙乎？苗莠既分，秕粟既判矣。而景山河亳之际，犹有七年之旱。此七年之中，征需而问司農之帑，倉庾厢廩果皆盈斥乎？天地至此時，又必元冥如大荒之世，而不知是水旱者，天地所設以譴告人君之物。而不足以攖清寧之色，而汨聖人之治。猶之疾者，傷在腠理耳。

今夫天之為質清，地之為質濁，自蒼碧以下，黃輿以上，人區所及，風氣所至，相去幾何，杳不知其幾道里也。人之所不及，則舉而上之于天。至于天之所不能為者，地又不能為，天與地俱不能為，則大方大員之號，亦名而已矣。故天地者，物之大共名也，為物之所大共。而物之所不至，謂之天地；物之所至，不謂之天地。則又從乎其大別者而名之。曷為乎大別？人而人之，則天地之人；人而天地之，則人之天地。類自取類，名自取名。不大同不生，不大異又不生。故至誠者，又物之大別名也。為其別于同群之鳥獸也，為其別于去之庶民也。鳥獸者，水之不知，旱之不知；庶民者，兵之不惕，刑之不惕。而聖人者，不以為水旱也。而以為貌言之，不修肅乂之不作，不以為兵刑也，而以為夔栗之未誡，讓應之未治。在上與天地同其通，在下與天地同其窮。惟其窮故變，變故通，通故久。是天地所恃，以救其所未足之人也。非猶饑而待食，寒而待衣，灝然芚然，人而人之人也。

然則天地果無始乎？吾不得而知之也。生人果有終乎？吾不得而知之也。以天地之無所始，生人之有所終者。獨挈其數，使其不惑于多，而不亂于寡；獨守其理，使其不失于贏，而不偏于詘。則其俯而視天下之物，皆旅而食，賤而夭者耳。有與之絜長短，而較小大否耶？故曰：立天之道，曰陰與陽；立地之道，曰剛與柔；立人之道，曰仁與義。

河中自耕百畝論

慨唐自安史之亂，乘輿播越，海內雲擾，微子儀、光弼，唐社為墟矣。國家不幸當喪亂之後，府庫傾于寇攘，才賦竭于戰士，禾稼損于戎馬。雖有心計之臣，言利析秋毫，亦徒束手而嘆無策已矣。乃子儀之還河中，猶能自耕百畝，以為將校士卒倡，厥功不烂焉在光弼之上哉！說者謂周之名臣旦優于望，漢之名臣何優于信，宋之名臣岳優于韓，吾亦謂唐之名臣郭優于李。

夫以屯言，充國之屯湟中，孔明之屯祁山，羊祜之屯襄陽，棗祇之屯許下。尚己屯者，戰守之長策，而立國之上略也。夫戰之為殘也，輸私財以助軍，市飲食以待死士，十年之田，而不償也。士大夫之所匱，厮養士之所竊，十年之田，而不償也。況安史雖滅，仆固懷恩且叛，朝恩元振，蠚賊于內；吐蕃回紇，陸梁于外。河中雖為天下精兵所聚，野荒民散，欲其士飽馬騰也，厥道奚由？雖有劉晏、韓滉長于理財，僅以數州之地，給度支費耳。冀其出司農水衡錢，饋餉以餉士，必不得之數也。嗟乎！耕戰之資，商鞅以之用秦而秦強，管仲以之用齊而齊伯。周秦而下，求如管商之才而不可得，況進而求之太公、周公、風后、力牧之倫乎？

如子儀者，安危定傾，而使不加賦而用足，真人中之龍也。史稱其每見賓客，姬妾不離。側聞楊綰為相，即減去坐中聲樂之半，似韜晦以善全其功名者。仆固懷恩、懷光、渾瑊輩，雖貴為王公，悉趨走于前，家人亦以仆隸視之，有得漢高謾罵踞洗之意。彼其一時，將帥皆鷹揚跋扈，桀驁不羈，衵金浴鐵之雄。莫不冰視鼎鑊，肉顧虎狼。儀不自耕，則自將校以下，至于士卒，孰肯相勸而耕者。當州郡數經殘毀，士氣破傷，國家不絕如

520

发，视充国处盛大之朝，孔明成鼎足之烈，羊祜席神皋之壤，枣祇居天下之腴，尤为难焉。故能以其身为天下安危者三十年，功盖天下而主不疑，位极人臣而众不疾，穷奢极欲而人不非。龙乎龙乎？其变化而至神乎？尝笑叶公好画龙，而不好真龙。仪微时，以法当刑，李白奇其状貌，语于主将而释之。必如李白，而后能识真龙。吁！白亦人杰也哉！

《霜崖制义》自叙

余足不逾跬武，名不出堂坳，耻修其颜面以向人，令人人称善。一往癖肠，觉胸中如有怪疾。一语不自己出，若触痛于心。以故一步之内，离者半合者半。无已，出而狂走，问天长啸，拔剑起舞。胸所不平，借酒浇之，病生于酒。而文生于病，病生于文。哀众芳之早夭，怅他人之我先。则曰：是以万世易人一朝也。绮语时来，凛负天刑，则取孙樵之论史以自铭曰："为史官者，明不顾刑罚，幽不畏鬼神，若梗避于其间，其书可烧也。"路鬼揶揄，姗笑互逐，则取韩愈之与冯宿书以自慰曰："小称意则人小怪之，大称意则人大怪之。"再战再北，笔砚焚去，则取刘蜕之文冢以自戒曰："慎无朽为芝茵，以怪人自媚；慎无萌为兰茝，以佩服见亵。"

嗟乎！谢生之文具在，任其离半合半，而怪疾终住我胸中不忍去。是谢生之文且不能自疗，何以疗人。苟欲疗之，今天下之文，正病外腴中尫耳。土木其骸，缀以珠玉，被以缯帛，饬以粉靓，非不炜烨，一断槎败坏耳。群天下须眉化为巾帼，文事日盛，武事日顿，谁阶之厉，非言语乎？或曰：今天下肉气多骨气少，人实不人，于文乎何罪？曰：人而文者，其文必孤兀，其人必抗浪。若曼修冶容，折腰龋齿，以伺色笑为工，通不得谓之文人。或曰：食熊则肥，食蛙则瘦。龙肉虽可贵，不如过屠门而大嚼也。必如谢生之言，则曼修冶容者，胡十九而合；而孤兀抗浪者，胡十九而不合也。且谢生之文具在，其文凡三变，三变而如其人。其人亦凡三变，三变而如其文。人与文离而合，合而离。咄嗟愁苦，十易寒暑于兹矣，而后稍一昂首伸眉。是谢生不能以天下之病引为参苓助，而顾取胸中所不平之怪疾饮人狂药。谢生且不能自疗，何以疗人？然则使天下去其十九不合，以就其十九而合者，可乎？则谢生早用其言，其昂首伸眉，不待三变而十易寒暑也，而谢生不愿。谢生不出堂坳，足不逾跬武，不以文名者也，而世强欲文之。请与海内诸才人约，今天下才人虽多，要皆倚市门而为悦己容也。苟有畏我之狂药，而思用其参苓者，请无观谢生之文。

重建龙潭寺记

佛与儒异源而同流。佛之流弊，谓其外君亲、避徭役，率天下入于奸乱，而以左道惑众耳。为墨之兼爱，顶可摩，踵可放，固亦无害于治。其有精律，行屏声色，使人勿贪勿嗔，生慈生孝，警恶导善，虽儒之贤者犹难之。诸史书所载佞臣恇夫，逆子傲弟，孰非吾儒中人哉！高僧若慧远、道林辈，岂不岩岩千仞，如濠璧（壁）峭峙[1]，而高不可及耶？水至清也，所以荡秽而去恶也。江淮河汉，源不同而以海为归墟。海纳至清，而流秽恶于弥漫森渺之区。譬之儒其河也，自天潢来，过碛石，至龙门，发源甚远。佛则江也、汉也，汉发于嶓冢，江发于岷山，淮发于桐柏，源虽浅而与河同流入于海。亦犹为儒者归于仁孝慈敬，训方型俗。设使为佛者，而皆能本仁孝慈敬之指规其徒众，以毋为外君亲、避徭役之怪民，则孔孟何必距杨墨，而昌黎氏安有佛骨之谏哉！子曰："惟上智与下愚不移。"上根之人，禀性至灵，无势利之怵其前，而声色之汨其中，故邪说不得而惑溺。天下之易惑溺者，莫如庸夫愚妇耳。今使庸夫愚妇之入寺，一如仁人孝子之入宗庙而生敬，过墟墓而生哀。则天下无不齐之俗，无不治之民矣。

澄地自甲辰弃为瓯脱，洎己酉撤界展复。滨海居民，纫风宿露者若而年。三韩别驾闫公，讳奇英，奉两台檄摄篆斯邑，有事于城垣县廨、文庙城隍诸工筑。询之邑人，旧有龙潭寺，为祝颂之所。慨然捐俸钱，首先兴建。鸠工庀材，悉循旧制而经营之。不数月而轮奂聿新，金碧交辉。工既成，征余为记。余有感于儒佛源流之同异，而悯愚顽之汨溺尤甚，爰载笔而为之纪。若夫公之莅澄，劳来绥集，功德在人，澄之人能言之，非余詹詹所能扬扢其万一也。

校记

[1] 璧，当是"壁"字形近之误。

霜吟自序

岁何以暮？凡岁之烟云草树，川峦泉石，无不暮也。自坠地至于老死，无日不有暮也。暮何独于岁？自海立山飞，雷喑石言，星孛日蚀，无非感者。感何独于岁暮？系感于暮，系暮于岁。噫！岁暮如是其可感也！

夫我所居，在穷山短水。以我处之，山若加而穷，水若加而短。幸龙宾虎仆，咸隶奔走。则山虽穷，水虽短，而我胸浩落，若有奇山怪石栖隐笔端者。感不生于山水，而生于岁，并不生于岁，而生于岁暮。噫！岁暮如是其可感也！

夫每笑韩愈送穷，穷何可送？则暮何可感？余悲夫送穷者，而不自悲。其悲自视，视古人当在何等。然胸有物焉，抑而不吐，必生狂疾。曹邺所云："必为颠为沴，为早死人也。"于是以笔为酒，纸为脯，劳而祭之。俾我笔陷纸不活，则感不生，而岁暮诗可以无作。自此四十七年以后，于古人或庶几焉。虽穷山短水，安知非洞庭彭蠡，王屋外方，在于门而左门而右乎？

杨湘阴传

逸史氏曰：往崇祯之季，龙亢战野，楚水尽赤。诸铜墨之伦，上者挈印兔走，下则累项系缨，叩头出血，甚则鸷操凤戈，鼪推麟刃。有晔其绂，化为沐猴者，烦于麻竹。而肉虎冰镬，火妻灰子，颜痛可识，面切犹生者几人哉！余尝谓羲车暂顿，雌蜺扬辉，士君子虽无后羿之弓、夸父之杖，以振策悲泉，落翮焦石。使踆乌不辱，若华为昭，而义肝所激，湛胸灭顶，犹可化为胥江之潮，苌宏之碧。以缀系血类，要襋人伦。必如杨先生，而后搴兰颂橘，千世而上，三闾大夫乃不孤行也。余友袁祥之曰："子与杨先生之子州彦游，是不可以不传。"吁！余敢传先生乎哉？

先生名开，字今泰，大埔白侯里人也。天启辛酉，举于乡。崇祯丁丑，仕为合江令。令三月，以桐杖归。辛巳补湘阴，为湘阴令。不二年，而守官以死。噫！甫成自队，可悲也。夫方先生令合江也，虽吏日浅乎，吏人同声，谓之不烦。其在湘阴也，一如其在合江。自先生去合江，蜀事遂不可言。迨湘阴，而洞庭以北，胥为豺嗥狐啸之区。武岳沦没，诸郡县咸不守。先生独组练堑防，誓以必死。贼至城下，身先士卒，仗剑登陴，前后击杀数百人，力竭不支，始出保白鹤洞。叛役李登导贼酋杨天桂，帅众麇至，遂执先生见献。贼饵之以官，不屈；惧之以死，不为动。竟肃衣冠，同妻子仆婢六人，沉于湘水以死。

嗟乎！先生为臣死忠，天植固然。章恭人者，可以不死也。苟如恭人死，则如貌孤何？而竟死之。季子州喆，可以不死者也。苟如季子死，何以处夫忘亲而背其君者，而竟死之。至如诸仆婢者，向其利为有德耳。诸累累若若者，独非人乎？而竟死之。微先生，则天下后世，何以知人臣之必死国。微此数人者，则天下后世，何以知刚大之气，不在丈夫，而在女子；不在眉髯，而在童儿；不在冠剑，而在匜帚也。松栢之下，其草不殖，是之谓乎？先生所鸣琴，左有玉笥山，屈大夫之所作《九歌》于其上也。有先生，则鱼屋龙堂，萧艾皆荣矣。夫屈大夫横奔之流，触石而为涛。则尔先生不守官以死，黄龙白鹿，可获喜应。先生亦谓天地虽毁，柱维未折，吾宁以其羊血而易筐实者。故左执鬼中，右执殇宫，而有所不愿也。

先生八岁而孤，骨重神寒，头玉崭然。十九补博士弟子员，有声苿藻间。及举于乡，出江阴李仲达先生之门。李先生抗魏珰死，同门士若黎若朱，皆能仗节。譬之草木，则臭味也。先生十六年孝廉，无一刺入公门二千石。以贤良方正征诸公车，待诏金马门，名为天子所知，其行己之正如此。其在湘阴也，甫下车，有蝗蟊之灾。先生告于天以却之，蝗为不入其境。而其酸然雨，下尺生上尺，其格天之诚如此。其在合江也，太平乡民，有惑于左道者，邑绅冯某倡议薙之，几召乱。先生曰：无辜杀一匹夫，其声闻皇天。走之台使者，亟白之，赖全安者万人。湘阴渠魁甘明阳、许定寰，将谋为变，先生智缚之。而元凶授首，其整暇之识如此。

夫先生不守官以死，而以其诚断，树惇于内，弭乱于外。有如数人，雾雾必息，蓬莠不生。则是奔车之上，仲尼不跸；覆舟之下，伯夷不濡，而天亦有所不愿也。先生既以壮烈，为海内忠臣义士所震悼。己丑夏，始以原官赠太仆寺少卿，荫一子，予祭葬，与章恭人，季子喆，并得请旌里门。长州彦喜读书，有古人风，虽不录而千里诵义。次州杰以文章名于时，烂烂如列宿，岩岩如琐石。州喆年十二耳，凌霜之姿，岂必合抱。语不云乎，家有芝兰，乃无疾病。先生为不死矣。

赞曰：海水群飞，六龙俱战。祸泣万物，雨集维霰。崔嵬切云，有盎其面。食言而肥，能雪见晛。乱机所发，始于闯献。炎炎不绝，靡克有艮。弃城逐鹿，以为嘉遁。背主得荣，纮緎竞劝。黄陵之山，尧女葬之。汨罗之溪，左徒沉之。则有杨公，踵武匹之。天下女子，而有姜姬。天下仆妾，而有槃箕。维彼龙材，曷愧九嶷。同人于宗，有蔡司李。霓旌螭舆，视此湘水。吁嗟鬼雄，二人而已。

卷三十七　黄处士遥峰阁集

大埔黄一渊积水著

县志文苑传

黄一渊,字积水,大埔县人。幼颖悟,笃学能文,与同里隐士蓝嗣兰、程乡孝廉李梗,为莫逆交,日以诗文相切劘。然负才数奇,仅博一明经而终。

《遥峰阁集》序

李子曰:吾今学诗,而愈知其难矣。间尝论之,文可以竟吾辞以达吾意,诗不可以竟吾词而达吾意。文不限于韵,而诗必限于韵。韵所不在,虽有妙语,直当割置,决不敢有牵扯弥缝之事。文可以单行,诗必取配宜,不得其配,遂有默默十年,难焉展转反侧,若文王之思得后妃也。然二者,非奇才不可;非深情至性,实有郁于中而勃于外不可;非好学深思,迟岁月以俟机感不可。三不得之说,余得之积水黄子焉。

黄子当世奇男子,凤胎于情,长于侠;幼失怙恃,伤于怨。彷徉于山川,而又久于穷。故其为诗,必奇无陈,必高无下,必永无近,必旷无狭。然凡其怪怪元元,望而难即者,一皆准于人情物理事势以为之端,而绝远夫坚白同异浮游之说。特其寄托深长,笔墨幽郁者。山水之远观,借天空以相际,葱苍淡漠之色,浮山水上耳。陈仲谋先生谓其气格似韩愈,感慨似杜甫,信非虚也。间尝闻之,同人读黄子诗,未有不掩卷拍案,欲急趋其人者。吾乡昔惟张曲江使人如此,孙仲衍未能也。黄子别业之门,有天外数峰,黄子以名其阁,余取以名其集。噫!当世有黄子者,其天外数峰哉!同社友人李梗其础序。

黄处士遥峰阁集题辞

尝揽屡朝易代之际,往往有高人畸士,自放于山巅水涯,以寄其虞夏黄农之感。处士生当明季离乱之秋,温温无所试,有东野、阆仙之才,而并不遇右丞、昌黎,可借其宏奖风流,以显名于当世,何遇之蹇也。今观其论诗,以《诗归》为诗之功臣,亦一偏之论,而非诗家正轨。及读其上张翰科书、序《李其础集》诸作,则激昂怆恍,拔剑哀歌,以饮流栖谷之人，而不胜风景河山之慨。然后知处士为胜国之遗民，匹夫而以君国天下为忧者也。嫠妇不恤其纬，而忧宗周之陨。古之伤心人，别有怀抱。予每一读之，辄慷慨不能置云。

后学顺德冯奉初题。

送巫氏子之吴越序

吾观昔苏子瞻实不满于王荆公，而荆公终爱其文，至咨嗟叹赏，数语朋友。及窜岭外，仇辈往往传其孤舟仙去，传其白昼无恙如李长吉死去。夫恶其人而至于欲其人死之，恨之不谓不深矣，而终成以美名。如爱惜其人不能已，而逆为称赞者。然由此观之，贤者不能使人不杀其身，卒能使人不忍杀其文也。宋陈亮其人没，其文晦，至今五百年乃出且道。向四百年，其文收藏何处？兹非其人之精神有不可磨灭，而山川鬼神为之保护之久耶？及今观，书四十卷，仅存六卷。然六卷之中，上皇帝四书，用中兴者在焉；与吕正字、朱秘书，往复辨皇帝王伯之业在焉。夫事功道德，人生之大者，今皆具在，又恶惜其不在？汉魏伯阳《参同契》，失真久矣。近数十年前，而得之石函之中。《汲冢周书》亦不知阅几千百年，而出之冢。唐李王孙《锦囊集》若干卷，今四卷耳。然四卷之中，眩目夺心，凄神寒骨者何限？然则圂中之手，何让册定之功？夫文章者，天之道也。其传不传，与传之迟与早、多与寡，皆有故。吾第患其人之精神不足以行远，以邀山川鬼神之眷，而无虞其宝爱之不周也。

巫氏子学圣人之道，攻为古文词者，十有二年矣。其才之高，学之富，久已无愧于古之闻人。特生于穷岭荒海之间，无王公大人青云之士，以宣其美盛，以发其声名。亦举于乡者，再而不售。然卒无有好名慕利之心，以败其圣人之道，而损其古文词之气，是可敬也。今且结驷游吴越，将适燕赵，诚恐吴越燕赵之士，怜才大笃，爱文大殷。家悬和璧，人握随珠，与君迭为唱和，互相标榜，以成子名也。适遄其归，以慰我心。

征金赠之长安序

太史公患难而作侠、刺、货殖诸传，余窃恨当日之为太史公亲戚友生者，岂皆其麻木不仁者欤？抑并溺之，大不易一引手救小窘迫，不秦越肥瘠若是与？

吾乡义爱仁礼，出入相友，守望相助，疾病相扶持，乃□君厥自乙亥隽明经[1]，至此四岁，竟以食贫，不获致小可百金，资长安车马，一拜圣天子阙下，赴廷试闱。而卒无如前云云，何也？

昔公孙宏为国士所推，上为贤良，国人邹长倩，以其家贫，乃解衣裳以衣之，释所着冠履着之，赠以刍一束、素丝一缕、扑满一枚，且题之词勉之。嗟夫！古道寥寥，曷使我对乡闾一叹也？不然者，其毋乃人今我古也，而昨忽诸？辟之钟鼓，不考不鸣，考无不鸣。其鸣也，鸣其不鸣者。余窃为诸君鸣考何如？

校记

[1] 此处原缺一字。

送蒋季子归楚序

余初邂蒋季子于彭蠡之上，匡庐雾天，倒影巨浸，相得恨晚。自是而钱塘禹穴，天台雁宕。舟车琴樽，烟月花鸟。古今人物，用兵成败，黄白神仙得失。荆卿刺秦王而不中，介子立奇功于绝域。无不言满心志，声应金石。今季子之去余，复于此也。彭蠡匡庐，其阅人离合，独不老耶？犹及大湖舟中，与季子薄暮望孤雁没天，不觉泪下。而季子亦援琴，弹不成声。今此行也，得无是乎？昔裴西郡一见张建封，赠以一金帛船；鲁子敬遇周公谨，分以军食一囷。今也余羸如君，脱手数金，且旁皇半月，其何以为怀耶？为道数行兼四韵，以附古赠言之末。季子其归楚，过洞庭，上君山，试取而读之。

《李其础噫吟》序

吾其础盟兄，前此为诗，未尝出以示人。余尝偶见之，兄攫而还之。余退而喜，喜其不泛滥略易诗也。譬之淬千金之剑，必不于沟渎之流；灌万顷之田，必不于担石之水也。有如泛滥略易诗而得诗，是古圣贤垂世之书，行道而拾也。以至清至贵之物，而得之酒肉交攻之中，岂有是。兄志士也，所以不汲汲逐队为诗，余方幸兄为诗必也。

皇天悔祸，佑我圣人，赫然奋伐，内清外荡，作乐歌功。尊公为相，兄为史，拜而受命。退述公刘、后稷，勤劬开国之因，艰难王业之事。以告天地，以讽来兹，以瑞金汤世世，而不谓乃今为式微黍离之音也。诗成而国事非矣，奈何？

嗟夫！甲申之役，尚忍言哉！时兄在天外，不得君父存亡消息，向余抱首泣血，即夜长征。而地方啸聚，乃留余看守二家俯仰。身仗剑独行，陟遍屺岵，扪天门，淋漓尽痛。暨初度之夕，得见尊公生还，搴裳拜舞，秉烛相对。而尊公出锦囊，中血泪斑斑，且吟且啸，且泣且和。昔之攫而还者，而今决积水于千仞之溪，转圆石于泰山之巅矣。余虽欲出千手臂以掩其口，宁有及哉？昔人云："曷不赋诗退敌？"余谓兄诗且可退敌，但不能洒肉食诸公已死之心、已冷之气，一刷其平日贪婪无耻之行、媚嫉之胸、门户之见、一切虐民蠹国之技耳。如使良心未死，人气犹存，读兄诗，如饮上池水，剖腹濯肠，改弦易辙，同心戮力，专以社稷为忧，矢死灭贼。则中兴之业，引领而俟之。余复见江汉常武诸什，出兄怀袖耳。

蔡人镜时文序

一日陆导甫来谈，因及闽文曰："闽自王东崖、郑道圭二先生外，无能为二先生之文者。"既而曰："非无能为二先生之文也。世态不同，衡文者使人不敢为真文，故不能为二先生之文也。"余乃回顾吾潮同社，人人改瑟趋筝，独有一蔡人镜，执行古道不移，老而韵，孤而清，傲而逸，仿乎梅与鹤而止。世无有好梅与鹤者，人镜已矣。世尚有好梅与鹤者，则王、郑二先生再见于闽之接壤。虽然，世之真好梅与鹤者几人哉！今以一两金置梅与鹤之旁，而人之见金，而不见梅与鹤者多矣。则人镜之文遇，尚未可知也。恒迹其行事，不热不寒，不怖不骜，不惯见人穷蹙。家人时饥寒雍穆也，是又敢于为真人者。居今之世，敢为真文，而又敢为真人。吾谓人镜之胆，踞绝今古，当为韩魏公所推服。吾尝许人镜，序必灏衍千言，以尽其蕴。兹不满十之二，不其负人镜矣乎？有约人以千金，而未之酬也，酬以其人一爱物，而其人得此一物，而亦忘千金之想。君子曰："是虽负诺，不害信。"人镜爱古器玩物，人也谓余序或近是。

陆生紫《溧园近艺》序

陆生紫之文，余素评为雪积峨眉，霞拖湘水。其为人也，有裴楷、卫玠之美，深情不减谢太傅，契会如彼机云。然而独出风期，就余磊磊者，友何也？或曰：所以为友也。迩以《溧园近艺》寄，且托之序曰："兄本奇肠，今得佳偶，试于酒酣兴至时，倩丽人理墨，兄拂毫为之，必有一段妙绪，不自人间。"余方有诗曰："向来文字多枯寂，自有云君乃见狂。"相与暗印，因与云笑。然序固知不工，大都生紫为文，总如春水初生，新月正巧，妍而淡，淡而远，远而益媚者也。余尝读老杜诗，信为沉郁顿挫。若泰山华岳，不足以为高；积石龙门，不足以为恶；元冬水府，不足以为沉；黄霾黑瘴，不足以为郁。每叹曰：文章尽是矣。及读谢脁，又觉宇宙之间，止有此一种冷艳，结人肺肠，黏人骨髓。名花美女，不足以为冶；白露清霜，不足以为洁；天涯绿草，不足以为芳；雪夜晨钟，不足以为警。故太白常登落雁峰，恨不携其惊人句来，搔首问青天也。生紫其脁之流亚与？生紫谓余佳偶，当得妙绪。余谓生紫溧园中，应有如巫阳女子、湘夫人捧砚于侧焉；嵇叔夜、蔡中郎弹琴于堂焉；懒残皎巨南宫北苑之徒，各从所好，徘徊于庭焉；门则赵仙郎枕梅花而卧也，乃能此。

湖山书院记

吾乡城山而沟河，其峰疏而处尊者位，正于东西南北之方，若城闉之拱四楼然。水行乙字泄之，口则巨石磋研，数里岸跪而干立，若张上东都荐饮而留行然，若秦之出军函谷，将以制诸侯然。故其民敦朴而沉实，其乡大夫端屹而巩厚。宦所在必有美政，以资父老谈说。然自先公与吴公以来，遂无有登进士第者。余出而望四山群峰，蔚郁而森秀；俯而临四水陂池，安纡而清深。春至而草木华，郊行而道路芜。则山川不能为人受过也已。

一日饮于社，父兄具在，余小子扬言曰："年来学子弟驰骋弓马，婆娑歌舞，对酒肉而出心肝，拥妖狐而许性命。其来也，红尘缕缕，不顾推倒白头。其去也，啧啧荡产，声偕指目而盈背。其窭者露肘决踵，志意不伸，力学问而饥寒。至心广见闻，而载籍不备。夜坐不寐，既罕邻女之分光；病卧牛衣，又无激昂之好妇。余将见风雅之士，寥寥若晨星之昼睹也。"于是父兄莫不欷歔，有泣下者。复进曰："今父兄诚能作突兀万椽，若杜子美之所欲见者，归离散而召荒亡，庶有救。"金曰："然。"乃列姓氏捐金，越数日，得五百金焉，以付贤劳之长者，职用费。

庚辰之冬十有一月四日，乃建书院于鹊冈之阳。山水之所召，聪明才俊、有志之士实焉。有豫章松柏枏杞以蔽之，杂花繁果垂杨美箭以纬之，安其躬也。买田一顷，岁入息所得，毫楮以给之，贫者复衣食之，安其心也。延名师良友，日讲诗书谈王道，以磨淬之，植其德美其业也。夫独学无师之谓困，相观而善之谓摩。易拔茅茹，以其汇征。数年之后，余知其必有庐植郑元其人者，徒富贵云乎哉！若其不然，出而为俗恶吏，为李斯吴起，则其倒败荀曾之门墙也不少。

是日辛巳七夕落成，父兄酌小子觞，命为文以记之。乃谨述其所可劝者如此，而其所可惩者如彼以应。岂敢曰昭德塞违[1]，彰往勖来哉！

校记

[1] 曰，原书作"日"，当系形近之误。

福建副使及泉黄公传

公名宸，字文断。世业躬耕，年十八始知读书，为邑诸生，慷慨有大志。时学宫门浚井二丈而弗水，公曰："岂有是？"与工徒亟往省之，泉涌达腹，公心喜之。颇自负，自是改号及泉。

然性嗜酒，家贫不能自给。夜读书山中，朝归，直乡邻事，不受谢，饮酒而已。然卒蹭蹬文场，跻强不仕。遂发愤，将掷去儒冠，逐羽林儿，长歌玉门关，矢立功绝域。否则耕猎山中，献寿老母，以终岁月。得故人邬如领诣督学使，力争之而寝。明年领乡荐，又明年成进士，授越长兴令。

长兴故城湮，址几不可认。公莅之三日，急徒役操畚锸，刻时日以修复之。城完而倭夷至，以免。其乌程、溆湖诸境，荼毒不可言。公复发伏出间要之，俘斩无余孽。一日醉，以法扑一诸生，诸生尽至哓哓。公曰："君辈何言？"曰："狐死兔悲，各伤其类。"公曰："类有善恶，吾望君辈与龙凤同侣，顾乃下同狐兔耶？且官长有失，上司督之，若辈何言？"悉散去。后上计，例得南民部。

久之，擢江西虔州守。虔水通闽粤吴楚，关之征流而贪墨，公痛加洴剪芟削之。士大夫以郡廉泉为比。虔之寇谢任、叶恺者，恃险阻塞山谷，聚众且数万，界三百里，耕牧其中，累朝莫问。时稍稍出，杀商旅，焚负廓庐舍，制府怒，以委公。公且捕且怀，抚而不杀。尝单骑入垒，立马恺门，厉声曰："为报汝主，黄太守爷来，纳降急出相见。"恺闻而愕然曰："若是，则太守购吾头若易耳。"令识者再往视之，复曰："信。"恺益仓卒罔措，迁延出见公。公曰："朝廷以汝遐荒穷谷，不之芥蒂。乃汝雄才，何甘自托鼠穴中，遗弃天日也？"恺曰："亦尝抱斯耻，顾无由得悔耳？"公曰："未晚也。"于是导以君臣父子，天地所以生人之心，与人所以答天地之理。不报于今，必报于后；不报于其身，必报于子孙。语出金石，义动山谷。贼尽凄怆，公亦怆惜。贼进人首，公食之。贼进巨觞，公曰："小。"笑指所鸣锣代之。公既修八尺余，加之酣畅。峨峨列炬下，贼环观听，素闻清风，此复奇其酒肠，而畏其胆气。遂稽首流涕，约日受降而别。

制府忌公之将成功也，一日，遂发兵围下历。时公已先驱往，捉其魁臂，谕之曰：

"酒来，余今日者蹈汉郦生故事，就若辈俎耳。"魁骇，哭稽颡。帐下万余，莫不哭稽颡流血，保无使人害公恩信。无何，围至，公以先见免，而贼奋怒溃决，杀官兵且尽。祸流三省，乃始就公划而平。公复建城其地，奏设令焉，事在世庙实录。乃制府叙绩置酒，欲以是日困公力，醉之尽石。明日黎明诣军门谢，制府惊曰："此酒中仙也，奚为久与计较？"然卒以肮脏不获用。军功超秩，擢闽中宪副使而已。

时西粤猺獞屡叛，攻破大田诸邑。朝廷以公雄，客移镇永宁，至则帖然悦服。以母忧去，猺獞复叛。及服阕起补，而守虔者失库金事诖，公左迁衢州守。公曰："天子命敢不往？"往三月，思故乡，枫阴田径边，饮不可遏。遂病，挂冠归家。居六年，时惯惯，尝慨然曰："长兴与虔之人尸祝我勤，我精神在焉。"一夕饮醉而逝，年六十八。

仁和令尔孚宋公传

宋公讳兆禴，字尔孚，号喜公，潮州揭阳人。少颖逸，读书目数行下。登崇祯戊辰进士，授吉之广昌令。未几以艰归。服阕，补杭仁和令。清简爱民，雅好士，士远迩至焉，民亦爱之。将奏绩，一盐直指颇执古，见禴鲜洁明易，以为傲慢，怒之。禴乃解印组去，邑人遮道扳辕而留之，不得行，乃与约曰："余暂一归省庐墓，即来湖上与诸君作布衣游，官非本志也。"以夜脱去，杭人相与卜筑湖东以待之。禴归家一年而死，年四十三。杭人迟之，逾年而不至也，各怅怅。道路相问讯，及闻其死矣，衢号巷哭声相闻。乃即所卜筑祀之。西湖佳丽地，百年来歌吹之声，虽霜雪夜不断，是日暗然。余友蔡錬，时在端州，倚七星岩为诔歌祭之，尽恸。且以禴诗寄余曰："非若不能传先生。"

嗟夫！余与先生同郡，而不获与先生交也。交先生在读诗后，读诗在先生没后。先生少年下位好古，无赫赫时名，所著《旧耕堂诗》百余首。余惧至宝之沦落于荒邱深坥，而不复出也。尤爱其二诗，为识焉。

一、《赋得陶渊明〈无钱对菊花〉》曰："秋风吹菊遍东篱，百卉无颜不敢奇。天生千古一陶令，人外欣赏深知。相知相赏成清友，角巾在瓮杯在手。角巾在瓮杯在手，偶然瓶尽花知否？先生无酒亦无求，于焉绕迳自夷犹。东皋日出淡烟锁，采之盈掬清芬朵。陶公爱菊晚节高，菊亦爱公高似我。忘言相对与谈元，有菊空尊亦自可。东家酬畅九日岭，霜枝催辱俗夫前。西家黄白排成队，粉黛无色相为妍。即令有酒洗妆在，花之神理已不全。何似陶公篱落下，不衫不履自翩翩。天生姿骨大疏放，种花亦如其人焉。满迳黄金清富贵，谁云五柳真无钱。有钱何与菊花事，无酒逃却花间禅。陶公得意每如此，书不求解琴无弦。"

一、《德安道中望庐山》曰："庐山去我不盈尺，我去庐山一只履。相逢掉臂而过之，以意往还为朝夕。峰尖摺合不记痕，历落空苍如展襞。此中名理大深奇，名贤文士而仙释。我于其中何居焉，车马匆匆相谓客。山灵爱客如怜才，分明变现开幽寞。随我路中路不崎，入我舟中舟不窄。为问明日浔阳江上路，庐山将莫从人渡。"

黄子曰：先生仁人，有如此好诗，如何遂教之死。虽然，与庐君、陶君同远矣。

上陈仲谋师书

于博罗三岁而不一上罗浮，于欧宁三岁而不一上武夷者，其人可知也。

师闽粤之二山也，渊于之二邑，而不一上之二山者也，其为人何如耶？尝寒夜以思，不觉汗之浃背沾衣矣。虽然，闻之适百里者，三日聚粮；适千里者，三月聚粮；师不知大海之东西南北几万里者，适不将三年聚粮也乎？三年见师者何也？欲真见师也。彼云已见者，渊不信也。夫阿蒙而复吴下，阿蒙则亦未真见孙公也。往者李氏子，师之门人，渊之同人也，谓渊曰："我与汝往见师，我为先容。"时应以明年，顾所学何如。张氏子，师之门人，渊之同人也，谓渊曰："我与汝往见师，我为先容。"时应以兹冬，顾所学何如。其后复与李子遘于江，李子复谓渊曰："师可汝诗文，曰骨近韩愈、杜甫，愿一见之。"渊闻而喜知逾涯，然时以归妹，归且卧病，不得见。兹者蛊蛊以羁出，道遇林子，师之门人，渊之同人也，詈渊曰："汝犹人耶！慕师有年，且道师当世第一，而师亦爱汝诗文如许，乃及今三年，不得见相思命驾之意也乎？"渊闻而惭，低而思，我昔许于师如何，今犹人也。然所窃为诗若文，师皆见之，丑媳无所逃公姑矣。明日乃亟行去梅见师，比至，则望楼船登中流而下者，师有事于郡也。噫！其复不得见之耶？兹已雪立七日，务必见师。即不能作老园头，倾湫倒岳一问，然窃欲效申包胥，出秦兵而后去也。师其许之。

上张芷园先生书

敝乡各临口关成，晨启暮闭，以稽行路。远侦迹诇，以知贼情。蓁林茂密，入路深险，人习弩矢，小寇不足忧也。若十六口三百亩，寄托有人，便兹可出。兹淹七月十八日，家太母八袠加一，敝里人虔丐老先生鸿文为寿，以千秋事业，千秋人品，千秋文字而寿家太母，家太母寿真寿矣。所祈者前贤文集少载寿言，盖以巨公多不自作。今以渊之见知于老先生之人，而老先生之为其母寿也，文必命诸怀矣。家太母谓渊曰："吾八旬人，日夜望汝。汝受知张公，深许以二年乞身归，吾为朝廷暂借汝，望天下太平在明晨，望此二年在旦夕。然闻公之堂上有四老人在，而四老人为朝廷故竟与之。公平成而后复，贤哉藐乎难及。"渊因思之，吾二家堂上老人如此，吾二家膝下子孙艰难如此，吾二家堂上老人隐念国艰，而忍割其恩爱之私如此，以此而视鹿门二贤，望衡对宇，泛舟搴裳，壶浆相迎，儿孙迭抱，苦乐不侔，然而磊落英多过之。老先生试比拟何如？

与钱唐人书

仆家归七年，真在蓬翟。湖上风景移人，每一兴怀，辄怅望竟日。不惟二三知友，与湖山泉石难忘。即当年几个骏呆，臧获几尾金鳞，几头鸥鸟，至今时时记忆。其一种萧骚无赖之况，有如本中原人，负罪斥谪来者然。昔韩柳二公，以海外文字特奇，夫不以其撤卸时侪，独伸好古，亦少人事，得用心一处，而魃魈结辖者，复有以相之也乎？仆既坐此，故亦以诗文为娱。然每一篇出辄走索，无应我者，又自悲也。道远不可兼寄，独惧穷荒中风气，不比江东南鲜秀耳。功名命薄，相见何时，临风泪滴。鸿南亦幸示佳章，以为良觌。

与堂弟华书

入馆来脉脉抱病，工夫作辍，力不从心，怠哉！何闲时偏复肉健乎？吾弟既蒙舅氏雅惠资斧，时须当挺自拔濯，图绳祖武，无徒以咫尺封也。弟生来骨气带弱，故作事依违，所与友亦多非猛省自立之辈。《周书》弱备六极之数，不可不凛凛也。

迩来里中读书，多不道六经、秦汉、唐宋大家上行，惟尊乡曲一二渺学执时调塾师，概云本经四书尚未明了，何遑他及？呜乎！置身既卑，眼孔既小，圣人之言宏深元远，虽使游夏复生，未能尽晓。不多借他书为师友，何以发明。且左迁晁贾、韩柳、欧苏诸君子，皆数百年而后间生，间生而皆首以文著。则今日安得不问津于兹，而能以美言发道妙乎？夫六经秦汉之书，实不若时辈互相誊录者之便。然久而读之，自能发胸中奇慧，引人自有泉源。方将出之，与日月争光，江河争润，五岳争峙。眇小八股云乎哉！如曰方今取功名，只用得此等，此小人侥幸一得之心，而无士君子致君泽民之念者也。

今使吾弟明岁遂登贤书，后岁遂登进士，第朝廷除一官，加以钱谷之任，与委以数十万之民。学疏识浅四字，能不着于吾弟之胸乎？不着于胸者非人也。伍胥报仇入吴，窘于江上，昼蒲伏，夜行乞食于市，不足为难。所难者，待公子光，退耕于野，此为难耳。而马伏波少有大志，亦就边郡田牧。读书取科名，必有如二公之志，乃为有用。七月十八日，兄渊书白于韩江之凤凰楼。

复李其础论诗书

弟于此道，本无所得。不过因少年多难，辟地天涯，踽踽狐绥，思牵病并，不觉吴吟，正所谓不及寒虫音也。然事非其才，声过乎实。每于知己之言，而赧颜乎古作者之地。今乃斐然纨锦之章，加之敝缊之上，复苦指敝缊之质，认为纨锦之章。乃复有所下问，以佐遗忘，是又剪敝缊以裨纨锦也。大贤自有奖劝人伦之诚，穷子则却走骇倒之日矣。不问不敢先，问不敢不对。敬陈所闻，以供喷饭，惟吾兄容之。

夫诗之存也，于魏晋；靡也，于陈隋；振于唐，陈杜沈宋之功，李杜大发而纵横之，前无作者。晚唐一陈隋也，将亡矣。五百年而至于国初，未有能崛起者。盖缘元朝之靡靡，而弦张不更也。李崆峒熟诵老杜，乃升高而大叫，自以为得之。嘉隆七子，复熟诵崆峒，升高而大叫，自以为得之。此时风雅世界，一中原白雪世界也。楚袁中郎一起而扫之而微，然而魏晋之真诗未出也。中郎亦栩栩自喜耳，钟伯敬有忧焉，而选《诗归》。《诗归》，诗之功臣也。然好于嚼蜡咀肋，十之三矣。若其所自为，则余所评幽闲而不能远，低回而不能去。始于畏粗，而未免退入于闺阁，斯言得之。虽然陈闻也，奚以繁而不杀乎？以是为一代之盛衰所由来也。

今以愚见论之，诗之作也，始于有为而为，期于入道而正。其天在才，其人在悟。稽之隽钱之勇，而不得以仙也。

才之说也，伯牙学琴于成连，三年而成。至于精神，寂寞未能得也。成连曰："吾之学不能移人之情，吾师有方子春，在东海中。"乃赍粮从之，至蓬莱山，留伯牙曰："吾将迎吾师，刺船而去，旬时不返。"伯牙心悲，哑颈四望，但闻海水汩没，山林窅冥，群鸟悲号，仰天叹曰："先生将移我情。"乃援琴而弹之。

悟之说也，今迹而言之，其事有六：一取义之长；二浚思之深；三脱腕之警；四布置之宽；五结构之老；六音节之响。六者备而道存焉，而真诗出焉。

取义之长者何？夫吾本有是心，乃有是举。本有是言，乃有是语。无而有之，强笑不欢，强哀不苦。有而有之，文王之《关雎》，屈原之《离骚》也。其法在于少作，不感不作，勿牵人题，勿步人韵，选而后作是也。

浚思之深者何？夫吾既有是情矣，何以言之，笔墨之下矣。然而或直言之而不得，婉言之而不得，长言之而不得，短言之而尤不得。若是者何也？不将深思而苦探之，而有得乎入穴取子是也。

脱腕之警者何？夫吾思之，欣然其有获也，急走笔而追之。半夜打门，求知见赏，彼之识者，亦既首肯。然细察其精神意气，不跃跃然与吾来也。为奈何？则是脱腕之不警也。脱腕之警者，冷水浇背，陡然一惊是也。于是成章而读之，无乃篇法局乎？试诵太史公《五帝本纪》，论秦楚之际，月表可知也。诵老杜《北征》，或红如丹砂，或黑如点漆。雨露之所濡，甘苦齐结，实可知也。然而起结纵控之间，或一字而通篇灵，或无甚关切而妙不可喻，必翩然其有态也，雍然其有度也，讪然其松柏鲠也。掬而咀之，其味可数日存也；倾而听之，其音可去后闻也。欧阳公"环滁皆山也"，初累十余字道不出，刘伶鸡肋不足以安尊拳（拳）[1]，而恶本误当尊拳是也。又复于声音骨节之微，钬而铮之。苦者致其极苦，欢者致其极欢，幽者致其极幽，越者致其极越。如琴脱汗，如簪堕砖，如钟鸣霜，如水撞峡，如画家之春山笑，夏山滴，秋山妆，冬山睡，而诗成矣。虽然，古三百篇，野人游女之言，其尽苦心于此乎？曰：其尽苦心如此矣，其情人思妇苦心于诗之先矣。或圣君贤相为之，稍稍润色矣。有如不知《七月》之章，为周公之作，则亦野人游女而已矣。且夫大风拔山，古帝王英雄，使尽慷慨横襟，酒酣泫下，与泪俱来。其所感发，岂不甚于攒眉乎？然人不多篇，篇不多句，使一帝一王，而暇作诗人，其亦有时至不至耳。

崆峒、七子师老杜，而不谓之师老杜，何也？入手之差也。古体，七子谓唐无其音，姑不与论。律诗如《秋兴》，风急天高，其祖述也。然《秋兴》之八，余所取者《玉露》《昆明》二耳，其余可以不作也。风急虽强，集中甚众，岂遂压卷。至于诸诗，则又平整凑拍之言，正所云可以不作者。而崆峒方步步趋之，作《秋怀》八首。其最炙人口者，"遂使至尊临便殿，坐忧兵甲不返宫。书生误国空谈里，禄食惊心旅病中"句也。然余谓崆峒之妙，在一二古短歌谣，他非所便。即如"坐忧兵甲不返宫"，亦未云雅驯，不如"坐忧兵甲晏返宫"之为婉也。而或者定借口云汉矣。且百年万里，乾坤日月，艰难潦倒，秦关汉月，白发苍江。有所思之类，时时颠倒，出入笔端，使人见之，俨然老杜。无怪乎"工部奴仆"之讥也。

下至七子，则中原白雪□□□□□□□□□□□□□[2]，一意为响也。有闻琴而怡然好之，愿学于师子开者，且三年，将去。师子开曰："子未也。"学者曰："既矣。"遂去。无何而名播江汉，师子开怪而即之声，丁丁然可听也。师子开慨然叹曰："是能为响者也。"七子之学如是。

吾乡孙仲衍，才子也。其《朝云集》，古真难与并驱，被刑一绝，易水再寒焉。及览全稿读之，而向之所殷殷冀一见者，反误其得见若是者，何也？平日放浪诗酒，不即流连，性情物理，不与之至。至于临绝，系恋君父，痛悼年华，低回婉转，不知其工而工矣。向使仲衍平日取义深思，不恃其才，竭于既尽，则安知其去太白也几希！又使太白而早遇圣明，少年得意，不狱不流，则又安知其去仲衍者几希！

嗟夫！后有作者，其徐文长乎？文长才气牢骚，困辱非常，且年七十余而不死，天所以尽其才非耶！嗟夫！今有如文长之才，无其遇，而得其岁月之久，而以苦心虚怀，无人不问，敌文长磨蝎也可乎？一代人文，追还古昔，必于吾兄见之。

校记

[1] 豢，当是"拳"字形近之误。
[2] 此处原缺十一字。

后　序

　　今方伯诸城李公观察岭东时，浔初典潮州郡事，李公为言："潮自韩昌黎延赵德为师，士皆笃于文行，历宋元至有明一代，人文蔚起。宋元著作多散佚失传，明距今近，不及今搜辑，恐其久而无征也。"浔敬佩弗能忘。洎浔权岭西北道旋，潮州教授冯君奉初，以编次《潮州耆旧集》相质，且曰："是李公命也。"浔阅是集所录二十家，分三十七卷。盖不惟能文章，而且有节概者始入选，繁简得中，足备一朝文献之征。浔惟李公治潮，厘剔奸弊，惩创豪横。期年以后，四境肃清，乃建赵天水专祠，创立劝学局，以小学具训蒙士。复命教授辑成是书，以存一方之文献。

　　昔宋袁彦纯知临安，常建许箕公以下三十九人之祠，而为之传赞。然第传一乡之耆旧而已，其文不得而征也。浚仪王氏，撰《四明文献集》，所录文一百七十余篇，而制诰居十之七，无与于朝野利病是非得失之故，与夫世运学术之所系也。今李公已建天水祠，兴劝学局，又因天水而思传是邦之耆旧能立德立功以立言者。其所以为潮民维持世教者，至深切矣。浔幸相与有成，因请付之剞劂，以永其传。犹乎李公化民成俗之意也夫。

　　道光戊申嘉平月大梁刘浔序。

附 录

重刻序

师愈不敏，窃有续《潮州耆旧集》之志。方我学之有未充，力之有未逮也，则常寄其情于先贤金石古迹，摄形影为图，跋而歌咏之。邮写入《国粹学报》铜印敷之宙合，以少泄其敬恭桑梓之思，抑亦无能者之所有事者乎？近尝以其所业，政之太守星若李公，公颇许其能学韩，因谓师愈曰："潮州当有昌黎集板，而自昔未有刊者，亦阙典也，拟捐廉鸠工厥书，成废之贵地，足下亦能为我任校雠邪？"师愈谨对曰："幸甚。"既而以《潮州耆旧集》板佚无副，又久且威不传，捐奉金千，搜原书写厥。

吾潮僻处岭左，士敦尚朴学，不轻为文事钓声誉，虽有高才磊磊可传之作，不欲自表著也。故尤寡托梨枣。耆旧集者，编自道光间，前观察诸城李公漳煜之所创刊者也。当时操选政者，为顺德冯君奉初。断代为书，理有不可解。然李公倡理学，吾潮刊书颇众，此书尤有功于文献巨也。兹又得我公再板焉，此书遂得传之尤久，几不可磨灭矣。君子之为学也，不汲汲声誉之标榜。然而未尝不自重爱其身焉，亦欲使后人之知有我也。彼既力能使后人之知有我矣，而后人不之知无悔也。然而得有力之振而扬之，风厉士夫而端树之鹄，则其于敷化也最神。昔韩文公之刺吾潮也，得进士赵德为之师，由是士敦于文行，延及齐民，号海滨邹鲁。当其时，文化初开，前此而有才焉者，昌黎之表而章之也必也，而其效如此矣。延宋及明，人才尤茂且伟。是集也，自李宫詹而下，其事功才学，皆足以自传。而自前观察之倡而此集成，自我公之赓而此集久。且风气之开，感应之敏，非常识所能窥矣。自观察李公后，吾潮士气益厉，蔚焉高才起；兹又得我公之提倡，当有如翁襄毅、林忠宣者出，而敷其有为之才，匡扶时略，为我潮光。夫其力也，宁仅传是集者不朽而已邪？而公尤力振之于举世不为之时，此余之所以尤感也。

公仁心善政，黄冈之役，惠爱在民。然而余尤有感诸此者，夫其德厚于前民，而何况当今时之利若弊，与故于公之报政而归也。既书以送公又最，而识其缘起如此。

光绪戊申夏月郡后学王师愈序。[1]

——录自光绪戊申翻刻版《潮州耆旧集》

校记

[1] 现潮州市谢惠如图书馆藏，据光绪戊申（1908）版重印本，此处注有二行小字，谓"此书重刻仅十余年，而板已有损蠹者，乃修而完之。维后之人，宝而苴焉，其庶几不朽。中华民国九年五月，后学潮安王师愈谨跋"。可知该藏本为1920年（民国九年）据1908年版稍加修版重印本。而光绪版则系据道光原版翻刻，现汕头市档案馆有藏。

读《潮州耆旧集》系之以诗（并序）

清·饶从龙

　　史家文苑列传，创自蔚宗。顾尝取其书而读之，所著皆卓然有以自立，而不徒以文章见。蔚宗史识，可见一斑，然亦东京多才之明验也。有明二百余年，潮之文献，抗衡上国，薰德善良，砥节励行，昌黎天水之所留贻也。沈博绝丽，文辞粲如，高阳（许运使申）、禄隐（张新州夔）之所沾丐也。姚江巾石之学，衍于岭表。各守师说，以求一是，则又陈（希伋）郭（叔云）二先生之流风余韵也。是集编于顺德冯教授（奉初），凡二十家，非独其文足传，凡立身行己，出处大节，莫不仪型先民，矜式来学。渊渊乎，皇皇乎，吾潮文献之大观也。余生长是乡，习闻诸父老先辈言。因而披览志乘，参考国史，证以集中所著列。先正典型，未坠于地。读已卒业，各缀韵语于简末。高山仰止，心向往之。凡以识瓣香之诚云尔。以之读书论世，则吾岂敢。

李宫詹集（龄）

至道有奥窔，斯人独升堂。世德述延平，儒宗承紫阳。
仕途多清要，报国非文章。因文以见道，君才安可量？

萧给谏湖山集（龙）

汉廷重儒术，更生明春秋。卓哉萧给谏，忠谊与之俦。
天变安足恤，人言不可仇。遗章未忍读，感此徒离忧。

萧太史铁峰集（与成）

相如述封禅，孟坚赋京都。待诏金马门，簪笔九天衢。
华国岂不宝，林泉亦可娱。绛云翔碧霄，可为达士模。

薛侍郎中离集（侃）[1]

儒宗文字禅，于道为蟊贼。龙溪与心斋，无复判骍黑。

图书儒释间，宗山具心得。岂惟臣节励，吾道有羽翼。

林殿撰东莆集（大钦）

东坡老于文，下笔妙绝伦。私淑得师资，造诣乃大醇。
文山具忠肝，江都策天人。浮名一芥耳，古谊规先民。

翁襄敏东涯集（万达）

北鄙需重臣，筹边妙张弛。伟哉翁仁夫，粥粥书生耳。
奏议陆敬舆，将略羊叔子。遗编一披读，顽懦以兴起。

萧侍议同野集（端蒙）[2]

秋鹰击鹓雏，神羊触猰貐。丰骨虽云厉，得无资争竞。
荩臣持大体，慷慨陈时政。谠论炳日星，惜哉用未竟。

王别驾半憨集（天性）

渊明隐君子，乃为升斗谋。一朝道不合，飘然归里邱。
古来风尘吏，棰楚不自由。虞卿述作才，天人复何尤。

饶副使三溪集（相）

景堂肃遗像，楹书览高文。馈粥世守兹，先德扬清芬。
立言古不朽，英词式皇坟。兢业宝懿训，典学贻令闻。

薛孝廉拯庵集（雍）

太冲览穰苴，尧章正雅乐。槃槃子容子，乃与古人角。
才大岂难用，鱼珠与鼠璞。揽卷长歔欷，哀感动绵邈。

林提学井丹集（大春）

有明启风雅，刘宋开其先。井丹古作者，堂庑规前贤。
抽秘大元文，树词典引篇。南北体裁殊，啾啾鸣寒蝉。

唐选部醉经楼集 （伯元）

良知演宗风，儒行钦独创。心学扬其波，言辨旨愈妄。
建言争祀典，词义一何壮。考亭有遗型，斯道一龙象。

周大理明农堂集 （光镐）

修期古将才，儒雅复在兹。书生事戎马，赤手剚熊罴。
文章论风骨，亦与前贤期。信阳北地间，先生揖让之。

林忠宣城南书庄集 （熙春）

人臣匪躬节，缄默非所安。所以古直臣，亹勉古所难。
城南咫尺地，肮脏栖飞鸢。西垣谏草新，披读一长叹。

陈侍郎玉简山堂集 （一松）

荆璧蕴其辉，随珠韬其光。瑰宝在天壤，焉能终潜藏。
缙绅立朝右，敷词征典常。岸崖不足贵，坐使兰蕙伤。

谢御史集 （正濛）[3]

寺人咏射虎，羔裘厉司直。封章锄暴强，寸心矢天日。
明季启党祸，公识超以特。恩仇报复私，视之如鬼蜮。

郭忠节宛在堂集 （之奇）

虞渊伦阳日，桑林勤回光。刑天手干戚，壮哉为国殇。
成仁岂不伟，颠跻良可伤。遗文激悲风，余恨何茫茫。

罗吏部瞻六堂集 （万杰）

龙山高百丈，埋名逾卅年。沧桑阅残照，余生叹逝川。
闭户深宁悲，却聘叠山贤。遗书不忍读，苍凉离黍篇。

谢给谏霜崖集 （元汴）

欧阳论朋党，遭际当明时。痛哭流涕言，公自谓过之。

吁嗟大厦倾，一木安可支？焚香诵遗疏，卷卷长嗟咨。

黄处士遥峰阁集（一渊）

丈夫生不辰，乃与遗民伍。殷顽不敢居，周粟焉可吐。
仰天拂长剑，授袂张空弩。文章射外事，此恨论千古。

——摘自《潮州诗萃》乙编卷三十四

校记

[1] 侍郎，当系"御史"之误。
[2] 侍议，当系"御史"之误。
[3] 正濛，当系"正蒙"之误。

《潮州文献丛刊》序

廖烈文

潮自秦汉设治，政教南被，风气日开，人文渐著。民宗孔孟，尊礼义，向称易治之区。汉迄唐，士之力学厉志，以文章、气节、政事显于时者，无代无之。而怀瑾握瑜之士，渐仁摩义，踵接后先，蜚声奕世；历宋、明而弥盛！邹鲁之流风、韩赵之遗泽，不替也。

唐宋之八贤，兹不具论。惟有明一代，菁华翕聚，地灵人杰，英贤辈出：或起韩山之凤，或腾练水之蛟，或扬揭岭之雄，或挺神泉之秀……视同代之前七贤、后七贤，抑有逾焉！以辈当年四方之髦俊，遐遑多让。递及清季，士之嗣徽者犹众也。

缅顾累叶先贤之德业文章，载之志乘者虽伙。然世代迭更，灾变相寻，遗著多早轶；或剩吉光片羽，蒐集维艰。其有古槧一家之别集，或经选辑诸家所作而成总集者，今已罕觏。望古兴怀，孰寻坠绪？

香港潮州会馆同仁，敬恭桑梓，景仰前修；虑先世文物之湮泯，感后代仔肩之宜负。为保存州之文献，以饷后学；爰张珊网，试索玄珠。荷乡彦香港大学校长黄丽松博士之助，于港大冯平山图书馆获《潮州耆旧集》《翁东涯集》《林井丹集》与清代《韩江闻见录》孤本四部，付之影印。为求联珠合璧，纲举目张，乃将各书统而系之；而以《潮州文献丛刊》弁首，加编次及目录。使昆玉桂枝之作，藉统集而益珍；隋珠下璧之文，历悠缅而弥贵！此潮州文献之所以梓行者也。

夫文章者，经国之大业，不朽之盛事。读吾潮诸先贤书，于忻赏其才思、文藻、笔法、词锋之外，对其谋国卫道之诚，匡世济时之识，扬威阃外之功，立朝居野之节，尤深致崇慕！而其间有关朝政之得失，内外忧患之所由，纲纪、伦常、道德、学术之所系；世运、民风之所寄，与乎乡国治乱、安危、利病之所倚伏，皆足供今日文史、政经、边

539

塞……研究之助。岂仅视为一州之文献或一家之言，或少数人之文存已哉！同仁等鉴于韩山、练水、揭岭、神泉……之郁伊，颇欲一振我秀发之人文，共缵此不朽之绪。重刊先贤遗著，固在发潜阐幽，彰厥休烈；尤着重崇德尚贤，示时人以轨范。庶几正人心，拯世道，有禆于风教焉！区区之意，匪敢藉此弋名为侈饰之资也。昔贤尝云：树表于日则影从，振铎于风则响应。斯刊之出，宁无闻风而起，望日而趋者乎？吾知志于道、据于德、依于仁、游于艺之士，其将以之为标铎也必矣！

《潮州文献丛刊》之印行，事同观海，义等窥天。于会馆既属创举、于州人皆乐观厥成。第同仁等志远才弱，闻见未周。诚知保存乡邦文献，传之后学；殊非一隅之地、咄嗟之时，绵薄之力，所能臻于美备者。兹揭橥其端，傥日后搜罗有得，当络绎扩而实之。川岳有灵，谅亦冀吾人对海滨邹鲁能有所增色也！关怀文化风教之士，未审与吾人有同感否？

先贤往矣！颂清芬，衍世德，光前绪，端待吾潮后学之士淬勉以赴。跂予望之！岁次己未（西元一九七九）余月中浣廖烈文谨序。

——录自香港潮州会馆影印《潮州文献丛刊·潮州耆旧集》卷首

影印本《潮州耆旧集》勘版书后

林建翰（侠魂）

古立言之士，类有载道之文。吾潮历代先贤著述之富，种别之多，苟非湮没于蠹鱼兵燹；则处可充栋宇，出可汗马牛矣。《潮州耆旧集》，其为豹之一斑也欤？

明代岭南人物，足以冠冕中原，凌跨九围者，固不乏人。以吾潮言：海阳林殿撰东莆之大魁天下、掌词垣。非起韩山之凤者乎！棉阳萧翰林曰启御史之清戢内军，劾藩王，肃百官。林提学井丹之拒严嵩，纠高拱、靳张居正以卿位请为父丧作诔。非腾练水之蛟者耶！揭阳翁尚书东涯之平安南、镇华北，威震夷胡，名驰中外。非扬揭岭之雄者夫！明初惠来都（隶潮阳）神童苏福，八岁能咏《三十夜月》诗卅首及《秋风辞》《纨扇行》……惊才绝艳，名动京师。明太祖召试，以齿幼，厚其赉，复给廪米护归。此非挺神泉之秀也与！惜早华易谢，未届志学而殇。神童天妒，岂特岭表人英之失已也！

《潮州耆旧集》共录文二十家，分三十有七卷，诗不与焉。虽每家各居一集，然所选辑者繁简悬绝；其于原专集择尤取舍之间，允当与否？蒙窃有惑焉。

纵观诸家之遗著与传略，对先贤之文采、志局、勋名及德业，盖可知强半。因每人之际遇各殊，故显晦不同，建树亦异。言学术：发皇宋儒理学，捐赏修复白鹿洞书院、建二陆讲堂以至捐田赡学；造福江右，有功于名教。而导潮州薛唐理学兴起之先河者，吾于棉阳景龄李宫詹，无任钦迟焉！绍姚江衣钵，使王氏理学播于岭南，而江浙之间闻风相应者，榕江薛御史中离之力也！拒象山、姚江两学派，独崇周、程、张、朱之理学，以昌道自任者，则澄海唐选部仁卿也。薛唐二氏所学虽异门，第先后对学术之阐扬则一也。二氏于明儒间称理学巨子，黄梨洲氏早于明儒学案中详及之矣。而饶平薛孝廉子容，其所论天官律历、五音及经略边务遗文数十篇,详明博洽,于学术上亦有表见焉。

言政绩:萧御史曰启之按江西,狐鼠远辟,境内肃然。澄海王别驾槐轩为赣丰城令,丈田祛弊,奸宄敛迹。唐选部仁卿历知万年泰和二县,所至有遗爱。海阳陈侍郎宗岩,由湖广副使、闽按察使、赣右布政迄应天府尹,皆著声绩!而棉阳林进士大有公奉诏督鲁、豫、赣等省漕运,夙弊悉除,挽输无滞。守袁州时,拒严嵩之招致而置其党羽于法。主闽醢使,惼商便民,摒绝馈遗。上述诸先贤俱有惠政,故当地士民,各立生祠祀之,志去思焉。至同邑周大理国雍,抚陕时移节贺兰,岁饥施赈,活民以万计。海阳林尚书志和,曾苏漕河役卒数十万之民命,其遗爱岂戈戈者哉?

言军勋:明代吾潮先贤功业赫奕者,人皆知揭岭翁兵部东涯公,鲜有论及棉阳周大理国雍公之茂绩。方公之奉敕监军也,首平西南夷之变,继镇抚宁夏三边;由分符而总宪司、而秉节钺:"六奏首功,劳绩久闻塞外,五叨懋赏,奇猷堪勒旗常。用酬殊功,爰晋廷尉"(明熹宗诏语)。其丰功伟烈,堪与东涯翁兵部后先辉映矣。乌可不为之发潜阐幽者耶?

言谏显:正色立朝,执简廷争,抗言官卅四人受斥逐之枉;以敢谏称于时,而竟于遭贬十余年后为光宗诏起重用者,海阳林尚书志和居台谏时之风采是也!弹劾权贵,批鳞逆耳,侃侃独言,威武不屈者,惠来谢御史中吉与棉阳林提学井丹,皆其表表者也。由庶常拜给谏,纠大臣失职、风骨棱棱,旋被构陷而戍边十有一载者,棉阳萧给谏宜中其为言官中不幸者乎?而榕江薛御史中离,曾以疏请复故典,中权奸计,竟遭酷刑系狱,情似海忠介。从子宗铠给谏,亦以劾冢宰触帝怒,受鞠杖死。其壮烈,奚止与前列诸先贤之令人肃敬已也!

言节义:思宗殉国,先后辅福王、桂王流亡御贼抗清,拜督师大学士;被执不降,从容就义。为晚明最后殉节大臣收亡国之悲局者,揭阳郭相国忠节,直可追宋文信国矣!次如丰顺罗吏部贞卿,倾家赀、聚同志、勒兵勤王;志不酬而痛哭入山,征右副都御史不受。入清仍拒劝不复出,可谓存孤忠者矣!南都既失,澄海谢给谏梁也,犹助桂王募兵援广州。及两粤失守,避地课徒养母,不与世事,是亦克保晚节者也。噫!三贤之苦节存贞,为明儒留正气!其死生,有不为仁人志士歌泣而扼腕者夫?

他如大埔饶副使志尹,首开埔邑之文运。守南昌时,三藩王分治八支,使相安无竞。备饶州,则湖盗山寇悉歼。同邑之黄明经一渊,丰才啬遇。以孤孽之心,惓惓不忘故国,胥有足称者!

上述二十者曰,皆明代忠臣、孝子、廉吏、醇儒也。古训求忠臣于孝子之门,起醇儒为廉吏,观斯集益信斯言之足征。吾知逊清李方伯与冯教授之选辑是书,盖寓有扬忠孝、彰节义、厉仁廉,为万世矜式之深意在焉。岂徒以保存州之文献已哉!

夫文章者,情性之风标,神明之律吕也。志高者,其文闳以肆,而体扬;性贞者,其文典以则,而体端;情笃者,其文精以炼,而体纯。诸先贤之文,或神似三苏,或体如史汉;或摹拟昌黎,或蹑踪子厚。有修雅迈俗焉,有豪放雄奇焉,有堂皇富丽焉,有清朗俊伟焉;有详明博洽焉,有简朴谨严焉……纷郁郁其难详。粹然具经籍之气,浩然树卫道之风。皆弘正博厚、足传于后之文也。亦岭左菁华,天地灵秀之所钟毓者也!矧其间多经国筹边之谋,靖寇安民之策,释经辨史之惑,砭时刺俗之箴,有足采者哉。吾人对兹河岳英

541

灵，匪敢效殷璠之品题；而抑扬舍取，亦有异萧统之所见。倘仁智不同，犹人心之各如其面耳。

是集为清道光丁未年官潮之顺德冯奉初教授所选辑，今在港再版。以总集故，列为《潮州文献丛刊》之首。顾原版各卷阙误颇多：（一）断尾：卷廿六周大理集第十七页：末句"以彰宪典"断去"宪典"两字，经考证《明农山堂集》原书予以补入。卷卅二谢御史集第四页：《粤东增遣税使疏》文末亦缺结语。以乏其他版本考校，姑从缺。（二）缺字：各卷均有缺字或字迹模糊难辨，已分别考订与填补者，凡数百之多。其无可研核者：如卷二萧给谏集，卷七及卷八林殿撰集，卷九、卷十及卷十一翁襄敏集，卷十八薛孝廉集，卷卅七黄处士集，因句中缺字较多，未敢正定。惟卷二十林提学集第卅四页十四行宁王之下所缺"宸濠"两字，及十五行端敏首疏"其奸，公继弨"其变，中间连缺五字，则已根据《井丹诗文集》原书考订补入。故本集再版，较少阙误。（三）空白：卷卅四唐选部集第九页至十七页（《争从祀疏》），其空白处有每页多至连续数行者。卷卅三郭忠节集：第十三、十六、廿三、廿五及廿八等页，空白亦多。谅因语涉禁忌，于重锓时遭削。（四）错漏：卷五薛御史集目录第二页："奉尊师阳明先生书二首"，内文仅录一首。"奉甘泉先生书一首"，内文竟有二首，两者前后不符。又第三页："寄三龙溪书"，其目次与内文、排列亦不一致；且"三"字乃"王"字之讹。卷十翁襄敏集目录第二页："城塞兵还镇事"，"城"字为"乘"字之误。同集卷十三第四十页《擒罪虎文》："乃墓力士……督捕之。""募"字误为"墓"。余如"巨测"误为"巨测"，"膏肓"误为"膏盲"，"四峒"误为"四洞"，"陕"字误作"陕"，均予分别更正。卷八林殿撰集第七页："与曾前川书"，目录则为"曾前村"。卷十二翁襄敏集第二十七页："与郑德明书"，目录则为"邹德明"。一名一姓互有出入，未审孰是？而同集卷十三之第卅六页：《与尹朔野书》其第二行"目纵神竦"句，漏"目"字，亦已填入。至同集卷十二目录第一页："上东塘半洲书五首"，其内文止四首。卷十三目录第一页："寄邹一山书六首"，其内文于列"其一"至"其四"后，继之者竟为"其七""其十二"两首，似有未洽（《上东塘毛尚书三首》亦然）。盖此总集既经选辑，宜另定编次（可于新编次"其五""其六"之下，注明原专集之编次为其七、其十二），当较周匝。庶免读者疑有阙误。又卷卅七黄处士传第一页县志文苑传第二行："程乡孝廉李梗……"，"梗"字乃"槿"之误契，因李槿即李其础也。

翁襄敏公之籍贯：《明史》《潮州府志》及《东涯集》均载明为揭阳，独本集总目录卷九至卷十三则易其籍贯为澄海。案澄海始于明嘉靖四十二年，析海阳、揭阳、饶平三县辖地置县治，时公已即世，故其籍贯仍以史志所定者较当。繁琐列举，匪敢求疵[1]（疵）。盖亦本忠敬之意云尔。

明代历二百七十六载，吾潮之名儒显宦无虑千数百众；登进士第者约居毛诗之半。其为士庶所习闻者：除同榜进士之前七贤、后七贤外，尚有海阳吴一贯，棉阳林大有、郭廷序，揭阳郭宗铠[2]、许国佐，饶平盛端明……诸先贤，以及奇才异禀之神童苏福，惜其诗文未见采辑。以群英之才藻，竟隐耀韬光，庸非后学之过？允宜珊网肆张，玄珠广索；进而上溯汉唐宋元，下逮逊清民国。苟能各裒刊总集，不亦盛哉猗欤？笔者于勘版之余，有感于此断代之耆旧集，其范畴似失之隘也。

542

　　《潮州文献丛刊》首辑凡四种，除本总集外，依次有《翁东涯文集》《林井丹诗文集》及《韩江闻见录》。各集板本以编校疏略故，或有目录而乏内文，或题不对文，或句有残阙，或字迹模糊；或拼版前后舛乱，或缺页、重页，甚者一片空白。而乌焉亥豕之讹，更仆难数。经悉心校勘，补苴罅漏；累月稽时，幸告蒇事。

　　自揆才鲜识谫，叨承以重梓勘版见属，愧未足当载笔之役。权效负山之蚊，冀随大雅之后；使前哲之潜德幽光，能永传于文囿，衣被后学。耆儒硕老，幸董正焉！乡后学林建翰侠魂谨跋。时维癸丑兰亭第二十七周甲后五年，书于鳌峰桑海庐。

　　夏历戊午年皋月上浣。

　　　　　　　　　——录自香港潮州会馆影印《潮州文献丛刊·潮州耆旧集》卷末

校记

[1] 冹，当是"减"字之误。

[2] 郭宗铠，疑是"薛宗铠"之误。

点校后记

　　前后历经了五个春秋，断断续续，总算把《潮州耆旧集》全书点校并排版校核完毕，有松了一口气之感觉。对于古籍整理，笔者算是有些体会，是个吃力不讨好的行当。记得以前点校《韩江闻见录》和《潮州诗萃》之时，已感觉很难，不仅仅到处求人搜集资料难，很多时候为了一两个异体字或一个字书上未见记载的字，在一大堆古今文献和大型字书中翻来覆去猜测查考，反复稽考折腾，弄到自己感觉大体满意，能解释得顺畅，一整夜也就过去了，天也亮了。也许由于那时较年轻，并不觉得很累，还觉得有一定挑战性，自我感觉良好。正因为有此前的经历，故对古籍整理也有点情有独钟，总想再继续在力所能及的范围内做一点地方文献的整理工作。本来，曾想承接前面的《潮州诗萃》点校之后，再把其姐妹篇，同是温廷敬先生民国初年选辑的《潮州文萃》也整理出来，使这部极具文献价值的大型地域性历代文选也能出版面世。没想到经过多方努力，连该书抄本都不能复制到手。该书为手抄本，由于历史原因，辗转藏于汕头市图书馆，大概由于现今文物收藏热之故，善本书甚至抄本都可能增值，故而拥有者宁可让其尘封，不断被风化和被蠹鱼果腹也不愿让外人沾手，使其未有整理面世的机缘。总之，笔者认为抢救性地整理出版地方文献是地域文化研究最基础的工作。还有，近年因工作的关系，也曾接触到一些大学的本科生和研究生，他们做毕业论文或研究性学习课题时，也多爱选与地方文化相关的课题，看他们撰写的论文研究报告之类大都较少涉猎原始文献，笔者曾觉得奇怪，问为什么，他们大都说是因为未经标点的原始文献很难看懂。

　　基于上述种种原因，我便萌生了把《潮州耆旧集》这部关于明代潮州的最具文献价值的大型文选点校出版的想法，于是从2006年暑期开始搜集资料，随后便着手点校。经过好几年，一点点地啃下来。就这部80多万字的《潮州耆旧集》来说，20家文，涉及面极广，不仅地域广阔，体裁丰富，而且学科专业层面也广博，天文、地理、政治、军事、哲学、经济、治国安邦、地方吏治、行业吏治、剿匪戡乱等的策论、奏疏、论议乃至史传、墓志、书信、送别、赠序、诗文序等，丰富多彩。20家文，风格亦不同，有较为流畅；亦有较为晦涩；有较重理，亦有偏重情；有宏观，亦有微观；有就理论理，亦有就事论事，但总归以正义、节操为重。正因为如此，点校工作实属不易，除广搜资料，精为校勘；断句也须反复斟酌，反复查考，须以弄通字义文意作为基础。虽则勉力为之，相信疏误在所难免，祈方家与读者正之。

　　本书的点校整理，潮州市图书馆的陈贤武兄，在相关资料收集方面提供了不少的帮助，还曾帮忙校核少量文稿；汕头市潮汕历史文化研究中心的诸位领导和工作人员，还有暨南大学出版社的编辑冯琳、黄志波等同仁，都曾经给予帮助支持或付出辛勤劳动，提出宝贵意见。谨在此表示衷心的感谢。

对于本书的点校出版，笔者所在的韩山师范学院，也提供部分的经费支持。

吴二持

2016 年 4 月

点校后记